# 구약성경 문제집

한국구약학회 편

# 구약성경 문제집

동연

## 발간사

금번 한국구약학회에서는 2011년 11월부터 기획하여, 전국 25개 대학의 35명 교수님들이 참여하고, 전문 편집위원들이 감수한 한국구약학회 주관 성경문제집을 발행하게 되었습니다. 그 동안 교회와 신학생들을 위한 양질의 성경문제집의 필요성을 인식하고, 2년여에 걸쳐 그 열매를 거두게 됨에 하나님께 무한한 영광을 올려 드립니다.

본 성경문제집의 특징은 다음과 같습니다.

첫째, 구약성경 각 권의 전문 교수진들이 참여하였습니다.

둘째, 기존의 단순 암기식 성경문제집이 아니라, 성경 내용을 숙지해야만 풀 수 있는 문제를 출제했습니다.

셋째, 성경 본문이 전하고자 하는 신학적 의미를 쉽게 파악할 수 있도록 출제했습니다.

넷째, 성경 본문의 문학적 구조와 특성을 파악하는데 도움이 되도록 출제했습니다.

바라기는 본 성경문제집이 구약성경을 연구하는 신학생들과 구약성경의 깊이 있는 이해를 소망하는 평신도들에게 귀중한 학습자료가 되기를 기원합니다. 앞으로도 구약학회는 한국교회와 한국사회를 위해 좋은 책을 기획하여 출판할 것을 약속하며, 이를 위해 기도해 주시기를 바랍니다.

본 성경문제집이 나오기까지 애써주신 35명의 교수님들께 깊이 감사드리며, 이 책의 출판을 흔쾌히 수락해 주시고, 물질적 지원을 아끼지 않으셨던 도서출판 동연의 김영호 사장님과 관련 실무자들에게도 감사드립니다.

2013년 3월

한국구약학회장 한동구

# 차례

# 창세기

창세기 1장

1. 하나님께서 천지를 창조하시기 이전에 땅의 상황을 설명하는 것 중에서 적절치 않은 것은 무엇인가?(창 1:2)
   ① 혼돈했다
   ② 공허했다
   ③ 비가 아직 오지 않았다
   ④ 흑암이 짙게 깔려 있었다
   **정답** ③

2. 최초의 창조 작품은 무엇인가?(창 1:3-5)
   ① 빛 ② 사람
   ③ 생물 ④ 바다와 육지
   **정답** ①

3. 하나님께서 인간을 하나님의 형상을 따라 창조하신 이후에 인간에게 축복을 내려주었다. 이에 속하지 않는 것은 무엇인가?(창 1:26-28)
   ① 생육하라 ② 번성하라
   ③ 땅에 흩어져라 ④ 땅을 정복하라
   **정답** ③

4. 하나님께서 인간 창조 이후 인간을 위해 하신 배려를 설명한 것이다. 그 중에서 적절치 않은 것은 무엇인가?(창 1:29-31)
   ① 하나님께서 인간과 동물에게 식물(plants) 만을 먹거리로 허용하셨다
   ② 하나님께서 먹거리를 배려하신 것은 여섯째 날의 마지막 일이다
   ③ 동물 식사의 금지는 정복 및 지배의 행위를 금지하는 상징적 표현으로 이해할 수 있다
   ④ 식물만을 먹거리로 허용한 것은 이스라엘 사람들에게 채식주의(Vegetarianism)를 규정한 것이다
   **정답** ④

5. 창세기 1장의 창조역사를 설명한 것들이다. 그 중에서 옳지 않은 것은 무엇인가? (창 1:1-2:4a)
   ① 태초의 우주는 혼돈과 공허와 어둠이 깔려 있었다. 이는 태고사를 지배하는 어두운 운명의 역사를 상징적으로 보여준다
   ② 하나님께서는 빛의 창조를 통하여 온 인류의 구원의 역사, 즉 광명의 역사를 펼치신 것이다
   ③ 인간을 하나님의 형상을 따라 하나님을 닮게 창조한 것은 신의 목적을 실현시키기 위해 신의 대리자로 지상에 보낸 것을 의미한다
   ④ 인간이 안식일에 예배에 참여하는 것은 하나님과 인간의 휴식을 갖기 위함이다
   **정답** ④

## 창세기 2장

1. 제 7일에 하나님께서 하신 일은 무엇인가? (창 2:1-4a)
   ① 안식일을 제정하셨다
   ② 인간을 하나님의 형상을 따라 창조했다
   ③ 인간에게 땅을 정복하게 했다
   ④ 인간을 생육하고 번성케 했다

   **정답** ①

2. 에덴 동산 창조에 관한 설명이다. 이 중에서 옳지 않은 것은 무엇인가?(창 2:5-10)
   ① 에덴 동산에 농사를 지을 사람이 창조되기 이전에도 여호와 하나님께서 땅에 비를 내려, 들에는 초목이 무성하고, 밭에 채소가 싱싱하게 자라났다
   ② 여호와 하나님이 땅의 흙으로 사람을 지으시고 생기를 그 코에 불어넣으시니 사람이 생령이 되게 했다
   ③ 여호와 하나님께 에덴 동산에 지으신 사람을 두어 관리하게 하셨다
   ④ 에덴 동산에는 보기에 아름답고 먹기에 좋은 나무가 자라났으며, 강이 에덴에서 흘러 나와 에덴 동산을 적셨다

   **정답** ①

3. 에덴 동산 관리와 관련하여 설명한 것들이다. 그 중에서 적절치 않는 것은 무엇인가?(창 2:8-17)
   ① 동산에는 강물이 흘러 비옥했다
   ② 여호와 하나님께서 인간에게 에덴 동산을 경작하며 지키게 했다
   ③ 보기에 아름답고 먹기에 좋은 나무에서 나는 온갖 열매를 먹을 수 있다
   ④ 동산 가운데에 있는 생명나무에서 나는 열매를 먹고, 장수할 수 있게 되었다

   **정답** ④

4. 에덴 동산에 있는 짐승들의 이름은 어떻게 지어졌는가?(창 2:19)
   ① 그 생긴 모양을 따라 되었다
   ② 동물의 특성을 그 이름으로 했다
   ③ 아담이 동물을 일컫는 바대로 되었다
   ④ 동물의 색깔과 생긴 모양대로 되었다

   **정답** ③

5. 하나님께서 남자와 여자를 창조하신 내력을 설명한 것이다. 그 중에서 적절치 않은 것은 무엇인가? (창 2:5-23)
   ① 하나님께서 흙과 생기로 남자를 창조했다
   ② 남자가 혼자 사는 것이 좋지 아니하여 여호와 하나님께서 배필을 지으셨다
   ③ 남자가 가축을 돌보며 열심히 일하는 동안, 여호와 하나님도 여자를 창조하셨다
   ④ 여자를 창조한 이후 남자는 부모를 떠나 여자와 결혼할 수 있게 되었다

   **정답** ③

6. 태고사의 네 이야기에 속하지 않는 것은 무엇인가?
   ① 에덴 동산 창조와 에덴동산 축출이야기
   ② 카인과 아벨의 형제 살인 이야기
   ③ 노아의 두 딸의 결혼 이야기
   ④ 도시 건설과 바벨탑 건설 이야기

   **정답** ③

## 창세기 3장

1. 인간이 낙원에서 추방되는 사건에서 범죄의 동기들을 설명한 것들이다. 여기에 속하지 않는 것은 무엇인가?(창 3:6)
   ① 성적 욕구에 대한 욕망
   ② 화려한 음식과 아름다운 식사에 대한 탐욕
   ③ 아름다운 외모를 위한 화려한 장신구에 대한 탐욕
   ④ 자기 지혜의 추구

   **정답** ①

2. 뱀의 유혹에 대한 설명이다. 이 중에서 옳지 않는 것은 무엇인가?(창 3:1-5)
   ① 뱀의 유혹과 함께 범죄의 동기가 정신적 경건의 영역으로 확대되었다
   ② 뱀의 유혹의 이야기는 주로 뱀과 여자와 남자와의 대화로 이루어져 있다
   ③ 뱀의 유혹의 목표는 '하나님의 금령'을 무력화하는 데 있다
   ④ 뱀의 유혹의 내용은 " '눈이 밝아짐', '하나님과 같이 됨' 및 '선과 악을 알 수 있는 능력을 갖게 됨' "등 세 가지이다

   **정답** ②

3. 최초의 인간의 범행의 과정과 이후의 행동을 설명한 것들이다. 그 중에서 옳지 않는 것은 무엇인가?(창 3:6-10)
   ① 여자가 먼저 선악과를 따먹고, 남편에게도 주어 그도 먹었다
   ② 범죄 이후 인간은 "자신이 벗었다는 사실"을 인식하고, 무화과 나뭇잎을 엮어 치마를 만들어 입었다
   ③ 인간은 동산에 거니시는 여호와 하나님의 소리를 듣고 그의 낯을 피해 집으로 숨었다
   ④ 여호와 하나님께서 아담을 찾아, "네가 어디 있느냐?"라고 불렀다

   **정답** ③

4. 하나님께서 아담을 심문하는 과정을 설명한 것이다. 그 중에서 옳지 않은 것은 무엇인가?(창 3:11-14)
   ① 하나님의 심문은 뱀, 여자 및 남자에게로 넘어갔다
   ② 하나님의 심문은 주로 "벗었음을 누가 알려주었느냐?"는 것과 "선악과를 따먹은 것이 사실이냐?"는 것을 추궁하는 것이었다
   ③ 아담은 여자가 주워 먹었다고 변명했다
   ④ 여자는 뱀이 나를 꾀어 먹었다고 변명했다

   **정답** ①

5. 최초의 인간의 범행후 인간과 뱀이 받은 처벌의 내용을 설명한 것이다. 그 내용이 옳지 않은 것은 무엇인가?(창 3:14-21)
   ① 하나님께서 뱀을 저주하시면서, 배로 기어다니고 흙을 먹게 했다
   ② 하나님께서 여자를 벌하시면서, 남편을 지배하기를 원하나, 오히려 남편이 너를 다스릴 것이라고 했다
   ③ 하나님께서 아담에게 땀흘려 수고를 해야만 먹거리를 얻을 수 있게 했다
   ④ 하나님께서 인간을 에덴 동산에서 추방했으므로, 그 때부터 인간은 사냥을 해서 먹거리를 얻게 되었다

   **정답** ④

1. 가인과 아벨을 설명한 것들이다. 그 중에서 옳지 않은 것은 무엇인가?(창 4장)
   ① 가인은 "여호와로 말미암아 득남한 자"라는 의미를 가졌다
   ② 가인은 농부였고, 아벨은 목자였다
   ③ 인류의 2세대부터 여호와에 속한 축복의 흐름인 아벨-셋-노아-셈의 흐름과 여호와께 속하지 않는 저주의 흐름인 가인-가나안의 흐름이 대립했다
   ④ 가인과 아벨은 각기 자신의 양의 첫 새끼와 그 기름을 제물로 드렸다 여호와께서 아벨과 그의 제물은 받으셨으나, 가인의 제물은 받지 아니하셨다

   **정답** ④

2. 가인의 범죄를 설명한 것이다. 그 중에서 적절치 않은 것은 무엇인가?(창 4장)
   ① 가인과 아벨이 각기 소산을 제물로 드렸으나, 여호와는 가인의 제물은 받지 않으시고, 아벨의 제물만 받으셨다
   ② 여호와께서 제물을 받고 받지 않는 것은 제물을 드리는 자의 정성에 달려 있었다
   ③ 여호와께서 가인의 제물을 받지 않는 것은 당시 상황에서는 자명하게 이해되었기에 성서에서 자세히 설명하지 않았다
   ④ 가인의 살인 범죄는 그가 하고자 했다면, 피할 수 있는 범죄였다

   **정답** ②

3. 가인의 범죄는 무엇인가?
   ① 살인과 간음 ② 살인과 도적질
   ③ 살인과 협박 ④ 살인과 거짓말

   **정답** ④

4. 하나님께서 가인의 제물을 받지 않게 되자, 가인은 어떻게 행동했나? 그의 태도와 행동을 설명한 것들이다. 그 중에서 가장 적절치 않은 것은 무엇인가?(창 4:5-8)
   ① 가인은 우울해 했다
   ② 가인은 분노했다
   ③ 하나님의 당파적 사랑을 항의했다
   ④ 하나님의 차별이 원인이 되어, 가인은 아벨을 죽이기로 결심했다

   **정답** ③

5. 가인의 범죄의 결과와 하나님의 처벌의 내용들이다. 이에 속하지 않는 것은 무엇인가?(창 4:9-15)
   ① 땅은 저주를 받아 원인을 알 수 없는 전염병에 시달렸다
   ② 인간은 땅을 경작하여도 노력의 대가에 상응하는 땅의 효력을 얻지 못하게 되었다
   ③ 가인이 여호와 앞을 떠나 '나그네살이'하는 신세가 되었다
   ④ 가인은 낯선 땅에서 극도의 불안과 살인의 위협 속에서 살아가는 운명에 놓였다

   **정답** ①

6. 가인의 범죄를 처벌한 후에 하나님께서 그를 용서해 주었다. 그 용서의 내용에 속하지 않는 것은 무엇인가?(창 4:13-26)
   ① 가인은 하나님께 살인의 두려움을 호소하자, 여호와께서는 "가인에게 표를 주어" 살해의 위협에서 벗어나게 해주었다
   ② 여호와께서 가인에게도 여호와께 속한 사람들의 운명과 같이, 자녀를 낳고 세대를 이어

가게 했다

③ 가인도 '나그네살이' 하는 동안 축복받아 경제적으로 번영하였다

④ 여호와께서 죽은 아벨을 대신하여, 아담과 하와에게서 셋을 낳게 하여 여호와께 속한 선택된 흐름이 생겨나게 했다

**정답** ③

7. 악기를 처음 만든 사람은 누구인가?
(창 4:20-24)

① 야발 ② 유발 ③ 두발가인 ④ 라멕

**정답** ②

## 창세기 5장

1. 태고사에서 족보가 소개되는 장이 아닌 곳은 어디인가?

① 창 5장 ② 창 9장

③ 창 10장 ④ 창 11장 10-26절

**정답** ②

2. 족보의 특성과 기능을 설명한 것들이다. 그 중에서 적절치 않는 것은 무엇인가?

① 어두운 운명의 역사를 극복하려는 노력의 일환이다

② 하나님의 구원의 역사가 단절되지 않고 연속되었음을 보여준다

③ 온 세계는 한 조상으로부터 나온 한 가족임을 말해준다

④ 족보는 세계가 언어 문화에 있어서 다양함을 말한다

**정답** ④

3. 창세기 5장의 아담의 족보의 내용을 설명한 것이다. 이 중 옳지 않은 것은 무엇인가?

① 아담의 족보는 아담-가인으로 이어져, 노아에까지 연속적으로 이어진다

② 이 족보는 "(아버지) X가 (아들) Y를 낳은 후, xx년간을 지내며 자녀들을 낳았으며, 그는 yyy세를 살고 죽었다"라는 쉐마를 따라 기술했다

③ 에녹은 하나님과 동행하다가, 하나님께서 그를 데려가셨다

④ 노아는 "여호와께서 땅을 저주하시므로, 수고롭게 일하는 우리를 이 아들이 안위한다"를 의미한다

**정답** ①

## 창세기 6장

1. 노아 홍수에 대하여 설명한 글이다. 그 중에서 적절치 않은 것은 무엇인가?(창 6:1-8)

① 노아 홍수 이야기는 하나님에게 속한 한 사람 (의인), 노아의 구원과 하나님에게 속하지 않는 다른 많은 사람의 심판의 역사를 다룬다

② 하나님의 심판의 원인은 성경계(性境界)의 혼란과 성적(性的)인 문란이었다

③ 여호와께서 "인간의 죄악이 세상에 가득하게 되었음"을 보고, 땅 위에 사람 지었던 것을 후회하고, 노아를 제외한 모든 사람들을 홍수로 멸하시기로 결심하셨다

④ 노아 홍수의 결과 천상적 존재인 하나님의 아들들이 사람의 딸들의 아름다움을 보고 결혼함으로써 인간은 신적 존재로 거듭났다

**정답** ④

2. 방주의 제작과 노아 및 모든 동물의 구원과정을 설명한 것이다. 그 중에서 옳지 않은 것은 무엇인가?(창 6:14-22)

① 고페르 나무로 방주를 만들고, 역청을 그 안팎에 칠했다

② 노아의 가족과 모든 생물들도 종류별로 방주로 들어갔다

③ 노아가 먹을 양식은 방주로 가져가지 않았다 왜냐하면 여호와께서 그의 가족을 위해 배려하시기 때문이다

④ 노아는 하나님이 자기에게 명하신 대로 다 준행했다

**정답** ③

## 창세기 7장

1. 홍수 심판의 과정을 설명한 것이다. 그 중에서 옳지 않은 것은 무엇인가?(창 7:7-24)

① 노아의 가족이 모두 방주에 들어간 후 칠일이 지난 후에 홍수가 내리기 시작했다

② 비가 온 직후 방주가 떠올랐다

③ 비가 사십 일 동안 온 후에 높은 산이 다 비에 잠겼다

④ 땅 위에 움직이는 생물이 다 죽었다

**정답** ②

## 창세기 8장

1. 노아 홍수 심판의 종결과정을 묘사한 것들이다. 그 중에서 옳지 않은 것은 무엇인가?(창 8:1-19)

① 깊음의 샘과 하늘의 창문이 닫히고 하늘에서 비가 그쳤다

② 비가 그치고 150일 후에 방주가 아라랏 산에 멈추었다

③ 노아는 물이 줄었는지를 알아보기 위해 마지막으로 까마귀를 내보냈으나, 까마귀는 돌아오지 않았다

④ 지면에 물이 걷히자, 노아의 가족과 함께 들어갔던 동물들도 모두 방주에서 나왔다

**정답** ③

2. 노아가 방주에서 나온 이후, 그가 처음으로 한 일은 무엇인가?(창 8:20)

① 노아가 여호와께 제단을 쌓고 번제를 드렸다

② 노아는 악기로 찬양하며, 예배를 드렸다

③ 하나님께서 노아와 언약을 채결했다

④ 노아는 땅을 갈며, 농사를 시작했다

**정답** ①

3. 노아 홍수 이후에 여호와께서 인간을 위해 약속하신 일은 무엇인가?(창 8:21-22)

① 여호와께서는 다시는 사람으로 말미암아 땅을 저주하지 아니할 것이라 약속했다

② 여호와께서는 악인이 드리는 번제의 향기를 받지 않을 것이라 약속했다

③ 여호와께서는 다시는 이방인들이 그 땅을 넘보지 못할 것이라 약속했다

④ 여호와께서는 그 땅의 결실이 줄지 않을 것이라 약속했다

**정답** ①

## 창세기 9장

1. 노아 홍수 이후 여호와께서 노아와 그의 아들들게 축복하셨다. 그 축복의 내용이 아닌 것은 무

엇인가?(창 9:1-7)

① 생육하고 번성하여 땅에 충만하라고 축복하셨다
② 이제부터 모든 식물들을 먹거리로 허락하셨다
③ 사람의 피를 흘리면, 그의 생명으로 갚아야 한다
④ 땅의 모든 짐승을 노아와 그 후손의 손에 주어, 그들이 두려워하게 했다

**정답** ②

2. 여호와께서 노아 홍수 이후 노아에게 언약을 세우셨다. 그 언약의 내용에 포함되지 않는 것은 무엇인가?(창 9:8-17)

① 이 언약은 노아는 물론 그 후손과도 세웠다
② 구름기둥과 불기둥으로 지킬 것이다
③ 다시는 모든 생물을 홍수로 멸하지 아니할 것이다
④ 무지개를 구름 속에 두어, 언약의 증거로 삼을 것이다

**정답** ②

3. 노아가 포도주에 취해 벗은 것을 보고 다른 형제들에게 알려 흉을 보아, 아버지의 저주를 받은 이는 누구인가?(창 9:18-29)

① 아모리 ② 셈 ③ 함 ④ 야벳

**정답** ③

## 창세기 10장

1. 창 10장의 족보의 신학적 의미를 설명한 것들이다. 그 중에서 적절치 않는 것은 무엇인가?

① 창 10장의 족보는 온 세계가 한 가족 공동체임을 보여 준다
② 야벳은 북방 민족들, 함은 남방 민족들 그리고 셈은 팔레스타인 및 동방 민족들을 나타낸다
③ 창 10장의 족보는 하나님의 축복의 결과로, 하나님께서 피조물에게 주신 생명의 힘이 얼마나 큰가를 직접 보여준다
④ 창 10장의 족보는 흩어짐의 저주를 나타낸다

**정답** ④

## 창세기 11장

1. 바벨탑 이야기에서 범죄의 원인을 설명한 것들이다. 그 중에서 적절치 않은 것은 무엇인가?(창 11:1-9)

① 인류의 나눠짐과 흩어짐이 '여호와 하나님의 뜻으로' 정해진 것이다
② 바벨탑 사건에서 범죄의 원인은 흩어짐을 결정한 하나님의 뜻을 반대하면서, 인간이 도시를 건설하려는 데 있다
③ 바벨탑 사건에서 인간의 반역적 태도를 더욱 드러낸 것은 탑을 건설하려는 데 있다
④ 인간이 도시를 건설하려는 이유는 다양한 언어들로 인해 소통이 되지 않았기 때문에 이를 극복하려는 데 있다

**정답** ④

2. 언어의 혼란을 설명한 것들이다. 그 중에서 적절치 않은 설명은 무엇인가?(창 11:1-9)

① 바벨탑 건설은 하나님의 형상을 회복하려는 인간의 욕망에서 시작되었다
② 바벨탑을 건설하여 사람들은 자신의 이름을 내고자 했다

③ 바벨탑 건설은 사람들이 온 지면에 흩어짐을 면하기 위함이다

④ 바벨탑의 결과 인간세상에 언어혼란이 초래되었다

**정답** ①

3. 창 11장의 족보를 설명한 것들이다. 그 중에서 적절치 않는 것은 무엇인가?(창 11:10-26)

① 창 11장의 족보는 세계의 시작인 아담에게서 시작한다

② 창 11장의 족보는 하나님의 구속사가 단절되지 않고, 연속적으로 이어졌음을 보여준다

③ 데라는 아브람과 나홀과 하란을 낳았다

④ 창 11장의 족보는 본격적인 구속사인 족장사 이전, 즉 아브람 이전까지 이어진다

**성답** ①

4. 아브라함의 가족관계를 설명한 것들이다. 그 중에서 옳지 않은 것은 무엇인가?(창 11:27-29)

① 아브라함의 형제는 데라와 하란이다

② 아브라함의 아내는 사라다

③ 하란의 아들은 롯이다

④ 하란의 딸은 밀가와 이스가이다

**정답** ①

5. 아브라함 가족의 불행을 설명한 것들이다. 여기에 속하지 않는 것은 무엇인가?(창 11:27-32)

① 동생 하란의 죽음

② 아내 사라의 불임성

③ 조카 롯과 분쟁으로 서로 헤어짐

④ 아버지 데라의 죽음

**정답** ③

## 창세기 12장

1. 여호와께서 아브라함을 찾아와 첫 번째로 하신 말씀은 무엇인가?(창 12:1)

① 아버지의 장례를 가나안 땅에서 행하라!

② 하란을 떠나라!

③ 롯도 함께 가라!

④ 고향을 떠나라!

**정답** ④

2. 여호와께서 아브라함에게 고향을 떠나 어디로 가라고 하셨나?(창 12:1)

① 가나안으로 가라!

② 꿈을 펼칠 광대한 땅으로 가라!

③ 세겜 땅 모레 상수리나무가 있는 곳으로 가라!

④ 내가 네게 보여 줄 땅으로 가라!

**정답** ④

3. 여호와께서 아브라함에게 찾아와 고향을 떠나라고 명령하시면서, 축복을 내려주셨다. 그 설명들 중에서 가장 적절치 않은 것은 무엇인가?(창 12:2-3)

① 축복의 약속은 모두 7가지이다

② 아브라함으로 위대한 민족을 만들 것이라 약속한다

③ 여호와께서 아브라함과 항상 동행할 것이라 약속한다

④ 아브라함으로 하여금 온 세계에 여호와의 축복을 중재할 것이라 약속한다

**정답** ③

4. 아브라함이 가나안 땅에 도착한 후 그에게 일어난 일을 설명한 것이다. 그 중에서 옳지 않는 것

은 무엇인가?(창 12:4-9)

① 아브라함이 가나안 땅에 도착했을 때, 그 곳에는 아무도 살고 있지 않았다

② 여호와께서 아브라함에게 나타나 그 땅을 아브라함의 자손에게 주겠다고 약속하셨다

③ 아브라함은 여호와께서 나타나신 곳에 제단을 쌓았다

④ 아브라함은 계속하여 남방으로 옮겨갔다

**정답** ①

5. 아브라함 이야기의 내용과 목적으로 기술한 것들이다. 그 중에서 적절치 않는 것은 무엇인가? (창 12-25장)

① 아브라함과 그의 가족은 '나그네살이'를 하면서 온갖 고난과 역경을 겪었다

② 아브라함과 그의 가족의 고난과 역경을 위해 찾아와 구원하시는 하나님을 묘사한다

③ 소돔과 같은 범죄 도시가 심판을 받도록 하나님께 중재의 기도를 드렸다

④ 아브라함이 세계 공동체에 하나님의 축복을 중재하도록 축복을 약속받았다

**정답** ③

6. 아브라함의 아내 사라가 처한 위험을 설명한 것이다. 그 중에서 적절치 않은 것은 무엇인가? (창 12:10-20)

① 아브라함과 사라는 일자리를 구하기 위해 애굽으로 내려갔다

② 아브라함은 애굽 사람이 사라 때문에 자신을 죽이지 않을까 두려워하여 아내를 여동생이라고 속이자고 제안했다

③ 애굽 사람들과 왕은 사라를 보고 아름다움에 반했다

④ 바로는 아브라함과 사라를 왕궁으로 불러 풍성한 식사와 후한 선물로 대접했다

**정답** ①

7. 애굽의 왕궁에서 사라가 어떻게 구출되었는가? (창 12:17)

① 바로는 아브라함에게 풍성한 식사와 후한 선물로 대접하고 결혼을 제안했으나, 아브라함은 이를 거절했다

② 여호와께서 꿈에 바로에게 남편이 있는 여인을 건드리지 말 것을 지시하자, 그는 아브라함을 야단치고 사라를 놓아주었다

③ 아브라함과 사라가 서로 애무를 하며 사랑을 나누는 모습을 보자, 바로는 아브라함에게 야단을 치며 내쫓았다

④ 여호와께서 바로와 그 집안을 큰 재앙으로 치자, 그는 사라를 놓아주었다

**정답** ④

## 창세기 13장

1. 아브라함과 롯이 함께 살 수 없는 이유를 설명한 것들이다. 그 중에서 적절치 않은 것은 무엇인가? (창 13:6-13)

① 하나님의 축복으로 재산이 증대했기 때문이다

② 아브라함과 롯은 많은 가축을 가지고 있어 서로 먼저 가축에게 물을 먹이려 했기 때문이다

③ 아브라함은 형제간의 다툼이 있어서는 안 된다고 생각했기 때문이다

④ 롯은 물이 많고 기름진 땅을 찾아가야겠다고 생각했기 때문이다

**정답** ④

2. 아브라함과 롯의 가족들 사이의 분쟁을 설명한 것이다. 그 중에서 적절치 않은 것은 무엇인가? (창 13:1-13)

① 아브라함과 롯은 가축이 늘어났고, 재산이 풍부해졌기 때문이다

② 롯은 소돔에 거주하는 자들로 하나님께 속하지 않는 자들이기 때문이다

③ 늘어난 재산에 비해 생활공간, 목초지가 협소했기 때문이다

④ 아브라함과 롯의 가족은 물론 가나안 사람과 브리스 사람도 함께 거주하여 협소했기 때문이다

**정답** ②

3. 아브라함과 롯 사이의 분쟁 해결책을 설명한 것이다. 그 중에서 가장 적절치 않은 것은 무엇인가?(창 13:1-13)

① 아브라함은 형제간에 분쟁을 원치 않았다

② 아브라함은 롯에게 먼저 삶의 터전을 선택하게 했다

③ 롯은 소돔과 고모라 지역을 보고, 그 곳이 애굽 땅과 같이 경제적으로 번영했기 때문에 그 곳을 선택했다

④ 롯이 요단 온 지역을 선택하자, 아브라함은 어쩔 수 없이 가나안 땅을 선택했다

**정답** ③

4. 아브라함이 롯에게 좋은 삶의 터전을 양보한 후에 여호와께서 내리신 축복이다. 여기에 속하지 않는 것은 무엇인가?(창 13:14-17)

① 눈을 들어 동서남북을 보라고 했다 보이는 땅을 모두 주겠다고 약속하셨다

② 아브라함의 자손이 땅의 티끌 같이 많아 셀 수 없게 하시겠다고 약속하셨다

③ 그 땅을 종과 횡으로 다녀 보라고 하시면서, 그 곳의 모든 땅을 주시겠다고 약속하셨다

④ 아브라함의 후손으로 말미암아 천하 만민이 복을 받을 것이라 약속하셨다

**정답** ④

## 창세기 14장

1. 아브라함이 롯을 구하는 전쟁을 설명한 것들이다. 그 중에서 적절치 않은 것은 무엇인가? (창 14장)

① 이 전쟁은 4명의 적들의 왕들과 5명의 형제의 왕들이 싸운 전쟁이다

② 형제의 왕들이 적들의 왕을 섬기다가 독립을 선언하자 전쟁이 발발했다

③ 형제의 왕들이 이 전쟁에서 패하자 아브라함에게 도움을 청했고, 아브라함은 전쟁에 가담하여 크게 승리하고 잃은 것을 모두 찾았다

④ 되찾은 것 중에서 사람은 돌려주고, 재물은 모두 아브라함이 갖고, 이에 해당되는 십일조를 멜기세덱에게 드렸다

**정답** ④

2. 아브라함이 롯을 구하는 전쟁에서 승리한 후 아브라함이 취한 행동이다. 그 중에서 적절치 않은 것은 무엇인가?(창 14장)

① 승리하고 돌아오는 아브라함을 소돔 왕과 제사장 멜기세덱이 떡과 포도주를 가지고 영접 나와, 아브라함을 축복했다

② 아브라함은 소돔왕의 제안을 따라, 되찾은 것과 전리품 중에서 십분의 일을 멜기세덱에게 드렸다

③ 자기의 조카 롯과 그의 부녀와 친척들을 되찾아 자신의 거주지로 돌아가게 했다
④ 아브라함은 빼앗겼던 재물을 모두 되찾아 원 주인에게 돌려주었다

**정답** ②

3. 멜기세덱을 설명한 것들이다. 그 중에서 적절치 않는 해답은 무엇인가?
(창 14:18; 참조 히 6-7장)
① 지극히 높으신 하나님의 제사장이다
② 이스라엘에 제사제도를 창시한 제사장이다
③ 살렘 왕이다
④ 레위 족보에 들지 아니한 제사장이다

**정답** ②

## 창세기 15장

1. 아브라함이 롯을 구한 의로운 행동에 상응하여 내리신 축복이다. 여기에 속하지 않는 것은 무엇인가?(창 14-15장).
① 아브라함의 자손이 하늘의 별과 같이 많아질 것이라 약속하셨다
② 땅의 약속을 하셨다
③ "애굽 강에서 유브라데스 강까지"의 거대한 영토를 주시겠다고 약속하셨다
④ 동서남북으로 보아, 보이는 땅을 모두 주겠다고 약속하셨다

**정답** ④

2. 여호와께서 아브라함에게 땅을 주시겠다고 약속하자, 그 약속이 어떻게 실현될지 회의하는 아브라함에게 이를 믿게 하시려고 하나님은 무엇을 하셨나?(창 15:7-18)
① 하나님께서는 직접 맹세의 의식을 행하셨다
② 하나님께서 다시금 약속하셨다
③ 하나님께서 아브라함과 토론하셨다
④ 하나님께서 아브라함의 회의를 질책하면서 강권하셨다

**정답** ①

3. 여호와께서 아브라함에게 거행하신 맹세 의식이다. 이를 설명한 것 중에서 적절치 않은 것은 무엇인가?(창 15:7-18)
① 아브라함은 제물을 모두 반으로 쪼개고, 그 쪼갠 것을 서로 마주 보게 차려 놓았다
② 계약 당사자들이 쪼개진 제물들 사이로 지나가므로 계약이 체결되는 것이다
③ 해가 져서 어두울 때, 쪼개진 제물 사이로 불타는 횃불과 아브라함이 함께 지나갔다 이것으로 계약이 체결되었다
④ 이 계약의식은 맹세의 의식으로, 계약을 어길 경우 쪼개진 제물과 같은 운명에 처해진다는 것을 상징하는 맹세의 계약의식이다

**정답** ③

## 창세기 16장

1. 하갈은 어느 민족 출신인가?
① 에돔 ② 암몬 ③ 애굽 ④ 모압

**정답** ③

2. 사라와 하갈의 갈등을 설명한 것들이다. 그 중에서 적절치 않는 것은 무엇인가?(창 16:1-6)
① 사라는 몸종 하갈을 통해 대를 잇고자 했다
② 여호와께서 사라에게 자녀를 허락하지 아니하셨으므로 무자식이 되었다

③ 하갈이 임신하자, 사라가 측은히 여겨졌다
④ 하갈은 사라와 대등한 부인의 지위를 얻기 위해 노력했다

**정답** ④

3. 도망 중인 하갈에게서 일어난 일들이다. 그 중 옳지 않은 것은 무엇인가?(창 16:7-16)
① 여호와께서 하갈에게 "네가 어디서 왔으며 어디로 가느냐?"하고 묻자, 그녀는 "나는 내 여주인 사래를 피하여 도망중입니다"라고 대답했다
② 여호와께서 하갈을 찾아 온 것은 뒤쫓는 자들을 피해 도망 중이었기 때문이다
③ 하나님은 나그네 된 자가 다시금 다른 이를 나그네로 내모는 것을 방치하지 않으셨다
④ '나그네살이'로 인하여 고날픈 인생을 찾아와 만나시는 하나님을 '나를 살피시는 하나님'이라 부른다

**정답** ②

4. 도망하는 하갈에게 여호와 하나님께서 찾아와 아들을 약속한다. 그 의미를 설명한 것 중에서 가장 적절한 것은 무엇인가?(창 16장)
① '나그네살이' 하는 존재인 하갈을 돌보신다
② 하갈의 고난에 대한 보상이 이루어진다
③ '나그네살이'하는 존재의 정체성 보존의 길을 열어주다
④ 아들을 통하여 큰 민족을 이루게 하다

**정답** ④

5. 이스마엘의 이름을 설명한 것들이다. 그 중에서 가장 적절한 것은 무엇인가?(창 16:11)
① 여호와께서 하갈의 고통을 들으신다
② 여호와께서 도망 중인 하갈의 처지를 보신다
③ 여호와께서 하갈과 대화를 나누신다
④ 여호와께서 약속하신다

**정답** ①

6. 하갈이 광야에서 만난 하나님의 이름은 무엇인가?(창 16:13)
① 나를 살피시는 하나님
② 나에게 약속하시는 하나님
③ 우리를 위해 맹세하시는 하나님
④ 우리를 위한 용사이신 하나님

**정답** ①

## 창세기 17장

1. 창 17장에서 계약의 내용으로 "여호와는 아브라함의 하나님이 되시며, 아브라함과 그의 후손은 여호와의 백성이 된다"고 하였다. 그 설명들 중에서 가장 적절한 것은 무엇인가?
① 계약의 백성이 된다는 것은 국가의 회복과 함께 왕의 지배를 회복하는 것을 말한다
② 계약의 백성이 된다는 것은 왕의 지배를 거부하고, 여호와의 통치를 받는 것을 의미한다
③ 계약의 백성이 된다는 것은 예언자를 통하여 전해지는 신의 뜻을 받아들인다는 뜻이다
④ 계약의 백성이 된다는 것은 제사장의 중재를 통해 모든 죄가 용서되는 것을 말한다

**정답** ②

2. 창세기 17장에서 계약의 유지를 위해 아브라함에게 요구된 가장 기본적인 것은 무엇인가?
① 안식일의 준수
② 하나님의 약속에 대한 신뢰

③ 맹세 의식의 실행

④ 할례의 시행

**정답** ④

3. 계약의 증거로 여호와께서 아브라함에게 할례 준수를 명했다. 할례의 신학적 의미를 설명한 것 중에서 적절한 것은 무엇인가?(창 17장)

① 할례의 시행은 계약 공동체의 번성을 위한 징표이다

② 할례의 시행은 여호와 공동체의 소속성을 나타내는 증거로 적용한다

③ 할례의 시행은 하나님의 약속의 실현을 위한 조건이다

④ 할례의 시행은 하나님의 자비와 은총에 대한 감사의 표현이다

**정답** ②

4. 창세기 17장 1절에서 여호와께서 아브라함에게 "하나님 앞에서의 삶"과 "온전한 삶"을 지시하며, 그를 축복했다. 그 축복의 내용을 가장 적절하게 설명한 것은 무엇인가?

① 땅의 약속　② 아들의 약속

③ 번성의 약속　④ 큰 국가의 약속

**정답** ③

5. 하나님은 아브람을 아브라함으로 개명했다. 이름의 의미를 가장 적절하게 설명한 것은 무엇인가?

① 높으신 아버지　② 많은 이의 아버지

③ 번성하신 아버지　④ 많은 왕들의 아버지

**정답** ②

6. 창세기 17장에서 사래를 사라라고 개명했다. 이름의 의미를 설명한 것 중에서 가장 적절치 않는 것은 무엇인가?

① 천국잔치에 초청받는다

② 민족의 정체성을 보존한다

③ 그녀에게서 민족들이 생겨난다

④ 그녀에게서 민족들의 왕이 생겨난다

**정답** ①

## 창세기 18장

1. 창세기 18장에서 아브라함을 방문한 세 사람의 나그네는 누구인가?(창 18:1-15)

① 하늘 사다리를 타고 온 천사들

② 그랄에 거주하는 아비멜렉의 전령들

③ 애굽으로 가는 이스마엘 상인들

④ 나그네의 모습을 한 여호와 하나님

**정답** ④

2. 창세기 18장에서 아브라함과 사라가 찾아온 손님들에게 대접한 내용이다. 그 중에서 옳지 않은 것은 무엇인가?(창 18:1-8)

① 나그네들에게 발을 씻을 물을 주었다

② 먼저 간단히 떡을 먹고 마음을 상쾌히 하라고 하였다

③ 가루 세 스아로 빵을 만들어 대접했다

④ 양 한 마리로 요리를 하여 대접했다

**정답** ④

3. 세 나그네가 아브라함과 사라를 찾아 온 목적을 설명한 것들이다. 그 중에서 가장 적절치 않은 답변은 무엇인가?(창 18:1-15)

① 여행 중 아브라함 부부가 친절히 청하니 허기를 달래기 위하여

② 아들을 약속하기 위하여

③ 기적적 출산을 통해 신의 권능을 보이기 위하여

④ 정체성을 보존하기 위하여

**정답** ①

4. 창세기 18장에서 찾아온 손님들이 식사를 마치고, "내년 이맘때에 사라가 아들을 낳을 것이다"고 말하자 사라는 웃었다. 이 웃음의 의미를 설명한 것 중에서 가장 적절치 않은 답변은 무엇인가?(창 18:1-15)

① 불가능한 것을 말씀하시므로 놀랍다

② 인간적 생각으로는 하나님의 기적을 믿을 수 없다

③ 여호와께서 자신의 작은 믿음을 치유하실 것이라 확신한다

④ 이삭은 고령에 얻을 아이로 기쁨이다

**정답** ③

5. 아브라함은 소돔을 구하기 위해 어떻게 기도했나? 그가 내세운 근거는 무엇인가?(창 18:23)

① 하나님은 사랑에 근거하여 용서를 청했다

② 다시는 심판하지 않겠다는 약속에 근거하여 용서를 청했다

③ 하나님께 기도한 것은 반드시 이루어진다는 믿음에 근거하여 소돔의 구명을 기도했다

④ 하나님의 공의에 근거하여 무죄한 자를 심판하지 말라고 했다

**정답** ④

6. 소돔 구명을 위해 아브라함이 한 기도의 내용이 아닌 것은 무엇인가?(창 18:23-32)

① 만일 의인 50명이 있다면, 그 곳을 용서하지 아니하겠습니까?

② 만약 그 곳에서 30명이 발견된다면, 어떻게 하시겠습니까?

③ 만약 그 곳에서 10명이 발견된다면, 어떻게 하시겠습니까?

④ 만약 그 곳에서 1명이 발견된다면, 어떻게 하시겠습니까?

**정답** ④

## 창세기 19장

1. 하나님의 심판의 공의로움을 나타내는 내용이다. 그 중에서 적절치 않은 것은 무엇인가? (창 18:20 - 19장)

① 하나님은 죄인과 의인을 함께 심판하시지 않으신다

② 하나님께 속한 자들의 구원과 하나님께 속하지 않는 죄인들에게 심판을 내리신다

③ 모압과 암몬의 출생이야기는 하나님께 속하지 않는 민족들이 흔히 범하는 성범죄의 한 형태이다

④ 죄와 처벌로 인해 어두운 운명이 드리운 곳에서는 누구도 예외 없이 심판의 부정적 결과를 감당해야 한다

**정답** ④

2. 소돔의 범죄의 상황을 설명한 것들이다. 그 중에서 적절치 않는 것은 무엇인가?(창 19:1-30)

① 소돔을 찾아온 손님에게 롯은 인심이 흉흉하므로 머물지 말고, 그냥 지나갈 것을 권한다

② 소돔 사람들이 롯의 집에 몰려와 찾아온 손님을 끌어내어 성폭행을 즐기겠다고 우긴다

③ 롯은 자신의 집에 찾아온 손님에게, 자신의 두 딸을 내어줄 것이니 범죄하지 말 것을 제안한다

④ 소돔 사람들은 롯의 제안을 거절하고, 찾아

온 손님에게 성폭행을 즐기겠다고 우긴다

**정답** ①

3. 소돔의 심판과 하나님의 구원의 상황을 설명한 것들이다. 그 중에서 적절치 않은 것은 무엇인가?(창 19:1-30)
   ① 나그네로 찾아온 여호와께서 롯의 온 가족에게 소돔을 멸할 것을 알리자, 롯의 사위들은 그 말을 농담으로 여겼다
   ② 롯의 가족들을 지체없이 도시에서 끌어내어 피난시켰다
   ③ 소돔에서 나온 롯은 가족과 함께 소알로 피신했다
   ④ 피신할 때 뒤로 돌아보지 말 것을 명했으나, 롯의 아내는 뒤를 돌아보아 소금 기둥이 되었다

**정답** ②

4. 성범죄와 하나님의 심판을 짝지은 것이다. 그 중에서 옳지 않는 것은 무엇인가?
   ① 하나님의 아들과 인간의 딸의 결혼 - 노아 홍수 심판
   ② 롯의 도시 남자들과 그에게 찾아온 손님에게 가하려는 성폭행 - 소돔 심판
   ③ 아버지와 두 딸과의 근친상간 - 그랄 심판
   ④ 엘리의 아들들의 성범죄 - 법궤 심판

**정답** ③

5. 롯과 그의 두 딸에게서 난 자들의 이름은 무엇인가?(창 19:37-38)
   ① 에돔 - 모압 ② 에돔 - 암몬
   ③ 모압 - 블레셋 ④ 모압 - 암몬

**정답** ④

## 창세기 20장

1. 창세기 20장에서 그랄 왕 아비멜렉이 아브라함의 아내 사라를 취한 후에 일어난 일들이다. 그 중에게 옳지 않은 것은 무엇인가?
   ① 하나님께서 그 밤중 꿈에 아비멜렉에게 나타나, "사라 때문에 너는 죽을 수 있다"라고 경고했다
   ② 아비멜렉은 아브라함이 사라가 그의 누이라고 한 말에 근거하여 무죄함을 주장했다
   ③ 이방인일지라도 여호와의 법을 지킨다면 심판과 벌을 면할 수 있다
   ④ 여호와께 속한 자와 속하지 않은 자를 구별한 사건이다

**정답** ④

2. 창 20장에서 아비멜렉이 그의 무죄를 입증하는 일들이다. 그 중에서 가장 적절한 것은 무엇인가?
   ① 사라를 돌려보내야 했다
   ② 중보 기도를 해야 한다
   ③ 보석금을 내야 한다
   ④ 속건죄를 드려야 한다

**정답** ①

3. 창세기 20장에서 그랄 왕 아비멜렉이 아브라함의 아내 사라를 취한 사건에서 보여준 다문화적 삶의 원리들이다. 그 중에서 적절치 않은 것은 무엇인가?
   ① 하나님은 공의로운 분으로 죄와 벌의 관계에서 민족적 편견이 작용하지 아니한다
   ② 생(生)과 사(死)의 문제는 해당 당사자의 선택과 결단의 문제로, 이방민족에 대한 무조건적인 처벌은 더 이상 없다

③ 아브라함은 이방인에 대한 선입견과 편견을 가지고 있음을 보여준다

④ 아비멜렉은 나그네들을 자신의 땅에 받아들이지 않았다

**정답** ④

## 창세기 21장

1. 아브라함과 사라 사이에 아들이 태어나자 그의 이름을 이삭이라 불렀다. 그 이름의 의미는 무엇인가?(창 21:6)

① 하나님께서 노령에 아기를 주셨다

② 하나님께서 나에게 웃음을 만드셨다

③ 하나님께서 아브라함에게 약속하여 얻은 아들이다

④ 아브라함의 모든 희망의 씨앗이다

**정답** ②

2. 아브라함이 하갈과 이스마엘을 내쫓아내야 한다는 사라의 요구를 수용한 이유들이다. 그 중에서 가장 적절한 것은 무엇인가?(창 21:8-21)

① 하갈과의 이전 갈등이 기억났기 때문이다

② 사라는 이스마엘이 이삭과 함께 상속자가 될 수 없다고 생각했기 때문이다

③ 하갈과 이스마엘은 이방민족으로서, 이스라엘의 정체성을 보존할 수 없는 존재로 마땅히 축출해야 했기 때문이다

④ 하나님께서 사라의 요구를 수용하라고 명령했기 때문이다

**정답** ④

3. 창 21장에서 하나님은 아브라함에게 사라의 요구를 수용하라고 명령하셨다. 그 이유를 설명한 것 중에서 가장 적절치 않은 것은 무엇인가?

① 하나님은 아들의 미래를 염려하는 어머니 사라의 입장을 존중했기 때문이다

② 하나님은 이스마엘도 아브라함의 혈통으로 한 민족을 이룰 수 있기 때문이다

③ 혈통을 넘어 민족과 민족들 사이의 새로운 관계를 이루려는 의지가 반영되어 있기 때문이다

④ 하나님의 원대한 계획을 통하여 이룩되는 새로운 세계를 보았기 때문이다

**정답** ①

4. 창 21장 14-18절에서 광야에서 탄식하는 하갈과 이스마엘의 고난에 하나님께서 개입하셨다. 그 의미를 설명한 것 중에서 가장 적절한 것은 무엇인가?

① 하나님은 애굽 출신의 하갈을 측은히 여겼기 때문이다

② 하나님께서 탄식 소리가 나는 덤불나무로 찾아 오셨으므로, 그 곳이 성소가 되었다

③ 하나님은 이방인들이라도 고난 중에 내는 탄식 소리는 들으시는 보편성의 하나님이시다

④ 이스라엘 민족을 편드시는 하나님이시다

**정답** ③

5. 창세기 21장 8-21절에서 하갈과 이스마엘을 추방한 사건에서 보여준 다문화적 삶의 원리들이다. 그 중에서 가장 적절치 않는 것은 무엇인가?

① 하나님의 원대한 계획을 통하여 이룩되는 새로운 세계를 주장한다

② 국제관계 속에서 민족의 생존을 넘어 새로운 세계를 바라본다

③ 하나님은 공의로운 세계를 만들어, 아브라함을 주변 세계로부터 지켜주신다

④ 하나님은 모든 세계의 민족들을 축복하시며, 이스라엘과 이방 민족들 사이의 좁은 민족주의적 구별과 차별을 철폐하셨다

**정답** ③

6. 창세기 21장 22-34절에서 아브라함과 아비멜렉이 평화조약을 체결했다. 그 내용을 설명한 것들 중에서 옳지 않은 것은 무엇인가?

① 서로에게 거짓되게 행동하지 않는다고 약속했다
② 서로에게 사랑을 베풀겠다고 약속했다
③ 아브라함은 암양새끼 일곱 마리를 주고, 우물의 소유권을 인정해 달라고 했다
④ 서로 결혼을 통하여 친밀한 관계를 맺자고 약속했다

**정답** ④

7. 창세기 21장 22-34절에서 아브라함과 아비멜렉이 평화조약을 체결한 장소를 브엘세바라 불렀다. 그 이유를 설명한 것 중에서 가장 적절한 것은 무엇인가?

① 하나님께서 아브라함과 항상 함께 했기 때문에 아비멜렉은 두려웠기 때문이다
② 아비멜렉이 빼앗은 우물을 되찾았기 때문이다
③ 아브라함이 먼저 우물을 팠기 때문이다
④ 아브라함이 암양 7마리를 아비멜렉에게 주고 우물의 소유권을 인정받았기 때문이다

**정답** ④

## 창세기 22장

1. 창 22장은 하나님께서 아브라함을 시험하는 이야기이다. 이를 설명하는 것들 중에서 옳지 않은 것은 무엇인가?(창 22:1-8)

① 아브라함과 이삭은 번제를 드리기 위해 모리야 땅으로 가야 한다
② 아브라함은 이삭과 하인 둘과 함께 그 장소로 떠나갔다
③ 셋째 날에 아브라함은 하인들에게 "너희는 여기에 머물러 있어라. 우리는 그 곳까지 가서, 기도하고 너희에게 돌아오겠다"고 말했다
④ 이삭은 아브라함에게 "번제용 양은 어디에 있습니까?"라고 묻자, 아브라함은 "그 곳에 이미 마련되어 있다"라고 답했다

**정답** ④

2. 창 22장은 아브라함이 이삭과 함께 제사를 드리는 이야기이다. 이를 설명하는 것들 중에서 옳지 않은 것은 무엇인가?(창 22:9-14)

① 아브라함은 모리아 산에서 제단을 쌓고, 장작을 차려놓고, 이삭을 묶고 제단 위 장작 위로 놓았다
② 아브라함이 아들을 잡으려고 칼을 잡는 순간, 숫양 한 마리가 다가와, 그것으로 제물을 대신했다
③ 여호와께서 아브라함에게 "그 소년에게 아무 것도 하지 말아라, 왜냐하면 나는 네가 외아들조차도 아끼지 않고 나를 경외하는 줄을 알았다"고 하였다
④ 아브라함은 그가 숫양을 발견한 장소를 여호와 이레로 불렀다

**정답** ②

3. 아브라함이 이삭을 죽이려고 할 때, 하나님의 음성을 듣고 발견한 짐승은 무엇인가?(창 22:13)
   ① 목이 덤불에 걸린 어린양
   ② 나무에 걸린 어린양
   ③ 나뭇에 걸린 숫양
   ④ 뿔이 덤불에 걸린 숫양

   **정답** ④

4. 아브라함이 이삭을 바친 모리아 땅, 여호와의 산의 또 다른 이름은 무엇인가?(창 22:14)
   ① 여호와 닛시 ② 여호와 삼마
   ③ 여호와 이레 ④ 시온산

   **정답** ③

5. 창세기 22장에서 하나님은 아브라함에게 아들을 번제로 바치라고 말씀하셨다. 다음은 오경의 문맥에서 그 의미를 설명한 것이다. 그 중에서 가장 적절치 않은 것은 무엇인가?(창 22:1-19)
   ① 아브라함의 순종과 헌신의 모습은 이스라엘 제의 역사의 모범이 되었다
   ② 아브라함의 순종의 모습 속에서 하나님을 경외를 확인할 수 있다
   ③ '아들'은 위대한 국가의 이상이 달려있는 희망의 씨앗으로 이를 버리라고 명령한 것이다
   ④ 혈통을 넘어, 하나님의 주권과 통치를 세계 공동체로 확대하고자 한 것이다

   **정답** ①

6. 아브라함이 그의 독자까지도 아끼지 아니하고 하나님께 순종하려 했던 그의 태도를 하나님께서 축복했다. 그 축복에 속하지 않는 것은 무엇인가?(창 22:15-19)
   ① 하나님께서 아브라함을 진정으로 축복하겠다고 약속했다
   ② 아브라함의 후손을 하늘의 별과 같이, 바닷가의 모래와 같이 증대시키겠다고 약속했다
   ③ 하나님께서 아브라함에게 하늘의 이슬과, 땅의 기름짐과, 풍성한 곡식과 포도주를 주겠다고 약속했다
   ④ 아브라함의 후손으로 인해 땅의 모든 민족들이 복을 받을 것이라 약속했다

   **정답** ③

## 창세기 23장

1. 사라가 죽은 후 일어난 일을 설명한 것들이다. 그 중에서 가장 옳지 않는 것은 무엇인가?
   (창 23:1-8)
   ① 사라가 죽었으나, 그 때까지 아브라함에게는 묘지로 사용할 땅이 없었다
   ② 아브라함은 헷 사람들에게 사라의 매장지를 청했다
   ③ 헷 사람은 자신들의 묘실 중에서 가장 좋은 곳을 주겠다고 제안했다
   ④ 아브라함은 헷 사람의 묘실을 구매했다

   **정답** ④

2. 아브라함은 헷 사람들의 묘실을 (공짜로) 주겠다는 제안을 거절했다. 그 이유를 설명한 것들 설명한 것들 중에서 가장 적절치 않은 것은 무엇인가?
   ① 헷 사람의 제안이 너무 고마워 수용할 수가 없었다
   ② 소할의 아들 에브론의 땅은 이전 롯이 피난간 곳과 관계가 있다
   ③ 아브라함은 아내 사라를 이방인의 땅에 묻히는 것을 원치 않았다

④ 아브라함은 아내가 타인의 땅에 묻혀 자신과 분리되는 것을 원치 않았기 때문이다

**정답** ①

3. 헷 사람 에브론이 아브라함에게 막벨라 동굴과 밭을 공짜로 주겠다고 했으나, 아브라함은 400 세겔로 그 땅을 구매한다. 그 이유를 설명한 것으로 가장 적절한 것은 무엇인가?

① 너무 감사한 제안으로 그냥 수용하기에는 미안하기 때문이다

② 처음에 호의적이었던 이방인들이 후에 사이가 나빠져 그 땅을 도로 돌려달라고 할 경우, 사라의 묘를 이장하는 번거로움을 미연에 방지하고자 함이다

③ 후일에 아내를 이방인의 땅에서 자신의 땅으로 이장하는 번거로움을 피하기 위함이다.

④ 아내를 자신 소유의 땅에 매장하고자 했기 때문이다

**정답** ④

4. 사라의 묘지가 있는 막벨라 동굴은 어디에 있는가?(창 23:19)

① 베들레헴 ② 헤브론

③ 브엘세바 ④ 그랄

**정답** ②

5. 아브라함은 사라를 헷 사람의 막벨라 동굴에 매장했다. 다음 중 이 사건의 의의에 대한 설명한 것 중에서 가장 적절치 않은 것은 무엇인가?(창 23장)

① 여호와께 속하지 않는 자들의 땅에 사라가 영원히 분리되는 것을 막고자 했다

② 나그네 살이 하는 존재의 정체성을 보존하고자 했다

③ 사라의 죽음은 '나그네살이' 가족의 여망인 소유의 땅을 얻을 수 있게 했다

④ 사라는 헷 사람에게서 구매한 땅에 묻힘으로 영원한 안식을 얻게 되었다

**정답** ④

## 창세기 24장

1. 이삭의 아내를 구하려 고향 땅으로 가기 전에 아브라함과 그의 종이 나눈 대화의 내용이다. 그 중에서 옳지 않은 것은 무엇인가?(창 24:1-9)

① 아브라함은 이삭의 아내를 고향 동족에서 구하기를 원했다

② 아브라함은 그의 종에게 이삭의 신붓감의 여자가 가나안으로 오려고 하지 않을 경우 이삭을 고향으로 데려가도 좋다고 허락했다

③ 아브라함은 이삭의 신부를 구하는 일에 여호와께서 배려하여 일을 성공적으로 수행할 수 있을 것이라 그의 종을 격려했다

④ 아브라함의 종은 아브라함의 지시에 따라, 아브라함의 허벅지 아래에 손을 넣고 맹세했다

**정답** ②

2. 아브라함의 종이 이삭의 신붓감을 구하는 과정에서 일어난 일들이다. 그 중에서 옳지 않은 것은 무엇인가?(창 24:10-27)

① 아브라함의 종은 여호와께서 아브라함에게 준 각종 선물을 가지고 떠났다

② 아브라함의 종은 우물가에서 마실 물을 청할 때, 자신에게는 물론 낙타에게까지 물을 주는 처녀를 여호와께서 정하신 신부로 삼겠다고 기도한다

③ 그 때 물을 길러 나와 이삭의 신부가 된 자는

라반의 딸, 리브가였다

④ 아브라함의 종은 리브가가 그가 기도한 바의 신붓감임을 알고, 여호와께 경배하며 여호와께 찬송을 드렸다

**정답** ③

3. 리브가의 집에서 일어난 일들이다. 그 중에서 옳지 않은 것은 무엇인가?(창 24:28-48)

① 리브가가 손님이 찾아왔다는 소식을 집에 알리자, 그녀의 오빠가 나와 손님을 우물가에서 집으로 정중히 모셔왔다

② 아브라함의 종은 식사 대접을 받고 난 후, 자신의 소임을 리브가의 가족들에게 설명했다

③ 아브라함의 종은 리브가의 가족들에게 이삭의 신붓감을 고향에서 구하는 일은 여호와께서 배려하신 일임을 상기시켰다

④ 또 아브라함의 종은 이삭의 신붓감을 위해 기도했고, 리브가는 기도에 응답된 자임을 설명했다

**정답** ②

4. 리브가의 가족과 아브라함의 종 사이에 있었던 대화이다. 그 중에서 옳지 않은 것은 무엇인가?(창 24:49-60)

① 리브가의 가족은 이 결정이 여호와께로부터 나왔으므로 따르겠다고 했다

② 아브라함의 종은 가족의 결정을 듣고, 여호와께 경배하고, 가져온 패물을 주었다

③ 하룻밤을 유숙한 아브라함의 종은 곧장 떠나려 했으나, 리브가의 가족의 청으로 며칠간 더 머물렀다

④ 리브가의 가족은 리브가에게 축복하며, 그녀의 유모를 딸려 보냈다

**정답** ③

5. 이삭의 신부를 고향 땅의 동족에게서 구한 일의 신학적 의미에 대해 설명한 것들이다. 그 중에서 가장 적절치 않은 것은 무엇인가?(창 24장)

① 고향 동족에게서 신부를 구한 일은 다수의 이방인들 사이에 살아가는 여호와의 백성이 정체성을 보존하려는 노력이다

② 여호와께서 이삭의 신부를 구하는 일에 모든 일을 섭리하신 일은, 여호와께 속한 자들은 여호와께서 친히 돌보신다는 것을 보여준다

③ 아브라함이 이삭의 신붓감을 가나안 사람에게서 구하지 않는 이유는 가나안 사람들이 여호와께 속하지 않는 자들이기 때문이다

④ 고향 동족에게서 신부를 구한 일은 어두운 운명을 극복하고, 새로운 미래를 여는 일이다

**정답** ④

## 창세기 25장

1. 아브라함의 부인과 자녀에 대한 설명이다. 그 중에서 옳은 것은 무엇인가?(창 25:1-4)

① 아브라함의 부인은 사라와 몸종 하갈 뿐이다

② 아브라함의 부인은 모두 6명이다

③ 아브라함의 자녀는 양자 엘리에셀을 제외하고, 모두 8명이다

④ 아브라함의 자녀는 무수히 많다

**정답** ③

2. 아브라함의 가족관계를 설명한 것들이다. 그 중에서 옳지 않은 것은 무엇인가?(창 25:5-18)

① 아브라함은 유산을 이삭에게만 주었다

② 아브라함은 늙어 백발의 고령으로, 만족할만한 연령까지 살다가, 175세에 죽었다

③ 아브라함을 막벨라 동굴에 장사했다

④ 이스마엘도 일가를 이루어 많은 자녀를 두었다

**정답** ①

3. 아브라함의 족보를 설명한 것이다. 그 중에서 가장 적절치 않은 것은 무엇인가?

① 아브라함의 족보는 하나님 창조의 축복이 실현되고 있음을 보여준다

② 아브라함의 족보에 담긴 이름들은 모두 남부 팔레스타인과 아랍 북서 지역의 민족이나 지역이름들이다

③ 온 세계가 분산되어 있음을 보여준다

④ 온 세계가 한 아버지에서 나온 한 가족임을 말한다

**정답** ③

창 25장 19-34절

1. 야곱 이야기의 내용과 특징을 설명한 것들이다. 그 중에서 옳지 않은 것들은 무엇인가?

① 야곱 이야기는 대략 3부분으로 구분된다

② 야곱 이야기의 첫째 단락은 야곱의 어린 시절 아버지의 집에서의 생활을 보도한다

③ 야곱 이야기의 둘째 단락은 삼촌 라반의 집에서의 생활을 보도한다

④ 야곱 이야기의 셋째 단락은 형 에서의 집에서의 생활을 보도한다

**정답** ④

2. 형 에서에 비해 동생 야곱을 역사의 중심 인물로 기억하게 한 이유는 무엇인가?

① 야곱은 성실하여 많은 재산을 모았기 때문이다

② 야곱은 생의 위기 때마다 하나님을 체험했기 때문이다

③ 에서가 지나치게 여자를 좋아하여 아버지로부터 버림받았기 때문이다

④ 에서는 사냥과 전쟁을 좋아하여 많은 사람에게 등을 졌기 때문이다

**정답** ②

3. 에서와 야곱의 인물적 특성을 그린 것들이다. 그 중에서 적절치 않는 것은 무엇인가?

① 에서와 야곱은 대조되는 인물로 그려져 있다

② 에서는 사냥을 좋아하는 용맹스러우며, 남성답고, 사교적이며, 매력적인 남성으로 뭇여성들에게 인기가 있는 자였다

③ 에서는 장남이나 아버지의 신임이 없었고, 아버지는 그를 가문을 책임질 자로 생각하지 않았다

④ 야곱은 여성스럽고, 소심하고, 내성적이고, 비사교적인 인물이다. 어머니는 그를 항상 측은히 여기고 그의 미래를 걱정했다

**정답** ③

4. 야곱과 에서의 출생에서부터 특징 지워진 운명적 삶을 설명한 것이다. 그 중에서 적절치 않은 것은 무엇인가?

① 장남과 차남 사이에는 각기 다른 운명의 길을 걸었다. 장남은 모든 것을 독식하고, 이와는 반대로 차남은 모든 것을 형에게 양보해야 한다

② 야곱은 출생에서부터 장남이 아닌, 차남으로 2등급의 인생을 살아간다

③ 야곱의 인생은 차남으로서 져야했던 2등급 인생의 운명을 극복하는 데 전력했다

④ 야곱은 불합리한 인습으로 인해 가족의 사랑

을 많이 받았다

**정답** ④

5. 리브가의 임신과 출산의 경위를 설명한 것이다. 그 중에서 옳지 않는 것은 무엇인가?
(창 25:19-28)
① 리브가가 임신하지 못하므로, 이삭은 그의 아내를 위해 여호와께 간구하자, 여호와께서 그의 간구를 들어주셨다
② 리브가는 쌍둥이를 임신했다 이들은 태에서부터 서로 싸웠다
③ 리브가는 쌍둥이를 임신했으며, 이들은 나중에 두 국민으로 발전했다
④ 리브가는 쌍둥이를 임신했으며, 먼저 나온 자는 "동생을 섬길 것이다"라고 하여 에서라 불렀고, 후에 나온 자는 "형의 발꿈치를 잡았다" 라고 하여 야곱이라 불렀다

**정답** ④

6. 야곱은 에서에게 팥죽 한 그릇에 장자권을 구매했다. 이 사건을 설명한 것들 중에서 가장 적절치 않은 것은 무엇인가?(창 25:29-34)
① 에서가 장자권을 팔았으므로, 야곱이 축복을 받아야 했다
② 에서가 팥죽 한 그릇에 장자권을 판 것은 아무런 가치도 없다고 생각했기 때문이다
③ 야곱이 팥죽 한 그릇으로 장자권을 산 것은 차남에게 모든 불이익을 준 잘못된 관습을 극복하려는 노력의 일환이다
④ 야곱이 팥죽 한 그릇으로 장자권을 산 것은 형의 약점을 노린 비열한 행동이다

**정답** ①

7. 에서와 야곱의 성격적 특성을 설명한 것이다. 그 중에서 적절치 않은 것은 무엇인가?
① 에서는 공동체적이어서 내 것과 네 것의 경계를 분명히 짓지 않았다
② 야곱은 내 것과 네 것의 경계를 분명히 하여 자기 것을 잃지 않으려 했다
③ 에서는 민첩하며 교활하다
④ 야곱은 소심하고 기만적이다

**정답** ③

## 창세기 26장

1. 창세기에서 이삭에 대하여 소개하는 부분들이다. 그 중에서 옳지 않은 것은 무엇인가?
① 창 17장에서 이삭의 출생을 예고하고, 창 18장에서 사라가 이삭을 임신했다고 보도한다
② 창 21장 1-7절에서는 이삭의 출생과, 창 21장 8-34 이삭의 어린 시절을 보도한다
③ 창 24장에서 이삭의 결혼과, 창 25장 19-26절에서 이삭의 쌍둥이 출산을 보도한다
④ 창 27장에서 이삭이 죽음에 앞서 자녀들에게 축복하고, 창 35장 27-29절에서 이삭의 죽음을 보도한다

**정답** ①

2. 이삭의 아내 리브가의 위기에 관한 이야기이다. 그 중에서 옳지 않은 것은 무엇인가?
(창 26:1-11)
① 이삭은 심한 기근으로 인하여, 블레셋 왕 아비멜렉이 있는 그랄에 가서 '나그네 살이'를 하게 되었다
② 이삭이 애굽으로 내려가지 않는 것은 여호와께서 함께 하겠다는 약속 때문이다
③ 아비멜렉은 창을 통하여 이삭이 리브가에게

애정을 나누는 것을 보고, "네 아내를 왜 네 누이라고 속였냐"고 이삭에게 따졌다

④ 아비멜렉은 "자신이 리브가를 범하여, 죄를 입을 뻔했다"고 이삭을 야단쳤다

**정답** ④

3. 다음은 '나그네살이' 인생이 겪어야 했던 어려움을 기술한 것이다. 그 중에서 가장 적절치 않은 것은 무엇인가?

① 경제적 어려움에 시달려야 했다
② 각종 범죄의 위험에도 노출되어 있다
③ 나그네들이 많은 돈을 벌어, 땅을 사서 '나그네살이'를 종식하는 경우가 종종 있었다
④ 구약성서에는 나그네를 보호하는 다양한 법들이 제정되어 있다

**정답** ③

4. 이삭의 '나그네살이'에 대하여 하나님께서 축복을 약속했다. 이에 속하지 않는 것은 무엇인가? (창 26:2-5)

① 동행의 약속　② 땅의 약속
③ 후손의 번성의 약속　④ 큰 민족의 약속

**정답** ④

5. 나그네 살이 인생은 언제나 새로운 삶의 터전을 찾아 옮겨다닌다. 그 과정을 묘사하는 것 중에서 가장 적절치 않은 것은 무엇인가?(창 26:12-34)

① 새로운 곳으로 이주하면 우선 천막을 친다
② 정착을 위해 필수 요소인 우물을 판다
③ 우물에서 물이 나올 경우 토착민들과 분쟁이 야기되기도 한다
④ 분쟁을 해결하기 위해 제단을 쌓고 예배를 드린다

**정답** ④

6. 우물 분쟁과 관련된 도시가 아닌 곳은 어디인가?

① 에섹　② 세일
③ 르호봇　④ 브엘세바

**정답** ②

7. '나그네살이'하는 자들이 토착민들과 분쟁을 하는 원인들을 설명한 것들이다. 그 중에서 적절치 않은 것들은 무엇인가?

① 우물을 파서 그 곳에서 물이 나오면 서로 차지하려고 싸운다
② 여호와의 축복으로 인해 토착민들이 시기하여 떠나라고 말한다
③ 이방인도 여호와의 축복을 인정하기도 한다
④ 유목민들은 호전적이기 때문에, 그들이 물과 풀밭을 발견하면 전쟁을 걸어 올 수 있다고 위협을 느껴 토착민들이 먼저 이주한다

**정답** ④

8. 이삭의 이주 지역들을 설명한 것들이다. 그 중에서 옳지 않은 것은 무엇인가?(창 26장)

① 우물을 차자하기 위해 서로 다투었기 때문이다 그 곳을 에섹이라 불렀다
② 여호와께서 나타났기 때문에, 그 곳을 세일이라 불렀다
③ 여호와께서 경계를 넓혀주셨기 때문에 그 곳을 르호봇이라 불렀다
④ 평화의 맹세를 했기 때문에 그 곳을 브엘세바라 했다

**정답** ②

9. 브엘 세바의 우물분쟁의 평화로운 해결에 관한 설명이다. 그 중에서 가정 적절치 않은 것은 무엇인가?

① 아비멜렉이 이삭과 평화로운 해결을 하려한

것은 하나님께서 이삭을 돕는다는 사실을 인지했기 때문이다

② 아비멜렉이 이삭과 평화로운 해결을 하려한 것은 군사적으로 이삭을 제압하려는 것이 불가능하다고 느꼈기 때문이다

③ 아비멜렉이 이삭과 평화로운 해결을 하려한 것은 과거 그들이 이삭을 내쫓았던 일이 염려가 되어 화해하고자 했다

④ 이삭도 아비멜렉과 평화로운 관계를 유지하기를 원했기 때문에 상호 평화의 맹세를 했다

**정답** ②

## 창세기 27장

1. 이삭이 죽음에 앞서 장자에게 축복하려는 이야기이다. 그 중에서 가장 적절치 않은 것은 무엇인가?(창 27:1-5)

① 이삭이 늙어 죽음이 가까워오자, 장자 에서에게 축복하려 했다

② 이삭은 에서에게 자신을 위해 사냥하여 별미를 만들어 오면, 그것을 먹고 힘을 내어 축복하겠다고 했다

③ 장자에게만 축복하려 한 것은 농토를 장자에게 특권적으로 많이 상속하려는 농경 사회의 관습을 반영한 것이다

④ 에서는 강한 자이며 야곱은 연약한 자이기에, 아버지는 가문을 강한 자에게 물려주려 했다

**정답** ④

2. 이삭의 축복을 기만적으로 탈취하는 사건을 묘사한 것들이다. 그 중에서 옳지 않은 것은 무엇인가?(창 27:6-25)

① 이삭이 에서에게 말하는 것을 리브가가 듣고, 야곱에게 염소 새끼 두 마리를 가져오면 별미를 만들어 아버지께 드려 네게 축복하게 하라고 제안했다

② 야곱은 탄로나지 않을까 두려워 주저했으나, 리브가는 아버지가 시력이 좋지 않아 결코 탄로 나지 않는다고 용기를 불어넣었다

③ 만약 이 일이 탄로나 아버지가 저주하면, 어머니는 "너의 저주는 내게로 돌려라!"고 말하며 야곱을 독려했다

④ 이삭은 자신을 속이려는 야곱을 못내 의심스러워 했으나, 치밀한 준비로 인해 아버지를 속이는 일에 성공했다

**정답** ②

3. 야곱이 에서의 축복을 기만적으로 가로채는 일에 어머니 리브가가 적극 개입했다. 그 이유를 설명한 것 중에서 가장 적절치 않은 것은 무엇인가?

① 어머니는 야곱을 항상 측은하게 여겨 그를 도왔다

② 당시 잘못된 인습에 저항했다

③ 어머니는 모든 것을 각오하는 자기 희생적 모습을 보여주고 있다

④ 하나님께 속한 자가 역사를 계승해야 한다는 하나님의 숨은 섭리에 순종하는 모습이다

**정답** ①

4. 이삭의 축복을 설명한 것들이다. 그 중에서 옳지 않은 것은 무엇인가?(창 27:26-30)

① 하나님께서 하늘의 이슬을 내리게 하여, 땅이 기름지게 하고, 그래서 풍성한 곡식과 포도주를 거두게 한다는 것이다

② 네가 가는 곳마다 나는 너를 지킬 것이며, 네

게 말한 것을 내가 행하기까지 내가 너를 떠나지 아니할 것이다

③ 세계의 만민이 야곱을 섬길 것이라는 축복이며, 또한 그의 형제들도 그를 섬길 것이라는 축복이다

④ "너를 저주하는 자는 저주를 받고, 너를 축복하는 자는 복을 받을 것이다"고 하여 여호와의 축복의 중재자가 될 것을 축복했다

**정답** ②

5. 뒤늦게 사냥에서 돌아온 에서에게서 일어난 일들을 설명한 것들이다. 그 중에서 옳지 않은 것은 무엇인가?(창 27:29-45)

① 에서가 사냥하여 돌아와 아버지를 위해 별미를 만들어 드리자, 아버지 이삭은 모든 일이 끝났음을 에서에게 알렸다

② 애원하는 에서에게 이삭은 모든 것이 하나님의 뜻임을 받아들이도록 했으나, 에서는 분히 여겨 야곱을 죽이려 했다

③ 이삭은 분하게 여겨 야곱을 죽이려는 에서에게 "내가 너를 주로 세우고, 너의 모든 형제들이 너의 종이 되며, 곡식과 포도주가 네게 넘쳐날 것"라고 위로했다

④ 에서가 야곱을 죽이려 함을 알고 리브가는 야곱을 삼촌 라반의 집으로 피신시켰다

**정답** ③

## 창세기 28장

1. 브엘세바에서 떠나 삼촌 라반의 집, 하란으로 도망하는 야곱에게 일어나 일들이다. 그 중에서 옳지 않은 것은 무엇인가?(창 28:10-22)

① 야곱은 길을 가다가 어느 한 곳에서 해가 져서 근처 숙소에서 하루 밤을 지내면서 돌을 취하여 베개로 삼았다

② 야곱은 이제 더 이상 가족과 함께 지낼 수 없고, 더욱이 하나님 없이 홀로 살아야 한다는 생각에 더욱 잠을 잘 수가 없었을 것이다

③ 꿈에 하나님께서 하늘 사다리를 타고 찾아와 야곱을 만났다

④ 찾아오신 하나님은 "나는 여호와이다 너의 조부 아브라함의 하나님이요, 이삭의 하나님이다"라고 했다

**정답** ①

2. 야곱이 도망 중에 만난 하나님에 대하여 설명한 것들이다. 그 중에서 적절치 않은 것은 무엇인가?(창 28:10-22)

① 여호와 하나님은 하늘 사다리에서 자신의 모습을 나타내 보이며 말씀하셨다

② 여호와 하나님은 자신을 "나는 여호와이다 너의 조부 아브라함의 하나님이요, 이삭의 하나님이다"라고 소개했다

③ 여호와 하나님께서 야곱을 찾아와 "보라! 내가 (친히) 너와 함께 할 것이며, 네게 말한 것을 내가 행하기까지 내가 너를 떠나지 아니할 것이다"라고 약속한다

④ 야곱이 누워 있는 땅을 그와 그의 후손에게 주겠다고 약속하신다

**정답** ①

3. 야곱을 찾아오신 여호와 하나님에 대하여 설명한 것들이다. 그 중에서 가장 적절치 않은 것은 무엇인가?(창 28:10-22)

① 여호와께서 찾아오신 것은 '성전에 묶여있지 않고, 항상 이동 가능함'을 의미한다

② 여호와 하나님은 약속의 말씀으로 야곱에게

새로운 희망의 불씨를 지피며, 여호와의 약속의 내용은 야곱의 현존재를 포괄하여 미래의 전 삶을 포괄한다

③ 하나님 체험을 가진 야곱은 자신이 머무는 곳이 곧 성전이라는 새로운 이해를 갖게 되었다

④ 야곱이 드린 예배는 길 가는 도중에 드린 것으로 정식 예배가 아닌 일종의 기도회와 같은 것으로 후일에 금지되었다

**정답** ④

4. 야곱이 벧엘에서 하나님 체험을 가진 이후에 변화된 모습을 보여주었다. 그 중에서 가장 적절치 않은 것은 무엇인가?(창 28:10-22)

① 야곱은 자신이 머무는 곳에 하나님께서 함께 계신다는 것을 깨닫고, 그 곳이 하나님의 집, 곧 벧엘이라 했다

② 야곱은 '여호와 하나님께서 이스라엘 백성에게로 찾아오심으로 가능하다'는 것을 깨달았다

③ 야곱은 하나님 체험 이후 예배의 장소로부터 예배의 대상으로 그 중심이 이동되었음을 깨달았다

④ 야곱은 하나님께 드리는 참다운 예배는 귀중한 예물을 드릴 때 가능함을 깨달았다

**정답** ④

## 창세기 29장

1. 야곱이 라반의 집으로 찾아가 경험한 일들을 설명한 것들이다. 그 중에서 옳지 않은 것은 무엇인가?(창 29:1-14)

① 야곱이 라반의 집 어귀에서 사람을 처음 만난 곳은 우물가였다

② 그 우물에는 물이 충분하지 않아, 양들이 다 모여야 물을 먹을 수 있었다

③ 야곱은 그 우물에서 양떼를 몰고 온 라반의 종들을 만나 그의 집으로 인도되었다

④ 라반은 야곱이 그의 혈육, 즉 조카라는 사실을 확인하고, 그의 집에 머물게 했다

**정답** ③

2. 야곱이 라반의 집에서 머물면서 일어난 일들을 설명한 것들이다. 그 중에서 옳지 않은 것은 무엇인가?(창 29:15-30)

① 라반은 야곱에게 가족의 노동에 참여할 것을 권하며 품삯을 주겠다고 제안한다

② 야곱은 라헬과의 결혼을 조건으로 품삯 대신 7년간을 데릴사위를 하게 해달라고 청했다

③ 7년 후 야곱은 라헬과의 결혼을 기대했으나, 라반은 기만적으로 레아와 그녀의 몸종 빌하를 주었다

④ 또 다른 7년의 데릴사위 후에 라반은 야곱에게 라헬과 그녀의 몸종 실바를 주었다

**정답** ④

3. 야곱의 자녀와 그 신학적 의미를 연결한 것이다. 그 중에서 옳지 않는 것은 무엇인가?
(창 29:31-35; 30:1-24)

① 르우벤 - 여호와께서 나의 괴로움을 돌보셨으니 이제는 내 남편이 나를 사랑하리로다

② 시므온 - 여호와께서 내가 사랑 받지 못함을 보시고, 라헬의 태를 닫으셨다

③ 레위 - 내가 그에게 세 아들을 낳았으니 내 남편이 지금부터 나와 연합하리로다

④ 유다 - 내가 이제는 여호와를 찬송하리로다

**정답** ②

## 창세기 30장

1. 라헬이 아들을 낳지 못하자 그녀의 몸종 빌하를 통하여 아들을 얻고자 했다. 이 과정을 설명한 것들 중에서 옳지 않는 것은 무엇인가? (창 30:1-8)
   ① 라헬은 언니 레아를 시기하여, 야곱에게 "내게 자식을 낳게 하라! 그렇지 아니하면 죽겠다"라고 떼를 썼다
   ② 야곱이 불평하는 라헬에게 "그대를 임신하지 못하는 것은 하나님 때문"으로, 자신 "하나님을 대신할 수 없다"고 했다
   ③ 빌하가 아들을 낳자, "내 슬픔의 아들이다"라는 의미에서 이름을 베냐민이라 했다
   ④ 빌하가 아들을 낳자, "하나님이 내 억울함을 푸시려고 내 호소를 들으셨다"는 의미에서 이름을 단이라 했다

   **정답** ③

2. 야곱의 부인들과 그 자녀를 연결한 것들이다. 그 중에서 옳지 않은 것은 무엇인가? (창 29:31-35; 30:1-24)
   ① 레아 - 르우벤 ② 빌하 - 시므온
   ③ 실바 - 갓 ④ 라헬 - 요셉

   **정답** ②

3. 야곱이 데릴사위의 기간이 끝난 이후의 생활을 서술한 것들이다. 그 중에서 옳지 않은 것은 무엇인가?(창 30:25-43)
   ① 야곱이 귀향 의사를 말하자 라반은 품삯을 주겠다고 제안하고, 계속 머물 것을 청했다
   ② 라반은 자신의 부(富)가 여호와께서 야곱으로 말미암아 주신 축복임을 깨달았다고 말했다
   ③ 야곱의 제안을 따라, 라반은 양과 염소 중에서 얼룩무늬 있는 것을 품삯으로 주기로 합의했다
   ④ 라반의 가축과 야곱의 가축이 함께 섞여 있어도 구별이 되므로 함께 두었다

   **정답** ④

## 창세기 31장

1. 야곱의 귀향의 동기를 설명한 것들이다. 그 중에서 적절치 않은 것은 무엇인가?(창 31:1-21)
   ① 야곱의 가축이 점점 많아지자, 라반과 그의 아들들은 곱지 않은 시선으로 야곱을 바라보았다
   ② 야곱의 귀향은 약속을 지키려는 여호와의 지시에 따른 것이다
   ③ 야곱은 들에서 집으로 돌아가 아내들에게 귀향의 의사를 밝힌다
   ④ 야곱의 부인들도 그들의 아버지가 자신들을 외국인처럼 팔았다고 생각하여 귀향에 공감했다

   **정답** ③

2. 야곱의 귀향의 과정과 라반의 추격의 과정을 묘사한 것들이다. 그 중에서 가장 적절치 않은 것은 무엇인가?
   ① 야곱과 그의 가족은 밧단아람 땅에서 모은 모든 가축과 소유물을 챙기고, 라반의 드라빔(신상)을 훔쳐 고향으로 떠났다
   ② 야곱이 도망한 후 삼 일이 지나 라반은 야곱이 도망한 것을 알고, 그의 아들들을 거느리고 야곱을 추격했다
   ③ 하나님이 밤에 아람 사람 라반에게 나타나 잘잘못을 따지지 말라고 지시했다

④ 라반이 야곱에게 자신의 딸들을 강제로 사로 잡아간 이유를 따지자, 야곱은 부인들을 빼앗을까 두려웠기 때문이라고 했다

**정답** ①

3. 야곱이 밧단아람에서 도망을 올 때 데리고 온 식구는 모두 몇 명인가?(창 35:16-18)

① 부인 2명과 아들 12명

② 부인 2명, 아들 12명과 딸 1명

③ 부인 4명과 아들 11명

④ 부인 4명, 아들 11명과 딸 1명

**정답** ④

4. 야곱과 라반의 평화의 조약을 설명한 것이다. 그 중에서 옳지 않은 것은 무엇인가?(창 31:43-55)

① 라반은 야곱에게 조약을 맺자고 제안했다

② 조약의 증거로 돌기둥을 세우고, 라반과 야곱은 공동 식사를 했다

③ 조약의 내용으로 야곱이 아내들을 박대하지 않는다는 뜻으로 다른 여인들과 결혼하지 않기로 했다

④ 조약의 내용으로 서로 왕래하며, 문안하기로 했다

**정답** ④

## 창세기 32장

1. 야곱이 에서를 만나기에 앞서 한 준비들이다. 이를 설명한 것들 중에서 옳지 않은 것은 무엇인가?(창 32:1-10)

① 야곱은 자기를 죽이려 했던 형, 에서를 만나기에 앞서 두려움에 사로 잡혔으나, 마하나임에서 하나님의 군대가 그를 보호하고 있음을 깨달았다

② 야곱은 마하나임에서 "하나님의 군대"를 체험하고도 여전히 두려움에 사로잡혀, 전령을 보내어 형 에서의 상황를 살피게 했다

③ 야곱은 에서가 400명의 용사와 함께 마중 나왔다는 소식을 듣고 공포감에 휩싸여, 가축을 두 떼로 나눠 유사시에 한 떼를 가지고 도망가려 했다

④ 야곱은 가족들이 모두 잠든 밤에 홀로 얍복강을 건너, 두려움 속에서 기도했다

**정답** ④

2. 야곱이 형 에서를 만나기에 앞서 기도한 내용을 기술한 것이다. 그 중에서 포함되지 않은 것은 무엇인가?(창 32:11-12)

① 야곱은 여호와 하나님의 이름을 불렀다

② 여호와께서 모든 위협으로부터 자신을 지켜주시겠다는 약속을 상기시켰다

③ 여호와께서 그에게 베풀어주신 은혜에 감사했다

④ 내 형 에서의 손에서 자신을 건져달라고 간청했다

**정답** ②

3. 야곱이 형 에서를 만나기 전 두려움에 휩싸여 한 행동이다. 그 중에서 적절치 않은 것은 무엇인가?(창 32:1-23)?

① 야곱은 형 에서에게 전령을 먼저 보내 상황을 알아보게 했다

② 형 에서에게 줄 예물을 준비했다

③ 야곱은 유사시를 대비하여 가축을 두 떼로 나누었다

④ 야곱은 감회가 새로워 여호와께 감사 기도를 드렸다

**정답** ④

4. 얍복 나루에서 야곱이 하나님의 사자로부터 받은 축복은 무엇인가?(창 32:28)
   ① 물질의 축복을 약속 받음
   ② 자손의 축복을 약속 받음
   ③ 땅을 기업으로 받음
   ④ 이스라엘이라는 새 이름을 받음

**정답** ④

5. 야곱은 얍복강에서의 신적 존재와 씨름을 했다. 이를 설명한 것들 중에서 적절치 않은 것은 무엇인가?(창 32:22-32)
   ① 어떤 신적 존재가 얍복강에 머물고 있는 야곱을 찾아와 씨름을 했으며, 이 씨름에서 신적 존재는 야곱을 이길 수가 없다고 생각했다
   ② 야곱의 씨름은 신약성서에서 불의한 재판관에게 간청하는 과부 이야기(눅 18:1-8)에서와 같이, 간절히 기도하는 기도의 투쟁과도 같았다
   ③ 신적 존재와의 씨름에서 야곱의 허벅지 관절을 쳐서, 허벅지 관절이 어긋났다
   ④ 신적 존재가 야곱의 허벅지의 힘줄을 쳤으므로, 이스라엘 사람들은 지금까지도 허벅지의 힘줄을 즐겨 먹는다

**정답** ④

6. 야곱이 하나님과 씨름하면서 일어난 일들이다. 그 중에서 옳지 않은 것은 무엇인가?(창 32:26-32)
   ① 하나님이 야곱에게 씨름을 그만 하자고 말했으나, 야곱은 자신을 축복하지 아니하면 계속하겠다고 했다
   ② 하나님은 씨름을 계속하자고 우기는 야곱을 이스라엘이라 부르게 했다. 왜냐하면 야곱이 하나님과 씨름하여 이겼기 때문이다
   ③ 야곱이 그와 씨름했다 그래서 그 곳의 이름을 얍복(강)이라 했다
   ④ 야곱이 씨름을 마치자 해가 돋았고, 그는 씨름 중에 허벅지를 다쳐 다리를 절었다

**정답** ③

7. 야곱의 새 이름 이스라엘의 의미를 설명한 것이다. 그 중에서 가장 적절한 것은 무엇인가?(창 32:27-28)
   ① '이스라엘'이란 하나님이 이스라엘을 위해 싸우다를 의미한다
   ② 이스라엘이란 인간이 하나님과 싸워 이기다를 의미한다
   ③ 이스라엘이라는 이름은 자기의 영광을 주장하면 상처(=절뚝거림)를 입고, 자기를 부인하면 하나님의 영광이 나타나는 이중의 의미를 지닌다
   ④ 야곱이란 '발뒤꿈치, 협잡군, 술수 부리는 자, 찬탈자'를 의미하는 부정적 이름이었으나, 영광스러운 새 이름을 얻었다

**정답** ③

8. 씨름 도중 축복을 요구하는 야곱에게 축복과 상처를 함께 주었다. 그 의미를 설명한 것 중에서 가장 적절치 않은 것은 무엇인가?
   ① 하나님은 야곱이 기도하면서 보여주었던 그의 겸양과 그의 간청을 긍휼히 여겼다. 하나님은 몸부림치는 한 인간을 외면하지 않고, 그를 불쌍히 여기시고 긍정했다
   ② 에서가 야곱에게 상처를 준다면, 하나님께서 에서에게 상처를 주시겠다는 약속이다
   ③ 형과의 화해 없이 하나님과의 화해란 없다.

동시에 형과의 만남을 위해 값비싼 대가를 치루어야 한다는 점을 상징적으로 보여준다

④ 야곱의 상처는 하나님의 은혜는 결코 값싼 은혜가 아님을 말해준다. 야곱의 기만과 교활한 행동은 불안과 공포를 겪어야 한다

**정답** ②

## 창세기 33장

1. 야곱이 에서를 다시 만나는 사건을 설명한 것들이다. 그 중에서 옳지 않는 것은 무엇인가? (창 33:1-9)

① 에서는 사백 명의 장정을 거느리고 야곱을 마중 나왔다

② 야곱과 에서는 서로 상봉하여 부둥켜 안고 큰 소리로 울었다. 이로써 모든 화해가 이루어졌다

③ 야곱은 에서에게 가족을 소개하고 서로 인사했다

④ 야곱이 에서에게 예물을 전하자, 에서는 고맙다고 하면서 받았다

**정답** ④

2. 야곱이 에서를 다시 만난 사건과 그 후의 사건들을 설명한 것들이다. 그 중에서 옳지 않은 것은 무엇인가? (창 33:10-20)

① 야곱은 에서에게 "내가 형님의 얼굴을 본 것은 하나님의 얼굴을 본 것 같습니다"라고 말했다

② 에서가 야곱에게 함께 세일에서 살자고 제안하자, 야곱은 형을 따라 세일로 가 정착했다

③ 야곱은 세겜 성외곽으로 이주해와 장막을 치고, 장막을 친 밭을 세겜의 아버지 하몰의 아들들에게서 백 크시타에 샀다

④ 야곱은 세겜에서 산 땅에 제단을 쌓고 이스라엘의 하나님께 예배했다

**정답** ②

3. 야곱은 에서에게 "내가 형님의 얼굴을 본 것은 하나님의 얼굴을 본 것 같습니다"라고 말했다. 이 말의 의미를 설명한 것 중에서 가장 적절치 않은 것은 무엇인가?

① 야곱과 에서가 서로 화해가 이루어졌다는 뜻이다

② 야곱은 에서를 하나님으로 여긴다는 뜻이다

③ 하나님은 타자의 얼굴을 통하여 계시하신다는 뜻이다

④ 야곱이 에서와의 화해 없이는 하나님과의 화해도 없다는 뜻이다

**정답** ①

4. 야곱은 에서와 헤어지기 위해 어떤 핑계를 들어 말했나?(창 33:13-14)

① 세일은 땅이 협소하므로 자신이 형에게 폐를 끼치고 싶지 않다고 했다

② 자신은 선조들의 땅에서 살고 싶다고 했다

③ 자식들은 연약하고, 가축들을 급히 몰고 갈 수 없어 천천히 가겠다고 속인다

④ 아버지의 유언을 따라 자신은 브엘세바에서 살고 싶다고 했다

**정답** ③

## 창세기 34장

1. 세겜이 디나를 욕보인 사건을 설명한 것들이다. 그 중에서 옳지 않은 것은 무엇인가?
(창 34:1-19)
   ① 하몰의 아들 세겜이 레아의 딸 디나를 사랑하여 그녀를 강제로 욕보였다
   ② 하몰과 그의 아들 세겜은 야곱의 가족에게 청혼을 하고, 그 조건으로 야곱의 가족이 세겜 성에 거주할 수 있는 영주권을 주겠다고 제안한다
   ③ 야곱은 디나의 소식을 듣고 자기의 아들들을 불러 복수할 길을 서로 논의했다
   ④ 야곱의 가족은 하몰의 가족이 할례를 받는다면 청혼의 제안을 수락하겠다고 다시 제안했다

   **정답** ③

2. 야곱의 가족들은 하몰 가족이 청혼에 대하여 할례를 받아야 수락하겠다고 했다. 그 이유를 설명한 것들 중에서 옳은 것은 무엇인가?(창 34장)
   ① 이스라엘 사람들은 할례 받지 아니한 자들을 야만시 하여 교류를 금했기 때문이다
   ② 할례를 제안한 진정한 의도는 두 민족이 한 민족으로 화합하려 했기 때문이다
   ③ 할례는 이스라엘의 중요한 전통으로 이를 존중할 때에만이 그들을 신뢰할 수 있다고 보았기 때문이다
   ④ 할례를 하고 난 후 상처가 치유되기 전에 모두 살해하기 위함이다

   **정답** ④

3. 디나의 강간을 복수하는 내용이다. 그 중에서 옳지 않은 것은 무엇인가?
   ① 할례를 받게 하고 상처가 아물기 전에 모두 살해했다
   ② 시므온과 레위가 각기 칼을 가지고 가서 몰래 그 성읍을 기습하여 남자들을 살해했다
   ③ 칼로 하몰과 그의 아들 세겜을 죽이고 디나를 세겜의 집에서 데려왔다
   ④ 모든 남자를 살해하고 도시를 점령하여, 모든 소유를 전리품으로 취했다

   **정답** ④

4. 디나 강간 사건의 교훈을 설명한 것들이다. 그 중에서 적절치 않은 것은 무엇인가?(창 34장)
   ① 디나 강간 사건은 나그네살이하는 자들이 정착민들로부터 성(性)적인 상해와 위협을 받았다는 증거가 되고 있다
   ② 족장들이 나그네살이 하는 동안 지역민과의 갈등이 발생하여, 때로는 물리적인 충돌을 통해 갈등을 해소하기도 했다
   ③ 야곱의 자녀들이 그 지역의 남자들을 살해한 것은 여호와께 속하지 않는 자들의 범죄에 대한 하나님의 심판의 대행으로 볼 수 있다
   ④ 하나님이 그 사면 고을들로 크게 두려워하게 하셨으므로, 야곱의 아들들을 추격하는 자가 없었다

   **정답** ③

## 창세기 35장

1. 디나의 사건 이후 하나님께서 야곱에게 내린 지시와 야곱의 행동들이다. 그 중에서 옳지 않은 것은 무엇인가?(창 35:1-7)
   ① 하나님께서 야곱에게 벧엘로 올라가 그 곳에서 거주하고 제단도 쌓으라고 했다

② 야곱은 온 집안 사람에게 이방 신상들을 버리고 정결하게 하라고 지시했다

③ 야곱은 모든 이방 신상들을 세겜 근처 상수리나무 아래에 묻고 떠났다

④ 야곱의 가족들은 세겜에서 제단을 쌓고, 그 곳의 주민들과 어울려 살고자 하였다

**정답** ④

2. 야곱의 가족의 죽음을 설명한 것이다. 그 중에서 옳지 않은 것은 무엇인가?

① 이삭은 108세에 헤브론에서 죽었다(창 35:27-29).

② 리브가가 브엘세바에서 죽었다(창 49:30-31).

③ 라헬이 베들레헴에서 죽었다(창 35:19).

④ 리브가의 유모 드보라가 벧엘에서 죽었다(창 35:8).

**정답** ②

3. 야곱의 부인들과 그 자녀를 연결한 것들이다. 그 중에서 옳지 않은 것은 무엇인가?(창 35:23-26)

① 레아 - 르우벤 ② 라헬 - 유다

③ 빌하 - 단 ④ 실바 - 갓

**정답** ②

4. 베냐민의 출산에 대한 설명이다. 그 중에서 적절치 않은 것은 무엇인가?(창 35:16-21)

① 라헬이 밧단아람에서 고향으로 오는 도중에 출산하였다

② 라헬이 해산을 하다 죽게 되었으므로, 그의 이름을 베냐민, 즉 슬픔의 아들이라 하였다

③ 라헬이 죽자 베들레헴 길에 장사하였고, 그 곳에 묘에 비를 세워 지금까지 라헬의 묘비라 일컬었다

④ 야곱은 어머니 없이 자란 베냐민을 다른 형제들 보다 더 사랑하였고, 늘 측은히 여겼다

**정답** ①

## 창세기 36장

1. 에서가 세일 산으로 이주해와 에돔의 조상이 된 경우를 설명한 것들이다. 그 중에서 가장 적절한 것은 무엇인가?(창 36:1-8)

① 에서는 사냥과 온천욕을 좋아하여 사냥하기 좋고 온천수가 있는 세일로 이주하였다

② 에서는 장자였으나 복잡한 결혼 생활로 인해 아버지로부터 내쫓겨 세일 산으로 도피하였다

③ 에서는 가나안 땅에서 많은 가축과 재산을 가지고 있어, 야곱과 함께 거주하기 어려워 세일 산으로 이주했다

④ 에서는 새로운 민족의 조상이 되기 위해 식솔과 가축을 이끌고 세일 산에 이주하여 에돔의 조상이 되었다

**정답** ③

2. 에돔의 선조는 누구인가?(창 36장)

① 가나안 ② 이스마엘 ③ 헷 ④ 에서

**정답** ④

## 창세기 37장

1. 요셉 이야기의 문학적 특징을 설명한 것들이다. 그 중에서 가장 적절치 않은 것은 무엇인가?

① 요셉 이야기는 (비교적) 통일적으로 구상되어 문학작품처럼 짜임새 있게 구성되어 있다

② 요셉 이야기는 단편소설과 같은 문학형태로

전하는 신앙 이야기이다

③ 요셉 이야기는 이스라엘과 애굽의 관계사를 파악할 수 있는 역사적 소재를 많이 담고 있다

④ 요셉 이야기는 가족사의 범주에 속하는 이야기로 출발하여 이스라엘 민족사의 이야기로 확대되어 신학적 성찰을 담은 신앙 서적으로 발전되었다

**정답** ③

2. 창 37장은 요셉 이야기의 서론으로서 이후 계속 전개되는 이야기의 복선이 되고 있다. 이를 설명한 것들 중에서 가장 적절치 않은 것은 무엇인가?(창 37장)

① 형제들의 갈등은 아버지의 편애와 꿈 이야기에서 첨예화되며, 요셉이 전 애굽을 다스리는 통치자가 되는 것으로 그 꿈이 실현된다

② 요셉을 구하려는 유다의 노력은 유다 지파가 이스라엘에서 지도적 지위에 오르므로, 다른 형제의 지파들과 대조를 이룬다

③ 형제들의 범죄는 애굽에서의 요셉의 용서와 대조를 이룬다

④ 요셉을 잃은 아버지의 슬픔은 재회와 가족의 기쁨에서 대조를 이룬다

**정답** ②

3. 요셉과 그의 형제들 사이의 갈등을 설명한 것들이다. 그 중에서 가장 적절치 않은 것은 무엇인가?(창 37:1-11)

① 요셉은 17세의 소년으로 등장하여, 그는 아버지와 형들의 농사일을 도왔다

② 요셉은 형들의 허물을 아버지에게 종종 고자질했다

③ 아버지가 요셉을 편애하므로 형제들을 분노하게 했다

④ 요셉의 꿈이야기는 형들을 더욱 분노하게 만들었다

**정답** ①

4. 야곱이 요셉을 편애한 이유는 무엇인가?(창 37:3)

① 요셉은 늘 혼자 들에서 양을 치기 때문이다

② 요셉이 형들의 허물을 잘 알려주어 편안했기 때문이다

③ 늙어서 얻은 자식이기 때문이다

④ 요셉은 매우 총명하였기 때문이다

**정답** ③

5. 형제들의 범죄를 설명한 것들이다. 그 중에서 옳지 않은 것은 무엇인가?(창 37:12-28)

① 요셉이 아버지의 심부름으로 세겜에서 양을 치는 형들을 찾아 올 때, 형들은 그들의 분노를 폭발시킬 기회로 삼았다

② 형들은 요셉을 웅덩이에 처넣고 여기에 들짐승들이 와서 그를 잡아먹게 하자고 하였다

③ 유다는 요셉을 이스마엘 상인들에게 팔아 혈육에게 피를 흘리는 것을 피하고자 하였다

④ 르우벤의 제안은 성공하지 않았으나, 결과적으로 그의 제안은 유괴한 자를 노예로 파는 범죄 행위를 피할 수 있었다

**정답** ②

6. 요셉이 어떻게 애굽으로 오게 되었는가를 설명해 준다. 그 중에서 옳은 것은 무엇인가?(창 37:28)

① 구덩이에서 혼자 올라와 애굽으로 도망갔다

② 형제들이 애굽 노예상인에게 팔았다

③ 애굽 군인들이 요셉을 잡아 애굽으로 끌고가

노예시장에 팔았다

④ 미디안 상인들이 이스마엘 상인들에게 팔자, 이들이 애굽에서 노예로 팔았다

**정답** ④

7. 요셉의 소식으로 인한 아버지의 슬픔을 설명한 것이다. 그 중에서 가장 적절치 않은 것은 무엇인가?(창 37:29-36)

① 형들은 요셉의 옷을 가져다가 숫염소를 죽여 그 옷에 피를 묻혀 아버지를 속였다

② 아버지는 채색옷을 보고 요셉이 죽었다고 생각했다

③ 아버지는 자기 옷을 찢고 굵은 베로 허리를 묶고 오래도록 그의 아들을 위해 애통했다

④ 형들이 아버지를 위로하였으나, 아버지는 그들의 말을 믿지 않았다

**정답** ④

## 창세기 38장

1. 피임법 중 오나니즘(Onanism)이라는 것이 있다. 이 말이 생겨난 배경을 설명한 것들 중에서 가장 적절한 것은 무엇인가?(창 38:1-12)

① 유다가 죽은 형을 대신하여 그의 형수에게 장가를 들어 대를 있게 해야 하나, 유다가 거절하자 유다의 형제 중 오난이 이를 대신하였으므로 이 말이 생겨났다

② 오난이라는 자가 죽은 그의 형을 대신하여 그의 형수 담나에게 장가들었으나, 그의 형에게 씨를 주지 아니하려고 땅에 설정하여 생겨난 말이다

③ 유다의 아들 중 성인은 모두 죽고 어린 오난이 그의 형수에게 장가를 들 수가 없었으므로, 담나가 고향으로 돌아가 창녀가 되어 대를 이었기 때문에 이 말이 생겨났다

④ 오난이 담나와 장가를 든 후 곧 죽자, 그의 아우 셀라가 형을 대신하여 대를 잇기를 거절하자 하나님께서 그를 쳐서 죽이시므로 이 말이 생겨났다

**정답** ②

2. 다말이 누구와 성관계를 맺고 베레스와 세라를 낳았는가?(창 38:13-30)

① 그녀의 시동생 오난

② 그녀의 시동생 셀라

③ 그녀의 시아버지 유다

④ 친정 동네 청년

**정답** ③

## 창세기 39장

1. 요셉 상승의 역사의 특징을 설명한 것들이다. 그 중에서 가장 적절치 않는 것은 무엇인가? (창 39-41장)

① 요셉의 성공은 하나님 체험을 통해 인격적 성장 속에서 이루어졌다

② 요셉의 상승은 꿈의 해석을 통하여 이루어졌다

③ 요셉의 성공은 돌발적 국사에 필요한 조언을 할 수 있는 지혜자에게 주어진 보상이다

④ 요셉의 상승은 항상 고난을 통하여 이루어지고 있다

**정답** ①

2. 요셉이 애굽으로 끌려 온 후에 보디발의 집에서 일어나 일들을 설명한 것들이다. 그 중에서 가장 적절치 않은 것은 무엇인가?(창 39:1-6)

① 보디발의 집에서도 여호와께서 요셉과 동행하였다
② 여호와께서 요셉과 함께 하심으로, 요셉은 곡식과 곡물의 수확을 다량 거두었다
③ 주인은 여호와께서 그와 함께 하심을 보았고, 요셉을 심복으로 삼았다
④ 주인은 요셉을 그의 집 관리인으로 세워 모든 것을 맡겼다

**정답** ②

3. 하나님께서는 요셉과 항상 동행하셨다. 이를 신학적으로 설명한 것들 중에서 가장 적절치 않은 것은 무엇인가?
① 여호와는 이방인의 땅에서 '나그네살이'하는 그의 백성과 항상 동행하시는 분이시다
② 여호와께서 요셉과 함께 하심으로, 그가 하는 일마다 성공을 거두었다
③ 여호와께서는 요셉으로 인하여 애굽인 주인의 집을 축복하셨다
④ 여호와께서는 그에게 속한 자와 그에게 속하지 않는 자를 구별하신다

**정답** ④

4. 주인의 아내가 요셉을 유혹한 내용과 관련된 것들이다. 그 중에서 옳지 않은 것은 무엇인가? (창 39:7-20)
① 안주인은 요셉을 별장으로 초대하여 특별한 식사를 대접하며, 함께 동침하자고 유혹했다
② 요셉은 안주인과의 동침을 하나님을 배신하는 "큰 악"이라는 말하면서 거절했다
③ 안주인은 자신의 유혹이 통하지 않자 요셉이 강간하려 했다고 모함했다
④ 보디발은 요셉을 감옥에 가두었다

**정답** ①

5. 요셉이 왕의 감옥에 갇히게 되는 경위를 설명한 것들이다. 그 중에서 가장 적절한 것은 무엇인가?(창 39:7-20)
① 이스마엘 상인이 왕의 감옥의 간수장에게 요셉을 팔았다
② 보디발 아내의 모함으로 왕의 감옥에 갇히게 되었다
③ 궁중의 두 관리들의 꿈 해몽을 위해 왕의 감옥에 갇히게 되었다
④ 바로의 꿈 해몽을 위해 왕의 감옥에 갇히게 되었다

**정답** ②

6. 감옥에 간 요셉에게 일어난 일들이다. 그 중에서 가장 적절치 않은 것은 무엇인가?(창 39:20-23)
① 요셉이 갇힌 감옥은 왕의 죄수를 가두는 곳이다
② 감옥에서도 요셉은 여호와의 은혜로, 간수들의 감독 없이 자유로이 생활했다
③ 간수장이 옥중 죄수를 모두 요셉의 손에 맡겨 그 제반 사무를 요셉이 처리하게 했다
④ 요셉이 감옥으로 간 것은 몰락이 아니라 왕을 만날 수 있는 새로운 기회가 되었다

**정답** ②

## 창세기 41장

1. 요셉과 함께 왕의 감옥에 갇힌 죄수는 누구인가?(창 40장)
① 식사담당 관원장 ② 요리사
③ 보디발 장군 ④ 보디발의 아내

**정답** ①

2. 궁중의 두 관리들의 꿈과 관련된 일들이다. 그 중에서 옳지 않은 것은 무엇인가?(창 40장)

① 두 사람의 꿈은 그들이 겪게 될 운명을 꿈꾼 것이다

② 술 맡은 관원장의 꿈은 포도나무에서 포도즙을 만드는 꿈으로 복직되는 꿈이다

③ 떡 굽는 관원장의 꿈은, 흰 떡을 만드는 꿈으로 복직되는 꿈이다

④ 3일 후, 바로의 생일에 요셉의 꿈 해석과 같은 일이 일어났다

**정답 ③**

3. 꿈 해석에 대한 요셉의 설명이다. 그 중에서 올바르게 설명한 것은 무엇인가?(창 40장)

① 꿈 해몽은 애굽의 술사들이 종종 하는 일로, 맞을 때도 있고, 맞지 않을 때도 있다

② 모든 꿈은 피곤할 때 생기는 것으로, 단지 자신의 과거 무의식의 반영이다

③ 애굽의 술사들은 종종 꿈 해몽과 관련하여 요셉과 경쟁을 했다

④ 꿈의 해석은 하나님의 미래 통치와 관련된 것으로 성령을 지닌 자는 해몽할 수 있다

**정답 ④**

## 창세기 41장

1. 바로의 꿈과 그 해석과 관련된 설명들이다. 그 중에서 옳지 않은 것은 무엇인가?(창 41:1-13)

① 바로의 첫 번째 꿈은 살찐 암소 7마리를 파리한 암소 7마리가 잡아먹는 내용이다

② 바로의 두 번째 꿈은 충실한 7개의 이삭을 마른 7개의 이삭이 삼키는 내용이다

③ 술 시종장은 요셉을 기억하고 바로에게 요셉을 소개했다

④ 바로의 꿈 해몽으로 많은 애굽의 술사들이 처형되어 감히 나서는 자들이 없었다

**정답 ④**

2. 바로의 꿈을 해석하는 일과 관련된 것들이다. 그 중에서 옳지 않은 것은 무엇인가?(창 41:14-32)

① 애굽의 점술가와 현인들에게 바로의 꿈을 해석케 했으나, 해석하는 자가 없었다

② 요셉은 7암소와 7이삭은 7년을 의미한다고 해석하였다

③ 요셉은 처음 7년 동안은 풍년이 들고 좋은 시절을 보내다가, 다음 7년 동안은 전쟁이 발발하여 많은 이가 죽을 것이라고 해석했다

④ 요셉은 바로의 꿈이 2번 겹쳐진 것은 하나님의 뜻이 확고하다는 뜻으로 해석했다

**정답 ③**

3. 요셉이 꿈을 신통하게 해석할 수 있는 이유를 설명한 것들이다. 그 중에서 적절치 않은 것은 무엇인가?(창 41:16, 25, 38-39)

① 요셉은 바로에게 하나님께서 자신에게 꿈 해몽을 알려주시기 때문이라고 했다

② 바로의 꿈은 하나님이 하실 일을 그에게 보이신 것이기 때문이다

③ 하나님께 속한 자는 미래 예측 능력을 부여받기 때문이다

④ 하나님의 영이 머무는 자는 하나님의 미래 역사를 통찰할 수 있기 때문이다

**정답 ③**

4. 요셉의 제안과 총리로 발탁된 배경에 대하여 설명한 것들이다. 그 중에서 옳지 않은 일은 무엇인가?(창 41:33-43)

① 요셉은 7년의 풍년 동안 곡식을 비축하여 7년의 흉년을 준비하도록 했다

② 요셉의 꿈 해석과 제안은 그를 지혜자로 받아들이기에 충분했다

③ 애굽 사람들은 하나님께서 요셉에게 미래통치를 알려 주셨으므로, 요셉을 지혜로운 자로 받아들였다

④ 요셉은 원래 왕족이었던 애굽의 온 지방의 제사장 보디베라의 딸 아스낫과 결혼, 왕족의 가문으로 편입되어 총리로 발탁되었다

**정답** ④

5. 애굽의 온 지방의 제사장 보디베라의 딸 아스낫과 결혼하여 아들들을 낳았다. 이들의 이름은 무엇인가?(창 41:51-52)

① 므낫세와 에브라임 ② 므낫세와 유다

③ 에브라임과 시므온 ④ 시므온과 유다

**정답** ①

6. 국가적 재난을 대비하라는 요셉의 제안과 바로의 조치들에 대한 설명들이다. 그 중에서 옳지 않은 것은 무엇인가?(창 41:33-43)

① 바로는 나라 안에 감독관들을 두어 7년의 풍년동안에 오분의 일세를 거두게 하였다

② 풍년 때 거두어들인 모든 곡물을 왕궁에 창고를 짓고 보관하게 했다

③ 바로는 요셉에게 총리로 임명하고, 그의 품위를 높이기 위해 자신의 인장을 주고, 또 세마포 옷과 금 사슬을 주었다

④ 바로는 요셉에게 자신의 수레를 주어 전국을 순회하며 다스릴 수 있게 했다

**정답** ②

7. 요셉의 직함과 관련된 것들이다. 그 중에서 옳지 않은 것은 무엇인가?

① 보디발의 집관리자

② 왕실 감옥의 관리자

③ 애굽의 총리

④ 요셉지파의 관리자

**정답** ④

8. 요셉의 성공을 설명한 것들이다. 그 중에서 적절치 않은 것은 무엇인가?

① "나는 너의 이름을 창대케(위대하게) 하리라"는 아브라함의 축복이 요셉에게서 실현되었음을 보게 된다

② 하나님의 약속의 실현이 아브라함과 이삭에게서는 물질적 번영으로, 요셉에게서는 정치적 상승으로 실현되었다

③ 요셉의 상승은 애굽의 바로의 정치적 결단 덕분이다

④ 서막에서 요셉의 적대자였던 형제들은 이제 뒤바뀐 처지에 놓이게 되었다

**정답** ③

## 창세기 42장

1. 요셉이 그의 형제들을 어떻게 만나게 되었는가?(창 42:1-5)

① 아버지 야곱의 간청으로 애굽에서 요셉을 찾았다

② 요셉이 애굽에 서신을 보냈다

③ 양식을 사기 위해 형제들이 애굽으로 왔기 때문이다

④ 꿈에 하나님께서 야곱에게 요셉의 소재를 알려 주었기 때문이다

**정답** ③

2. 형들은 양식을 구하기 위해 애굽으로 가야 하는 상황에 놓이자 서로 얼굴만 쳐다보았다. 그 이유를 설명한 것은 무엇인가?(창 42:1b)

① 형제들은 애굽으로 가기 싫어 대표로 갈 자를 뽑고자 하였기 때문이다

② 애굽으로 가는 길은 위험한 길로서 가능한 가고 싶지 않았기 때문이다

③ 애굽에는 양식과 함께 진기한 물건들이 많아 서로 가려고 하였기 때문이다

④ 과거 형제들이 요셉을 애굽에 팔았던 죄의식이 되살아났기 때문이다

**정답 ④**

3. 요셉의 형제들이 요셉을 처음 만났을 때의 모습을 설명한 것들이다. 그 중에서 가장 적절치 않는 것은 무엇인가?(창 42:6-23)

① 형들은 요셉을 보자 겁에 질려 아무 말도 하지 못했다

② 요셉은 곡식을 파는 책임자로 형들 앞에 서 있었다

③ 형들은 요셉을 알아보지 못하고 절만했다

④ 요셉은 모르는 체하고 형들에게 엄하게 대했으며 군사적 정탐꾼으로 몰아붙였다

**정답 ①**

4. 요셉은 형들을 시험하였다. 이를 설명한 것들 중에서 옳지 않은 것은 무엇인가?(창 42:24-28)

① 요셉의 형들은 시험에서 더욱더 강한 인물로 연단되었다

② 요셉과 형들과의 화해의 길은 형들의 진실이 입증될 때에만 가능하다

③ 요셉의 형들에 대한 두 차례의 시험이 있은 후, 요셉과 형제들과의 만남이 이루어진다

④ 요셉은 형들을 정탐꾼으로 몰아붙여 시험하였다

**정답 ①**

5. 요셉이 형들을 정탐꾼으로 몰아 붙이며 시험하는 과정에서 오간 대화들이다. 그 중에서 옳지 않은 것은 무엇인가?(창 42:13-28)

① 형들은 12형제로 막내 아들은 집에 있고, 또 한 아들은 애굽에서 장사를 하고 있어 지금 없다고 하였다

② 요셉은 형들의 말이 진실임을 입증하기 위해 집에 있는 막내 동생을 데려오라고 하였다

③ 요셉은 한 사람만 그 옥에 가두고, 나머지는 곡식을 가지고 가서 굶주림을 면하라고 하였다

④ 요셉의 형들은 곡식 자루에 돈이 든 것을 보고, "하나님이 어찌하여 우리에게 이 일을 행하셨나!"하고 탄식했다

**정답 ①**

6. 요셉의 형들이 요셉에게 그들의 진실을 입증하기 위하여 감옥에 남겨둔 자가 누구인가?(창 42:24)

① 르우벤 ② 시므온 ③ 유다 ④ 베냐민

**정답 ②**

7. 요셉은 형들의 진실을 시험하기 위하여 곡식 자루에 돈을 몰래 넣어 두었다. 이 사건을 설명한 것들 중에서 적절치 않는 것은 무엇인가?(창 42:24-38)

① 요셉의 형들의 자루에 돈이 든 것을 알게 된 것은 여관에서 나귀에게 먹이를 주려고 자루를 풀었을 때이다

② 요셉의 형들은 이 사건을 과거 그들의 범죄를 벌하려는 하나님의 의도로 이해한다

③ 야곱은 시므온을 구하려는 형들의 요구에 따라 베냐민을 애굽으로 데려가는 것은 어쩔 수 없다고 생각하고 허락했다

④ 형제들은 시므온을 구하기 위해 곧장 애굽으로 올라가지 않고 양식이 떨어지기까지 오랜 기간 동안 가나안에 머물러 있었다

**정답** ③

## 창세기 43장

1. 야곱이 아들에게 애굽에 가서 양식을 사오라고 두 번째 청했다. 이에 대한 설명들 중에서 가장 옳지 않은 것은 무엇인가?(창 43:1-14)

① 형제들이 갇혀 있는 시므온을 구하기 위해 곧바로 애굽으로 간 것이 아니라, 가져온 식량이 다 떨어지기까지 태평하게 고향에 머물러 있었다

② 유다가 베냐민을 데려가야 한다고 설득했다. 이로써 유다는 베냐민의 보증인으로 형제들의 대표 역할을 했다

③ 야곱은 청을 허락하면서, 그 땅의 가장 좋은 산물을 선물로 준비할 것을 당부했다

④ 야곱은 자루 속에 있든 돈의 네 배의 돈을 가지고 갈 것을 지시하였다

**정답** ④

2. 요셉이 형제들을 자신의 집으로 초대하여 형제들과 화해할 수 있는 길을 준비했다. 이에 대한 설명들 중에서 적절치 않은 것은 무엇인가?(창 43:15-33)

① 요셉은 형제들을 다시 한 번 시험하기 위해 그의 집으로 초청하였다

② 형제들은 요셉의 집으로의 초청을, 지난 번 자루 속의 돈 때문에 그들을 노예로 삼는 줄 알고 두려워하였다

③ 청지기는 자루 속에서 발견된 돈은 하나님께서 주신 것으로 이해시키며, 시므온을 데려와 그의 말을 더욱 확신시켰다

④ 요셉은 베냐민을 보자 눈물을 보였고, 이는 요셉이 하나님을 경외하는 자임을 알게 했다

**정답** ①

## 창세기 44장

1. 요셉은 형제들을 다시 한 번 시험했다. 그 내용을 설명한 것 중에서 옳지 않은 것은 무엇인가?(창 44; 1-14)

① 첫 번째 시험 때와 마찬가지로 두 번째 시험도 요셉의 지시에 의해 시험했다

② 형제들의 곡식자루에는 양식과 돈을 넣고, 베냐민의 자루에는 은잔도 함께 넣으라고 했다

③ 형제들은 훔치지 않았다고 말하고, 만약 은잔이 나오면 종이 되겠다고 확약한다

④ 요셉은 베냐민의 자루에서 은잔이 나오자, 형제들을 모두 종으로 삼으려 했다

**정답** ④

2. 베냐민 자루에서 은잔을 발견하고, 요셉과 유다는 긴 대화를 하였다. 그 중에서 옳지 않은 것은 무엇인가?(창 44:16-34)

① 유다는 이 일이 하나님께서 그들의 죄악을 찾아낸 것이므로, 자신들의 정직함을 나타낼 방도가 없다고 했다

② 요셉은 죄가 있는 자만이 종으로 삼겠다고 했다. 이는 집단적 처벌을 거부하고, 죄 있는 자만이 처벌해야 한다는 성찰이 반영되어 있

다

③ 유다는 베냐민을 대신하여 종이 되겠다고 청한다

④ 요셉의 청지기는 유다의 청을 따라 그를 감옥으로 보내고, 베냐민을 형제들에게 돌려보낸다

**정답** ④

## 창세기 45장

1. 요셉이 자신의 정체를 형제들에게 알리고 화해할 때 있었던 일들이다. 그 중에서 옳지 않은 것은 무엇인가?(창 45:1-8)

① 요셉은 감정을 억제하지 못해 큰 소리로 울었다

② 요셉은 형들에게 "나는 당신들이 애굽에 판 아우 요셉입니다"라고 소개한다

③ 형제들은 너무 놀라 아무 대답도 하지 못한다, 왜냐하면 요셉이 그들을 시험하는 과정에서 돈을 훔친 죄가 다 드러났기 때문이다

④ 요셉은 형제들에게 "근심하지 말라"고 위로한다. 왜냐하면 하나님께서는 생명을 구원하시려고 자신을 형제들보다 먼저 보냈다고 말한다

**정답** ③

2. 요셉이 형제들에게 자신을 소개한 후에 일어난 일들이다. 그 중에서 옳지 않은 것은 무엇인가?(창 45:9-28)

① 요셉은 베냐민의 목을 안고 울었으며, 베냐민도 요셉의 목을 안고 울었다 또 요셉은 형제들과 부둥켜안고 입맞추며 울면서 화해하였다

② 형제들은 아버지 야곱에게로 돌아가 요셉이 아직 살아있으며, 애굽의 총리가 되었다는 사실을 전한다

③ 요셉이 누리는 지위와 번영은 창 12장 2절의 "너의 이름이 창대케 되리라"라는 아브라함의 축복의 약속이 실현되었음을 보여준다

④ 아버지 야곱은 요셉이 살아 있다는 형제들의 말을 믿지 않고, 애굽으로 가지 않겠다고 말하였다

**정답** ④

## 창세기 46장

1. 야곱이 그의 가족과 함께 애굽으로 이주하는 과정을 보도한 것이다. 그 중에서 옳지 않은 것은 무엇인가?(창 46:1-7)

① 야곱의 애굽 이주는 아들 요셉을 만나기 위해서이다

② 야곱의 애굽 이주는 하나님의 계시에 근거한다

③ 야곱은 가나안에서 기르던 낙타를 타고 갔다

④ 야곱이 가나안에서 얻게 된 가축과 재물을 채비하여 온 가족이 함께 이주했다

**정답** ③

2. 야곱과 함께 애굽으로 올라간 자들의 목록(창 46:8-27)에 대한 설명 중에서 옳지 않은 것은 무엇인가?(창 46:8-27)

① 야곱의 12 아들들과 그들의 후손들의 명단이다

② 여기에는 레위와 그 후손은 빠져 있다

③ 요셉이 애굽에서 낳은 두 아들은 므낫세와

에브라암이다

④ 애굽으로 간 야곱의 가족은 모두 70명이다

**정답** ②

3. 야곱의 가족이 애굽에 올라가 고센 땅에 도착하였다. 그 이유를 설명한 것 중에서 옳은 것은 무엇인가?(창 46:28-34)

① 야곱의 일행은 처음 정착한 곳이 고센으로, 그 곳에 줄곧 살았다

② 고센은 이방인들이 살기에 편리한 곳이라 그 곳에 살도록 바로가 배려했다

③ 야곱의 일행은 목축업자로, 애굽 사람들이 목축을 싫어하여 고센 땅에 살게 되었다

④ 고센에는 물과 풀이 많아 목축하기에 편리하여 바로가 배려하였다

**정답** ③

## 창세기 47장

1. 야곱이 바로를 알현하는 과정에서 있었던 일이다. 그 중에서 옳지 않은 것은 무엇인가?(창 47:1-12)

① 요셉의 형들이 바로에게 고센 땅에 살게 해달라고 청하자, 바로는 애굽 어디에서나 좋은 곳에 거주할 수 있다고 허락하였다

② 바로가 야곱의 나이를 묻자, 야곱은 "나그네 살이 130년이며, 조상들이 누린 수에 비하면 보잘 것 없습니다"라고 답하였다

③ 요셉이 바로의 명령대로 그의 아버지와 그의 형들에게 거주할 곳을 주었으며, 애굽의 좋은 땅, 라암셋을 그들에게 주어 소유로 삼게 하였다

④ 야곱과 요셉의 형제들은 요셉의 집에 거주하면서 부족함 없이 편히 살았다

**정답** ④

2. 바로가 야곱에게 나이를 묻자 야곱은 "나그네 살이 130년이며, 조상들이 누린 수에 비하면 보잘 것 없습니다"라고 답하였다. 그 의미를 설명한 것 중에서 가장 적절한 것은 무엇인가?(창 47:9)

① 이 표현은 족장사의 중심 주제인 '나그네살이' 인생을 다시 나타낸 것이다

② 이 표현은 야곱이 매우 궁핍하게 살았다는 것을 나타낸다

③ 이 표현은 야곱과 그의 조상들이 장수하였다는 것을 나타낸다

④ 이 표현은 야곱이 바로에 대해 매우 두려워하였음을 나타낸다

**정답** ①

3. 야곱의 가족이 애굽에서 머물며 소유가 된 도시는 어디인가?(창 47:11)

① 카이로　② 바산　③ 온　④ 라암셋

정답 ④

4. 애굽 땅과 가나안 땅에 기근이 심해져 먹을 양식이 없게 되자 요셉이 취한 조치들이다. 그 중에서 옳지 않은 것은 무엇인가?(창 47:13-26)

① 요셉이 곡식을 풀어 굶주림을 면하게 했다

② 요셉은 곡식을 팔아 백성들의 몸과 토지를 모두 사들였다

③ 요셉이 제사장들의 토지는 사들이지 아니하였다

④ 백성들에게 추수의 오분의 일을 조세로 납부하게 했다

**정답** ①

5. 애굽의 토지법에 따르면 얼마를 세금으로 내야 했나?(창 47:24, 26)?
① 백분의 일 세 ② 십분의 일 세
③ 오분의 일 세 ④ 사분의 일 세
**정답** ③

6. 야곱이 애굽 땅에서 죽게 되자 요셉에게 유언을 하였다. 그 내용은 무엇인가?(창 47:27-28)
① 자신이 죽고 난 후에도 형제들에게 복수하지 말고 화목하게 지낼 것을 당부하였다
② 베냐민은 아직 어리므로, 그의 장래를 부탁하였다
③ 자신의 묘지를 아내 라헬의 묘지 함께 합장해 줄 것을 당부하였다
④ 자신이 죽으면 애굽에 묻지 말고 가나안 땅에 묻어달라고 당부하였다
**정답** ④

## 창세기 48장

1. 야곱의 최후에 대한 설명이다. 그 중에서 옳지 않은 것은 어떤 것인가?(창 47-50장)
① 야곱은 자신을 막벨라 동굴에 장사해 줄 것을 당부하였다
② 야곱이 유언을 하고 난 후에 바로에게 작별 인사를 하였다
③ 야곱이 그의 자녀들에게 축복해주었다
④ 야곱이 자녀들에게 고향으로 돌아갈 것이라 축원한다
**정답** ②

2. 야곱이 에브라임과 므낫세를 축복하였다. 이를 설명한 것 중에서 옳지 않은 것은 무엇인가?(창 48장)
① 요셉은 아버지의 죽음이 임박하자, 므낫세와 에브라임과 함께 아버지를 방문하였다
② 야곱은 에브라임과 므낫세를 지파로 상징되는 아들의 대열로 올리고자 했다
③ 요셉은 야곱의 축복에서 장남과 차남의 순위를 바꾸고자 했으나, 야곱은 이를 바로 잡았다
④ 이 축복은 레위 지파가 유산에서 제외되자, 요셉 지파가 둘로 나누워지는 과정에서 생겨났다
**정답** ③

3. 요셉이 야곱의 임종 전 병문안을 갔을 때 일어난 일은 무엇인가?(창 48:8-22)
① 므낫세와 에브라임이 야곱의 12 아들의 반열에 올라갔다
② 라헬의 죽음을 맞이하였다
③ 요셉이 베냐민과 상봉하였다
④ 요셉과 형제들과의 화해가 이루어졌다
**정답** ①

## 창세기 49장

1. 야곱의 축복을 설명한 글들이다. 그 중에서 적절치 않은 것은 무엇인가?(창 49:1-28)
① 야곱의 축복은 앞뒤의 편집적 틀(창 49:1a과 28bα)을 제외하고 시문으로 씌어 있다
② 유다와 요셉은 물론 다른 지파들도 긍정적인 축복의 요소들로 칭송하고 있다
③ 유다의 축복은 메시아적 기대와 결부되어 있다
④ 레위와 요셉의 축복도 포함되어 있다
**정답** ②

2. 야곱의 축복 중에서 유다에게 내린 축복에 속하지 않는 것은 무엇인가?(창 49:8-12)

① 유다는 형제들로부터 찬송을 받을 자이다

② 유다는 사자와 같아 누구도 그를 대적할 수 없다

③ 통치자의 지팡이가 그에게 주어져, 모든 백성이 그에게 복종한다

④ 넓은 해안의 땅을 차지한다

**정답** ④

3. 야곱의 축복 중에서 요셉에게 내린 축복에 속하지 않는 것은 무엇인가?(창 49:22-26)

① 무성한 가지와 같이 풍요가 넘칠 것이라 축복한다

② 아무도 요셉을 적대시할 수 없다

③ 요셉의 두 아들 므낫세와 에브라임이 지파의 반열에서 축복을 받는다

④ 하나님의 축복으로 형제 중 뛰어난 자가 될 것이라 축복한다

**정답** ③

4. 야곱의 축복에서 통치자의 지팡이가 머물 것이라 축복한 이는 누구인가?(창 49:10)

① 르우벤 ② 레위 ③ 유다 ④ 요셉

**정답** ③

5. 야곱의 유언에서 자신을 어디에 장사해 달라고 부탁했나?(창 49:29-30)

① 막벨라 동굴

② 가나안 땅 어디에나 가능

③ 라헬의 묘지

④ 헤브론

**정답** ①

6. 야곱의 죽음과 장례에 관련된 설명이다. 그 중에서 옳지 않은 것은 무엇인가?(창 49:29-50:14)

① 야곱은 147세까지 살다 죽었다

② 야곱은 아브라함, 사라, 이삭, 리브가, 레아가 묻힌 막벨라 동굴에 묻어달라 유언하였다

③ 야곱은 라헬의 묘지에 묻어달라 유언하였다

④ 야곱의 장례는 70일간 지속되었다

**정답** ③

## 창세기 50장

1. 장례 기일을 설명한 것 중에서 옳지 않은 것은 무엇인가?

① 모세 - 80일 ② 야곱 - 70일

③ 바로 - 72일 ④ 사울 - 7일

**정답** ①

2. 야곱의 장례가 70일간 지속되었다. 그 이유와 의미를 설명한 것 중에서 가장 적절한 것은 무엇인가?

① 이방인의 땅에서 죽은 아버지 야곱을 잃은 슬픔 때문에 긴 기간 동안 애곡하였다

② 애굽에서는 미이라를 만들기 위해 통상 70일 정도 장례를 지낸다

③ 가나안의 친척들이 오기 위해 긴 기간 동안 기다려야 했다

④ 많은 민족들의 왕이 되리라는 축복의 약속이 실현되고 있음을 보여준다

**정답** ④

3. 야곱의 장례의 과정을 묘사한 것들이다. 그 중에서 옳지 않은 것은 무엇인가?(창 50:1-14)

① 야곱의 몸을 향으로 처리하는 데 40일이 걸

렸다

② 애굽 사람들은 야곱의 장례를 위해 70일 동안 애곡하였다

③ 애곡 기간이 지나자 야곱을 매장하기 위해 애굽의 바로는 많은 신하들과 함께 요셉을 따라 가나안으로 올라 왔다

④ 요셉은 야곱을 마므레 앞 막벨라 밭 굴에 장사하였다

**정답** ③

4. 야곱의 장례가 끝난 후 두려워하는 요셉의 형들에게 요셉은 위로하였다. 그 내용을 설명한 것들 중에서 가장 적절치 않은 것은 무엇인가?(창 50:15-21)

① 요셉은 이 모든 일은 하나님께서 계획하신 일이기 때문에 자신이 그들을 벌하는 것은 하나님의 뜻을 대신하는 것이라 하였다

② 요셉은 하나님은 형들의 악을 선으로 바꾸어 큰 구원을 이루게 했다고 하였다

③ 하나님의 신비한 통치는 인간의 이해를 넘어, 형들의 악도 하나님의 큰 구원의 도구로 이용하였다

④ 하나님의 섭리는 인간의 이해를 넘어서는 것이기에 죄와 악도 인간이 벌할 수 없다

**정답** ④

5. 야곱이 죽고 난 후 두려워하는 형들에게 요셉이 위로하면서 한 말은 무엇인가?(창 50:15-21)

① 하나님이 큰 구원으로 당신들의 생명을 보존하실 것입니다

② 당신들은 나를 해하려 하였으나 하나님은 그것을 선으로 바꾸었습니다

③ 하나님께서 그들과 함께 하여 애굽에서 반드시 올라오게 하실 것입니다

④ 애굽 땅이 형들 앞에 있으니 땅의 좋은 곳에서 거주하십시오

**정답** ②

6. 요셉의 죽음을 설명한 것이다. 그 중에서 옳지 않은 것은 무엇인가?(창 50:22-26)

① 요셉은 형제들을 인도하여 아브라함과 이삭과 야곱에게 맹세하신 땅으로 이주하였다

② 요셉도 일가를 이루었다

③ 요셉은 110세에 죽었다

④ 요셉도 몸에 향 재료를 넣고 입관하였다

**정답** ①

# 출애굽기

**출애굽기 1장**

1. 요셉을 알지 못하는 새 왕이 이스라엘 자손을 억압한 이유는 무엇인가?(출 1:8-10)
   ① 요셉이 잘못한 일들 때문에
   ② 이스라엘 자손들을 알지 못하기 때문에
   ③ 애굽 백성들이 같이 살기를 싫어하기 때문에
   ④ 이스라엘 자손들이 대적과 힘을 합하여 싸울 것을 염려하여
   **정답** ④

2. 흉년과 기근을 피하여 애굽으로 내려간 야곱의 혈족은 요셉을 포함하여 모두 몇 명인가?(출 1:1-5)
   ① 100명 ② 70명 ③ 12명 ④ 120명
   **정답** ②

**출애굽기 2장**

1. 갈대상자와 가장 유사한 기능을 가진 것은 무엇인가?(출 2:3)
   ① 방주 ② 법궤 ③ 성막 ④ 증거판
   **정답** ①

2. 모세의 어머니가 아기를 갈대상자에 담아 강에 띄울 때의 삶의 자세에 가장 부합하는 것은 무엇인가?
   ① 할 바를 다 하고 결과는 하늘의 뜻에 맡긴다(盡人事待天命)
   ② 이제 내가 할 수 있는 것은 아무 것도 없다
   ③ 아들이나 잘 먹고 잘 살게 하자
   ④ 후일을 기약하자
   **정답** ①

3. 〈모세〉라는 이름의 어원에 부합하는 것은 무엇인가?(출 3:10)
   ① 〈마샤(건지다)〉 ② 투트모세의 양아들
   ③ 미디안사람 ④ 모슬인
   **정답** ①

**출애굽기 3장**

1. 모세가 호렙산에서 하나님의 현현을 경험한 것과 유사한 경험을 한 또 다른 인물은 누구인가?(출 3:1-5)
   ① 아론 ② 여호수아
   ③ 예레미야 ④ 갈렙
   **정답** ②

**출애굽기 4장**

1. 하나님께서 모세에게 함께 하시겠다는 확증으로

두 번에 걸쳐 이적을 보여주시는 장면에서, 지팡이가 뱀으로 변하자 뱀의 "꼬리를 잡아라"고 말씀하신 이유는 무엇일까?(출 4:1-4)

① 모세의 용기를 보기 위해
② 꼬리를 잡아야 안전하기 때문에
③ 별 뜻 없다
④ 다시 지팡이로 변하도록 하기 위해

**정답** ①

2. 모세가 이집트로 돌아가는 중에 하나님께서 그를 죽이려 하시자 그의 아내 십보라가 돌칼로 아들(게르솜)의 표피를 베어 모세의 발에 갖다 대며 "당신은 내게 피의 남편"이라 말했는데, 이 일화에서 왜 하나님께서는 모세를 죽이려 하셨을까?(출 4:24-26)

① 모세를 다른 사람으로 착각하고
② 모세 자신이 할례 받지 않았기 때문에
③ 그때까지 아들에게 할례를 베풀지 않았기 때문에
④ 하나님에 대한 경외심을 심어주기 위해

**정답** ③

## 출애굽기 6장

1. 아론의 아들이 아닌 사람은 누구인가?(출 6:23)

① 나답　② 아비후
③ 엘르아살　④ 비느하스

**정답** ④

## 출애굽기 7장

1. 애굽 사람들에게 내린 열 가지 재앙의 궁극적 목적은 무엇인가?(출 7:5)

① 그들을 멸하기 위해
② 하나님만이 참 능력의 하나님임을 알게 하기 위해
③ 바로의 고집을 꺾기 위해
④ 모세와 아론에게 보여주기 위해

**정답** ②

2. 다음 중에서 애굽 땅에서 내린 첫 번째 재앙과 대비되는 사건은 무엇인가?(출 7:14 이하)

① 마라의 쓴 물 사건
② 므리바의 생수사건
③ 가데스바네아에서의 사건
④ 요단강 도하

**정답** ①

## 출애굽기 8장

1. 이집트의 생산의 개구리여신 헤켓(Heqet)과 관련이 있는 재앙은 몇 번째 재앙인가?(출 8:1 이하)

① 첫 번째　② 두 번째
③ 다섯 번째　④ 아홉 번째

**정답** ②

2. 다음 중 애굽 사람에게만 내리고 이스라엘 사람이 사는 고센 땅에는 임하지 않은 재앙은 무엇인가?(출 8:22)

① 파리　② 독종
③ 메뚜기　④ 어둠

**정답** ①

## 출애굽기 12장

1. 다음 중 유월절에 먹은 음식의 종류끼리 짝지어 진 것은 무엇인가?(출 12:8)
   ① 누룩 없는 떡과 나물과 쇠고기
   ② 양고기와 누룩 없는 떡과 산나물
   ③ 오이와 부추와 양고기
   ④ 누룩 없는 떡과 쓴 나물과 불에 구운 양고기
   **정답** ④

2. 이스라엘 자손은 애굽에 거주한지 몇 년 만에 나오게 되었는가?(출 12:40)
   ① 400년 ② 430년 ③ 450년 ④ 500년
   **정답** ②

## 출애굽기 15장

1. 마라의 쓴물 사건에서 문제 해결의 방법은 무엇인가?(출 15:22)
   ① 소금을 뿌렸다
   ② 한 나무를 물에 던졌다
   ③ 마중물을 부었다
   ④ 비가 내려 물샘이 터졌다
   **정답** ②

## 출애굽기 16장

1. 만나와 메추라기 사건은 열 가지 재앙 중 어떤 재앙과 대비되는가?(출 16:1이하)
   ① 우박과 메뚜기 재앙 ② 우박과 파리 재앙
   ③ 이와 파리 재앙 ④ 이와 개구리 재앙
   **정답** ①

2. 만나는 식구 한 명당 몇 오멜씩 거두라고 하셨는가?(출 16:16)
   ① 1오멜 ② 5오멜 ③ 6오멜 ④ 4오멜
   **정답** ①

## 출애굽기 17장

1. 므리바에서 백성들이 하나님을 시험했던 내용은 무엇인가?(출 17:7)
   ① 하나님의 능력 ② 하나님의 사랑
   ③ 하나님의 현존 ④ 하나님의 성격
   **정답** ③

2. 아래 항목 중 바르게 짝지어진 것은 무엇인가?(출 17:8이하)
   ① 르비딤-아말렉-아론-훌-여호수아
   ② 싯딤-아말렉-모세-여호수아-갈렙
   ③ 모세-가데스바네아-라합-정탐꾼-아론
   ④ 세겜-여호수아-갈렙-아모리-모세
   **정답** ①

## 출애굽기 18장

1. 아래 항목 중 바르게 짝지어진 것은 무엇인가?(출 18:2-4)
   ① 이드로-십보라-나답-아비후
   ② 이드로-십보라-게르솜-엘리에셀
   ③ 여호수아-갈렙-이드로-호밥
   ④ 십보라-아론-홉니-비느하스
   **정답** ②

2. 이드로가 모세에게 조언하여 세운 천부장, 백부

장, 오십부장, 십부장의 핵심 역할은 무엇인가? (출 18:21-22)

① 군사지도자 ② 재판관

③ 씨족대표 ④ 총회대표

**정답** ②

출애굽기 19장

1. 출애굽기 19장에서 하나님은 어떤 동물에 비유되어 있는가?(출 19:4)

① 산양 ② 황소 ③ 독수리 ④ 비둘기

**정답** ③

출애굽기 20장

1. 출애굽기 20장의 십계명에서 안식일을 지켜야 하는 이유로 제시된 것 중 옳은 것은 무엇인가? (출 20:8-11)

① 애굽에서 해방시킨 것을 기억하고

② 하나님의 천지창조를 기억하고

③ 복을 받기 위해

④ 하나님의 형상을 회복하기 위해

**정답** ②

2. 돌로 제단을 쌓을 때 정으로 다듬은 돌로 쌓지 말라고 한 이유는 무엇일까?(출 20:22-26)

① 자연석이 더 아름답기 때문에

② 석공이 수고를 덜기 위해

③ 블레셋이나 가나안과의 동화를 막기 위해

④ 돌 깨는 소음을 막기 위해

**정답** ③

3. 제단에 층계를 놓아서는 안 되는 이유는 무엇인가?(출 20:26)

① 오를 때 위험하기 때문에

② 이방인의 방식이기 때문에

③ 제단이 낮기 때문에

④ 계단에 올라설 때 하체가 드러날 수 있기 때문에

**정답** ④

출애굽기 21장

1. 다음 중 옳지 않은 것은 무엇인가?(출 21:1-6)

① 여섯 해 종살이 한 종은 일곱째 해에 몸값을 내지 않고도 자유인이 된다

② 종이 된 후에 주인이 아내를 내어주어 결혼하여 자식을 낳으면 그 종은 주인의 소유이므로, 칠년 째 자유인이 되어 나갈 때 데리고 가지 못한다

③ 종이 혼자 나갈 수 없어 아내와 자식과 같이 살기를 원하면, 주인은 문설주에 대고 종의 귀를 송곳으로 뚫어 영원히 종으로 삼았다

④ 아내를 데리고 종이 되었을 경우 칠년 째에는 혼자 자유인이 되어 나갈 수 있다

**정답** ④

2. 다음 중 사형죄에 해당하지 않는 것은 무엇인가? (출 21:12-17)

① 실수살인자

② 납치 인신 매매자

③ 홧김에 일부러 이웃을 죽인 자

④ 부모를 저주한 자

**정답** ①

## 출애굽기 22장

1. 다음 배상법 중 틀린 것은 무엇인가?(출 22:1-4)
   ① 소를 도둑질 하여 잡거나 팔면 다섯 배로 갚아야 한다
   ② 양을 도둑질 하여 잡거나 팔면 네 배로 갚아야 한다
   ③ 도둑질 한 짐승을 산 채로 가지고 있다 잡힐 경우 두 배로 갚아야 한다
   ④ 어떤 것을 놓고 서로 자기 것이라고 주장하다 질 경우 네 배로 물어줘야 한다
   **정답** ④

2. 다음 중 틀린 것은 무엇인가?(출 22:18-20)
   ① 무당(마술을 부리는 여자)은 살려두지 말아야 한다
   ② 짐승과 음행하는 자는 죽여야 한다
   ③ 다른 신에게 제사를 드리는 자는 죽여야 한다
   ④ 재판장과 백성의 지도자를 모독하는 자는 죽여야 한다
   **정답** ④

## 출애굽기 23장

1. 고대 이스라엘의 3대 절기에 속하지 않는 것은 무엇인가?(출 23:14-17)
   ① 무교절 ② 속죄절 ③ 맥추절 ④ 수장절
   **정답** ②

## 출애굽기 24장

1. 모세가 시내산에 올라갈 때 같이 갔던 사람이 아닌 사람은 누구인가?(출24:1,9)
   ① 아론
   ② 훕니
   ③ 아비후
   ④ 이스라엘의 장로 70인
   **정답** ②

## 출애굽기 25장

1. 언약궤와 관련이 없는 것은 무엇인가?(출 25:10-22)
   ① 향품 ② 순금 ③ 증거판 ④ 속죄판
   **정답** ①

2. 다음 중 하나님의 얼굴과 관련된 것은 무엇인가?(출 25:23-30)
   ① 진설병 ② 등잔대 ③ 그룹 ④ 에봇
   **정답** ①

3. 등잔대 위에는 몇 개의 등잔을 놓도록 했는가?(출 25:31-40)
   ① 10개 ② 7개 ③ 12개 ④ 6개
   **정답** ②

## 출애굽기 26장

1. 성막 지성소에 안치해두었던 것은 무엇인가?(출 26:33)
   ① 증거궤 ② 등잔대

③ 우림과 둠밈　　④ 에봇

**정답** ①

## 출애굽기 28장

1. 이스라엘의 열 두 아들의 이름을 새겨 넣었던 것 중 맞게 짝지어진 것은 무엇인가?
(출 28:6-14; 15-21)
① 에봇의 호마노(홍옥수) 두 개 - 판결 흉패의 보석
② 속죄판 - 에봇의 호마노(홍옥수) 두 개
③ 증거판 - 에봇의 호마노(홍옥수) 두 개
④ 판결흉패 - 증거궤
**정답** ①

2. 판결 흉패 안에 넣어두었던 것은 무엇인가?
(출 28:30)
① 대제사장 성직패　② 우림과 둠밈
③ 금지시봉　④ 금열쇠
**정답** ②

## 출애굽기 29장

1. 제사장 위임식은 며칠 동안 거행되었는가?
(출 29:37)
① 3일　② 6일　③ 7일　④ 12일
**정답** ③

## 출애굽기 30장

1. 20살이 넘은 성인 남성은 성소에 속전으로 얼마를 바쳐야 했는가?(출 30:13-14)
① 반 세겔　② 한 세겔
③ 다섯 세겔　④ 일곱 세겔
**정답** ①

## 출애굽기 31장

1. 브살렐에게 무엇을 채워주어 지혜와 총명과 지식과 여러 가지 재주로 회막을 만들게 하였는가?
(출 31:1-5)
① 하나님의 권위　② 하나님의 능력
③ 하나님의 영　④ 하나님의 은혜
**정답** ③

2. 브살렐의 보조자의 이름은 무엇인가?(출 31:6)
① 아히사막　② 훌
③ 비느하스　④ 오홀리압
**정답** ④

3. 하나님과 이스라엘 자손들 사이에 세운 영원한 언약의 징표는 무엇인가?(출 31:12-17)
① 무지개　② 안식일
③ 속죄일　④ 증거판
**정답** ②

## 출애굽기 32장

1. 백성들은 금송아지를 무엇이라 여기고 만들었는가?(출 32:1-6)
① 우리를 인도할 신
② 우리의 예배를 받을 신
③ 우리를 보호해 줄 수호신

④ 우리를 치료해 줄 신

**정답** ①

2. 금송아지는 어떻게 처리되었는가?(출 32:20)

① 매장되었다

② 불에 녹여 없애버렸다

③ 부숴버렸다

④ 불에 태우고 가루로 빻아 물에 타 마시게 하였다

**정답** ④

3. 금송아지 사건으로 죽은 사람의 수는 몇 명인가?(출32:28)

① 2000명 ② 3000명

③ 1000명 ④ 4000명

**정답** ②

4. 출25-31장은 성막건축 지시문이고 출35-40장은 성막건축보고서인데, 중간에 금송아지 사건(출32-34장)이 배치되어 있다. 그 이유를 설명하기에 가장 적합한 문학적, 신학적 해석구조는 무엇인가?

① 창조-반창조-재창조

② 지시-불순종-순종

③ 죄-심판-구원

④ 심판-회개-구원

**정답** ①

## 출애굽기 33장

1. 가나안에서 쫓아낼 족속이 아닌 것은 무엇인가?(출 33:2)

① 아모리 족속 ② 브리스 족속

③ 부스 족속 ④ 아말렉 족속

**정답** ④

## 출애굽기 38장

2. 성막건축 당시 스무 살이 넘은 남자의 수는 몇 명 이었는가?(출 38:26)

① 육십만명 ② 육십만 삼천 오백명

③ 육십 오만명 ④ 육십 이만명

**정답** ②

## 출애굽기 40장

3. 성막은 언제 최종적으로 세워졌는가?(출 40:17)

① 둘째 해 첫째 달 초하루

② 둘째 해 셋째 달 초하루

③ 셋째 해 첫째 달 초하루

④ 셋째 해 셋째 달 초사흘

**정답** ①

# 레위기

## 레위기 1장

1. 다음 중 번제의 예물로 사용할 수 없는 동물은 무엇인가?(레 1:3-14)

   ① 수송아지 ② 수양 ③ 암염소 ④ 비둘기

   **정답** ③

2. 가축으로 번제를 드릴 때 제단 위에서 태우지 않은 부위는 무엇인가?(레 1:6-9)

   ① 뒷다리 ② 내장 ③ 기름 ④ 가죽

   **정답** ④

3. 번제를 드릴 때 제사장이 하는 일이 아닌 것은 무엇인가?(레 1:4-8)

   ① 번제물의 머리에 안수한다

   ② 제물의 피를 제단 사방에 뿌린다

   ③ 제단 위에 불을 붙이고 불 위에 나무를 벌여 놓는다

   ④ 제단 위에 제물의 머리와 기름을 제단 위에 벌여 놓는다

   **정답** ①

## 레위기 2장

1. 다음 중 동물이 아닌 제물로 드리는 제사는 무엇인가?(레 2장)

   ① 번제 ② 소제 ③ 화목제 ④ 속건제

   **정답** ②

2. 소제를 드리는 방법이 아닌 것은 무엇인가?(레 2:1-7)

   ① 익히지 않고 날 것으로 드릴 수 있다

   ② 화덕에 구운 것으로 드릴 수 있다

   ③ 튀김 용기에서 튀긴 것으로 드릴 수 있다

   ④ 냄비에서 익힌 것으로 드릴 수 있다

   **정답** ③

3. 소제에 관한 설명 중 올바르지 않은 것은 무엇인가?(레 2:2-13)

   ① 제사자가 가져온 소제물 중 일부만 기념물로 제단 위에서 불사른다

   ② 화제를 드리고 남은 제물은 제사장과 제물을 드린 자에게 균등하게 나누어준다

   ③ 모든 소제물에는 누룩을 넣지 않는다

   ④ 모든 소제물에 반드시 소금을 쳐야만 한다

   **정답** ②

4. 소제를 드릴 때 넣어서는 안 되는 것은 무엇인가?(레 2:11-16)

   ① 소금 ② 꿀 ③ 기름 ④ 유향

   **정답** ②

## 레위기 3장

1. 화목제의 제물로 사용되지 않는 동물은 무엇인가?(레 3:1-12)

   ① 소 ② 양 ③ 염소 ④ 비둘기

   **정답** ④

2. 화목제에서 제단 위에서 불사르지 않는 제물의 부위는 어떤 부위인가?(레 3:3-4)

   ① 내장에 덮인 기름 ② 콩팥

   ③ 오른쪽 뒷다리 ④ 간에 덮인 꺼풀

   **정답** ③

## 레위기 4장

1. 속죄제는 범죄로 인해 제사를 드리는 자의 신분에 따라 피 뿌리는 의식이 각기 달랐다. 다음 중 피 뿌리는 의식이 동일하게 행해진 속죄제끼리 연결된 것은 어느 것인가?(레 4장)

   ① 기름 부음을 받은 제사장과 족장의 속죄제

   ② 이스라엘 온 회중과 족장의 속죄제

   ③ 이스라엘 온 회중과 평민의 속죄제

   ④ 족장과 평민의 속죄제

   **정답** ④

2. 속죄제에 관한 설명 중 올바르지 않은 것은 어느 것인가?(레 4:3-28)

   ① 기름 부음을 받은 제사장이 범죄하면 스스로 자신의 속죄제를 드렸다

   ② 이스라엘 온 회중이 죄를 범하였을 경우 장로들이 제물에 안수하고 속죄제를 드렸다

   ③ 족장이 죄를 범하였을 경우 죄를 지은 족장 자신이 속죄제를 드렸다

   ④ 평민이 죄를 범하였을 경우 그를 대신하여 족장이 속죄제를 드렸다

   **정답** ④

3. 기름 부음을 받은 제사장의 속죄제에 대한 설명 중 옳지 않은 것은 어느 것인가?(레 4:3-12)

   ① 흠 없는 수송아지를 제물로 드렸다

   ② 제물의 피를 가지고 성소에 들어가서 피 뿌리는 의식을 행했다

   ③ 제단 위에서 불사르는 제물의 부위는 화목제를 드리는 제물의 부위와 동일하였다

   ④ 제단 위에서 제물의 특정 부위를 불사른 후 나머지 부위는 제사장들에게 주어졌다

   **정답** ④

4. 기름 부음을 받은 제사장과 이스라엘 온 회중이 범죄 하였을 경우 드리는 속죄제의 예물은 무엇인가?(레 4:3-14)

   ① 수송아지 ② 숫염소

   ③ 암염소 ④ 어린 암양

   **정답** ①

5. 족장이 범죄 하였을 경우 드리는 속죄제의 예물은 무엇인가?(레 4:23)

   ① 수송아지 ② 숫염소

   ③ 암염소 ④ 어린 암양

   **정답** ②

6. 다음 중 속죄제의 예물로 드릴 수 없는 가축은 어느 것인가?(레 4:3-28)

   ① 수송아지② 숫염소 ③ 암염소 ④ 숫양

   **정답** ④

## 레위기 5장

1. 산비둘기나 집비둘기로도 제물을 드릴 수 없었던 극빈자가 고운 가루를 예물로 드렸던 제사로, 고운 가루 위에 기름을 붓지 않고 유향을 놓지 않고 드렸던 이 제사는 어떤 제사인가?(레 5:11-13)

   ① 번제　② 소제　③ 화목제　④ 속죄제

   **정답** ④

2. 여호와의 성물을 범하였을 경우 이를 보상하기 위해 어떤 제사가 드려졌는가?(레 5:15)

   ① 번제　② 화목제　③ 속죄제　④ 속건제

   **정답** ④

3. 속건제의 제물로 사용되었던 가축은 무엇인가?(레 5:15-18)

   ① 흠 없는 수송아지　② 흠 없는 숫염소
   ③ 흠 없는 암염소　④ 흠 없는 숫양

   **정답** ④

4. 성물 또는 남에게 재산상에 피해를 끼쳤을 경우 발생한 손해를 어떻게 보상하였는가?(레 5:16; 6:5)

   ① 100% 보상　② 120% 보상
   ③ 150% 보상　④ 200% 보상

   **정답** ②

## 레위기 6장

1. 제단 불이 항상 꺼지지 않도록 관리하는 책임을 맡은 자들은 누구인가?(레 6:8-13)

   ① 모세와 아론
   ② 아론과 그의 아들들
   ③ 아론과 레위인들
   ④ 레위인들

   **정답** ②

2. 제단 위에서 불사르고 남은 속죄제물의 고기를 먹을 수 있는 속죄제는 어느 것인가?(레 6:30; 4장)

   ① 기름 부음을 받은 제사장의 속죄제
   ② 이스라엘 온 회중의 속죄제
   ③ 피를 가지고 성소에 들어가서 피 뿌리는 의식을 행한 속죄제
   ④ 족장의 속죄제

   **정답** ④

## 레위기 7장

1. 속건제에 관한 설명 중 올바르지 않은 것은 어느 것인가?(레 7:3-6; 3-4장)

   ① 제단 위에서 불사르는 제물의 부위는 화목제의 경우와 동일하다
   ② 제단 위에서 불사르는 제물의 부위는 속죄제의 경우와 동일하다
   ③ 제단 위에서 불사르고 남은 제물은 제사장들이 먹을 수 있었다
   ④ 제단 위에서 불사르고 남은 제물은 아무도 먹지 말고 소각하여야만 하였다

   **정답** ④

2. 화목제 중에서 감사함으로 드리는 희생의 고기는 제사를 드린 후 언제까지 먹을 수 있었는가?(레 7:15)

   ① 제사 드린 당일에
   ② 제사 드린 다음 날까지

③ 제사 드린 후 사흘까지

④ 제사 드린 후 일주일 내에

**정답** ①

3. 화목제 중에서 서원 또는 자원함으로 드리는 희생의 고기는 제사를 드린 후 언제까지 먹을 수 있었는가?(레 7:16)

① 제사 드린 당일에

② 제사 드린 다음 날까지

③ 제사 드린 후 사흘까지

④ 제사 드린 후 일주일 내에

**정답** ②

4. 다음 중 화목제에 해당하는 제사가 아닌 것은 무엇인가 (레 7:15-18)

① 전제 ② 감사제 ③ 서원제 ④ 자원제

**정답** ①

5. 화목제에서 요제로 드려지는 제물의 부위는 어느 것인가?(레 7:30)

① 머리 ② 가슴 ③ 오른쪽 뒷다리 ④ 꼬리

**정답** ②

6. 화목제에서 거제로 드려지는 제물의 부위는 어느 것인가?(레 7:32)

① 머리 ② 가슴 ③ 오른쪽 뒷다리 ④ 꼬리

**정답** ③

7. 화목제를 드린 제사장이 먹을 수 있는 제물의 부위는 어느 것인가?(레 7:33)

① 머리 ② 기름 ③ 피 ④ 오른쪽 뒷다리

**정답** ④

## 레위기 8장

1. 제사장의 위임식과 관련한 다음 내용 중 올바르지 않은 것은 어느 것인가?(레 8:5-9)

① 모세가 아론의 대제사장 위임식을 집행하였다

② 아론이 그의 아들들의 제사장 위임식을 집행하였다

③ 모세가 아론과 그의 아들들의 몸을 씻겨주었다

④ 아론은 '여호와께 성결'이라 쓰인 금패를 붙인 관을 머리에 썼다

**정답** ②

2. 제사장의 위임식에서 관유를 바르거나 뿌리지 않은 것은 무엇인가?(레 8:10-12)

① 성막 ② 제단 ③ 제물 ④ 아론

**정답** ③

3. 제사장의 위임식에서 드려지지 않은 제사는 어느 것인가?(레 8:14-26)

① 번제 ② 소제 ③ 속죄제 ④ 속건제

**정답** ④

4. 아론과 아론의 아들들의 위임식에서 요제로 흔든 가슴은 누구에게 주어졌나?(레 8:29)

① 모세

② 아론

③ 아론의 아들들

④ 아론과 아론의 아들들

**정답** ①

5. 제사장의 위임식은 몇 일간 거행되었나?
(레 8:33)

① 하루　② 사흘　③ 칠일　④ 열흘

**정답** ③

## 레위기 9장

1. 아론이 대제사장으로 위임 받은 날 백성을 위해 드린 제사가 아닌 것은 무엇인가?(레 9:3-4)

① 번제　② 화목제　③ 속죄제　④ 속건제

**정답** ④

2. 대제사장으로 위임 받은 아론이 백성을 위한 첫 번째 제사를 드린 후 발생한 일이 아닌 것은?(레 9:22-24)

① 아론이 백성을 향하여 손을 들어 축복하였다
② 여호와의 영광이 온 백성에게 나타났다
③ 여호와 앞에서 불이 나와 제단 위의 번제물과 기름을 살랐다
④ 백성들이 두려워하여 소리를 질렀다

**정답** ④

## 레위기 10장

1. 제사장으로 위임을 받은 후 하나님의 불에 의해 죽임을 당한 아론의 두 아들은 누구인가?(레 10:1-2)

① 나답과 엘르아살　② 엘르아살과 이다말
③ 나답과 아비후　④ 나답과 이다말

**정답** ③

2. 아론의 두 아들은 제사장으로 위임을 받은 후 무슨 죄를 지었기에 여호와께 벌을 받았는가?(레 10:1-2)

① 여호와께서 명하시지 않은 다른 불을 분향하였기 때문에
② 여호와께 제사를 드리기 전에 먼저 고기를 취하였기 때문에
③ 회막에서 수종드는 여인과 동침하였기 때문에
④ 아내와 동침한 후 정결의식을 행하지 않고 제사를 드렸기 때문에

**정답** ①

3. 다음 중 제사장의 임무가 아닌 것은 무엇인가?(레 10:10-11)

① 거룩하고 속된 것을 분별하는 일
② 부정하고 정한 것을 분별하는 일
③ 언약궤를 운반하는 일
④ 여호와가 모세에게 말씀하신 모든 규례를 이스라엘 자손에게 가르치는 일

**정답** ③

## 레위기 11장

1. 다음 동물 중 이스라엘 백성이 먹을 수 있는 조건에 해당되지 않는 것은 무엇인가?(레 11:3-21)

① 굽이 갈라져 쪽발이 되고 새김질 하는 육지동물
② 지느러미와 비늘이 있는 물고기
③ 날개가 있고 네 발로 기어 다니는 곤충
④ 날개가 있고 네 발로 뛰는 곤충

**정답** ③

2. 다음 중 이스라엘 백성이 먹을 수 있는 동물은 무엇인가?(레 11:4-10)

① 낙타　② 토끼

③ 고등어　　④ 사슴

**정답** ④

3. 다음 중 이스라엘 백성이 먹을 수 있는 음식은 무엇인가?(레 11:7-22)

① 돼지　② 낙지　③ 까마귀　④ 메뚜기

**정답** ④

4. 정결과 부정에 관한 다음 규례 중 올바르지 않은 것은 무엇인가?(레 11:24-39)

① 부정한 동물의 주검(사체)을 만진 자는 저녁까지 부정하였다

② 부정한 동물의 주검(사체)에 접촉된 나무그릇을 물에 담그면 저녁까지 부정하다가 정하게 되었다

③ 부정한 동물의 주검(사체)에 접촉된 질그릇을 물에 담그면 저녁까지 부정하다가 정하게 되었다

④ 정한 동물의 주검(사체)을 만진 자는 저녁까지 부정하였다

**정답** ③

## 레위기 12장

1. 아들을 낳았을 경우, 할례는 생후 며칠 째 행하여야 하는가?(레 12:3)

① 태어난 당일　② 사흘
③ 팔일　④ 열흘

**정답** ③

2. 아들을 해산한 여인은 출산한 지 며칠이 지나야 성소에 들어갈 수 있었나?(레 12:4)

① 20일　② 40일
③ 60일　④ 80일

**정답** ②

3. 딸을 해산한 여인은 출산한 지 며칠이 지나야 성소에 들어갈 수 있었나?(레 12:5)

① 20일　② 40일　③ 60일　④ 80일

**정답** ④

## 레위기 13장

1. 나병에 걸렸는지 아닌지를 진찰하는 사람은 누구인가?(레 13:2)

① 제사장

② 선지자

③ 의사

④ 환자가 속한 지파의 족장

**정답** ①

2. 피부에 발생한 증상이 나병인지 아닌지 확실하지 않을 경우 어떻게 하였는가?(레 13:4-5)

① 제사장이 우림과 둠밈을 사용하여 나병인지 아닌지를 판정하였다

② 의원의 진단 결과를 고려하여 나병인지 아닌지를 판정하였다

③ 선지자가 하나님께 기도함으로 나병인지 아닌지를 판정하였다

④ 환자를 일주일 동안 격리시켜 놓았다가 제사장이 칠일 후에 다시 진단하였다

**정답** ④

3. 피부병이 있는 환자가 나병으로 판정되었을 경우의 상황과 관계가 없는 것은 어느 것인가?(레 13:45-46)

① 나병 환자는 옷을 찢고 머리를 풀었다

② 나병 환자는 하늘을 향하여 티끌을 날려 자기 머리에 뿌렸다

③ 나병 환자는 윗입술을 가리고 '부정하다 부정하다'고 외쳤다

④ 나병 환자는 병 있는 날 동안 진영 밖에서 혼자 살았다

**정답** ②

## 레위기 14장

1. 나병 환자가 정결케 되면 먼저 그를 누구에게 데려가게 규정되었는가?(레 14:2)

① 제사장

② 선지자

③ 의사

④ 환자가 속한 지파의 족장

**정답** ①

2. 나병 환자가 나병이 나았을 경우 정결의식을 행하기 위해 제사장에게 가져오는 것이 아닌 것은 무엇인가?(레 14:4)

① 정결한 살아 있는 새 두 마리

② 백향목

③ 청색 실

④ 우슬초

**정답** ③

3. 나병 환자가 나았을 경우 정결하게 되기 위하여 드렸던 제사가 아닌 것은 무엇인가?
(레 14:12-20)

① 번제 ② 화목제 ③ 속죄제 ④ 속건제

**정답** ②

## 레위기 15장

1. 유출병과 관련된 다음 설명 중 올바르지 않은 것은 어느 것인가?(레 15:4-11)

① 유출병이 있는 자가 누웠던 침상은 부정하게 되었다

② 유출병이 있는 자의 침상에 접촉한 자는 부정하게 되었다

③ 유출병이 있는 자와 대화를 하는 자는 부정하게 되었다

④ 유출병이 있는 자가 손을 씻고 만지는 자는 부정하게 되지 않았다

**정답** ③

2. 유출병 환자가 나음을 얻은 후 정결하게 되기 위하여 행하는 의식이 아닌 것은 무엇인가?
(레 15:13-30)

① 유출이 그치면 일주일이 지난 후 옷을 빨고 흐르는 물에 그의 몸을 씻는다

② 일곱째 날에 붉은 암송아지를 태워 만든 재를 물에 섞어 그에게 뿌린다

③ 여덟째 날에 회막에 나아가 비둘기 두 마리를 제사장에게 바친다

④ 제사장은 유출이 그친 자가 드린 제물로 그를 위하여 속죄제와 번제를 드린다

**정답** ②

3. 유출병에서 깨끗하게 나음을 입은 자가 속죄제와 번제로 드렸던 제물은 무엇인가?
(레 15:14-30)

① 비둘기 두 마리 ② 비둘기와 숫양

③ 비둘기와 숫염소 ④ 비둘기와 고운 가루

**정답** ①

## 레위기 16장

1. 속죄일에 대제사장은 특별한 의복을 입었는데 대제사장의 속옷과 속바지와 띠는 무엇으로 만들었나?(레 16:4)

   ① 무명 ② 비단 ③ 세마포 ④ 나일론

   **정답 ③**

2. 속죄일에 행하는 의식에 관한 설명 중 올바르지 않은 것은 무엇인가?(레 16:11-17)

   ① 대제사장은 자기와 집안을 위하여 수송아지로 번제를 드렸다

   ② 대제사장은 이스라엘 백성을 위하여 숫염소로 속죄제를 드렸다

   ③ 대제사장은 속죄제물의 피를 가지고 지성소에 들어갈 때, 향연으로 증거궤 위의 속죄소를 가려야만 했다

   ④ 대제사장이 지성소에 들어가서 속죄하고 나오기까지 그 누구도 회막에 있으면 안 되었다

   **정답 ①**

3. 아사셀을 위하여 제비 뽑힌 염소는 다음 중 어떤 염소인가?(레 16:10-22)

   ① 제사장의 속죄제를 드리기 위해 잡는 염소

   ② 백성들의 속죄제를 드리기 위해 잡는 염소

   ③ 백성들의 속죄제를 드린 후 대제사장이 먹는 염소

   ④ 이스라엘 백성들의 모든 불의와 그 범한 죄를 지게 하여 광야로 내보내는 염소

   **정답 ④**

4. 속죄일은 언제인가?(레 16:29)

   ① 7월 1일 ② 7월 10일

   ③ 7월 15일 ④ 7월 20일

   **정답 ②**

## 레위기 17장

1. 출애굽 후 이스라엘이 광야생활을 할 당시의 상황에 대한 설명 중 올바르지 않은 것은 어느 것인가?(레 17:3-6)

   ① 이스라엘 백성은 제사에 사용되는 동물(소, 양, 염소)을 식용으로 잡을 경우 반드시 진 밖에서 잡아야만 했다

   ② 이스라엘 백성은 소나 양 또는 염소를 잡아먹기 전에 반드시 그 가축을 여호와께 화목제로 드려야만 했다

   ③ 소나 양 또는 염소를 잡아먹기 전에 반드시 그 가축의 피를 제단에 뿌려야만 했다

   ④ 소나 양 또는 염소를 잡아먹기 전에 반드시 그 기름을 제단에서 불살라야만 했다

   **정답 ①**

2. 동물의 피에 대한 설명 중 올바르지 않은 것은 어느 것인가?(레 17:10-11)

   ① 이스라엘 백성은 결단코 제물로 바친 가축의 피를 먹지 말아야만 했다

   ② 이스라엘 백성은 식용으로 잡은 가축의 경우 피를 먹는 것이 허용되었다

   ③ 어떤 경우를 막론하고 동물의 피를 먹는 자는 백성 중에서 끊어지는 형벌을 받았다

   ④ 생명을 속하기 위해 피를 제단에 뿌리는 이유는 육체의 생명이 피에 있기 때문이다

   **정답 ②**

## 레위기 18장

1. 레위기 18장에 나타나는 근친혼에 관한 규례는 남자를 중심으로 제시되었다. 다음 보기 중 성관계를 맺을 수 있도록 허용된 자는 누구인가? (레 18:8-14)

   ① 계모 ② 계모가 데리고 온 딸

   ③ 숙모 ④ 사촌 누이

   **정답** ④

## 레위기 19장

1. 이스라엘 백성은 거룩하신 하나님을 본받아 거룩 하여야만 하였다. 다음 중 거룩하여야 할 이스라엘이 지켜야 할 규례가 아닌 것은 무엇인가?(레 19:3-19)

   ① 안식일을 지키라.

   ② 너희를 위하여 신상들을 부어 만들지 말라.

   ③ 곡식을 거둘 때에 허비하지 않도록 땅에 떨어진 이삭까지 거두어라.

   ④ 가축을 다른 종류의 가축과 교미시키지 말라.

   **정답** ③

2. 자유인인 남자가 다른 사람과 정혼한 여종과 동침하였을 경우 어떻게 처리하여야 하는가? (레 19:20-21)

   ① 남자만 죽임을 당한다

   ② 여종만 죽임을 당한다

   ③ 남자는 속건제물을 드려야 한다

   ④ 남자와 여종 모두가 속건제물을 드려야 한다

   **정답** ③

3. 이스라엘 백성이 가나안 땅에 들어가 과일 나무를 심었을 경우 몇 년 만에 그 열매를 먹을 수 있었는가?(레 19:23-25)

   ① 셋째 해 ② 넷째 해

   ③ 다섯째 해 ④ 일곱째 해

   **정답** ③

## 레위기 20장

1. 아래의 범죄들 중에서 돌로 쳐 죽이라고 명시된 범죄는 무엇인가?(레 20:2-16)

   ① 그의 자식을 몰렉에게 주는 자

   ② 남의 아내와 간음하는 자

   ③ 여인과 동침하듯 남자와 동침한 자

   ④ 짐승과 교합한 자

   **정답** ①

## 레위기 21장

1. 제사장은 죽은 자를 만질 수 없었지만 가까운 가족이 죽었을 경우 시체를 접촉하는 것이 허락되었다. 아래에서 제사장은 가족 중 어떤 자가 죽었을 경우 시체를 접촉하는 것이 허락되지 않았는가?(레 21:2-3)

   ① 제사장의 어머니

   ② 제사장의 형제

   ③ 출가한 제사장의 자매

   ④ 제사장의 아들

   **정답** ③

2. 관유로 기름부음을 받은 대제사장이 상을 당하였을 때에 관한 설명 중 올바르지 않은 것은 무엇인가?(레 21:11)

① 대제사장은 형제가 죽었을 경우 시체를 접촉 할 수 없었다
② 대제사장은 자매가 죽었을 경우 시체를 접촉 할 수 없었다
③ 대제사장은 장자가 죽었을 경우 시체를 접촉 할 수 없었다
④ 대제사장은 부모가 죽었을 경우 시체를 접촉 할 수 있었다

**정답** ④

3. 육체에 흠이 있는 제사장에 관한 설명 중 옳지 않은 것은 무엇인가?(레 21:21-23)
① 그는 여호와께 화제를 드릴 수 없었다
② 그는 지성물이나 성물을 먹을 수 없었다
③ 그는 휘장 안에 들어갈 수 없었다
④ 그는 제단에 나아가 제물을 드릴 수 없었다

**정답** ②

## 레위기 22장

1. 다음 중 성물을 먹을 수 있는 자는 누구인가? (레 22:10-13)
① 일반인
② 제사장 집에 찾아온 객 또는 제사장의 품꾼
③ 일반인에게 출가한 제사장의 딸
④ 이혼을 당하여 자식이 없이 친정에 돌아온 제사장의 딸

**정답** ④

2. 다음 제사들 가운데에서 약간의 흠이 있는(즉 지체가 더하거나 덜한) 제물을 여호와께 드리는 것이 허용된 제사는 무엇인가?(레 22:23)
① 번제 ② 감사제
③ 서원제 ④ 자원제

**정답** ④

3. 수소나 양이나 염소는 출생한지 며칠이 지나야 화제의 제물로 드릴 수 있었나?(레 22:27)
① 하루 ② 이틀 ③ 사흘 ④ 칠일

**정답** ④

## 레위기 23장

1. 유월절은 언제인가?(레 23:5)
① 1월 1일 ② 1월 10
③ 1월 14일 ④ 1월 17일

**정답** ③

2. 나팔절은 언제인가?(레 23:24)
① 5월 5일 ② 7월 1일
③ 7월 10일 ④ 7월 15일

**정답** ②

3. 초막절은 이레 동안 여호와께 화제를 드리며 절기를 지켰는데, 절기를 시작하는 날은 언제인가? (레 23:34)
① 1월 14일 ② 7월 1일
③ 7월 10일 ④ 7월 15일

**정답** ④

4. 초막절에 관한 설명 중 옳지 않은 것은 어느 것인가?(레 23:35-41)
① 초막절의 첫 날은 성회로 모였으며, 이스라엘은 아무 노동도 하지 않았다
② 이스라엘은 이레 동안 초막에 거주하였다
③ 이스라엘은 여덟 째 날에도 성회로 모였으며

여호와께 화제를 드렸다

④ 이스라엘은 매 7년마다 초막절을 지켰다

**정답 ④**

### 레위기 24장

1. 성소에 진열한 등잔과 떡상에 관한 설명 중 옳지 않은 것은 어느 것인가?(레 24:2-8)

① 등잔의 기름은 감람유를 사용하였다

② 등잔불은 해 진 후부터 해 뜰 때까지 꺼지지 않도록 관리하였다

③ 떡을 상 위에 6개씩 두 줄로 진설하였다

④ 안식일 마다 이 떡을 상위에 진설하였다

**정답 ②**

### 레위기 25장

1. 안식년에 관한 설명 중 옳지 않은 것은 어느 것인가?(레 25:3-6)

① 육년 동안은 밭에 파종하고 수확을 할 수 있었다

② 일곱째 해에는 밭에 파종하는 것이 허락되지 않았다

③ 일곱째 해에는 가꾸지 아니한 포도나무의 열매를 거두지 말아야 했다

④ 농사를 짓지 않은 일곱째 해에 밭에서 나오는 소출은 아무도 먹을 수 없었다

**정답 ④**

2. 희년에 대한 설명 중 잘못된 것은 어느 것인가?(레 25:8-24)

① 일곱 안식년을 지낸 뒤 맞이하는 오십년 째 해이다

② 남의 소유지를 살 경우 희년 후의 연수를 따라 매년 값이 줄어들었다

③ 토지는 하나님의 것이기에 이스라엘 백성은 자신의 소유를 영원히 팔 수 없었다

④ 기업의 땅은 일단 한 번 팔면 영원히 되무를 수 없었다

**정답 ④**

3. 가옥을 팔았을 경우 발생하는 경우를 설명한 것 중 옳지 않은 것은 무엇인가?(레 25:29-33)

① 이스라엘 백성이 성벽 있는 성 내의 가옥을 팔았을 경우, 판 지 일 년이 지나면 그것을 산 자의 영원한 소유가 되었다

② 이스라엘 백성이 성벽이 둘리지 아니한 촌락의 가옥을 희년이 될 때까지 무르지 못하였을 경우, 이 가옥을 산 자는 희년에 그것을 판 자에게 돌려주어야 하였다

③ 레위 족속의 성읍 내에 있는 가옥은 언제라도 무를 수 있었다

④ 레위 족속의 성읍 내에 있는 가옥을 희년까지 무르지 못하였을 경우, 이 가옥은 이를 산 자의 영원한 소유가 된다

**정답 ④**

4. 다음 설명 중 옳지 않은 것은 어느 것인가?(레 25:36-46)

① 이스라엘 동족에게 돈을 빌려주었을 경우 이자를 받지 않아야만 하였다

② 이스라엘 동족 형제가 가난하게 되어 팔려왔을 경우, 그를 종으로 부리지 말고 품꾼이나 동거인처럼 간주하여 그를 엄하게 부리지 않아야만 하였다

③ 이스라엘 백성은 이방인 중에서 남녀를 막론

하고 종을 사올 수 있었다

④ 이스라엘 백성이 이방인 종을 샀을지라도 이들을 후손에게 기업으로 주어 영원히 종을 삼을 수 없었다

**정답** ④

## 레위기 26장

1. 이스라엘이 여호와의 규례와 계명을 준수할 때 이들에게 약속한 복이 아닌 것은 무엇인가?(레 26:9-12)

① 무화과나무가 무성하지 못하며 포도나무에 열매가 없으며 감람나무에 소출이 없게 될 것이다

② 이스라엘을 번성하게 하고 창대하게 할 것이다

③ 하나님께서 그의 성막을 이스라엘 중에 세울 것이다

④ 여호와가 이스라엘의 하나님이 되고 이스라엘은 여호와의 백성이 될 것이다

**정답** ①

2. 이스라엘이 하나님을 거슬러 하나님을 청종하지 않을 경우 그들이 행한 죄의 몇 배의 재앙을 내릴 것이라고 말씀하셨나?(레 26:21, 28)

① 두 배 ② 다섯 배 ③ 일곱 배 ④ 열 배

**정답** ③

## 레위기 27장

1. 사람을 여호와께 드리기로 서원하였을 경우 성소의 세겔대로 정한 값이 잘못된 것은 어느 것인가?(레 27:2-5)

① 20-60세의 남자는 은 오십 세겔

② 20-60세의 여자는 은 이십오 세겔

③ 5-20세의 남자는 은 이십 세겔

④ 5-20세의 여자는 은 열 세겔

**정답** ②

2. 사람을 여호와께 드리기로 서원하였을 경우 성소의 세겔대로 정한 값이 잘못된 것은 어느 것인가?(레 27:6-7)

① 60세 이상의 남자는 은 십오 세겔

② 60세 이상의 여자는 은 아홉 세겔

③ 일 개월-5세의 남자는 은 다섯 세겔

④ 일 개월-5세의 여자는 은 세 세겔

**정답** ②

3. 서원예물에 관한 설명 중 잘못된 것은 어느 것인가?(레 27:9-13)

① 가축을 서원하는 예물로 드릴 경우, 이를 변경하여 드리고자 하면 서원한 가축의 가격에 오분의 일을 더하여 바쳐야 한다

② 가축을 서원하는 예물로 드리기로 한 후 다른 가축으로 바꾸면 둘 다 여호와께 바쳐야 한다

③ 부정한 가축을 서원하는 예물로 드릴 경우 제사장이 매긴 값을 바쳐야 한다

④ 여호와께 바치기로 한 부정한 가축을 무르려면 제사장이 매긴 값에 오분의 일을 더하여 바쳐야 한다

**정답** ①

4. 십일조에 관한 다음 설명 중 옳지 아닌 것은 무엇인가?(레 27:30-33)

① 곡식이나 나무의 열매의 십분의 일은 여호와의 것이다

② 곡식이나 나무의 열매의 십일조를 무르려면 그것에 오분의 일을 더하여야 한다

③ 소나 양의 십일조는 목자의 지팡이 아래로 열 번째 통과하는 것을 여호와께 드려야 한다

④ 소나 양의 십일조를 바꾸려면 원래 바치기로 한 가축의 가격에 오분의 일을 더하여야 한다

**정답** ④

# 민수기

## 민수기 1장

1. 민수기는 이스라엘 백성이 출애굽한 지 몇 년째 해의 몇 째 달에 모세에게 임한 하나님의 말씀으로 시작하는가?(민 1:1)
   ① 첫째 해 첫째 달　② 첫째 해 둘째 달
   ③ 둘째 해 첫째 달　④ 둘째 해 둘째 달
   **정답** ④

2. 민수기에서 처음으로 모세에게 주신 하나님의 명령은 무엇인가?(민 1:2)
   ① 시내 산을 떠나라
   ② 이집트를 공격하라
   ③ 이스라엘 백성을 정결케 하라
   ④ 이스라엘 백성을 계수하라
   **정답** ④

3. 이스라엘 백성 중 싸움에 나갈 남자로 계수되는 나이는 몇 살 이상이었는가?(민 1:3)
   ① 15세 이상　② 18세 이상
   ③ 20세 이상　④ 25세 이상
   **정답** ③

4. 이스라엘 백성을 계수할 때 모세와 아론과 함께 계수에 참여한 사람들은 어떤 사람들인가?(민 1:4)
   ① 각 지파의 장로들
   ② 각 지파의 각 조상의 가문의 우두머리
   ③ 각 지파의 제사장들
   ④ 각 지파의 예언자들
   **정답** ②

5. 모세와 아론과 함께 이스라엘 백성을 계수하는 데 참여한 우두머리들은 모두 몇 명인가?(민 1:5-15)
   ① 12명　② 15명　③ 20명　④ 24명
   **정답** ①

6. 이스라엘 백성을 계수할 때 여기에 포함되지 않은 지파는 어느 지파인가?(민 1:47)
   ① 시므온 지파　② 잇사갈 지파
   ③ 에브라임 지파　④ 레위 지파
   **정답** ④

7. 이스라엘 백성 중 가장 많은 숫자를 보유한 지파는 어느 지파인가?(민 1:20-46)
   ① 유다　② 단　③ 납달리　④ 스불론
   **정답** ①

8. 이 때 계수된 이스라엘 백성의 총계는 얼마인가?(민 1:46)
   ① 육십만 삼천오백오십 명
   ② 육십만 이천오백오십 명
   ③ 육십만 사천오백오십 명
   ④ 육십만 오천오백오십 명

**정답** ①

9. 광야에서 레위 지파를 계수하지 않은 까닭은 무엇인가?(민 1:50-53)
① 제사를 드려야 하기 때문에
② 레위 지파가 아직 존재하지 않았기 때문에
③ 증거의 성막을 관리할 책임이 있기 때문에
④ 율법을 가르쳐야 하기 때문에
**정답** ③

**민수기 2장**

1. 광야에서 이스라엘 자손이 진을 칠 수 있는 장소는 어디인가?(민 2:2)
① 양지 바른 곳에 ② 물이 나오는 곳에
③ 자기 마음대로 ④ 회막 사방에
**정답** ④

2. 다음 중 회막 동편에 진을 쳐야 하는 지파들은 누구인가?(민 2:3-9)
① 유다-잇사갈-스불론
② 르우벤-시므온-갓
③ 에브라임-므낫세-베냐민
④ 단-아셀-납달리
**정답** ①

3. 다음 중 회막 남편에 진을 쳐야 하는 지파들은 누구인가?(민 2:10-16)
① 유다-잇사갈-스불론
② 르우벤-시므온-갓
③ 에브라임-므낫세-베냐민
④ 단-아셀-납달리
**정답** ②

4. 다음 중 회막 서편에 진을 쳐야 하는 지파들은 누구인가?(민 2:18-24)
① 유다-잇사갈-스불론
② 르우벤-시므온-갓
③ 에브라임-므낫세-베냐민
④ 단-아셀-납달리
**정답** ③

5. 다음 중 회막 북편에 진을 쳐야 하는 지파들은 누구인가?(민 2:2 5-31)
① 유다-잇사갈-스불론
② 르우벤-시므온-갓
③ 에브라임-므낫세-베냐민
④ 단-아셀-납달리
**정답** ④

6. 레위 지파는 이스라엘 진영 중 어떤 위치에서 행진하는가?(민 2:17)
① 동편
② 서편
③ 진영의 중앙
④ 동서남북 사방에 흩어져서
**정답** ③

7. 다음 중 이스라엘 지파들의 행진 순서를 옳게 말한 것은 무엇인가?(민 2:3-31)
① 동-서-남-북 ② 동-남-북-서
③ 동-서-남-북 ④ 동-남-서-북
**정답** ④

8. 이스라엘 자손의 진영 중에서 가장 많은 군대가 배치된 쪽은 어느 쪽인가?(민 2:3-31)
① 동 ② 서 ③ 남 ④ 북
**정답** ①

9. 이스라엘 자손의 진영 중에서 가장 적은 군대가 배치된 쪽은 어느 쪽인가?(민 2:3-31)

① 동 ② 서 ③ 남 ④ 북

**정답** ②

민수기 3장

1. 다음 중 아론의 아들이 아닌 사람은 누구인가? (민 3:2)

① 이다말 ② 아비후 ③ 나답 ④ 엘리압

**정답** ④

2. 시내 광야에서 다른 불을 여호와 앞에 드리다가 죽임을 당한 아들은 누구인가?(민 3:4)

① 엘르아살 ② 이다말
③ 나답 ④ 비느하스

**정답** ③

3. 여호와께서 "다 내 것이라"고 말씀하신 것은 무엇인가?(민 3:12-13)

① 온 땅 ② 성막 ③ 제사장 ④ 레위인

**정답** ④

4. 레위인의 할 일은 무엇인가?(민 3:8)

① 인구를 계수하는 일
② 회막의 모든 기구를 맡아 지키는 일
③ 이스라엘 진영을 지휘하는 일
④ 제사를 드리는 일

**정답** ②

5. 레위 자손은 몇 살 이상의 남자 인구를 계수하였는가?(민 3:15)

① 일 개월 이상 ② 한 살 이상
③ 열세 살 이상 ④ 스무 살 이상

**정답** ①

6. 다음 중 레위의 아들이 아닌 사람은 누구인가? (민 3:17)

① 게르솜 ② 게르손 ③ 그핫 ④ 므라리

**정답** ①

7. 다음 중 레위의 자손들을 정확하게 명시한 것은 무엇인가?(민 3:18-20)

① 게르손-아므람, 이스할, 헤브론, 웃시엘
② 고핫-립니, 시므이
③ 므라리-말리, 무시
④ 게르솜-나답, 아비후

**정답** ③

8. 레위 자손 중 게르손의 종족들은 성막을 중심으로 어느 쪽에 진을 치는가?(민 3:23)

① 동쪽 ② 서쪽 ③ 남쪽 ④ 북쪽

**정답** ②

9. 레위 자손 중 고핫의 종족들은 성막을 중심으로 어느 쪽에 진을 치는가?(민 3:29)

① 동쪽 ② 서쪽 ③ 남쪽 ④ 북쪽

**정답** ③

10. 레위 자손 중 므라리의 종족들은 성막을 중심으로 어느 쪽에 진을 치는가?(민 3:35)

① 동쪽 ② 서쪽 ③ 남쪽 ④ 북쪽

**정답** ④

11. 모세와 아론과 아론의 자손들은 성막을 중심으로 어느 쪽에 진을 치는가?(민 3:38)

① 동쪽 ② 서쪽 ③ 남쪽 ④ 북쪽

**정답** ①

12. 레위의 아들 중 게르손 사람들의 지휘관은 누구인가?(민 3:24)

① 라엘의 아들 엘리아삽

② 웃시엘의 아들 엘리사반

③ 아비하일의 아들 수리엘

④ 립니의 아들 무시

**정답** ①

13. 레위의 아들 고핫 사람들의 지휘관은 누구인가?(민 3:30)

① 라엘의 아들 엘리아삽

② 웃시엘의 아들 엘리사반

③ 아비하일의 아들 수리엘

④ 립니의 아들 무시

**정답** ②

14. 레위의 아들 므라리 사람들의 지휘관은 누구인가?(민 3:35)

① 라엘의 아들 엘리아삽

② 웃시엘의 아들 엘리사반

③ 아비하일의 아들 수리엘

④ 립니의 아들 무시

**정답** ③

15. 레위 자손 중 성막과 장막, 뜰의 휘장과 문 및 줄을 책임지는 자손들은 누구인가?(민 3:25-26)

① 게르손 자손 ② 고핫 자손

③ 므라리 자손 ④ 비느하스 자손

**정답** ①

16. 레위 자손 중 증거궤, 상, 등잔대, 제단들과 성서에 쓸 기구를 책임지는 자손들은 누구인가?(민 3:31)

① 게르손 자손 ② 고핫 자손

③ 므라리 자손 ④ 엘리 자손

**정답** ②

17. 레위 자손 중 성막의 널판, 띠, 기둥, 받침, 말뚝과 줄을 책임지는 자손들은 누구인가?(3:36-37)

① 게르손 자손 ② 고핫 자손

③ 므라리 자손 ④ 엘리 자손

**정답** ③

18. 하나님은 광야에서 이스라엘의 인구를 계수할 때 처음 태어난 이스라엘 백성 대신에 레위인을 취하도록 명하셨다. 그 때 이스라엘 자손이 레위인 보다 몇 명 더 많았는가?(민 3:46)

① 이백오십육 명 ② 이백육십오 명

③ 이백칠십삼 명 ④ 이백팔십사 명

**정답** ③

19. 레위인보다 많은 이스라엘 백성 중 처음 태어난 백성을 위해 한 사람 당 얼마의 속전을 내야 했는가?(민 3:47)

① 세 세겔 ② 다섯 세겔

③ 열 세겔 ④ 스무 세겔

**정답** ②

20. 레위인보다 많은 이스라엘 백성을 위해 대속하여 받은 세겔이 모두 얼마인가?(민 3:50)

① 천삼백육십오 세겔

② 천오백육십삼 세겔

③ 이천오백이십오 세겔

④ 삼천육백오십 세겔

**정답** ①

1. 아론 제사장 계열이 아닌 레위 자손에게 광야 여정 중 맡겨진 주요 임무는 무엇인가?(민 3-4장)
   ① 물을 찾는 일
   ② 길 안내하는 일
   ③ 성막을 이동하고 세우는 일
   ④ 제사를 주도하는 일
   **정답** ③

2. 광야의 회막 일을 맡기기 위해 계수한 레위 자손들의 나이는 몇 살까지 계수하는가?(민 4:3)
   ① 20세-40세 ② 30세-50세
   ③ 30세-40세 ④ 20-30세
   **정답** ②

3. 회막 내의 지성소 성물들을 포장하는 일은 누가 하는가?(민 4:5)
   ① 고핫 자손 ② 게르손 자손
   ③ 므라리 자손 ④ 아론과 그 아들들
   **정답** ④

4. 지성소와 성소의 성물들을 포장한 후 그 짐을 이동하는 책임은 누가 맡는가?(민 4:4-15)
   ① 고핫 자손
   ② 게르손 자손
   ③ 므라리 자손
   ④ 아론의 아들 엘르아살
   **정답** ①

5. 지성소의 등유, 태우는 향, 항상 드리는 소제물, 관유를 책임지는 자는 누구인가?(민 4:16)
   ① 고핫 자손
   ② 게르손 자손
   ③ 므라리 자손
   ④ 아론의 아들 엘르아살
   **정답** ④

6. 성막의 휘장과 덮개, 성막 사방 뜰의 휘장문과 줄들과 그것에 사용하는 기구를 책임지는 자는 누구인가?(민 4:25-27)
   ① 고핫 자손
   ② 게르손 자손
   ③ 므라리 자손
   ④ 아론의 아들 엘르아살
   **정답** ②

7. 장막의 널판, 띠, 기둥, 기둥받침과 그것에 사용하는 기구를 책임지는 자는 누구인가?(민 4:31-33)
   ① 고핫 자손
   ② 게르손 자손
   ③ 므라리 자손
   ④ 아론의 아들 엘르아살
   **정답** ③

8. 회막을 이동시키는 게르손 자손의 할 일은 누가 감독하는가?(민 4:28)
   ① 고핫 자손
   ② 아론의 아들 엘르아살
   ③ 아론의 아들 이다말
   ④ 아론의 아들 아비후
   **정답** ③

9. 레위 자손들 중에서 절대로 끊어져서는 안 되는 사람들은 누구인가?(민 4:18)
   ① 고핫 자손 ② 게르손 자손
   ③ 므라리 자손 ④ 엘르아살

**정답** ①

10\. 고핫, 게르손, 므라리 자손들 가운데 가장 많은 수가 계수된 자손은 누구의 자손인가?
(민 4:38-45)

① 고핫 자손　② 게르손 자손
③ 므라리 자손　④ 수가 똑같다

**정답** ③

11\. 광야에서 계수한 레위인의 수효는 모두 몇 명인가?(민 4:48)

① 칠천오백칠십 명　② 팔천오백팔십 명
③ 구천오백구십 명　④ 육천오백육십 명

**정답** ②

## 민수기 5장

1\. 나병환자와 유출증 있는 자와 주검으로 부정하게 된 자는 어떻게 처리해야 하는가?(민 5:1)

① 치료한다
② 기도한다
③ 진영 밖으로 내보낸다
④ 진영 안에서 잘 돌본다

**정답** ③

2\. 여호와께 거역함으로 죄를 지은 경우, 죄 값에 얼마를 더해서 돌려주어야 하는가?(민 5:7)

① 열 배　② 두 배
③ 이분 일　④ 오분의 일

**정답** ④

3\. 만일 죄 값을 받을 만한 친척이 없을 경우에는 그 값은 누구에게 돌아가는가?(민 5:8)

① 안 줘도 된다
② 제사장에게 돌아간다
③ 당사자에게 가장 가까운 가족에게 돌아간다
④ 당사자가 받은 것으로 처리한다

**정답** ②

4\. 한 남자의 아내가 탈선했을 때, 증거가 없지만 남편이 의심할 경우에 드리는 제사를 무엇이라고 부르는가?(민 5:12-15)

① 거제　② 확신의 소제
③ 의심의 소제　④ 망각의 소제

**정답** ③

5\. 부정한 행위로 의심을 받는 아내가 그것이 사실일 경우에, 제사장이 준 쓴 물을 마신 아내에게 일어나는 증세는 무엇인가?(민 5:21, 27)

① 머리가 아프다　② 먹은 것을 토한다
③ 넓적다리가 마른다　④ 배가 아프다

**정답** ③

## 민수기 6장

1\. 나실인의 서원을 할 경우에 그 남자나 여자가 주의해야 할 일이 아닌 것은 무엇인가?
(민 6:1-12)

① 포도주와 독주를 먹지 않는다
② 머리를 자르지 않는다
③ 시체를 가까이 하지 않는다
④ 음식을 먹지 않는다

**정답** ④

2\. 나실인으로 서원한 사람이 먹어도 되는 음식은 무엇인가?(민 6:3-4)

① 포도주와 독주 ② 포도즙과 생포도
③ 건포도 ④ 유교병

**정답** ④

3. 나실인의 서원을 한 사람 옆에서 사람이 갑자기 죽어서 그가 부정하게 되면 어떻게 조치해야 하는가?(민 6:9)

① 몸을 깨끗이 씻는다 ② 머리를 민다
③ 옷을 찢는다 ④ 통곡을 한다

**정답** ②

4. 나실인의 서원이 원치 않게 깨졌을 경우 이를 다시 회복하는 방식은 무엇인가?(민 6:9-12)

① 부정하게 된 날로부터 칠일 째 머리를 민다
② 부정하게 된 날로부터 여덟 째 날에 제물을 바친다
③ 제물을 바친 그 날에 머리를 성결하게 한다
④ 부정하게 된 날로부터 한 달 후 머리를 밀고 제물을 바친다

**정답** ③

5. 나실인의 서원이 깨진 경우에 드릴 제사가 아닌 것은 무엇인가?(민 6:9-12)

① 속죄제 ② 번제 ③ 속건제 ④ 화목제

**정답** ④

6. 나실인으로 서원할 경우에 드릴 제사가 아닌 것은 무엇인가?(민 6:13-20)

① 번제 ② 속건제 ③ 속죄제 ④ 화목제

**정답** ②

7. 나실인이 포도주를 마실 수 있는 때는 언제인가?(민 6:20)

① 구별하여 드리는 동안
② 구별한 날이 차고 그에 합당한 제사를 드린 후
③ 부모가 돌아가신 때
④ 결혼식을 올리는 날

**정답** ②

8. 다음 중 나실인의 법에 관한 것 중 틀린 것은 무엇인가?(민 6:1-20)

① 한번 작정했으면 반드시 평생 지켜야 한다
② 기간을 정해서 지킨다
③ 약정한 기간이 끝나면 술을 마실 수 있다
④ 도중에 이 법을 위반하게 될 경우에는 회복의 길이 있다

**정답** ①

9. 제사장이 이스라엘 백성을 축복할 때 선언하는 말 가운데 괄호 안에 들어갈 말은 무엇인가?(민 6:24-26)

"여호와는 네게 복을 주시고 너를 지키시기를 원하며 여호와는 그의 얼굴을 네게 비추사 은혜 베푸시기를 원하며 여호와는 그 얼굴을 네게로 향하여 드사 ( ) 주시기를 원하노라"

① 건강 ② 평강 ③ 자녀 ④ 땅

**정답** ②

## 민수기 7장

1. 모세가 장막 세우기를 마친 후에 한 일은 무엇인가?(민 7:1)

① 기도했다 ② 기름을 발랐다
③ 이동했다 ④ 회중을 소집했다

**정답** ②

2. 모세가 장막을 세워 거룩하게 구별한 뒤에 이루어진 일은 무엇인가?(민 7:2)

① 이스라엘의 지휘관들이 헌물을 드렸다

② 아론과 그 아들들이 제사를 드렸다

③ 이스라엘의 인구를 계수하였다

④ 하나님의 영광이 임하였다

**정답** ①

3. 이스라엘의 지휘관들이 여호와께 드린 예물은 무엇인가?(민 7:3)

① 금과 은 ② 수레와 소

③ 창과 방패 ④ 옷과 식량

**정답** ②

4. 이스라엘의 지휘관들이 드린 예물은 누구에게 주었는가?(민 7:5)

① 모세 ② 아론

③ 아론의 아들 ④ 레위인

**정답** ④

5. 레위인 자손 중에 수레와 소를 받지 못한 자손은 누구인가?(민 7:7-9)

① 게르손 ② 므라리

③ 고핫 ④ 엘르아살

**정답** ③

6. 고핫 자손이 수레와 소를 받지 못한 이유는 무엇인가?(민 7:9)

① 장자이기 때문에

② 불순종하는 죄를 지어서

③ 어깨로 메는 일을 맡았기 때문에

④ 수레와 소의 수효가 모자라서

**정답** ③

7. 이스라엘의 지휘관들이 제단의 봉헌을 위해 며칠 동안 제물을 드렸는가?(민 7:11)

① 하루에 전부

② 이틀에 여섯 명씩

③ 사흘에 세 명씩

④ 십이일 동안 한 사람씩

**정답** ④

8. 다음 중 이스라엘의 지휘관들이 드리지 않은 제물은 무엇인가?(민 7:12-88)

① 소와 양과 염소 ② 은과 금

③ 기름 섞은 고운 가루 ④ 소금

**정답** ④

9. 다음 중 제단에 기름을 바른 후 이스라엘이 드린 봉헌물의 수효와 일치하지 않는 것은 무엇인가?(민 7:84-88)

① 은 쟁반 열둘과 금 그릇 열둘

② 숫염소 오십 마리

③ 수송아지 열두 마리

④ 숫양 육십 마리

**정답** ②

## 민수기 8장

1. 등잔대의 등잔은 모두 몇 개인가?(민 8:1)

① 한 개 ② 다섯 개 ③ 일곱 개 ④ 열두 개

**정답** ③

2. 등잔은 등잔대의 어느 방향으로 비추도록 켜는가?(민 8:2)

① 앞으로 ② 좌우로 ③ 뒤로 ④ 위로

**정답** ①

3. 등잔대를 만들 때 금을 사용하여 만드는 부위는 어디인가?(민 8:4)

① 밑판

② 꽃

③ 등잔 기둥

④ 밑부터 꽃까지 전부

**정답 ④**

4. 레위인을 여호와께 바치기 위해 드리는 제사는 무엇인가?(민 8:13)

① 거제　② 요제　③ 화제　④ 소제

**정답 ②**

5. 여호와께 바쳐질 레위인이 자신을 정결케 하기 위해 하는 일이 아닌 것은?(민 8:7)

① 속죄의 물을 뿌린다

② 전신을 삭도로 민다

③ 의복을 빤다

④ 금식을 한다

**정답 ④**

6. 레위인은 여호와께 소속된 사람들이다. 이들은 누구 대신 취해진 것인가?(민 8:16-18)

① 이스라엘 자손과 짐승 중 초태생

② 가나안 자손과 짐승 중 초태생

③ 애굽 자손과 짐승 중 초태생

④ 온 땅의 사람과 짐승 중 초태생

**정답 ①**

7. 회막에서 봉사하는 레위인은 어떤 기능을 하는가?(민 8:19)

① 이스라엘 자손이 성소에 가까이 할 때에 재앙을 막아준다

② 이스라엘 자손이 성소에 가까이 올 때 제물을 받는다

③ 성소의 제사장이 유고시에 제사장 직무를 대신한다

④ 이스라엘이 전쟁에 나갈 때 전투에 나갈 자를 소집한다

**정답 ①**

8. 다음 중 회막에서 레위인의 할 직무에 관해 언급한 것 중 맞는 말은 무엇인가?(민 8:20-22)

① 레위인은 아론과 그 아들들의 하는 일과 다르지 않다

② 레위인은 아론과 그 아들들의 감독을 받는다

③ 레위인은 평상시에는 성소의 일을 하지 않고 성서를 이동하거나 세울 때만 활동한다

④ 레위인은 아론과 그 아들들의 할 일이 과중할 때 대신 처리한다

**정답 ②**

9. 레위인이 회막에서 일할 수 있는 나이는 몇 살인가?(민 8:23-26)

① 25세 이상 50세까지　② 20세 이상 50세까지

③ 20세 이상 60세까지　④ 25세 이상 60세까지

**정답 ①**

10. 오십 세 이상 된 레위인은 회막에서 어떤 일을 하는가?(민 8:25-26)

① 건강한 경우 계속 봉사할 수 있다

② 형제와 함께 회막에서 돕는 직무를 지킨다

③ 회막을 청소하는 일을 한다

④ 회막에 들어갈 수 없다

**정답 ②**

## 민수기 9장

1. 이스라엘 자손이 출애굽한 지 첫째 달 열넷째 날에 시내 광야에서 지킨 절기는 무엇인가?(민 9:4)

① 유월절 ② 초막절 ③ 오순절 ④ 속죄일

**정답** ①

2. 사람의 시체로 인해 부정하게 된 사람들은 언제 유월절을 지킬 수 있는가?(민 9:11)

① 둘째 달 열넷째 날 ② 셋째 달 열넷째 날
③ 둘째 달 첫 날 ④ 셋째 달 첫 날

**정답** ①

3. 다음 중 유월절 준수와 관련하여 알맞게 진술한 것은 무엇인가?(민 9:12-14)

① 부정하게 된 사람이나 여행 중에 있는 사람은 안 지켜도 무방하다
② 타국인이나 거류민이 유월절은 지키기 원할 때라도 그들은 용인되지 않는다
③ 어린 양에 무교병과 쓴 나물을 먹어야 하고 뼈는 꺾지 말아야 한다
④ 타국인이 지키는 유월절 규례는 조금 다르다

**정답** ③

4. 성막을 세운 날에 성막에 임한 증거들은 무엇인가?(민 9:15)

① 구름 ② 안개
③ 회오리 바람 ④ 나팔 소리

**정답** ①

5. 이스라엘 자손이 광야를 행진하고 머문 때는 언제인가?(민 9:17-18)

① 성막에서 모세가 나올 때
② 성막 위에 구름이 머물거나 떠오를 때
③ 이스라엘 자손의 진영 주변에 물과 식량이 부족할 때
④ 이스라엘 자손의 진영이 부정하게 되었을 때

**정답** ②

6. 성막 위에 구름이 머물고 떠오르는 시간은 얼마까지 기다려야 하는가?(민 9:22)

① 이틀 ② 한 달
③ 일 년 ④ 언제까지든

**정답** ④

## 민수기 10장

1. 여호와께서 회중을 소집하고 진영을 출발하는 신호를 보내기 위해 모세에게 만들라고 분부하신 악기는 무엇인가?(민 10:1)

① 북 ② 징 ③ 나팔 ④ 꽹과리

**정답** ③

2. 나팔은 무엇으로 몇 개를 만들었는가?(민 10:2)

① 은, 두 개 ② 은, 세 개
③ 금, 두 개 ④ 금, 세 개

**정답** ①

3. 나팔 두 개의 소리가 날 때 이스라엘 회중은 어떻게 해야 하는가?(민 10:3)

① 행진하기 시작한다 ② 여호와께 나아간다
③ 행진을 멈춘다 ④ 전쟁에 출정한다

**정답** ②

4. 나팔 하나의 소리만 날 때 이스라엘 자손은 어떻게 해야 하는가?(민 10:4)

① 이스라엘의 천부장 지휘관들이 모인다

② 이스라엘의 백부장 지휘관들이 모인다

③ 이스라엘의 자손의 행군을 멈춘다

④ 이스라엘의 장로들이 모인다

**정답** ①

5. 나팔을 크게 한 번 불면 이스라엘 자손은 어떻게 해야 하는가?(민 10:5)

① 동쪽 진영들이 행진한다

② 남쪽 진영들이 행진한다

③ 동쪽 진영들이 행진을 멈춘다

④ 남쪽 진영들이 행진을 멈춘다

**정답** ①

6. 나팔을 두 번째로 크게 불면 이스라엘 자손은 어떻게 해야 하는가?(민 10:6)

① 동쪽 진영들이 행진한다

② 남쪽 진영들이 행진한다

③ 동쪽 진영들이 행진을 멈춘다

④ 남쪽 진영들이 행진을 멈춘다

**정답** ②

7. 회중을 소집하는 나팔 소리는 어떻게 나는가?(민 10:7)

① 크게 세 번 ② 크게 길게

③ 크게 한 번 ④ 크게 내지 않는다

**정답** ④

8. 나팔을 부는 책임은 누가 지는가?(민 10:8)

① 레위인 ② 아론 자손 제사장들

③ 여호수아 ④ 모세

**정답** ②

9. 대적과 전쟁을 하러 나갈 때의 나팔 소리는 무엇인가?(민 10:9)

① 짧고 긴 소리 ② 단순히 긴 소리

③ 큰 소리 ④ 작은 소리

**정답** ③

10. 다음 중 나팔을 불어야 할 경우가 아닌 것은 무엇인가?(민 10:10)

① 희락의 날

② 정한 절기

③ 초하루

④ 모세와 아론 같은 지도자가 죽었을 때

**정답** ④

11. 이스라엘 자손이 시내 광야를 출발한 때는 언제인가?(민 10:11)

① 둘째 해 첫째 달 스무날

② 둘째 해 첫째 달 첫 날

③ 둘째 해 둘째 달 스무날

④ 둘째 해 둘째 날 첫 날

**정답** ③

12. 시내 광야에서 떠오른 구름은 어디에서 머물렀는가?(민 10:12)

① 가데스 ② 호르마

③ 바란 광야 ④ 여리고 동편

**정답** ③

13. 이스라엘 자손 진영의 행군 순서 중 맞는 것은 무엇인가?(민 10:11-28)

① 유다(동) → 르우벤(남) → 에브라임(서) → 단(북)

② 유다(동) → 르우벤(남) → 단(북) → 에브라임(서)

③ 유다(동) → 에브라임(서) → 르우벤(남) → 단

(북)

④ 르우벤(남) → 에브라임(서) → 단(북) → 유다 (남)

**정답** ①

14. 성막은 어느 쪽 진영들 사이에 위치하여 행진하는가?(민 10:17)

① 동쪽 진영과 남쪽 진영 사이

② 남쪽 진영과 서쪽 진영 사이

③ 서쪽 진영과 북쪽 진영 사이

④ 북쪽 진영과 동쪽 진영 사이

**정답** ①

15. 성물은 멘 고핫인은 어느 쪽 진영들 사이에 위치하여 행진하는가?(민 10:21)

① 동쪽 진영과 남쪽 진영 사이

② 남쪽 진영과 서쪽 진영사이

③ 서쪽 진영과 북쪽 진영 사이

④ 북쪽 진영과 동쪽 진영사이

**정답** ②

16. 모세가 장인 미디안 사람 르우엘의 아들 호밥에게 동행을 요청한 까닭은 무엇인가? (민 10:29-31)

① 길 안내를 받기 위해서

② 리더십의 부담을 나누기 위해

③ 혼자 광야길을 가기가 외로워서

④ 한 가족이므로

**정답** ①

17. 모세가 그의 장인 미디안 사람 르우엘의 아들 호밥에게 동행해달라는 요청은 신앙적으로 볼 때 하나님께 순종적인가 불순종인가? (민 10:29-31)

① 순종적이다 ② 불순종적이다

③ 잘 모르겠다 ④ 둘 다 아니다

**정답** ②

18. 모세의 장인 르우엘의 아들 호밥과 동행하길 요청한 행동이 불신앙적인 이유는 무엇인가 (민 10:29-31)

① 회막에 떠오르고 내리는 구름이 하나님의 길 안내인데 이를 무시하는 태도이므로

② 이스라엘 사람이 아닌 미디안 사람과 동행하려는 것이므로

③ 장인이 미디안 친족에게 가려는 것을 방해하고 있기 때문에

④ 모세가 호밥을 선대하였기 때문에

**정답** ①

19. 모세는 어떤 경우에 "여호와여 일어나사 주의 대적들을 흩으시고 주를 미워하는 자가 주 앞에서 도망하게 하소서"라고 말했는가?(민 10:35)

① 성막에 구름이 임했을 때

② 성막에 구름이 떠오를 때

③ 궤가 떠날 때

④ 궤가 쉴 때

**정답** ③

## 민수기 11장

1. 광야의 한 곳을 다베라라고 부른 까닭은 무엇인가?(민 11:1-3)

① 바윗에서 솟은 물을 먹어 갈증을 해소했기 때문에

② 만나와 메추라기를 거둔 장소이므로

③ 여호와의 불이 원망하는 백성의 진영을 불태

웠으므로

④ 아말렉과 싸워 이긴 장소이므로

**정답** ③

2. 광야의 이스라엘 백성이 고기가 먹고 싶어서 보여준 행동은 무엇인가?(민 11:10)

① 광야로 사냥 나갔다

② 만나를 안 먹었다

③ 미디안과 싸웠다

④ 자기 장막 문에서 울었다

**정답** ④

3. 고기를 못 먹어서 우는 이스라엘 백성을 보고 모세가 하나님 앞에서 보인 태도는 무엇인가?(민 11:15)

① 같은 마음으로 함께 울었다

② 백성을 위해 여호와께 중재 기도했다

③ 차라리 죽여 달라고 기도했다

④ 고기를 먹이기 위해 백방으로 노력했다

**정답** ③

4. 불평하는 백성의 짐을 나누어지도록 모세를 위해 여호와가 지시한 명령은 무엇인가?(민 11:1 6)

① 칠십 장로를 세워라

② 이백오십 장로를 세워라

③ 천부장, 백부장, 오십부장을 세워라

④ 여호수아를 세워라

**정답** ①

5. 고기를 먹고 싶어서 우는 이스라엘 백성의 본심은 무엇이었는가?(민 11:20)

① 하나님의 능력을 불신하고 있다

② 모세의 지도력을 의심하고 있다

③ 이집트에서 나온 것을 후회한다

④ 만나만 먹는 일에 염증을 느끼고 있다

**정답** ③

6. 광야에서 하나님의 영이 칠십 장로에게 임하여 나타난 증거는 무엇인가?(민 11:25)

① 탁월한 판결을 하였다

② 예언을 하였다

③ 만나를 가공하는 새로운 지식을 전수했다

④ 고기를 구할 장소를 알려주었다

**정답** ②

7. 지명된 칠십 장로 중에서 여호와의 장막에 나가지 않은 두 사람은 누구인가?(민 11:2 6)

① 엘닷과 메닷 ② 에브라임과 므낫세

③ 말론과 기룐 ④ 요엘과 아비야

**정답** ①

8. 여호와의 장막에 나오지 않고 자기 진영에 머무른 채 예언한 사람들을 고한 여호수아에게 모세가 한 말은 무엇인가?(민 11:29)

① 즉시 끌고 나오라

② 그들을 축복하라

③ 그들을 칼로 치라

④ 다 선지자 되기를 원하노라

**정답** ④

9. 바다에서 몰려온 메추라기를 이스라엘 진영 주면 지면 위 어느 높이까지 쌓였는가?(민 11 :31)

① 한 규빗 ② 두 규빗

③ 세 규빗 ④ 네 규빗

**정답** ②

10. 고기가 입에 남아 있는데 여호와의 진노가 임하여 죽은 백성을 장사지낸 곳의 이름은 무엇인

가?(민 11:34)

① 다베라 ② 맛사

③ 기브롯 핫다아와 ④ 호르마

**정답** ③

## 민수기 12장

1. 미리암과 아론이 모세를 비방한 일차적 이유는 무엇인가?(민 12:1)

① 모세가 혼자 잘난 척 하므로

② 모세가 구스 여자를 취했으므로

③ 모세의 지도력이 약했으므로

④ 모세가 장인만 편들기 때문에

**정답** ②

2. 민수기는 모세의 어떤 면이 지면의 모든 사람보다 뛰어나다고 기록하는가?(민 12:3)

① 온유함 ② 심지가 곧음

③ 지혜로움 ④ 인내심

**정답** ①

3. 여호와께서 미리암과 아론과 교통하는 방편이 아닌 것은 무엇인가?(민 12:6)

① 꿈 ② 환상

③ 우림과 둠밈 ④ 대면하여 말씀하심

**정답** ④

4. 모세의 권위가 미리암이나 아론의 권위에 비해 우월한 까닭이 아닌 것은 무엇인가?(민 12:7)

① 꿈과 환상을 봄 ② 하나님과 대면

③ 하나님의 음성을 들음

④ 여호와의 형상을 봄

**정답** ①

5. 모세를 비방한 미리암과 아론에게 벌어진 일이 아닌 것은 무엇인가?(민 12:9-15)

① 미리암이 나병에 걸렸다

② 아론이 죄를 자백하고 치유를 중재했다

③ 미리암은 진영 밖에 이레 동안 격리되었다

④ 미리암이 즉시 죽었다

**정답** ④

## 민수기 13장

1. 모세는 어디에서 이스라엘 자손 중 정탐꾼을 가나안 땅에 보냈는가?(민 13:3)

① 시내 산 ② 바란 광야

③ 신 광야 ④ 요단 동편

**정답** ②

2. 이스라엘의 정탐꾼이 정탐한 가나안 지역은 어느 곳인가?(민 13:21)

① 신 광야에서 하맛 어귀 르홉까지

② 해안 도로에서 왕의 대로까지

③ 사해부터 갈릴리 호수까지

④ 모압 평지에서 갈멜 산까지

**정답** ①

3. 이스라엘의 정탐꾼이 도착한 가나안의 헤브론에 대한 설명 중 맞지 않는 것은?(민 13:22)

① 애굽 소안 보다 칠 년 전에 세운 곳

② 아브라함이 살았던 곳

③ 아낙 자손 아히만과 세새와 달매가 있었다

④ 정탐꾼과 가나안 사람들이 싸운 곳

**정답** ④

4. 이스라엘의 정탐꾼이 포도송이를 베어 갖고 온

골짜기 이름은 무엇인가?(민 13:24)

① 아골 골짜기 ② 에스골 골짜기

③ 소렉 골짜기 ④ 힌놈의 골짜기

**정답** ②

5. 이스라엘 정탐꾼은 도합 며칠을 정탐하고 돌아 왔는가?(민 13:25)

① 12일 ② 30일 ③ 40일 ④ 70일

**정답** ③

6. 정탐꾼이 보고 돌아온 가나안 지역의 주민 중 헷인, 여부스인, 아모리인은 어느 지역에 거주하고 있었는가?(민 13:29)

① 남방 땅 거주 ② 산지거주

③ 해변과 요단 가 거주 ④ 바산 땅 거주

**정답** ②

7. 정탐꾼이 보고 돌아온 가나안 지역 주민 중 가나안 인은 어느 지역에 거주하고 있었는가?(민 13:29)

① 남방 땅 거주 ② 산지거주

③ 해변과 요단 가 거주 ④ 바산 땅 거주

**정답** ③

8. 이스라엘의 정탐꾼 중에서, 가나안 땅에 올라가서 그 땅을 취하자고 제안한 사람들은 누구인가?(민 13:30)

① 갈렙과 여호수아 ② 삼무아와 이갈

③ 갓디와 암미엘 ④ 그우엘과 나비

**정답** ①

9. 이스라엘 정탐꾼이 가나안 땅을 악평한 말이 아닌 것은 무엇인가?(민 13:31-33)

① 우리는 메뚜기 같다

② 거민을 삼키는 땅이다

③ 그들은 강하다

④ 그 땅은 좋지 않다

**정답** ④

## 민수기 14장

1. 광야의 이스라엘 백성들은 정탐하고 돌아온 보고 중 어떤 보도에 마음이 움직였는가?(민 14:1-3)

① 정착하여 살기 좋다

② 올라가면 능히 취할 수 있다

③ 올라가면 죽는다

④ 젖과 꿀이 흐르는 땅이다

**정답** ③

2. 광야의 이스라엘 백성들이 정탐꾼의 보도에 낙담하고 보인 반응은 무엇인가?(민 14:3)

① 다른 길은 없는 지 물었다

② 애굽으로 돌아가자

③ 여기서 살자

④ 여기서 죽자

**정답** ②

3. 가나안 땅을 취하는 일을 두려워하는 이스라엘 백성에게 갈렙과 여호수아가 보여준 언행이 아닌 것은?(민 14:6-9)

① 옷을 찢었다

② 금식했다

③ 그들은 우리의 먹이라고 말했다

④ 여호와는 우리와 함께 하신다고 격려했다

**정답** ②

4. 위에서 두 사람의 격려에 이스라엘 백성이 보인 반응은 무엇인가?(민 14:10)

① 기뻐했다 ② 감사했다
③ 함께 금식했다 ④ 돌로 치려했다

**정답** ④

5. 불신앙하는 이스라엘 백성에 대한 하나님이 보여 주신 첫 대응은 무엇이었는가?(민 14:12)

① 전염병으로 멸할 것이다
② 불 뱀을 보낼 것이다
③ 다른 정탐꾼을 보낼 것이다
④ 모세의 지도력을 꾸짖었다

**정답** ①

6. 광야에서 정탐꾼의 부정적 보도를 따라 하나님을 불순종하고 거역하는 이스라엘 백성에게 내리신 하나님의 결정은 무엇이었는가?(민 14:23)

① 더 이상 이스라엘과 함께 하지 않겠다
② 가나안 땅에 결단코 들어갈 수 없다
③ 더 큰 이적을 보여주어서 그들의 마음을 돌이킬 것이다
④ 그들의 죄를 용서하고 가나안 땅에 들어가게 할 것이다

**정답** ②

7. 정탐꾼의 부정적 보도에 하나님을 원망하는 이스라엘 백성은 얼마 동안 그 죄악을 담당하게 되었는가?(민 14:34)

① 십이 년 ② 열두 달
③ 사십 년 ④ 사십 개월

**정답** ③

8. 가나안 땅을 정탐하고 돌아와 그 땅을 악평한 사람들은 결국 어떻게 되었는가?(민 14:37)

① 재앙으로 죽었다
② 애굽으로 돌아갔다
③ 회중으로부터 격리되었다
④ 돌에 맞아 죽었다

**정답** ①

9. 정탐 보고를 들은 다음 날 결국 이스라엘 백성이 취한 행동은 무엇이었는가?(민 14:40)

① 애굽으로 돌아갔다
② 광야에 머물렀다
③ 가나안으로 올라갔다
④ 모압 땅으로 우회했다

**정답** ③

10. 가나안과 아말렉인이 이스라엘 백성과 싸워 이기고 도달한 장소는 어디인가?(민 14:45)

① 호르마 ② 소알 ③ 아랏 ④ 가데스

**정답** ①

### 민수기 15장

1. 이스라엘 백성이 가나안 땅에 들어가서 드릴 수 있는 제사로서 민수기 15장에서 언급되지 않은 제사는 무엇인가?(민 15:3-10)

① 번제 ② 소제 ③ 속건제 ④ 회복제

**정답** ③

2. 이스라엘 백성이 가나안 땅에 들어가서 드려할 제사들은 "영원한 율례"로 명시되어 있다. 이 규정에 해당되는 사람들은 누구인가? (민 15:13-16)

① 본토 소생
② 타국인
③ 20세 이상 남자들

④ 본토 소생과 거류하는 타국인

**정답** ④

3. 다음 제사들 중에서 가장 많은 포도주를 전제로 드려야 하는 경우는 무엇인가?(민 15:4-10)

① 소나 양 ② 어린 양

③ 수송아지 ④ 염소

**정답** ③

4. 수송아지를 화목제로 드리는 경우 전제에 쓸 포도주는 얼마를 드려야 하는가?(민 15:10)

① 1/10 ② 1/4 ③ 1/3 ④ 1/2

**정답** ④

5. 이스라엘 백성이 땅에 정착해서 그 땅의 양식을 먹을 때 드려야 하는 제사는 무엇인가?(민 15:19)

① 번제 ② 소제 ③ 거제 ④ 화제

**정답** ③

6. 회중이 범죄한 경우에 화제로 드려야 할 짐승은 무엇인가?(민 15:24)

① 어린 양 ② 숫양

③ 염소 ④ 수송아지

**정답** ④

7. 만일 한 사람이 부지중에 범죄하면 속죄제로 드려야 할 짐승은 무엇인가?(민 15:27)

① 수송아지 ② 암염소

③ 숫양 ④ 암양

**정답** ②

8. 이스라엘 자손이 광야에 거류할 때에 안식일에 나무를 한 사람에 대한 판결은 무엇인가?(민 15:35-36)

① 속죄제를 드린다 ② 속건제를 드린다

③ 회중에서 추방한다 ④ 돌로 쳐 죽인다

**정답** ④

9. 이스라엘 자손이 거룩하다는 표시로 옷단 귀에 다는 장식은 무엇인가?(민 15:37-41)

① 청색 술 ② 자색 술

③ 금색 술 ④ 은색 술

**정답** ①

## 민수기 16장

1. 이스라엘 온 회중의 거룩함을 내세워 모세를 비방한 사람이 아닌 사람은?(민 16:1)

① 고라 ② 다단 ③ 아비람 ④ 아삽

**정답** ④

2. 고라와 반역하는 무리에게 모세가 내세운 해법은 무엇인가?(민 16:6, 17)

① 각자 향로를 갖고 장막 앞에 서라

② 장막 앞에 지팡이를 들고 서라

③ 가슴 속에 손을 넣어라

④ 장막 앞에 깃대를 들고 서라

**정답** ①

3. 모세를 비방하는 고라의 진정한 의도는 무엇이었는가?(민 16:10)

① 모세의 지도력을 취소하기 위해

② 제사장 직분을 차지하려고

③ 애굽으로 돌아가려고

④ 가나안 땅에 들어가서 차지할 땅을 더 얻으려고

정답 ②

4. 모세와 아론을 비방하는 반역의 무리에 대한 하나님의 반응은 무엇이었는가?(민 16:21)
① 그들의 청을 들어주라
② 회중을 순식간에 멸할 것이다
③ 그들의 청을 듣지 말라
④ 회중 가운데서 그들을 격리시켜라
정답 ②

5. 광야에서 고라, 다단, 아비람과 온이 모세의 권위를 거역한 결과는 무엇이었는가?
(민 16:31-33)
① 뜻대로 되었다
② 지위 해제되었다
③ 땅이 갈라져 산 채로 묻혀 죽었다
④ 회중 가운데서 격리되었다
정답 ③

6. 모세와 아론을 거역하는 무리가 장막 앞에 들고 나온 향로는 총 몇 개인가?(민 16:17, 35)
① 세 개 ② 열두 개
③ 오십 개 ④ 이백 오십 개
정답 ④

7. 향로를 들고 나온 이백 오십 명에게는 무슨 일이 벌어졌는가?(민 16:35)
① 향로에서 새 불이 나왔다
② 문둥병이 들었다
③ 여호와의 불이 나와 불에 타죽었다
④ 벙어리가 되었다
정답 ③

8. 불에 탄 이백 오십 명이 들고 서 있던 향로는 어떻게 처리하였는가?(민 16:39)
① 폐기처분하였다
② 놋을 쳐서 제단을 싸는 철판을 만들었다
③ 녹여서 큰 향로를 만들었다
④ 장막 앞에 전시하였다
정답 ②

9. 고라의 무리에게 벌어진 일에 놓고 회중은 어떤 반응을 보였는가?(민 16:41)
① 두려움에 떨었다
② 모세와 아론을 원망하였다
③ 잠잠하였다
④ 모세와 아론을 칭찬했다
정답 ②

10. 고라의 무리에게 벌어진 일로 원망하는 회중에게 무슨 일이 벌어졌는가?(민 16:46)
① 하나님의 영이 각 사람에게 임하였다
② 염병이 시작되었다
③ 놋 뱀이 나타나 사람들을 물어 죽였다
④ 금식하게 되었다
정답 ②

11. 고라의 일로 죽은 자가 총 몇 명인가?(민 16:49)
① 이만 사천사백 명 ② 만 오천칠백 명
③ 만 사천칠백 명 ④ 이만 육천칠백 명
정답 ③

## 민수기 17장

1. 이스라엘 백성은 조상 가문을 따라 각자 지팡이를 취하여 어디에 두라고 분부하였는가?
(민 17:4)

① 장막 앞　　② 증거 궤 앞
③ 장막 안　　④ 번제단 앞

**정답** ②

2. 이스라엘 백성이 취한 지팡이는 모두 몇 개였는가?(민 17:2)

① 12개　② 50개　③ 70개　④ 250개

**정답** ①

3. 각 지팡이에는 무엇을 새겼는가?(민 17:3)

① 지파의 이름　　② 지휘관의 이름
③ 각자가 저지른 죄　　④ 지파의 깃발모양

**정답** ②

4. 레위의 지팡이에는 누구의 이름을 새겼는가?(민 17:3)

① 고라　② 레위　③ 아론　④ 모세

**정답** ③

5. 레위가 집을 위해 취한 지팡이에는 무슨 열매가 열렸는가?(민 17:8)

① 감람 열매　　② 포도열매
③ 살구 열매　　④ 야자 열매

**정답** ③

6. 열매를 맺은 아론의 지팡이는 무엇에 대한 표징으로 삼았는가?(민 17:10)

① 광야에서 만나와 고기를 먹은 감사한 일
② 약속의 땅 정탐한 일의 부정적 결과
③ 광야에서 하나님을 원망한 자
④ 약속의 땅을 얻을 표징

**정답** ③

## 민수기 18장

1. 아론과 그의 아들들과 그 조상 가문에게 맡겨진 일은 무엇인가?(민 18:5)

① 기도하는 일　　② 성소를 운반하는 일
③ 제단을 청소하는 일　④ 성소와 제단의 직무

**정답** ④

2. 아론과 레위인의 직무에 대한 진술 중 맞는 것은 무엇인가?(민 18:1-7)

① 서로 구별 없이 성소의 직무를 수행한다
② 성소의 기구와 제단에 가까이 할 수 있다
③ 레위인은 아론과 그 아들들의 제사장 직무를 돕는다
④ 레위인은 단독으로 증거의 장막 안으로 들어갈 수 있다

**정답** ③

3. 다음 중 아론과 그의 아들들이 제사장 직무를 수행할 때 주어지는 몫이 아닌 것은 무엇인가?(민 18:8-19)

① 거제물
② 지성물 중 불사르지 않는 것
③ 특별히 드린 예물
④ 소나 양이나 염소의 초태생의 피

**정답** ④

4. 처음 태어난 사람을 대속할 때 얼마로 대속하는가?(민 18:16)

① 은 한 세겔　　② 금 한 세겔
③ 은 다섯 세겔　　④ 금 두 세겔

**정답** ③

5. 처음 태어난 가축(소, 양, 염소)을 처리하는 방식

으로 옳지 않은 것은?(민 18:17)

① 대속한다

② 피를 제단에 뿌린다

③ 기름을 불사른다

④ 고기는 제사장에게 돌린다

**정답** ①

6. 처음 태어난 가축(소, 양, 염소)을 화제로 드린 후 제사장에게 돌아갈 몫은 무엇인가?(민 18:18)

① 오른 쪽 뒷다리

② 머리와 꼬리 부위

③ 내장

④ 가슴과 오른 쪽 넓적다리

**정답** ④

7. 이스라엘 자손이 거제로 드리는 모든 성물을 제사장에게 영원한 몫의 음식으로 주는 것을 소금 언약이라고 한다. 소금 언약이란 무슨 뜻인가?(민 18:19)

① 설탕 대신 소금을 쳐서 먹으라는 뜻이다

② 고기를 절여 먹으라는 뜻이다

③ 일정기간 지속되는 언약이다

④ 영원히 변치 않는 언약이다

**정답** ④

8. 여호와께서 아론에게 약속하신 기업은 무엇인가?(민 18 :20)

① 땅　　② 제사장 직분

③ 고기　　④ 여호와

**정답** ④

9. 제사장이 아닌 레위 자손에게 돌아갈 기업은 무엇인가?(민 18:21-24)

① 제물 가운데 제사장이 버리는 부분

② 제물 가운데 머리와 꼬리

③ 여호와께 거제로 드리는 십일조

④ 기업이 전혀 없다

**정답** ③

10. 레위 자손이 십일조를 기업으로 받을 때 올바른 처리방식은 무엇인가?(민 18:26)

① 십일조의 십일조를 여호와께 드린다

② 십일조의 절반을 모세에게 준다

③ 십일조의 절반을 여호와께 드린다

④ 십일조의 십일조를 모세에게 준다

**정답** ①

11. 레위 자손이 받은 십일조의 십일조는 실제로 누구에게 돌아가는가?(민 18:28)

① 여호와

② 모세

③ 아론

④ 회중 가운데 가난한 자

**정답** ③

## 민수기 19장

1. 이스라엘 회중의 부정을 씻는 물에 섞는 재는 어디서 만드는가?(민 19:3)

① 회막 뜰에서

② 회막 뒷 편에서(서쪽)

③ 회막 앞(동쪽)

④ 회막에서 멀리 떨어진 광야

**정답** ③

2. 이스라엘 회중의 부정을 씻는 물에 섞는 재는 무

엇을 태워서 만드는가?(민 19:1-9)

① 붉은 암송아지 ② 검은 암송아지

③ 붉은 수송아지 ④ 검은 수송아지

**정답** ①

3. 송아지를 재로 만드는 의식은 누가 거행하는가?(민 19:3-6)

① 모세 ② 아론

③ 레위 자손 ④ 엘르아살

**정답** ④

4. 제사장이 송아지를 태울 때 함께 태우지 않는 물건은 무엇인가?(민 19:6)

① 백향목 ② 우슬초

③ 홍색 실 ④ 제사장의 겉옷

**정답** ④

5. 송아지를 태울 때 부정해지지 않는 사람은 누구인가?(민 19:7-10)

① 제사장

② 재를 거둔 자

③ 태우는 것을 쳐다보는 자

④ 송아지를 불사른 자

**정답** ③

6. 시체를 만진 자는 며칠 동안 부정한가?(민 19:11)

① 하루 ② 이틀 ③ 이레 ④ 한 달

**정답** ③

7. 시체를 만진 자를 잿물로 정결케 하는 날은 언제인가?(민 19:12)

① 첫째와 일곱째 날

② 셋째와 일곱째

③ 매일

④ 첫날부터 하루걸러 마지막 날까지

**정답** ②

8. 죽은 사람의 시체를 만지고 정결하게 하지 않은 자는 어떻게 되는가?(민 19:13)

① 추방된다

② 이스라엘에서 끊어진다

③ 문둥병에 걸린다

④ 발각되지 않으면 상관없다

**정답** ②

9. 다음 중 사람을 부정하게 하지 않는 것은 무엇인가?(민 19:16)

① 시체

② 사람의 뼈

③ 무덤

④ 생전에 고인이 아끼던 물건

**정답** ④

## 민수기 20장

1. 미리암이 죽은 곳은 어디인가?(민 20:1)

① 가데스 ② 호르

③ 므리바 ④ 바란 광야

**정답** ①

2. 물이 없어 불평하는 백성에게 여호와는 반석 앞에서 어떻게 해서 물을 내라고 모세에게 분부하셨는가?(민 20:8)

① 두 번 치라 ② 한 번 치라

③ 명령하라 ④ 기도하라

**정답** ③

3. 물이 없어 불평하는 백성이 보여준 행동이 아닌 것은?(민 20:3-5)

① 불평하였다
② 물을 달라고 간절히 기도했다
③ 애굽으로 돌아가자고 선동했다
④ 모세와 아론과 다투었다

**정답** ②

4. 이스라엘 자손이 물이 없어 여호와와 다툰 장소를 일컫는 곳은 어디인가?(민 20:13)

① 가데스 ② 호르 ③ 므리바 ④ 바란

**정답** ③

5. 모세와 아론이 물 없는 백성 앞에서 보여준 행동을 놓고 여호와에게 책망을 받고 약속의 땅으로 들어가지 못하게 하신 이유는 무엇이었는가?(민 20:12)

① 여호와의 거룩함을 나타내지 못했다
② 백성을 사랑하지 못했다
③ 백성을 잘못 가르쳤다
④ 여호와를 망각했다

**정답** ①

6. 이스라엘 자손이 광야에 머물면서 에돔을 통과하기 위해 에돔 왕에게 사신을 보낸 곳은 어디인가?(민 20:14)

① 므리바 ② 가데스 ③ 아랏 ④ 호르

**정답** ②

7. 이스라엘이 에돔 왕에게 간청하여 지나가려고 했던 길을 무엇이라고 하는가?(민 20:17)

① 에돔의 밭길 ② 에돔의 포도원길
③ 에돔의 우물길 ④ 왕의 큰길

**정답** ④

8. 아론이 죽은 장소는 어디인가?(민 20:22-28)

① 가데스 ② 호르 ③ 므리바 ④ 비스가

**정답** ②

9. 죽은 아론을 대신하여 제사장직을 물려받은 사람은 누구인가?(민 20:25-28)

① 비느하스 ② 게르손
③ 엘르아살 ④ 엘닷

**정답** ③

## 민수기 21장

1. 이스라엘 자손이 가나안의 아랏 성을 멸하고 붙인 명칭은 무엇인가?(민 21:3)

① 호르 ② 호르마 ③ 아라랏 ④ 가데스

**정답** ②

2. 이스라엘 백성이 에돔 땅을 우회하면서 길에 지쳐 하나님과 모세를 원망할 때 벌어진 일은 무엇인가?(민 21:4-6)

① 역병이 들었다
② 불뱀들을 보냈다
③ 만나를 그쳤다
④ 물을 먹지 못하게 하였다

**정답** ②

3. 모압과 아모리 사이의 경계를 이루는 강은 무엇인가?(민 21:13)

① 아르논 강 ② 요단 강
③ 얍복 강 ④ 세렛 강

**정답** ①

4. 이스라엘 백성이 요단 동편을 우회하여 이동할

때 여호와께서 백성에게 우물을 주시게 된 경험이 있는 장소는 어디인가?(민 21:16-18)

① 브엘 ② 아르논 ③ 오봇 ④ 세렛

**정답** ①

5. 이스라엘 자손이 지나가려 했던 아모리의 왕은 누구였는가?(민 21:21)

① 시혼 ② 옥
③ 호르 ④ 아르박삿

**정답** ①

6. 아모리인의 수도는 어디인가?(민 21:26)

① 헤스본 ② 얍복 ③ 다메섹 ④ 세일

**정답** ①

7. 이스라엘 자손이 멸망시킨 바산의 왕은 누구인가?(민 21:33-36)

① 시혼 ② 옥 ③ 세렛 ④ 세일

**정답** ②

## 민수기 22-24장

1. 이스라엘 자손이 모압 평지에 진을 칠 때의 모압 왕은 누구였는가?(민 22 :4)

① 발락 ② 시혼 ③ 옥 ④ 발람

**정답** ①

2. 브올의 아들 발람의 고향은 어디인가?(민 22:5)

① 모압 ② 암몬 ③ 브돌 ④ 바산

**정답** ③

3. 발람은 모압 장로와 미디안 장로들의 요청을 몇 번 거절하였는가?(민 22:14-20)

① 한 번 ② 두 번 ③ 세 번 ④ 네 번

**정답** ②

4. 이스라엘 백성 때문에 모압 왕이 발람을 부른 까닭은 무엇인가?(민 22:11, 17)

① 축복하기 위해
② 회군하게 하려고
③ 기적을 행하기 위해
④ 저주하기 위해

**정답** ④

5. 모압 장로들과 미디안 장로들이 발람을 데려오기 위해 손에 들고 간 것은?(민 22:7)

① 신상 ② 복채
③ 왕의 서신 ④ 칼

**정답** ②

6. 발람을 태우고 가던 나귀가 무슨 이유로 길을 벗어나게 되었는가?(민 22:22)

① 발람이 무거워서
② 포도를 먹으려고
③ 여호와의 사자가 막고 있어서
④ 길에 사자가 막고 있어서

**정답** ③

7. 타고 가던 나귀가 말을 듣지 않자 발람이 보여준 행동은 무엇인가?(민 22:23, 27)

① 지팡이로 때렸다
② 세워서 죽였다
③ 먹이를 더 주었다
④ 편히 쉬게 해 주었다

**정답** ①

8. 다음 중 나귀가 발람에게 한 말은 무엇인가?

(민 22:28-30)

① 내가 당신에게 무엇을 하였기에 나를 이같이 세 번 때리느냐
② 내가 당신에게 어떻게 하면 좋겠느냐
③ 사자가 길목에서 지키고 서 있는데 어떻게 가란 말이냐
④ 사정이나 알아보고 나를 때리든지 하라

**정답** ①

9. 여호와의 사자가 발람의 길을 막아선 궁극적 이유는 무엇인가?(민 22:34-35)

① 발람이 괘씸해서
② 모압을 저주하게 하려고
③ 여호와의 말씀만 전하게 하려고
④ 이스라엘을 저주하게 하려고

**정답** ③

10. 발락은 발람에게 모두 몇 군데 들러서 이스라엘 백성을 보여주었는가?(민 22:41-23:30)

① 두 군데　② 세 군데
③ 다섯 군데　④ 열 군데

**정답** ③

11. 발락이 발람을 데리고 간 장소가 아닌 것은?(민 22:41-23:30)

① 바알의 산당　② 소빔 들
③ 브올 산 꼭대기　④ 비스가 산 꼭대기

**정답** ④

12. 발람이 이스라엘 백성 이외에 예언한 백성들은 누구인가?(민 24:20-24)

① 아말렉　② 가인 족속
③ 모압　④ 암몬

**정답** ④

## 민수기 25장

1. 이스라엘 백성이 모압 여인들과 음행하기 시작한 장소는 어디인가?(민 25:1)

① 깃딤　② 싯딤　③ 얍복 강　④ 브올 산

**정답** ②

2. 모압 여인들이 자기들의 신에게 제사할 때 이스라엘 백성이 참여한 일을 놓고 성서는 무엇이라 묘사하고 있는가?(민 25:3-5)

① 바알브올에 가담했다
② 바알브릿을 섬겼다
③ 다곤 숭배에 가담했다
④ 태양숭배를 했다

**정답** ①

3. 한 이스라엘 남자가 미디안 여인을 데리고 막사에 들어갔을 때 두 사람을 창에 찔러 죽인 사람은 누구인가?(민 25:7)

① 아론　② 엘르아살
③ 비느하스　④ 여호수아

**정답** ③

4. 모압 평지에서 이스라엘 백성의 음행 때문에 발생한 염병으로 죽은 사람은 몇 명인가?(민 25:9)

① 만 이천 명　② 이만 사천 명
③ 만 명　④ 이만 명

**정답** ②

5. 이 때 죽임을 당한 이스라엘 남자는 누구였는가?(민 25:14)

① 시므리　② 시므이　③ 시므온　④ 삼손

**정답** ①

6. 이 때 죽임을 당한 모압 여인은 누구였는가? (민 25:15)

① 고스비 ② 고멜 ③ 수르 ④ 술람미

**정답** ①

7. 여호와는 모세에게 미디안인들을 대적하여 치라고 말씀했는데, 그 이유는 무엇인가?(민 25:17-18)

① 장인 이드로가 모세를 떠났기 때문에

② 브올의 일 때문에

③ 미디안인들이 이스라엘을 공격했기 때문에

④ 에돔 공격을 돕지 않아서

**정답** ②

## 민수기 26장

1. 민수기에는 이스라엘 백성을 계수하는 일이 몇 번 있었는가?(민 26 :2-3)

① 한 번 ② 두 번 ③ 세 번 ④ 네 번

**정답** ②

2. 이스라엘 자손을 계수한 결과 가장 많은 인원을 보유한 지파는 어디인가?(민 26:5-50)

① 유다 ② 므낫세

③ 에브라임 ④ 스불론

**정답** ①

3. 민수기에 기록된 첫 번째 인구계수와 두 번째 인구계수의 차이점은 무엇인가?(민 26:52-56)

① 수효

② 전쟁에 나갈 자의 계수

③ 상속할 땅 규모

④ 모세가 계수자이다

**정답** ③

4. 이스라엘 자손들에게 지파별로 땅을 분배하게 될 기준은 무엇인가?(민 26 :54)

① 인구 수 ② 능력 차이

③ 성막에 가까운 순서 ④ 순종하는 정도

**정답** ①

5. 다음 중 두 번째 인구계수에 관해 옳지 않게 진술한 것은 무엇인가?(민 26장)

① 시내 광야에서 계수한 자는 한 명도 포함되지 않았다

② 첫 번째 인구계수와 대동소이하다

③ 갈렙과 여호수아도 포함되지 않았다

④ 모압 평지에서 이루어졌다

**정답** ③

## 민수기 27장

1. 슬로브핫의 딸들은 누구의 종족인가?(민 27:1)

① 므낫세 ② 에브라임

③ 레위 ④ 유다

**정답** ①

2. 다음 중 슬로브핫의 딸이 아닌 사람은? (민 27:1)

① 말라 ② 밀가 ③ 호글라 ④ 나오미

**정답** ④

3. 슬로브핫의 딸들이 모세에게 갖고 온 사건은 무엇인가?(민 27:3-4)

① 자식을 낳을 수 없다

② 남자 상속자가 없어서 기업이 없다

③ 아버지가 늙고 병들어서 일할 수 없다

④ 종족을 요단 동편에 남게 해 달라.

**정답** ②

4. 슬로브핫의 딸이 갖고 사건에 대한 여호와의 판결은 무엇인가?(민 27:6-11)

① 다른 종족과 결혼을 허용하였다

② 딸들만 있는 종족은 기업 없이 사라진다

③ 딸들뿐인 종족의 기업 상속권을 인정하였다

④ 자식이 없는 때 그 기업은 레위인이 갖는다

**정답** ③

5. 모세가 죽음을 맞이하게 될 산은 어느 곳인가?(민 27:12)

① 느보 산 ② 세겜 산

③ 아바림 산 ④ 호렙 산

**정답** ③

6. 모세의 후계자는 누구로 지명되었는가?(민 27:18)

① 엘르아살 ② 아론

③ 여호수아 ④ 갈렙

**정답** ③

7. 제사장 엘르아살이 여호와께 판결을 묻는 방법은 무엇인가?(민 27:21)

① 모세의 지팡이 사용 ② 금식 기도

③ 제물의 내장 모양 ④ 우림

**정답** ④

## 민수기 28장

1. 다음 중 상번제에 대한 설명 중 맞는 것은 무엇인가?(민 28:1-8)

① 한 달에 한 번 드리는 최상급 제사를 뜻한다

② 하루 한 번 드린다

③ 일주일에 세 번 드린다

④ 매일 아침저녁으로 두 번 드린다

**정답** ④

2. 다음 중 상번제에 대해 옳게 설명한 것은 무엇인가?(민 28:1-8)

① 고운 가루 십분의 일 에바에 빻아낸 기름 사분의 일 힌을 섞어 소제로 드린다

② 고운 가루 십분의 이 에바에 빻아낸 기름 이분의 일 힌을 섞어 소제로 드린다

③ 일 년된 어린 양 한 마리를 아침에만 드린다

④ 일 년된 어린 염소 두 마리를 아침 저녁에 두 번 드린다

**정답** ①

3. 다음 중 안식일에 드리는 제사에 대해 옳게 설명한 것은 무엇인가?(민 28:9-10)

① 상번제와 동일하다

② 아침에만 드린다

③ 일 년 된 수양 한 마리를 드린다

④ 고운 가루는 십분의 일 에바를 드린다

**정답** ①

4. 다음 중 안식일에 드리는 제사에 대해 옳게 설명한 것은 무엇인가?(민 28 :9-10)

① 일 년 되고 흠 없는 숫양 한 마리를 드린다

② 일 년 되고 흠 없는 숫양 두 마리를 드린다

③ 고운 가루 십분의 일을 섞은 소제를 드린다

④ 고운 가루 십분의 삼을 섞은 소제를 드린다

**정답** ②

5. 다음 중 초하루에 드리는 제사에 대해 옳게 설명한 것은 무엇인가?(민 28:11-15)

① 수송아지 한 마리를 드린다
② 일 년 된 흠 없는 숫양 일곱을 드린다
③ 수송아지에는 고운 가루 십분의 일을 드린다
④ 일 년 된 흠 없는 숫양에는 고운 가루 십분의 이를 드린다

**정답** ②

6. 다음 중 초하루 제사에 드리는 전제에 대해 틀린 것은 무엇인가?(민 28:14)
① 수송아지 한 마리에 포도주 반 힌을 드린다
② 숫양 한 마리에는 포도주 삼분의 일 힌을 드린다
③ 어린 양 한 마리에 포도주 사분의 일 힌을 드린다
④ 어린 양 한 마리에 포도주 오분의 일 힌을 드린다

**정답** ④

7. 다음 중 초하루에 드리지 않는 제사는 무엇인가?(민 28:15)
① 상번제 ② 전제 ③ 화목제 ④ 속죄제

**정답** ③

8. 다음 중 초하루에 드리는 속죄제를 위해 드리는 가축은 무엇인가?(민 28:15)
① 수송아지 ② 숫양
③ 숫염소 ④ 닭

**정답** ③

9. 첫째 달 열넷째 날은 무슨 절기인가?(민 28:16)
① 유월절 ② 장막절
③ 칠칠절 ④ 대속죄일

**정답** ①

10. 유월절에 드리는 제사 규정으로 맞는 것은 무엇인가?(민 28:17-25)
① 수송아지 한 마리와 숫양 한 마리와 일 년 된 숫양 일곱 마리를 드린다
② 수송아지 한 마리에 고운 가루 십분의 일을 드린다
③ 숫양 한 마리에 고운 가루 십분의 일을 드린다
④ 어린 양 일곱 마리에는 고운 가루 십분의 일을 드린다

**정답** ④

11. 칠칠절에 관한 설명 중 틀린 것은 무엇인가?(민 28:26-31)
① 성회로 모이고 아무 일도 하지 않아야 한다
② 수송아지 두 마리와 숫양 한 마리와 일 년 된 숫양 일곱 마리를 번제로 드린다
③ 속죄제로 숫염소 일곱 마리를 드린다
④ 수송아지 한 마리 마다 고운 가루 십분의 삼을 드린다

**정답** ③

## 민수기 29장

1. 일곱째 달 초하루에 모이는 성회를 무엇이라 부르는가?(민 29:1)
① 무교절 ② 장막절 ③ 나팔절 ④ 속죄일

**정답** ③

2. 다음 중 수송아지를 한 마리만 번제로 드리는 절기는 무엇인가?(민 29:2)
① 초하루 ② 칠칠절 ③ 나팔절 ④ 유월절

**정답** ③

3. 일곱째 달 열흘 째 날에 모이는 절기는 무엇인가?(민 29:7)

① 무교절 ② 칠칠절 ③ 나팔절 ④ 속죄일

**정답** ④

4. 일곱째 달 열다섯째 날에 모이는 절기는 무엇인가?(민 29:12)

① 유월절 ② 칠칠절 ③ 장막절 ④ 속죄일

**정답** ③

5. 다음 중 일주일 동안 지키는 절기는 무엇가?(민 28-29장)

① 안식일 ② 속죄일 ③ 칠칠절 ④ 장막절

**정답** ④

6. 다음 중 장막절에 관한 설명 중 틀린 것은 무엇인가?(민 29:12-38)

① 도합 수송아지 열세 마리와 숫양 두 마리와 일년 된 숫양 열네 마리를 번제로 드린다

② 둘째 날에는 수송아지 열두 마리, 셋째 날에는 수송아지 열한 마리를 번제로 드리는 방식으로 송아지 수를 한 마리씩 줄이면서 일곱 째 날에 수송아지 일곱 마리를 번제로 드린다

③ 숫양 두 마리는 첫날부터 마지막 날까지 매일 동일하게 번제로 드린다

④ 일 년 된 숫양도 첫날부터 마지막 날까지 매일 동일하게 번제로 드린다

**정답** ④

7. 연중 드리는 모든 절기 가운데 가장 성대하게 드리는 절기는 무엇인가?(민 29:12-38)

① 신년절 ② 유월절 ③ 장막절 ④ 속죄일

**정답** ③

## 민수기 30장

1. 여자가 어려서 한 서약에 관한 설명 중 옳은 것은 무엇인가?(민 30:1-5)

① 아버지가 이를 알고 반대하더라도 지켜야 한다

② 아버지가 이를 알고 반대하면 지키지 않아도 된다

③ 서약할 때 반드시 아버지와 상의해야 한다

④ 서약할 때 반드시 족장과 상의해야 한다

**정답** ②

2. 여자가 결혼할 때 서원한 내용에 관하여 옳은 것은 무엇인가?(민 30:6-8)

① 남편이 이를 알고 반대하면 지키지 않아도 된다

② 남편이 이를 알고 반대하더라도 반드시 지켜야 한다

③ 서약할 때 반드시 공개적으로 해야 한다

④ 서약할 때 반드시 공중 앞에서 해야 한다

**정답** ①

3. 과부나 이혼 당한 여자의 서원에 관한 진술 중 옳은 것은 무엇인가?(민 30:9)

① 모든 서약을 지켜야 한다

② 모든 서약을 지키지 않아도 된다

③ 이혼하기 전에 전 남편에게 물어보아야 한다

④ 남편이 죽기 전에 확답을 얻어두어야 한다

**정답** ①

4. 아내와 어린 딸의 서원에 대한 아버지의 권한을 설명한 것 중 옳은 것은?(민 30:13-16)

① 남편이나 아버지는 아내와 딸의 서원에 아무런 권한이 없다

② 알고도 의사표시를 안할 경우 그 서원은 지키지 않아도 된다
③ 알고도 의사표시를 않다가 나중에 무효케 하더라도 무효가 된다
④ 알고도 의사표시를 않다가 나중에 무효케 하면 그 죄를 담당해야 한다

**정답** ④

## 민수기 31장

1. 이스라엘 자손이 미디안과 전쟁을 하러 나갈 때 각 지파 당 몇 명씩 택하였는가?(민 31:4)
① 삼백 명 ② 오백 명 ③ 천 명 ④ 만 명

**정답** ③

2. 이스라엘 자손이 미디안과 전쟁을 하러 나갈 때 당시의 제사장은 누구인가?(민 31:6)
① 아론 ② 엘르아살
③ 비느하스 ④ 엘리

**정답** ②

3. 이스라엘 자손이 죽인 미디안 사람이 아닌 것은?(민 31:8)
① 발람 ② 수르 ③ 후르 ④ 발락

**정답** ④

4. 미디안에게 승리한 후 돌아온 이스라엘의 천부장과 백부장에게 모세가 화를 낸 이유는? (민 31:14-15)
① 여자들을 다 살려두었기 때문에
② 전리품을 공정하게 나누지 않았기 때문에
③ 여자들을 다 죽였기 때문에
④ 전리품을 갖고 오지 않고 모두 버렸기 때문에

**정답** ①

5. 미디안 포로들에 대한 모세의 조치 중 맞는 것은?(민 31:16-17)
① 남자 아이는 살려주라
② 사내를 아는 여자는 죽이라
③ 남자와 동침하지 않아서 사내를 모르는 여자도 죽이라
④ 여자 아이도 모두 살려주라

**정답** ②

6. 전쟁 후 시체를 접한 이스라엘 사람들은 진영 밖에 며칠 머물러야 하는가?(민 31:19)
① 하루 ② 삼 일 ③ 이레 ④ 열흘

**정답** ③

7. 전쟁으로 시체를 접촉한 경우에 취한 조치 중 맞지 않는 것은 무엇인가?(민 31:19-20)
① 사람은 정결하게 해야 한다
② 의복은 정결하게 해야 한다
③ 나무로 만든 기구는 정결하게 필요가 없다
④ 가죽으로 만든 가구는 정결하게 해야 한다

**정답** ③

8. 전리품 분배에 관한 지시사항으로 맞지 않은 것은 무엇인가?(민 31:25-30)
① 전쟁에 나간 군인과 나가지 않은 백성의 몫은 동일하다
② 사람의 경우 군인의 몫 오백 분의 일을 제사장 엘르아살에게 준다
③ 가축의 경우 백성의 몫 오십 분의 일을 레위인에게 준다
④ 사람과 가축 모두 군인과 백성의 몫 절반씩

을 각각 제사장 엘르아살에게 준다

정답 ④

9. 군대의 지휘관들이 모세와 제사장 엘르아살에게 가져온 거제의 금은 얼마인가?(민 31:52)

① 만 육천칠백오십 세겔

② 만 오천칠백오십 세겔

③ 이만 육천오백오십 세겔

④ 이만 오천육백칠십 세겔

정답 ①

10. 천부장과 백부장이 가져온 금을 모세와 엘르아살은 어떻게 처리했는가?(민 31:54)

① 회막에 드려 이스라엘 자손의 기념을 삼았다

② 번제단을 도금하는데 사용했다

③ 모세와 엘르아살이 절반씩 나누어 가졌다

④ 모세와 엘르아살은 다시 돌려주었다

정답 ①

## 민수기 32장

1. 르우벤 자손과 갓 자손이 야셀 땅과 길르앗 땅을 기업으로 달라고 요청했을 때 모세가 처음에 반대한 이유가 아닌 것은?(민 32:6-15)

① 출애굽 세대의 불순종으로 간주하여 반대했다

② 다른 지파들을 낙심시킬까봐 반대했다

③ 가나안 땅 정복에 참여하지 않을 것으로 예상하고 반대했다

④ 길르앗 땅은 약속의 땅이 아니라서 반대했다

정답 ④

2. 모세가 결국 르우벤 자손과 갓 자손의 야셀 땅과 길르앗 땅 정착을 허락한 이유는?(민 32:16-32)

① 정착 후 무장하고 앞서 싸울 것이라고 다짐하였기 때문에

② 여호와께서 허락하셨기 때문에

③ 다른 지파들이 동의했기 때문에

④ 그들이 고집을 피우기 때문에 어쩔 수 없어서

정답 ①

3. 요단 동편 땅에 정착하도록 허락 받은 이스라엘 자손은 누구인가?(민 32:33)

① 르우벤 자손과 갓 자손

② 르우벤 자손과 갓 자손과 므낫세 반 지파

③ 르우벤 자손

④ 르우벤 자손과 므낫세 반 지파

정답 ②

4. 최종적으로 길르앗을 빼앗고 그곳의 아모리인을 쫓아낸 이스라엘 자손은 누구인가?(민 32:39)

① 므낫세의 아들 마길 ② 므낫세의 아들 야일

③ 노바 ④ 여호수아

정답 ①

## 민수기 33장

1. 이스라엘 자손이 사십 년 동안 광야에 진을 친 곳은 도합 몇 곳인가?(민 33:1-49)

① 50곳 ② 40곳 ③ 30곳 ④ 60곳

정답 ②

2. 이스라엘 자손들이 애굽을 나온 때와 장소는?(민 33:3)

① 첫째 달 첫 날 라암셋

② 첫째 달 열다섯째 날 라암셋

③ 첫째 달 첫 날 숙곳

④ 첫째 달 열다섯째 날 숙곳

**정답** ②

3. 샘물 열둘과 종려 칠십 그루가 있는 곳은 어디인가?(민 33:9)

① 마라 ② 숙곳 ③ 엘림 ④ 홍해 가

**정답** ③

4. 아론이 죽은 때는 언제인가?(민 33:38)

① 사십 년째 오월 초하루

② 사십 년째 첫 달 초하루

③ 삼십 구년 째 오월 초하루

④ 삼십 구년 째 첫 달 초하루

**정답** ①

5. 아론이 죽은 장소는 어디인가?(민 33:38)

① 가데스 ② 호르 산

③ 모압 평지 ④ 아바림 산

**정답** ②

6. 아론은 몇 세까지 살았는가?(민 33:39)

① 백이십삼 세 ② 백십삼 세

③ 백삼십이 세 ④ 백사십이 세

**정답** ①

7. 가나안 땅을 나누는 방식에 대해 맞는 말씀은 무엇인가?(민 33:54)

① 종족의 수효가 많으면 많이, 적으면 적게 분배한다

② 종족의 수효에 상관없이 똑같이 분배한다

③ 성막을 중심으로 종족의 위치와 중요도에 따라 분배한다

④ 광야에서 공을 세워 인정을 받은 만큼 분배한다

**정답** ①

## 민수기 34장

1. 다음 중 이스라엘 자손이 차지하고 살 땅의 경계로 틀리게 짝지은 것은?(민 34:1-12)

① 남쪽-신광야 ② 서쪽-대해

③ 북쪽-긴네렛 호수 ④ 동쪽-요단강

**정답** ③

2. 이스라엘 자손에게 땅을 기업으로 나누어줄 책임자는 누구인가?(민 34:17)

① 모세

② 엘르아살과 여호수아

③ 아론

④ 이드로

**정답** ②

3. 땅을 나누기 위해 택한 이스라엘 지파들의 지휘관으로 정확한 것은 무엇인가?(민 34:19-29)

① 유다-갈렙 ② 시므온-엘리닷

③ 에브라임-발디엘 ④ 납달리-엘리사반

**정답** ①

## 민수기 35장

1. 이스라엘 자손의 기업 중에서 레위인에게 줄 성읍은 도합 몇 곳인가?(민 35:1-8)

① 여섯 곳 ② 열두 곳

③ 사십 곳 ④ 사십팔 곳

**정답** ④

2. 레위인에게 줄 성읍의 들은 성벽에서부터 얼마까지 넓게 주는가?(민 35:4)

① 사방 오백 규빗 ② 사방 천 규빗

③ 사방 이천 규빗 ④ 사방 삼천 규빗

**정답** ②

3. 레위인이 차지하게 될 성읍들 가운데 살인자들이 피할 도피성은 몇 곳인가?(민 35:6)

① 세 곳 ② 네 곳 ③ 다섯 곳 ④ 여섯 곳

**정답** ④

4. 다음 중 도피성에 대한 진술 중 틀린 것은?(민 35:15)

① 이스라엘 자손이 도피하면 살 수 있다

② 타국인이 도피하면 살 수 있다

③ 이스라엘 자손 중에 거류하는 자도 도피하면 살 수 있다

④ 고의로 살인한 자라도 도피하면 살 수 있다

**정답** ④

5. 다음 주 도피성과 살인자에 대한 진술 중 틀린 것은?(민 35:11-28)

① 부지중에 살인한 자가 도피성으로 피하면 피의 복수를 면할 수 있다

② 고의로 살인한 자는 도피성으로 피할 수 없다

③ 도피성에는 한 번 들어가면 평생 나올 수 없다

④ 도피성에는 대제사장이 사는 동안 거주할 수 있다

**정답** ③

6. 고의로 살인한 자에 대한 설명 중 맞는 것은?(민 35:16-21, 31-32)

① 생명을 속전을 낼 수 있다

② 도피성에 피하면 살 수 있다

③ 고의 살인자를 길에서 만나 피를 보복하는 사람은 죄가 없다

④ 재판 없이 죽일 수 있다

**정답** ③

## 민수기 36장

1. 므낫세의 손자 마길의 아들 길르앗 자손 중에 슬로브핫 딸들에 관한 조치는 무슨 내용을 담고 있는가?(민 37:1-13)

① 조상의 기업이 없어지지 않게 하려는 조치

② 조상의 기업이 적으므로 확대하려는 조치

③ 조상의 기업이 너무 많아서 나누어주려는 조치

④ 조상의 기업이 없어서 다시 만들어주려는 조치

**정답** ①

2. 슬로브핫의 딸들에게 내린 조치는 무엇이었는가?(민 37:1-13)

① 다른 지파의 종족에게로 마음대로 시집가도 좋다

② 다른 지파의 종족에게로 마음대로 시집가면 안된다

③ 같은 지파의 종족이 마음에 들지 않으면 다른 종족에게 시집갈 수 있다

④ 시집가서 낳은 자식의 재산을 어머니가 소유한다

**정답** ②

3. 다음 중 슬로브핫의 딸이 아닌 사람은?(민 37:11)

① 말라 ② 디르사 ③ 호글라 ④브닌나

**정답** ④

# 신명기

## 신명기 1장

1. 모세가 출애굽 한지 마흔째 해에 이스라엘의 광야 신세대에게 율법을 설명하기 시작했던 곳은 어디인가?(신 1:5)
   ① 암몬 땅　② 에돔 땅
   ③ 가데스 바네아　④ 모압 땅
   **정답** ④

2. 신명기는 모세의 삼대 설교를 기록한 책으로도 알려져 있다. 그 주요 삼대 담화(신 1:6-4:43; 4:44-28:69; 29:1-30:20)중 첫 번째 담화의 주요 내용은 무엇인가?
   ① 모압 땅에서의 제의에 관한 것
   ② 미래 가나안 땅에 들어가 이스라엘이 지켜야 할 것들에 관한 것
   ③ 모압 땅에 이르기까지 과거 광야에서 일어난 일들을 회고한 내용
   ④ 율법갱신에 관한 것
   **정답** ③

3. 모세는 모압 땅에서 이스라엘 신세대들에게 과거 광야에서 이스라엘이 여호와를 불신함으로 심판 받은 일을 상기시킨다. 그 중 여호와께서 이스라엘 "조상에게 맹세한 좋은 땅을 볼 자가 하나도 없으리라"(신 1:35)고 하신 계기는 무엇이었는가?
   ① 시내산에서 이스라엘이 아모리 족속을 두려워했으므로
   ② 에스골 골짜기를 정탐하고 돌아와 모세와 하나님을 원망했으므로
   ③ 가데스 바네아에서 물이 없다고 원망했으므로
   ④ 하나님의 명령을 어기고 정탐꾼을 파견했으므로
   **정답** ②

4. 가데스 바네아에서 일어난 "정탐꾼 사건"이후 이스라엘은 왜 아모리 족속에게 패했는가?(신 1:42)
   ① 아모리 군대는 철 병기를 가지고 있었기 때문에
   ② 이스라엘이 정결의식을 행하지 않았기 때문에
   ③ 여호와의 명령에 불순종하여 여호와께서 그들 중에 있지 아니하셨기 때문에
   ④ 이스라엘에게는 군대가 없었기 때문에
   **정답** ③

## 신명기 2장

1. 가데스에서 모압에 이르기까지 이스라엘은 그 진군에서 여러 민족들의 땅을 거치게 되었다. 그 중 하나님께서 대결하지 말고 피해가라고 하신 땅들의 세 민족은?(신 2:4-5,9,19)

① 에돔, 모압, 암몬 ② 에돔, 모압, 바산
③ 에돔, 헤스본, 바산 ④ 에돔, 헤스본, 암몬

**정답** ①

2. 모세는 모압 설교에서 과거를 회고하며 이스라엘의 광야진군은 우연이 아닌 하나님의 온전한 섭리가운데 이루어진 것이며, 이에 부응하여 이스라엘은 그 진군에 있어서도 하나님의 명령을 준수해야 함을 강조한다. 이에 진군에서 피할 땅과 대결할 땅을 명하는데 모압 땅을 피해가야 하는 이유는 무엇이었는가?(신 2:9)

① 모압의 군대가 이스라엘에 비해 강하기 때문에
② 모압 땅은 원래 하나님께서 롯 자손에게 주신 것이기 때문에
③ 모압 땅은 우상을 섬기는 땅으로서 부정하기 때문에
④ 가나안 땅에 들어가는데 있어 모압을 통한 길은 돌아가는 것이기 때문에

**정답** ②

3. 모세는 모압 설교에서 세계 모든 땅이 하나님의 주권아래 있음을 강조한다. 이에 암몬 땅은 원래 누구의 땅이었는데 하나님께서 그 땅을 롯의 자손에게 주셨다고 말하는가?(신 2:19-20)

① 모압 ② 에돔 ③ 갑돌 ④ 르바임

**정답** ④

4. 모세는 그의 첫 번째 담화에서 과거를 회고하며 이스라엘이 광야 길로 지나 가나안으로 들어가기 전 꼭 진멸해야 했던 두 지역을 언급한다. 그 곳은 어디였는가?(신 2:26-3:11)

① 에스겔 골짜기와 암몬
② 헤스본과 바산
③ 여리고와 아이
④ 세일과 호리

**정답** ②

## 신명기 3장

1. 이스라엘은 아모리 족속의 왕 시혼을 진멸한 것 같이 또한 바산의 어떤 왕을 진멸했어야 하는가?(신 3:1)

① 옥 ② 멜기세덱
③ 바로 ④ 아비멜렉

**정답** ①

2. 모세는 신명기에서 요단강 동편 바산의 진멸 이야기에 이어 르우벤과 갓 지파가 요단강 동편에 정착한 이유를 설명한다. 그 이유와 상관이 없는 것은?(신 3:12-22)

① 여호와께서 그 땅을 그들에게 주어 기업이 되게 하셨기 때문에
② 가나안 땅이 르우벤과 갓 지파의 큰 숫자를 수용할 수 없었기 때문에
③ 그들의 가축이 많았음으로 목축에 적절함 때문에(민 32:1)
④ 처자식들만 동편에 정착하고, 군인들은 가나안 정복에 동참하기로 약속했기 때문에

**정답** ②

3. 광야에서 불순종으로 죽은 이스라엘 구세대와 함께 모세도 요단을 건너지 못하였다. 그가 죽기 전에 올라가서 가나안 땅을 마지막으로 바라보았던 곳은 어디인가?(신 3:27)

① 호렙 산꼭대기 ② 시내 산꼭대기
③ 모리아 산꼭대기 ④ 비스가 산꼭대기

**정답** ④

## 신명기 4장

1. 모세는 광야의 실패를 회고하며 "우리 하나님 여호와께서 우리가 그에게 기도할 때마다 우리에게 가까이 하심과 같이 그 신이 가까이 함을 얻은 큰 나라가 어디 있느냐?"(신 4:7)고 외친다. 이 말씀의 원래 의도는 무엇이었는가?
   ① 땅에 대한 하나님의 약속과 이스라엘의 순종
   ② 이스라엘이 큰 나라가 될 것이라는 비전제시
   ③ 모든 것을 기도로 얻을 수 있다는 말씀
   ④ 율법의 순종보다는 기도가 우수하다는 말씀
   **정답** ①

2. 모세는 모압 설교에서 이스라엘 백성에게 율법의 내면성을 강조하며 다음과 같이 간절히 권면한다. "오직 너는 스스로 삼가며 네 ( )을 힘써 지키라 그리하여 네가 눈으로 본 그 일을 잊어버리지 말라 네가 생존하는 날 동안에 그 일들이 네 ( )에서 떠나지 않도록 조심하라 너는 그 일들을 네 아들들과 네 손자들에게 알게 하라"(신 4:9). 두 개의 괄호 안에 들어갈 말은 동일한데 그것은 무엇인가?
   ① 영혼 ② 마음
   ③ 신앙 ④ 생각
   **정답** ②

3. 모세는 모압 설교에서 출애굽의 기적들을 암시하며 "네가 있기 전 하나님이 사람을 세상에 창조하신 날부터 지금까지 지나간 날을 상고하여 보라 하늘 이 끝에서 저 끝까지 이런 큰 일이 있었느냐 이런 일을 들은 적이 있었느냐"(신 4:32)라고 질문한다. 이어서 모세는 이러한 여호와의 나타내심의 주요 이유가 무엇이었다고 밝히는가? (신 4:35)
   ① 여호와는 하나님이시요 그 외에는 다른 신이 없음을 알게 하기 위하여
   ② 여호와는 기적의 하나님이심을 알게 하기 위하여
   ③ 여호와는 오직 이스라엘의 하나님이심을 알게 하기 위하여
   ④ 여호와는 언약의 하나님이심을 알게 하기 위하여
   **정답** ①

4. 모세는 요단 동편에 세 성읍을 구별하여 부지중에 살인한 자들의 도피성으로 삼았다. 이는 생명의 존엄성과 보전을 위한 것이었다. 이 세 성읍은 어떤 지파들을 위한 것이었나?(신 4:43)
   ① 르우벤, 시므온, 레위
   ② 르우벤, 시므온, 유다
   ③ 르우벤, 시므온, 스불론
   ④ 르우벤, 갓, 므낫세
   **정답** ④

## 신명기 5장

1. 하나님은 호렙 산에서 출애굽한 이스라엘 1세대와 언약을 세우셨다(출 19:5). 이에 대해 모세는 모압에서 광야 신세대들에게 그 선조들과 세우신 하나님의 언약을 어떻게 설명했는가?(신 5:3)
   ① 선조들과 세운 언약은 더 이상 신세대들과는 상관이 없다
   ② 그것은 영원한 언약으로서 모압에 모여 있는 신세대들과도 세운 것이다
   ③ 그 언약은 과거 선조들과 세운 것임으로 새로운 개정이 요구 된다
   ④ 그 언약은 일시적인 것으로서 더 이상 유효

하지 못하다

**정답** ②

2. 신명기 5장에 기록된 십계명 중"너는 네 하나님 여호와의 이름을 망령되이 일컫지 말라" (신 5:11)는 명령 다음에 언급되는 계명은? (신 5:12-15)

① 우상숭배 하지 말라.
② 부모를 공경하라.
③ 안식일을 지켜 거룩하게 하라.
④ 살인하지 말라.

**정답** ③

3. "그런즉 너희 하나님 여호와께서 너희에게 명령하신 대로 너희는 삼가 행하여 ( ) 치우치지 말고, 너희 하나님 여호와께서 너희에게 명령하신 모든 도를 행하라 그리하면 너희가 ( )것이요 ( )이 너희에게 있을 것이며 너희가 차지한 땅에서 너희의 날이 길리라"(신 5:32-33). 괄호 안에 들어갈 말은?

① 좌로나 우로나, 살, 복
② 좌로나 우로나, 살, 생명
③ 죄에, 살, 복
④ 죄에, 살, 생명

**정답** ①

### 신명기 6장

1. 모세는 모압에서 시내산 언약을 상기시키고 율법의 준수를 강조한 후, 그 율법의 목적을 밝히고 있다. 그 목적과 상관이 없는 것은?(신 6:1-3)

① 평생에 하나님 여호와를 경외하게 하는 것
② 하나님의 규례를 지키며 이스라엘의 날이 장구하게 하는 것
③ 젖과 꿀이 흐르는 땅에서 크게 번성하는 것
④ 가나안에서 정착지를 넓혀가는 것

**정답** ④

2. "이스라엘아 들으라" 혹은 "쉐마"로 알려진 신명기 6장 안에서 최고의 계명인 4-5절의 주요 내용은 무엇인가?

① 율법을 준수한 도덕적 삶
② 대대로 자녀들을 율법으로 교육하는 것
③ 이웃을 내 몸같이 사랑하는 것
④ 마음을 다하고 뜻을 다하고 힘을 다하여 하나님 여호와를 사랑하는 것

**정답** ④

3. 모세는 신명기 쉐마에서 이스라엘이 율법을 대대로 기억하기 위해 어떻게 교육하라고 하는가? (신 6:6-9)

① 마음에 새기고, 가르치고, 손목과 미간에 붙이고 문설주와 바깥문에 기록해야한다
② 마음에 새기고, 항상 강론하고, 반복하여 외워야한다
③ 마음에 새기고, 가죽 두루마리에 새겨 성막에서 보관하여야한다
④ 마음에 새기고, 절기 때마다 회당에서 큰 소리로 낭독해야한다

**정답** ①

4. 이스라엘은 르비딤 광야에서 물 때문에 모세를 원망했다. 모세는 하나님의 말씀을 따라 반석을 쳐서 물이 나오게 하였다. 그곳을 맛사라고 명했는데, 이는"여호와께서 우리 중에 계신가 안 계신가"(출 17:7)했기 때문이다. 모세는 모압에서 가나안 땅을 바라보고 있는 신세대들에게 이러

한 과거 맛사의 일을 회고하며 이제 그들은 어떻게 해야 함을 권고하고 있는가?(신 6:16)

① 모세에게 더 이상 원망하지 말아야한다

② 하나님 여호와를 시험하지 말아야한다

③ 하나님이 살아계심을 믿어야한다

④ 하나님 여호와께 항상 찬양해야한다

**정답** ②

5. 모세는 모압에서 훗날 이스라엘 후손들이 "우리 하나님 여호와께서 명령하신 증거와 규례와 법도가 무슨 뜻이냐?"고 물으면 무어라 답하라고 하였는가?(신 6:24)

① 그것은 정결한 삶을 위해 하나님께서 명하신 것이므로 준수하라.

② 그것은 하나님을 경외하여 항상 복을 누리며 살게 하는 것이므로 지키라.

③ 그것은 이스라엘을 강대국으로부터 해방시키는 것으로서 준수하라.

④ 그것은 가나안 정착지를 확장시키는 것으로서 준수하라.

**정답** ②

## 신명기 7장

1. 하나님 여호와께서 이스라엘을 인도하사 그들이 차지할 땅으로 들이시고 그들 앞에서 여러 민족을 쫓아내실 때에 이스라엘이 꼭 지켜야 할 일이 아닌 것은?(신 7:1-5)

① 그 땅의 민족들을 치게 하실 때에 그들을 진멸시켜야한다

② 그 땅의 민족들과 어떤 언약도 세우지 말아야한다

③ 그 땅의 제단을 헐며 주상을 깨뜨리고 우상들을 불살라야한다

④ 그 땅의 남은 딸들과 혼인할 때 그들을 개종시켜야한다

**정답** ④

2. 모세는 모압에서 광야 신세대들에게 하나님께서 이스라엘을 성민으로 택하셨음을 상기시킨다. 여기서 이스라엘을 성민으로 삼으신 이유가 아닌 것은?(신 7:6-8)

① 하나님께서 이스라엘을 사랑하셨기 때문에

② 하나님께서 이스라엘을 기뻐하셨기 때문에

③ 하나님께서 이스라엘의 수효가 많음을 인정하셨기 때문에

④ 하나님께서 이스라엘 조상들과의 맹세를 지키셨기 때문에

**정답** ③

3. 신명기에 기록된 모세의 두 번째 모압 설교에서 모세는 순종에 대한 축복에 대해 말하고 있다(신 7:12-16). 순종의 축복과 상관이 없는 것은?

① 자손의 번성

② 토지소산의 풍성함

③ 토지의 확장

④ 질병으로부터의 보호

**정답** ③

## 신명기 8장

1. 모세는 그의 두 번째 모압 설교에서 "사람이 떡으로만 사는 것이 아니요 여호와의 입에서 나오는 모든 말씀으로 사는 줄을" 알게 하려 하시려고 이스라엘을 여러모로 훈련시키셨다고 말한다(신 8:3-5). 어떠한 훈련을 시키셨는가?

① 이스라엘을 낮추셨다

② 이스라엘을 주리게 하셨다

③ 이스라엘에게 만나를 먹이셨다

④ 위의 모든 답이 정답이다

**정답** ④

2. 모세는 그의 두 번째 모압 설교에서 이스라엘이 땅에 정착하여 풍부하게 될 때에 교만해져 하나님 여호와를 잊어버릴 것에 대해 경고한다(신 8:11-20). 모세는 만일 이스라엘이 하나님을 잊어버리고 다른 신들을 따라 섬기면 어떻게 될 것이라고 말했는가?

① 여호와께서 멸망시키신 이방민족 같이 이스라엘도 멸망할 것이다

② 이스라엘을 광야로 다시 돌려보내실 것이다

③ 여호와께서 이스라엘을 버리시고 이방인들의 신이 되실 것이다

④ 이스라엘의 후손들이 삼대까지 벌을 받을 것이다

**정답** ①

## 신명기 9장

1. 신명기는 세계 모든 땅이 하나님의 주권 아래 있음을 암시하고 있다. 모세는 하나님께서 이스라엘에게 가나안을 차지 할 수 있도록 그곳에 거하는 강한 아낙 자손을 멸하실 것이라고 말한다. 그 이유는 무엇인가?(신 9:5)

① 그 땅의 민족들이 악하고 여호와께서 조상들과의 언약을 이루시기 위해

② 하나님 보시기에 이스라엘의 공의가 그 땅의 민족들보다 크기 때문에

③ 아낙 자손들의 죄가 하늘에 닿았기 때문에

④ 아낙 자손들이 더 이상 여호와를 섬기지 아니하기 때문에

**정답** ①

2. 신명기에서 모세는 광야 신세대들에게 과거 금송아지 사건을 상기시키며 그 사건 외에 여호와께서 격노하신 세 곳의 사건을 언급한다. 그 세 곳의 이름은 하나님의 심판을 기억케 하는데, 각각 불사름(민 11:1-3), 다툼/시험(출 17:7), 그리고 탐욕의 무덤(민 11:34)을 의미한다. 이 세 곳의 이름은?(신 9:22)

① 다베라, 싯딤, 기브롯 핫다아

② 싯딤, 맛사, 다베라

③ 다베라, 맛사, 기브롯 핫다아

④ 다베라, 맛사, 므리바

**정답** ③

3. 신명기는 모세가 그의 백성을 진정으로 사랑했던 지도자였음을 기술하고 있다. 금송아지 우상숭배 사건으로 인해 호렙 산에서 내려온 모세는 그가 가지고 온 두 개의 언약의 돌판들을 목전에서 깨뜨렸다. 그러나 하나님의 분노가 이스라엘 백성들과 아론에게 임하지 않도록 그가 곧바로 취한 일은 무엇인가?(신 9:25-29)

① 다시 호렙 산으로 올라가 새로운 돌판을 하나님께 요구했다

② 사십 주 사십 야를 여호와 앞에 엎드려서 금식하며 기도했다

③ 아론에게 온 백성을 대표해 회개하고 화목제를 드리게 했다

④ 이스라엘 진영을 정결 시키고 칠일동안 속죄제를 드렸다

**정답** ②

## 신명기 10장

1. 모압에서 모세가 회고한 금송아지 사건과 관련하여, 하나님께서는 모세가 깨뜨린 돌판을 다시 만들어 주셨다. 이는 이스라엘의 반항에도 불구하고 지속되는 하나님의 언약실행을 보여준다. 이러한 첫 번째 돌판 상황과 두 번째 돌판 상황을 비교해 볼 때 서로 다른 점은 무엇이었는가?(신 10:5)
   ① 첫 번째 돌판은 모세가 다듬었고 두 번째 돌판은 하나님께서 직접 만드셨다
   ② 첫 번째 돌판은 호렙 산에서 받았고 두 번째는 비스가 산에서 받았다 .
   ③ 첫 번째 돌판에는 십계명이 새겨졌고 두 번째 돌판에는 성결법전이 새겨졌다
   ④ 두 번째 돌판은 모세가 조각목으로 만든 궤 안에 넣어 보관케 하였다

   **정답** ④

2. "이스라엘아 네 하나님 여호와께서 네게 요구하시는 것이 무엇이냐 곧 네 하나님 여호와를 경외하여 그의 모든 도를 행하고 그를 사랑하며 마음을 다하고 뜻을 다하여 네 하나님 여호와를 섬기고 내가 오늘 네 행복을 위하여 네게 명하는 여호와의 명령과 규례를 지킬 것이 아니냐." 이 말씀은 모세가 모압 땅에서 신세대들에게 권면한 말씀이다. 이 말씀은 구약성경 어디에서 언급되는가?
   ① 신명기 10:12-13 ② 민수기 14:8
   ③ 레위기 19:1-3 ④ 출애굽기 19:1-6

   **정답** ①

3. 모세는 모압에서 광야 신세대들에게 이스라엘에 대한 하나님의 사랑을 증언한다. 그 하나님은 사람을 외모로 보지 아니하시고 고아와 과부를 위하여 정의를 행하시는 분이시다(신 10:18). 이에 이스라엘은 마음에 할례를 행하고 다시는 목을 곧게 하지 말며 애굽 땅에서 나그네 되었음을 기억하여 무엇을 행해야 되는가?(신 10:19)
   ① 나그네를 사랑해야한다
   ② 자기 지파를 사랑해야한다
   ③ 이웃을 내 몸 같이 사랑해야한다
   ④ 자식을 사랑해야한다

   **정답** ①

## 신명기 11장

1. 모세는 신명기에서 광야를 경험하지 못했던 미래 후손들의 신앙교육을 걱정한다. 그에 대한 대책으로 모세는 광야의 역사를 회고할 것을 당부한다. 이는 출애굽과 같은 기사뿐만 아니라 땅이 입을 벌려 장자의 후손임에도 불구하고 다단과 아비람과 그들의 무리를 삼킨 하나님의 심판도 포함한다. 다단과 아비람은 어느 지파의 자손들이었는가?(신 11:6)
   ① 레위 ② 시므온 ③ 르우벤 ④ 유다

   **정답** ③

2. 모세는 이스라엘이 정착할 땅은 옥토라고 말한다(신 8:10). 그러나 그 땅은 산과 골짜기가 있어 여호와께서 돌봐주셔야 하는 땅이다(신 11:12). 즉 산과 골짜기가 옥토가 되기 위해서는 순종의 의무(신 11:8)가 전제되고, 따라서 신명기는 이 땅에 대한 긍정적인 것과 부정적인 양면을 묘사하고 있다. 이에 관한 신명기의 묘사가 아닌 것은 무엇인가?(신 11:9-12)
   ① 장구하게 될 젖과 꿀이 흐르는 땅

② 산과 골짜기가 있어 비를 흡수하는 땅
③ 사계절 우량이 적절하여 농경을 할 수 있는 옥토
④ 애굽 땅과는 달리 농경을 하기 어려운 땅

**정답** ③

3. 모세는 모압 신세대들에게 앞으로 그들이 들어갈 땅에서의 축복은 자연적인 것이 아님을 말한다. 그 땅에서 그들은 복을 받을 수도 있고 저주를 받을 수도 있다. 그 조건은 무엇인가? (신 11:13-15)

① 황무지 같은 그 땅을 개간하고 땀을 흘려 성실함으로 농사를 져야한다
② 그 땅에서 정결한 희생물을 잡아 일천번제를 드려야한다
③ 그 땅을 레바논에서 유브라데 강까지 발바닥으로 밟아야한다
④ 하나님의 명령을 청종하고, 여호와를 사랑하여 마음을 다하고 뜻을 다해 섬겨야한다

**정답** ④

4. "내가 오늘 (A)과/와 (B)를/을 너희 앞에 두나니 너희가 만일 내가 오늘 너희에게 명하는 너희의 하나님 여호와의 명령을 들으면 (A)이 될 것이요, 너희가 만일 내가 오늘 너희에게 명령하는 도에서 돌이켜 떠나 너희의 하나님 여호와의 명령을 듣지 아니하고 본래 알지 못하던 다른 신들을 따르면 (B)를/을 받으리라." 괄호 안에 들어갈 A와 B는?(신 11:26-28)

① 복, 저주　② 생명, 죽음
③ 구속, 멸망　④ 순종, 불순종

**정답** ①

## 신명기 12장

1. 이스라엘이 광야의 진군을 마치고 가나안에 정착하면 성막도 한 곳에 정착하게 될 것이다. 이에 모세는 모압에서 신세대들에게 앞으로 그들이 들어갈 땅에서의 제사 장소와 제사 모범에 관해 설명한다(신 12:4-16). 그 설명이 아닌 것은?

① 예배를 드리기 위해 여호와께서 택하신 한 곳으로 찾아 나가야한다
② 번제와 희생물과 십일조를 여호와께서 택하신 곳으로 가지고 가야한다
③ 여호와께서 주신 복을 따라 택하신 곳이 아닌 각 성에서 소와 양을 잡아먹을 수 있다
④ 십일조와 처음 난 것을 각 성에서 먹을 수 있다

**정답** ④

2. 이스라엘은 가나안에 들어가 하나님 여호와께서 "택하실 곳"에서 희생 제물을 드려야한다. 모세는 이 제의의 의미가 생명과 교제에 있음을 말한다. 따라서 희생 제물은 어떻게 먹어야 하는가?(신 12:17-25)

① 생명의 상징인 제물의 피를 고기와 함께 먹어야한다
② 피는 먹지 말고 여호와 앞에서 가족과 노비와 레위인과 함께 고기를 먹어야한다
③ 여호와 앞에서 가족과 함께 피와 고기를 먹어야한다
④ 고기는 먹지 말고 여호와 앞에서 즐겁게 피를 먹어야 한다

**정답** ②

## 신명기 13장

1. 모세는 신세대들이 가나안에 들어가 만나게 될 우상숭배의 유혹을 경고한다. 그 중 하나는 거짓 선지자들이다. 따라서 이적과 기사를 보이고 다른 신을 섬기라고 전파하는 거짓 선지자나 꿈꾸는 자들을 어떻게 해야 하는가?(신 13:5)
   ① 그들을 죽여 악을 제거시켜야한다
   ② 그들이 회개하고 돌아오기까지 기다려야한다
   ③ 그들의 거짓 예언과 기사를 변론해야한다
   ④ 그들에게 더 큰 기적을 보여 대항해야한다
   **정답** ①

2. 모세는 신세대들이 가나안에 들어가면 우상숭배의 유혹이 가족으로부터 올 수도 있음을 경고한다. 따라서 우상숭배를 꾀는 가족에게 어떻게 해야 하는가?(신 13:9)
   ① 긍휼이 여겨야한다
   ② 애석히 여겨야한다
   ③ 덮어 숨겨야한다
   ④ 용서 없이 죽여야한다
   **정답** ④

3. 모세는 신세대들이 가나안에 들어가면 성읍 주민들이 우상숭배를 유혹할 것에 대해 경고한다. 따라서 우상을 숭배하는 성읍에 대하여 어떻게 해야 하는가?(신 13:12-17)
   ① 성읍의 모든 가축들을 도살하여 희생물로 드리고 주민들은 살려야한다
   ② 성읍의 주민과 그 가운데 거하는 모든 것과 그 가축을 칼날로 진멸해야한다
   ③ 성읍의 모든 것을 불사르고 그 재를 요단강에 뿌려야한다
   ④ 성읍의 주민들을 회개시키고 개종해야한다
   **정답** ②

## 신명기 14장

1. 모세는 모압에서 광야 신세대가 가나안 땅에 들어가게 되면 이제 이방인들의 문화권에 들어가게 될 것을 암시하며, 구별된 삶에 대해 경고한다. 따라서 이방인과 구별된 삶에 있어 몸에 관한 것은?(신 14:1-2)
   ① 다리의 털을 깎아야한다
   ② 눈썹 사이 이마 위의 털을 밀지 말아야한다
   ③ 머리를 길러야한다
   ④ 등에 문신을 새겨야한다
   **정답** ②

2. 이방인과 구별된 삶과 정결과 관련하여 이스라엘이 먹을 수 있는 것은?(신 14:7-21)
   ① 소, 양, 염소
   ② 낙타, 토끼, 사슴
   ③ 사슴, 노루, 돼지
   ④ 미꾸라지, 까마귀, 타조
   **정답** ①

3. 모세는 모압에서 광야 신세대들에게 그들이 이제 가나안에 들어가면 농사를 짓게 될 것이며, 따라서 매년 토지소산의 십일조를 드려야 함을 명한다. 이에 관하여 맞는 것은?(신 14:22-27)
   ① 소산의 십일조를 여호와께서 택하신 곳으로만 가지고 가야한다
   ② 예배하는 자는 그 소산을 먹을 수 없으며 레위인에게 헌정해야한다
   ③ 소산을 여호와 앞에서 예배자가 그의 권속과

레위인과 함께 즐겁게 먹어야한다

④ 여호와께서 택하신 곳이 멀고 행로가 어려우면 집에서 드려야한다

**정답** ③

4. 가나안에 들어가 성소가 하나님께서 택하실 곳에 정착된 후, 예배자의 집이 너무 멀고 성소로 가는 행로가 어려울 때 소산의 십일조를 어떻게 드려야 하나?(신 14:24-26)

① 노비를 통해 성소에 가 레위인에게 헌정해야한다

② 소산을 돈으로 바꾸어 여호와께서 택하신 곳으로 가 원하는 제물을 사서 드려야한다

③ 소산을 과부와 고아 그리고 가난한 자들에게 나누어 주어야한다

④ 그럴 경우 소산의 십일조를 안 드려도 된다

**정답** ②

5. 매년 드리는 십일조 외에, 신명기 법전에서 매 몇 년에 그 해 소산의 십분의 일을 다 내어 특별히 성읍에 있는 레위인과, 객과 고아와 과부들을 먹여야 하나?(신 14:28-29)

① 매 2년 끝에 ② 매 3년 끝에

③ 매 4년 끝에 ④ 매 5년 끝에

**정답** ②

## 신명기 15장

1. 모세는 모압에서 신세대들에게 앞으로 그들이 가나안에 들어가 지켜야할 안식년의 면제규례를 명한다. 그 면제와 관련해 다른 것은 무엇인가?(신 15:1-5)

① 동족 이웃에게 꾸어준 모든 채무를 면제해준다

② 이방인에게 꾸어준 것은 면제해주지 말아야한다

③ 매 칠년 끝에 면제해준다

④ 매 육년 끝에 면제해준다

**정답** ④

2. 하나님 여호와께서 주신 땅에 들어가 성읍에 함께 거주하는 가난한 형제에 대한 의무와 관련하여 다른 것은?(신 15:7-11)

① 가난한 형제에게 마음을 완악하게 하지 말아야한다

② 필요한 대로 쓸 것을 넉넉히 꾸어 주어야한다

③ 아끼는 마음을 품지 말아야한다

④ 땅에는 언제나 가난한 자가 있는 것이 아니기에 기회가 있을 때 도와야한다

**정답** ④

3. 다음 중에서 안식년에 면제되는 것은?(신 15:1, 12)

① 백성들의 모든 죄 면제

② 이방인의 채무면제

③ 히브리 종의 해방

④ 이방인 종의 해방

**정답** ③

## 신명기 16장

1. 이스라엘은 가나안의 농경절기에 종교적 의미를 부여했다. 그중 이스라엘은 출애굽과 관련한 하나님의 구속 사건을 회고하는 삼대 절기를 매년 여호와께서 택하신 곳에서 드려야 했다. 신명기

16장에 규정된 그 삼대 절기들은?(신 16:1-17)

① 무교절, 칠칠절, 초막절

② 대속죄일, 유월절, 초막절

③ 나팔절, 오순절, 희년

④ 유교절, 칠칠절, 안식년

**정답** ①

2. 모세는 모압에서 앞으로 가나안에 정착할 이스라엘 사회에 세워질 재판장의 임무에 대해 말한다. 그 재판장은 어떻게 재판해야 하는가?(신 16:18-20)

① 여호와께 기도하고 뽑기로 재판해야한다

② 사람을 외모로 보고 뇌물을 받아 재판해야한다

③ 왕권을 옹호하여 재판해야한다

④ 공의로 재판해야한다

**정답** ④

## 신명기 17장

1. 이스라엘이 가나안에 정착한 후, 성중에서 서로 피를 흘렸거나 다투었거나 구타하였거나 서로 간에 고소하여 "판결하기 어려운 일이 생기거든" 어떻게 해야 하는가?(신 17:8-9)

① 모세에게 가서 판결을 받아야한다

② 아론에게 가서 판결을 받아야한다

③ 양자가 하나님께 직접 동시에 물어봐야한다

④ 여호와께서 택하신 곳으로 가 제사장과 재판장에게 물어야한다

**정답** ④

2. 만약 사람이 무법하게 행하고 하나님 여호와 앞에 서서 섬기는 제사장이나 재판장에게 듣지 아니하면 어떻게 해야 하나?(신 17:12)

① 그 사람을 다시 항고하여 재판해야한다

② 그 사람을 투옥시켜야한다

③ 그 사람을 죽여 이스라엘 중에서 악을 제해야한다

④ 그 사람을 제사장에게로 데리고 가 정결 시켜야한다

**정답** ③

3. 모세는 이스라엘이 가나안에 들어가 그들의 왕을 원하거든 세우라고 명한다. 그 왕은 미래 다윗왕조의 예표로 해석된다. 그러한 왕을 세우는데 있어 조건이 아닌 것은?(신 17:14-20)

① 여호와께서 택하신 자를 세워야한다

② 병마를 많이 두지 말아야한다

③ 은금을 많이 쌓지 말아야한다

④ 주야로 일천번제를 드려야한다

**정답** ④

## 신명기 18장

1. 성소에서 하나님을 섬기는 제사장직을 부여받은 레위인은 가나안에 들어가 무엇을 소유할 수 있나?(신 18:1-8)

① 땅의 분깃과 기업　② 여호와의 화제물

③ 포도원과 목축지　④ 도피성

**정답** ②

2. 이스라엘은 여호와께서 주시는 땅에 들어가 그 민족들의 가증한 행위를 본받지 말아야 한다. 이에 가증한 것이 아닌 것은?(신 18:9-14)

① 아들이나 딸을 불 가운데로 지나가게 하는 자

② 점쟁이나 길흉을 말하는 자

③ 신접자나 박수나 초혼자

④ 토지를 개간하는 기업자

**정답 ④**

3. 모압에 진을 친 광야신세대들에게 하나님은 앞으로 모세와 같은 선지자 하나를 일으키실 것을 약속하셨는데, 그는 어떠한 사람인가?
(신 18:15-19)
① 큰 기사와 행적을 일으키는 자
② 이스라엘을 멸하고 이방을 구원하는 자
③ 이스라엘의 형제 중에서 하나님의 입을 대변하는 자
④ 주야로 율법을 묵상하며 이스라엘을 재판하는 자

**정답 ③**

## 신명기 19장

1. 구약성경에서 도피성에 관한 것은 민수기, 신명기, 여호수아에서 언급된다. 이중 신명기에 기술된 도피성에 관한 내용과 맞지 않는 것은?
(신 19:1-10)
① 여호와께서 기업으로 주시는 땅 전체를 세 구역으로 나누어 도피성을 세운다
② 고의로 살인한 자는 도피성에서 보호를 받을 수 없다
③ 여호와께서 조상들에게 약속하신 땅을 다 주실 때 이 셋 외에 세 성읍을 더할 수 있다
④ 모든 살인자들은 도피성으로 피해 보호를 받을 수 있다

**정답 ④**

2. 다음은 동해복수법(Lex Talionis)으로 잘 알려진 율법이다. "네 눈이 긍휼히 여기지 말라 생명에는 생명으로, 눈에는 눈으로, 이에는 이로, 손에는 손으로, 발에는 발로이니라." 이 말씀은 다음 구약성경 본문 중 어디에서 언급되었는가?
① 출 19:1-6 ② 레 10:1-3
③ 신 5:11 ④ 신 19:21

**정답 ④**

## 신명기 20장

1. 율법은 그 본질에 있어 인도주의적이며 하나님의 자비를 나타낸다. 이는 모압에서 명해진 이스라엘의 징병규례에서 볼 수 있다. 따라서 전쟁에 나갈 군인의 선발에서 제외된 자들은 누구인가?
(신 20:5-9)
① 새 집을 건축하고 낙성식을 행하지 못한 자
② 포도원을 만들고 그 과실을 먹지 못한 자
③ 여자와 약혼하고 그와 결혼하지 못한 자
④ 위에 모든 것이 정답이다

**정답 ④**

2. 신명기의 율법은 우상숭배에 관하여는 그 어떠한 관용도 허락지 않지만 그 외에 것에 대해서는 인도주의적인 것을 볼 수 있다. 예로 이스라엘이 전쟁을 하려 할 때에 그 대적 성읍에 먼저 선행해야 하는 일은 무엇인가?(신 20:10)
① 그 성읍의 여인들과 자녀들을 피난시켜야한다
② 그 성읍 앞에서 화목제를 드려야한다
③ 그 성읍에 먼저 화평을 선언해야한다
④ 그 성읍에 먼저 조공을 받치도록 강요해야한다

**정답 ③**

3. 이스라엘은 가나안에 들어가 하나님이 명하신 그 성읍의 족속들을 전멸시켜야 한다. 그 족속이 아닌 것은?(신 20:17)

① 에돔, 모압, 암몬

② 아모리, 가나안

③ 브리스, 히위

④ 여부스

**정답** ①

신명기 21장

1. 모세는 모압에서 광야 신세대들에게 다양한 사례법들을 규정한다. 그 중, 적군의 포로로 끌려온 여인에 관해 맞지 않는 것은?(신 21:10-14)

① 그녀를 아내로 삼고자 하거든 결혼할 수 있다

② 그녀를 아내로 삼고자 하면 그 머리를 밀고 부모를 위해 한 달 동안 애곡해야한다

③ 결혼 후 그녀를 기뻐하지 아니하면 그녀의 마음대로 가게 할 수 있다

④ 결혼 후 그녀를 기뻐하지 아니하면 돈을 받고 팔 수 있다

**정답** ④

2. 모세는 모압에서 광야 신세대들에게 다양한 사례법들을 규정한다. 그중, 만약 어떤 사람에게 사랑하고 미워하는 두 아내가 있는데, 미워하는 아내의 아들이 장자가 되고 사랑하는 아내의 아들은 차남이 되었으면 누구에게 소유를 기업으로 주어야 하는가?(신 21:15-17)

① 자유롭게 마음에 드는 아들을 선택하여 소유를 기업으로 줄 수 있다

② 미워하는 아내의 아들일지라도 장자로 태어난 아들에게 두 배를 줘야한다

③ 사랑하는 아내의 아들에게는 무조건 두 배를 줘야한다

④ 미워하는 아내의 아들에게는 소유를 기업으로 줄 의무가 없다

**정답** ②

신명기 22장

1. 신명기는 마음의 법을 강조한다. 예로 형제의 소나 양이 길 잃은 것을, 혹은 의복이라도 형제가 잃어버린 그 어떤 것이든지 보았을 때 어떻게 해야 하나?(신 22:1-4)

① 목격자가 없으면 못 본체한다

② 자기 것으로 소유 한다

③ 주인이 누구인지 모를지라도 그를 찾아 돌려야한다

④ 주인이 누구인지 모르면 이웃과 나눠가진다

**정답** ③

2. 신명기는 가정의 존속을 위해 간음에 대한 형벌을 엄격히 규정한다. 따라서 남자가 유부녀와 동침한 것에 대한 규례는 무엇인가?(신 22:22)

① 유부녀에게는 벌금형을 내리고 남자는 사형에 처한다

② 남자에게는 벌금형을 내리고 유부녀는 사형에 처한다

③ 남자와 유부녀에게 벌금형을 내리고 정결 제의를 드린다

④ 남자와 유부녀 모두를 사형에 처한다

**정답** ④

## 신명기 23장

1. 신명기 법전은 "여호와의 총회"에 입장할 수 없는 자들을 정하고 있다. 다음 중 여호와의 총회에 입장할 수 있는 자는?(신 23:1-7)
   ① 암몬과 모압 사람
   ② 사생자, 고환이 상한 자
   ③ 대머리, 키가 작은 자
   ④ 에돔 사람의 삼 대 후 자손

   **정답** ③

2. 신명기 법전은 종들에 대해 인도주의적이며 관대한 법들을 규정하고 있다. 예로, 만약 한 종이 그의 주인을 피하여 도피해오면 어떻게 대처해야 하나?(신 23:15-16)
   ① 종을 고발하고 원래 주인에게 돌려보내야한다
   ② 종을 주인에게 돌려보내지 말고 성읍 내 원하는 곳에 함께 거주하도록 한다
   ③ 제사장에게 인도해 속죄제를 드린 후 재판관에게 보고한다
   ④ 원래 주인에게 돌려보내지 말고 성읍 밖에서 평생 숨어살게 한다

   **정답** ②

3. 신명기 법전은 서원한 것에 대해 무엇을 명하는가?(신 23:21-23)
   ① 여호와께 서원한 것을 갚지 못하면 자식이 갚아야한다
   ② 여호와께 서원한 것은 반드시 갚아야하며 그것을 미룬다면 죄가 될 것이다
   ③ 서원을 안 하고 자원한 것이라도 갚지 아니하면 죄가 될 것이다
   ④ 여호와께 서원한 것은 갚아야 하지만 시간의 구애를 받지 않는다

   **정답** ②

## 신명기 24장

1. 신명기 법전은 인도주의적인 차원에서 결혼 초년생의 징병을 어떻게 규정하고 있는가?(신 24:5)
   ① 징병하지 않고 일 년 동안 집에서 아내를 즐겁게 하도록 한다
   ② 징병하되 일 년 동안 삼 개월의 휴가를 부여한다
   ③ 징병하되 최전방으로 보내지 않고 후방직무를 맡긴다
   ④ 징병하지 않고 육 개월 동안 집에서 아내를 즐겁게 하도록 한다

   **정답** ①

2. 신명기 법전은 생명의 존엄성과 인도주의를 반영한다. 따라서 맷돌을 전당 잡지 못하게 하는 이유는 무엇인가?(신 24:6)
   ① 맷돌의 전당은 생명을 전당 잡는 것과 같기 때문에
   ② 맷돌은 가난한 자들의 필수품이기 때문에
   ③ 맷돌은 고대에서 아주 구하기 힘든 도구이기 때문에
   ④ 맷돌은 과부에게 없어서는 안 되는 도구이기 때문에

   **정답** ①

3. 신명기 법전은 사회적으로 소외된 자들에 대한 보호를 강조한다. 이에 고아와 과부를 위한 배려가 아닌 것은?(신 24:19-21)
   ① 밭에서 곡식을 벨 때에 잊어버린 한 뭇을 그

냥 남겨둔다

② 감람나무를 떤 후에 그 가지를 다시 살피지 않고 그냥 남겨둔다

③ 고아와 과부를 입양하거나 종으로 삼을 수 있다

④ 포도를 수확한 후 남은 것을 다시 따지 않고 그냥 남겨둔다

**정답** ③

## 신명기 25장

1. 신명기 법전은 재판에 의해 악인으로 인정된 자에게 태형을 가할 때 그 형제를 경히 여기지 않도록 매 수의 제한을 두고 있다. 그 제한은 몇 대인가?(신 25:1-3)

① 다섯 대 ② 열 대 ③ 삼십 대 ④ 사십 대

**정답** ④

2. 신명기 법전은 종족의 존속을 위해 수혼 제도를 규정하고 있다. 따라서 죽은 자기 형제의 아내를 받아야하는 의무를 거절한 자의 이름을 무슨 "집"이라고 부르게 했는가?(신 25:10)

① 신 벗김 받은 자의 집

② 형제를 부정한 집

③ 침 뱉음을 받은 자의 집

④ 아내를 버린 자의 집

**정답** ①

3. 모세는 모압 설교에서 과거를 회고하며 이스라엘이 여호와께서 기업으로 주신 땅으로 들어가 안식을 얻을 때 아말렉을 도말해야 한다고 명한다. 그 이유는 무엇인가?(신 25:17-19)

① 아말렉이 이스라엘의 정착을 지속적으로 방해할 것이기 때문에

② 아말렉은 우상을 섬기는 족속이기 때문에

③ 애굽에서 나오는 길에 아말렉이 하나님을 두려워하지 않고 이스라엘을 쳤기 때문에

④ 아말렉의 조상은 아브라함의 원수이기 때문에

**정답** ③

## 신명기 26장

1. 모세는 그의 모압 설교에서 과거 광야의 생활을 현재와 미래의 거울로 제시한다. 그러므로 가나안에 정착한 이후에도 애굽의 억압으로부터 해방된 것을 잊지 말고 기억하여 여호와께서 그의 이름을 두시려고 택하신 곳으로 나아가 감사를 드리라고 명한다. 이에 무엇으로 감사를 드리라고 했는가?(신 26:1-2)

① 토지의 소산의 맏물

② 토지의 소산의 십일조

③ 토지의 소산 중 붉은 암소

④ 토지의 소산 중 어린양

**정답** ①

2. 신명기 법전에 기술된 십일조의 주요 목적은 하나님과 이웃과의 교제와 가난한 자, 고아와 과부를 돕는데 있다. 이러한 셋째 해에 드리는 모든 소산의 십일조 성물이 온전하게 드려지려면 어떻게 해야 하나?(신 26:12-14)

① 레위인과 함께 먹어야한다

② 객과 고아와 과부를 배부르게 해야 한다

③ 애곡하는 날이나 부정한 몸으로 성물을 먹으면 안 된다

④ 위의 모든 것이 정답이다

**정답** ④

### 신명기 27장

1. 모세와 이스라엘 장로들은 모압에서 백성들에게 그들이 요단을 건너거든 에발 산에 가서 하나님의 언약을 기록하여 기념하라고 명한다. 하나님의 말씀은 항상 기억되어야 하기 때문이다. 이에 관련해 맞지 않는 것은?(신 27:2-8)
   ① 큰 돌들을 세워 석회를 바르고 거기에 율법을 기록해야한다
   ② 쇠 연장을 대지 아니한 돌단을 쌓아야한다
   ③ 돌단을 쌓아 여호와 앞에서 번제와 화목제를 드려야한다
   ④ 에발 산에 있는 산당에 가서 일천제를 드려야한다
   **정답** ④

2. 모세는 백성들이 가나안에 들어가 율법을 잊지 않기 위해 두 산에서의 특별한 의식을 취하도록 명한다. 한 산에서는 율법준행에 따른 축복을 선포하고 다른 한 산에서는 율법불행에 따른 저주를 선포한다. 그 두 개의 산의 이름은 각각 무엇인가?(신 27:12-13)
   ① 그리심, 에발　② 에발, 그리심
   ③ 모리아, 갈멜　④ 갈멜, 모리아
   **정답** ①

### 신명기 28장

1. 모세는 신명기 28장에서 이스라엘이 율법준행으로 받게 될 여러 가지 복에 대해 말하고 있다. 그 중에 복으로 언급되지 아니한 것은?(신 28:1-14)
   ① 세계 모든 민족 위에 뛰어나게 될 것이다
   ② 들어와도 복을 받고 나가도 복을 받게 될 것이다
   ③ 가옥에 가옥을 더하고 설 자리가 없게 될 것이다
   ④ 머리가 되고 꼬리가 되지 않을 것이다
   **정답** ③

2. 모세는 신명기 28장에서 이스라엘이 율법에 불순종할 때 받을 저주에 대해 경고한다. 그 중 저주로 언급되지 아니한 것은?(신 28:20-68)
   ① 몸에 염병과 질병이 들어 그 땅에서 멸하게 될 것이다
   ② 땅의 모든 나라 중에 흩어지고 포로가 될 것이다
   ③ 미치는 것과 눈머는 것과 정신병으로 고난을 받게 될 것이다
   ④ 이스라엘의 진멸이 영원히 회복되지 않을 것이다
   **정답** ④

### 신명기 29장

1. 모세는 호렙에서 세운 언약과 더불어 모압에서 세운 언약은 영원한 것이라고 말한다. 따라서 모압에서 갱신된 언약의 대상자는 누구인가?(신 29:14-15)
   ① 광야 1세대
   ② 광야 2세대
   ③ 광야 1세대와 2세대
   ④ 광야 2세대와 미래 그의 후손들
   **정답** ④

2. 신명기 29장에서 모세는 이스라엘이 언약을 저버리고 준행하지 않을 경우 어떻게 될 것이라고

경고하는가?(신 29:20)

① 가나안에서 쫓겨나 다시 광야로 가게 될 것이다.

② 율법책에 기록된 모든 언약의 저주대로 재앙이 임할 것이다

③ 하나님의 은혜로 무조건 용서를 받을 것이다

④ 이스라엘의 후손들이 질병으로 멸할 것이다

**정답 ②**

## 신명기 30장

1. 모세는 세 번째 모압설교에서 이스라엘이 죄를 범할지라도 진정으로 회개하면 용서받을 수 있음을 말한다. 어떻게 하면 여호와께서 마음을 돌이키시고 이스라엘을 긍휼히 여기사 포로에서 돌아오게 한신다고 하셨나?(신 30:2-3)

① 여호와께로 돌아와 그의 명한 것을 온전히 따라 마음을 다하고 뜻을 다하여 청종하면

② 포로로 끌려간 나라에서 우상을 파괴하고 산당에서 제사를 안 드리면

③ 하나님께 일천 번제와 소제와 화목제를 드리면

④ 고아와 과부를 돌보고 가난한 자를 도우면

**정답 ①**

2. 모세는 모압에서 백성에게 전한 명령이 어려운 것도 아니고 먼 것도 아니라고 말한다(신 30:11). 그러므로 "오직 그 말씀이 네게 매우 가까워서 네 ( )에 있으며 네 ( )에 있은즉 네가 이를 행할 수 있느니라"(신 30:14)고 말한다. 괄호 안에 들어갈 말은?

① 생각, 마음 ② 입, 마음

③ 손, 마음 ④ 집, 마음

**정답 ②**

3. 모세는 모압의 언약이 이스라엘의 복과 화를 좌우한다고 경고한다. 따라서 "내가 오늘 네게 명령하여 네 하나님 여호와를 사랑하고 그 모든 길로 행하며 그의 명령과 규례와 법도를 지키라 하는 것이라 그리하면 네가 생존하며 번성할 것이요 또 네 하나님 여호와께서 네가 가서 차지할 땅에서 네게 복을 주실 것임이니라"(신 30:16)고 말한다. 여기서 모세는 복과 화를 무엇으로 묘사하고 있는가?

① 생명과 사망 ② 영생과 멸망

③ 부와 가난 ④ 건강과 질병

**정답 ①**

## 신명기 31장

1. 모세는 그의 마지막 모압설교에서 특정한 때에 율법을 온 백성에게 낭독하여 듣게 하라고 명한다. 이는 후손들이 대대로 율법을 기억하고 준행케 하기 위함이다. 그 때는 언제인가?
(신 31:9-13)

① 매 안식년 때 칠칠절에

② 희년 마지막 해 유월절에

③ 매 칠년 끝 해 곧 면제년의 초막절에

④ 매년 무교절을 지키는 이례동안

**정답 ③**

2. 모압에서 여호와께서는 모세에게 그가 죽을 기한이 가까웠다고 말씀하시고 그의 후계자에게 사명을 주셨다. 그는 누구인가?(신 31:14)

① 엘르아살 ② 갈렙

③ 여호수아 ④ 엘리후

**정답 ③**

3. 모세는 모압에서 여호와로부터 받은 모든 율법의 말씀을 다 책에 기록했다. 그리고 그것을 대대로 보전하기 위해 레위 사람에게 그 율법책을 어디에다 간직하라고 하였는가?(신 31:26)

① 성막 문 앞에　② 지성소 등불 아래
③ 언약궤 곁에　④ 성막 안 뜰에

**정답** ③

신명기 32장

1. 모압에서 모세는 자신의 죽음을 바로 앞에 두고 여호와께서 명한대로 이스라엘 총회에 "노래의 말씀"(신 31:30-32:43)을 들려주었다. 그 노래의 내용과 다른 것은?

① 하나님의 사랑과 인도하심에도 불구하고 이스라엘은 여호와를 향하여 악을 행했다
② 배반한 이스라엘을 향해 하나님의 격노와 분노가 임할 것이다
③ 주께서 그 종들의 피를 갚지 않으실 것이고 그 백성을 위하여 속죄하지 않으실 것이다
④ 이스라엘의 무지와 악으로 인해 환난 날이 속히 올 것이다

**정답** ③

2. 신명기는 모세의 삼대설교(신 1:6-4:43; 4:44-28:69; 29:1-30:20)와 특별히 그의 죽음(신 32:48-52; 34:5-7)에 관한 내용을 담고 있다. 신명기에 기록된 모세의 죽음과 관련하여 맞는 것은?

① 모세는 모압 땅에서 죽어 벳브올 맞은편 모압 땅에 있는 골짜기에 장사되었다
② 모세는 에녹과 같이 죽지 않고 하나님과 동행하다 하늘로 들림을 받았다
③ 모세는 130세에 장수하다 눈이 어둡고 기력이 떨어져 죽었다
④ 모세는 요단을 건너 여리고 성에서 가나안을 바라보며 하늘로 들림을 받았다

**정답** ①

3. 광야 사십년 여정 끝에 여호와께서는 모세가 광야 신세대들과 함께 가나안 땅에 정착하지 못하고 그곳을 바라보는 것으로만 만족해야 함을 말씀하신다(신 32:48-52). 그 이유는 무엇이었는가?

① 모세의 나이가 너무 많아 새로운 지도자로 세대교체가 필요했기 때문에
② 하나님을 의심하고 가데스 바네아에서 정탐꾼을 에스겔 골짜기로 보냈기 때문에
③ 신 광야 가데스의 므리바 물가에서 하나님께 범죄 하였기 때문에
④ 모세가 구스 여인을 취하여 아론과 미리암으로부터 비방을 받았기 때문에

**정답** ③

신명기 33장

1. 신명기 33장은 모세가 그의 임종 전 이스라엘의 각 지파들을 축복하는 내용으로 구성되어 있다. 그 중 레위 지파에 대한 축복 기도와 관련이 없는 것은?(신 33:8-11)

① 주의 둠밈과 우림이 주의 경건한 자에게 있도다
② 주께서 그를 맛사에서 시험하시고 므리바 물가에서 그와 다투셨도다
③ 여호와여 그의 재산을 풍족하게 하시고 그의 손의 일을 받으소서.
④ 그는 분깃을 얻지 못하고 그의 형제의 종의

종이 되게 하소서.

**정답** ④

2. 모세가 신명기 33장에서 이스라엘 각 지파를 축복한데서 빠진 지파는?

① 유다 ② 시므온 ③ 갓 ④ 단

**정답** ②

3. 유다 지파에 대한 모세의 축복 기도의 주요 내용은 무엇인가?(신 33:7)

① 그가 해상 무역을 통해 부해지며 번성할 것이다

② 그가 주의 말씀을 준행하고 의의 제사를 드리며 부해질 것이다

③ 여호와께서 그의 음성을 들으시고 백성에게로 인도하시며 도우심으로 대적을 칠 것이다

④ 여호와의 사랑을 입고 보호 받아 그의 어깨 사이에 있게 될 것이다

**정답** ③

## 신명기 34장

1. 모세가 마지막으로 가나안 길르앗에서 단까지의 온 땅을 본 곳은 어디인가?(신 34:1)

① 여리고 맞은편 헤브론 산꼭대기

② 여리고 맞은편 비스가 산꼭대기

③ 모압 그리심 산꼭대기

④ 가나안 모리아 산꼭대기

**정답** ②

2. 모세는 모압에서 임종 전 여호수아에게 안수하여 그를 후계자로 삼았다. 그 때 나타난 현상은 무엇인가?(신 34:9)

① 여호수아가 예언하기 시작했다

② 여호수아에게 지혜의 영이 충만했다

③ 여호수아가 기적을 행하기 시작했다

④ 여호수아가 강인해지기 시작했다

**정답** ②

3. 신명기는 모세가 죽은 후로 그와 같은 선지자가 이스라엘에 아직 일어나지 못하였다고 기록하고 있다(신 34:10-12). 그 주요 이유를 무엇이라고 설명하고 있는가?

① 모세는 구약에서 유일하게 죽지 않고 들림을 받은 자다

② 모세는 유일하게 여호와께서 그를 대면하여 아신 자다

③ 모세는 유일하게 홍해를 가르고 바위에서 물이 나오게 한 자다

④ 모세는 온유함이 지면의 모든 사람보다 더한 사람이다

**정답** ②

## 여호수아 1장

# 여호수아

1. 다음 중 여호수아에 대한 설명이 아닌 것은 무엇인가?(수 1:1; 민 13:16)
   ① 모세의 수종자　　② 눈의 아들
   ③ 호세아　　④ 백성을 구원하는 자
   **정답 ④**

2. 다음 중에 여호와께서 여호수아에게 하신 말씀이 아닌 것은 무엇인가?(수 1:1-9)
   ① 요단과 유브라데 강을 건너라.
   ② 강하고 담대하라.
   ③ 율법을 다 지켜 행하라.
   ④ 여호와가 너와 함께 한다
   **정답 ①**

3. 여호수아 1:12-15 말씀에서 여호수아가 특별히 르우벤 지파, 갓 지파, 므낫세 반 지파에게 최선을 다해 전쟁할 것을 당부한 이유는 무엇인가?
   ① 평소에 전쟁에 대한 두려움이 많아서
   ② 다른 지파보다 더 많은 땅을 분배받기 때문에
   ③ 이미 모세에게 땅을 분배 받았으므로
   ④ 다른 지파에 비해 숫자가 많았기 때문에
   **정답 ③**

## 여호수아 2장

1. 다음 중 기생 라합이 정탐꾼을 숨겨 준 이유가 아닌 것은 무엇인가?(수 2:8-14)
   ① 여호와께서 이 땅을 이스라엘에게 주신 줄 알았기 때문에
   ② 여호와께서 꿈에서 라합에게 명령하셨기 때문에
   ③ 여호와께서 홍해를 마르게 하신 일을 알았기 때문에
   ④ 자신의 가정을 구원하기 위해서
   **정답 ②**

## 여호수아 3장

1. 여호수아 3장에서 여호수아가 요단을 건너는 날 아침에 일찍 일어난 이유는 무엇인가?(수 3:1)
   ① 백성들이 아침 일찍 음식을 먹고 준비하게 하기 위해서
   ② 아침이 요단강을 건너기가 가장 좋은 시간이므로
   ③ 큰일을 앞두고 영적으로 무장하기 위해서
   ④ 각 지파의 대표자들과 요단강을 건너는 것을 의논하기 위해서
   **정답 ③**

2. 다음 중 요단강을 건널 때 주의 사항이 아닌 것

은 무엇인가?(수 3:2-6)

① 레위 사람 제사장들이 언약궤를 메라.

② 백성들은 그 뒤를 따르라.

③ 백성들은 언약궤 가까운 주변에서 따르라.

④ 언약궤와 백성들 사이에 이천 규빗 쯤 거리를 두라.

**정답** ③

3. 다음 중 언약궤와 백성들 사이의 거리를 이천 규빗 정도 되게 한 이유가 아닌 것은 무엇인가? (수 3:4)

① 하나님의 임재의 상징인 언약궤에 대한 경외심을 심어주려고

② 너무 가까우면 모든 백성들이 잘 보이지 않기 때문에

③ 언약궤의 거룩함을 강조하기 위해서

④ 율법에 명령되어 있기 때문에

**정답** ④

4. 다음 중 요단강을 건널 때에 대한 설명이 아닌 것은 무엇인가?(수 3:14-17)

① 곡식 거두는 시기로서 강물이 항상 넘쳤다

② 백성들은 끝까지 언약궤를 맨 제사장들을 따라서 건너갔다

③ 언약궤를 맨 제사장들의 발이 물가에 잠기자 요단강이 말랐다

④ 백성들은 완전히 마른 땅을 건너갔다

**정답** ②

5. 여호수아 3장에서 나타나는 영적인 교훈이 아닌 것은 무엇인가?

① 전쟁은 하나님의 것이다

② 하나님의 임재는 거룩한 것이다

③ 영적인 지도자들이 먼저 앞장서야 한다

④ 하나님은 우리의 믿음을 먼저 요구하신다

**정답** ①

## 여호수아 4장

1. 여호수아 4:7에서 길갈에 세운 열 두 개의 돌들은 무슨 의미인가?

① 이스라엘 열 두 지파의 단결을 상징 한다

② 하나님께서 약속의 땅을 주실 것에 대한 감사의 기념비이다

③ 언약궤가 요단을 건널 때에 요단물이 끊어졌음을 기념 한다

④ 이스라엘 열 두 지파의 분배받을 땅에 대한 기록을 새겼다

**정답** ③

2. 여호수아 4장에 소개된 요단강 도하의 모습이 아닌 것은 무엇인가?(수 4:10-13)

① 궤를 멘 제사장들은 백성들이 건너기까지 요단 가운데 서 있었다

② 르우벤, 갓, 므낫세 반 지파는 무장하고 백성들의 뒤에서 건넜다

③ 백성들은 궤를 멘 제사장들이 요단 가운데 있을 때 속히 건넜다

④ 무장한 사만 명 가량이 여호와 앞에 건너가 싸우려고 여리고 평지에 이르렀다

**정답** ②

3. 요단을 건넌 후 길갈에 세운 열 두 돌의 의미가 아닌 것은 무엇인가?(수 4:22-23)

① 이스라엘이 마른 땅을 밟고 요단을 건넌 것을 기념하기 위한 것이다

② 요단 도하 사건은 여호와께서 홍해를 마르게

하심과 같았다

③ 여호와의 손이 강함을 알게 하고 여호와를 항상 경외하게 하려 하신 것이다

④ 모든 전쟁에서 승리하게 하시는 하나님의 능력을 찬양하려는 것이다

**정답** ④

## 여호수아 5장

1. 다음 중 여호와께서 길갈에서 다시 할례를 행하게 하신 이유가 아닌 것은 무엇인가?(수5:2-9)

① 광야 40년 동안 할례를 행하지 못하였으므로

② 하나님과 언약을 맺은 할례 받은 백성으로 돌아가기 위하여

③ 약속의 땅에서 모세의 율법에 기록된 대로 할례를 받아야하므로

④ 애굽에서 나온 할례받은 자가 광야에서 다 죽었으므로

**정답** ③

2. 여호수아 5장에 나타난 칼을 든 여호와의 군대 대장이 여호수아에게 한 말은 무엇인가?(수5:13-15)

① 내가 이스라엘 군대를 이끌리라.

② 네 발에서 신을 벗으라.

③ 내가 지시하는 곳으로 가라.

④ 너는 율법을 준수하라.

**정답** ②

3. 다음 중 여호와의 군대 대장이 여호수아에게 신을 벗으라고 한 의미가 아닌 것은 무엇인가?(수 5:15)

① 하나님 앞에서 더러움을 벗어버리라.

② 더러운 발의 수치를 드러내라.

③ 하나님의 종 됨을 선언하라 .

④ 네 발 걸음을 가볍게 하겠다

**정답** ④

## 여호수아 6장

1. 다음 중 여리고성을 점령하기위해 성을 도는 방법이 아닌 것은 무엇인가?(수 6:3-7)

① 매일 한 바퀴씩 엿새 동안 돌라.

② 일곱째 날에는 일곱 번 성을 돌라.

③ 제사장들은 양각 나팔을 길게 불라.

④ 제사장들은 언약궤 좌우에서 행진하라.

**정답** ④

2. 여리고 성을 도는 동안 백성들에게 침묵하라고 한 이유가 아닌 것은 무엇인가?(수 6:10)

① 오직 하나님의 도움으로만 승리할 수 있다는 것을 알게 하려고

② 침묵을 통해 적의 기선을 제압하려고

③ 하나님께서 이스라엘의 믿음을 시험하시려고

④ 거룩한 나팔 소리를 보다 주의 깊게 듣고 따를 수 있게 하려고

**정답** ②

3. 여호수아 6장에서 전쟁에서 취한 물건에 손대지 말라고 명령한 이유는 무엇인가?(수 6:18)

① 전쟁이 끝난 후에 지파별로 똑같이 분배하기 위해서

② 이방인의 가증한 물건에 손을 대면 부정해지기 때문에

③ 고대전쟁에서는 개인적으로 전리품을 취하

는 것이 금지되었으므로

④ 모든 전리품은 전쟁의 주관자이신 하나님의 것이므로

**정답** ④

4. 여호수아 6:18에서 온전히 바친 것 중에서 취하지 말라는 명령과 관련된 사상은 무엇인가?(수 6:18)

① 고엘 ② 대계 ③ 헤렘 ④ 헤세드

**정답** ③

5. 여호수아 6:21에서 여리고성의 모든 것을 칼날로 멸하는 것은 신명기 몇 장 몇 절의 명령과 관련이 있는가?

① 신 13:15 ② 신 13:14

③ 신 13:16 ④ 신 13:17

**정답** ①

6. 여호수아가 기생 라합과 그 가족을 살려준 이유는 무엇인가?(수 6:25)

① 혈통적으로 이스라엘 민족이었으므로

② 하나님께서 명령하셨으므로

③ 선한 마음을 가졌으므로

④ 두 정탐꾼을 숨겨주었으므로

**정답** ④

7. 여리고성 재건에 대한 저주와 관련이 없는 것은 무엇인가?(수 6:26)

① 신명기 13장16절

② 벧엘 사람 히엘

③ 맏아들과 막내아들의 죽음

④ 헤렘 사상

**정답** ④

## 여호수아 7장

1. 여호수아 7장에 나오는 아간에 대한 설명으로 틀린 것은 무엇인가?(수 7:1)

① 유다지파 세라의 증손이었다

② 삽디의 손자 갈미의 아들이었다

③ 고엘제도를 범하였다

④ 온전히 바친 물건을 가졌다

**정답** ③

2. 아간의 범죄로 말미암은 결과는 무엇이었는가?(수 7:11-12)

① 아이 성 싸움에서 패하였다

② 이스라엘에 기근이 임했다

③ 3천명이 죽임을 당하였다

④ 이스라엘에 전염병이 돌았다

**정답** ①

3. 아간을 처형할 때 아골골짜기로 간 이유는 무엇인가?(수 7:24)

① 죄인을 처형하는 장소였으므로

② 범죄자의 피로 이스라엘 진영을 더럽히지 않으려고

③ 율법에 정한대로 행하려고

④ 아골골짜기는 언약을 회복하는 장소였으므로

**정답** ②

## 여호수아 8장

1. 여호수아 8:2에서 여리고성과 달리 아이 성의 물건과 가축은 가지라고 하신 이유는 무엇인가?

① 이스라엘 백성을 위로하시려고

② 아이 성은 이스라엘의 노력으로 승리했으므

로

③ 아간을 처형한 것에 대한 상급으로

④ 앞으로의 전쟁을 위한 물품으로 쓰기 위해

**정답** ④

2. 하나님이 여호수아에게 단창을 들어 아이 성을 가리키게 하신 이유는 무엇인가?(수8:18)

① 승리에 대한 확신을 주시려고

② 고대 전쟁의 관습이므로

③ 단창은 공격용 무기이므로

④ 다른 무기가 없었으므로

**정답** ①

3. 여호수아 8장의 내용 중 에발산에서 행한 일이 아닌 것은 무엇인가?(수 8:30-35)

① 율법을 낭독하였다 .

② 성결의식을 행하였다

③ 제단을 쌓았다

④ 번제와 화목제를 드렸다

**정답** ②

## 여호수아 9장

1. 여호수아 9:18에서 속아서 맺은 기브온 주민과의 조약을 지켜야 하는 이유를 무엇이라고 하는가?

① 고대 사회에서 조약은 무조건 지켜야 하므로

② 하나님 여호와로 맹세하였기 때문에

③ 누구든지 조약을 파괴하면 죽음으로 갚아야 하는 규례 때문에

④ 속아서 맺은 조약도 지켜야 하는 규례 때문에

**정답** ②

2. 여호수아 9:18에서 회중이 기브온에게 속은 족장들을 원망한 이유는 무엇인가?

① 하나님의 명령을 어겼으므로

② 속은 것이 분하여서

③ 훗날 기브온의 반란을 염려해서

④ 기브온의 물건을 탈취하지 못해서

**정답** ④

3. 여호수아 9장에 나타난 기브온 주민들과의 조약을 통한 교훈은 무엇인가?

① 이방인들은 하나님의 백성과 함께 살 수 없다

② 이스라엘 백성은 언제나 하나님께 묻고 행하여야 한다

③ 조약은 반드시 지켜야 하는 것이다

④ 이방인들이 사는 길은 이스라엘의 종이 되는 것이다

**정답** ②

## 여호수아 10장

1. 예루살렘 왕 아도니세덱이 기브온을 공격한 이유는 무엇인가?(수 10:3-4)

① 여호수아와 이스라엘과 더불어 화친하였으므로

② 자신들의 국경지역을 침범하였기 때문에

③ 이스라엘을 공격하기 위한 교두보를 마련하려고

④ 조상 대대로 기브온 민족과 원수였기 때문에

**정답** ①

2. 하나님이 아모리 족속을 이스라엘 자손에게 넘겨주시던 날에 있었던 일이 아닌 것은 무엇인

가?(수 10:12-14)

① 태양이 기브온 위에서 머물렀다

② 달이 야알론 골짜기에서 머물렀다

③ 여호와께서 사람의 목소리를 들으신 이 같은 날은 전에도 후에도 없었다

④ 하늘이 열리며 하나님의 음성이 들렸다

**정답** ④

3. 여호수아 10장에서 여호수아가 정복한 곳이 아닌 것은 무엇인가?(수 10:28-40)

① 립나 ② 막게다 ③ 벧엘 ④ 헤브론

**정답** ③

## 여호수아 11장

1. 하솔왕 야빈과 연합한 왕이 아닌 왕은 누구인가?(수 11:1)

① 마돈 왕 요밥 ② 아람 왕

③ 시므론 왕 ④ 악삽 왕

**정답** ②

2. 여호수아 11장에서 여호수아가 취한 지역이 아닌 것은 무엇인가?(수 11:16)

① 고센 온 땅 ② 아라바

③ 네겝 ④ 수르

**정답** ④

## 여호수아 12장

1. 모세가 미리 땅을 분배 해 준 지파가 아닌 지파는 어느 지파인가?(수 12:6)

① 시므온 ② 르우벤

③ 갓 ④ 므낫세 반

**정답** ①

2. 다음 중 모세가 정복한 왕은 누구인가?(수 12:1-6)

① 아모리 왕 시혼 ② 바산 왕 시혼

③ 헤스본 왕 옥 ④ 아모리 왕 옥

**정답** ①

## 여호수아 13장

1. 여호수아 13장에서 여호수아가 정복하지 못한 지역이 아닌 지역은 어디인가?(수 13:1-7)

① 블레셋 사람의 모든 지역

② 그술 족속의 모든 지역

③ 가나안 족속의 모든 땅

④ 기브온 족속의 모든 땅

**정답** ④

2. 여호수아 13:7에서 아직 정복하지 못한 요단 서편 땅을 아홉 지파와 므낫세 반 지파에게만 나누어 주라고 명령하신 이유는 무엇인가?

① 정복전쟁에서 여호수아를 도와 큰 공을 세웠기 때문에

② 제외된 지파들이 하나님께 범죄 하였기 때문에

③ 제외된 지파들은 이미 요단 동편 땅을 분배받았기 때문에

④ 제외된 지파들은 더 큰 땅을 분배받기 원했기 때문에

**정답** ③

3. 레위 지파에게 땅을 기업으로 주지 않은 이유를

무엇이라 말하는가?(수 13:14)

① 레위 지파는 땅을 분배받을 만큼 숫자가 많지 않기 때문에

② 레위 지파는 농사를 짓는 것을 원하지 않았기 때문에

③ 레위 지파는 땅이 아닌 자손대대로 쓸 수 있는 재물을 원했기 때문에

④ 레위 지파는 여호와께 드리는 화제물이 그들의 기업이 되기 때문에

**정답** ④

4. 르우벤 지파가 받은 기업과 관계없는 것은 무엇인가?(수 13:15-23)

① 아로엘에서부터 메드바 곁에 있는 온 평지

② 헤스본 평지에 있는 모든 성읍

③ 요단 동쪽 여리고 맞은편 모압평지

④ 서쪽 경계는 요단과 그 강가

**정답** ③

5. 여호수아 13:24-28에 의하면 '야셀과 길르앗 모든 성읍과 암몬 자손의 땅 절반 곧 랍바 앞의 아로엘 까지와 헤스본에서 라맛 미스베와 브도님까지와 마하나임에서 드빌지역까지와 벧 하람과 벧니므라와 숙곳과 사본 곧 헤스본 왕 시혼의 나라의 남은 땅 요단과 그 강가에서부터 요단 동쪽 긴네렛 바다의 끝까지' 기업으로 받은 지파는 어느 지파인가?

① 갓 ② 유다 ③ 베냐민 ④ 스불론

**정답** ①

6. 다음 중 요단 동편의 땅을 기업으로 받지 않은 지파는 어느 지파인가?(수 13:8)

① 갓 ② 스불론 ③ 므낫세 ④ 르우벤

**정답** ②

## 여호수아 14장

1. 요단 서쪽 땅을 백성들에게 분배해 준 사람들이 나온다. 그 중에 속하지 않은 사람은 누구인가?(수 14:1)

① 여호수아 ② 엘르아살

③ 모세 ④ 지파의 족장들

**정답** ③

2. 다음에서 갈렙에 대한 설명이 아닌 것은 무엇인가?(수 14:6-13)

① 여분네의 아들

② 이 산지를 내게 주소서.

③ 네 발로 밟는 땅은 영원히 너와 네 자손의 기업이 되리라.

④ 가데스바네아를 기업으로 주소서.

**정답** ④

3. 다음 중 헤브론에 대한 설명으로 맞는 것은 무엇인가?(수 14:13-15)

① 여호수아의 기업으로 받은 지역이다

② 헤브론의 옛 이름은 '기럇 아르바'이다

③ 단 지파가 분배받은 기업이었다

④ 헤브론은 요단 동쪽의 땅이다

**정답** ②

## 여호수아 15장

1. 다음에서 갈렙이 정복한 지역이 아닌 곳은 어디인가?(수 15:13-17)

① 헤브론 ② 드빌

③ 벧엘 ④ 기럇 세벨

**정답** ③

2. 갈렙이 자기 딸 악사를 그나스의 아들인 옷니엘에게 아내로 준 이유는 무엇인가?(수 15:16-17)

① 옷니엘이 기럇 세벨을 쳐서 점령했으므로
② 옷니엘이 헤브론을 쳐서 점령했으므로
③ 옷니엘이 자신의 친족이었으므로
④ 옷니엘은 하나님께서 택하신 자이므로

**정답** ①

3. 여호수아 15:63에서 유다 자손이 쫓아 내지 못한 족속은 어디인가?

① 기브온 족속 ② 여부스 족속
③ 블레셋 족속 ④ 갈대아 족속

**정답** ②

## 여호수아 16장

1. 요셉 자손이 제비 뽑아 기업으로 받은 지역은 어디인가?(수 16:1)

① 여리고 샘 서쪽 ② 여리고 샘 북쪽
③ 여리고 샘 남쪽 ④ 여리고 샘 동쪽

**정답** ④

2. 여호수아 16:10에서 에브라임 자손이 쫓아내지 못한 족속은 어디인가?

① 브리스 족속 ② 기브온 족속
③ 가나안 족속 ④ 야블렛 족속

**정답** ③

## 여호수아 17장

1. 여호수아 17장에 나오는 므낫세 지파에 대한 설명으로 틀린 것은 무엇인가?

① 므낫세는 요셉의 장자였고 므낫세의 장자는 마길이었다
② 요단 동쪽 길르앗과 바산 외에 열 분깃이 므낫세에게 돌아갔다
③ 길르앗 땅은 므낫세의 남은 자손들에게 속하였다
④ 므낫세 자손이 쫓아내지 못한 족속은 여부스 족속이었다

**정답** ④

2. 여호수아 17:14에서 자신들이 큰 민족이 되었다며 더 많은 땅을 요구한 자손은 어디인가?

① 베냐민 ② 유다 ③ 요셉 ④ 르우벤

**정답** ③

## 여호수아 18장

1. 이스라엘 온 회중이 실로에 모여서 회막을 세웠는데 그 이유가 아닌 것은 무엇인가?(수 18:1)

① 실로는 가나안 중심부에 위치하고 있어서 모두 모여 예배드리기에 적합했다
② 실로라는 이름의 뜻처럼 그 곳은 하나님의 안식처로서 평안히 예배할 수 있는 곳이었다
③ 실로는 야곱이 하나님께 예배하고 언약을 맺은 곳이었기 때문이다
④ 실로는 요셉 지파에 위치했으므로 땅을 더 달라는 그들의 불만을 잠재우기에 접합한 장소였기 때문이다

**정답** ③

2. 여호수아 18장에서 아직 땅을 기업으로 분배받지 못한 7지파에 해당하지 않는 지파는?
(수 18:2)

① 베냐민　　② 유다
③ 스불론　　④ 잇사갈

**정답** ②

3. 여호수아가 땅을 분배받지 못한 지파에 각각 세 사람씩을 선정하여 보내면서 명령한 것은 무엇인가?(수 18:3-4)
① 두루 다니며 땅의 좋은 열매를 가지고 오라.
② 두루 다니며 땅의 거민들을 정탐하고 오라.
③ 두루 다니며 가장 좋은 땅을 정복하고 오라.
④ 두루 다니며 기업에 따라 땅을 그려가지고 오라.

**정답** ④

4. 여호수아는 기업을 분배받지 못한 7지파에게 어떤 방법으로 기업을 분배했는가?(수 18:8-10)
① 제비를 뽑아서 기업을 분배했다
② 숫자가 많은 순서대로 분배했다
③ 전쟁에서 공을 세운 순으로 분배했다
④ 모세의 유언대로 분배했다

**정답** ①

### 여호수아 19장

1. 시므온 자손이 물려받은 기업에 대한 설명으로 틀린 것은 무엇인가?(수 19:1-9)
① 시므온 자손의 지파를 위하여 그들의 가족대로 제비를 뽑았다
② 시므온 자손의 기업은 유다 자손의 기업 중에서 받았다
③ 유다 자손의 기업 중에서 받은 이유는 유다 자손의 분깃이 자기들에게 너무 많아서였다
④ 시므온 자손은 다른 지파보다 수가 많았기 때문에 더 많은 기업이 필요했다

**정답** ④

2. 여호수아 19:47에서 단 자손의 경계가 더욱 확장된 이유는 무엇이라 말하는가?
① 다른 지파에서 기업을 더 받았기 때문이다
② 레셈과 싸워 그것을 점령하여 차지했기 때문이다
③ 훗날 다른 지파의 기업을 빼앗았기 때문이다
④ 베냐민 지파의 몰락으로 그들의 기업을 차지했기 때문이다

**정답** ②

3. 여호수아가 받은 기업은 여호수아 19:49-50에서 무엇으로 나타나는가?
① 예루살렘　　② 여리고 성
③ 딤낫 세라　　④ 기럇 아르바

**정답** ③

### 여호수아 20장

1. 여호와께서 백성들을 위해 도피성을 만든 이유는 무엇인가?(수 20:3)
① 피해자가 2차 피해를 당하지 않게 하려고
② 사회적 약자를 보호하려고
③ 실수로 살인한 사람을 보호하려고
④ 누명을 쓴 사람을 보호하려고

**정답** ③

2. 여호수아 20장에 나오는 도피성에 대한 설명이 아닌 것은 무엇인가?(수 20:1-6)
① 도피하는 자는 성읍 안에 들어가서 장로들에게 사건을 말한다

② 도피성은 피의 보복자를 피하게 하기 위해서 만들었다
③ 살인자는 회중 앞에 서서 재판을 받기까지 성읍에 거주한다
④ 살인자는 그 당시 대제사장이 죽기까지 성읍에 거주한다

**정답** ①

3. 다음 중 도피성으로 지정하지 않는 곳은 어디인가?(수 20:7-8)

① 헤브론 ② 길르앗 라못
③ 바산 골란 ④ 가드 림몬

**정답** ④

## 여호수아 21장

1. 레위 사람들이 자신들이 거주할 성읍과 목초지를 요구하였다. 이와 관련되어 틀린 것은 무엇인가?(수 21:1-3)

① 민 35:2-8에서 하나님께서 모세에게 하신 명령에 의해서 요구하였다
② 일부 레위 사람들이 자신들의 욕심을 채우기 위해서 요구하였다
③ 제사장 엘르아살과 여호수아와 이스라엘 지파 족장들에게 요구하였다
④ 그 결과 이스라엘 자손이 성읍과 목초지를 자기의 기업 중에서 나누어 주었다

**정답** ②

2. 여호수아 21장에는 하나님이 민수기 35:1-8에서 지시하신대로 레위인들에게 성읍을 분배해 주는 내용이다. 이 사건이 주는 의미는 무엇인가?

① 레위인들에게는 소유를 나누어 주라는 것을 의미한다
② 레위인들은 거룩하게 구별된 사람들임을 의미한다
③ 가나안 땅을 주시겠다는 하나님의 약속이 이루어졌음을 의미한다
④ 하나님은 이스라엘 가운데 공평하신 하나님이심을 의미한다

**정답** ③

## 여호수아 22장

1. 여호수아가 모세와 여호수아가 명령한 모든 것을 다지키고 순종했음을 칭찬하며 모세가 준 땅으로 돌려보낸 지파가 아닌 것은 어느 지파인가?(수 22:1-6)

① 르우벤 ② 잇사갈
③ 갓 ④ 므낫세 반

**정답** ②

2. 다음 중 요단 동편으로 돌아온 지파들이 요단강가에 제단을 세운 이유가 아닌 것은 무엇인가?(수 22:21-29)

① 요단 동편은 영원히 자신들의 기업이라는 것을 하나님의 증거로 삼기 위해서
② 요단 서편의 후손들이 동편 후손들의 여호와 경외함을 못하게 할까봐서
③ 요단 서편의 후손들이 동편 후손들에게 여호와께 받을 분깃이 없다고 할까봐서
④ 오직 요단 서편과 동편 사이에 증거만 되게 하기 휘해서

**정답** ①

3. 다음중 르우벤, 갓, 므낫세 반 지파가 쌓은 제단

을 엣이라고 불렀는데 이것의 뜻은 무엇인가?
(수 22:34)

① 우리 사이에 이 제단은 하나님의 명령으로 지은 것이다

② 우리 사이에 이 제단은 서로의 화합을 위함이니라.

③ 우리 사이에 이 제단은 하나님의 긍휼을 입었음의 증거라.

④ 우리 사이에 이 제단은 여호와께서 하나님이 되시는 증거라.

**정답** ④

## 여호수아 23장

1. 다음 중 여호수아가 장로들과 수령들과 재판장들과 관리들을 불러서 한 말이 아닌 것은 무엇인가?(수 23:6-14)

① 모세의 율법을 다 지켜 행하라.

② 율법을 떠나 우로나 좌로나 치우치지 말라.

③ 길갈에 12개의 기념비를 세워라.

④ 이방 신들을 섬기지 말라.

**정답** ③

2. 여호수아 23:13에서 이방민족들과 혼인하고 왕래할 때 일어날 일에 대한 것이 아닌 것은 무엇인가?

① 여호와께서 이민족들을 다시는 너희 목전에서 쫓아내지 않는다

② 너희는 기근과 질병에 시달릴 것이다

③ 너희에게 올무가 되며 덫이 될 것이다

④ 너희가 이 땅에서 멸할 것이다

**정답** ②

## 여호수아 24장

1. 여호수아 24장에서 여호수아가 세겜에 모인 백성에게 한 말이 아닌 것은 무엇인가?

① 여호와께서 너희를 애굽에서 인도하여 내셨다

② 여호와께서 발람을 통하여 저주가 아닌 축복을 하게 하셨다

③ 여호와께서 모세까지도 순종하지 않아서 광야에서 죽게 하셨다

④ 여호와께서 아모리, 브리스, 가나안, 헷, 기르가스, 히위, 여부스 족속을 멸하셨다

**정답** ③

2. 다음 중 여호수아는 하나님을 어떤 하나님으로 소개하는가?(수 24:19)

① 거룩하고 질투하시는 하나님

② 구원하시고 치유하시는 하나님

③ 전능하시고 전쟁에 능한 하나님

④ 위대하시고 높으신 하나님

**정답** ①

3. 여호수아 24장에서 이스라엘 자손이 요셉의 뼈를 세겜에 장사하였다. 이것의 의미는 무엇인가?
(수 24:32)

① 조상의 유언을 중시하는 이스라엘의 효 사상

② 애굽을 구원한 요셉의 공적과 하나님을 경외하기 위한 증표

③ 요셉을 통하여 이스라엘이 구원 받았음을 대대로 알리기 위함

④ 하나님의 약속은 반드시 성취된다는 하나님의 신실하심

**정답** ④

# 사사기

## 사사기 1장

1. 가나안 족속을 치러 가장 먼저 올라간 족속은? (삿 1:1-7)

   ① 요셉 ② 유다 ③ 레위 ④ 베냐민

   **정답 ②**

2. 유다가 헤브론에서 죽인 자가 아닌 것은? (삿 1:8-15)

   ① 세새 ② 아히만
   ③ 달매 ④ 아도니 베섹

   **정답 ④**

3. 갈렙과 관련 없는 것은?(삿 1:12-20)

   ① 악사 ② 옷니엘 ③ 요셉 ④ 헤브론

   **정답 ③**

4. 다음에서 연결이 잘못된 것은?(삿 1:22-30)

   ① 요셉-벧엘 ② 헷-루스
   ③ 므낫세-벧스안 ④ 스불론-게셀

   **정답 ④**

5. 정복되지 않은 지역들과 관계 없는 것은? (삿 1:21-36)

   ① 아셀 ② 단
   ③ 므낫세 ④ 유다

   **정답 ④**

## 사사기 2장

1. 이스라엘의 불순종의 결과가 아닌 것은? (삿 2:1-6)

   ① 여호와가 땅의 주민을 쫓아내지 않을 것이다
   ② 민족들이 이스라엘의 옆구리에 가시가 될 것이다
   ③ 이스라엘이 민족들에게 사로잡힐 것이다
   ④ 민족들의 신들이 이스라엘에게 올무가 될 것이다

   **정답 ③**

2. 아래에서 이스라엘의 범죄 내용이 아닌 것은? (삿 2:11-13)

   ① 여호와를 버렸다
   ② 바알과 아스다롯을 섬겼다
   ③ 주위에 있는 백성들의 신들에게 절하였다
   ④ 여호와의 이름을 망령되이 일컬었다

   **정답 ④**

3. 아래에서 이스라엘의 범죄 내용이 아닌 것은? (삿 2:14-18)

   ① 다른 신들을 따라가 음행함
   ② 부모를 공경하지 않음
   ③ 사사들에게 순종하지 않음
   ④ 조상들이 행하던 길에서 속히 떠남

   **정답 ②**

4. 여호와가 이스라엘 가운데 남아있는 백성을 쫓아내지 않은 이유는?(삿 2:21-23)

① 이스라엘을 심판하기 위해

② 이스라엘을 시험하기 위해

③ 여호와의 이름을 위해

④ 이스라엘을 미워하여

**정답** ②

5. 삿 2장에서 언급되지 않은 것은?

① 출애굽　　② 보김

③ 여호수아의 죽음　　④ 모세의 유언

**정답** ④

## 사사기 3장

1. 이스라엘과 함께 거주하지 않은 민족은?(삿 3:1-6)

① 가나안　　② 히위

③ 헷　　④ 기르가스

**정답** ④

2. 여호와가 이방 민족들을 남겨둔 이유가 아닌 것은?(삿 3:1-6)

① 이스라엘에게 전쟁을 가르치기 위하여

② 이스라엘을 시험하시려고

③ 여호와의 명령들을 순종하는지 알고자 하려고

④ 그들의 도움을 받으려고

**정답** ④

3. 삿 3:7-11절의 내용과 맞지 않는 것은?

① 이스라엘 자손이 여호와를 잊었다

② 옷니엘은 갈렙의 친족이다

③ 이스라엘은 이십 년 동안 평온하였다

④ 미디안이 이스라엘을 괴롭혔다

**정답** ③

4. 사사 에훗과 관련이 없는 것은?(삿 3:12-25)

① 메소포타미아

② 에훗의 승리로 나라가 40년 평안하였다

③ 에훗은 에브라임 산지 스이라로 도망하였다

④ 에훗은 모압 왕을 물리쳤다

**정답** ②

5. 사사 삼갈과 관련이 없는 것은?(삿 3:31)

① 에훗 바로 다음 사사이다

② 블레셋

③ 에훗의 아들

④ 소를 모는 막대기

**정답** ③

## 사사기 4장

1. 다음에서 드보라와 관련된 것이 아닌 것은?(삿 4:1-5)

① 여선지자　　② 여사사

③ 에브라임 사람　　④ 에훗의 아내

**정답** ④

2. 사사기에서 모세의 장인의 이름은?(삿 4:6-11)

① 르우엘　② 호밥　③ 이드로　④ 헤벨

**정답** ②

3. 다음의 설명 중 맞지 않는 것은?(삿 4:12-18)

① 바락은 드보라의 지시를 따랐다

② 하솔 왕 야빈과 겐 사람 헤벨의 집 사이에 화

평이 있었다

③ 야엘은 바락의 아내이다

④ 바락의 군대는 처음부터 시스라의 군대에 승리하였다

**정답** ③

4. 다음의 설명 중 맞지 않는 것은?(삿 4:19-24)

① 야엘이 칼로 시스라를 죽였다

② 시스라는 야엘에게 먹을 것을 달라고 하였다

③ 야빈은 가나안 왕이었다

④ 야엘은 헤벨의 아내였다

**정답** ①

5. 삿 4장에 등장하는 사람이 아닌 것은?

① 바락 ② 드보라 ③ 호밥 ④ 야엘

**정답** ③

## 사사기 5장

1. 여호와가 행진하실 때 동반현상이 아닌 것은?(삿 5:1-5)

① 땅과 산이 진동함 ② 하늘이 물을 내림

③ 시내산이 갈라짐 ④ 시내산이 진동함

**정답** ③

2. 야엘의 날에 일어난 일이 아닌 것은?(삿 5:6-11)

① 행인들이 대로로 다녔다

② 이스라엘에는 마을 사람들이 그쳤다

③ 무리가 새 신들을 택하였다

④ 이스라엘 가운데 방패와 창이 보이지 않았다

**정답** ①

3. 어떤 지파들이 시스라에 대한 연합 전쟁에 참여하지 않았는가?(삿 5:12-31)

① 에브라임과 베냐민 ② 마길과 스불론

③ 잇사갈과 납달리 ④ 길르앗과 아셀

**정답** ④

4. 시스라의 어머니가 대답한 말이 아닌 것은?(삿 5:28-31)

① 시스라는 채색 옷을 노략하였을 것이다

② 사람마다 한 두 처녀를 얻었을 것이다

③ 주를 사랑하는 자들은 해가 힘 있게 돋음 같게 하옵소서.

④ 그들이 어찌 노략물을 얻지 못하였겠는가.

**정답** ③

## 사사기 6장

1. 미디안의 침입으로 인해 생긴 현상이 아닌 것은?(삿 6:1-6)

① 이스라엘 자손이 산에서 웅덩이와 굴과 산성을 만들었다

② 미디안이 그 땅에 먹을 것을 남겨두지 않았다

③ 이스라엘이 궁핍이 심했다

④ 이스라엘이 여호와를 멀리하였다

**정답** ④

2. 선지자를 통하여 주신 여호와의 말씀이 아닌 것은?(삿 6:7-10)

① 애굽에서 인도하여 내고 계명을 주었다

② 학대하는 자의 손에서 건져내었다

③ 학대하는 자들의 땅을 주었다

④ 너희가 내 목소리를 듣지 않았다

**정답** ①

3. 기드온의 소명과 관련하여 사실과 맞지 않는 것은?(삿 6:11-16)

① 기드온은 전투 중에 부름을 받았다
② 기드온은 조상들의 말씀을 인용하여 이의를 제기하였다
③ 기드온은 므낫세 집안의 사람이다
④ 여호와는 임마누엘의 약속을 주셨다

**정답** ①

4. 삿 6장에 등장하는 인물이 아닌 것은?

① 요아스 ② 아비에셀
③ 여호와의 사자 ④ 아비멜렉

**정답** ④

## 사사기 7장

1. 여호와께서 기드온에서 하신 말씀이 아닌 것은?(삿 7:1-3)

① 기드온을 따르는 백성이 너무 많다
② 이스라엘의 손에 미디안 사람을 넘겨주겠다
③ 두려워 떠는 자는 누구든지 돌아가라고 하라.
④ 이스라엘이 스스로 자랑할지 모른다

**정답** ②

2. 여호와께서 기드온에게 다시 말씀하신 내용이 아닌 것은?(삿 7:4-8)

① 백성이 아직도 많다
② 백성을 데리고 물가로 가라.
③ 혀로 물을 핥는 자들을 따로 세우라.
④ 물을 무릎 꿇고 마시는 자 삼백 명으로 이스라엘을 구원하게 하겠다

**정답** ④

3. 이 부분의 내용과 맞지 않는 것은?(삿 7:9-14)

① 기드온이 부하 부라와 함께 군대가 있는 진영 근처로 내려갔다
② 미디안과 아말렉과 동방 모든 사람들의 수가 메뚜기의 많은 수처럼 많았다
③ 어떤 사람이 기드온의 친구에게 꿈을 말했다
④ 꿈에 보리 떡 두 덩이가 미디안 진영으로 굴러 들어왔다

**정답** ④

4. 기드온과 이스라엘 백성이 한 일이 아닌 것은?(삿 7:15-23)

① 나팔을 불었다
② 항아리를 부수었다
③ 오른손에 횃불을 들고 왼손에 나팔을 들었다
④ 여호와 기드온의 칼이라고 외쳤다

**정답** ③

5. 에브라임 사람들이 한 일이 아닌 것은?(삿 7:24-25)

① 에브라임 사람들이 다 모였다
② 벧 바라와 요단강에 이르는 수로를 점령했다
③ 오렙을 오렙 바위에서 죽였다
④ 스엡은 잡았으나 놓아주었다

**정답** ④

## 사사기 8장

1. 기드온과 이야기를 나눈 사람들이 아닌 것은?(삿 8:1-9)

① 에브라임 사람들 ② 숙곳 사람들
③ 브누엘 사람들 ④ 세바와 살문나

**정답** ④

2. 기드온이 한 일이 아닌 것은?(삿 8:10-17)

① 세바와 살문나를 추격하였다

② 세바와 살문나를 놓쳤다

③ 숙곳 사람 중 한 소년을 잡아 심문했다

④ 브누엘 망대를 헐며 그 성읍사람들을 죽였다

**정답** ②

3. 이 부분에서 기드온이 한 일이 아닌 것은?(삿 8:18-21)

① 세바와 살문나에게 다볼에서 죽인 자들에 관해 물어보았다

② 맏아들 여델에게 세바와 살문나를 죽이지 말라고 하였다

③ 세바와 살문나를 죽였다

④ 세바와 살문나의 낙타 목에 있던 초승달 장식을 떼어서 가졌다

**정답** ②

4. 기드온과 이스라엘사람들의 대화 내용이 아닌 것은?(삿 8:22-28)

① 이스라엘 사람들이 기드온에게 자신을 다스려 달라고 했다

② 기드온이 이스라엘 사람들에게 귀고리를 달라고 하였다

③ 기드온이 금으로 에봇 하나를 만들었다

④ 이스라엘 사람들이 그 에봇을 통해 하나님을 더욱 잘 섬겼다

**정답** ④

5. 기드온이 죽고 난 후 이스라엘 사람들이 한 일이 아닌 것은?(삿 8:29-35)

① 바알들을 따라가 음행하였다

② 바알브릿을 자기들의 신으로 삼았다

③ 여호와 하나님을 기억하지 아니하였다

④ 기드온의 집을 후대하였다

**정답** ④

## 사사기 9장

1. 아비멜렉이 한 일이 아닌 것은?(삿 9:1-6)

① 세겜으로 내려갔다

② 방탕하고 경박한 사람들을 사서 자기를 따르게 했다

③ 형제 칠십 명과 함께 잔치를 벌였다

④ 세겜과 밀로 사람들에게 왕으로 추대되었다

**정답** ③

2. 요담이 세겜 사람들에게 한 말의 내용에 등장하지 않는 나무는?(삿 9:7-21)

① 감람나무 ② 상수리나무

③ 포도나무 ④ 가시나무

**정답** ②

3. 세겜 사람들이 한 일이 아닌 것은?(삿 9:22-29)

① 아비멜렉을 배반했다

② 아비멜렉을 엳보게 했다

③ 에벳의 아들 가알을 신뢰했다

④ 가알의 연회를 베풀고 초대 했으나 가지 않았다

**정답** ④

4. 아비멜렉과 가알의 싸움에서 발생한 일이 아닌 것은?(삿 9:30-45)

① 아비벨렉과 그와 함께 있는 모든 백성이 매복하였다

② 가알이 세겜 사람 보다 앞에 서서 나가 아비멜렉과 싸웠다

③ 아비멜렉이 성을 쳐서 점령하고 거기 있는 백성들을 죽였다

④ 그 성을 헐고 포도주를 뿌렸다

**정답** ④

5. 아비멜렉이 한 일이 아닌 것은?(삿 9:46-57)

① 손에 도끼를 들고 나뭇가지를 찍어 어깨에 멨다

② 데베스를 점령했다

③ 한 여인이 던진 맷돌 위짝에 머리의 두개골이 깨졌다

④ 무기를 든 청년에게 살려 달라고 애원했다

**정답** ④

## 사사기 10장

1. 아비멜렉 이후의 사사들과 관련이 없는 것은?(삿 10:1-5)

① 돌라가 사사가 되었다

② 돌라가 사밀에 장사되었다

③ 야일이 사사가 되었다

④ 야일이 예루살렘에 장사되었다

**정답** ④

2. 이스라엘이 한 일이 아닌 것은?(삿 10:6-9)

① 바알과 아스다롯을 섬겼다

② 아람, 시돈, 모압, 암몬, 블레셋 사람들의 신들을 섬겼다

③ 여호와를 버렸다

④ 암몬 족속으로 인해 흥왕하였다

**정답** ④

3. 여호와께서 이스라엘에게 하신 말씀이 아닌 것은?(삿 10:10-14)

① 내가 너희를 구원하지 아니하였느냐?

② 너희가 나를 버렸다

③ 내가 다시는 너희를 구원하지 아니하리라.

④ 다시 나에게 돌아오라.

**정답** ④

4. 이스라엘 자손이 한 일이 아닌 것은?(삿 10:15-16)

① 여호와께 여쭈어 자신들이 범죄 했음을 고백했다

② 여호와께 구원을 요청하였다

③ 이방신들을 없앴다

④ 다시 여호와를 분노하게 하였다

**정답** ④

5. 이 부분의 상황이 아닌 것은?(삿 10:17-18)

① 암논 자손이 모여 길르앗에 진을 쳤다

② 이스라엘 자손도 미스바에 진을 쳤다

③ 길르앗 백성과 방백들이 누가 먼저 나가 암몬 자손과 싸울지 의논했다

④ 입다가 자신이 나가겠다고 하였다

**정답** ④

## 사사기 11장

1. 무남독녀를 하나님께 드리겠다고 서원한 것을 지킨 사사는?(삿 11장)

① 기드온 ② 아비멜렉

③ 입다 ④ 웃니엘

**정답** ③

2. 이스라엘을 괴롭힌 나라 가운데 입다가 되찾은

땅은?(삿 11:4-32)

① 모압 땅　　② 암몬 땅

③ 블레셋 땅　　④ 에돔 땅

**정답** ②

3. 이스라엘이 암몬과의 전쟁을 치르기 위해 지나려고 했으나 믿지 못하여 이스라엘에게 패한 나라는?(삿 11:19-22)

① 암몬　　② 모압

③ 블레셋　　④ 아모리 왕 시혼

**정답** ④

4. 입다가 사사로 세움 받게 되는 동기는?(삿 11:29)

① 여호와의 신에 감동받아서

② 본인이 원해서

③ 꿈에 여호와의 사자가 나타나서

④ 입다와 길르앗 장로사이에 하나님을 증인으로 계약을 맺음

**정답** ①

## 사사기 12장

1. 암몬과의 싸움에서 도와주지 않았다고 다툰 자들은?(삿 12:1-6)

① 므낫세　　② 길르앗사람

③ 모압　　④ 에브라임

**정답** ④

2. 에브라임과의 전쟁에서 승리한 사사는?(삿 12:4-6)

① 입산　② 엘론　③ 기드온　④ 입다

**정답** ④

3. 입다의 뒤를 이어 사사가 된 사람은?(삿 12:8)

① 엘론　② 입산　③ 압돈　④ 옷니엘

**정답** ②

4. 십년 동안 사사가 되어 이스라엘을 다스린 스불론 사람은?(삿 12:11)

① 압돈　② 입산　③ 엘론　④ 입다

**정답** ③

5. 길르앗 사람들은 언어적 특성을 이용하여 어느 사람들을 구별하여 죽였는가?(삿 12:5-6)

① 모압 사람　　② 므낫세 사람

③ 에브라임 사람　　④ 모압 사람

**정답** ③

## 사사기 13장

1. 여호와의 목전에 악을 행하므로 여호와께서 이스라엘 백성을 사십년 동안 넘겨준 나라는?(삿 13:1)

① 블레셋　② 모압　③ 암몬　④ 앗수르

**정답** ①

2. 태어날 때부터 나실 인으로 성별된 사사는?(삿 13:2-25)

① 입다　② 삼손　③ 기드온　④ 옷니엘

**정답** ②

3. 하나님의 사자와 대면하고도 그를 알지 못했던 마노아는 어떤 이적을 보고 그를 알았는가?(삿 13:20)

① 환상을 보고

② 부인의 말을 듣고

③ 성령이 임해서

④ 제단 불꽃에 휩싸여 올라간 것을 보고

**정답** ④

4. 하나님께서 나실 인에게 금한 것을 모두 고루시오.(삿 13:4-5, 7, 14)

① 삭도를 대지 말 것

② 포도나무의 소산은 먹어도 됨

③ 독주를 마시지 말 것

④ 기름을 금한 것

**정답** ①③

5. 삼손의 부모는 하나님께 어떤 제사를 드렸는가?(삿 13:15-20)

① 화목제 ② 속건제

③ 속죄제 ④ 번제와 소제

**정답** ④

## 사사기 14장

1. 삼손은 이방 여인을 아내로 맞기를 원했다. 하나님이 이것을 통해서 이루고자 했던 것은?(삿 14:1-4)

① 블레셋을 치시려고

② 삼손이 외로울까봐

③ 결혼 적령기가 돼서

④ 삼손의 명예를 드높이려고

**정답** ①

2. 삼손이 나실 인으로서 서원을 지키지 못한 사건은?(삿 14:8-9)

① 여자를 만나러 감

② 포도주를 먹음

③ 머리에 삭도를 댐

④ 부정한 것을 먹음

**정답** ④

3. 삼손은 여호와의 신에 몇 번이나 감동을 받았는가?(삿 14:6, 19; 13:25; 15:14)

① 1번 ② 2번 ③ 3번 ④ 4번

**정답** ④

4. 삼손은 어느 지파 사람인가?(삿 13:2)

① 단 지파 ② 유다 지파

③ 레위 지파 ④ 시므온 지파

**정답** ①

## 사사기 15장

1. 삼손의 인간적인 애정관계 때문에 계속되는 보복 행위 속에서 무엇을 느끼는가?(삿 15:1-20)

① 삼손은 자기 힘을 자랑하려고 하였다

② 이스라엘 백성은 삼손을 믿고 도와주었다

③ 삼손의 보복행위가운데에서도 삼손을 통하여 블레셋에서 구원코자 하시는 하나님의 섭리를 느낀다

④ 삼손은 기도를 많이 한 사람이다

**정답** ③

2. 삼손은 누구에 의해 결박을 당했나?(삿 15:9-13)

① 블레셋인 ② 장인

③ 자기 동족 ④ 자기 부모

**정답** ①

3. 삼손이 사사였을 당시의 이스라엘 백성들의 시대적인 상황은?(삿 15:9-13)

① 블레셋으로부터 벗어나기 위해 몸부림쳤었다
② 삼손을 도와 블레셋을 물리치기를 원했다
③ 하나님의 언약의 백성으로서 믿음을 지켰다
④ 그 당시에 블레셋의 압제를 받고 있었지만 현실을 유지하며 무사안일을 원했다

**정답** ④

4. 14절부터 17절까지 삼손은 나귀 턱뼈로 혼자서 블레셋을 무찌르는 그 힘은 어디서 나오는가? (삿 15:14-17)
① 삼손은 태어날 때부터 힘이 세다
② 삼손의 머리카락에서 나온다
③ 나귀턱뼈는 쓸 때마다 힘이 난다
④ 여호와의 권능에서 나온다

**정답** ④

5. 삼손이 목이 말라 부르짖어 응답받은 샘 이름은?(삿 15:18-19)
① 엔학고레　② 브엘라 해로이
③ 브엘세바　④ 라맛 레히

**정답** ①

## 사사기 16장

1. 여호와의 신이 왜 삼손에게서 떠났는가? (삿 16:18-20)
① 블레셋 기생 여인을 사귀어서
② 머리카락을 잘라서
③ 수수께끼를 잘못내서
④ 하나님의 언약을 버려서

**정답** ②

2. 삼손에게서 여호와의 신이 떠났었는데 마지막 최후에 여호와의 신이 어떻게 임하였는가? (삿 16:28-30)
① 삼손의 회개와 부르짖음
② 머리카락이 다시 자라서
③ 두 눈이 뽑힌 삼손이 불쌍해서
④ 이스라엘 백성의 중보기도로

**정답** ①

3. 마지막 최후에 블레셋인과 함께 죽음을 맞이한 삼손의 죽음을 평가한다면?(삿 16:28-31)
① 복수만 하다가 인생을 마쳤다
② 여자 때문에 허무한 죽음을 맞이했다
③ 하나님의 종으로 인정받고 사명을 완수했다
④ 굴욕적인 죽음을 맞았다

**정답** ③

4. 삼손의 손을 붙든 사람은 누구인가?(삿 16:26)
① 방백　② 블레셋 사람
③ 소년　④ 들릴라

**정답** ③

## 사사기 17장

1. "이스라엘에 왕이 없으므로 자기 소견에 옳은 대로 행하였더라"(삿 17:6)는 어떠한 뜻 인가?
① 하나님을 두려워하며 옳은 대로 행하였다
② 율법이 정하여주는 대로 옳은 대로 행하였다
③ 기도하면서 하나님의 뜻을 구하였다
④ 하나님의 뜻이 아닌 자기 생각대로 행하였다

**정답** ④

2. 삿 17장에서의 이스라엘의 상황은?(삿 17장)
① 지도자가 재판해주었던 때

② 하나님을 잘 섬겼던 시대

③ 높은 보수를 주면 언제라도 제사장자리를 옮길 수 있다

④ 영적으로 깨어 있었던 때

**정답** ③

3. 미가는 왜 레위인을 제사장을 세웠나?(삿 17:13)

① 하나님이 복을 주실 것이라는 생각에서

② 하나님이 두려워서

③ 레위인이 능력이 많아서

④ 레위인이 신실해서

**정답** ①

4. 미가는 제사장의 직분을 주면서 일 년에 어떠한 조건을 제시했는가?(삿 17:10)

① 은 열과 의복 한 벌과 식물

② 은 다섯과 의복 한 벌과 식물

③ 은 열과 의복 두 벌과 식물

④ 의복 한 벌과 식물

**정답** ①

## 사사기 18장

1. 단 지파는 어디로 이주하였는가?(삿 18:29)

① 소라　② 기럇여아림

③ 라이스　④ 에스다올

**정답** ③

2. 단 지파는 누구를 제사장으로 삼았는가?(삿 18:19-20)

① 미가　② 미가의 제사장

③ 아론의 자손　④ 발락

**정답** ②

3. 당시의 이스라엘 중심지는 어디인가?(삿 18:31)

① 예루살렘　② 베들레헴

③ 실로　④ 미스바

**정답** ③

4. 한 집의 제사장이었던 레위인이 어떻게 단 자손의 지파가 되었는가?(삿 18:18-20)

① 하나님이 세워서

② 단 지파의 압력 때문에

③ 운이 좋아서

④ 한 집에서의 제사장보다 더 좋은 조건을 제시해서

**정답** ④

5. 미가가 세웠던 제사장은 어떠한 사람인가?(삿 18:18-19)

① 개인적인 친분이 있던 자

② 하나님의 능력이 충만한 자

③ 신실한 레위인

④ 우상을 섬기던 상업적인 레위인

**정답** ④

## 사사기 19장

1. 에브라임 산지에 사는 레위인은 왜 유다 베들레헴에 내려갔는가?(삿 19:1-3)

① 이스라엘의 절기 때문에

② 개인적인 볼일 때문에

③ 첩을 찾으러

④ 여행하기 위하여

**정답** ③

2. 레위인은 유다 베들레헴에서 집으로 돌아오는 중에 날이 저물어 유숙하는 곳을 찾던 중 노인을 만나 어디에서 머물게 되었는가?(삿 19:16-20)

① 기브아 ② 에브라임 산지
③ 라마 ④ 여부스

**정답** ②

3. 레위인은 첩의 시체를 이스라엘 사방에 두루 보내므로 이스라엘의 지파간의 갈등으로 대적이 된 지파는?(삿 19:16-30)

① 유다 지파 ② 단 지파
③ 베냐민 지파 ④ 므낫세 지파

**정답** ③

4. 19장은 이스라엘의 암흑상을 느낄 수 있는데 무엇이 문제인가?(삿 19장)

① 이스라엘에 왕이 없어서
② 능력 있는 자가 없어서
③ 하나님이 돌보시지 않아서
④ 각 지파 성읍에 두루 레위 인을 세웠으나 제사장들이 형식적이며 우상숭배를 함

**정답** ④

## 사사기 20장

1. 이스라엘 백성들이 왜 미스바에 모였는가?(삿 20:1-7)

① 기브아 사람들의 음행과 망령된 일을 징계하기 위하여
② 기도하기 위하여
③ 지도자를 뽑기 위하여
④ 제사 드리기 위하여

**정답** ①

2. 이스라엘의 연합군과 베냐민지파와의 싸움에서 림몬 바위로 도망하여 넉달을 지낸 베냐민 지파 사람의 숫자는?(삿 20:47)

① 500명 ② 600명 ③ 700명 ④ 800명

**정답** ②

3. 하나님의 언약궤는 어디에 있었는가?(삿 20:26-27)

① 실로 ② 벧엘 ③ 예루살렘 ④ 세겜

**정답** ②

4. 이스라엘 연합과 베냐민 사이에 전투가 일어났던 곳은?(삿 20:19, 25, 29)

① 기브아 ② 벧엘 ③ 바알다말 ④ 미스바

**정답** ①

## 사사기 21장

1. 이스라엘 사람들이 승리한 후 어디에 모였는가?(삿 21:1)

① 야베스 길르앗 ② 미스바
③ 벧엘 ④ 실로

**정답** ②

2. 이스라엘의 연합군의 승리에 취해 서원한 내용은?(삿 21:1)

① 안식일을 거룩히 지킬 것
② 절대로 동족끼리 싸우지 않을 것
③ 율법을 잘 지킬 것
④ 베냐민에게 아내로 딸을 주지 말 것

**정답** ④

3. 전쟁 후에 하나님께 드린 제사는?(삿 21:4)

① 속죄제　　　　② 번제와 화목제

③ 소제　　　　④ 속건제

**정답** ②

4. 베냐민 지파가 아내를 얻을 수 있는 방법은?
(삿 21:16-24)

① 절기 때 실로의 딸들이 무도하러 나올 때 납치

② 이웃나라와 전쟁하여 포로 잡아서

③ 아무 지파나 마음에 드는 자들을 몰래 납치하여

④ 간청하여

**정답**①

5. 베냐민 자손이 실로의 여인을 납치하기 위해 숨어야 할 곳은?(삿 21:20-21)

① 포도원　　　　② 성소

③ 림몬 바위　　　　④ 세겜

**정답** ①

# 룻기

룻기 1장

1. 룻기의 시대적 배경은 언제인가?(룻 1:1)
   ① 사사시대
   ② 왕정시대
   ③ 족장시대
   ④ 포로기 바로 이전 시대
   **정답** ①

2. 엘리멜렉 가족이 자신들의 살던 곳을 떠나게 된 이유는 무엇인가?(룻 1:1)
   ① 암몬 족속의 침략을 피하기 위해
   ② 흉년으로 인해
   ③ 약속의 땅인 고향으로 돌아가기 위해
   ④ 아들들의 신붓감을 구하기 위해
   **정답** ②

3. 룻기 1장에서 죽은 자들로 옳지 않은 것은?(룻 1:3-5)
   ① 엘리멜렉이 죽음
   ② 룻의 남편이 죽음
   ③ 보아스가 죽음
   ④ 오르바의 남편이 죽음
   **정답** ③

4. 나오미가 베들레헴으로 돌아가게 된 계기는 무엇인가?(룻 1:6)
   ① 너무 오랜 세월을 외지에서 보낸 결과 가족들을 보기 위해서이다
   ② 며느리들을 시집 보내기 위해서 이다
   ③ 흉년이 그치고 여호와께서 다시 먹을 것을 주셨다는 소식을 듣고서이다
   ④ 하나님께서 꿈에 나타나 지시 하셨기 때문이다
   **정답** ③

5. 나오미가 떠날 때 오르바의 반응은 어떠했는가?(룻 1:8-14)
   ① 시어머니를 눈물로 보내드렸다
   ② 베들레헴까지 동행했다
   ③ 고향 땅에 머물기로 작정했다
   ④ 처음에는 시어머니를 따라 나섰지만 그 다음에 마음을 바꾸었다
   **정답** ④

6. 나오미는 베들레헴 사람들에게 자신의 이름을 무엇이라고 부르라고 했는가?(룻 1:20)
   ① 사라 ② 오르바 ③ 마라 ④ 시바
   **정답** ③

7. 나오미가 베들레헴에 돌아온 시기는 언제인가?(룻 1:22)
   ① 보리추수 시작할 때
   ② 밀 추수가 시작할 때
   ③ 밀 추수가 끝나갈 때

④ 모든 추수가 끝났을 때

**정답** ①

④ 보리추수와 밀 추수를 마치기까지

**정답** ④

## 룻기 2장

1. 보아스와 나오미의 관계는?(룻 2:1)
   ① 나오미의 외가 쪽 친척이다
   ② 나오미의 남편 엘리멜렉의 친척이다
   ③ 같은 베들레헴 고향사람이며 꼭 특별한 관계가 있는 것은 아니다
   ④ 룻의 먼 친척이다
   **정답** ②

2. 보아스가 룻에게 친절을 베푼 이유는 무엇인가?(룻 2:8-11)
   ① 룻의 모습에 매력을 느꼈기 때문이다
   ② 친척 지간이라 도와주기를 원했다
   ③ 룻의 효성의 소문을 듣고 감동을 받았기 때문이다
   ④ 친척으로서 의무를 느꼈기 때문이다
   **정답** ③

3. 룻이 보아스를 만난 첫날 주운 곡식의 양은 어느 정도인가?(룻 2:17)
   ① 한 스아 ② 한 오멜
   ③ 한 호멜 ④ 한 에바
   **정답** ④

4. 룻이 시어머니와 머무른 기간으로 적당한 것은?(룻 2:23)
   ① 보리 추수를 마치기까지
   ② 다시 흉년이 오기까지
   ③ 곡식이 떨어지기 까지

## 룻기 3장

1. 룻이 밤에 타작마당으로 가게 된 이유는 무엇인가?(룻 3:1-5)
   ① 시어머니인 나오미가 그렇게 시켰기 때문이다
   ② 룻은 보아스에게 의사를 타진하기를 원했다
   ③ 율법적으로 룻은 보아스에게 요청할 권리가 있었기 때문이다
   ④ 보아스가 어떤 인물인지 알아보기 위해서였다
   **정답** ①

2. 보아스가 기업무를 권리를 처음에 거부한 이유는 무엇인가?(룻 3:12-13)
   ① 본인은 기업무를 자가 애당초 아니기 때문이다
   ② 기업무를 자의 순서가 본인보다 앞선 자가 있기 때문이다
   ③ 기업무를 재정이 없기 때문이다
   ④ 그가 기업무를 자의 역할을 원치 않았기 때문이다
   **정답** ②

3. 룻이 밤에 타작마당으로 보아스를 찾아 온 내용을 듣고 보아스의 반응은 어떠했는가?(룻 3:11)
   ① 자신의 평판에 금이 가는 것을 염려했다
   ② 나오미의 잘못된 판단에 진노했다
   ③ 룻을 현숙한 여인으로 칭찬했다

④ 룻이 자신에 대해 오해하지 않기를 바랐다

**정답** ③

4. 타작마당에서 보아스가 룻에게 한 행동이 아닌 것은?(룻 3:8, 14-15)

① 다음날 새벽에 성문에서 만날 약속을 했다

② 다른 사람이 룻이 왔던 것을 알지 못하게 하도록 당부했다

③ 보리를 주어 보냈다

④ 룻을 보고 몹시 놀랐다

**정답** ①

## 룻기 4장

1. 보아스가 성문에서 청한 성읍 장로의 숫자는?(룻 4:2)

① 스무 명 ② 사십 명

③ 일곱 명 ④ 열 명

**정답** ④

2. 보아스의 기업을 무르라는 요청에 대해 기업무를 자의 반응은 어떠했는가?(룻 4:4-6)

① 부담스러워 하며 거부했다

② 자신이 기업무를 의무가 없음을 장로들 앞에서 해명했다

③ 기꺼이 감수하며 그의 기업무를 의무를 다 행했다

④ 처음에는 하기로 하다가 그 다음에 마음을 바꾸어 하지 못하겠다고 했다

**정답** ④

3. 오르바는 누구의 아내였는가?(룻 1:3-4; 4:10)

① 기룐 ② 말론

③ 엘리멜렉 ④ 기업 무를 자

**정답** ①

4. 룻기에 언급된 오경에 나온 여인이 아닌 자는?(룻 4:11-12)

① 다말 ② 리브가 ③ 레아 ④ 라헬

**정답** ②

5. 베레스의 아버지는 누구인가?(룻 4:12)

① 암미나답 ② 이새

③ 유다 ④ 르우벤

**정답** ③

6. 룻기 4장의 족보에 베레스로부터 시작해서 몇 명의 인물이 기록되었는가?(룻 4:18-22)

① 5명 ② 10명 ③ 20명 ④ 7명

**정답** ②

7. 룻이 낳은 아들의 이름은?(룻 4:17)

① 베레스 ② 오벳 ③ 이새 ④ 살몬

**정답** ②

8. 이새의 아버지는 누구인가?(룻 4:17)

① 베레스 ② 나손 ③ 헤스론 ④ 오벳

**정답** ④

9. 룻기의 가장 마지막에 언급된 인물의 이름은 무엇인가?(룻 4:22)

① 보아스 ② 룻 ③ 다윗 ④ 오벳

**정답** ③

# 사무엘상

**사무엘상 1장**

1. 사무엘의 아버지 엘가나는 어느 지파 사람이었는가?(삼상 1:1)
   ① 베냐민 ② 에브라임
   ③ 레위 ④ 므낫세
   **정답** ②

2. 엘가나는 실로에서 매년제를 드릴 때마다 식구들에게 식사용으로 일정한 분깃을 나누어 주었다(삼상 1:4-5). 이 점에 비추어 본다면 그가 드린 제사는 다음 중 어떤 제사에 해당하는 것인가?
   ① 번제 ② 소제 ③ 화목제 ④ 속죄제
   **정답** ③

3. 다음 중에서 한나가 엘리 제사장에게 한 말이 아닌 것은?(삼상 1:15-18)
   ① 나는 마음이 슬픈 여자라.
   ② 당신의 여종을 악한 여자로 보지 마옵소서.
   ③ 당신의 여종이 당신께 은혜 입기를 원하나이다
   ④ 하나님이 내가 기도하여 구한 것을 허락하시기를 원하나이다
   **정답** ④

4. 한나의 나실인 서원(삼상 1:11)이 유효하게 되려면 무엇이 전제되어야 하는가?(참고, 민 30:6-15)
   ① 하나님의 응답이 필요하다
   ② 남편(엘가나)의 동의가 필요하다
   ③ 한나 자신의 결심과 의지만 확고하면 된다
   ④ 제사장의 동의가 필요하다
   **정답** ②

**사무엘상 2장**

1. 다음 중 한나의 기도(삼상 2:1-10)에 나오지 않는 것은?(참고, 욘 2:9)
   ① 나는 감사하는 목소리로 주께 제사를 드리며 나의 서원을 주께 갚겠나이다
   ② 여호와는 죽이기도 하시고 살리기도 하시며
   ③ 땅의 기둥들은 여호와의 것이라. 여호와께서 세계를 그것들 위에 세우셨도다
   ④ 여호와는 지식의 하나님이라. 행동을 달아 보시느니라
   **정답** ①

2. 한나가 사무엘을 나실인으로 하나님께 바친 후 추가로 얻은 자녀들의 수는?(삼상 2:21)
   ① 두 아들과 두 딸 ② 세 아들과 두 딸
   ③ 네 아들과 두 딸 ④ 세 아들
   **정답** ②

3. 엘리의 두 아들 홉니와 비스하스가 한 날에 죽으

리라고 예언한 자는 누구인가?(2:27)

① 하나님의 사람 ② 사무엘

③ 선견자 ④ 선지자

**정답** ①

## 사무엘상 3장

1. 사무엘상 3장에서 자신을 감추시는 하나님(deus absconditus)의 모습을 가장 잘 표현하고 있는 구절은?

① 사무엘이 아직 여호와를 알지 못하고 여호와의 말씀도 아직 그에게 나타나지 아니한 때라

② 여호와께서 실로에서 여호와의 말씀으로 사무엘에게 자기를 나타내시니라

③ 엘리 집의 죄악은 제물로나 예물로나 영원히 속죄함을 받지 못하리라

④ 여호와의 말씀이 희귀하여 이상이 흔히 보이지 않았더라

**정답** ④

2. 사무엘은 하나님께서 몇 번째 부르실 때에 하나님께 제대로 응답했는가?(삼상 3:10)

① 두 번째 ② 세 번째

③ 네 번째 ④ 다섯 번째

**정답** ③

3. 단에서 브엘세바에 이르기까지의 온 이스라엘은 사무엘이 어떠한 자로 세우심을 입은 줄을 알았는가?(삼상 3:20)

① 여호와의 선지자 ② 여호와의 선견자

③ 하나님의 사람 ④ 하나님의 선지자

**정답** ①

4. 여호와께서는 실로에서 무엇으로 사무엘에게 자신을 나타내셨는가?(삼상 3:21)

① 여호와의 이상 ② 여호와의 말씀

③ 이상과 환상 ④ 꿈과 환상

**정답** ②

## 사무엘상 4장

1. 블레셋과의 전쟁 결과가 아닌 것은 무엇인가?(삼상 4:1-11)

① 이스라엘 보병의 엎드러진 자가 삼만 명이었다

② 하나님의 궤를 빼앗겼다

③ 패전 소식을 들은 엘리 제사장이 충격으로 목숨을 잃었다

④ 엘리의 두 아들 요엘과 아비야가 죽임 당하였다

**정답** ④

2. 제사장 엘리가 98세 때 죽은 가장 중요한 이유는 무엇인가?(삼상 4:18)

① 두 아들 홉니와 비스하스가 죽었다는 소식을 들었기에

② 블레셋과의 전쟁에 패하여 많은 백성이 살육당해 죽었다는 소식을 들었기에

③ 하나님의 궤를 블레셋 족속에게 빼앗겼다는 소식을 들었기에

④ 나이가 많고 몸이 비대하였기에

**정답** ③

3. 비느하스의 아내는 자기가 낳은 아들의 이름을 무엇이라 지었으며, 그 이름의 정확한 뜻은?(삼상 4:19-21)

① 이가봇, 영광이 있다

② 이가봇, 궤를 빼앗겼다

③ 이가봇, 영광이 없다

④ 이가봇, 영광이 사라졌다

**정답** ③

## 사무엘상 5장

1. 하나님의 궤가 블레셋 땅에서 일으킨 재앙이 아닌 것은?(삼상 5장)

① 아스돗에서 다곤 신상이 파괴되었다

② 가드에서 독한 종기가 발생하였다

③ 에그론에 사망의 환난이 임하였다

④ 가사에서 매우 심한 전염병이 발생하였다

**정답** ④

2. 하나님의 궤가 블레셋에서 이동한 경로가 바른 것은?(삼상 5:1,8,10)

① 아스돗, 가드, 에그론

② 아스돗, 가사, 에그론

③ 아스돗, 가사, 아스글론

④ 아스돗, 가사, 가드

**정답** ①

## 사무엘상 6장

1. 블레셋 족속은 재앙을 일으키는 언약궤를 돌려보내기 위해 종교적인 해결을 모색한다. 이때 동원된 종교 지도자들은 어떤 사람들인가?(삼상 6:2)

① 제사장들과 복술자들

② 제사장들과 방백들

③ 복술자들과 방백들

④ 복술자들과 각 지방 수령들

**정답** ①

2. 다섯 도시 연맹체(Pentapolis)의 성격을 갖는 블레셋의 다섯 도시들은?(삼상 6:17)

① 아스돗, 가사, 에그론, 벧세메스, 가드

② 아스돗, 가사, 에그론, 기럇여아림, 가드

③ 아스돗, 가사, 에그론, 야베스, 가드

④ 아스돗, 가사, 에그론, 아스글론, 가드

**정답** ④

3. 다음 중에서 언약궤가 이스라엘 땅으로 돌아오게 된 상황과 무관한 것은?(삼상 6:1-7:2)

① 젖 나는 소 둘을 끌어다가 수레를 메우고 송아지들은 집에 가두었다

② 무리가 수레의 나무를 패고 그 암소들을 속죄물로 여호와께 드렸다

③ 암소가 벧세메스 길로 바로 행하여 대로로 가며 갈 때에 울고 좌우로 치우치지 않았다

④ 벧세메스 사람들이 여호와의 궤를 들여다 본 까닭에 하나님이 그들을 치셨다

**정답** ②

## 사무엘상 7장

1. 언약궤가 이스라엘 땅에서 이동한 경로가 바른 것은?(삼상 6:14-7:2)

① 벧세메스, 여호수아의 밭, 미스바

② 벧세메스, 미스바, 기럇여아림

③ 벧세메스, 기럇여아림, 아비나답의 집

④ 벧세메스, 기럇여아림, 미스바

**정답** ③

2. 에벤에셀의 유래와 관련이 없는 것은 무엇인가?(삼상 7장)
① 사무엘의 미스바 금식기도회
② 미스바와 에셀 사이에 세운 돌
③ 에그론부터 가드까지의 영토 회복
④ 사무엘의 번제와 기도
**정답** ②

3. '에벤에셀'이라는 이름은 누가 어느 족속을 무찌르고서 지은 이름인가?(삼상 7:7-12)
① 엘리-블레셋
② 엘리-아모리
③ 사무엘-블레셋
④ 요엘과 아비야-블레셋
**정답** ③

## 사무엘상 8장

1. 사무엘의 두 아들들에 대한 본문의 설명으로 가장 옳은 것은?(삼상 8:1-3)
① 장자의 이름은 요엘이요 차자의 이름은 아비얌이었다
② 미스바에서 사사가 되었다
③ 이익을 따라 뇌물을 받고 판결을 굽게 하였다
④ 아버지 사무엘의 말을 거역하였다
**정답** ③

2. 이스라엘의 왕 요구를 싫어하는 사무엘에게 하나님이 주신 말씀이 아닌 것은?(삼상 8:7-9)
① 오늘까지 그들이 모든 행사로 나를 버리고 다른 신들을 섬김 같이 네게도 그리하는도다
② 그들이 나를 버려 자기들의 왕이 되지 못하게 함이니라
③ 너는 그들에게 엄히 경고하고 그들을 다스릴 왕의 제도를 가르치라
④ 백성이 네게 한 말을 듣지 말고 엄히 경고하라
**정답** ④

3. 사무엘에게 왕을 요구하던 이스라엘 백성이 한 말이 아닌 것은?(삼상 8:19-20)
① 왕의 제도가 우리에게도 필요하다
② 우리도 우리 왕이 있어야 한다
③ 우리의 싸움을 싸워야 한다
④ 우리의 왕이 우리를 다스려야 한다
**정답** ①

## 사무엘상 9장

1. 사울은 어느 지파 사람이며 그가 맨 처음 싸워 이긴 족속은?(삼상 9:1; 11:1-11)
① 베냐민, 암몬 ② 베냐민, 모압
③ 베냐민, 블레셋 ④ 에브라임, 암몬
**정답** ①

2. 사울이 사무엘을 처음 만나게 된 과정이 순서대로 바르게 정리된 것은?(삼상 9:1-14)
① 암나귀, 에브라임 산지, 살리사 땅, 사알림 땅, 기랏여아림
② 암나귀, 에브라임 산지, 숩 땅, 물 길으러 나오는 소녀들, 산당
③ 암나귀, 숩 땅, 에브라임 산지, 물 길으러 나오는 소녀들, 산당
④ 암나귀, 에브라임 산지, 기랏여아림, 산당
**정답** ②

## 사무엘상 10장

1. 사무엘이 사울을 만나 했던 말의 중심 내용을 순서대로 잘 요약하고 있는 것은?(삼상10:1-8)
   ① 지도자, 라헬의 묘실, 하나님의 산, 다볼 상수리나무, 선지자의 무리, 여호와의 영
   ② 지도자, 라헬의 묘실, 하나님의 산, 선지자의 무리, 다볼 상수리나무, 여호와의 영
   ③ 지도자, 라헬의 묘실, 다볼 상수리나무, 하나님의 산, 선지자의 무리, 여호와의 영
   ④ 지도자, 라헬의 묘실, 다볼 상수리나무, 선지자의 무리, 하나님의 산, 여호와의 영

   **정답** ③

2. 사무엘은 사울에게 길갈로 가서 기다리라고 하면서 어떤 제사들에 대해서 언급했는가?(삼상 10:8)
   ① 번제와 소제　　② 번제와 속죄제
   ③ 번제와 속건제　　④ 번제와 화목제

   **정답** ④

3. 사무엘과 헤어진 사울이 숙부에게 하지 않은 말은 무엇인가?(삼상 10:16)
   ① 사무엘을 만난 일
   ② 사무엘이 말하던 나라의 일
   ③ 암나귀를 찾았다는 사무엘의 말
   ④ 암나귀를 찾지 못했던 일

   **정답** ②

4. 사무엘이 미스바에 모인 이스라엘 백성에게 했던 말이 아닌 것은?(삼상 10:17-19)
   ① 하나님은 이스라엘을 애굽에서 인도하여 내었다
   ② 하나님은 그들을 애굽인의 손과 압제하는 모든 나라의 손에서 건져내었다
   ③ 너희의 지파대로 100명씩 여호와 앞에 나아오라
   ④ 너희의 하나님을 오늘 버리고 왕을 세우라 하는도다

   **정답** ③

## 사무엘상 11장

1. 야베스 사람들의 말을 들은 사울의 반응으로 적절치 않은 것은?(삼상 11:6-7)
   ① 하나님의 영에게 크게 감동되었다
   ② 한 겨리의 소를 잡아 각을 떴다
   ③ 각을 뜬 소를 이스라엘 모든 지역에 보냈다
   ④ 누구든지 사울을 따르라고 말했다

   **정답** ④

2. 사무엘이 베섹에서 모은 이스라엘 자손의 수는 정확하게 몇 명이었는가?(삼상 11:8)
   ① 이스라엘 자손 30만, 유다 사람 3만
   ② 이스라엘 자손 40만, 유다 사람 5만
   ③ 이스라엘 자손 20만, 유다 사람 3만
   ④ 이스라엘 자손 30만, 유다 사람 5만

   **정답** ①

3. 사무엘은 어디로 가서 나라를 새롭게 하고자 했으며, 하나님께 어떤 제사를 드렸는가?(삼상 11:14-15)
   ① 미스바, 번제　　② 길갈, 화목제
   ③ 미스바, 화목제　　④ 길갈, 번제

   **정답** ②

## 사무엘상 12장

1. 사무엘이 고별 설교에서 언급하지 않은 내용은?(삼상 12:1-3)
   ① 내가 누구의 소를 취하였느냐?
   ② 내가 누구의 나귀를 빼앗았느냐?
   ③ 내가 누구를 속였느냐?
   ④ 내가 누구의 양과 소를 취하였느냐?
   **정답** ④

2. 사무엘은 기도에 관하여 이스라엘 백성에게 어떤 말을 하였는가?(삼상 12:23)
   ① 쉬지 말고 기도하라
   ② 하루 세 번 기도하라
   ③ 기도하지 않는 것은 죄라
   ④ 금식하며 철야 기도하라
   **정답** ③

3. 사무엘은 고별 설교에서 어떤 사사들의 이름을 언급하는가?(삼상 12:11)
   ① 여룹바알, 입다, 삼손, 사무엘
   ② 여룹바알, 기드온, 입다, 사무엘
   ③ 여룹바알, 베단, 입다, 사무엘
   ④ 여룹바알, 에훗, 입다, 사무엘
   **정답** ③

## 사무엘상 13장

1. 사울 통치 2년째 되던 해에 이스라엘과 블레셋의 전쟁 원인이 된 사건은 무엇인가?(삼상 13:3)
   ① 요나단이 게바에 있는 블레셋 사람의 수비대를 쳤다
   ② 사울이 영토 확장을 위해 전쟁을 벌이려고 군대를 소집하였다
   ③ 요나단이 길갈에 있는 블레셋 사람의 수비대를 쳤다
   ④ 사울이 이스라엘 백성에게 필요한 칼이나 창을 만들려고 전쟁을 벌였다
   **정답** ①

2. 사무엘이 정한 기한 대로 길갈로 오지 않자 사울은 어떤 제물을 가져오라고 했는가?(삼상 13:9)
   ① 번제와 화목제물　② 소제와 화목제물
   ③ 화목제와 속죄제물　④ 화목제와 속건제물
   **정답** ①

3. 사무엘이 길갈 사건 때에 사울을 책망한 말이 아닌 것은?(13:13-14)
   ① 왕이 망령되이 행하였다
   ② 왕이 하나님께서 내리신 명령을 지키지 않았다
   ③ 지금은 왕이 나라가 길지 못할 것이다
   ④ 여호와께서 자기 마음에 맞는 사람을 왕으로 삼으셨다
   **정답** ④

## 사무엘상 14장

1. 아히야에 대한 설명으로 적합하지 않은 것은?(삼상 14:3)
   ① 사울 왕 시대의 제사장
   ② 비느하스의 아들
   ③ 엘리의 증손
   ④ 아히둡의 아들
   **정답** ②

2. 다음 중에서 요나단과 아무 관련이 없는 것은?(삼상 14:6-15)

① 블레셋 족속을 일컬어 "할례 받지 않은 자들"이라 칭했다

② 여호와의 구원은 사람이 많고 적음에 달리지 아니하였느니라

③ 요나단과 그 무기를 든 자가 반나절 갈이 땅 안에서 30명 가량을 죽였다

④ 나를 따라 올라오라. 여호와께서 그들을 이스라엘의 손에 넘기셨느니라

**정답** ③

3. 하나님이 이스라엘과 블레셋의 전쟁에 개입한 결과로 적절치 않은 것은?(삼상 14:15-20)

① 들에 있는 진영과 모든 백성들이 공포에 떨었다

② 여호와께서 그 날에 이스라엘을 구원하시므로 전쟁이 기브아를 지나니라

③ 부대와 노략꾼들도 떨었으며 땅도 진동하였다

④ 블레셋 사람들이 각각 칼로 자기의 동무들을 치므로 크게 혼란하였더라

**정답** ②

4. 사울의 아들들과 딸들의 이름이 올바른 것은?(삼상 14:49)

① 요나단, 이스위, 말기수아, 암미엘, 미갈

② 요나단, 아히마아스, 말기수아, 메랍, 미갈

③ 요나단, 아히마아스, 말기세덱, 메랍, 미갈

④ 요나단, 이스위, 말기수아, 메랍, 미갈

**정답** ④

## 사무엘상 15장

1. 사무엘은 사울에게 어느 민족을 진멸하라는 하나님의 말씀을 전했는가?(삼상 15:1-3)

① 아말렉 ② 모압

③ 암몬 ④ 에돔

**정답** ①

2. 사울은 자신을 위하여 어디에 기념비를 세웠으며 그 후 어디로 갔는가?(삼상 15:12)

① 길갈, 갈멜 ② 길갈, 라마

③ 갈멜, 길 ④ 갈멜, 기브아

**정답** ③

3. 괄호 안에 들어갈 낱말들로 적합한 것은?(삼상 15:22)

"여호와께서 ( )와 다른 제사를 그의 목소리를 청종하는 것을 좋아하심과 같이 좋아하시겠나이까? 순종이 제사보다 낫고 ( )이 ( )보다 나으니"

① 번제, 듣는 것, 숫양

② 화목제, 듣는 것, 숫양

③ 번제, 듣는 것, 숫양의 기름

④ 화목제, 듣는 것, 숫양의 기름

**정답** ③

4. 사무엘은 아말렉 왕 누구를 어디에서 죽였으며 그 후 어디로 갔는가?(삼상 15:32-34)

① 아각, 길갈, 미스바

② 아각, 길갈, 라마

③ 아각, 미스바, 길갈

④ 아각, 라마, 길갈

**정답** ②

## 사무엘상 16장

1. 사무엘이 이새를 찾아갔을 때 구체적으로 이름이 언급된 첫 세 아들의 올바른 순서는?(삼상 16:6-9)
   ① 엘리압, 삼마, 아비나답
   ② 엘리압, 함마, 아비나답
   ③ 엘리압, 아비나답, 삼마
   ④ 엘리압, 삼마, 아비나답
   **정답** ④

2. 다윗은 언제 여호와의 영에게 크게 감동되었는가?(삼상 16:13)
   ① 사무엘을 처음 만났을 때
   ② 사무엘에게 기름부음을 받았을 때
   ③ 악령이 사울을 번뇌케 했을 때
   ④ 사울을 위해 수금을 탈 때
   **정답** ②

## 사무엘상 17장

1. 골리앗의 전쟁 무기에 속하지 않은 것은?(삼상 17:4-7)
   ① 쇠 단창 ② 놋 투구 ③ 비늘 갑옷 ④ 놋 각반
   **정답** ①

2. 골리앗이 이스라엘 백성을 향하여 외친 말이 아닌 것은?(삼상 17:8-10)
   ① 너희가 어찌하여 나와서 전열을 벌였느냐?
   ② 너희는 한 사람을 택하여 내게로 내려 보내라
   ③ 내가 오늘 이스라엘 군대를 두렵게 하였으니
   ④ 사람을 보내어 나와 더불어 싸우게 하라
   **정답** ③

3. 사울은 골리앗을 죽이는 사람에게 무엇을 약속하였는가?(삼상 17:25)
   ① 고위직, 많은 재물, 자신의 딸
   ② 많은 재물, 자신의 딸, 좋은 집
   ③ 고위직, 많은 재물, 좋은 집
   ④ 많은 재물, 자신의 딸, 세금 면제
   **정답** ④

4. 골리앗과 싸우기에 앞서 다윗이 사울이나 골리앗에게 한 말이 아닌 것은?(삼상 17:34-47)
   ① 사자나 곰이 양떼에서 새끼를 물어 가면 그 수염을 잡고 그것을 쳐죽였나이다
   ② 여호와께서 나를 이 블레셋 사람의 손에서도 건져내시리이다
   ③ 오라! 내가 네 살을 공중의 새들과 들짐승들에게 주리라
   ④ 여호와의 구원하심이 칼과 창에 있지 아니함을 이 무리에게 알게 하리라
   **정답** ③

## 사무엘상 18장

1. 사울의 아들 요나단이 다윗을 자기 생명처럼 사랑하게 된 것은 어떤 일이 있고나서였는가?(삼상 17:31-54; 18:1)
   ① 다윗이 사무엘에게 기름부음을 받은 후
   ② 다윗이 골리앗을 죽인 후
   ③ 요나단이 자기 겉옷을 벗어 다윗에게 준 후
   ④ 다윗이 사울을 피해 도망하도록 요나단이 도와 준 후
   **정답** ②

2. 사울은 골리앗을 죽인 다윗에게 어떤 직분을 주

었으며 나중에는 어떤 직위로 강등시켰는가?(18:5, 13)

① 천부장→백부장　② 군대의 장→백부장
③ 군대의 장→천부장　④ 천부장→오십부장

**정답** ③

3. 사울은 왜 다윗을 두려워했는가?(삼상 18:12)
① 여호와께서 다윗과 함께 계시므로
② 다윗이 골리앗을 죽였기에
③ 다윗이 용감하게 행하기에
④ 온 이스라엘과 유다가 다윗을 사랑하기에

**정답** ①

4. 사울은 약속을 어기고 자신의 맏딸을 누구에게 아내로 주었으며 다윗에게는 누구를 아내로 주었는가?(삼상 18:19, 27)
① 아드리엘, 메랍　② 아드리엘, 미갈
③ 발디엘, 미갈　④ 발디, 메랍

**정답** ②

사무엘상 19장

1. 요나단이 아버지 사울에게 다윗을 변호하여 한 말이 아닌 것은?(삼상 19:4-5)
① 왕은 신하 다윗에게 범죄하지 마옵소서
② 그는 왕께 득죄하지 아니하였고 그가 왕께 행한 일은 심히 선함이니이다
③ 어찌 까닭 없이 다윗을 죽여 무죄한 피를 흘려 범죄하려 하시나이까?
④ 여호와께서 살아계심을 두고 맹세하거니와 그가 죽임을 당하지 아니하리라

**정답** ④

2. 미갈은 다윗을 잡으러 온 사울의 전령들에게 어떤 말로 변명하였는가?(삼상 19:14)
① 그가 도망하였다
② 그가 "나를 놓아 가게 하라"고 했다
③ 그가 병들었다
④ 그가 나를 죽이겠다고 위협했다

**정답** ③

3. 다윗이 라마 나욧에 있을 때 사울의 전령들은 무엇을 보았는가?(삼상 19:20)
① 선지자 무리가 예언하는 것과 사무엘이 그들의 수령으로 선 것
② 다윗이 예언하는 것과 사무엘이 그들의 수령으로 선 것
③ 선지자 무리가 예언하는 것과 다윗이 예언하는 것
④ 다윗이 예언하는 것과 그에게 하나님의 영이 임한 것

**정답** ①

사무엘상 20장

1. 다음 중에서 요나단과 다윗 사이에 오간 대화의 내용이 아닌 것은?(삼상 20:1-23)
① 결단코 아니라. 네가 죽지 아니하리라
② 나와 죽음의 사이는 한 걸음 뿐이니라
③ 화살이 네 뒤쪽에 있다 하거든 네 길을 가라 여호와께서 너를 보내셨음이니라.
④ 네 마음의 소원이 무엇이든지 내가 너를 위하여 그것을 이루리라

**정답** ③

2. 사울이 요나단에게 화를 내면서 다윗에 대하여

사용한 표현은?(삼상 20:30-31)

① 다윗, 패역무도한 계집의 소생

② 이새의 아들, 죽어야 할 자

③ 이새의 아들, 패역무도한 계집의 소생

④ 다윗, 죽어야 할 자

**정답** ②

## 사무엘상 21장

1. 다윗이 사울의 추격을 피하여 놉으로 갔을 때 그곳 제사장은 누구였는가?(삼상 21:1)

① 아비멜렉 ② 아비아달

③ 아히마아스 ④ 아히멜렉

**정답** ④

2. 놉의 제사장이 다윗에게 준 진설병을 칭하는 표현으로 나오지 않는 것은?(삼상 21:4-6)

① 거룩한 떡

② 아무나 먹을 수 없는 떡

③ 여호와 앞에서 물려낸 떡

④ 더운 떡을 드리는 날에 물려낸 것

**정답** ②

3. 다윗이 가드 왕 아기스에게 갔을 때 아기스의 신하들은 다윗을 어떤 사람으로 소개하는가?
(삼상 21:11)

① 사울에게 쫓겨 다니던 다윗

② 사울의 신하 다윗

③ 그 땅의 왕 다윗

④ 그 땅의 지도자 다윗

**정답** ③

## 사무엘상 22장

1. 다윗은 가드 왕 아기스를 떠나 어디로 갔으며, 그에게 모여든 환란 당한 모든 자와 빚진 모든 자와 마음이 원통한 자는 모두 몇 명이었는가?
(삼상 22:1-2)

① 아둘람 굴, 200명 ② 헤렛 수풀, 300명

③ 헤렛 수풀, 400명 ④ 아둘람 굴, 400명

**정답** ④

2. 다윗이 모압 땅의 요새에 있을 동안에 그에게 유다 땅으로 들어가라고 한 사람은 누구이며, 다윗이 그의 말에 따라 간 곳은 어디인가?
(삼상 22:3-5)

① 선지자 갓, 헤렛 수풀

② 선지자 나단, 아둘람 굴

③ 선지자 갓, 아둘람 굴

④ 선지자 나단, 헤렛 수풀

**정답** ①

3. 다윗이 아히멜렉에게서 진설병을 받은 것을 사울에게 고자질한 사람과 관계없는 것은?
(삼상 21:7; 22:9-10)

① 에돔 사람 ② 사울의 참모

③ 도엑 ④ 사울의 목자장

**정답** ②

4. 다윗은 자신에게 도망 온 아비아달에게 어떠한 위로의 말을 전하는가?(삼상 22:23)

① 두려워하지 말고 이곳을 떠나지 말라

② 네 생명을 안전하게 지키도록 하라

③ 네가 나와 함께 있으면 행복하리라

④ 네가 나와 함께 있으면 안전하리라

**정답** ④

## 사무엘상 23장

1. 다윗이 사울의 추격을 피하여 머물던 지역과 관계없는 곳은?(삼상 23:14, 15, 24)

① 광야의 요새 ② 십 광야 산골

③ 기브아 ④ 마온 광야 아라바

**정답** ③

2. 다윗은 아비아달에게서 받은 무엇을 가지고서 하나님의 뜻을 물었는가?(삼상 23:9-10)

① 우림과 둠밈 ② 겉옷

③ 흉패 ④ 에봇

**정답** ④

3. 다윗 일행은 전부 몇 명으로 불어났으며 본문은 그들을 어떻게 칭하고 있는가?
(삼상 23:3, 5, 13, 24 등)

① 600명, 다윗과 그의 사람들

② 500명, 다윗을 따르는 사람들

③ 600명, 다윗을 따르는 사람들

④ 500명, 다윗과 그의 사람들

**정답** ①

## 사무엘상 24장

1. 다윗은 사울이 어느 광야에 있는 굴로 들어왔을 때 무슨 일을 했는가?(삼상 24:1, 4)

① 마온 광야, 겉옷 자락을 베었다

② 엔게디 광야, 창과 물병을 가져갔다

③ 엔게디 광야, 겉옷 자락을 베었다

④ 마온 광야, 창과 물병을 가져갔다

**정답** ③

2. 사울이 자신을 살려준 다윗에게 한 말이 아닌 것은?(삼상 24:16-21)

① 나는 너를 학대하되 너는 나를 선대하니 너는 나보다 의롭도다

② 너는 내 손에 악이나 죄과가 없는 줄을 오늘 알지니라

③ 여호와께서 나를 네 손에 넘기셨으나 네가 나를 죽이지 아니하였도다

④ 네가 오늘 내게 행한 일로 말미암아 여호와께서 네게 선으로 갚으시기를 원하노라

**정답** ②

## 사무엘상 25장

1. 마온 사람으로 갈멜에 생업을 가지고 있던 부자는 누구이고 어느 족속에 속한 자인가? 그리고 나중에 다윗의 아내가 되었던 그의 아내는 누구인가?(삼상 25:2-3)

① 나발, 갈멜 족속, 아비가일

② 나아마, 갈렙 족속, 아히노암

③ 나아마, 갈멜 족속, 아비가일

④ 나발, 갈렙 족속, 아비가일

**정답** ④

2. 나발의 신하들이나 그의 아내는 나발을 어떤 사람으로 칭하는가?(삼상 25:17, 25)

① 뻔뻔한 사람 ② 불량한 사람

③ 완고한 사람 ④ 악한 사람

**정답** ②

3. 아비가일은 하나님이 다윗을 어떤 사람으로 세웠다고 말하는가?(삼상 25:30)

① 이스라엘의 지도자

② 여호와의 지도자

③ 이스라엘의 왕

④ 주의 백성의 참된 지도자

**정답** ①

4. 사무엘상 25장에서 새롭게 다윗의 아내가 된 두 사람은?(삼상 25:42-43)

① 아히노암, 아비달 ② 아히노암, 에글라

③ 아비가일, 아히노암 ④ 아비가일, 마아가

**정답** ③

## 사무엘상 26장

1. 다윗이 두 번째로 사울을 살려준 사건이 발생한 곳은 어디며, 그 때 다윗은 어느 산에 숨었었는가?(삼상 26:1-2)

① 마온 광야, 하길라 산

② 엔게디 광야, 하길라 산

③ 엔게디 광야, 아라바 산

④ 십 광야, 하길라 산

**정답** ④

2. 사울의 머리 곁에 있는 창과 물병을 가져온 두 사람은?(26:7-12)

① 다윗과 요압 ② 다윗과 아비새

③ 요압과 아비새 ④ 요압과 아히멜렉

**정답** ②

3. 다윗이 사울을 두 번째로 살려준 후 아브넬과 사울에게 한 말이 아닌 것은?(삼상 26:13-24)

① 왕은 물병을 보소서. 한 병사를 보내어 가져가게 하소서

② 네가 용사가 아니냐? 이스라엘 가운데에 너 같은 자가 누구냐?

③ 여호와 앞에서 먼 이 곳에서 이제 나의 피가 땅에 흐르지 말게 하옵소서

④ 나는 손을 들어 여호와의 기름 부음을 받은 자 치기를 원하지 아니하였음이니이다

**정답** ①

4. 다윗은 사울이 마치 무엇을 사냥하고 수색하는 것처럼 자신을 잡으러 왔다고 말하는가?(삼상 27:20)

① 참새, 벼룩 ② 메추라기, 염소

③ 메추라기, 벼룩 ④ 비둘기, 염소

**정답** ③

## 사무엘상 27장

1. 가드 왕 아기스는 다윗에게 어느 성읍을 주었으며, 다윗은 아기스(블레셋)의 땅에 얼마 동안 머물렀는가?(삼상 27:6-7)

① 그랄, 1년 ② 시글락, 1년 4개월

③ 에글론, 1년 ④ 아스돗, 1년 4개월

**정답** ②

2. 다윗은 그술 사람과 기르스 사람과 아말렉 사람을 침노한 후 남녀를 살려두지 않고, 아기스에게는 어디를 침노했다고 허위 보고했는가?(삼상 27:10)

① 유다 네겝과 엔게디 평야와 마온 광야

② 엔게디 광야와 여라무엘 사람의 네겝과 마온 광야

③ 엔게디 광야와 여라무엘 사람의 네겝과 겐 사람의 네겝

④ 유다 네겝과 여라무엘 사람의 네겝과 겐 사

람의 네겝

**정답** ④

3. 다윗이 아기스에게 자신의 침노 행위에 대해서 허위 보고를 한 근본 이유는?(삼상 27:12)

① 자신의 행동에 대해서 일일이 보고할 필요성을 느끼지 않았기에

② 가나안 원주민들에 대한 안 좋은 감정이 있었기에

③ 아기스가 자신을 믿고서 영원히 자기 부하가 되리라고 생각할 것이기에

④ 이스라엘 백성에게서 환심을 얻기 위해서

**정답** ③

## 사무엘상 28장

1. 사무엘이 죽은 후에 사울은 그 땅에서 어떤 사람들을 쫓아내었는가?(삼상 28:3, 9)

① 신접한 자와 박수 ② 점술가와 신접한 자

③ 신접한 자와 점술가 ④ 점술가와 박수

**정답** ①

2. 블레셋의 공격에 직면한 사울이 여호와께 물었을 때, 여호와께서 응답하지 않은 방식이나 수단으로 언급되는 세 가지는?(삼상 28:6)

① 꿈, 우림, 선지자 ② 환상, 우림, 선지자

③ 꿈, 둠밈, 선지자 ④ 환상, 둠밈, 선지자

**정답** ①

3. 엔돌의 신접한 여인이 불러올린 사무엘이 사울에게 전한 말이 아닌 것은?(삼상 28:18-19)

① 네가 여호와의 목소리를 순종하지 않았고 그의 진노를 아말렉에게 쏟지 않았다

② 여호와께서 이스라엘을 너와 함께 블레셋 사람들의 손에 넘기실 것이다

③ 내일 너와 네 아들들이 전쟁 중에 죽어 스올로 내려갈 것이다

④ 여호와께서 이스라엘 군대를 블레셋 사람들의 손에 넘기실 것이다

**정답** ③

## 사무엘상 29장

1. 다윗이 아기스와 함께 이스라엘을 공격하고자 했을 때, 다윗을 경계하여 그를 돌려보낼 것을 요청한 자들은?(삼상 29:3-4, 9)

① 아기스 군대의 수령들

② 블레셋 사람들의 방백들

③ 아기스와 그의 신하들

④ 블레셋 방백들과 아기스

**정답** ②

2. 아기스가 다윗을 싫어하는 블레셋 방백들 앞에서 다윗에게 한 말이 아닌 것은?(삼상 29:6-9)

① 네가 정직하여 내게 온 날부터 오늘까지 네게 악이 있음을 보지 못했다

② 나와 함께 진중에 출입하는 것이 내 생각에는 좋으나 수령들이 너를 좋아하지 않는다

③ 이제 너는 평안히 돌아가서 블레셋 사람들의 수령들에게 거슬러 보이게 하지 말라

④ 너는 내 목전에 하나님의 천사 같이 거룩한 사람이다

**정답** ④

## 사무엘상 30장

1. 다윗이 시글락으로 돌아왔을 때 누가 어디를 침노하였는가?(삼상 30:1)
① 아말렉 사람들, 엔게디와 시글락
② 블레셋 사람들, 엔게디와 시글락
③ 아말렉 사람들, 네겝과 시글락
④ 블레셋 사람들, 네겝과 시글락
**정답** ③

2. 다윗은 아말렉 군대를 추격하기에 앞서 누구에게서 무엇을 취하여 하나님의 뜻을 물었는가?(삼상 30:7-8)
① 아히멜렉, 우림과 둠밈
② 아비아달, 우림과 둠밈
③ 아히멜렉, 에봇
④ 아비아달, 에봇
**정답** ④

3. 다윗은 누구에게서 아말렉 군대에 관한 소중한 정보를 입수했는가?(삼상 30:13)
① 애굽 소년이요 아말렉 사람의 종
② 아말렉 소년이요 블레셋 사람의 종
③ 애굽 소년이요 블레셋 사람의 종
④ 아말렉 소년이요 가드 사람의 종
**정답** ①

4. 다윗은 아말렉 공격에서 얻은 전리품을 누구에게 보냈는가?(삼상 30:26)
① 블레셋 군대의 수령들
② 가드 왕 아기스
③ 그의 친구 유다 장로들
④ 가드 왕 아기스의 신하들
**정답** ③

## 사무엘상 31장

1. 블레셋 사람들과의 전쟁에서 죽은 사울의 아들이 아닌 자는?(삼상 31:2)
① 요나단 ② 아비나답
③ 말기수아 ④ 이스보셋
**정답** ④

2. 블레셋 사람들은 사울의 갑옷과 그의 시체를 각각 어디에 두었는가?(삼상 31:10)
① 바알의 집과 벧산 성벽
② 아스다롯의 집과 벧산 성벽
③ 바알의 집과 길보아 산
④ 아스다롯의 집과 에셀 나무 아래
**정답** ②

3. 사울과 그 아들들의 시체를 가져다가 장사하고 7일 동안 금식한 자들은?(삼상 31:11)
① 길르앗 야베스 주민들
② 벧산 성내 주민들
③ 여라므엘 성읍 주민들
④ 요단 건너편 주민들
**정답** ①

# 사무엘하

## 사무엘하 1장

1. 사울과 요나단의 사망 소식을 들었을 때 다윗이 있었던 곳은?(삼하 1:1)
   ① 헤브론 ② 시글락
   ③ 예루살렘 ④ 유다 광야
   **정답** ②

2. 사울과 요나단이 죽은 곳은?(삼하 1:6-10)
   ① 그리심 산 ② 기브아
   ③ 길보아 산 ④ 벧엘
   **정답** ③

3. 사울과 요나단의 사망 소식을 들은 다윗의 반응이 아닌 것은?(삼하 1:11-16)
   ① 다윗이 금식하였다
   ② 슬퍼하며 심히 울었다
   ③ 다윗이 자기 옷을 찢었다
   ④ 소식을 전한 사람에게 큰 상을 내렸다
   **정답** ④

4. 다윗이 사울과 요나단을 위해 슬픈 노래를 지어 조상하였는데, 그 노래를 가리키는 것이 아닌 것은?(삼하 1:17-27)
   ① '활 노래'라 부름
   ② 야살의 책에 기록되었음
   ③ '칼의 노래'라 부름
   ④ 다윗을 향한 요나단의 사랑이 여인의 사랑보다 더하였다 라는 내용이 들어 있다
   **정답** ③

## 사무엘하 2장

1. 유다 사람들이 다윗에게 기름을 부어 유다 왕으로 삼은 곳은?(삼하 2:4)
   ① 예루살렘 ② 헤브론
   ③ 벧엘 ④ 베들레헴
   **정답** ②

2. 사울이 죽은 후 사울의 남은 세력과 다윗의 세력이 전투를 벌였는데, 이 때의 상황을 가리키는 것은?(삼하 2:12-32)
   ① 헤브론에서 전투가 벌어졌다
   ② 요압의 동생 아사헬이 죽었다
   ③ 마하나임에서 전투를 벌였다
   ④ 아브넬이 승리하였다
   **정답** ③

3. 사울이 죽은 후 사울의 남은 세력의 상황을 묘사한 것이 아닌 것은?(삼하 2:8-10)
   ① 마하나임으로 수도를 삼았다
   ② 군사령관은 아브넬이었다
   ③ 블레셋의 공격을 받아 갈릴리 북쪽으로 퇴각하였다
   ④ 새로운 이스라엘 왕을 세웠다

**정답** ③

4. 길르앗 야베스 사람들이 사울을 위해 행동한 것은?(삼하 2:4)
   ① 사울을 위해 군량미를 제공하였다
   ② 사울을 위해 군대를 파견하였다
   ③ 사울을 위해 피난처를 제공하였다
   ④ 사울을 장사지냈다

   **정답** ④

5. 다윗이 시글락에서 헤브론으로 올라 갈 때 동행한 다윗의 아내는?(삼하 2:2)
   ① 우리아의 아내였던 밧세바
   ② 갈멜 사람 나발의 아내였던 여인
   ③ 사울의 딸 미갈
   ④ 그술 왕 달매의 딸 마아가

   **정답** ②

## 사무엘하 3장

1. 다윗의 아들 중 어머니의 이름이 틀린 아들은? (삼하 3:1-5)
   ① 맏아들 암논의 모친은 이스르엘 여인 아히노암
   ② 솔로몬의 모친은 밧세바
   ③ 셋째 아들 압살롬의 모친은 에글라
   ④ 넷째 아들 아도니야의 모친은 학깃

   **정답** ③

2. 아브넬이 이스보셋을 배반한 결정적인 사건은? (삼하 3:7)
   ① 아브넬이 사울의 첩과 통간했다는 이스보셋의 책망
   ② 다윗이 아브넬을 유혹함
   ③ 이스라엘 장로들이 아브넬을 충동질함
   ④ 이스라엘의 왕이 되려는 아브넬의 야심찬 행동

   **정답** ①

3. 다윗이 아브넬과 언약을 맺을 때 제시한 조건은?(삼하 3:12-16)
   ① 이스보셋의 목을 베어오는 것
   ② 다윗에게 기름을 붓도록 이스라엘 장로들을 대동하는 것
   ③ 이스라엘의 군대를 다윗에게 넘겨주는 것
   ④ 라이스의 아들 발디엘의 아내 미갈을 데려오는 것

   **정답** ④

4. 요압이 동생 아사헬의 복수를 위해 아브넬을 죽였을 때 다윗의 반응은?(삼하 3:22-39)
   ① 다윗이 요압에게 큰 상을 하사하였다
   ② 다윗이 아브넬을 위해 울었다
   ③ 다윗이 퇴각하는 아브넬의 군대를 추격하였다
   ④ 다윗이 비로소 음식을 먹었다

   **정답** ②

5. 아브넬이 죽었을 때 다윗이 자기가 죽인 것이 아님을 강조한 가장 중요한 이유는? (삼하 3:31-39)
   ① 아브넬에게 죄가 없었기 때문에
   ② 아브넬이 이스보셋의 부하였기 때문에
   ③ 백성들이 아브넬의 죽음을 슬퍼하고 있었기 때문에
   ④ 아브넬과 언약한 것이 있었기 때문에

   **정답** ③

## 사무엘하 4장

1. 이스보셋의 군대장관의 이름은?(삼하 4:2)

   ① 바아나와 레갑　② 홉니와 비느하스

   ③ 아사랴와 여히엘　④ 요압과 아브넬

   **정답** ①

2. 유모가 안고 도망할 때 떨어져 발을 절게 된 사울의 손자는?(삼하 4:4)

   ① 이스보셋　② 므비보셋

   ③ 아브넬　④ 림몬

   **정답** ②

3. 이스보셋의 머리를 가지고 갔으나 다윗의 미움을 받아 손발이 잘려 죽은 인물들은?(삼하 4:5-12)

   ① 바아나와 레갑　② 홉니와 비느하스

   ③ 아사랴와 여히엘　④ 요압과 아브넬

   **정답** ①

## 사무엘하 5장

1. 이스라엘의 장로들이 다윗을 왕으로 추대한 장소의 이름은?(삼하 5:1-3)

   ① 세겜　② 실로

   ③ 예루살렘　④ 헤브론

   **정답** ④

2. 다윗이 왕위에 오를 때의 나이는?(삼하 5:4)

   ① 50세　② 40세　③ 30세　④ 20세

   **정답** ③

3. 다윗이 통치한 햇수로 옳은 것은?(삼하 5:5)

   ① 헤브론에서 유다의 왕으로 7년, 예루살렘에서 통일왕국의 왕으로 30년을 다스렸다

   ② 헤브론에서 유다의 왕으로 7년 6개월, 예루살렘에서 통일왕국의 왕으로 33년을 다스렸다

   ③ 헤브론에서 유다의 왕으로 7년, 예루살렘에서 통일왕국의 왕으로 33년을 다스렸다

   ④ 헤브론에서 유다의 왕으로 7년 6개월, 예루살렘에서 통일왕국의 왕으로 30년을 다스렸다

   **정답** ②

4. 다윗이 예루살렘을 점령하기 전 예루살렘을 다스리던 종족의 이름은?(삼하 5:6)

   ① 가나안　② 블레셋　③ 여부스　④ 헷

   **정답** ③

5. 예루살렘을 지키던 자들이 다윗을 향해 말한 "맹인과 다리 저는 자라도 너를 물리치리라"라는 말의 의미는?(삼하 5:6-7)

   ① 예루살렘 성은 천혜의 요새이다

   ② 예루살렘 주민들은 용사이다

   ③ 다윗의 군대는 오합지졸이다

   ④ 예루살렘 성에는 불구자가 많다

   **정답** ①

6. 다윗이 예루살렘 성을 점령한 방법은 무엇인가?(삼하 5:8)

   ① 공성퇴를 만들어 예루살렘 성문을 부수었다

   ② 성을 포위 공격하여 성안에 식량이 떨어질 때까지 기다렸다

   ③ 성안으로 연결된 수로를 타고 올라갔다

   ④ 예루살렘 성보다 높은 토성을 쌓아 성벽을 넘어 들어갔다

   **정답** ③

7. 두로 왕 히람이 다윗에게 보낸 것이 아닌 것은?(삼하 5:11)

① 사절단 ② 백향목 ③ 석수 ④ 석재

**정답** ④

8. 다윗이 왕이 된 소식을 듣고 올라온 블레셋과의 전투에서, "여호와께서 물을 흩음 같이 내 앞에서 내 대적을 흩으셨다"는 것과 관계된 지명은?(삼하 5:20)

① 르바임 ② 싯딤

③ 바알브라심 ④ 바알라

**정답** ③

## 사무엘하 6장

1. 다윗이 하나님의 궤를 옮겨오기 위하여 징집한 군인의 수는?(삼하 6:1)

① 삼십만 명 ② 삼만 명

③ 삼천 명 ④ 세 명

**정답** ②

2. 다윗의 무리가 하나님의 궤를 옮겨올 때 수레를 몬 사람은 누구인가?(삼하 6:3)

① 아비나답과 웃사 ② 아비나답과 아효

③ 웃사와 아효 ④ 레위인들

**정답** ③

3. 소들이 뛰어서 하나님의 궤가 떨어질 뻔 하였던 곳은?(삼하 6:6)

① 나곤의 타작마당

② 아라우나의 타작마당

③ 아비나답의 집

④ 오벧에돔의 집

**정답** ①

4. "주님이 웃사를 치심으로 인해 다윗이 화를 내었다"와 관계된 지명은?(삼하 6:7-8)

① 바알라 ② 바알브라심

③ 베레스웃사 ④ 르바임

**정답** ③

5. 하나님의 궤가 다윗 성으로 들어오기 전에 석 달 동안 머물렀던 집은?(삼하 6:10-11)

① 웃사 ② 오벧에돔

③ 나곤 ④ 아비나답

**정답** ②

6. 주님의 궤가 다윗 성으로 옮겨질 때에 벌어진 일이 아닌 것은?(삼하 6:12-16)

① 주님의 궤를 맨 사람들이 여섯 걸음을 옮겼을 때에 소와 살진 양을 제물로 바쳤다

② 다윗은 완전히 벌거벗은 채로 춤을 추었다

③ 미갈이 다윗의 춤추는 모습을 보고 속으로 업신여겼다

④ 나팔소리가 우렁찬 가운데 주님의 궤가 옮겨졌다

**정답** ②

7. 다윗이 주님의 궤를 옮긴 후 번제와 화목제를 드리고 나서 백성들에게 나누어 준 것은?(삼하 6:18-19)

① 떡 한 개와 고기 두 조각과 건포도 떡 한 덩이

② 떡 한 개와 고기 한 조각과 무화과 떡 한 덩이

③ 떡 한 개와 고기 두 조각과 건포도 떡 두 덩이

④ 떡 한 개와 고기 한 조각과 건포도 떡 한 덩이

**정답** ④

8. 미갈이 몸을 드러내고 춤을 춘 다윗을 비웃었다가 받게 된 벌은?(삼하 6:16-23)

① 나병에 걸렸다

② 궁에서 내쫓겼다

③ 생과부로 살았다

④ 자식을 낳지 못하였다

**정답** ④

## 사무엘하 7장

1. 삼하 7장에서 말한 나단의 예언을 무엇이라고 하는가?(삼하 7장)

① 다윗 언약　② 모세 언약

③ 시내산 언약　④ 메시야 언약

**정답** ①

2. 하나님은 이스라엘 자손이 애굽에서 나온 날부터 다윗의 장막에 옮겨지기 전까지 어디에 거하셨다고 말씀하셨나?(삼하 7:6)

① 세겜과 실로　② 장막과 성막

③ 예루살렘 성전　④ 광야

**정답** ②

3. 다음 중 다윗이 성전을 짓고자 하였을 때 하나님의 응답이 아닌 것은?(삼하 7:4-17)

① 어느 지파에게도 백향목 집을 지어주지 않는 것에 대해 말한 적이 없다

② 내가 한 곳을 정하여 이스라엘 백성을 심고 다시는 옮겨 다니지 않게 하겠다

③ 내 앞에서 범죄 하면 사울처럼 네 집과 네 나라가 영원하지 못할 것이다

④ 여호와가 너를 위하여 집을 지을 것이다

**정답** ③

4. 다음은 다윗의 감사기도에 나오는 내용이다 괄호 속에 들어갈 말은?(삼하 7:26)

사람이 영원히 주의 이름을 크게 높여 이르기를 ( ㄱ )는 이스라엘의 하나님이라 하게 하옵시며 ( ㄴ )이 주 앞에 견고하게 하옵소서.

① ㄱ. 만군의 여호와 ㄴ. 주의 종 다윗의 집

② ㄱ. 만군의 여호와 ㄴ. 주의 종

③ ㄱ. 주 여호와 ㄴ. 주의 종 다윗의 집

④ ㄱ. 주 여호와 ㄴ. 다윗의 집

**정답** ①

## 사무엘하 8장

1. 다윗이 모압의 포로들을 처리한 방법 중 옳은 것은?(삼하 8:2)

① 땅에 무릎을 꿇게 하였다

② 두 줄 길이의 사람은 살려주었다

③ 한 줄 길이의 사람은 살려주었다

④ 호흡 있는 모든 것들을 진멸하였다

**정답** ③

2. 다윗과 하닷에셀과의 전투에 대한 설명 중 옳은 것은?(삼하 8:3-8)

① 포로로 사로잡힌 자가 기마병 칠백 명과 보병 이만 명이었다

② 병거를 끄는 모든 병마의 다리 힘줄을 끊어 버렸다

③ 하닷에셀을 도우러 온 암몬 사람 2만 2천명을 죽였다

④ 하닷에셀의 신하들의 금방패를 빼앗아 예루살렘으로 가져왔다

**정답** ④

3. 다윗 왕이 놋을 빼앗아 온 하닷에셀의 두 성읍의 이름은?(삼하 8:8)

① 비돔과 라암셋

② 베다와 베로대

③ 메덱암마와 로드발

④ 사웨 기랴다임과 엘바란

**정답** ②

4. 다음 중 그 성격이 다른 하나는?
(삼하 4:4, 8:1-18)

① 르홉-하닷에셀 ② 도이-요람

③ 다윗-아도니야 ④ 사울-므비보셋

**정답** ④

5. 다윗이 주님께 바치기 위해 따로 떼어놓은 전리품과 관계없는 나라는?(삼하 8:11-12)

① 에돔과 모압 ② 암몬과 블레셋

③ 아말렉과 암몬 ④ 하맛과 그렛

**정답** ④

6. 다윗이 돌아오는 길에 에돔 사람 만 팔천 명을 죽인 곳은?(삼하 8:13)

① 기드론 골짜기 ② 힌놈 골짜기

③ 소금 골짜기 ④ 아얄론 골짜기

**정답** ③

7. 다음 연결 중 옳은 것은?(삼하 8:15-18)

① 스루야의 아들은 역사기록관이 되었다

② 다윗의 아들들은 대신들이 되었다

③ 여호야다의 아들은 서기관이 되었다

④ 아힐룻의 아들은 군사령관이 되었다

**정답** ②

8. 다음 중 아히둡의 아들은 누구인가?(삼하 8:17)

① 사독 ② 요압

③ 아히멜렉 ④ 브나야

**정답** ①

## 사무엘하 9장

1. 므비보셋이 다윗의 왕궁으로 부름 받기 전에 살았던 곳은?(삼하 9:1-8)

① 헤브론 ② 로드발 ③ 헬람 ④ 기브아

**정답** ②

2. 다윗이 므비보셋에게 허락한 것으로 옳지 않은 것은?(삼하 9:7-13)

① 사울 왕의 토지를 돌려주겠다

② 나의 식탁에서 함께 먹도록 하여라.

③ 시바의 집에 사는 종들은 모두 므비보셋의 종이 되었다

④ 시바와 그의 아들들과 종들은 모두 므비보셋의 집안 양식을 공급하도록 하여라.

**정답** ③

3. 므비보셋의 아들의 이름은?(삼하 9:12)

① 세바 ② 시바 ③ 스바 ④ 미가

**정답** ④

4. 시바의 아들과 종은 모두 몇 명이었나?
(삼하 9:10)

① 15명 ② 25명 ③ 35명 ④ 45명

**정답** ③

## 사무엘하 10장

1. 다윗이 하눈에게 신하들을 보낸 이유는 무엇인

가?(삼하 10:1-2)

① 나하스가 왕이 된 것을 축하하기 위해서

② 하눈이 왕이 된 것을 축하하기 위해서

③ 나하스의 죽음을 조문하기 위해서

④ 하눈의 죽음을 조문하기 위해서

**정답** ③

2. 다윗과 하눈과의 사이에 전쟁이 벌어지게 된 원인에 속하는 것은 무엇인가?(삼하 10:3-4)

① 다윗은 왕이 된 하눈에게 축하사절단을 보내지 않아 하눈의 분노를 샀다

② 하눈은 다윗의 신하들의 양쪽 수염을 깎아 모욕을 주었다

③ 하눈은 다윗의 신하들의 엉덩이가 드러나도록 의복의 중동볼기를 자르고 돌려보냈다

④ 하눈이 암몬의 왕이 되었기 때문이다

**정답** ③

3. 하눈에게 수치를 당한 신하들은 어떻게 되었나?(삼하 10:1-5)

① 수염이 다 자란 다음에 돌아왔다

② 암논 사람들의 신하가 되었다

③ 다윗의 미움을 받았다

④ 죽을 때까지 여리고에 머물렀다

**정답** ①

4. 암몬 사람들이 다윗의 침입에 대비해 영입한 용병에 대한 내용 중 틀린 것은?(삼하 10:6)

① 벧르홉의 시리아 사람과 소바 아람 사람의 보병 이만 명

② 마아가 왕과 그의 사람 천 명

③ 모압 사람에게서 기마병 천 칠백 명

④ 돕 사람 만 이천 명

**정답** ③

5. 아람 군대가 다윗의 군대와 싸워서 패한 장소는?(삼하 10:15-19)

① 랍바 ② 벧르홉 ③ 소바 ④ 헬람

**정답** ④

6. 하닷에셀의 부하로 시리아의 군대를 지휘하여 다윗의 군대와 전투를 벌이다 죽은 인물은?(삼하 10:16)

① 아히엘 ② 아기스

③ 소박 ④ 말기수아

**정답** ③

## 사무엘하 11장

1. 다윗이 목욕하는 밧세바를 만난 사건과 관련된 전투는?(삼하 11:1)

① 헬람전투 ② 랍바전투

③ 아벡전투 ④ 브솔전투

**정답** ②

2. 우리야는 어느 나라 사람인가?(삼하 11:3)

① 암몬 ② 블레셋 ③ 시리아 ④ 헷

**정답** ④

3. 다윗이 우리야를 집으로 보낸 이유로 가장 알맞은 것은?(삼하 11:4-9)

① 밧세바의 간통을 은폐하기 위해서

② 밧세바의 임신을 은폐하기 위해서

③ 우리아에 대한 미안함 때문에

④ 밧세바를 취한 것에 대한 보상으로

**정답** ②

4. 우리야는 자기 집으로 내려가 자라는 다윗의 명

령을 몇 번 거역하였나?(삼하 11:6-13)

① 네 번 ② 세 번 ③ 두 번 ④ 한 번

**정답** ③

5. 우리야가 자신의 집으로 가서 자라는 다윗의 명령을 거역한 이유는 무엇인가?(삼하 11:11)

① 다윗과 밧세바의 간통을 알고 있었기 때문에

② 자신만 특혜를 누리는 것이 미안해서

③ 대궐 문간에서 자는 것이 더 편해서

④ 집까지 가는 거리가 너무 멀어서

**정답** ②

6. 다윗의 명령에 따라 우리야가 죽도록 전쟁터로 이끈 사람은 누구인가?(삼하 11:14-25)

① 아브넬 ② 아비야 ③ 요압 ④ 아마사

**정답** ③

## 사무엘하 12장

1. 밧세바와 간통한 다윗의 죄를 책망한 선지자의 이름은?(삼하 12:1-15)

① 나단 ② 갓 ③ 이사야 ④ 엘리사

**정답** ①

2. 다윗의 죄를 깨닫게 하기 위해 사용된 비유에서 가난한 사람이 가진 것은?(삼하 12:3)

① 숫염소 한 마리 ② 암염소 한 마리

③ 숫양 한 마리 ④ 암양 한 마리

**정답** ④

3. 다윗은, 가난한 자의 것을 뺏은 부자는 그 뺏은 것의 몇 배를 갚아야 한다고 말하였나?
(삼하 12:6)

① 0.5배 ② 두 배 ③ 네 배 ④ 일곱 배

**정답** ③

4. 나단의 신탁 중 그 내용이 틀린 것은?
(삼하 12:7-15)

① 너의 아내들을 빼앗아 네 가까운 사람에게 주겠다

② 네 가까운 사람이 백주에 너의 아내들을 욕보이게 하겠다

③ 이제부터는 영영 네 집안에서 칼부림이 떠나지 않을 것이다

④ 네가 백주에 죄를 범한 것 같이 온 이스라엘이 보는 앞에서 이 일을 행하겠다

**정답** ④

5. 다윗이 자신의 죄를 자복하였을 때 하나님의 응답은 무엇인가?(삼하 12:13-14)

① 죄를 용서하지 않을 것이다

② 왕은 반드시 죽을 것이다

③ 밧세바와의 사이에 태어난 아들은 죽을 것이다

④ 왕국이 분열될 것이다

**정답** ③

6. 다윗이 밧세바와의 사이에서 태어난 아이를 살리기 위해 취한 행동이 아닌 것은?
(삼하 12:15-17)

① 금식하며 기도하였다

② 베옷을 입고 재위에 앉아 회개하였다

③ 왕궁에서 밤을 새웠다

④ 신하들과 더불어 먹지 아니하였다

**정답** ②

7. 다윗과 밧세바의 사이에 태어난 아이는 며칠 만

에 죽었나?(삼하 12:18)

① 태어난 지 하루 만에

② 태어난 지 사흘 만에

③ 태어난 지 일주일 만에

④ 태어난 지 열흘 만에

**정답** ③

8. 아이가 죽자마자 다윗이 한 행동은 무엇인가?
(삼하 12:20)

① 목욕을 하고 기름을 바른 후 성전에서 주님께 경배하였다

② 온 성안에 금식을 선포하였다

③ 밧세바를 위로하고 동침하였다

④ 7일간 애곡하였다

**정답** ①

9. 솔로몬의 다른 이름과 그 뜻은 무엇인가?
(삼하 12:24-25)

① 여디디야-여호와께서 들으셨다

② 여디디야-여호와께서 사랑하신다

③ 여수룬-여호와께서 웃으셨다

④ 여수룬-여호와 앞에서 정직한 자

**정답** ②

10. 우리야는 누구의 칼에 맞아 죽었는가?
(삼하 12:9)

① 요압의 부하 ② 다윗의 부하

③ 암몬 사람 ④ 시리아 사람

**정답** ③

11. 요압이 암몬의 랍바를 치고 다윗에게 승자의 명예를 넘겨주기 전에 점령하였던 곳은?
(삼하 12:27)

① 왕의 도성 바깥성벽 ② 식량저장고

③ 물들의 성읍 ④ 헬람 도성

**정답** ③

12. 다윗이 암몬의 왕에게서 빼앗은 것은?
(삼하 12:30)

① 은 이백 세겔과 한 달란트 무게의 금덩어리 하나

② 금 한 달란트 무게의 보석이 박힌 금관

③ 은 이백 세겔과 오십 세겔의 금덩어리 하나

④ 금 두 달란트 무게의 보석이 박힌 금관

**정답** ②

13. 암몬 도성에서 잡혀온 포로들과 관계없는 일은?
(삼하 12:31)

① 톱질 ② 써래질

③ 벽돌 굽는 일 ④ 빵 굽는 일

**정답** ④

## 사무엘하 13장

1. 압살롬과 다말은 어떤 관계인가?
(삼하 3:2-5, 13:1)

① 어머니가 다른 오누이

② 아버지가 다른 오누이

③ 사촌관계

④ 부모가 같은 오누이

**정답** ④

2. 암논이 다말을 범하도록 도운 자는 누구인가?
(삼하 13:3-5)

① 솔로몬의 백부 암미홋의 아들 달매

② 솔로몬의 숙부 암미홋의 아들 달매

③ 솔로몬의 백부 시므아의 아들 요나답

④ 솔로몬의 숙부 시므아의 아들 요나답

**정답** ③

3. 암논이 다말을 유혹하기 위해 취한 행동이 아닌 것은 무엇인가?(삼하 13:5-14)

① 병이 든 체 하였다

② 부엌에서 과자를 만들게 하였다

③ 침상으로 과자를 가져오게 하였다

④ 과자 먹기를 거절하였다

**정답** ②

4. 압살롬이 암논을 죽이게 된 이유는 무엇인가?(삼하 13:10-22)

① 자신의 왕위를 빼앗으려고 하였기 때문에

② 다말을 사랑하였기 때문에

③ 다말을 욕보인 후 책임을 지지 않았기 때문에

④ 다말이 암논을 미워했기 때문에

**정답** ③

5. 압살롬이 암논을 죽인 곳은?(삼하 13:23-29)

① 바알하솔 ② 브엘세바

③ 세겜 ④ 헤브론

**정답** ①

6. 압살롬이 암논을 죽인 후 도망한 곳은 어디이며, 그 곳에서 몇 년을 거하였는가?(삼하 13:34-39)

① 그술왕 암미훗(암미훌)의 아들 달매에게로 가서 2년을 머물렀다

② 그술왕 암미훗(암미훌)의 아들 달매에게로 가서 3년을 머물렀다

③ 그술왕 시므아의 아들 요나답에게로 가서 2년을 머물렀다

④ 그술왕 시므아의 아들 요나답에게로 가서 3년을 머물렀다

**정답** ②

## 사무엘하 14장

1. 도망간 압살롬을 데려오기 위해 다윗에게 지혜로운 여인을 보낸 사람은?(삼하 14:1-2)

① 요압 ② 요아스

③ 여호여다 ④ 요나답

**정답** ①

2. 지혜로운 여인은 어디 지역 사람인가?(삼하 14:2)

① 드고아 ② 드로아 ③ 드빌 ④ 도단

**정답** ①

3. 지혜로운 여인이 다윗 앞에 나아갈 때 취한 모습이 아닌 것은?(삼하 14:2-4)

① 몸에는 상복을 입었다

② 머리엔 기름을 발랐다

③ 오랫동안 죽은 사람을 애도한 사람 같았다

④ 얼굴이 땅에 닿도록 엎드려 절하였다

**정답** ②

4. 지혜로운 여인은 다윗에게 자신의 가족관계를 어떻게 소개하였나?(삼하 14:5-6)

① 남편은 죽었고 건강한 아들이 둘 있다

② 남편은 병들었고 죽은 아들이 둘 있다

③ 남편은 병들었고 건강한 아들이 하나, 죽은 아들도 하나 있다

④ 남편은 죽었고 건강한 아들이 하나, 죽은 아들도 하나 있다

**정답** ④

5. 지혜로운 여인은 무슨 일 때문에 다윗을 찾아 왔다고 하였나?(삼하 14:7)

① 남편이 죽어 대를 이을 길이 막막해졌기 때문에

② 한 아들이 다른 아들을 죽인 것에 대한 선처를 호소하기 위해서

③ 집안사람들이 죽은 아들의 살인죄를 과부에게 물으려고 하기 때문에

④ 집안사람들이 살아 있는 아들까지 죽이는 범죄를 막기 위해서

**정답** ④

6. 지혜로운 여인은 두 아들의 비유를 통해 다윗에게 무엇을 알려주기를 원했나?(삼하 14:12-13)

① 내쫓긴 왕자를 돌아오게 하지 않는 것은 죄이다

② 왕은 과부의 아들을 죽음으로부터 구원할 수 있다

③ 왕은 하나님의 천사와 같은 분이시다

④ 이 모든 일을 꾸민 자는 요압이다

**정답** ①

7. 지혜로운 여인의 살아있는 아들은 누구를 빗대어 한 말인가?(삼하 14:12-21)

① 다윗 ② 솔로몬 ③ 암논 ④ 압살롬

**정답** ④

8. 압살롬에 대한 소개로 알맞은 것은?
(삼하 3:1-5, 13:1, 15:2-6, 16:9-15)

① 다윗의 둘째 아들로 왕이 되기 위해 반란을 일으켰다

② 암논에게 버림받은 다말의 동생으로 헤브론에서 왕이 되었다

③ 예루살렘 성문에 서서 이스라엘 사람들은 재판에서 제외시켰다

④ 머리카락 때문에 죽임을 당했다

**정답** ④

9. 요압이 압살롬을 데리고 예루살렘으로 왔을 때 다윗이 취한 행동은?(삼하 14:23-24)

① 목을 끌어안고 울었다

② 맨 발로 뛰어나갔다

③ 얼굴을 보여주지 않았다

④ 불같이 화를 냈다

**정답** ③

10. 압살롬이 일 년에 한 번씩 머리를 깍은 이유는 무엇인가?(삼하 14:26)

① 다말이 버림받은 것을 애곡하기 위해서

② 머리숱이 많아 무거웠기 때문에

③ 머리카락을 잘라 주면 더 아름답고 풍성해지기 때문에

④ 머리숱이 많아 말을 타는 것이 불편했기 때문에

**정답** ②

11. 압살롬의 자녀는?(삼하 14:27)

① 아들 하나, 딸 셋 ② 아들 셋, 딸 하나
③ 아들 하나, 딸 넷 ④ 아들 넷, 딸 하나

**정답** ②

12. 압살롬이 요압을 왕에게 보내려고 사람을 보냈으나 요압이 나타나지 않자 압살롬이 취한 행동은?(삼하 14:28-33)

① 요압의 보리밭에 불을 질렀다

② 삼고초려를 감수하였다

③ 요압을 죽이고자 종들을 보냈다

④ 왕을 만나게 해 달라고 얼굴이 땅에 닿도록

절을 하였다

**정답** ①

사무엘하 15장

1. 압살롬이 반역을 일으키기 위해 준비한 것은 무엇인가?(삼하 15:1)
   ① 자기가 탈 병거와 말 여러 필과 호위병 오십 명
   ② 자기가 탈 병거와 말 오십 필과 호위병 여러 명
   ③ 자기가 탈 병거와 말 여러 필과 호위병 백 명
   ④ 자기가 탈 병거와 말 백 필과 호위병 여러 명

   **정답** ①

2. 압살롬이 판결을 받으러 오는 사람들 중 자기편으로 만들기 위해 애썼던 사람들은?
   (삼하 15:2-6)
   ① 헤브론 사람 ② 유다사람
   ③ 레위 사람 ④ 이스라엘 사람

   **정답** ④

3. 압살롬이 반역을 일으키기 위해 준비한 기간은?
   (삼하 15:7)
   ① 5년 ② 4년 ③ 3년 ④ 2년

   **정답** ②

4. 압살롬이 반역과 관계가 없는 것은?
   (삼하 15-18장)
   ① 다윗은 헤브론에서 반란을 일으켰다
   ② 압살롬이 반역을 일으키자 이 백 명의 추종자가 헤브론으로 함께 내려갔다
   ③ 압살롬은 아히도벨의 모략을 따르다가 반란에 실패하였다
   ④ 압살롬은 요압의 창에 심장이 찔려 죽었다

   **정답** ③

5. 길로에서 제사 일을 맡아보던 다윗의 모사로 압살롬의 반란에 동참한 사람은?(삼하 15:12)
   ① 후새 ② 아히도벨
   ③ 아비아달 ④ 시므이

   **정답** ②

6. 다윗 왕이 압살롬을 피하여 도망갈 때 왕궁을 지키기 위해 남은 사람은?(삼하 15:16)
   ① 모든 레위 사람과 사독
   ② 전사 200명
   ③ 가드 군인 600명
   ④ 후궁 열 명

   **정답** ④

7. 다윗 왕이 도망할 때 외국인으로 부하 600명을 거느리고 다윗을 따라간 사람의 출신지와 이름은?(삼하 15:17-23)
   ① 블레셋 사람 잇대 ② 그렛 사람 잇대
   ③ 가드 사람 잇대 ④ 헤브론 사람 잇대

   **정답** ③

8. 다윗이 도망하여 기드론 시내를 건너갔을 때 그곳에서 기다리고 있었던 사람들은?
   (삼하 15:24-29)
   ① 아비아달
   ② 모든 그렛 사람
   ③ 모든 레위 사람과 사독
   ④ 모든 블레셋 사람

   **정답** ③

9. 다음 중 관계가 다른 것은?(삼하 9:6, 15:27)

① 사울-므비보셋　② 아비아달-요나단

③ 사독-아히마아스　④ 사울-요나단

**정답** ①

10. 다음 중 틀린 것을 고르시오.(삼하 15:24-34)

① 사독의 직업은 제사장이다

② 아비아달은 사독과 함께 하나님의 궤를 가지고 예루살렘으로 돌아갔다

③ 후새는 아히도벨의 모략이 패하도록 하였다

④ 압살롬의 지략을 도운 자는 후새이다

**정답** ④

## 사무엘하 16장

1. 다음 중 관계가 틀린 것은?(삼하 16:1-14)

① 아비새의 아들 스루야

② 비그리의 아들 세바

③ 므비보셋의 종 시바

④ 게라의 아들 시므이

**정답** ①

2. 시므이에 대한 설명 중 옳은 것은?
(삼하 16:5-14)

① 떡 이백 개와 건포도 백 송이와 여름 과일 백 개와 포도주 한 가죽부대를 다윗에게 가지고 가 왕족과 신하들이 먹게 하였다

② 사울 집안사람으로 압살롬에게 쫓기는 다윗을 저주하였다

③ 압살롬의 반역으로 다윗에게 뺏긴 할아버지의 나라를 되찾게 되었다고 생각하였다

④ 사울의 집안사람들을 죽이고 그 나라를 차지한 다윗과 압살롬을 저주하였다

**정답** ②

3. 아비새가 다윗에게 죽은 개라고 칭한 사람은 누구인가?(삼하 16:5-14)

① 므비보셋　② 시바

③ 시므이　④ 비그리

**정답** ③

4. 다윗의 피난길에 돌을 던지고 먼지를 날리며 저주한 사람은?(삼하 16:13)

① 므비보셋　② 시바

③ 시므이　④ 비그리

**정답** ③

5. 아히도벨이 압살롬에게 말한 내용이 아닌 것은?
(삼하 16:15-17:4)

① 제가 전에 부왕을 섬긴 것과 같이 이제는 왕을 섬기겠습니다

② 부왕에게 미움을 받으면 왕을 따르는 사람들의 힘이 더욱 강해질 것입니다

③ 다윗 왕의 후궁들과 동침하십시오.

④ 만 이 천 명을 데리고 다윗을 뒤 쫓도록 허락해 주십시오.

**정답** ①

## 사무엘하 17장

1. 다음 중 압살롬이 취한 모략은?(삼하 17:1-14)

① 아히도벨-다윗과 그의 추종자들을 기습한 후 다윗 왕만 쳐서 죽이면 백성들이 다시 압살롬 왕에게로 돌아올 것이다

② 아히도벨-다윗의 부하들은 용사들이므로 온 이스라엘을 규합하여 왕이 친히 전쟁에 나가

기습전을 벌이고 다윗과 그의 부하들을 모두 죽여야 한다

③ 후새-다윗과 그의 추종자들을 추격한 후 다윗 왕만 쳐서 죽이면 백성들이 다시 압살롬 왕에게로 돌아올 것이다

④ 후새-다윗의 부하들은 용사들이므로 온 이스라엘을 규합하여 왕이 친히 전쟁에 나가 기습전을 벌이고 다윗과 그의 부하들을 모두 죽여야 한다

**정답** ④

2. 압살롬의 작전에 대비해서 다윗의 사람들이 취한 태도로 옳은 것은?(삼하 17:15-26)

① 제사장 사독과 아비아달이 에느로겔 샘터에 잠복하였다

② 다윗에게 알리기 위해 요나단과 아히마아스에게 소식을 전한 사람은 여종이었다

③ 한 청년이 사독과 아비아달의 행동을 압살롬에게 일러바쳤다

④ 후새와 아히도벨의 모략을 사독과 아비아달에게 알려 준 사람은 아히도벨이다

**정답** ②

3. 요나단과 아히마아스가 도망가서 숨은 곳은?(삼하 17:17-19)

① 예루살렘 바깥 에느로겔 샘터

② 바후림 마을의 우물 속

③ 에브라임 숲 속

④ 아라우나 타작마당

**정답** ②

4. 다음 중 아마사에 대한 것으로 옳은 것은?(삼하 17:25)

① 요압 대신에 압살롬의 군지휘관이 되었다

② 이드라라는 이스라엘 사람의 손자이다

③ 이드라의 아내는 나하스의 딸 아마사로 딸의 이름은 아비갈이다

④ 아비갈은 요압의 어머니 스루야의 언니이다

**정답** ①

5. 다윗이 마하나임에 이르렀을 때, 그들을 영접하여 잠자리와 먹을 것을 제공한 사람은?(삼하 17:27-29)

① 스루야　② 아비후

③ 므분내　④ 바르실래

**정답** ④

## 사무엘하 18장

1. 다윗이 압살롬과의 최후 격전지인 마하나임에서 세운 전략이 아닌 것은?(삼하 18:1-5)

① 천부장과 백부장을 세웠다

② 백성을 세 떼로 나눈 뒤 삼분의 일은 요압에게, 삼분의 일은 아비새에게, 나머지 삼분의 일은 잇대에게 맡겼다

③ 자신도 싸움터에 나가겠다고 선언하였고 백성들은 이로 인해 사기충천하였다

④ 왕이 백성들의 의견을 따르기로 성문 곁에 서자 온 백성이 백 명씩 천 명씩 부대별로 나아갔다

**정답** ③

2. 다윗이 압살롬을 살려달라고 부탁한 사람이 아닌 것은?(삼하 18:5)

① 아히도벨　② 요압

③ 아비새　④ 잇대

**정답** ①

3. 다윗의 군대와 압살롬의 군대가 격전을 치른 곳은?(삼하 18:6-8)
① 길보아 산 ② 기손 강
③ 기브온 샘 곁 ④ 에브라임 수풀
**정답** ④

4. 압살롬이 상수리나무에 매달렸을 때, 한 사람이 이를 보고도 죽이지 않은 이유는?(삼하 18:9-13)
① 칼이 없어서
② 요압이 내 건 상금이 적어서
③ 다윗이 압살롬을 보호해 달라고 하는 소리를 들었기 때문에
④ 압살롬이 이미 죽어 있었기 때문에
**정답** ③

5. 압살롬의 죽음과 관계없는 것은?(삼하 18:9-18)
① 요압의 명령을 받은 부하가 세 개의 창으로 압살롬의 심장을 찔렀다
② 압살롬은 자기에게 후사가 없을 줄 알고 살았을 때 자기 비석을 준비하였다
③ 압살롬의 시체는 숲 속 구덩이에 던져졌다
④ 압살롬의 비석은 '왕의 골짜기'에 있고 '압살롬의 비석'이라고 불린다
**정답** ①

6. 압살롬의 죽음을 다윗에게 알려 준 사람은?(삼하 18:19-33)
① 아히마아스와 에티오피아 사람
② 아히마아스
③ 에티오피아 사람
④ 아무도 말하지 못하였다
**정답** ③

7. 압살롬과의 전쟁에서 다윗에게 가장 먼저 승리의 소식을 알려 준 사람은?(삼하 18:19-33)
① 스루야 ② 아비새
③ 구스 사람 ④ 아히마아스
**정답** ④

## 사무엘하 19장

1. 압살롬과의 전쟁에서 승리하고 돌아온 후 요압이 다윗에게 항의한 이유는?(삼하 19:1-8)
① 다윗이 전쟁에서 승리한 군인들을 포상하지 않았기 때문에
② 다윗이 압살롬을 죽인 요압을 미워했기 때문에
③ 다윗이 압살롬의 죽음을 슬퍼하느라 군인들을 위로하지 않았기 때문에
④ 다윗이 반역한 무리들은 사랑하면서 충성을 바친 부하들은 미워하였기 때문에
**정답** ③

2. 압살롬과의 전쟁에서 다윗이 승리한 후 이스라엘 백성들이 취한 태도는?(삼하 19:1-3)
① 압살롬을 죽인 다윗을 저주하였다
② 다윗을 왕으로 추대하기 위해서 사람을 보냈다
③ 도망하는 자처럼 가만히 성읍으로 들어갔다
④ 유다의 장로들은 스스로 다윗을 왕으로 모셔오고자 논의하였다
**정답** ③

3. 다윗이 "너희는 내 형제요 내 골육이거늘 너희는 어찌하여 왕을 도로 모셔오는 일에 나중이 되리요 하셨다"하면서 책망하였던 인물은?(삼하 19:11-12)

① 유다 장로들 ② 이스라엘의 장로들
③ 베냐민 지파 사람들 ④ 제사장 가문들

**정답** ①

4. 피난 갔던 다윗이 돌아올 때 요단강으로 나오지 않았던 인물은?(삼하 19:16-17)
① 게라의 아들 시므이
② 넬의 아들 아브넬
③ 시바와 열다섯 명의 아들들
④ 스루야의 아들 아비새

**정답** ②

5. 므비보셋에 대한 설명으로 틀린 것은?(삼하 19:24-30)
① 사울의 아들 ② 시바의 주인
③ 절름발이 ④ 요나단의 아들

**정답** ①

6. 길르앗 사람 바르실래가 다윗에게 말한 내용과 일치하는 것은?(삼하 19:31-39)
① 나는 큰 부자이므로 왕과 함께 예루살렘에 거하며 좋은 것으로 왕을 섬기겠습니다
② 고향 마을에 있는 제 부모의 무덤 곁에서 죽게 하여 주십시오.
③ 내 종 김함을 데리고 가셔서 왕이 원하시는 대로 베풀어 주시기를 바랍니다
④ 내 나이가 여든이나 아직 건강하여 선악과 맛있는 음식과 아름다운 노래 소리를 분별할 줄 압니다

**정답** ②

7. 다윗 왕과 그를 따르는 무리들이 요단강을 건너갔을 때, 온 이스라엘 사람들이 화를 낸 이유는?(삼하 19:40-43)
① 유다 사람들이 이스라엘 사람들을 무시했기 때문에
② 유다 사람들이 이스라엘 사람들과 의논 없이 왕과 그의 가족들을 몰래 빼돌렸기 때문에
③ 유다 사람들이 이스라엘 사람들에게 자신들만 왕과 가까운 사이라고 말했기 때문에
④ 유다 사람들이 이스라엘 사람들보다 먼저 왕을 다시 모셔 와야 한다고 말했기 때문에

**정답** ②

## 사무엘하 20장

1. 다윗의 환궁과 관련하여 일어난 일이 아닌 것은?(삼하 20:1-3)
① 온 이스라엘 사람들은 베냐민 사람 세바를 따라 갔다
② 유다 사람들도 베냐민 사람 세바를 자기들의 왕으로 따랐다
③ 다윗은 왕궁을 지키라고 남겨 둔 열 명의 후궁을 방에 가두고 감시병을 두었다
④ 다윗은 왕궁을 지키라고 남겨 둔 열 명의 후궁들을 죽을 때까지 생과부로 만들었다

**정답** ②

2. 베냐민 사람 세바의 아버지는 누구인가?(삼하 20:1)
① 바르실래 ② 스루야
③ 요압 ④ 비그리

**정답** ④

3. 다윗이 유다 사람을 모아오라고 하였으나 이를 어김으로 요압에게 죽임을 당한 인물은?(삼하 20:4-13)

① 아마사 ② 아비새 ③ 김함 ④ 비그리

**정답** ①

4. 요압의 추격을 피하여 달아나던 세바가 마지막 숨을 거둔 곳은?(삼하 20:14-22)

① 예루살렘 ② 헤브론

③ 아벨 ④ 세겜

**정답** ③

5. 다음 연결 중 틀린 것은?(삼하 20:23-26)

① 요압-이스라엘 온 군대의 지휘관

② 브나야-그렛사람과 블렛 사람의 지휘관

③ 이라-다윗의 대신

④ 아도니람(=아도람)-사관

**정답** ④

## 사무엘하 21장

1. 다윗 시대에 세 해 동안 흉년이 든 이유는?(삼하 21:1)

① 사울과 그의 집안이 기브온 사람을 죽였기 때문에

② 다윗이 전쟁 중에 많은 사람을 죽였기 때문에

③ 요압과 그의 부하들이 무죄한 사람들의 피를 흘렸기 때문에

④ 다윗과 유다 사람들이 이스라엘 사람들을 차별했기 때문에

**정답** ①

2. 기브온 사람들에 의해 나무에 매달려 죽은 사울 자손 일곱 명에 포함되지 않은 인물은?(삼하 21:7-9)

① 리스바의 아들 알모니

② 리스바의 아들 므비보셋

③ 요나단의 아들 므비보셋

④ 메랍의 다섯 아들

**정답** ③

3. 리스바에 대한 설명으로 틀린 것은?(삼하 21:8)

① 알모니와 므비보셋의 어머니

② 사울의 첩

③ 아들의 시체를 새와 들짐승으로부터 보호하였다

④ 아야의 손녀

**정답** ④

4. 다윗이 사울과 요나단의 뼈를 거둔 장소는?(삼하 21:12)

① 기브온 ② 길르앗 야베스

③ 벳 마아가의 아벨 ④ 베림

**정답** ②

5. 사울의 아들 기스의 무덤에 합장된 인물로 합당하지 않은 것은?(삼하 21:13-14)

① 리스바

② 사울

③ 요나단

④ 나무에 달려 죽은 일곱 사람

**정답** ①

6. 거인족의 자손으로 삼백 세겔 무게의 놋 창을 들고 다윗을 죽이려고 했던 인물은?(삼하 21:16)

① 골리앗 ② 이스비브놉

③ 십브개 ④ 삼마

**정답** ②

7. 다음 중 연결이 옳은 것은?(삼하 21:15-22)

① 골리앗-엘하난 ② 삽-이스비브놉

③ 삽-엘하난 ④ 골리앗-이스비브놉

**정답** ①

8. 손가락과 발가락이 모두 스물 네 개인 가드의 거인을 죽인 인물은?(삼하 21:20-21)

① 사울의 아들 요나단

② 후새의 아들 요나단

③ 삼마의 아들 요나단

④ 아비아달의 아들 요나단

**정답** ③

## 사무엘하 22장

1. 삼하 22장의 제목으로 알맞은 것은?

① 세바의 반란 ② 다윗의 승전가

③ 다윗의 유언 ④ 다윗의 인구조사

**정답** ②

2. 삼하 22장 다윗의 노래에 나오는 하나님에 대한 비유가 아닌 것은?(삼하 22:1-51)

① 나의 구원자 ② 나의 등불

③ 나의 요새 ④ 나의 창조주

**정답** ④

3. 다윗의 노래에 나오는 하나님에 대한 비유가 아닌 것은?(삼하 22:9-15)

① 그의 코에서 연기가 솟아오른다

② 주님께서 그룹을 타고 날아오셨다

③ 빽빽한 구름으로 장막을 삼으셨다

④ 병거를 타고 화살을 쏘아 원수들을 흩으셨다

**정답** ④

## 사무엘하 23장

1. 다윗의 마지막 말에서 자신을 비유한 말로 옳은 것은?(삼하 23:1)

① 높이 세워진 자

② 아브라함의 하나님께로 기름부음 받은 자

③ 이스라엘의 노래 잘 하는 자

④ 이스라엘의 지혜자 솔로몬의 아버지

**정답** ③

2. 하나님을 두려워하며 모든 사람을 공의로 다스리는 왕에 대한 비유는?(삼하 23:3-4)

① 아름다운 시를 읊는 사람

② 비 온 뒤 새싹을 돋게 하는 햇빛

③ 높이 일으켜 세움을 받은 용사

④ 구름 낀 아침에 떠오르는 맑은 아침 햇살

**정답** ②

3. 다윗이 거느린 가장 용맹한 세 명의 용사가 아닌 사람은?(삼하 23:8-12)

① 야레오르김의 아들 엘하난

② 다그몬 사람 요셉밧세벳

③ 아호아 사람 도도의 아들 엘르아살

④ 하랄 사람 아게의 아들 삼마

**정답** ①

4. 삼십 두목 중 세 명의 용사가 다윗을 찾아간 굴의 이름은?(삼하 23:13)

① 막벨라 ② 아둘람 ③ 쿰란 ④ 카타콤

**정답** ②

5. 창으로 삼백 명을 죽이고 삼십 명 용사들의 우두머리가 된 인물은?(삼하 23:13-19)

① 다그몬 사람 요셉밧세벳

② 도대의 아들 엘르아살

③ 요압의 아우 아비새

④ 아나돗 사람 아비에셀

**정답** ③

6. 여호야다의 아들 브나야의 활약이 아닌 것은? (삼하 23:20-23)

① 레하의 팥 밭에서 블레셋 군인을 쳐 죽였다

② 모압의 장수 아리엘의 아들 둘을 죽였다

③ 눈이 올 때 구덩이에 내려가 사자를 죽였다

④ 애굽 사람의 손에서 창을 빼앗아 그 창으로 그를 죽였다

**정답** ①

7. 다윗의 세 용사에는 못 미치나 장수로 인정받아 시위대 대장이 된 인물은?(삼하 23:20-23)

① 아비새 ② 브나야 ③ 아사헬 ④ 엘하난

**정답** ②

## 사무엘하 24장

1. 다윗의 인구조사는 몇 달 만에 끝이 났나? (삼하 24:8)

① 열 달 스무 날 ② 열 달 열흘

③ 아홉 달 스무 날 ④ 아홉 달 열흘

**정답** ③

2. 다윗의 인구조사에 대한 설명으로 옳은 것은? (삼하 24:1-25)

① 주님께서 원하시는 방법이 아니었다

② 요압과 군대 사령관들이 부추겼다

③ 다윗은 양심의 가책을 받았으나 회개하지 않았다

④ 주님은 인구조사를 통하여 용사의 수를 파악하기를 원하셨다

**정답** ①

3. 인구조사의 결과로 옳은 것은?(삼하 24:9)

① 말을 탈 수 있는 용사가 모두 130만이었다

② 칼을 다룰 수 있는 용사가 모두 130만이었다

③ 이스라엘에는 용사가 50만이 있었다

④ 유다에는 용사가 80만이 있었다

**정답** ②

4. 하나님이 다윗의 인구조사 때문에 내리실 세 가지 벌 중에 다윗이 선택한 것은? (삼하 24:10-17)

① 칠년 동안의 기근

② 원수로부터의 삼 개월 간 도피 생활

③ 사흘 동안의 전염병

④ 회개함으로 벌을 받지 않았다

**정답** ③

5. 인구조사로 인해 죽은 백성의 수는? (삼하 24:15)

① 칠십 명 ② 칠천 명

③ 칠백 명 ④ 칠만 명

**정답** ④

6. 다윗이 주님의 징계를 멈추기 위해 번제와 화목제를 드린 곳의 이름은?(삼하 24:18-25)

① 바아래의 타작마당

② 아라우나의 타작마당

③ 나하래의 타작마당

④ 야센의 타작마당

**정답** ②

7. 다음 연결 중 옳은 것은?(삼하 24:18-25)

① 갓-제사장

② 나단-인구조사

③ 아라우나-은 삼십 세겔

④ 여부스-아라우나

**정답** ④

# 열왕기상

**열왕기상 1장**

1. 아비삭과 관련이 없는 것은 무엇인가?(왕상 1:4)
   ① 그녀는 수넴 여인이다
   ② 용모가 심히 아름다웠다
   ③ 다윗 왕의 아들을 낳았다
   ④ 나이 많아 늙은 다윗 왕을 받들어 모시기 위해 뽑혀온 여인이었다

   **정답** ③

2. 다윗 왕의 말년에 스스로 왕이 되고자 했던 아도니야의 모습에 대한 설명으로 옳지 않은 것은 무엇인가?(왕상 1:6)
   ① 압살롬 다음에 태어난 자이다
   ② 용모가 심히 준수한 자였다
   ③ 한 번도 다윗을 섭섭하게 한 일이 없었다
   ④ 키가 이스라엘 백성들보다 어깨 위만큼 더 컸다

   **정답** ④

3. 다윗의 왕위 세습과정에 있었던 일들을 설명한 것이다. 적절치 못한 것은 무엇인가? (왕상 1:5-37)
   ① 스루야의 아들 요압과 제사장 사독은 아도니야의 편에 섰다
   ② 선지자 나단과 여호야다의 아들 브나야는 솔로몬의 편에 섰다
   ③ 아도니야는 양과 소와 살찐 송아지를 잡아 자신을 지지하는 자들과 함께 잔치를 벌였다
   ④ 밧세바는 다윗을 찾아가 자신의 아들 솔로몬을 왕으로 지명하여 줄 것을 간청하였다

   **정답** ①

**열왕기상 2장**

1. 다윗이 솔로몬에게 유언한 내용에 속하지 않는 것은 무엇인가?(왕상 2:1-9)
   ① 너는 힘써 대장부가 되어라.
   ② 바르실래의 아들들을 선대해 주어라.
   ③ 영토를 확장하는데 전력을 기울이라.
   ④ 여호와의 계명과 율례와 증거를 모세의 율법에 기록된 대로 지키라.

   **정답** ③

2. 아도니야가 밧세바를 통하여 솔로몬에게 간청한 내용 중 알맞은 것은 무엇인가?(왕상 2:16-17)
   ① 수넴 여인 아비삭을 자신의 아내로 삼게 해 달라고 하였다
   ② 솔로몬의 왕위를 자신에게 돌려 달라고 하였다
   ③ 제사장 아비아달과 요압의 생명을 살려달라고 구하였다
   ④ 땅의 일부와 재물을 달라고 청하였다

   **정답** ①

3. 솔로몬이 왕권을 확립하는 과정에서 있었던 일이 아닌 것은 무엇인가?(왕상 2:28-46)

① 아비아달의 제사장 직분을 파면하고 고향 아나돗으로 쫓아낸 후 사독을 그 직에 임명하였다

② 시므이가 예루살렘 경내를 떠나지 않도록 한 지시사항을 어겼으나 다윗의 유언에 따라 선대해주었다

③ 아비아달의 추방 소식을 들은 요압이 도망하여 제단 뿔을 잡았으나 브나야를 보내 그를 죽였다

④ 아도니야는 아비삭을 아내로 맞이하려 했다가 솔로몬의 명령에 따라 브나야에게 처형당했다

**정답** ②

## 열왕기상 3장

1. 솔로몬이 기브온 산당에서 일천번제를 드린 후 하나님께 구한 내용으로 옳은 것은 무엇인가?(왕상 3:4-11)

① 자신을 위하여 장수와 명예를 구하였다

② 백성들의 송사를 듣고 분별하는 지혜를 구하였다

③ 자기 원수의 생명을 멸하는 것을 구하였다

④ 하나님의 성전을 건축하는 일을 간절히 구하였다

**정답** ②

2. 흔히 솔로몬을 '지혜의 왕'이라고 부르게 된 결정적인 사건의 내용이 열왕기상 3장 16-28절에 기록되어 있다. 다음 내용 중 적절하지 못한 것은 무엇인가?(왕상 3:16-28)

① 두 여인이 한 아기를 서로 자기 아들이라고 고집하였다

② 솔로몬은 아기의 몸을 반으로 자르라는 판결을 내렸다

③ 진짜 어머니는 자신의 죄를 사실대로 고백하고 아기를 살려달라고 애원하였다

④ 솔로몬의 판결을 듣고 온 이스라엘이 왕을 두려워하였다

**정답** ③

## 열왕기상 4장

1. 솔로몬이 거느린 신하들의 이름과 직책이 바르게 연결되지 않은 것은 무엇인가?(왕상 4:1-6)

① 사독과 아비아달 - 제사장

② 브나야 - 군사령관

③ 엘리호렙과 아히야 - 서기관

④ 나단 - 지방 관장의 두령

**정답** ④

2. 솔로몬이 하나님으로 받은 축복과 영화의 내용을 설명한 것이다. 여기에 속하지 않는 것은 무엇인가?(왕상 4:20-34)

① 솔로몬이 블레셋 사람의 땅, 애굽 지경에 미치기까지의 모든 나라를 다스리고, 그 나라들에게서 조공을 받았다

② 솔로몬은 이방여인들을 멀리하였고, 그로 인해 국가가 더 부강해졌다

③ 유다와 이스라엘의 인구가 바닷가의 모래 같이 많게 되었고, 먹고 마시며 즐거워하였다

④ 솔로몬의 지혜가 동쪽 모든 사람의 지혜와 애굽의 모든 지혜보다 뛰어났다

**정답** ②

열왕기상 5장

1. 솔로몬이 성전 건축을 준비하는데 있어서 도움을 준 두로의 왕 히람에 대한 설명으로 옳지 않은 것은 무엇인가?(왕상 5:1-12)
   ① 그는 솔로몬과 친목이 두터웠고, 그의 부친은 다윗과 가까운 사이였다
   ② 그는 솔로몬의 부탁을 듣고 크게 기뻐하였고, 여호와를 찬양하였다
   ③ 그는 솔로몬에게 성전 건축을 위한 백향목, 잣나무 재목, 건축 기술자들을 제공하였다
   ④ 그는 솔로몬에게 자신의 왕실을 위하여 식량을 제공해 줄 것을 청하였다

   **정답** ①

2. 솔로몬이 성전 건축을 준비하는데 있어서 이스라엘 내부에서 실시한 일들로 맞지 않는 것은 무엇인가?(왕상 5:13-18)
   ① 목재 운반을 위하여 역군 3만 명을 부역시켰다
   ② 아도니람을 감독자로 세웠다
   ③ 짐꾼 7만 명, 산에서 돌을 뜨는 자 8만 명을 성전을 건축하는 일에 담당시켰다
   ④ 솔로몬의 건축자, 히람의 건축자, 암몬 사람이 성전을 건축하기 위하여 재목과 돌들을 다듬고 갖추었다

   **정답** ④

열왕기상 6장

1. 다음은 솔로몬이 지은 성전에 대해 설명한 것들이다. 맞지 않는 것은 무엇인가?(왕상 6장)
   ① 성전의 길이가 60규빗, 너비가 20규빗, 높이가 30규빗이다
   ② 성전은 솔로몬이 왕위에 오른 지 4년째부터 시작되어 7년간 계속되었다
   ③ 솔로몬이 지은 성전의 주된 재료는 감람나무이다
   ④ 내소(지성소)는 여호와의 언약궤를 두기 위하여 마련한 것이다

   **정답** ③

2. 열왕기상 6장 11-13절에서 하나님이 성전을 짓고 있는 솔로몬에게 임하여 말씀하신 내용들이다. 다음 중에서 거리가 먼 것은 무엇인가?(왕상 6:11-13)
   ① 네가 나의 율례와 계명을 그대로 지켜 행하면 다윗에게 한 말을 네게서 확실히 이룰 것이다
   ② 네가 나의 율례와 계명을 그대로 지켜 행하면 내가 이스라엘 자손 가운데에 거할 것이다
   ③ 네가 나의 율례와 계명을 그대로 지켜 행하면 내가 네게 세상 모든 나라를 줄 것이다
   ④ 네가 나의 율례와 계명을 그대로 지켜 행하면 내가 이스라엘을 버리지 아니할 것이다

   **정답** ③

열왕기상 7장

1. 솔로몬이 지은 왕궁에 대하여 설명하는 것들 중에서 적절하지 않은 것은 무엇인가?(왕상 7:1-12)
   ① 솔로몬은 12년 동안 왕궁을 건축하였다
   ② 왕궁의 크기는 길이 100규빗, 너비 50규빗, 높이 30규빗이다

③ 왕궁 안에는 재판을 하는 주랑, 바로의 딸을 위한 궁도 있다

④ 왕궁의 주 건축 재료는 백향목과 다듬은 돌들이다

**정답** ①

2. 솔로몬이 건축한 성전 안에 세워진 두 기둥에 대한 설명으로 맞지 않는 것은 무엇인가?
(왕상 7:13-22)

① 놋 일에 지혜와 총명과 재능을 구비한 두로 사람 히람이 만들었다

② 두 기둥은 레바논 나무로 만들었다

③ 두 기둥은 성전의 주랑 앞 좌우편에 세웠는데, 오른쪽 기둥을 야긴이라고 불렀고 왼쪽 기둥을 보아스라고 불렀다

④ 두 기둥 꼭대기에는 백합화 형상이 있다

**정답** ②

3. 히람이 만든 성전 안의 내용물들에 관하여 설명한 것이다. 올바르지 못한 것은 무엇인가?
(왕상 7:23-50)

① 놋으로 된 바다를 만들었고 그것을 12마리의 소가 받쳤다

② 놋으로 된 받침 수레와 물두멍을 각각 10개씩 만들었다

③ 그가 솥, 부삽, 대접들을 놋으로 제작하였다

④ 그가 성전 내에 분향할 제단을 조각목으로 만든 후 놋으로 덧입혔다

**정답** ④

## 열왕기상 8장

1. 다음은 솔로몬에 의해 언약궤가 옮겨지는 과정을 말한 것이다. 적절치 못한 것은 무엇인가?
(왕상 8:1-9)

① 언약궤가 솔로몬에 의해 성전으로 옮기기 전에 있던 장소는 블레셋의 다곤 신전이다

② 언약궤를 제사장들이 어깨에 메고 운반하였다

③ 솔로몬 왕과 언약궤 앞에 모인 이스라엘 회중들은 양과 소로 제사를 지냈다

④ 언약궤는 지성소 안에 안치되었고, 그 궤 안에는 모세의 두 돌판이 들어있다

**정답** ①

2. 하나님께서 솔로몬이 건축한 성전을 기뻐하신 증거로 알맞은 것은 무엇인가?(왕상 8:10-11)

① 단비를 내려주셨다

② 무지개를 보여주셨다

③ 구름이 성전에 가득하였다

④ 성전에 빛을 비추어주셨다

**정답** ③

3. 솔로몬이 성전을 봉헌하면서 하나님께 드린 기도의 내용을 설명한 것이다. 그 내용이 적절하지 못한 것은 무엇인가?(왕상 8:22-53)

① 주의 백성 이스라엘이 범죄한 후, 주께 돌아와 주의 이름을 인정하고 성전에서 기도하면 죄를 사하시고 그들의 조상들에게 주신 땅으로 돌아오게 하옵소서.

② 무슨 재앙이나 무슨 질병이 있든지 막론하고 한 사람 혹은 주의 온 백성 이스라엘이 자기의 마음에 이를 깨닫고 성전을 향하여 기도하면 하늘에서 들으시고 사하소서.

③ 이방인들이 주의 펴신 팔의 소문을 듣고 와서 성전을 향하여 기도하면 그들이 부르짖는 대로 이루어 주옵소서.

④ 내 자손이 왕위에서 끊어지지 않게 하옵시고, 주의 전이 만민의 피난처가 되게 하옵소서.

**정답** ④

4. 솔로몬이 여호와를 향하여 성전 봉헌 기도를 드린 후 이스라엘 백성들을 축복하면서 분부한 내용으로 바르지 못한 것은 무엇인가? (왕상 8:54-61)

① 여호와를 찬송하라

② 마음을 여호와께 온전히 바쳐 완전하게 하라

③ 여호와의 법도를 행하며 그의 계명을 지키라.

④ 성전 안에서 쉬지 말고 기도하라.

**정답** ④

5. 다음은 솔로몬의 성전 봉헌식을 이야기한 것이다. 알맞지 않는 것은 무엇인가?(왕상 8:62-66)

① 솔로몬이 여호와께 드린 희생 제물로 소가 이만 이천 마리, 양은 십이만 마리이다

② 솔로몬은 7일 동안 성전 봉헌식을 거행하였다

③ 성전 봉헌식에는 하맛 어귀에서부터 애굽 강까지의 온 이스라엘의 큰 회중들이 함께 참석하였다

④ 솔로몬과 이스라엘 백성들이 여호와께서 베푸신 은혜로 말미암아 기쁨과 즐거움이 마음에 가득하였다

**정답** ②

## 열왕기상 9장

1. 솔로몬이 성전 및 왕궁 건축을 마치고 기브온에서 기도하였을 때, 여호와께서 그 기도에 응답하신 내용으로 적절하지 못한 것은 무엇인가? (왕상 9:1-9)

① 너에게 지혜와 총명을 주어 열방에 너와 같은 자가 없을 것이다

② 네가 건축한 성전을 거룩하게 구별하여 나의 이름을 영원히 그 곳에 둘 것이다

③ 네가 마음을 온전히 하고 나의 명령을 순종하여 법도와 율례를 지키면 네 이스라엘의 왕위를 영원히 견고하게 할 것이다

④ 나의 계명과 법도를 지키지 아니하고 다른 신을 섬기면 이스라엘을 끊어버리고 거룩한 성전을 던져 버릴 것이다

**정답** ①

2. 솔로몬의 성전 및 왕궁 건축이외에 나머지 건축업적을 설명하는 것이 아닌 것은 무엇인가? (왕상 9:15-28)

① 이스라엘의 주요 지역에 말과 전차 부대를 배치시키기 위해 병거성과 마병의 성을 건축하였다

② 바로의 딸을 위하여 밀로를 건축하였다

③ 에시온게벨에 큰 항구를 짓고 배를 건조하였다

④ 이스라엘의 각 지방마다 여호와를 위한 성전들을 건축하였다

**정답** ④

## 열왕기상 10장

1. 스바의 여왕이 솔로몬을 방문한 목적으로 타당한 것은 무엇인가?(왕상 10:1)

① 솔로몬에게 세금을 바치기 위함이다

② 솔로몬과 정략결혼을 하여 자신의 국가를 지키고자 함이다

③ 솔로몬의 명성을 듣고 와서 어려운 문제로 그를 시험하고자 찾아왔다
④ 솔로몬과 해상무역에 대한 협상을 하기 위해서 방문하였다

**정답** ③

2. 열왕기상 10장 14-29절에서 솔로몬의 재산과 지혜를 설명한 것들이다. 여기에 속하지 않는 것은 무엇인가?
① 솔로몬의 세입금의 무게가 금 육백육십육 달란트였다
② 솔로몬이 상아로 자신의 큰 보좌를 만들고 그 위에 정금을 입혔다
③ 솔로몬 왕이 마시는 모든 그릇은 다 금이었다
④ 솔로몬은 하나님으로부터 받은 재산과 지혜를 이스라엘 백성들과 함께 나누었다

**정답** ④

## 열왕기상 11장

1. 타락한 솔로몬에 대하여 설명한 글이다. 그 중에서 적절하지 못한 것은 무엇인가?(왕상 11:1-8)
① 솔로몬이 시돈 사람의 여신 아스다롯을 따르고 암몬 사람의 가증한 밀곰을 숭배하였다
② 솔로몬이 자기를 위하여 예루살렘에 기념비를 세웠다
③ 이방 여인들을 위해 산당을 지어주고, 그녀들이 자신들의 신들에게 분향하며 제사할 수 있도록 해주었다
④ 이방 여인들과 결혼하지 말라는 하나님의 명령을 어기고 이방 출신의 후궁 700명, 첩 300명을 거느렸다

**정답** ②

2. 하나님을 향한 열정과 믿음의 순수성을 잃어버린 솔로몬에게 말씀하신 심판의 내용으로 맞는 것은 무엇인가?(왕상 11:9-13)
① 네가 죽고 난 후, 다윗과 예루살렘을 위한 한 지파를 제외한 나머지의 나라를 빼앗아 네 신하에게 줄 것이다
② 사흘 동안 전국에 걸친 전염병을 형벌로 내릴 것이다
③ 칠년 동안 기근과 흉년이 들 것이다
④ 너에게 큰 중병이 임할 것이다

**정답** ①

3. 북 이스라엘의 초대 왕이 되기 이전의 여로보암에 대하여 설명한 것들이다. 적절치 못한 것은 무엇인가?(왕상 11:26-40)
① 솔로몬의 신하로서 공사감독관이었다
② 큰 용사였고, 부지런한 자였다
③ 예언자 아히야로부터 하나님께서 10지파를 합하여 북 왕국을 만드실 것이라는 비밀스러운 계획을 듣게 되었다
④ 솔로몬 재위 시절 반란의 실패로 인하여 다메섹으로 피신하였다

**정답** ④

## 열왕기상 12장

1. 솔로몬이 죽고 그의 아들 르호보암이 등극하면서 이스라엘의 대표들이 세겜에 모여 그에게 요구한 사항은 무엇인가?(왕상 12:4)
① 솔로몬과는 달리 강제노역과 지나친 세금을 줄여줄 것을 요구하였다
② 벧엘과 단 지역에 여호와께 제사를 드릴 수 있는 제단을 건축해 달라고 하였다

③ 다윗과 같이 여호와의 율례와 명령을 열심히 지켜줄 것을 요구하였다
④ 예루살렘을 비롯하여 각 성읍에 세워진 우상들을 제거해 줄 것을 요구하였다

**정답** ①

2. 이스라엘 왕국이 분열되고 난 후, 북쪽 이스라엘의 여로보암이 시행한 일들을 설명하는 것들 중에서 올바르지 않은 것은 무엇인가?
(왕상 12:25-33)
① 에브라임 산지에 위치한 세겜을 정치적인 수도로 정했다가 후에 부느엘로 옮겼다
② 북쪽의 백성들이 여호와의 성전에 제사를 드리기 위해 예루살렘에 가는 것을 막고자 벧엘과 단에 금송아지 상을 건립하였다
③ 가나안 사람들 내지는 이방 사람들과 평화 공존 관계를 유지하기 위하여 다른 종교들을 용인하고 장려하였다
④ 산당들을 짓고 레위 자손이 아닌 보통 백성들로 제사장을 삼았다

**정답** ③

## 열왕기상 13장

1. 벧엘의 제단 곁에 서서 분향하는 여로보암을 향하여 불길한 예언을 한 하나님의 사람에 대한 설명으로 옳지 않은 것은 무엇인가?(왕상 13:1-10)
① 다윗 후손 중의 하나인 요시야가 벧엘 제단에서 분향하는 산당 제사장을 제물로 바치고 그들의 뼈를 태울 것이라고 예언하였다
② 하나님의 사람은 하나님의 말씀의 징조로 제단이 갈라지며 재가 제단에서 쏟아질 것이라고 선포하였고 그것은 이루어졌다
③ 불길한 예언을 하는 하나님의 사람에게 여로보암이 손을 펴서 잡으라고 했을 때, 여로보암의 손은 마르게 되었는데 하나님의 사람의 기도로 왕의 손은 다시 성하게 되었다
④ 여로보암이 하나님의 사람을 왕궁으로 데려가 극진히 대접하였고, 많은 예물을 주었다

**정답** ④

2. 여로보암의 잘못을 책망하던 하나님의 사람은 자신의 고향 유다로 돌아가지 못하고 비극적인 죽음을 맞이하게 된다. 그와 관련된 내용으로 알맞지 않은 것은 무엇인가?(왕상 13:11-32)
① 하나님의 사람은 벧엘의 한 늙은 선지자의 속임수로 인하여 그곳에서 떡, 물도 마시지 말고 왔던 길로 되돌아가지 말라는 하나님의 명령을 어기게 되었다
② 천사는 나이가 젊은 선지자에게 유다에서 온 하나님의 사람에게 떡을 먹이고 물을 마시우게 하라고 전하였다
③ 유다에서 온 하나님의 사람은 사자에게 물려 죽었다
④ 벧엘의 늙은 선지자는 슬피 울며 유다에서 온 하나님의 사람을 자기의 묘실에 두었다

**정답** ②

## 열왕기상 14장

1. 다음 중 여로보암을 향한 예언자 아히야의 심판 선포로 적절하지 않은 것은 무엇인가?
(왕상 14:1-17)
① 하나님의 긍휼하심과 자비하심으로 인해 심판이 여로보암 때에는 임하지 않고 다음 세대에 임할 것이다

② 여로보암이 악을 행하고 다른 신을 위한 우상을 만들었기에 여호와께서 그에게 재앙을 내리실 것이다

③ 하나님께서 이스라엘 위에 한 왕을 일으켜서 여로보암의 집을 끊어버리게 하실 것이다

④ 하나님께서 이스라엘을 쳐서 조상들에게 주신 좋은 땅에서 그들을 흩어지게 하실 것이다

**정답** ①

2. 유다 왕 르호보암의 행적을 설명한 것이다. 이 중에서 적절하지 않은 내용은 무엇인가? (왕상 14:21-31)

① 북 이스라엘의 여로보암과 화해를 시도하였다

② 산 위와 푸른 나무 아래에 산당과 우상과 아세라 상을 세웠다

③ 그가 통치할 때에 유다 땅에 남색하는 자들이 있었다

④ 애굽 왕 시삭이 쳐들어왔을 때 그 침공을 막지 못하고 예루살렘 성전과 왕궁의 모든 보물을 빼앗기는 수모를 당하였다

**정답** ①

## 열왕기상 15장

1. 남 유다 왕 아사의 종교개혁을 설명한 것들 중 해당되지 않는 내용은 무엇인가?(왕상 15:9-24)

① 남색하는 자를 그 땅에 쫓아냈다

② 조상들이 만든 우상을 없앴다

③ 모든 산당을 헐어버렸다

④ 자신의 모친인 마아가가 아세라 상을 만든 이유로 태후의 자리를 폐하였다

**정답** ③

2. 아사와 이스라엘의 왕 바아사 사이에 발생한 전쟁을 설명한 것이다. 그 내용으로 적절하지 못한 것은 무엇인가?(왕상 15:16-22)

① 바아사가 남 유다 지역에 속한 '라마'라는 성을 빼앗고 주위에 성벽 요새를 건축하였다

② 아사는 다메섹의 아람 왕 벤하닷에게 성전과 왕궁에 있던 수많은 은과 금을 대가로 주고 군사적 지원을 요청하였다

③ 아사는 전쟁의 위기 앞에서 유다의 모든 백성들에게 금식을 선포하고 함께 기도하도록 요청하였다

④ 전쟁에서 패한 바아사는 '라마'의 요새 건축을 포기하고 군대를 철수시켰다

**정답** ③

3. 북 이스라엘의 왕 나답과 관련된 설명으로 옳지 않은 것은 무엇인가?(왕상 15:25-32)

① 왕이 된지 2년 되던 해에 바아사의 반란에 의해 살해당하였다

② 수도를 세겜에서 부느엘로 옮겼다

③ 여로보암이 만든 금송아지 상을 숭배하는 일을 계속하였다

④ 여호와 보시기에 악하였다

**정답** ②

## 열왕기상 16장

1. 북 이스라엘의 다섯 번째 왕 시므리에 대해 설명한 것들이다. 그 내용으로 적절하지 못한 것은 무엇인가?(왕상 16:15-20)

① 북 왕국의 병거 부대의 절반을 지휘하던 장교였다

② 왕위에 오를 때에 바아사의 온 집안사람들을

다 죽였다

③ 왕위 재위 기간이 일 년으로 역대 왕들의 통치 기간 중 가장 짧다

④ 오므리가 반란을 일으키고, 성이 함락 당하자 자신의 왕궁에 불을 놓고 그 가운데에서 죽었다

**정답** ③

2. 다음 내용들 중 북 이스라엘 왕 오므리와 관련이 없는 것은 무엇인가?(왕상 16:21-28)

① 오므리는 그 이전의 북 왕국의 어떤 왕들보다도 더욱 악한 왕이었다

② 그는 은 두 달란트로 사마리아 산을 사서 그곳에 도성을 건축하고 북 왕국의 수도로 정하였다

③ 오므리가 왕 위에 오르자 백성들 중의 일부는 기낫의 아들 디브니를 왕위에 추대하였다

④ 그는 여로보암 가문을 완전히 몰살시킨 후에 왕으로 등극하였다

**정답** ④

3. 오므리의 아들이었던 북 이스라엘 아합 왕과 관련된 일들로 적절하지 않은 설명은 무엇인가?(왕상 16:29-34)

① 시돈의 왕 엣바알의 딸 이세벨과 정략적으로 결혼하였다

② 예후에 의하여 창문 밖으로 내던져져 몸이 박살나는 죽임을 당하였다

③ 사마리아에 바알 신전을 건축하고 바알을 위한 제단들을 쌓았다

④ 22년 동안 북 이스라엘을 통치하였고, 여호와 보시기에 온갖 악을 행하였다

**정답** ②

## 열왕기상 17장

1. 아합 왕 시절 커다란 가뭄이 닥쳐왔을 때 그릿 시냇가에 숨은 엘리야에게 있었던 일들을 서술한 것이다. 옳지 않은 것은 무엇인가?(왕상 17:1-7)

① 엘리야는 아합 왕에게 수년 동안 가뭄이 있을 것이라는 사실을 선포하고 여호와의 명령에 따라 그릿 시냇가로 숨었다

② 여호와께서 엘리야에게 그릿 시냇가의 물을 마시라고 명하셨다

③ 여호와께서는 엘리야에게 만나와 메추라기를 보내주셨다

④ 그릿 시냇가에 숨은 엘리야에게 까마귀들이 아침과 저녁에 떡과 고기를 가져왔다

**정답** ③

2. 다음은 엘리야가 시돈에 속한 사르밧 지역에서 일으킨 기적의 내용들을 설명한 것이다. 옳지 않은 설명은 무엇인가?(왕상 17:8-24)

① 엘리야가 사르밧 지역의 과부를 위해 통의 가루가 떨어지지 아니하고 병의 기름이 없어지지 아니하는 기적을 일으켰다

② 엘리야는 사르밧 과부의 죽은 아들을 살려내는 기적을 일으켰다

③ 엘리야는 새 그릇에 소금을 담아 뿌려 사르밧 지역의 나쁜 물을 좋은 물로 고치는 기적을 일으켰다

④ 사르밧 여인은 기적을 일으킨 엘리야에게 "하나님의 사람이요, 당신의 입에 있는 하나님의 말씀이 진실하다"고 고백하였다

**정답** ③

## 열왕기상 18장

1. 다음은 여호와를 지극히 경외하는 자인 오바댜에 대해 설명한 것들이다. 그 설명으로 적절치 못한 것은 무엇인가?(왕상 18:1-16)
   ① 오바댜는 이세벨의 박해 가운데 선지자 백명을 오십 명씩 굴에 숨기고 떡과 물을 제공하였다
   ② 오바댜는 아합의 궁내 대신이었다
   ③ 오바댜는 물이 있는 곳을 찾아다니는 가운데 엘리야를 만났고, 아합에게 엘리야가 있는 곳을 알려주었다
   ④ 오바댜는 아합이 우상숭배로 인하여 여호와께서 그의 왕조를 멸하실 것이라는 예언을 하였다

   **정답** ④

2. 갈멜 산에서의 대결투에 관한 설명들이다. 그 내용이 바르지 못한 것은 무엇인가?
(왕상 18:20-40)
   ① 엘리야는 바알 선지자 400명과 아세라 선지자 450명과 대결하였다
   ② 엘리야는 하나님께 기도하기 전에 먼저 무너진 여호와의 제단을 수축하였다
   ③ 대결에서 승리한 엘리야는 바알의 선지자들을 기손 시내로 데리고 가서 죽였다
   ④ 갈멜 산에서 하나님의 위대한 능력의 사건을 본 백성들은 여호와를 하나님으로 인정하였다

   **정답** ①

## 열왕기상 19장

1. 다음은 이세벨이 자신을 죽이려 한다는 말을 듣고 엘리야가 두려워 도망쳤을 때 하나님께서 엘리야에게 행하신 일들을 설명한 것들이다. 적절치 못한 내용은 무엇인가?(왕상 19:1-18)
   ① 하나님께서 천사를 통하여 엘리야에게 먹을 음식을 제공해 주셨다
   ② 하나님께서 엘리야에게 강풍 속에서, 지진 속에서, 불 가운데에 현현하셨다
   ③ 하나님께서 엘리야에게 다메섹의 하사엘과 예후와 엘리사에게 기름을 부으라고 명하셨다
   ④ 하나님께서 이스라엘 가운데 바알에게 무릎 꿇지 않은 7천명을 남겨놓았다고 말씀하셨다

   **정답** ②

2. 엘리야가 하나님의 명령에 따라 엘리사를 자신을 대신할 선지자로 삼으려 하였을 때, 엘리야는 엘리사에게 어떤 행동을 하였는가?
(왕상 19:19-21)
   ① 엘리야가 엘리사에게 자신의 겉옷을 던졌다
   ② 엘리야가 엘리사의 얼굴에 입을 맞추었다
   ③ 엘리야가 엘리사에게 기적을 보여주었다
   ④ 엘리야가 엘리사를 산당으로 데려가 그곳에서 함께 여호와를 향하여 번제를 드렸다

   **정답** ①

## 열왕기상 20장

1. 다음은 이스라엘 왕 아합과 아람 왕 벤하닷 사이에 벌어진 전쟁에 관하여 설명한 것들이다. 그 중에서 옳지 않은 것은 무엇인가?(왕상 20:1-34)

① 아합은 여호와의 도우심으로 인하여 벤하닷과의 전쟁에서 승리하였다
② 벤하닷과 그의 신하들은 굵은 베로 허리를 동이고 테두리를 머리에 쓰고 아합에게 항복하였다
③ 아합은 여호와의 명령에 따라 벤하닷을 죽였다
④ 아합은 벤하닷이 자신의 형제라고 말했고, 벤하닷은 아합에게 이전에 자신의 부친이 빼앗은 성읍을 돌려주었다

**정답** ③

2. 아합 왕이 항복한 벤하닷을 석방한 것을 좋지 않게 생각하여 수건으로 자신의 눈을 가리고 들어간 선지자가 아합의 죄를 지적하기 위하여 든 비유는 무엇인가?(왕상 20:39)
① 가시나무와 백향목에 관한 비유
② 끓는 가마에 관한 비유
③ 독수리 두 마리와 포도나무에 관한 비유
④ 생명 혹은 은 한 달란트를 건 인질에 관한 비유

**정답** ④

### 열왕기상 21장

1. 열왕기상 21장은 '나봇의 포도원 사건'을 기록하고 있다. 아합 왕이 나봇에게 그의 포도원을 팔든지 아니면 더 좋은 포도원을 줄 것이니 바꾸자고 제안하였다. 그런데 나봇은 이를 거절한다. 거절한 이유로 적절치 않은 것은 무엇인가?
(왕상 21:1-4)
① 나봇의 포도원은 조상으로부터 물려받은 유산이기 때문에 누구에게라도 팔 수 없었다
② 이스라엘 모든 땅의 주인은 하나님이시기 때문에 나봇의 마음대로 처분할 수 없었다
③ 나봇의 포도원이 이스라엘에서 가장 기름 진 지역인 이스르엘 평야 지역에 위치하고 있었기 때문이다
④ 이스라엘의 전통적인 법에 따르면 이득을 보기 위해서 땅을 사고파는 일은 금지되었기 때문이다

**정답** ③

2. 나봇이 포도원을 왕에게 파는 것을 거부했다는 소식을 들은 이세벨이 취한 행동은 무엇인가?
(왕상 21:8-10)
① 각 도성의 장로들에게 편지를 보내 나봇이 하나님과 왕을 저주했다는 죄목으로 증인을 세워 그를 죽이라고 명하였다
② 왕궁의 군사를 보내 창과 칼로 나봇을 죽이라고 명하였다
③ 나봇을 이스라엘 진영 밖으로 내쫓아 버린 후 포도원을 빼앗았다
④ 나봇에게 억울한 누명을 씌워 나무에 매달아 죽였다

**정답** ①

3. 나봇이 억울하게 죽임을 당하게 되었을 때, 엘리야가 아합에게 찾아가 선포한 예언의 내용을 설명한 것이다. 적절치 않은 것은 무엇인가?
(왕상 21:17-26)
① 개들이 나봇의 피를 핥은 곳에서 개들이 아합의 피도 핥으리라.
② 아합을 쓸어버리되 아합에게 속한 남자는 이스라엘 가운데 매인 자나 놓인 자를 다 멸할 것이다
③ 개들이 이스르엘 성읍 곁에서 이세벨을 먹을

것이다

④ 아합의 남은 통치 기간 동안 이스라엘 지역에 극심한 가뭄이 있을 것이다

**정답** ④

4. '나봇의 포도원 사건'에서 아합과 이세벨이 취한 행동들은 십계명에 속한 내용들 중 여러 가지 계명을 범한 것이다. 범한 계명을 설명한 것들로 옳지 않은 것은 무엇인가?(왕상 21장)

① 3계명 - 너는 네 하나님 여호와의 이름을 망령되게 부르지 말라.

② 6계명 - 살인하지 말라.

③ 9계명 - 이웃에 대해 거짓 증거하지 말라.

④ 10계명 - 네 이웃의 소유를 탐내지 말라.

**정답** ①

## 열왕기상 22장

1. 아합 왕이 남 유다 왕 여호사밧과 연합하여 길르앗 라못을 치려 할 때, 이를 반대한 선지자 미가야에 대한 설명으로 틀린 것은 무엇인가?(왕상 22:8-28)

① 미가야는 이믈라의 아들로서 아합의 미움을 받는 선지자였다

② 미가야는 아합에게 길르앗 라못의 전투에 나가면 죽게 될 것이라고 예언하였다

③ 미가야는 아합이 여호와께 지은 범죄와 그에 따른 심판을 선포하였다

④ 미가야는 거짓선지자 시드기야에게 뺨을 맞고 아합의 명에 따라 옥에 갇혔다

**정답** ③

2. 남 유다 왕 여호사밧이 행한 종교개혁의 조처에 속하는 것은 무엇인가?(왕상 22:46)

① 성전의 윗문을 건축하였다

② 아버지의 시대에 남아있던 남색하는 자들을 쫓아냈다

③ 여러 산당을 제거하고 주상을 깨뜨리며 아세라 목상을 찍었다

④ 우상을 섬기게 한 제사장들을 폐하고 해와 달과 하늘의 모든 별들을 위하여 만든 제단, 기구들을 불살랐다

**정답** ②

3. 북 이스라엘의 왕 아하시야의 불신앙을 설명한 내용들이다. 그 중에서 옳지 않은 것은 무엇인가?(왕상 22:51-53)

① 아버지 아합, 어머니 이세벨처럼 바알숭배에 열심이었다

② 여로보암이 벧엘과 단에 만들어 놓은 금송지 상을 숭배하였다

③ 여호와께 악을 행하였다

④ 자기의 아들을 불 가운데로 지나가게 하였고, 일월성신을 위하여 제단들을 쌓았다

**정답** ④

4. 이스라엘 왕국의 분열 이후, 열왕기상에 나타나는 남 유다 왕들의 통치 순서를 나열한 것이다. 옳은 것은 무엇인가?

① 르호보암-아사-아비얌-여호사밧

② 르호보암-아비얌-여호사밧-아사

③ 르호보암-아비얌-아사-여호사밧

④ 르호보암-아사-여호사밧-아비얌

**정답** ③

5. 열왕기상에 나타나는 북 이스라엘의 왕위 계승 순서를 정렬한 것이다. 올바르게 된 것은 무엇인

가?

① 여로보암-바아사-나답-엘라-시므리-오므리-아합-아하시야

② 여로보암-나답-바아사-엘라-시므리-오므리-아합-아하시야

③ 여로보암-시므리-나답-바아사-엘라-오므리-아합-아하시야

④ 여로보암-엘라-시므리-나답-바아사-오므리-아합-아하시야

**정답** ②

6. 엘리야에 관한 이야기에 속하지 않는 것은 무엇인가?(왕상 17:1-19:18; 21:1-27)

① 갈멜산 이야기

② 수넴여인 이야기

③ 호렙산에서 하나님과 만난 이야기

④ 사르밧 과부에게서 음식을 대접 받은 이야기

**정답** ②

7. 북 이스라엘의 왕 오므리, 아합, 아하시야를 통틀어 일명 '오므리 왕조'로 지칭하는데, 오므리 왕조 때 있었던 일들을 설명한 것들 중 적절하지 못한 것은 무엇인가?(왕상 16:21-34; 22:4-44)

① 주변 국가들과 동맹을 맺고 평화로운 관계를 유지하였다

② 개방적이고 혼합주의적인 종교정책을 펼쳐나갔다

③ 주요 군사지역에 기념비적인 요새들과 여러 성읍들을 건축하였다

④ 사법제도를 개혁하고 잘 정비하였다

**정답** ④

# 열왕기하

열왕기하 1장

1. 아하시야가 죽은 근본적인 이유는 무엇인가?(왕하 1:1-4)
① 몸이 약해서
② 모압의 반란으로 인해
③ 하나님보다 바알세불 더 믿었으므로
④ 침상에서 일어나질 못해서
**정답** ③

2. 아하시야가 엘리야에게 보낸 첫 번째와 두 번째 보낸 오십 부장과 그의 군사 오십 명에게 무슨 일이 벌어졌는가?(왕하 1:10-12)
① 불이 하늘에서 내려와 타 죽었다
② 엘리야 앞에서 회개하였다
③ 엘리야와 싸우다가 전사했다
④ 다른 길로 도망갔다
**정답** ①

3. 아하시야가 엘리야에게 세 번째 보낸 오십 부장과 그의 군사 오십 명에게 무슨 일이 벌어졌는가?(왕하 1:13-15)
① 불이 하늘에서 내려와 타 죽었다
② 엘리야 앞에서 회개하여 목숨을 구했다
③ 엘리야와 싸우다가 전사했다
④ 다른 길로 도망갔다
**정답** ②

4. 아하시야에 뒤를 이어 여호람이 왕이 된 까닭은?(왕하 1:17)
① 아하시야가 아들이 없이 죽어서
② 엘리야의 명을 따른 혁명이 성공해서
③ 하나님께서 기름 부어서
④ 하나님의 마음에 합해서
**정답** ①

열왕기하 2장

1. 엘리야는 어떻게 하나님께로 돌아갔습니까?(왕하 2:1, 11)
① 엘리사와 같이 병거를 타고 올라갔다
② 천사들이 받들어 하늘로 올라갔다
③ 구름타고 올라갔다
④ 회오리바람을 통해 하늘로 취해졌다
**정답** ④

2. 엘리사가 승천하는 엘리야에게 구한 갑절의 영감은 무엇을 의미하는가?(왕하 2:9)
① 엘리야보다 훨씬 많은 능력
② 엘리야의 계승자로서 그에게 역사했던 것과 같은 하나님의 능력
③ 엘리야보다는 못한 능력
④ 엘리야보다 세 배나 되는 능력
**정답** ②

3. 엘리사가 엘리야를 따라 다니면서 언급된 지명이 아닌 곳은?(왕하 2:2-11)

① 벧엘 ② 길갈 ③ 헤브론 ④ 요단

**정답 ③**

4. 엘리사가 엘리야로부터 겉옷을 받은 후 이루어진 일이 아닌 것은?(왕하 2:12-26)

① 요단이 갈라졌다

② 엘리사가 용감한 자 오십 명을 찾아 그와 동행시켰다

③ 엘리야의 능력이 엘리사에게도 임했다

④ 토산을 내지 못했던 나쁜 물을 좋은 물로 바꾸었다

**정답 ②**

6. 엘리사를 대머리로 놀리던 아이들이 암곰에 의해 찢겨 죽게 된 장소는 어디인가?(왕하 2:23)

① 벧엘 ② 요단강 ③ 여리고 ④ 길갈

**정답 ①**

## 열왕기하 3장

1. 이스라엘 왕 여호람에 대한 설명으로 중 맞지 않는 것은 무엇인가?(왕하 3:1-3)

① 유다 왕 여호사밧 왕 열여덟 해의 이스라엘의 왕이 되었다

② 아합의 아들이었다

③ 아합 왕 보다는 악하지 않았다

④ 느밧의 아들 여로보암의 죄를 따르지 않았다

**정답 ④**

2. 여호람이 왕이 되자 일어난 일이 아닌 것은?(왕하 3:4-8)

① 모압 왕 메사가 반역했다

② 유다 왕 여호사밧에게 같이 모압을 징벌할 것을 요구했다

③ 유다 왕 여호사밧은 그의 도움 요청을 거절했다

④ 에돔 광야길을 통해 모압을 치러 갔다

**정답 ③**

3. 모압 왕 메사와의 전투에 참여하지 않는 나라는?(왕하 3:9-12)

① 암몬 ② 이스라엘

③ 유다 ④ 에돔

**정답 ①**

4. 모압과의 전쟁을 위한 출정과정에서 일어났던 일은?(왕하 3:9-12)

① 군사와 가축에게 먹일 물이 없었다

② 에돔 왕과 전쟁을 수행했다

③ 엘리야를 만났다

④ 천군천사의 도움을 받았다

**정답 ①**

4. 모압 왕 메사와의 전쟁 가운데서 엘리사의 행동이 아닌 것은?(왕하 3:13-20)

① 처음에는 이스라엘 왕에게 당신의 부친의 선지자들에게 가라고 했다

② 유다 왕 여호사밧을 책망하였다

③ 거문고 탈자를 불러오라고 했다

④ 개천을 파라고 명령했다

**정답 ②**

5. 연합군이 전투에 나왔다는 소식을 들은 모압 사람들의 반응이 아닌 것은?(왕하 3:21-27)

① 갑옷 입을 만한 자로부터 모여 경계를 섰다

② 아침에 물이 붉은 피와 같이 됨을 보았다
③ 이스라엘을 노략하러 출정하였다
④ 이스라엘과의 전쟁에서 대승을 거두었다

**정답** ④

6. 모압과의 전투에서 연합군이 행한 행동이 아닌 것은?(왕하 3:24-27)
① 모압의 성읍을 헐었다
② 돌을 던져 좋은 밭에 가득하게 하였다
③ 기마병들이 돌아다니며 모압 사람들을 쳤다
④ 모든 샘을 메우고 좋은 나무를 베었다

**정답** ③

## 열왕기하 4장

1. 열왕기하 4장에서 엘리사가 만난 여인에 대한 설명 중 틀린 것은?(왕하 4:1-7)
① 선지자의 제자 중 한 사람의 아내였다
② 남편은 이미 죽었다
③ 빚을 준 사람이 와서 그녀의 두 아들을 종으로 삼고자 하였다
④ 엘리사가 마련해준 포도주를 팔아 생활을 할 수 있게 되었다

**정답** ④

2. 엘리사와 수넴 여인과의 만남에 대한 묘사 중 틀린 것은?(왕하 4:8-16)
① 천대 받던 여인이었다
② 수넴 여인은 엘리사에게 음식을 대접하였다
③ 수넴 여인의 남편은 이미 늙었다
④ 수넴 여인에게는 젊어서는 아들이 없었다

**정답** ①

3. 엘리사가 수넴 여인의 아들을 살리는 기사에 대한 묘사 중 옳은 것은?(왕하 4:17-37)
① 아버지의 무릎에 앉아 있다가 죽었다
② 아들이 죽자 갈멜산에 있는 엘리사에게 사환과 함께 직접 달려갔다
③ 수넴 여인은 엘리사를 떠나겠다고 맹세하였다
④ 엘리야의 지팡이를 아이 얼굴에 놓자 아이가 살아났다

**정답** ②

4. 엘리사가 다시 길갈에 이를 때에 있었던 일이 아닌 것은?(왕하 4:38-44)
① 그 땅에 흉년이 들었다
② 엘리사는 자신을 위하여 국을 끓이라고 명령하였다
③ 한 사람이 들호박으로 국을 끓였으나 사람들이 먹지 못했다
④ 한 사람이 바알 살리사에서부터 와서 보리떡 이십 개와 채소를 무리에게 먹게 하였다

**정답** ②

## 열왕기하 5장

1. 나아만 장군에 대한 묘사 중 틀린 것은?(왕하 5:1-5)
① 나아만은 아람을 구원한 크고 존귀한 자였다
② 나아만은 나병이 걸렸다
③ 어린 소년 하나를 이스라엘 땅에서 잡아왔다
④ 아람왕은 그를 고치기 위해 친해 편지를 써서 이스라엘 왕에게 보냈다

**정답** ③

2. 아람왕의 편지를 받는 이스라엘왕의 반응 중 틀린 것은?(왕하 5:6-7)

① 하나님께 믿음으로 기도하였다

② 내가 사람을 죽이고 살리는 하나님이 아니라고 한탄했다

③ 아람왕의 편지가 자신과 더불어 시비하려 함인 줄로 오해했다

④ 자신의 옷을 찢었다

**정답** ①

3. 엘리사가 나아만의 병을 고치는 과정에 대한 묘사 중 틀린 것은?(왕하 5:8-14)

① 요단강에 몸을 일곱 번 씻으라고 명령했다

② 처음에 나아만은 엘리사의 명령에 매우 분노하였다

③ 그의 종들이 와서 그에게 아람으로 돌아갈 것을 요구하였다

④ 그의 살이 어린 아이의 살 같이 회복되었다

**정답** ③

4. 나아만이 병 고침을 받은 후에 상황에 대해 바르지 않은 것은?(왕하 5:15-27)

① 엘리사의 종 게하시가 그에게 하나님의 말씀을 전했다

② 나아만은 번제물과 다른 희생 제사를 여호와에게만 드리겠다고 맹세했다

③ 나아만은 여호와께 회개하였다

④ 나아만은 게하시에게 은 두 달란트와 옷 두 벌을 주었다

**정답** ①

## 열왕기하 6장

1. 엘리사가 제자들과 요단으로 갔을 때 생긴 일이 아닌 것은?(왕하 6:1-7)

① 제자들이 거주하는 곳이 좁으므로 요단에 처소를 마련하자고 했다

② 엘리사도 이 일에 동의하였다

③ 제자 중 한 사람이 나무를 베다가 자신이 사온 쇠도끼를 빠뜨렸다

④ 엘리사가 나뭇가지를 베어 물에 던져 쇠도끼를 다시 떠오르게 하였다

**정답** ③

2. 아람과 이스라엘의 전쟁에 대한 설명 중 맞는 것은?(왕하 6:8-13)

① 하나님의 사람이 이스라엘 왕에게 전쟁에 나가라고 충고하였다

② 아람 왕은 승리를 확신하고 있었다

③ 엘리사는 당시 벧엘에 있었다

④ 아람왕의 신복은 엘리사로 인해 이스라엘이 전쟁에서 방비할 곳을 미리 안다고 전하였다

**정답** ④

3. 아람 왕이 엘리사를 잡으러 군사를 보냈을 때의 묘사 중 틀린 것은?(왕하 6:14-19)

① 하나님의 사람의 사환은 하나님의 구원을 확신하고 있었다

② 아람 왕은 엘리사를 잡기 위해 말과 병거와 많은 군사를 보냈다

③ 엘리사는 우리와 함께 한 자가 그들과 함께 한 자보다 많다고 확신하였다

④ 엘리사가 기도하니 사환의 눈이 열려 불 말과 불 병거가 엘리사를 두르고 있는 것을 보게 되었다

**정답 ①**

4. 엘리사가 사마리아에 들어갈 때의 묘사 중 틀린 것은?(왕하 6:18-23)
   ① 엘리사가 아람사람들을 사마리아로 인도하였다
   ② 이스라엘 왕은 그들을 보고 도망하였다
   ③ 이스라엘 왕은 떡과 물을 아람사람들에게 주었다
   ④ 아람 군대가 다시는 이스라엘 땅에 들어오지 못하였다

**정답 ②**

5. 아람 왕 벤 하닷이 사마리아를 공격했을 때의 묘사 중 틀린 것은?(왕하 6:24-33)
   ① 포위당한 사마리아는 크게 주리게 되었다
   ② 굶주린 사마리아 거민들은 서로의 아들을 잡아먹었다
   ③ 왕이 엘리사를 죽이겠다고 선언하였다
   ④ 엘리사는 당시 광야에 있었다

**정답 ④**

## 열왕기하 7장

1. 이스라엘이 아람 왕 벤 하닷에게 승리한 과정에 대한 묘사 중 틀린 것은?(왕하 7:1-8)
   ① 나병환자 네 명이 이스라엘에 투항하였다
   ② 아람 진영에는 아무도 없었다
   ③ 여호와께서 병거소리와 말 소리와 큰 군대 소리를 듣게 하였다
   ④ 나병환자들은 아람 진영의 여러 장막을 돌아다니며 음식과 보물을 얻었다

**정답 ①**

2. 아람 진영에 들어갔던 네 명의 나병환자들의 반응에 대한 묘사 중 틀린 것은?(왕하 7:9-10)
   ① 이 날은 아름다운 소식이 있는 날이라고 말하였다
   ② 성읍 문지기들에게 아람진영에 아무도 없음을 알려주었다
   ③ 아람 군대의 말과 나귀도 진중에 남아있지 않다고 전하였다
   ④ 아람 군대의 장막들은 그대로 있다고 전하였다

**정답 ③**

3. 네 명의 나병환자들의 보고에 대한 이스라엘의 반응에 대한 묘사 중 틀린 것은?(왕하 7:11-20)
   ① 처음에는 아람 군대들이 들에 매복하고 있는 것을 생각했다
   ② 병거 둘과 말을 취하여 아람 군대 뒤로 보내며 정탐하게 하였다
   ③ 정탐꾼들은 아람 사람들이 버리고 간 의복과 병기를 발견하였다
   ④ 성문을 지키던 이스라엘 장관은 하나님의 사람의 말을 신뢰하여 왕의 신뢰를 얻게 되었다

**정답 ④**

## 열왕기하 8장

1. 수넴 여인의 귀환에 대한 설명으로 틀린 것은?(왕하 8:1-6)
   ① 그녀는 이스라엘 땅에서 7년 기근이 있었으나 이스라엘 땅을 떠나지 않았다
   ② 여인은 왕에게 자신의 집과 전토를 돌려줄 것을 요구하였다

③ 게하시는 엘리사가 그녀의 아들을 살린 이야기를 전해 주었다

④ 이스라엘 왕은 수넴 여인의 집과 전토를 회복시켜 주었다

**정답** ①

2. 아람 왕 벤 하닷이 병이 들어 엘리사에게 하사엘을 보냈을 때의 묘사 중 틀린 것은?
(왕하 8:7-15)

① 벤 하닷은 그가 병에서 나을 수 있는지 알기 원했다

② 엘리사는 그가 살아날 수 있을 것이라고 하나님께서 말씀하셨다고 전했다

③ 엘리사는 하사엘의 얼굴을 쏘아보다가 울었다

④ 엘리사는 장차 하사엘이 왕이 될 것임을 알려주었다

**정답** ②

3. 유다 왕 여호람에 대한 묘사 중 틀린 것은?
(왕하 8:16-24)

① 여호사밧의 아들이었다

② 왕이 될 때의 나이가 삼십 이세로 예루살렘에서 팔년 통치하였다

③ 이세벨과 결혼하였다

④ 그의 통치 시에 에돔이 배반하였다

**정답** ③

4. 유다 왕 아하시야에 대한 묘사 중 틀린 것은?
(왕하 8:25-29)

① 여호람의 아들이다

② 아합의 아들 요람과 함께 벧엘에서 아람와 하사엘과 더불어 싸웠다

③ 요람 왕이 부상당하자 그를 보기 위해 이스르엘로 내려갔다

④ 아합의 집에 사위가 되었다

**정답** ②

## 열왕기하 9장

1. 이스라엘 왕 예후에 대한 설명으로 틀린 것은?
(왕하 9:1-13)

① 아합의 집안이었다

② 엘리사에 의해 기름부음을 받았다

③ 기름부음을 받은 후 즉시 길르앗 라못으로 도망하였다

④ 무리가 각기 자기 옷을 가져다가 섬돌 위 곧 예후의 밑에 깔고 나팔을 불며 예후를 왕으로 삼았다

**정답** ①

2. 예후에 의해 이스라엘 왕 요람이 살해되는 장면에 대한 묘사 중 틀린 것은?(왕하 9:14-26)

① 예후는 요람이 보낸 두 번의 평화 메시지를 거부했다

② 나봇의 토지에서 요람과 만나게 되었다

③ 도망하는 요람을 예후가 쫓아가서 칼로 죽였다

④ 예후는 요람의 시체를 이스르엘 사람 나봇의 밭에 던지게 하였다

**정답** ③

3. 예후에 의해 유다 왕 아하시야가 살해되는 장면에 대한 묘사 중 틀린 것은?(왕하 9:27-29)

① 아하시야는 요람이 죽자 정원의 정자 길로 도망하였다

② 예후의 군사들은 이블르암 가까운 구르 비탈

에서 그를 쳤다

③ 아하시야는 므깃도에서 죽었다

④ 아하시야의 신복들은 그를 므깃도에 장사하였다

**정답** ④

4. 예후에 의해 이세벨이 살해되는 장면에 대한 묘사 중 틀린 것은?(왕하 9:30-37)

① 이세벨은 예후가 이스르엘에 온 소식을 듣고 눈을 그리고 머리를 꾸미고 창에서 바라보았다

② 그녀는 예후에게 살려달라고 간청하였다

③ 예후는 이세벨 옆에 있던 내시에게 그녀를 던지라고 명령하였다

④ 그녀의 죽음은 엘리야가 이스르엘 토지에서 개들이 이세벨의 살을 먹을 것이라고 했던 예언을 이루게 하였다

**정답** ②

## 열왕기하 10장

1. 예후에 의해 아합의 아들들이 살해당하는 장면에 대한 묘사 중 틀린 것은?(왕하 10:1-11)

① 아합의 아들 칠십 명이 사마리아에 있었다

② 장로들과 왕자들을 교육하는 자들은 모두 예후에게 순종하였다

③ 아합의 왕자 칠십 명 중 한 명은 예후의 혁명 당시 살아날 수 있었다

④ 예후가 아합의 집에 속한 모든 자들을 죽였다

**정답** ③

2. 예후에 의해 아하시야 왕의 형제들이 살해당하는 장면에 대한 묘사 중 틀린 것은?
(왕하 10:12-14)

① 예후는 예루살렘으로 가던 도중 목자가 양털 깎는 집에 이르렀다

② 예후는 유다 왕 아하시야의 형제들을 만나 누구냐고 물어보았다

③ 아하시야의 형제들은 왕자들과 태후의 아들들을 문안하러 가고 있었다

④ 예후는 아하시야의 형제 42명을 모두 양털 깎는 집 웅덩이 곁에서 죽였다

**정답** ①

3. 예후에 의해 아합의 나머지 사람들이 살해당하는 장면에 대한 묘사 중 틀린 것은?
(왕하 10:15-17)

① 예후는 레갑의 아들 여호나답을 만났다

② 예후와 여호나답은 서로의 진실됨을 확인했다

③ 예후는 여호나답을 자신의 병거에 태웠다

④ 예후와 여호나답은 아합에 속한 자들을 모두 죽여 엘리사의 예언을 성취하였다

**정답** ④

4. 예후가 바알을 섬기는 자들을 살해하는 장면에 대한 묘사 중 틀린 것은?(왕하 10:18-31)

① 예후는 아합은 바알을 조금 섬겼으나 자신은 많이 섬기리라고 하여 바알을 섬기는 자들을 모았다

② 예후의 군사들은 바알의 신당에 있는 목상들을 가져다가 불살랐다

③ 예후는 느밧의 아들 여로보암이 만든 금송아지도 파괴했다

④ 예후는 전심으로 여호와의 율법을 지켜 행하지 못했다

**정답** ③

5. 예후의 죽음에 대한 묘사 중 틀린 것은?
(왕하 10:32-36)
① 하사엘이 이스라엘을 공격하였다
② 예후는 여리고에 장사되었다
③ 예후를 대신하여 그의 아들 여호아하스가 왕이 되었다
④ 예후는 28년 이스라엘을 통치하였다

**정답** ②

열왕기하 11장

1. 유다 여왕 아달랴가 통치자가 되는 과정에 대한 설명 중 틀린 것은?(왕하 11:1-8)
① 아달랴는 아하시야가 죽자 왕의 자손들을 모두 멸절하려고 하였다
② 여호세바가 아하시야의 아들 요아스를 빼내 살렸다
③ 요아스는 유모와 함께 유다 광야에서 6년을 숨어 지냈다
④ 여호야다가 요아스를 다시 왕으로 세우는데 앞장섰다

**정답** ③

2. 여호야다에 의해 아달랴가 폐위되는 과정에 대한 설명 중 틀린 것은?(왕하 11:9-16)
① 여호야다는 성전에서 요아스를 왕으로 선포하였다
② 성전에 있던 사람들은 요아스를 왕으로 인정했다
③ 여호야다는 아달랴와 그의 무리들을 성전에서 죽였다
④ 아달랴는 왕궁의 말이 다니는 길로 가다가 거기서 죽임을 당했다

**정답** ③

3. 제사장 여호야다의 개혁에 대한 묘사 중 틀린 것은?(왕하 11:17-21)
① 온 백성이 바알의 산당으로 허물었다
② 산당의 제단은 허물지 못했다
③ 제단 앞에서 바알의 제사장 맛단을 죽였다
④ 요아스가 왕이 될 때에 나이가 칠 세였다

**정답** ②

열왕기하 12장

1. 요아스의 통치에 대한 묘사 중 틀린 것은?
(왕하 12:1-8)
① 제사장들은 그의 모든 개혁에 찬성하였다
② 제사장 여호야다의 교훈을 따라 여호와 보시기에 정직하게 행했다
③ 요아스는 제사장들에게 성전을 수리하라고 명령하였다
④ 제사장들은 성전 파손한 것을 수리하지 않기로 하였다

**정답** ①

2. 요아스 통치기에 대한 묘사 중 틀린 것은?
(왕하 12:9-16)
① 여호야다가 한 궤를 가져다가 여호와의 성전에 가져오는 은을 모두 넣게 하였다
② 은이 많아지면 왕의 서기와 대제사장이 은을 계산하고 궤를 봉하였다
③ 여호와의 성전에 드린 은은 성전을 수리하는 자에게 주었다
④ 은을 받은 일꾼들은 성실히 일하지 않았다

**정답** ④

3. 요아스 통치 시에 하사엘의 침입에 대한 묘사 중 틀린 것은?(왕하 12:17-21)

① 하사엘이 가드를 점령하고 예루살렘으로 진군하였다

② 요아스는 모든 성물과 금을 하사엘에게 보내었다

③ 아람 왕 하사엘은 성물과 금을 거부하고 계속 진군하였다

④ 요아스는 반란으로 인해 실라로 내려가는 길가의 밀로 궁에서 살해당했다

**정답** ③

## 열왕기하 13장

1. 이스라엘 여호아하스의 통치에 대한 묘사 중 틀린 것은?(왕하 13:1-9)

① 처음에는 선대왕과는 달리 여호와 보시기에 선을 행하였다

② 여호와께서 이스라엘을 벤 하닷의 손에 넘기셨다

③ 여호와께서는 벤 하닷의 학대 속에서 이스라엘을 구원하셨다

④ 여호와의 구원 후에 이스라엘은 또 다시 범죄하였다

**정답** ①

2. 이스라엘 왕 요아스의 통치에 대한 묘사 중 틀린 것은?(왕하 13:10-13)

① 여호와의 보시기에 악을 행하였다

② 유다 왕 아마샤와 전쟁하였다

③ 죽어서 세겜에 장사되었다

④ 그의 뒤를 이어 여로보암이 왕이 되었다

**정답** ③

3. 엘리사의 죽음에 대한 묘사 중 틀린 것은?(왕하 13:14-21)

① 엘리사가 병이 들자 이스라엘 왕 요아스가 와서 문안하였다

② 엘리사는 화살을 통해 아람이 이스라엘을 지배하게 될 것이라고 예언하였다

③ 요아스가 화살로 땅을 세 번 친 것에 대해서 엘리사가 노하였다

④ 시체가 엘리사의 뼈에 닿자 곧 회생하였다

**정답** ②

4. 이스라엘과 아람과의 전쟁에 대한 묘사 중 틀린 것은?(왕하 13:22-25)

① 여호와께서 아람의 침략 속에서 족장과들의 약속을 파기하셨다

② 하사엘이 죽자 벤 하닷이 아람의 왕이 되었다

③ 요아스가 벤 하닷에게서 잃었던 성읍을 회복하였다

④ 요아스는 벤 하닷을 세 번 쳐서 무찔렀다

**정답** ①

## 열왕기하 14장

1. 유다 왕 아마샤에 대한 묘사 중 틀린 것은?(왕하 14:1-7)

① 아마샤는 여호와 보시기에 정직히 행하였다

② 우상 숭배의 온상이었던 산당을 모두 제거하였다

③ 왕을 죽인 자들의 자녀들은 죽이지 않았다

④ 전쟁을 통해 셀라를 취하고 이름을 욕드엘이라 하였다

**정답** ②

2. 이스라엘 왕 요아스와 유다 왕 아마샤에 대한 묘사 중 틀린 것은?(왕하 14:8-16)
   ① 요아스와 아마샤는 벧세메스에서 대면하였다
   ② 유다 왕 아마샤가 요아스를 이겼다
   ③ 요아스는 예루살렘 성전과 왕궁 곳간에 있는 금은과 모든 기명을 탈취하였다
   ④ 요아스는 사람을 볼모로 잡아서 사마리아로 돌아갔다

   **정답** ②

3. 유다 왕 아마샤의 죽음에 대한 묘사 중 틀린 것은?(왕하 14:17-22)
   ① 예루살렘에서 무리가 반역하여 라기스로 도망하였다
   ② 그 시체는 다윗 성에 장사되었다
   ③ 유다 백성은 여로보암 2세를 아마샤를 대신하여 왕으로 세웠다
   ④ 그가 죽은 후 아사랴가 엘랏을 건설하여 유다에 복귀시켰다

   **정답** ③

4. 여로보암 2세에 대한 설명으로 틀린 것은?(왕하 14:23-29)
   ① 유다 왕 요아스의 아들 아마샤 제 십오년에 이스라엘의 왕이 되었다
   ② 여호와 보시기에 악을 행하여 이스라엘을 범죄하게 하였다
   ③ 요나의 예언과 같이 하맛 어귀에서부터 아라바 바다까지 영토를 확장하였다
   ④ 여로보암이 다마섹을 회복하는 것은 실패하였다

   **정답** ④

## 열왕기하 15장

1. 유다 왕 아사랴에 대한 묘사 중 틀린 것은?(왕하 15:1-7)
   ① 그의 어머니는 예루살렘 사람 여골리야였다
   ② 산당을 제거하였다
   ③ 후에 나병환자가 되어 별궁에 거하게 되었다
   ④ 그의 왕자 요담이 그를 대신하여 백성을 통치하였다

   **정답** ②

2. 이스라엘 왕 스가랴에 대한 묘사 중 틀린 것은?(왕하 15:8-12)
   ① 1년 동안 사마리아에서 이스라엘을 통치하였다
   ② 여호와 보시기에 악을 행하였다
   ③ 야베스의 아들 살룸의 반역으로 죽었다
   ④ 그의 죽음으로 여호와께서 예후에게 그의 자손이 4 대 동안 이스라엘 왕위에 있으리라했던 말씀이 성취되었다

   **정답** ①

3. 이스라엘 왕 살룸에 대한 묘사 중 틀린 것은?(왕하 15:13-16)
   ① 한 달 동안 이스라엘을 통치하였다
   ② 유다 왕 아사랴 때 이스라엘에 왕이 되었다
   ③ 가디의 아들 므나헴에게 사마리아에서 살해되었다
   ④ 므나헴은 딥사와 그 가운데에 있는 모든 사람과 그 사방을 쳤다

   **정답** ②

4. 이스라엘 왕 므나헴에 대한 묘사 중 틀린 것은?(왕하 15:17-22)

① 여호와 보시기에 악을 행하였다
② 앗수르 왕 불에게 은 천 달란트를 주고 도움을 간구했다
③ 앗수르 왕 불에게 줄 은을 예루살렘 성전에서 탈취하였다
④ 은을 받은 앗수르 왕 불은 결국 이스라엘을 침략하였다

**정답** ③

5. 이스라엘 왕 브가히야에 대한 묘사 중 틀린 것은?(왕하 15:23-26)
① 사마리아에서 2년간 통치하였다
② 여호와 보시기에 악을 향하였다
③ 르말랴의 아들 베가에 의해 살해되었다
④ 길르앗 사람 오십 명도 그의 함께 죽었다

**정답** ④

6. 이스라엘 왕 베가에 대한 묘사 중 틀린 것은?(왕하 15:27-31)
① 여호와 보시기에 악을 행하였다
② 통치기간 중 앗수르 왕 디글랏 빌레셀의 침략을 받았다
③ 디글랏 빌레셀은 이스라엘 백성을 잡아 애굽으로 끌고 갔다
④ 디글랏 빌레셀은 이욘과 아벨벳 마아가와 야노아와 게데스와 하솔과 길르앗과 갈릴리와 납달리 온 땅을 점령하였다

**정답** ③

7. 유다 왕 요담에 대한 묘사 중 틀린 것은?(왕하 15:32-38)
① 유다 왕 웃시야의 아들이다
② 그의 어머니는 사독의 딸 여루사다
③ 여호와의 성전의 윗문을 건축하였다
④ 여호와 보시기에 정직히 행하여 산당을 완전히 제거했다

**정답** ④

## 열왕기하 16장

1. 유다 왕 아하스 통치시기에 대한 묘사 중 틀린 것은?(왕하 16:1-9)
① 초기에는 여호와 보시기에 선을 행하였다
② 아람 왕 르신과 이스라엘 왕 베가가 예루살렘을 침공해 왔으나 성공하지 못했다
③ 아람 왕 르신이 엘랏을 유다로부터 빼앗았다
④ 여호와 성전과 왕궁 곳간에 있는 은금을 앗수르 왕에게 예물로 보냈다

**정답** ①

2. 아하스의 치적에 대한 묘사 중 틀린 것은?(왕하 16:10-20)
① 앗수르 왕을 만나러 다메섹에 갔다
② 다메섹에서 앗수르 궁전 모형을 보았다
③ 제사장 우리야에게 명하여 제단을 만들게 하였다
④ 안식일에 쓰기 위해 성전에 건축한 낭실을 앗수르 왕이 두려워 옮겨 세웠다

**정답** ②

## 열왕기하 17장

1. 이스라엘 왕 호세아에 대한 묘사 중 틀린 것은?(왕하 17:1-6)
① 여호와 보시기에 악을 행하였다
② 통치 초기에는 앗수르 왕 살만에셀에게 조공

을 바쳤다

③ 애굽 왕 소의 침입을 받았다

④ 북 이스라엘의 마지막 왕이었다

**정답** ③

2. 북 이스라엘 멸망 당시에 대한 묘사 중 틀린 것은?(왕하 17:7-23)

① 북 이스라엘의 멸망의 근본적인 원인은 여호와의 율법을 지키지 않은 것이다

② 남 유다 역시 여호와의 명령을 온전히 지키지 못했다

③ 북 이스라엘 사람들이 느밧의 아들 여로보암의 죄를 떠나지 않았다

④ 이스라엘이 고향에서 바벨론에게 사로잡히게 되었다

**정답** ④

3. 앗수르가 사마리아를 점령한 이후의 상황에 대한 묘사 중 틀린 것은?(왕하 17:24-41)

① 바벨론과 구다와 아와와 하맛과 스발와임에서 사람이 이스라엘과 함께 포로가 되었다

② 사마리아에서 사로 잡혀 간 제사장이 벧엘에서 어떻게 여호와를 경외할지 가르쳤다

③ 이스라엘에 거주하게 된 이방인들이 여호와와 자신들의 신들을 같이 섬기게 되었다

④ 여호와만 섬기라는 계명을 준행하지 못했다

**정답** ①

## 열왕기하 18장

1. 유다 왕 히스기야에 대한 묘사 중 틀린 것은?(왕하 18:1-8)

① 그 행위가 여호와 보시기에 정직하지 못했다

② 느후스단이라고 일컫던 모세 때 만들어진 놋뱀을 깨부쉈다

③ 앗수르를 배반하여 섬기지 않았다

④ 블레셋을 쳐서 가사와 그 사방을 회복하였다

**정답** ①

2. 앗수르 왕 살만에셀의 이스라엘 침략에 대한 묘사 중 틀린 것은?(왕하 18:9-12)

① 살만에셀이 사마리아를 포위하였다

② 사마리아는 삼 년 후에 함락되었다

③ 살만에셀이 사로잡은 이스라엘을 하란 지역에 두었다

④ 그의 침략에 근본적인 원인은 이스라엘이 여호와의 언약과 모세가 명령한 것을 지키지 않은 것이었다

**정답** ③

3. 앗수르의 남 유다 침공에 대한 묘사 중 틀린 것은?(왕하 18:13-37)

① 앗수르 왕 살만에셀이 유다의 모든 견고한 성읍들을 점령했다

② 히스기야는 라기스로 사람을 보내 앗수르 왕에게 사죄하였다

③ 앗수르 사람 랍사게가 앗수르 왕의 말을 들을 것을 종용하였다

④ 힐기야의 아들 엘리야김과 서기관 셉나와 아삽의 아들 사관 요아가 옷을 찢고 랍사게의 말을 히스기야에게 전하였다

**정답** ①

## 열왕기하 19장

1. 앗수르의 침략 당시 히스기야와 선지자 이사야

의 행동에 대한 묘사 중 틀린 것은?(왕하 19:1-7)

① 히스기야가 랍사게의 말을 전해 듣고 옷을 찢고 이사야 선지자에게 사람을 보내었다

② 히스기야는 이사야로 하여금 남아있는 자들을 위해 기도하라고 요청했다

③ 이사야는 히스기야 왕에게 두려워하지 말라고 전하였다

④ 이사야는 앗수르 왕이 예루살렘에서 죽을 것임을 예언하였다

**정답** ④

2. 이사야가 히스기야에게 보낸 여호와의 말씀의 내용 중 틀린 것은?(왕하 19:20-34)

① 여호와께서 히스기야의 기도를 들으셨다

② 금년에는 포도나무를 심고 그 열매를 거두리라.

③ 유다 족속 중에 피하고 남은 자는 다시 뿌리를 내리고 열매를 맺을지라.

④ 앗수르 왕이 예루살렘을 향해 화살을 쏘지 못할 것이다

**정답** ②

3. 산헤립의 죽음에 대한 묘사 중 틀린 것은?(왕하 19:35-37)

① 남 유다 군사가 앗수르 군사 십팔만 오천 명을 죽였다

② 앗수르 왕 산헤립이 예루살렘을 떠나 니느웨로 돌아갔다

③ 그의 신 니스록의 신전에서 경배하던 중 아드람멜렉과 사레셀이 그를 칼로 쳐 죽였다

④ 그를 대신하여 그의 아들 에살핫돈이 왕이 되었다

**정답** ①

## 열왕기하 20장

1. 히스기야가 병들었다가 회복되는 과정에 대한 묘사 중 틀린 것은?(왕하 20:1-11)

① 이사야가 히스기야에게 와서 곧 죽을 것이니 집을 정리하라고 명하였다

② 히스기야가 낯을 벽으로 향하고 여호와께 기도하며 통곡하였다

③ 히스기야는 여호와께 다윗 왕과의 약속을 기억해 달라고 호소하였다

④ 하나님께서 그의 기도를 들으시고 그의 삶을 십 오년 연장해 주셨다

**정답** ③

2. 히스기야에게 온 바벨론 사신들에 대한 묘사 중 틀린 것은?(왕하 20:12-21)

① 발라단의 아들 바벨론의 왕 브로닥발라단이 편지와 예물을 히스기야에게 보냈다

② 히스기야는 그들을 경계하고 돌려보냈다

③ 선지자 이사야는 바벨론 사신들에게 취했던 히스기야의 행동을 책망하였다

④ 히스기야도 이사야의 책망을 수용하였다

**정답** ②

## 열왕기하 21장

1. 유다 왕 므낫세에 대한 묘사 중 틀린 것은?(왕하 21:1-9)

① 여호와 보시기에 악을 행하였다

② 예루살렘 성전에 일월성신을 위한 제단을 쌓았다

③ 자신의 딸들을 불 가운데서 지나게 했다

④ 므낫세와 유다의 범죄가 여호와께서 멸하신

여러 민족보다 더 심하였다

**정답** ③

2. 유다 왕 아몬에 대한 묘사 중 틀린 것은?
(왕하 21:19-26)
① 아버지 므낫세를 따라 우상을 섬겼다
② 나중에 선지자 예레미야의 책망을 듣고 회개하였다
③ 그의 신복들에 의해서 궁중에서 살해당하였다
④ 반역한 자들은 요시야를 왕으로 세웠다

**정답** ②

## 열왕기하 22장

1. 유다 왕 요시야에 대한 묘사 중 틀린 것은?
(왕하 22:1-2)
① 왕위에 오를 때 나이가 18세였다
② 삼십일 년간 예루살렘에서 다스렸다
③ 어머니의 이름은 여디다였다
④ 여호와 보시기에 정직히 행하였다

정답 ①

2. 요시야의 율법책 발견 사건에 대한 묘사 중 틀린 것은?(왕하 22:3-20)
① 요시야가 제사장 힐기야로 하여금 성전을 수리하라고 명령하였다
② 서기관 사반은 발견된 율법책을 요시야에게 가져왔다
③ 성전에서 발견한 율법책을 찾았음을 듣자 요시야는 그의 옷을 찢었다
④ 발견된 책에 대해 선지자 예레미야는 온 유다가 회개할 것을 선포하였다

**정답** ④

## 열왕기하 23장

1. 요시야의 우상 숭배 배격에 대한 묘사 중 틀린 것은?(왕하 23:1-20)
① 바알과 아세라와 일월성신을 위하여 만든 모든 그릇을 예루살렘 바깥 기드론 밭에서 불살랐다
② 산당들에서 분향하며 우상을 섬기게 한 제사장들을 폐하였다
③ 여호수아의 대문 어귀 곧 성문 왼쪽에 있던 산당을 부수지 못했다
④ 여로보암이 벧엘에 세운 제단과 산당을 헐었다

**정답** ③

2. 요시야 왕의 개혁에 대한 묘사 중 틀린 것은?
(왕하 23:21-27)
① 언약책에 기록된 대로 여호와 하나님을 위하여 유월절을 지켰다
② 요시야 왕 열여덟째 해에 온 유다에서 유월절을 지켰다
③ 신접한 자와 점쟁이와 드라빔과 우상과 모든 가증한 것을 다 제거하였다
④ 요시야와 같이 마음을 다하며 뜻을 다하며 힘을 다하여 모세의 모든 율법을 따라 여호와께로 돌이킨 왕은 요시야 전에도 없었고 후에도 없었다

**정답** ②

3. 요시야 왕의 죽음에 대한 묘사 중 틀린 것은?
(왕하 23:28-30)
① 애굽의 왕 바로 느고가 유다를 치고자 올라왔다
② 요시야와 느고가 므깃도에서 만났다

③ 요시야는 느고와의 전투에서 전사하였다
④ 백성들은 그가 죽자 그의 아들 여호아하스를 왕으로 삼았다

**정답** ①

4. 유다 왕 여호아하스에 대한 묘사 중 틀린 것은? (왕하 23:31-35)
① 여호와 보시기에 악을 행하였다
② 바벨론 왕 느부갓네살이 그를 하맛 땅 립나에 가두어 예루살렘에 왕이 되지 못하게 하였다
③ 엘리아김이 그를 대신하여 유다의 왕이 되었다
④ 여호아하스는 애굽으로 잡혀가서 거기서 죽게 되었다

**정답** ②

5. 유다 왕 여호야김에 대한 묘사 중 틀린 것은? (왕하 23:34-24:7)
① 자신을 유다의 왕으로 세워준 애굽 왕 느고에게 은과 금을 바쳤다
② 애굽의 느고에게 바칠 은과 금을 위해 백성들 각 사람의 힘대로 액수를 정하고 은금을 징수하였다
③ 느부갓네살을 삼 년간 섬기다가 배반하였다
④ 갈대아의 부대와 아람과 모압과 암몬 자손의 부대가 여호야김을 공격하니 이것은 온전히 여호야김의 범죄 때문이었다

**정답** ④

## 열왕기하 24장

1. 바벨론 왕 느부갓네살이 유다에 행한 일에 대한 묘사 중 틀린 것은?(왕하 24:8-17)
① 비천한 자만 예루살렘에 남겼다
② 여호야긴을 그의 어머니와 아내들, 내시들, 나라의 권세 있는 자들과 함께 예루살렘에서 바벨론으로 사로잡아갔다
③ 용사 칠천 명과 장인, 대장장이 천 명은 예루살렘에 남겨주었다
④ 여호야긴의 숙부 시드기야(맛다니야)를 유다의 왕으로 삼았다

**정답** ③

## 열왕기하 25장

1. 예루살렘 성읍의 멸망에 대한 묘사 중 틀린 것은?(왕하 25:1-7)
① 느부갓네살이 예루살렘을 포위하고 곧 바로 파괴하였다
② 예루살렘 성중에는 기근이 심하여 백성의 양식이 떨어졌다
③ 시드기야는 아라바길로 도망하다가 여리고 평지에서 갈대아(바벨론)인들에게 붙잡혔다
④ 갈대아(바벨론)인들이 시드기야의 두 아들들을 시드기야 눈앞에서 죽이고 시드기야는 두 눈을 빼고 놋 사슬로 그를 결박하여 바벨론으로 끌고 갔다

**정답** ①

2. 예루살렘 성전 붕괴에 대한 묘사 중 틀린 것은? (왕하 25:8-17)
① 바벨론 왕의 시위대장 느부사라단이 예루살렘 성전과 왕궁과 집들을 불살랐다
② 바벨론 군대가 예루살렘 성벽은 무너뜨리지 않았다

③ 예루살렘에 비천한 자를 남겨 두어 포도원을 다스리는 자와 농부가 되게 하였다

④ 갈대아 인들이 성전의 두 놋기둥과 받침들과 성전의 놋 바다를 깨뜨려 그 놋을 바벨론으로 가져갔다

**정답** ②

3. 유다 지도자 그달리야와 이스마엘에 대한 묘사 중 틀린 것은?(왕하 25:22-26)

① 유다 백성들이 바벨론으로 끌려간 여호야긴을 대신하여 그달리야를 지도자로 세웠다

② 그달리야가 미스바에서 이스마엘을 비롯한 유다 백성들에게 바벨론 왕을 섬길 것을 종용하였다

③ 이스마엘이 그의 군사 열 명과 함께 미스바에서 그달리야와 유다 사람과 갈대아 사람을 죽였다

④ 이스마엘을 비롯한 노소를 막론한 유다 백성과 군대 장관들이 갈대아 사람이 두려워 애굽으로 내려갔다

**정답** ①

4. 여호야긴의 바벨론 생활에 대한 묘사 중 틀린 것은?(왕하 25:27-30)

① 바벨론 왕 에윌므로닥이 여호야긴을 옥에서 나오게 하였다

② 에윌므로닥은 여호야긴에게 좋게 말하고 바벨론에 그와 함께 있는 모든 왕의 지위와 같게 하였다

③ 에윌므로닥이 여호야긴에게 입혔던 죄수복을 벗게 하였다

④ 에윌므로닥이 여호야긴으로 하여금 항상 왕의 앞에서 양식을 먹게 하였다

**정답** ②

# 역대상

## 역대상 1장

1. 역대상 1장의 족보에 언급된 이름이 가장 적게 언급된 책장은?(대상 1장)

   ① 창세기 10장 ② 창세기 11장

   ③창세기 35장 ④ 창세기 36장

   **정답** ③

2. 역대상 1장에 대한 설명으로 옳은 것은?(대상 1장)

   ① 가인의 자손들은 언급되고 있지 않다

   ② 노아의 아들들의 후손들은 셈—함—야벳 순으로 언급되어 있다(5-23절).

   ③ 블레셋 종족은 셈의 자손이다

   ④ 그두라는 아브라함에게서 아홉 명의 아들을 두었다

   **정답** ①

3. 다음 진술 중 옳지 않은 것은?(대상 1장)

   ① 세상의 첫 영걸 니므롯의 부친은 구스이다

   ② 땅이 나뉘었던 시대에 살았던 벨렉은 셈의 자손이다

   ③ 이삭의 자손들을 먼저 소개한 후 이스마엘의 족보를 소개하고 있다

   ④ 미디안은 아브라함의 아들 중 한 명이다

   **정답** ③

4. 다음 진술 중 옳지 않은 것은?(대상 1장)

   ① 데만은 에서의 자손 중 한 명이다

   ② 세일은 이스마엘 자손 중 한 명이다

   ③ 하닷은 에돔을 다스렸던 왕 중 한 명이다

   ④ 1장에는 에돔의 왕들과 족장들의 명단이 둘 다 소개되고 있다

   **정답** ②

5. 다음 진술 중 옳지 않은 것은?

   ① 에돔에는 이스라엘보다 더 먼저 왕이 있었다

   ② '노아'는 역대상 1장에서만 언급되고 있다

   ③ 이삭의 아들 '야곱'은 역대상 1장에서만 언급된다

   ④ 1장에는 아브라함의 부인 '사라'는 한 번도 언급되고 있지 않다

   **정답** ③

## 역대상 2장

1. 다음 진술 중 잘못된 것은?(대상 2장)

   ① 역대상 2~8장에는 이스라엘의 아들들을 중심으로 한 족보가 소개되어 있다

   ② 레위의 자손에 대한 소개가 분량 면에서 가장 많다

   ③ 야베스의 기도로 알려진 야베스는 유다의 자손 중 한 명이다

   ④ 스불론과 단 지파의 자손에 대한 소개가 2~8장에는 생략되어 있다

정답 ②

2. 2장 1절에 나오는 이스라엘의 아들들은 '단'을 제외하면 어떤 순서로 배열되어 있는가?(대상 2:1)
① 태생된 순서
② 훗날 큰 영토 차지한 순서
③ 이스라엘이 사랑한 아들 순서
④ 모친 별 묶음
정답 ④

3. 2장의 유다 자손을 소개하는 핵심 가계를 옳게 배열한 것은?(대상 2:3-9)
① 유다 – 세라 – 헤스론 – 갈렙
② 유다 – 세라 – 하물 – 여라므엘
③ 유다 – 베레스 – 헤스론 – 여라므엘
④ 유다 – 베레스 – 하물 – 갈렙
정답 ③

4. 다음 중 틀린 진술은?(대상 2:7, 15, 34-35, 42)
① 진멸시킬 물건을 범했던 아갈(=아간)은 유다지파에 속한다
② 다윗은 이새의 일곱 번 째 아들이다
③ 세산은 애굽 여인을 며느리로 맞이했다
④ 갈렙은 여라므엘의 아우였다
정답 ③

5. 다음 진술 중 타당한 것은?(대상 2:9-17)
① 다윗의 조상인 람은 헤스론의 아들이다
② 에르, 오난, 셀라의 모친 이름은 수아다
③ 여라므엘의 아들은 헤스론이다
④ 갈렙의 부인은 악사였다
정답 ①

## 역대상 3장

1. 3장에 언급되지 않은 족보는?(대상 3장)
① 유다의 아들들
② 다윗 자녀들
③ 포로이전 다윗왕국의 왕들
④ 포로이후 다윗의 후손들
정답 ①

2. 유다지파 족보(2:2~4:23)의 한복판인 3장은 주로 누구의 가계에 대한 기록인가?(대상 3장)
① 갈렙 ② 베레스 ③ 헤스론 ④ 다윗
정답 ④

3. 다음 다윗의 아들 중 태어난 장소가 다른 이는?(대상 3:1-9)
① 아도니야 ② 솔로몬
③ 이드르암 ④ 암논
정답 ②

4. 다음 중 요시야의 아들이 아닌 이는?(대상 3:15)
① 요하난 ② 여호야긴
③ 시드기야 ④ 살룸
정답 ②

5. 다음 중 잘못된 진술은?(대상 3장)
① 3장에는 스룹바벨 포함 6세대가 기록되어 있다
② 여호야긴(=여고냐)의 아들은 스알디엘이다
③ 달매는 압살롬의 모친이다
④ 다윗의 통치 햇수는 40년 6개월이다
정답 ③

## 역대상 4장

1. 4장의 기록된 족보에 관한 진술 중 잘못된 것은? (대상 4장)
   ① 유다 자손만이 아니라 시므온 자손도 함께 언급되어 있다
   ② 다른 곳과는 달리 "○○의 아버지" 형식으로 소개되는 이들이 많다
   ③ 메렛은 바로의 딸 비디아를 아내로 삼았다
   ④ 유다의 아들 세라의 자손은 왕과 함께 거주하는 왕의 관리들도 있었다

   **정답** ④

2. 다음 중 야베스에 관한 설명 중 잘못된 것은? (대상 4:9-10)
   ① 야베스는 고스의 아들이다
   ② 유다의 후손 야베스는 구약 성경 중 역대상 4장에만 언급되어 있다
   ③ 야베스라는 이름은 '고통', '수고'라는 의미이다
   ④ 야베스는 형과 동생들이 여럿 있었다

   **정답** ①

3. 시므온 자손에 관한 설명 중 옳은 것은? (대상 4:24-43)
   ① 시므온 자손이 부여받은 성읍 대부분은 유다 지파 북쪽에 위치한다
   ② 시므이 종족은 유다 자손보다 더 번성했다
   ③ 시므온 자손들은 다윗시대까지만 부여받은 성읍들에 거주할 수 있었다
   ④ 목장을 구하러 헤브론 지경까지 진출하기도 했었다

   **정답** ③

4. 시므온 자손 중 500명이 나중에 아말렉 사람을 치고 줄곧 살았던 지역은?(대상 4:42-43)
   ① 그돌 ② 세일산
   ③ 브엘세바 ④ 호렙산

   **정답** ②

## 역대상 5장

1. 대상 5장에 언급되지 않은 지파의 자손은? (대상 5장)
   ① 르우벤 ② 에브라임
   ③ 므낫세 ④ 갓

   **정답** ②

2. 장자의 명분이 르우벤에게서 요셉의 자손으로 이전 된 이유는 무엇인가?(대상 5:1)
   ① 르우벤은 라헬의 아들이 아니므로
   ② 르우벤은 요셉을 보호하지 않았으므로
   ③ 르우벤이 부친의 침상을 더럽혔으므로
   ④ 요셉이 애굽에서 살아 있었으므로

   **정답** ③

3. 르우벤 자손의 지도자 브에라를 사로잡은 이방 왕은?(대상 5:6)
   ① 느부갓네살 ② 고레스
   ③다리오 ④ 디글랏빌레셀(=불)

   **정답** ④

4. 갓 자손이 거주한 지역이 아닌 곳은? (대상 5:11-17)
   ① 아로엘 ② 바산 ③ 살르가 ④ 사론

   **정답** ①

5. 요단 동쪽의 세 지파(한 지파는 半지파)의 연합

군 47,610은 누구와 싸워 낙타와 나귀 등을 빼앗았는가?(대상 5:18-22)

① 하갈 사람 ② 미디안 사람

③ 유다 사람 ④ 아말렉 사람

**정답** ①

6. 므낫세 반 지파 자손들에 대한 설명 중 틀린 것은?(대상 5:23-24)

① 바알헤르몬, 헤르몬 산 등지에 살았다

② 요단 강 동편의 제일 북쪽에 살았다

③ 원주민의 신들을 간음하듯 섬기는 범죄를 저질렀다

④ 바벨론 왕 디글랏빌레셀에게 사로 잡혀갔다

**정답** ④

## 역대상 6장

1. 6장에 소개된 레위자손의 가계에 대한 설명 중 잘못된 것은?(대상 6장)

① 이스라엘의 아들들 중 유다자손 다음으로 많은 분량으로 소개되고 있다

② 레위의 아들들은 게르솜(=게르손), 그핫, 므라리였다

③ 사독은 아론의 후예였다

④ 사무엘은 레위 자손 중 한 명이었다

**정답** ①

2. 다음 중 6장과 부합하지 않은 진술은?(대상 6장)

① 아론은 그핫의 자손이었다

② 예루살렘이 멸망당할 때 제사장은 여호사닥이었다

③ 모세의 조부는 게르손이었다

④ 사무엘은 그핫의 자손이었다

**정답** ③

3. 다윗이 성전에서 찬송하는 직분을 맡긴 자의 이름은?(대상 6:31-33)

① 요엘 ② 헤만

③시므이 ④ 에비아삽

**정답** ②

4. 다음 중 아론의 자손들의 업무가 아닌 것은?(대상 6:49-53)

① 찬송

② 번제단과 향단 위 분향

③ 지성소 업무

④ 속죄 업무

**정답** ①

5. 레위자손들이 거주하도록 지정된 성읍 48개는 그핫, 게르손, 므라리 자손에게 몇 개씩 배정되었는가?(대상 6:60-63)

① 23-12-13개 ② 12-13-23개

③ 12-23-13개 ④ 23-13-12개

**정답** ④

6. 아론은 그 자손에게 몇 개의 성읍을 주었는가?(대상 6:54-60)

① 13성읍 ② 12성읍 ③ 11성읍 ④ 10성읍

**정답** ①

## 역대상 7장

1. 대상 7장에 대한 설명 중 잘못된 것은?(대상 7장)

① 이스라엘의 아들 중 다섯 지파 반의 후손들이 언급되어 있다

② 이 지파들은 모두 요단강 서편에 거주한 이들이다
③ 베냐민 자손들은 역대상에서 7장에만 언급되어 있다
④ 납달리 지파는 한 구절만 언급되어 있다

**정답** ③

2. 다음 지파들 중 용사들의 수를 기록하고 있는 지파가 아닌 것은?(대상 7장)

① 잇사갈　② 아셀
③ 에브라임　④ 베냐민

**정답** ③

3. 므낫세의 둘째 아들로 딸들만 낳았던 이의 이름은?(대상 7:15)

① 마길　② 슬로브핫
③ 마아가　④ 길르앗

**정답** ②

4. 다음 에브라임 자손에 대한 설명 중 잘못된 것은?(대상 7:20-29)

① 에브라임의 아들 세에라는 벧호론 등 성읍을 건축하였다
② 여호수아는 에브라함 자손이었다
③ 벧엘은 에브라임 자손이 물려받았던 성읍이다
④ 여호수아 부친의 이름은 '눈'이다

**정답** ①

5. 다음 중 아셀의 아들이 아니었던 이는?(대상 7:30-40)

① 임나　② 이스와
③ 브리아　④ 세라

**정답** ④

### 역대상 8장

1. 다음 중 베냐민 자손이 언급되지 않은 역대상의 장은?

① 6장　② 7장　③ 8장　④ 9장

**정답** ①

2. 베냐민 후손들 중 에훗의 아들들은 어느 지역에 거하는 이들인가?(대상 8:6-7)

① 마나핫　② 게바
③ 게라　④ 에훗

**정답** ②

3. 다음 진술 중 잘못된 것은?(대상 8:27-29, 33-34)

① 여로함의 아들들은 족보의 우두머리로서 예루살렘에 거주하였다
② 여이엘은 기브온의 조상이었다
③ 에스바알은 요나단의 아들이다
④ 사울은 넬의 손자이다

**정답** ③

4. 다음 진술 중 옳은 것은?(대상 8:29-40)

① 요나단은 미혼으로 죽었다
② 8장은 사울의 후손들을 소개하며 끝난다
③ 울람의 손주들은 활을 잘 쏘는 자였다
④ 아비나답의 아들이 사울이다

**정답** ②

### 역대상 9장

1. 9장의 명단에 실린 주력 지파가 아닌 것은?(대상 9장)

① 시므온 지파　② 유다 지파

③ 레위 지파 ④ 베냐민 지파

**정답** ①

2. 다음 지파 중 후손 명단이 역대상 1~9장에 가장 빈번히 실려 있는 지파는?

① 르우벤 지파 ② 갓 지파

③ 스불론 지파 ④ 베냐민 지파

**정답** ④

3. 9장에 실린 명단들의 공통점은 무엇인가? (대상 9장)

① 레아의 자녀들의 후손들이다

② 요셉 자손의 후손들이다

③ 포로기 이전의 중심 지파들 목록이다

④ 포로지역에서 귀환하여 예루살렘에 주로 거주한 자들 명단이다

**정답** ④

4. 예루살렘 성의 212명의 문지기에 대한 설명 중 잘못된 것은?(대상 9:22-27)

① 순차를 따라 동서남북 여호와의 성전 문들을 지켰다

② 마을 형제들은 한 달에 7일 동안 마을로 돌아가 일을 했다

③ 레위인 중 우두머리 네 명이 예루살렘 성전의 방과 곳간을 지켰다

④ 주로 성전 주위에서 밤을 지내고 아침마다 문을 여는 책임을 지녔다

**정답** ②

5. 맛디댜에 대한 설명 중 잘못된 것은?(대상 9:31)

① 레위인이었다

② 전병을 굽는 일을 맡았다

③ 포로기 이전 성전 봉사자였다

④ 고라 자손이었다

**정답** ③

6. 다음 진술 중 틀린 것은?(대상 9장)

① 사울은 베냐민 지파에 속했다

② 요나단은 사울의 아들이다

③ 9장은 사울이 전사한 이야기로 마친다

④ 사울 가계 명단은 8장에도 나온다

**정답** ③

**역대상 10장**

1. 사울의 죽음에 대한 10장의 설명과 다른 것은? (대상 10:1-8)

① 사울은 블레셋과의 전투에서 죽었다

② 모리안 산에서 죽임을 당했다

③ 사울은 자결했다

④ 요나단도 이 전투에서 죽었다

**정답** ②

2. 다음 중 사울의 죽음에 대한 설명 중 옳은 것은? (대상 10:1-10)

① 사울의 다섯 아들과 온 집안이 함께 죽었다

② 사울의 무기 지닌 자가 사울을 살해했다

③ 사울이 살던 성읍에 여부스 사람들이 거주하게 됐다

④ 사울의 머리와 갑옷은 블레셋 진영의 신전들에 보내졌다

**정답** ④

3. 사울의 시체와 그의 아들들의 시체를 누가 장사지내 주었는가?(대상 10:11-12)

① 길르앗야베스 사람들

② 기브온 거민들

③ 사울의 심복들

④ 다윗

**정답** ①

4. 사울이 블레셋에 패한 후 죽게 된 원인은?
(대상 10:13)

① 전략과 전술의 부재 ② 길보아산 지형 무지

③ 측근의 배신 ④ 여호와께 범죄

**정답** ④

## 역대상 11장

1. 11장부터 시작되는 다윗 이야기는 전반부의 "다윗의 통치"와 후반부의 "다윗의 성전준비"로 크게 나눌 수 있다. 전반부가 끝나는 장은 몇 장인가?

① 21장 ② 22장 ③ 23장 ④ 24장

**정답** ①

2. 괄호 안에 알맞은 말을 고르시오.
"( )이(가) 헤브론에 모여 다윗을 보고 이르되 우리는 왕의 가까운 혈족이니이다"(대상 11:1)

① 유다 사람들 ② 베냐민 사람들

③ 온 이스라엘 ④ 북 이스라엘 사람들

**정답** ③

3. 다음 중 틀린 진술은?(대상 11:1-9)

① 다윗은 헤브론에서 왕으로 옹립 되었다

② 예루살렘은 다윗이 헤브론에서 왕으로 옹립 되기 이전부터 유다의 소유였다

③ 예루살렘에는 여부스 족속이 살고 있었다

④ 여부스 족속이 살고 있던 예루살렘을 공격하여 빼앗는데 요압이 선봉에 섰다

**정답** ②

4. 다음 진술 중 옳은 것은?(대상 11:10-21)

① 다윗의 용사의 우두머리 첫째 세 명은 아비새, 야소브암, 아사헬이었다

② 엘르아살은 한번에 300명을 죽이기도 했다

③ 요압은 삼십 우두머리 중 세 용사의 우두머리였다

④ 다윗에게 베들레헴 성문 곁 우물물을 길어 온 이들은 삼십 우두머리 중 세 사람이었다

**정답** ④

5. 브나야에 대한 설명 중 잘못된 것은?
(대상 11:22-25)

① 사자 한 마리를 죽였다

② 다섯 규빗이나 되는 애굽 사람을 죽였다

③ 다윗이 시위대장으로 세웠다

④ 우두머리 첫째 세 명보다 뛰어났다

**정답** ④

## 역대상 12장

1. 다윗이 사울을 피해 시글락에 숨어 있을 때 다윗을 도운 베냐민 지파 용사들의 수장은?
(대상 12:1-7)

① 기스 ② 아히에셀

③ 요나단 ④ 에셀

**정답** ②

2. 다윗은 누구를 향해 "만일 너희가 평화로이 내게 와서 나를 돕고자 하면 내 마음이 너희 마음과 하나가 되려니와 만일 너희가 나를 속여 내 대적

에게 넘기고자 하면 내 손에 불의함이 없으니 우리 조상들의 하나님이 감찰하시고 책망하시기를 원하노라"고 말하였는가?(대상 12:16-18)

① 아히에셀 ② 갓 지파
③ 베냐민과 유다 자손 ④ 므낫세 지파

**정답** ③

3. 다음은 누가 한 말인가?(대상 12:18)
"다윗이여 우리가 당신에게 속하겠고 이새의 아들이여 우리가 당신과 함께 있으리니 원하건대 평안하소서. 당신도 평안하고 당신을 돕는 자에게도 평안이 있을지니 이는 당신의 하나님이 당신을 도우심이니이다"

① 아마새 ② 요압
③ 블레셋 사람들 ④ 므낫세 지파

**정답** ①

4. 다음 진술 중 옳은 것은?(대상 12:19-22)

① 다윗은 블레셋을 도와 결국 사울을 공격하였다
② 블레셋과 사울과의 전투에서 블레셋 방백들은 다윗을 신뢰하지 않아 돌려보냈다
③ 다윗이 시글락으로 돌아 온 후, 다시 므낫세 지파 사람들과 블레셋을 공격했다
④ 므낫세 지파는 블레셋을 도와 다윗을 공격했다

**정답** ②

5. 다음 지파들 중 가장 많은 다윗의 군사를 보유한 지파는?(대상 12:23-37)

① 단 지파 ② 아셀 지파
③ 스불론 지파 ④ 유다 지파

**정답** ③

### 역대상 13장

1. 다윗이 법궤를 이송하는 내용이 실려 있는 역대상의 장은?

① 13장과 14장 ② 14장과 15장
③ 13장과 15장 ④ 13장, 14장과 15장

**정답** ③

2. 다음 진술 중 잘못된 것은?(대상 13:1-14)

① 다윗은 법궤 이송에 대해 모든 지휘관들과 상의 하였다
② 다윗은 온 회중에게 법궤 이송 여부에 동의하는 지 확인하였다
③ 다윗은 아비나답 집에서 법궤를 가져올 때 레위인의 어깨 위에 메게 하였다
④ 법궤 이송 중 하나님의 진노하심으로 죽은 사람이 있었다

**정답** ③

3. 다음 진술 중 옳은 것은?(대상 13:7-14)

① 법궤가 아비나답 집 마당에 있을 때 소들이 뛰었다
② 법궤가 이송될 때 회중들은 뛰놀며 찬양했다
③ 법궤가 떨어지려 했을 때 아비나답이 궤를 붙들었다
④ 다윗은 법궤를 다윗 성으로 들이지 않고 유다지파의 오벧에돔 사람 집에 있게 했다

**정답** ②

4. 오벧에돔에 대한 설명 중 옳은 것은?

① 블레셋 사람이다
② 하나님이 오벧에돔의 집에 복을 내리셨다
③ 법궤가 넉 달 동안 그의 집에 머물렀다
④ 에돔인이었지만 후에 가드 사람이 됐다

정답 ②

역대상 14장

1. 대상 14장에 기록된 다윗을 가장 잘 묘사한 것은?(대상 14장)
① 슬픔 속의 다윗 ② 두려움 속의 다윗
③ 축복 속의 다윗 ④ 자숙하고 있는 다윗
정답 ③

2. 다음 중 다윗이 예루살렘에서 얻은 아들이 아닌 이는?(대상 14:3-7)
① 아도니야 ② 솔로몬
③ 나단 ④ 엘리벨렛
정답 ①

3. "바알브라심"이라는 지명은 다윗이 누구와 전투한 후에 붙여진 것인가?(대상 14:8-12)
① 두로 ② 북이스라엘
③ 사울 ④ 블레셋
정답 ④

4. 다윗이 뽕나무 수풀 맞은편에서 기습하여 격퇴한 대적은?(대상 14:13-17)
① 바알 ② 블레셋 ③ 골리앗 ④ 시글락
정답 ②

역대상 15장

1. 다음 진술 중 잘못된 것은?(대상 15:1-15)
① 다윗은 자기 궁전을 세우고, 하나님의 궤를 위한 장막을 쳤다
② 레위 사람만 하나님의 법궤를 메도록 지시했다
③ 법궤를 메는 자들은 먼저 몸을 성결케 할 것을 명했다
④ 첫 번째 법궤 이송에서 실패한 다윗은 이번에도 법궤 이송 여부를 백성들과 상의했다
정답 ④

2. 다음 괄호에 가장 적합한 단어는?
"전에는 너희가 메지 아니하였으므로 우리 하나님 여호와께서 우리를 찢으셨으니 이는 우리가 ( )대로 그에게 구하지 아니하였음이라"
(대상 15:13)
① 규례 ② 지시 ③ 습관 ④ 관례
정답 ①

3. 다음 중 음악 및 찬양하는 업무와 관련이 적은 이는?(대상 15:16-24)
① 여히야 ② 그나냐 ③ 에단 ④ 헤만
정답 ①

4. 다음 중 법궤가 이동된 장소를 순서대로 잘 배열한 것은?(대상 15:25-29; 13:1-14)
① 기럇여아림—다윗 성—오벧에돔 집
② 오벧에돔 집—다윗 성—기럇여아림
③ 아비나답 집—오벧에돔 집—다윗성
④ 아비나답 집—오벧에돔 집—기럇여아림
정답 ③

5. 언약궤가 성으로 들어오는 것을 본 다윗이 춤추며 즐거워하는 모습을 보고 업신여긴 사람에 대해 틀린 설명은?(대상 15:29)
① 여동생 메랍이 있었다
② 요나단과 남매지간이다
③ 다윗의 아내였다

④ 사울이 부친이었다

**정답** ①

## 역대상 16장

1. 법궤 앞에서 여호와를 섬길 때 찬양의 직책을 맡은 이들의 수장으로 다윗이 임명한 사람은?(대상 16:4-6)

① 스가랴 ② 오벧에돔 ③ 사독 ④ 아삽

**정답** ④

2. 16장 7절 이하에 나오는 감사 찬양과 유사한 시가 담겨 있는 시편은?(대상 16:7-36)

① 95편과 104편 ② 96편과 104편

③ 95편과 105편 ④ 96편과 105편

**정답** ④

3. 다윗은 아삽과 그 형제들에게 법궤 앞에서 섬기는 일을 얼마나 자주 하도록 했는가?(대상 16:37)

① 매일 ② 매 안식일 마다

③ 절기 때마다 ④ 한 달에 한 번

**정답** ①

4. 다음 중 틀린 진술은?(대상 16:37-43)

① 제사장 사독은 기브온 산당에서 일하도록 위임 받았다

② 여두둔의 아들은 나팔을 부는 자로 위임 받았다

③ 오벧에돔은 문지기로 세워졌다

④ 헤만과 여두둔은 악기로 찬양하는 자로 세워졌다

**정답** ②

## 역대상 17장

1. 다음 진술 중 옳은 것은?(대상 17:1-15)

① 나단은 다윗에게 성전을 지으라고 건의했다

② 다윗은 성전을 짓기 전부터 궁에 살고 있었다

③ 하나님께서 다윗에게 성전을 건축하지 말라고 말씀하셨다

④ 다윗이 아니라 다윗의 손자가 성전을 짓게 될 것이라고 말씀 하셨다

**정답** ②

2. 다음은 누구에게 말씀하신 것인가?

"가서 내 종 다윗에게 말하기를 여호와의 말씀이 너는 내가 거할 집을 건축하지 말라"(대상 17:4)

① 솔로몬 ② 사울 ③ 나단 ④ 엘리야

**정답** ③

3. 다음의 하나님 말씀 중 "그"는 누구를 가리키는가?

"내가 영원히 그를 내 집과 내 나라에 세우리니 그의 왕위가 영원히 견고하리라"(대상 17:14)

① 솔로몬 ② 다윗 ③ 나단 ④ 사울

**정답** ①

4. 다음 문장 중 다윗이 하나님께 드린 기도의 일부가 아닌 것은?(대상 176:16-27)

① 여호와여 주께서 복을 주셨사오니 이 복을 영원히 누리리이다

② 주께서 종을 위하여 왕조를 세우실 것을 이미 듣게 하셨으므로 주의 종이 주 앞에서 이 기도로 간구할 마음이 생겼나이다

③ 우리 귀로 들은 대로는 주와 같은 이가 없고 주 외에는 하나님이 없나이다

④ 세상에서 존귀한 자들의 이름 같은 이름을 만들어 주옵소서

**정답** ④

## 역대상 18장

1. 18장에서 다윗이 격퇴한 주변 나라로 언급되지 않은 나라는?(대상 18:1-8)

① 아람 ② 헷 ③ 모압 ④ 소바

**정답** ②

2. 다음 중 틀린 진술은?(대상 18:1-13)

① 다윗은 소바 왕 하닷에셀을 친 후 백 마리 말의 발 힘줄을 끊었다

② 모압 사람은 다윗의 종이 되었다

③ 하맛 왕 도우는 하도람을 통해 자발적으로 다윗에게 예물을 드렸다

④ 아비새는 에돔 사람 18,000명을 죽였다

**정답** ①

3. "다윗이 어디를 가든지 이기게 하셨더라"는 말씀이 18장에 몇 번 언급되었는가?(대상 18:6, 13)

① 한 번 ② 두 번

③ 세 번 ④ 언급되지 않았음

**정답** ②

4. 다윗이 임명한 왕국 관료들 중 잘못 짝지어진 사람은?(대상 18:14-17)

① 군대 사령관 - 요압

② 제사장 - 아히둡과 아비아달

③ 행정장관 - 여호사밧

④ 그렛과 블렛 사람 우두머리 - 브나야

**정답** ②

## 역대상 19장

1. 19장은 다윗이 어느 나라와 전쟁한 이야기를 싣고 있는가?(대상 19:1이하)

① 모압 ② 아람 ③ 블레셋 ④ 암몬

**정답** ④

2. 다음 중 맞는 진술은?(대상 19:1-5)

① 다윗은 나하스가 죽자 신하들을 보내 문상하게 했다

②나하스는 다윗의 선의(善意)를 오해했다

③ 다윗의 신하들은 수염이 깎이자 곧바로 다윗에게 직접 와서 보고했다

④ 하눈의 아들은 나하스였다

**정답** ①

3. 다윗과 암몬 사이에 벌어진 전쟁에 대한 다음 설명 중 잘못된 것은?(대상 19:6-19)

① 암몬은 아람마아가와 소바에서 병거와 마병을 구입하였다

② 당시 암몬의 왕은 하눈이었다

③ 요압은 암몬을 맡고, 아비새는 아람 군대를 맡아 싸우기로 했다

④ 전쟁에서 패한 아람은 다시는 암몬을 도우려고 하지 않았다

**정답** ③

4. 19장에 언급된 인물이 아닌 사람은?(대상 19:11, 16)

① 하닷에셀 ② 소박

③ 하도람 ④ 아비새

**정답** ③

### 역대상 20장

1. 다윗이 전장터에 나가지 않고 예루살렘에 그대로 머물러서(1절) 행했던 일에 대해 상세한 기록을 전해주는 책장은?(대상 20:1)

① 삼하 9장 ② 삼하 11장

③ 삼하 13장 ④ 삼하 15장

**정답** ②

2. 당시 암몬의 수도는 어디였는가?(대상 20:1)

① 라기스 ② 예루살렘

③ 소바 ④ 랍바

**정답** ④

3. 다음 중 블레셋 사람이 아닌 이는?(대상 20:4-8)

① 십배 ② 골리앗 ③ 라흐미 ④ 요나단

**정답** ④

### 역대상 21장

1. 다음 괄호에 알맞은 말은?
"( )가(이) 일어나 이스라엘을 대적하고 다윗을 충동하여 이스라엘을 계수하게 하니라"
(대상 21:1)

① 여호와 ② 주의 천사

③ 사탄 ④ 블레셋

**정답** ③

2. 다음 중 틀린 진술은?(대상 21:1-8)

① 다윗의 인구조사 기록은 사무엘하 24장에도 언급되어 있다

② 다윗의 인구조사 명령에 대해 요압은 반대했었다

③ 요압은 결국 베냐민과 레위 사람의 인구만 조사했다

④ 인구조사는 브엘세바에서부터 단까지 전 이스라엘에 걸쳐 이루어졌다

**정답** ③

3. 21장에서 언급되지 않은 인물은?
(대상 21:2, 9, 15)

① 엘하난 ② 갓 ③ 오르난 ④ 요압

**정답** ①

4. 인구조사 시행에 대한 잘못의 대가로 하나님께서 다윗에게 제시한 형벌에 포함되지 않는 것은?(대상 21:12)

① 삼 년 기근 ② 왕권 포기

③ 석 달 쫓기는 생활 ④ 사흘 동안의 전염병

**정답** ②

5. 다음 중 잘못된 설명은?(대상 21:13-22)

① 다윗은 사흘 간 전염병 재앙을 택했다

② 이로 인해 죽은 자가 70,000명이었다

③ 하나님은 재앙을 내리는 천사가 오르난의 타작마당에 있을 때, 재앙을 그치라고 말씀하셨다

④ 다윗은 인구조사 시행에 대해 하나님께 형벌을 받았지만 잘못을 시인하지는 않았다

**정답** ④

6. 다음 설명 중 잘못된 것은?(대상 21:15-27)

① 다윗은 오르난 타작 마당을 값 주고 샀다

② 이곳에서 번제와 화목제를 여호와께 드렸다

③ 오르난은 기브온 사람이었다

④ 오르난은 자신의 마당을 다윗에게 거저 드리려고 했다

정답 ③

## 역대상 22장

1. 22장의 주요 내용에 해당하지 않는 것은?
(대상 22:1-19)
① 성전건축자 명단
② 솔로몬에게 성전건축에 대해 당부함
③ 성전 건축재료 준비
④ 솔로몬을 돕도록 방백들에게 요청
정답 ①

2. 다음 중 다윗이 성전건축을 위해 준비한 품목을 전부 고르면?(대상 22:2-4)
① 돌, 백향목
② 돌, 문짝 못, 철, 놋, 백향목
③ 백향목, 철, 놋
④ 돌, 백향목, 놋
정답 ②

3. 하나님께서 다윗에게 성전 건축을 허락하지 않으신 이유는?(대상 22:8)
① 솔로몬이 더 지혜가 있기 때문에
② 다윗은 건축 준비를 더 잘 하기 때문에
③ 다윗은 피를 많이 흘리고 전쟁을 많이 했기 때문에
④ 건축 준비를 마치기에는 시간이 더 필요했기 때문에
정답 ③

4. 다음 괄호에 알맞은 단어는?
"보라 한 아들이 네게서 나리니 그는 ( ) 사람이라. 내가 그로 주변 모든 대적에게서 평온을 얻게 하리라. 그의 이름을 솔로몬이라 하리니"
(대상 22:9)
① 지혜로운 ② 온순한
③ 정의로운 ④ 사랑받는
정답 ②

5. 다음 괄호에 알맞은 단어는?
"그가 내 ( )을(를) 위하여 성전을 건축할지라. 그는 내 아들이 되고 나는 그의 아버지가 되어 그 나라 왕위를 이스라엘 위에 굳게 세워 영원까지 이르게 하리라"(대상 22:10)
① 영광 ② 명예 ③ 종 ④ 이름
정답 ④

6. 17-19절에서 다윗이 방백들에게 당부한 말은?
(대상 22:17-19)
① 장인을 잘 선택하라
② 건축 재료를 성전건축을 위해 아끼지 말라
③ 솔로몬이 좋은 군주가 되도록 힘껏 지원하라
④ 솔로몬을 도와 성전을 건축하라.
정답 ④

## 역대상 23장

1. 23~27장의 주요 내용은?(대상 23-27장)
① 성전 건축재료 목록
② 성전 건축자 명단
③ 성전 담당자들의 역할과 명단
④ 제사장 24 직무
정답 ③

2. 1-5절에 대한 다음 설명 중 잘못된 것은?
(대상 23:1-5)

① 30세 이상의 레위인을 계수했다
② 계수된 레위인은 모두 38,000명 이었다
③ 계수된 레위인들 중 관원과 재판관 업무를 보는 이들이 가장 많았다
④ 문지기와 찬송하는 자들은 그 수가 같았다

**정답** ③

3. 성전업무를 담당한 레위인들은 어떤 순서로 기술되어 있는가?(대상 23:7-23)
① 게르손—그핫—므라리 자손
② 게르손—므라리—그핫 자손
③ 게르솜—그핫—므라리 자손
④ 게르솜—므라리—그핫 자손

**정답** ①

4. 다음 중 레위자손들의 업무에 해당되지 않는 것은?(대상 23:28-32)
① 여호와의 성전과 뜰과 골방에서 아론의 자손을 돕는 일
② 아침과 저녁으로 여호와께 감사하고 찬송하는 일
③진설병과 무교전병 등을 굽고 반죽하는 일
④ 성전의 일을 다스리는 일

**정답** ④

## 역대상 24장

1. 다음 보기 중 아론의 아들은 모두 몇 명인가?(대상 24:1)
보기〉 나답, 아비후, 엘리에셀, 이다말
① 1명 ② 2명 ③ 3명 ④ 4명

**정답** ③

2. 다윗 시대 때 제사장 업무를 총괄했던 두 인물은?(대상 24:3)
① 엘르아살과 이다말 ② 사독과 아히멜렉
③ 엘르아살과 사독 ④ 이다말과 아히멜렉

**정답** ②

3. 다음 중 잘못된 설명은?(대상 24:3-5)
① 다윗은 제사장들의 직무를 모두 스물 네 개로 나누었다
② 스물 네 개 중 16개는 엘르아살의 자손이 우두머리가 되었다
③ 스물 네 개 중 8개는 이다말 자손이 우두머리가 되었다
④ 이들의 업무는 다윗이 차등이 없게 나누어 주었다

**정답** ④

4. 엘리사벳의 남편 사가랴의 조상인 아비야의 반열은 몇 번째 인가?(대상 24:10)
① 두 번째 ② 네 번째
③ 여섯 번째 ④ 여덟 번째

**정답** ④

## 역대상 25장

1. 25장은 주로 누구에 대한 기록인가?(대상 25:1)
① 성전 문지기 ② 찬송 맡은 이들
③ 제사장들 ④ 성전 곳간 맡은 이들

**정답** ②

2. 다윗에 의해 성전에서 노래하는 일을 맡은 자손들에 속하지 않는 이는?(대상 25:2-4)
① 헤만 ② 여두둔 ③ 므라리 ④ 아삽

**정답** ③

3. 다음 중 틀린 진술은?(대상 24:4-31)

① 혜만의 아들들 중 나팔을 부는 이들이 있었다

② 혜만에게는 17명의 자녀가 있었다

③ 노래하는 자도 제사장들처럼 24 반차로 되어 있었다

④ 노래하는 직임은 노래 지도자들에 의해 임명되었다

**정답** ④

## 역대상 26장

1. 26장에 언급되지 않은 직책은?(대상 26:1, 20, 29)

① 찬송하는 자 ② 성물 곳간 관리자

③ 성전 문지기 ④ 재판관

**정답** ①

2. 제비를 뽑아 섬기게 된 문과 책임자가 잘못 조합된 것은?(대상 26:14-16)

① 동쪽 문 - 호사 ② 북쪽 문 - 스가랴

③ 남쪽 문 - 오벧에돔 ④ 서쪽 문 - 숩빔

**정답** ①

3. 성물의 곳간을 맡아 다윗 왕 및 군대의 모든 지휘관이 구별하여 드린 성물을 책임지고 감독한 이는 누구인가?(대상 26:26)

① 아히야 ② 스브엘 ③ 라단 ④ 슬로못

**정답** ④

4. 헤브론 자손에 대한 다음 설명 중 잘못된 것은?(대상 26:29-32)

① 하사뱌는 요단 서쪽에서 왕을 섬기는 직임을 맡았다

② 여리야는 헤브론 자손의 우두머리가 되었다

③ 그나냐와 그의 아들들은 관원과 재판관이 되었다

④ 하사뱌와 여리야 모두 헤브론의 자손이었다

**정답** ③

## 역대상 27장

1. 다음 중 옳은 진술은?(대상 27:1-14)

① 전체 반열은 24,000명으로 되어 있었다

② 왕을 보호하는 관원들이 12 반열로 나눠진 것은 한 달씩 왕궁을 섬기기 위해서였다

③ 각 반열은 2,000명씩으로 구성되었다

④ 각 반열에는 반장이 세워졌다

**정답** ②

2. 이스라엘 지파를 관할하는 자를 소개하는 단락에서 빠져 있는 지파는?(대상 27:16-22)

① 단 지파 ② 단, 아셀 지파

③ 단, 갓 지파 ④ 갓, 아셀 지파

**정답** ④

3. 다음 각 지파의 관할자가 잘못 연결된 것은?(대상 27:16-22)

① 유다 - 다윗 ② 베냐민 - 야아시엘

③ 레위 - 하사뱌 ④ 에브라임 - 호세아

**정답** ①

4. 다음 중 다윗 왕의 재산으로 언급되지 않은 것은?(대상 27:25-31)

① 금 일천 달란트 ② 낙타

③ 포도원 ④ 기름 곳간

**정답** ①

5. 다윗의 관리가 된 이들이 잘못 연결된 것은?
(대상 27:32-34)

① 아히도벨 – 왕자들의 수종자
② 후새 – 왕의 벗
③ 요나단 – 서기관
④ 요압 – 군대 지휘관

**정답** ①

## 역대상 28장

1. 다음은 누가 한 말인가?
"나는 여호와의 언약궤 곧 우리 하나님의 발판을 봉안할 성전을 건축할 마음이 있어서 건축할 재료를 준비하였으나 하나님이 내게 이르시되 너는 전쟁을 많이 한 사람이라 피를 많이 흘렸으니 내 이름을 위하여 성전을 건축하지 못하리라 하셨느니라"(대상 28:2-3)

① 솔로몬 ② 다윗 ③ 나단 ④ 모세

**정답** ②

2. 다음은 누구에게 한 말인가?
"이제 너는 삼갈지어다. 여호와께서 너를 택하여 성전의 건물을 건축하게 하셨으니 힘써 행할지니라"(대상 28:10)

① 다윗 ② 나단 ③ 솔로몬 ④ 모세

**정답** ③

3. 다음 중 잘못된 설명은?(대상 28:11-19)

① 다윗은 성전의 복도, 곳간, 골방, 속죄소 등의 설계도를 솔로몬에게 주었다
② 다윗은 이 설계도를 여호와로부터 영감으로 받았다
③ 다윗은 솔로몬에게 성전에서 사용될 기구 등에 대해서도 설명해 주었다
④ 성전에서 사용될 기구의 무게는 제사장이 정하도록 했다

**정답** ④

## 역대상 29장

1. 다음 괄호에 맞는 단어를 골라라.
"이 성전은 ( )를(을) 위한 것이 아니요, ( )를(을) 위한 것이라"(대상 29:1)

① 유다, 다윗가문 ② 다윗, 솔로몬
③ 다윗, 여호와 하나님 ④ 사람, 여호와 하나님

**정답** ④

2. 다음 중 틀린 진술은?(대상 29:3-9, 27)

① 다윗은 성전 건축을 위해 자신의 금, 은도 드렸다
② 다윗의 본을 보고 백성들도 자원해 드렸다
③ 다윗은 솔로몬이 성전을 완성하는 것을 보고 죽었다
④ 다윗은 총 40년간 왕으로 다스렸다

**정답** ③

3. 솔로몬이 왕으로 기름부음 받을 때 제사장으로 함께 기름부음 받은 이는?(대상 29:22)

① 아비멜렉 ② 아비아달 ③ 사독 ④ 아히둡

**정답** ③

4. 다음 중 다윗의 행적이 담겨 있지 않은 책은?
(대상 29:29)

① 선견자 사무엘의 글 ② 역대하
③ 선견자 갓의 글 선지자 엘리야의 글

**정답** ④

# 역대하

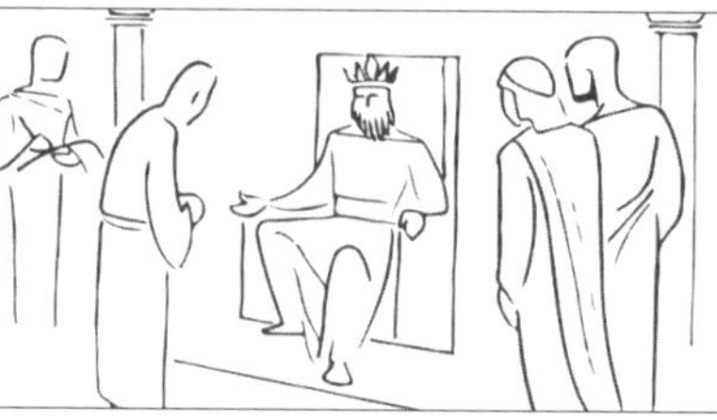

### 역대하 1장

1. 하나님께서 솔로몬에게 선물로 주신 것이 아닌 것은?(대하 1:12)
① 장수 ② 지혜와 지식
③ 재물 ④ 부(富)
**정답** ①

2. "다윗의 아들 솔로몬의 왕위가 견고하여 가며 그의 하나님 여호와께서 그와 함께 하사 심히 창대하게 하시니라"는 말씀으로 시작되는 구약의 책은?(대하 1:1)
① 열왕기하 ② 역대상
③ 역대하 ④ 에스라
**정답** ③

### 역대하 2장

1. 누구에게 한 말인가?
"청하건대 당신은 금, 은, 동, 철로 제조하며 자색 홍색 청색 실로 직조하며 또 아로새길 줄 아는 재주 있는 사람 하나를 내게 보내어 내 아버지 다윗이 유다와 예루살렘에서 준비한 나의 재주 있는 사람들과 함께 일하게 하고"(대하 2:7)
① 사독 ② 후람 ③ 하눈 ④ 요압
**정답** ②

2. 솔로몬이 성전건축을 위해 두로 왕에게 요청한 것이 아닌 것은?(대하 2:7-8)
① 백향목 ② 재주 있는 사람
③ 백단목 ④ 산에서 돌을 떠낼 자
**정답** ④

3. 두로 왕이 솔로몬의 요청에 따라 보내준 재주 있고 총명한 사람에 대한 설명 중 잘못된 것은?(대하 2:13-14)
① 모친은 단 지파 출신이다
② 부친은 두로 사람이다
③ 이 사람의 이름은 성경 어디에도 알려지지 않았다
④ 두로 왕의 선친 때부터 기술자로 활동했다
**정답** ③

4. 성전 건축에 동원된 이방 사람들과 감독자의 수는 각각 얼마인가?(대하 2:17-18)
① 70,000명과 3,600명
② 150,000명과 3,600명
③ 80,000명과 3,000명
④ 150,000명과 3,000명
**정답** ②

### 역대하 3장

1. 다음 괄호에 알맞은 단어는?

"솔로몬이 예루살렘 ( ) 산에 여호와의 전 건축하기를 시작하니"(대하 3:1)

① 변화 ② 헬몬 ③ 갈람 ④ 모리아

**정답** ④

2. 다음 중 잘못된 설명은?(대하 3:1-3)

① 성전을 건축하게 될 터는 기브온 사람 오르난의 타작 마당이었다

② 솔로몬이 왕위에 오른 지 제 4년 둘째 달 둘째 날에 건축을 시작하였다

③ 성전의 크기는 길이가 60 규빗이었다

④ 성전의 너비는 20 규빗이었다

**정답** ①

3. 성전 지성소의 길이와 너비는 각각 몇 규빗이었나?(대하 3:8)

① 20-30 ② 30-60 ③ 20-20 ④ 30-30

**정답** ③

4. 성전 앞에 세워진 두 기둥 중 왼쪽 것의 이름은?(대하 3:15-17)

① 보아스 ② 룻 ③ 야긴 ④ 야민

**정답** ①

## 역대하 4장

1. 다음 진술 중 옳지 않은 것은?(대하 4:1-6)

① 4장은 주로 성전 안과 성전 뜰의 기구들을 만든 일을 기록하고 있다

② 제단은 놋으로 만들었다

③바다의 모양은 사각형 모양으로 만들었다

④ 물두멍은 모두 열 개를 만들었다

**정답** ③

. 다음 진술 중 옳은 것은?(대하 4:7-10)

① 등잔대는 놋으로 만들었다

② 등잔대는 열 개를 만들었다

③ 상(床)은 열 개를 만들어 외전에 두었다

④ 제사장의 뜰 문짝에는 은을 입혔다

**정답** ②

3. 다음 중 후람이 만든 것이 아닌 것은?(대하 4:11-16)

① 기둥 둘 ② 제사장의 뜰의 문

③고기 갈고리 ④ 성전 그릇들

**정답** ②

4. 다음 중 금으로 만들거나 금으로 입힌 것이 아닌 것은?(대하 4:2, 7, 21-22)

① 바다 ② 등잔대

③ 지성소의 문 ④ 불집게

**정답** ①

## 역대하 5장

1. 다음 중 법궤(언약궤) 이송하는 기사가 나오지 않는 곳은?

① 대상 13장 ② 대상 15장

③ 대하 4장 ④ 대하 5장

**정답** ③

2. 다음 중 잘못된 설명은?(대하 5:2-10)

① 언약궤가 다윗 성에서 성전 지성소로 이송되었다

② 다윗 성에서 레위 사람들이 궤를 메었다

③ 궤 안에는 두 돌 판만 들어 있었다

④ 레위인들은 언약궤를 지성소로 안으로 들여

왔다

**정답** ④

3. 다음 괄호에 적합한 단어를 적어라?

"궤와 회막과 장막 안에 모든 거룩한 기구를 메고 올라가되 ( )가(이) 그것들을 메고 올라가매"(대하 5:5)

① 레위인 ② 제사장

③ 제사장과 레위인 ④ 레위인 제사장

**정답** ④

4. 여호와의 법궤가 성전에 안착되었을 때 하나님의 성전에 어떤 변화가 있었는가? (대하 5:13-14)

① 백성들이 두려워 떨었다

② 여호와의 영광이 충만함을 상징하는 구름이 가득해 졌다

③ 제단에서 불이 나왔다

④ 휘장이 찢어졌다

**정답** ②

## 역대하 6장

1. 5-10절에 성전을 지은 것은 여호와의 '이름'을 두기 위한 것이었다고 몇 번 강조하고 있는가? (대하 6:5-10)

① 일곱 번 ② 여섯 번

③ 다섯 번 ④ 네 번

**정답** ②

2. 누가 한 말인가?

"여호와 하나님이여 일어나 들어 가사 주의 능력의 궤와 함께 주의 평안한 처소에 계시옵소서" (대하 6:41)

① 다윗 ② 나단 ③ 솔로몬 ④ 헤만

**정답** ③

3. 다음의 빈 칸을 차례대로 적으면?

"하나님이 참으로 사람과 함께 땅에 계시리이까 보소서 하늘과 ( )들의 ( )이라도 주를 용납하지 못하겠거든 하물며 내가 건축한 이 성전이오리이까"(대하 6:18)

① 하늘, 하늘 ② 하늘, 땅

③ 땅, 바다 ④ 땅, 천지

**정답** ①

4. 솔로몬이 성전 건축 후 드린 기도의 내용과 어긋나는 설명은?(대하 6:14-42)

① 선친 다윗에게 약속한 언약을 지켜 주시길 기도했다

② 행위대로 심판하지 말고, 하나님의 크신 은혜로 덮어 주시길 기도했다

③ 이방인이 성전에 와서 성전을 향해 기도하면 들어 주시길 기도했다

④ 범죄함으로 심판을 당했지만 회개하면 용서해 주시길 기도했다

**정답** ②

## 역대하 7장

1. 하늘에서 불이 내려와 번제물과 제물들을 사르고 여호와의 영광이 성전에 가득해진 것은 언제였는가?(대하 7:1)

① 성전이 완성됐을 때

② 솔로몬의 기도가 시작됐을 때

③ 성전 낙성식 후에

④ 솔로몬의 기도가 끝났을 때

**정답** ④

2. 다음 중 잘못된 진술은?(대하 7:4-10)

① 성전 건축이 완성된 후 하나님은 솔로몬의 꿈에 다시 나타나셨다

② 성전 낙성식 때 사용된 제물 중 양은 120,000 마리나 되었다

③ 낙성식은 칠 일간 계속되었다

④ 낙성식은 칠 월에 행해졌다

**정답** ①

3. 다음은 누구에게 한 말인가?

"내 이름으로 일컫는 내 백성이 그들의 악한 길에서 떠나 스스로 낮추고 기도하여 내 얼굴을 찾으면 내가 하늘에서 듣고 그들의 죄를 사하고 그들의 땅을 고칠지라"(대하 7:14)

① 범죄한 백성들 ② 방백들

③ 다윗 ④ 솔로몬

**정답** ④

## 역대하 8장

1. 다음 진술 중 잘못된 것은?(대하 8:1-3, 16)

① 솔로몬은 후람이 돌려 준 성읍들에 백성들을 이주시켰다

② 솔로몬은 하맛소바를 점령했다

③ 솔로몬은 자기 궁을 짓는데 20년 걸렸다

④ 솔로몬의 성전공사는 무결점으로 끝났다

**정답** ③

2. 솔로몬은 이스라엘에 남겨져 살고 있는 이방 족속들을 어떻게 했는가?(대하 8:7-8)

① 역꾼으로 삼았다

② 마병의 지휘관으로 삼았다

③ 대부분 추방했다

④ 한 곳을 지정하여 모여 살게 했다

**정답** ①

3. 솔로몬은 성전 재건 후 아내로 데려 온 바로의 딸들을 어떻게 했는가?(대하 8:11)

① 왕궁에 더 이상 살지 못하게 했다

② 더 사랑했다

③ 개종시켰다

④ 예배를 드리도록 강요했다

**정답** ①

4. 다음 진술 중 옳은 것은?(대하 8:7-8, 15, 17-18)

① 제사장들과 레위 사람들은 국고 일에 대해 왕의 명령을 가려서 순종했다

② 후람과 솔로몬의 종들이 오빌에 가서 금 450 달란트를 얻어 오기도 했다

③ 에시온게벨과 엘롯은 에돔의 내륙에 위치해 있었다

④ 성전은 거룩했으므로 이방인들을 이스라엘에서 다 쫓아냈다

**정답** ②

## 역대하 9장

1. 스바 여왕이 솔로몬을 찾아온 이야기가 나오는 구약의 책장은?

① 대하 9장에만

② 왕상 10장과 대하 9장

③ 왕상 10장에만 ④ 대하 9장과 10장

**정답** ②

2. 스바 여왕이 이스라엘에 와서 정신이 황홀해질 만큼 놀라게 된 것은 무엇 때문인가?(대하 9:3-4)

① 솔로몬의 지혜　② 궁전

③ 음식물과 성전 층계　④ 이상 모두

**정답** ④

3. 누가 한 말인가?

"복되도다. 당신의 사람들이여, 복되도다. 당신의 이 신하들이여. 항상 당신 앞에 서서 당신의 지혜를 들음이로다"(대하 9:7)

① 솔로몬의 신하　② 스바 여왕

③ 밧세바　④ 술 관원

**정답** ②

4. 다음 중 잘못된 진술은?(대하 9:13-21)

① 솔로몬은 금 666달란트의 세금을 거둬들였다

② 상아로 보좌를 만들고 순금으로 입혔다

③ 솔로몬 시대에는 금을 귀하게 여기지 않을 정도였다

④ 삼년에 한 번씩 솔로몬에게 바친 것들 중 원숭이와 공작도 있었다

**정답** ③

5. 다음 중 성경의 진술과 거리가 먼 것은? (대하 9:22-30)

① 솔로몬의 재산은 천하의 왕들보다 더 컸다

② 솔로몬은 이스라엘을 30년 동안 통치했다

③ 천하 열왕이 솔로몬의 지혜를 듣고 얼굴을 보기 원했다

④ 예루살렘에는 백향목을 평지의 뽕나무 같이 많게 만들었다

**정답** ②

## 역대하 10장

1. 다음 설명 중 잘못된 것은?(대하 10:1-5)

① 르호보암은 왕이 된 후 세겜에서 백성들의 의견을 들었다

② 백성들은 멍에를 가볍게 해 주시길 요청했다

③ 르호보암은 이 요청에 대해 3일 후에 답변했다

④ 르호보암은 밧세바의 아들이다

**정답** ④

2. 누가 한 말인가?

"내 아버지는 너희의 멍에를 무겁게 하였으나 나는 더 무겁게 할지라. 내 아버지는 가죽 채찍으로 너희를 치셨으나 나는 전갈 채찍으로 치리라" (대하 10:14)

① 르호보암　② 솔로몬

③ 젊은 신하들　④ 백성들

**정답** ①

3. 누구에게 한 말인가?

"우리가 다윗과 무슨 관계가 있느냐. 이새의 아들에게서 받을 유산이 없도다. 이스라엘아 각각 너희의 장막으로 돌아가라. 이제 너는 네 집이나 돌보라"(대하 10:16)

① 이새　② 다윗

③르호보암　④ 이스라엘 백성들

**정답** ③

4. 다음 진술 중 옳은 것은?(대하 10:13-14, 18-19)

① 르호보암은 솔로몬의 강압 정치를 이어 받겠다고 선언했다

② 르호보암은 하도람을 죽였다

③ 이스라엘은 르호보암 왕 시절에만 다윗의 집

을 배반했다

④ 르호보암은 원로들의 의견을 따랐다

**정답** ①

역대하 11장

1. 다음 중 11장에 언급된 인물이 아닌 사람은?(대하 11:2, 4, 18)

① 스마야 ② 여로보암 ③ 하도람 ④ 이새

**정답** ③

2. 르호보암이 북이스라엘과 전쟁을 하려 할 때 유다와 함께했던 지파는?(대하 11:1)

① 에브라임 ② 베냐민 ③ 레위 ④ 요셉

**정답** ②

3. 다음은 스마야가 전한 하나님의 말씀이다. 빈 칸을 채워라.

"너희가 올라가지 말라. 너희 형제와 싸우지 말고 각기 집으로 돌아가라. 이 일이 내게로 말미암아 난 것이라 ... 그들이 여호와의 말씀을 듣고 돌아가고 ( )를(을) 치러 가던 길에서 되돌아왔더라"(대하 11:4)

① 르호보암 ② 여로보암

③ 베냐민 ④ 다윗

**정답** ②

4. 다음 중 잘못된 진술은?(대하 11:5, 12, 14, 17)

① 르호보암은 제사장의 직분을 행하지 못하도록 레위사람들을 해임했다

② 르호보암은 베들레헴을 비롯한 여러 성읍들을 건축했다

③ 르호보암 재위 3년까지는 다윗의 길을 따라 바른 길을 걸었다

④ 르호보암은 베냐민 지파와 가깝게 지냈다

**정답** ①

5. 다음 중 옳은 진술은?(대하 11:18-23)

① 르호보암은 마할랏의 아들 아비야를 후계자로 세웠다

② 다윗의 딸 마아가도 르호보암의 아내가 되었다

③ 르호보암은 아내 18명, 첩 60명에게서 아들 28명, 딸 60명을 낳았다

④ 르호보암은 자기 아들들은 예루살렘에 살게 했다

**정답** ③

역대하 12장

1. 다음 중 잘못된 진술은?(대하 12:1-3, 9)

① 르호보암은 자기의 세력이 커지자 하나님의 율법을 버렸다

② 바벨론 왕 시삭이 르호보암을 공격했다

③ 시삭은 예루살렘을 쳐서 성전 보물 등을 빼앗았다

④ 시삭은 리비아 용병들도 함께 데려왔다

**정답** ②

2. 르호보암을 향해 시삭의 손에 넘어간 것은 여호와를 버렸기 때문이라는 말을 전해 준 예언자가 언급된 장들은?(대하 11:2-3; 12:5)

① 10장, 11장 ② 10장, 12장

③ 9장, 12장 ④ 11장, 12장

**정답** ④

3. 시삭을 통해 유다를 다 멸하지 않으신 이유는? (대하 12:6-7)

① 스마야가 회개해서

② 르호보암이 겸비해져서

③ 예루살렘을 위해서

④ 솔로몬과의 약속 때문에

**정답** ②

4. 다음 설명 중 12장의 기록과 어긋난 것은? (대하 12:13-16)

① 왕으로서 41년간 다스렸다

② 르호보암이 다스릴 시절 북이스라엘의 왕은 여로보암이었다

③ 모친은 암몬 여자였다

④ 르호보암의 행적은 잇도의 족보책에도 기록되어 있다

**정답** ①

## 역대하 13장

1. 다음 아비야에 관한 진술 중 옳은 것은? (대하 13:2, 20-21)

① 르호보암과 큰 전투가 있었다

② 여로보암은 아비야와의 전투에서 죽임을 당했다

③ 아내 열 넷이 있었다

④ 18세에 유다의 왕이 되었다

**정답** ③

2. 다음 빈 칸에 알맞은 말은?

"이스라엘 하나님 여호와께서 ( ) 언약으로 이스라엘 나라를 영원히 다윗과 그의 자손에게 주신 것을 너희가 알 것 아니냐"(대하 13:5)

① 소금 ② 모세 ③ 노아 ④ 영원한

**정답** ①

3. 누가 한 말인가?

"너희가 아론 자손인 여호와의 제사장들과 레위 사람들을 쫓아내고 이방 백성들의 풍속을 따라 제사장을 삼지 아니하였느냐. 누구를 막론하고 어린 수송아지 한 마리와 숫양 일곱 마리를 끌고 와서 장립을 받고자 하는 자마다 허무한 신들의 제사장이 될 수 있도다"(대하 13:9)

① 여로보암 ② 르호보암

③ 잇도 ④ 아비야

**정답** ④

4. 13장에 언급된 아비야의 연설과 그 내용이 다른 진술은?(대하 13:4-12)

① 유다와 예루살렘은 매일 아침 저녁으로 여호와께 화목제를 드렸다

② 여로보암은 솔로몬을 배반한 것이다

③ 이방백성들의 풍속을 따라 제사장을 삼았으므로 결국 허무한 신들에게 제사하는 격이 된다

④ 여로보암이 금송아지들을 신으로 만들어 버렸다

**정답** ①

5. 다음 중 아비야가 여로보암과 전쟁 후 빼앗은 성읍이 아닌 곳은?(대하 13:19)

① 에브론 ② 여사나 ③ 벧엘 ④ 아이

**정답** ④

### 역대하 14장

1. 다음 아사에 대한 진술 중 잘못된 것은?
(대하 14:1-6)
① 르호보암의 손자이다
② 이방 제단과 산당을 없앴다
③ 왕위에 즉위한 초기시기에는 평안이 없었다
④ 견고한 성읍들을 건축했다
**정답** ③

2. 다음 빈 칸에 알맞은 말은?
"우리 하나님 여호와여 우리를 도우소서. 우리가 주를 의지하오며 주의 이름을 의탁하옵고 이 많은 무리를 치러 왔나이다 여호와여 주는 우리 하나님이시오니 원하건대 ( )가(이) 주를 이기지 못하게 하옵소서"(대하 14:11)
① 사람 ② 대적 ③ 사탄 ④ 내
**정답** ①

3. 다음 설명 중 옳지 않은 것은?(대하 14:8-15)
① 아사가 다스릴 당시 유다와 베냐민은 서로 적대관계였다
② 구스인 세라가 아사를 침공했다
③아사는 군대보다 하나님을 더 의지했다
④ 아사가 세라와의 전투에서 획득한 전리품 중 낙타도 있었다
**정답** ①

### 역대하 15장

1. "너희가 여호와와 함께 하면 여호와께서 너희와 함께 하실지라. 너희가 만일 그를 찾으면 그가 너희와 만나게 되시려니와 너희가 만일 그를 버리면 그도 너희를 버리시리라"(대하 15:2)는 아사랴의 말씀의 청자(聽者)가 아닌 이는?
① 아사 ② 제사장
③ 유다 백성 ④ 베냐민 백성
**정답** ②

2. 다음 설명 중 잘못된 것은?(대하 15:8-16)
① 아사는 오뎃/아사랴의 지적을 겸허히 받아들이고 개혁을 했다
② 유다와 베냐민의 무리 중 일부는 에브라임, 므낫세, 시므온 지역에 가서 살았다
③아사 왕 15년에 예루살렘에 모여 여호와만 섬기기로 많은 이들이 언약을 맺었다
④ 아사는 모친 마아가를 태후의 자리에서 물러나게 했다
**정답** ②

3. 아사의 치적 중 잘못한 것은?(대하 15:17)
① 구스와 전쟁을 한 것
② 모친을 태후의 자리에서 폐한 것
③ 자녀를 많이 낳은 것
④ 산당을 제거하지 않은 것
**정답** ④

### 역대하 16장

1. 16장에 언급 되지 않은 인물은?(대하 16:1, 2, 7)
① 바아사 ② 아사랴 ③ 벤하닷 ④ 하나니
**정답** ②

2. 다음은 설명 중 옳지 않은 것은?(대하 16:1-6)
① 바아사와 아사 사이에 전쟁이 있었다
② 전쟁은 "라마" 지역과 관련된 문제로 야기되

었다

③ 벤하닷은 당시 아사와 동맹관계였으나 바아사와 새로운 약조를 맺었다

④ 벤하닷은 이스라엘 성읍들과 국고성을 공격했다

**정답** ③

3. 아사가 선견자 하나니에게 꾸지람을 당한 이유는?(대하 16:7)

① 라마를 빼앗아서

② 아람 왕을 의지해서

③ 바아사와 동맹을 깨서

④ 게바와 미스바를 건축해서

**정답** ②

4. 다음은 누구에게 한 말인가?

"여호와의 눈은 온 땅을 두루 감찰하사 전심으로 자기에게 향하는 자들을 위하여 능력을 베푸시나니"(대하 16:9)

① 바아사 ② 벤하닷 ③ 하나니 ④ 아사

**정답** ④

5. 다음 설명 중 잘못된 것은?(대하 16:10, 12)

① 하나니의 말을 듣고 아사는 회개했다

② 아사는 41년 동안 왕위에 있었다

③ 아사는 발이 병들어 위독했지만 여호와를 의지하지 않았다

④ 아사는 하나니를 옥에 가두었다

**정답** ①

## 역대하 17장

1. 다음 여호사밧에 관한 진술 중 잘못된 것은? (대하 17:1-2, 6, 7-9, 12)

① 유다 견고한 성읍들에 군대를 주둔시켰다

② 산당들과 아세라 목상들을 제거했다

③ 전국을 다니며 백성들에게 율법을 직접 가르쳤다

④ 견고한 요새와 국고성을 건축했다

**정답** ③

2. 여호사밧에게 은으로 조공을 바친 나라는? (대하 17:11)

① 블레셋 ② 북이스라엘

③ 아라비아 ④ 모압

**정답** ①

3. 유다 주변 국가들이 여호사밧과 싸우지 못하고 오히려 조공을 바치게 된 근본 원인은? (대하 17:10-11)

① 국력의 차이

② 여호사밧에게 잘 보이기 위해

③ 여호와께서 그들에게 두려움을 주셨기 때문

④ 국고성이 튼튼해서

**정답** ③

## 역대하 18장

1. 다음 중 여호사밧이 언급되어 있는 장을 모두 고르면?

① 17장, 18장

② 17장, 18장, 19장

③ 18장, 19장, 20장, 21장

④ 17장, 18장, 19장, 20장, 21장, 22장

**정답** ④

2. 다음 진술 중 잘못된 것은?(대하 18:1, 10, 28-34)

① 아합의 딸과 여호사밧의 아들이 결혼했다

② 시드기야는 참 예언자였다

③ 아합은 길르앗 라못에서 아람과 전투 중 전사했다

④ 길르앗 라못을 두고 북이스라엘과 아람이 전쟁을 벌였다

**정답** ②

3. 다음은 누가 한 말인가?

"여호와께서 살아 계심을 두고 맹세하노니 내 하나님께서 말씀하시는 것 곧 그것을 내가 말하리라"(대하 18:13)

① 미가야　　② 시드기야

③ 아합　　④ 여호사밧

**정답** ①

4. 다음 구절 중 "주인"은 누구를 가리키는가?

"온 이스라엘이 목자 없는 양같이 산에 흩어졌는데 여호와의 말씀이 이 무리가 주인이 없으니 각각 평안히 자기들의 집으로 돌아갈 것이니라."(대하 18:16)

① 예수님　② 여호사밧　③ 아합　④ 아람 왕

**정답** ③

5. 다음 설명 중 잘못된 것은?(대하 18:6-7, 23, 31)

① 미가야는 참 예언자였다

② 여호사밧은 참 예언자에게 물은 후 전투에 임하겠다고 했다

③ 여호사밧은 아람과의 전투에서 자칫 죽을 뻔했었다

④ 시드기야는 미가야에게 다른 예언자와 같은 말을 해 달라고 부탁했다

**정답** ④

역대하 19장

1. 여호사밧의 통치 중 과실로 지적된 것은?(대하 19:2-3)

① 아세라 목상들을 없애지 않은 것

② 재판에 불의하게 간섭한 일

③ 참 예언자 미가야를 돕지 않은 것

④ 악한 자를 도운 일

**정답** ④

2. 다음 중 여호사밧의 치적으로 볼 수 없는 것은?(대하 19:3-11)

① 전심으로 하나님을 찾음

② 바알의 제사장 맛단을 죽임

③ 재판관 교육

④ 신앙 바로 세우기 위해 각지 민간시찰

**정답** ②

3. 누가 한 말인가?

"너희가 재판하는 것이 사람을 위하여 할 것인지 여호와를 위하여 할 것인지를 잘 살피라. 너희가 재판할 때에 여호와께서 너희와 함께 하심이니라."(대하 19:6)

① 하나니 아들 선견자 예후

② 여호사밧

③ 재판관

④ 제사장들

**정답** ②

역대하 20장

1. 다음 중 옳은 진술은?(대하 20:1-4, 14, 35-36)

① 모압, 암몬 자손들이 마온과 여호사밧을 공격

했다

② 모압과 암몬의 침공 소식을 들었을 때 아사 왕이 백성들에게 제일 먼저 공포한 것은 금식이었다

③ 여호사밧은 북이스라엘 왕 아하시야와 연합해 배를 만들었다

④ 여호사밧이 기도하자, 하나님은 선견자 야하시엘을 통해 말씀을 전하셨다

**정답** ③

2. 다음 중 여호사밧이 하나님께 올린 기도의 내용이 아닌 것은?(대하 20:6-12)

① 이 전쟁은 사람에게 속한 것이 아니요, 하나님께 속한 것이다

② 성전 앞과 주 앞에 서서 환난 가운데 부르짖으면 들으시고 구원하실 것이다

③ 여호와는 이방 사람들의 모든 나라를 다스리는 분이시다

④ 하나님은 이스라엘 땅을 아브라함의 자손에게 영원히 주셨다

**정답** ①

3. 누가 한 말인가?

"우리를 치러 오는 이 큰 무리를 우리가 대적할 능력이 없고 어떻게 할 줄도 알지 못하옵고 오직 주만 바라보나이다"(대하 20:12)

① 야하시엘 ② 아하시야

③ 아사 ④ 여호사밧

**정답** ④

4. 다음 중 잘못된 진술은?(대하 20:21-23)

① 여호사밧이 노래하는 자들을 앞세워 암몬, 모압, 세일산 주민들을 직접 격퇴했다

② 여호사밧은 군대를 노래하는 자들 뒤에 세웠다

③ 암몬과 모압 자손이 세일 산 주민들을 쳤다

④ 암몬과 모압자손은 서로 쳐 죽였다

**정답** ①

5. 여호사밧이 모압과 암몬 등의 연합군을 섬멸한 후 여호와를 송축한 골짜기는?(대하 20:26)

① 아쉬레 ② 차디크 ③ 기드론 ④ 브라가

**정답** ④

6. 여호사밧에 관한 진술 중 틀린 것은?
(대하 20:31-37)

① 에시온게벨에서 배를 만들기도 했다

② 산당을 철거하지 않았다

③ 이 배를 통해 다시스와 무역을 했다

④ 아사의 아들이었다

**정답** ③

## 역대하 21장

1. 여호람에 관한 다음 설명 중 잘못된 것은?
(대하 21:2-7)

① 여호사밧의 차자였다

② 여호람의 아내는 아달랴였다

③ 왕이 된 후 자기 아우들을 처형했다

④ 북이스라엘 왕 아합의 사위였다

**정답** ①

2. 여호람 때 유다를 배반하여 지배에서 벗어난 나라는?(대하 20:8)

① 에돔 ② 모압 ③ 암몬 ④ 아람

**정답** ①

3. 여호람에게 글을 보내 여호람의 최후를 예고한 사람은?(대하 20:12)

① 엘리사 ② 엘리야
③ 미가야 ④ 야하시엘

**정답** ②

4. 유다의 왕 중 창자에 중병이 들어 죽게 된 왕은?(대하 20:15)

① 므낫세 ② 여호람 ③ 아사 ④ 아합

**정답** ②

### 역대하 22장

1. 다음 중 잘못된 진술은?(대하 22:1-2)

① 아하시야의 외가는 북이스라엘 왕가였다
② 42세에 왕이 되어 1년간 통치했다
③ 모친의 이름은 아달랴다
④ 아하시야는 여호람의 장남이었다

**정답** ④

2. 다음 진술 중 옳지 않은 것은?(대하 22:1-6)

① 요람은 아하시야의 외삼촌이었다
② 아하시야는 아람의 하사엘과의 전투에 참여해서 해를 입었다
③ 요람은 하사엘과의 전투에서 부상을 입고 이스르엘에서 요양 중이었다
④ 아하시야는 요람을 병문안하러 이스라엘을 방문했다

**정답** ②

3. 다음 진술 중 잘못된 것은?(대하 22:7-9)

① 예후가 혁명을 일으켜 요람의 집을 멸했다
② 예후는 여호와께서 기름 부으신 자였다
③ 요람의 병문안을 왔던 아하시야도 예후에게 이스라엘에서 죽임을 당했다
④ 예후 혁명으로 인해 북이스라엘과 남유다 왕들이 모두 죽임을 당했다

**정답** ③

4. 아하시야가 죽은 후 유다를 다스린 사람에 대해 틀린 진술은?(대하 22:10-12)

① 아달랴로서 아하시야의 모친이었다
② 아합의 딸이었다
③ 예루살렘에서 태어나서 자랐다
④ 유다왕국의 씨를 전멸하려 했다

**정답** ③

5. 아달랴의 혁명 시에 왕자들 중 살아남은 아들을 보호한 여인의 이름은?(대하 22:11)

① 여호야다 ② 아하시야
③ 요아스 ④ 여호사브앗

**정답** ④

### 역대하 23장

1. 요아스의 왕위 복권 운동을 벌인 여호야다와 요아스의 관계는?(대하 23:1; 대하 22:11)

① 고모부 ② 고모
③ 이모부 ④ 친척관계 아님

**정답** ①

2. 요아스의 왕위 즉위식에 참여하지 않은 인물은?(대하 22:8-11)

① 여호야다
② 안식일에 당번이었던 레위 사람들
③ 아달랴

④ 여호야다의 아들들

**정답** ③

3. 요아스가 왕이 되었음을 보고 "반역이로다"라고 외친 사람은?(대하 22:12-13)

① 아달랴 ② 여호세바
③ 맛단 ④ 여호야다

**정답** ①

4. 다음 진술 중 잘못된 것은?(대하 22:16-21)

① 여호야다는 요아스의 왕위 즉위식 이후 바알의 신당을 부쉈다
② 이때 바알의 제사장 맛단도 함께 죽였다
③ 아달랴 역시 여호야다에 의해 칼로 죽임을 당했다
④ 아달랴는 성전 밖에서 살해됐다

**정답** ③

## 역대하 24장

1. 남유다와 북이스라엘 전체에서 가장 어린 나이에 왕이 된 사람은?(대하 24:1)

① 요시야 ② 요아스
③ 므낫세 ④ 히스기야

**정답** ②

2. 다음 설명 중 잘못된 것은?
(대하 24:1-2,15-16, 22; 대하 34:1)

① 요아스가 여호야다 생전에는 여호와 보시기에 정직하게 행하였다
② 요시야는 일곱 살에 왕이 되었다
③ 여호야다는 유다 왕의 묘실 중에 장사됐다
④ 요아스 시절에 여호야다의 아들이 살해됐다

**정답** ②

3. 다음 설명 중 잘못된 것은?(대하 24:4-5, 8-14)

① 요아스는 성전 보수를 위한 돈을 거두게 했다
② 이 돈을 거두는 일에 레위인은 처음부터 민첩하게 행동했다
③ 이 성전보수 공사는 여호야다가 죽기 전에 있었다
④ 보수 공사 후 남은 돈으로는 성전에서 쓸 그릇들을 만들었다

**정답** ②

4. 여호야다가 죽은 후 일어난 사실과 다른 것은?
(대하 24:15-22)

① 무리들이 여호야다의 아들을 죽였다
② 요아스는 아세라 목상을 섬겼다
③ 요아스에게 선지자가 경고하자 곧바로 순종했다
④ 스가랴는 성전 뜰 안에서 죽임을 당했다

**정답** ③

5. 다음 설명 중 잘못된 것은?(대하 24:22-27)

① 스가랴는 죽을 때 여호와께서 감찰하시고 신원해 달라고 기도했다
② 요아스는 아람 군대가 침공했을 때 부상을 당했다
③ 요아스는 말년에 여호야다가 자기에게 베푼 은혜를 기억하지 않았다
④ 암몬여인이 낳은 아들이 요아스를 죽이고 왕위를 계승했다

**정답** ④

## 역대하 25장

1. 다음 왕들 중 가장 길게 통치한 이는?
(대하 25:1; 24:1; 22:2; 21:20)
① 아하시야 ② 아마샤
③ 여호람 ④ 요아스
**정답** ④

2. 아마샤에 대한 설명 중 잘못된 것은?
(대하 25:1-24)
① 모친은 예루살렘 사람이었다
② 부친 요아스를 죽인 신하들과 그들의 아들들을 죽였다
③ 에돔과 전쟁을 벌였다
④ 북이스라엘과 전쟁을 벌였다
**정답** ②

3. 다음 설명 중 잘못된 것은?(대하 25:5-16)
① 아마샤는 에돔과의 전투에서 이스라엘 군사들을 용병으로 고용했다
② 하나님의 사람의 질책을 들었지만 아마샤는 이 용병들을 돌려보내지 않았다
③ 아마샤는 소금 골짜기에서 세일 자손 만 명을 죽였다
④ 아마샤는 세일 자손의 신들을 가져와 분향했다
**정답** ②

4. 다음 문장에서 레바논 가시나무는 누구를 가리키는가?
"이스라엘 왕 요아스가 유다 왕 아마샤에게 사람을 보내어 이르되 레바논 가시나무가 레바논 백향목에게 전갈을 보내어 이르기를 네 딸을 내 아들에게 주어 아내를 삼게 하라 하였더니 ..."
(대하 25:18)
① 예후 ② 요아스 ③ 아마샤 ④ 에돔민족
**정답** ③

5. 다음 진술 중 잘못된 것은?(대하 25:17-24)
① 요아스는 아마샤에게 사돈 맺자고 제안했다
② 요아스는 아마샤의 제안을 당돌하다고 생각했다
③ 요아스는 결국 예루살렘을 쳐들어왔다
④ 아마샤는 요아스에 사로 잡혔다
**정답** ①

## 역대하 26장

1. 다음 왕들 중 가장 오래 통치한 왕은?
(대하 26:3; 25:1; 24:1; 33:1)
① 요아스 ② 웃시야 ③아마샤 ④ 므낫세
**정답** ④

2. 하나님의 묵시를 밝히 아는 스가랴가 사는 날 동안 하나님을 전심으로 찾고 통치했던 왕은?
(대하 26:5)
① 웃시야 ② 요아스 ③ 아마샤 ④ 여호람
**정답** ①

3. 다음 중 웃시야의 치적에 속하지 않는 것은?
(대하 26:6-15)
① 축산업 장려
② 암몬으로부터 조공 받음
③ 예루살렘 성 주변에 망대 세움
④ 농사 대신 통상정책 강화
**정답** ④

4. 다음 문장에서 "그"는 누구인가?

"그가 강성하여지매 그의 마음이 교만하여 악을 행하여 그의 하나님 여호와께 범죄 하되 곧 여호와의 성전에 들어가서 향단에 분향하려 한지라." (대하 26:16)

① 아마샤 ② 요아스 ③ 웃시야 ④ 아사랴

**정답** ③

5. 누가 한 말인가?

"웃시야여 여호와께 분향하는 일은 왕이 할 바가 아니요 오직 분향하기 위하여 구별함을 받은 아론의 자손 제사장들이 할 바니 성소에서 나가소서."(대하 26:18)

① 아사랴 ② 요담 ③ 아마샤 ④ 이사야

**정답** ①

6. 다음 중 잘못된 설명은?(대하 26:16-23)

① 웃시야가 나병으로 죽자 곧바로 요담이 왕이 되어 다스렸다
② 웃시야가 분향하려 할 때 나병이 시작됐다
③ 웃시야에게 나병이 들자 곧바로 성전에서 쫓아냈다
④ 웃시야는 죽을 때까지 나병환자로 살았다

**정답** ①

## 역대하 27장

1. 다음 요담에 대한 설명 중 잘못된 것은? (대하 27:1-9; 26:21)

① 웃시야가 나병으로 앓는 동안 왕으로 추대되었다
② 웃시야와 마찬가지로 성전에 들어가는 잘못을 저질렀다
③ 여러 성읍과 망대를 건축했다
④ 암몬 자손과 싸워 조공을 받았다

**정답** ②

2. 다음 왕들 중 역대기 저자가 가장 긍정적으로 치적을 소개하고 있는 왕은?(대하 27:6)

① 여호람 ② 요담 ③ 요아스 ④ 아하시야

**정답** ②

## 역대하 28장

1. 다음 중 아하스에 대한 설명 중 옳지 않은 것은? (대하 28:1-7)

① 자기 자녀들을 불사르기도 했다
② 20세에 왕이 되었다
③ 이사야가 아하스 시절의 예언자였다
④ 르말랴의 아들 베가를 공격해서 용사 12만명을 죽였다

**정답** ④

2. 다음은 누가 한 말인가?

"이제 너희가 또 유다와 예루살렘 백성들을 압제하여 노예로 삼고자 생각하는도다 그러나 너희는 너희의 하나님 여호와께 범죄함이 없느냐" (대하 28:10)

① 아하스 ② 오뎃 ③오벳 ④ 베가

**정답** ②

3. 다음 설명 중 잘못된 것은?(대하 28:8-15)

① 오뎃은 이스라엘 자손이 잡아 온 유다 자손을 돌아가게 하라고 했다
② 오뎃의 말을 듣고 이스라엘 자손들은 유다 포로들을 환대한 후 돌려보냈다

③ 오뎃의 말을 듣고 10만명의 유다 포로들을 예루살렘까지 배웅했다

④ 오뎃은 당시 사마리아에 있었다

**정답** ③

4. 다음 설명 중 사실과 거리가 먼 것은?
(대하 28:16-27)

① 아하스 왕 시절 에돔과 블레셋이 유다를 공격했다

② 아하스가 앗수르에게 도움을 요청하자 디글랏빌레셀이 와서 아하스를 도와주었다

③ 아하스는 성전 등에서 재물을 가져다가 앗수르 왕에게 줬다

④ 아하스는 다메섹의 신들에게 제사하는 등 여호와께 크게 범죄했다

**정답** ②

5. 아하스는 이런저런 어려움으로 마음이 곤고해졌을 때 어떻게 하였는가?(대하 29:22)

① 하나님을 의지했다

② 북이스라엘의 의지했다

③ 예언자의 말을 경청했다

④ 여호와께 더욱 범죄했다

**정답** ④

## 역대하 29장

1. 다음 왕들 중 역대기 저자가 가장 부정적으로 묘사한 왕은?(대하 28:22-23)

① 아하스 ② 히스기야 ③ 요람 ④ 웃시야

**정답** ①

2. 역대하에 소개된 유다 왕들 중 저자가 가장 긴 지면을 할애해서 소개하고 있는 왕은?
(대하 29-32장)

① 웃시야 ② 아하스

③ 히스기야 ④ 므낫세

**정답** ③

3. 다음 중 잘못된 설명은?(대하 29:3, 4-5, 17)

① 히스기야는 온 백성들을 향해 여호와의 전을 성결하게 하라고 지시했다

② 성전 성결 작업을 마치는데 15일 가량 걸렸다

③ 성전 성결 작업에 제사장들도 함께 참여했다

④ 성전 문들을 먼저 수리한 후 성전 성결 작업을 하게 했다

**정답** ①

4. 다음 빈 칸에 알맞은 말은?
"제사장들이 잡아 그 피를 속죄제로 삼아 제단에 드려 온 ( )을(를) 위하여 속죄하니 이는 왕이 명령하여 온 ( )을(를) 위하여 번제와 속죄제를 드리게 하였음이니라."(대하 29:24)

① 유다, 이스라엘 ② 유다, 유다

③ 이스라엘, 이스라엘 ④ 이스라엘, 유다

**정답** ③

5. 다음 빈 칸에 알맞은 말은?
"제사장이 부족하여 그 모든 번제 짐승들의 가죽을 능히 벗기지 못하는 고로 그의 형제 레위 사람들이 그 일을 마치기까지 돕고 다른 제사장들이 성결하게 하기까지 기다렸으니 이는 ( ) 사람들의 성결하게 함이 제사장들보다 성심이 있었음이니라."(대하 29:34)

① 유다 ② 레위 ③ 히스기야 ④ 착한

**정답** ②

## 역대하 30장

1. 30장은 유대의 어느 절기와 관련된 내용인가? (대하 30:1)

① 초막절 ② 유월절 ③ 초실절 ④ 수전절

**정답** ②

2. 히스기야가 유월절을 지키자고 초대한 지역은? (대하 30:1)

① 온 이스라엘과 유다

② 유다 지역만

③ 예루살렘만

④ 에브라임과 므낫세 지역만

**정답** ①

3. 다음 진술 중 잘못된 것은?(대하 30:2-12)

① 유월절을 정월이 아닌 둘째 달에 지키게 되었다

② 둘째 달로 연기한 것은 성결하게 한 제사장들이 부족했던 것이 한 원인이었다

③ 연기된 것에 대해 왕은 다소 불편해 했다

④ 유월절 홍보하러 다니는 보발꾼들을 향해 조롱하고 비웃는 자들이 있었다

**정답** ③

4. 다음 중 잘못된 설명은?(대하 30:13-22)

① 레위인들이 유월절 양을 잡았다

② 북이스라엘에서 온 일부는 자신들을 깨끗케 하지 않고 유월절 양을 먹었다

③ 히스기야가 이들의 잘못을 용서해 주시길 기도했다

④ 무교절 절기를 한 달 동안 지켰다

**정답** ④

5. 히스기야가 제안한 유월절은 전체 며칠 동안 지켰는가?(대하 30:21, 23)

① 3일 ② 7일

③ 10일 ④ 14일

**정답** ④

## 역대하 31장

1. 유월절 절기를 지킨 이스라엘 무리가 제일 먼저 행한 일은?(대하 31:1)

① 기도운동 ② 우상 타파

③ 우상 숭배 ④ 율법 공부

**정답** ②

2. 다음 중 잘못된 설명은?(대하 31:2-10)

① 히스기야는 자신의 재산 중 일부를 번제 드릴 때 사용하도록 했다

② 십일조는 예루살렘 안에 있는 유대인들만 가져왔다

③ 제사장들과 레위인들이 여호와의 율법에 전념할 수 있도록 예루살렘 백성들이 이들의 음식을 마련하도록 했다

④ 유다 성읍에 사는 이스라엘 자손들도 소나 양의 십일조를 가져왔다

**정답** ②

3. 백성들의 십일조와 성물들을 지키는 책임을 맡게 된 이는?(대하 31:12)

① 아사랴 ② 고레

③ 고나냐 ④ 에덴

**정답** ③

## 역대하 32장

1. 아래 열거된 히스기야 통치 중에 일어난 사건 중 가장 늦게 일어난 것은?(대하 32:24-26)
   ① 기도를 통해 자신의 병을 고침
   ② 유월절 준수
   ③ 산헤립의 예루살렘 침공
   ④ 성전 청결
   **정답** ①

2. 다음 문 장에서 "나"는 누구인가?
   "너희는 히스기야에게 속지 말라. 꾀임을 받지 말라. 그를 믿지도 말라. 어떤 백성이나 어떤 나라의 신도 능히 자기의 백성을 나의 손과 나의 조상들의 손에서 건져내지 못하였나니 하물며 너희 하나님이 너희를 내 손에서 건져내겠느냐"
   (대하 32:15)
   ① 라기스 ② 고나냐 ③ 랍사게 ④ 산헤립
   **정답** ④

3. 산헤립의 위협에 대해 히스기야와 함께 기도로 어려움을 극복했던 예언자는?(대하 32:20)
   ① 이사야 ② 아모스 ③ 엘리사 ④ 오뎃
   **정답** ①

4. 다음 진술 중 잘못된 것은?(대하 32:24-33)
   ① 히스기야는 큰 병에 걸렸었다
   ② 기혼의 윗샘물을 막아 물을 다윗 성 서쪽으로 끌어 들였다
   ③ 므낫세는 히스기야의 아들이었다
   ④ 바벨론 사신들과 대화할 때 히스기야와 함께 하셨다
   **정답** ④

## 역대하 33장

1. 므낫세에 대해 잘못 설명한 것은?(대하 33:1-13)
   ① 남유다와 북이스라엘 전체 왕들 중 가장 오래 통치했다
   ② 부친 히스기야와는 반대의 길을 걸었다
   ③ 사술과 요술을 금하여 하나님께 칭찬 받았다
   ④ 바벨론에 끌려 간 적이 있다
   **정답** ③

2. 다음 중 이방 나라에 끌려갔던 왕이 아닌 사람은?(대하 33:10, 36:4, 10)
   ① 히스기야 ② 여호야긴
   ③ 므낫세 ④ 여호아하스
   **정답** ①

3. 아몬에 대한 설명 중 잘못된 것은?
   (대하 33:21-25)
   ① 병으로 일찍 죽어 2년간만 통치했다
   ② 아몬을 죽인 이들은 백성들에 의해 거세되었다
   ③ 므낫세 이상으로 범죄했다
   ④ 요시야가 아몬을 이어 왕이 되었다
   **정답** ①

## 역대하 34장

1. 다음 중 옳지 않은 진술은?(대하 34:1-8)
   ① 요시야는 두 번째로 어린 나이에 왕이 되었다
   ② 율법책을 발견한 후에 요시야는 비로소 조상 다윗의 하나님을 찾았다
   ③ 요시야는 26세 때 성전을 수리하게 했다

④ 율법책은 성전 공사를 하던 중 발견된 것이다

**정답** ②

2. 다음 중 율법책을 발견하는 과정에서 주요 역할을 했던 인물이 아닌 사람은?(대하 34:14-28)

① 힐기야 ② 엘리아김 ③ 사반 ④ 훌다

**정답** ②

3. 성전에서 발견된 율법책에 대해 최종적으로 유권해석을 내린 이는?(대하 34:23-27)

① 힐기야 ② 엘리아김 ③ 사반 ④ 훌다

**정답** ④

4. 다음 문장에서 "왕"은 누구인가?

"왕이 여호와의 전 안에서 발견한 언약책의 모든 말씀을 읽어 무리의 귀에 들려주고 왕이 자기 처소에 서서 여호와 앞에서 언약을 세우되 마음을 다하고 목숨을 다하여 여호와를 순종하고 그의 계명과 법도와 율례를 지켜 이 책에 기록된 언약의 말씀을 이루리라"(대하 34:30-31)

① 히스기야 ② 요시야

③ 요아스 ④ 므낫세

**정답** ②

## 역대하 35장

1. 다음 중 유월절을 지킨 왕들은?

(대하 35:1; 30:1)

① 므낫세와 아몬 ② 히스기야와 아몬

③ 히스기야와 요시야 ④ 요시야와 요아스

**정답** ③

2. 다음 진술 중 옳지 않은 것은?(대하 35:1-15)

① 요시야는 히스기야와는 달리 첫째 달 14일에 유월절을 지켰다

② 제사장들은 유월절 양의 가죽을 벗겼다

③ 이 유월절은 율법책 발견한 후에 지켜졌다

④ 요시야는 자기의 소유 중 일부를 유월절 제물로 내어 주었다

**정답** ②

3. 다음 진술 중 잘못된 것은?(대하 35:20-26)

① 요시야는 애굽 왕 느고가 갈그미스를 치러 가는 것을 반대했다

② 느고는 요시야를 칠 계획이 없었다

③ 요시야는 느고의 말을 듣지 않았다

④ 요시야는 므깃도에서 전사했다

**정답** ④

4. 다음 빈 칸에 알맞은 말은?

"( )은(는) 그를 위하여 애가를 지었으며 모든 노래하는 남자들과 여자들은 요시야를 슬피 노래하니"(대하 35:25)

① 예레미야 ② 에스겔 ③ 아모스 ④ 느고

**정답** ①

## 역대하 36장

1. 다음 중 요시야의 아들이 아닌 이는?

(대하 36:1, 4, 8, 10)

① 여호아하스 ② 여호야김

③ 여호야긴 ④ 시드기야

**정답** ③

2. 다음 왕들 중 가장 짧게 통치한 이는?(대하 36:2)

① 여호아하스 ② 여호야김
③ 여호야긴 ④ 시드기야

**정답** ①

3. 본래 이름이 엘리야김이었던 왕은?(대하 36:4)

① 여호아하스 ② 여호야김
③ 여호야긴 ④ 시드기야

**정답** ②

4. 다음 진술 중 잘못된 것은?(대하 36:9-23)

① 여호야긴은 시드기야의 조카였다
② 유다의 멸망에 일조한 이들을 언급하며 역대기 저자는 레위인은 포함시키고 있지 않다
③ 유다가 멸망함으로 인해 유다 땅은 약 70년 동안 안식을 할 수 있었다
④ 예레미야는 고레스와 동시대인이었다

**정답** ④

5. 다음 문장에서 "나"(I)는 누구인가?

"하늘의 신 여호와께서 세상 만국을 내게 주셨고 나에게 명령하여 유다 예루살렘에 성전을 건축하라 하셨나니 너희 중에 그의 백성된 자는 다 올라갈지어다 너희 하나님 여호와께서 함께 하시기를 원하노라."(대하 36:23)

① 예레미야 ② 고레스
③ 시드기야 ④ 요시야

**정답** ②

# 에스라

에스라 1장

1. 여호와께서 바사 왕 고레스의 마음을 감동시켜 그로 하여금 조서를 내리게 한 이유는 무엇인가?(스 1:1)

   ① 이스라엘로 하여금 새로운 국가를 건설하게 하기 위해

   ② 예레미야의 입을 통하여 하신 말씀을 이루시기 위해

   ③ 고레스로 하여금 이스라엘을 다스리게 하기 위해

   ④ 에스라와 느헤미야로 하여금 사역을 감당할 기회를 주기 위해

   **정답** ②

2. 고레스 칙령과 관련 없는 내용은 무엇인가?(스 1:1-4)

   ① 바사 왕 고레스 원년에 공포되었다

   ② 유다 예루살렘에 성전을 건축하라.

   ③ 하나님의 백성 된 자는 다 유다 예루살렘으로 올라가라.

   ④ 남아있는 백성은 예루살렘으로 돌아가는 사람들을 도와라.

   **정답** ④

3. 고레스가 하나님에 대해 고백한 내용이 아닌 것은 무엇인가?(스 1:1-4)

   ① 하늘의 하나님 여호와께서 세상 모든 나라를 내게 주셨다

   ② 하나님은 천지를 창조하신 분이다

   ③ 여호와는 예루살렘에 계신 하나님이다

   ④ 이스라엘의 하나님은 참 신이다

   **정답** ②

4. 고레스의 칙령이 공포된 이후에 일어난 일이 아닌 것은 무엇인가?(스 1:5-8)

   ① 예루살렘에 여호와의 성전을 건축하고자 한 자들이 일어났다

   ② 그 사면 사람들이 여러 가지 것들로 귀환자들을 도왔다

   ③ 고레스 왕이 여호와의 성전 그릇을 자기 신들의 신당에서 꺼냈다

   ④ 창고지기 세스바살이 총독 미드르닷에게 꺼낸 그릇들을 넘겨주었다

   **정답** ④

5. 고레스 칙령 직후 일어난 제1차 귀환과 관련이 없는 것은 무엇인가?(스 1:1-11)

   ① 총독 세스바살이 인도자로서 역할을 하였다

   ② 귀환자들이 많은 물품을 가지고 귀환하였다

   ③ 스룹바벨과 예수아가 함께 귀환하였다

   ④ 바벨론에서 예루살렘으로 귀환하였다

   **정답** ③

## 에스라 2장

1. 에스라 2장과 관련이 없는 것은 무엇인가?(스 2:1-2)
   ① 바벨론 왕 느부갓네살에게 끌려간 자들의 명단
   ② 바벨론으로부터 돌아온 자들의 명단
   ③ 스룹바벨과 예수아의 인도 아래 돌아온 자들의 명단
   ④ 예루살렘과 유다에 돌아와 각자의 성읍으로 돌아간 자들의 명단

   **정답** ①

2. 에스라 2장 3-35절은 일반 백성들에 관한 명단이다. 다음 중 옳지 않은 것은 무엇인가?
   ① 3-20절은 가문 중심으로 명단이 작성되었다
   ② 21-35절은 장소 중심으로 명단이 작성되었다
   ③ 가문 중심으로 작성된 사람의 합계가 장소 중심으로 작성된 사람의 합계보다 적다
   ④ 장소 중심으로 작성된 사람의 합계가 가족 중심으로 작성된 사람의 합계보다 적다

   **정답** ③

3. 에스라 2장 36-58절은 성전 봉사자들의 명단이다. 다음 중 옳지 않은 것은 무엇인가?
   ① 제사장, 레위인, 느디님 사람, 솔로몬의 신하의 명단이 포함된다
   ② 느디님 사람들은 솔로몬의 신하의 자손과 함께 계수되었다
   ③ 제사장의 합계가 레위인의 합계보다 많다
   ④ 이 명단에서 노래하는 자들과 문지기 자손들은 레위인으로 간주되었다

   **정답** ④

4. 에스라 2장의 명단에 포함되지 않는 것은 무엇인가?
   ① 예루살렘에 정착한 사람들의 명단
   ② 족보 없는 자들의 명단
   ③ 남종과 여종의 합계
   ④ 온 회중의 합계

   **정답** ①

5. 족장들이 예루살렘에 있는 여호와의 성전 터에 이르러 예물을 드렸는데, 이 예물에 포함되지 않는 것은 무엇인가?(스 2:68-69)
   ① 금 육만 천 다릭　② 은 오천 마네
   ③ 제사장의 옷 백 벌　④ 대접 오십 개

   **정답** ④

## 에스라 3장

1. 에스라 3장 1-6절은 귀환자들이 제단을 쌓고 번제를 드린 기사이다. 다음 중 옳지 않은 것은 무엇인가?(스 3:1-6)
   ① 이것을 위해 이스라엘 자손은 일곱째 달에 예루살렘에 모였다
   ② 스룹바벨의 지시에 따라 번제를 드렸다
   ③ 예수아와 스룹바벨과 그의 형제들이 제단을 만들었다
   ④ 그 제단 위에 아침과 저녁으로 여호와께 번제를 드렸다

   **정답** ②

2. 귀환자들의 성전 건축 준비와 관련 없는 것은 무엇인가?(스 3:7)
   ① 백향목을 레바논에서 욥바 해변까지 운송하였다

② 바사 왕 고레스의 명령대로 행하였다
③ 시돈 사람과 두로 사람에게 돈을 주었다
④ 석수와 목수, 시돈 사람과 두로 사람이 관여하였다

**정답 ③**

3. 에스라 3장 8-13절은 성전 건축의 시작과 관련된 기사이다. 다음 중 옳지 않은 것은 무엇인가?(스 3:8-13)
① 그 땅에 남아 있던 자들이 공사를 시작하였다
② 이 년 둘째 달에 시작하였다
③ 스알디엘의 아들 스룹바벨과 요사닥의 아들 예수아가 주도하였다
④ 이십 세 이상의 레위 사람들을 세워 감독하게 하였다

**정답 ①**

4. 여호와의 성전의 기초를 놓을 때에 있었던 일과 관련 없는 것은 무엇인가?(스 3:10-13)
① 이스라엘 왕 다윗의 규례대로 여호와를 찬송했다
② 모든 백성이 여호와를 찬송하며 큰 소리로 즐거이 불렀다
③ 즐거이 부르는 소리와 통곡하는 소리가 있었다
④ 나이 많은 족장들은 기쁨으로 크게 함성을 질렀다

**정답 ④**

### 에스라 4장

1. 에스라 4장 1-5절은 성전건축을 방해한 사람들에 관한 기사이다. 다음 중 옳지 않은 것은 무엇인가?
① 유다와 베냐민의 대적이 성전건축을 방해하였다
② 대적들은 귀환자들과 함께 성전을 건축하기를 원했다
③ 대적들은 예전부터 하나님께 제사를 드렸다
④ 대적들은 바벨론으로부터 귀환한 자들을 가리킨다

**정답 ④**

2. '유다와 베냐민의 대적'과 관련 없는 것은 무엇인가?(스 4:1-5)
① 고레스 시대부터 다리오가 즉위할 때까지 성전건축을 도왔던 자들이다
② 앗수르 왕 에살핫돈이 예루살렘으로 오게 한 자들이다
③ 성전 건축을 원했으나 스룹바벨과 예수아로부터 거절당한 자들이다
④ 그 땅 백성과 동일한 자들이다

**정답 ①**

3. 에스라 4장에는 여러 명의 페르시아 왕들이 언급되었다. 언급된 순서를 잘 나열한 것은 무엇인가?
① 고레스 → 아하수에로 → 아닥사스다 → 다리오
② 고레스 → 다리오 → 아닥사스다 → 아하수에로 → 다리오
③ 고레스 → 다리오 → 아하수에로 → 아닥사스다 → 다리오
④ 다리오 → 아하수에로 → 아닥사스다 → 다리오 → 고레스

**정답 ③**

4. 에스라 4장 6-22절에는 다양한 서신들이 나타난다. 이 서신들의 발신자와 페르시아 왕들이 잘못 연결된 것은 무엇인가?
   ① 아하수에로 왕 때에 적들이 글을 올림
   ② 다리오 왕 때에 디나 사람과 아빗삿 사람과 다블레 사람이 글을 올림
   ③ 아닥사스다 왕 때에 비슬람과 미드르닷과 다브엘이 글을 올림
   ④ 아닥사스다 왕에게 방백 르훔과 서기관 심새가 글을 올림

   **정답** ②

5. 에스라 4장 11-16절은 르훔과 심새가 아닥사스다 왕에게 보낸 서신의 내용이다. 다음 중 옳지 않은 것은 무엇인가?
   ① 성전 건축과 관련된 내용이다
   ② 귀환한 자들이 패역하고 악한 성읍을 건축 중이다
   ③ 성읍과 성곽이 완공되면 왕에게 조공과 관세와 통행세를 바치지 않을 것이다
   ④ 역사 기록에 의하면 예루살렘 성읍은 패역한 성읍으로 기록되어 있다

   **정답** ①

6. 에스라 4장 17-22절은 아닥사스다 왕의 답장이다. 다음 중 옳지 않은 것은 무엇인가?
   ① 예루살렘 성읍이 항상 패역하고 반역하는 일을 행했다
   ② 예루살렘을 다스리는 군왕들은 강 건너편 모든 땅으로부터 세금을 받지 않았다
   ③ 예루살렘 성을 건축하지 못하게 하라
   ④ 아닥사스다 왕이 다시 조서를 내릴 때까지 기다리라

   **정답** ②

7. 에스라 4장과 관련이 없는 내용은 무엇인가?
   ① 성전 공사는 바사 왕 다리오 제이 년까지 중단되었다
   ② 바벨론으로부터 귀환한 자들의 반대로 성전 공사가 중단되었다
   ③ 에스라 4장 1-5절은 성전 공사와 관련된 내용이다
   ④ 에스라 4장 6-23절은 성벽 공사와 관련된 내용이다

   **정답** ②

## 에스라 5장

1. 에스라 5장 1-5절은 성전 건축을 재개한 내용이다. 다음 중 옳지 않은 것은 무엇인가?
   ① 선지자 학개와 스가랴의 예언으로 성전 건축이 재개되었다
   ② 스룹바벨과 예수아가 주도적으로 앞장섰다
   ③ 총독 닷드내와 스달보스내가 성전 건축을 도왔다
   ④ 성전 건축이 합당한지를 닷드내와 스달보스내는 다리오 왕에게 물었다

   **정답** ③

2. 에스라 5장 6-17절은 닷드내와 스달보스내의 서신의 내용이다. 다음 중 옳지 않은 것은 무엇인가?
   ① 발신자들은 예루살렘 성벽 공사에 대해 확인하였다
   ② 발신자들은 장로들에게 공사를 허락한 사람을 물어보았다
   ③ 발신자들은 공사 중인 성전에 가보았다
   ④ 발신자들은 공사를 진행하는 우두머리들의

이름을 확인하였다

**정답** ①

3. 에스라 5장 11-16절은 장로들의 답변 내용이다. 다음 중 옳지 않은 것은 무엇인가?
   ① 첫 번째 예루살렘 성전이 바벨론 왕 느부갓네살에 의해 파괴되었다
   ② 바벨론 왕 고레스 왕이 성전을 다시 건축하도록 허락했다
   ③ 총독 세스바살이 예루살렘 하나님의 성전 지대를 놓았다
   ④ 이스라엘 조상들이 바벨론 왕 느부갓네살을 노엽게 하여 나라가 망했다

**정답** ④

## 에스라 6장

1. 에스라 6장 3-5절은 고레스 칙령의 내용이다. 다음 중 옳지 않은 것은 무엇인가?
   ① 고레스 왕 원년에 예루살렘 성전을 건축하라고 고레스가 내린 조서이다
   ② 건축 비용은 다 건축자들이 내야 한다
   ③ 성전의 높이와 너비는 각각 육십 규빗이다
   ④ 예루살렘 성전에서 탈취해 갔던 그릇들을 가져다가 성전에 두어야 한다

**정답** ②

2. 에스라 6장 6-12절은 다리오 왕의 명령을 기록한 것이다. 다음 중 옳지 않은 것은 무엇인가?
   ① 하나님의 성전 공사를 막지 말라
   ② 건축 비용을 위해 왕의 재산은 사용하지 말라
   ③ 예루살렘 제사장의 요구를 들어 주어라
   ④ 명령을 어기는 자에게는 징벌이 있을 것이다

**정답** ②

3. 에스라 6장 13-15절은 성전 건축 완공에 대한 기사이다. 다음 중 옳지 않은 것은 무엇인가?
   ① 성전 건축은 다리오 왕 제육 년 아달월 삼일에 끝났다
   ② 학개와 스가랴의 권면이 성전 건축에 큰 영향을 끼쳤다
   ③ 성전 건축은 오직 바사 왕의 조서에 따라 진행되었다
   ④ 성전 건축은 이스라엘 하나님의 명령과 바사 왕의 조서에 따라 건축되었다

**정답** ③

4. 에스라 6장 16-18절은 성전 봉헌식에 관한 내용이다. 다음 중 옳지 않은 것은 무엇인가?
   ① 이스라엘 자손과 제사장들과 레위인들과 기타 사로잡혔던 자의 자손이 참여했다
   ② 수소와 숫양과 어린 양이 드려졌다
   ③ 모세의 책에 기록된 대로 제사장과 레위인들이 하나님을 섬겼다
   ④ 숫양 열두 마리로 이스라엘 전체를 위하여 속죄제를 드렸다

**정답** ④

5. 귀환자들이 지킨 유월절 행사와 관련이 없는 것은 무엇인가?(스 6:19-22)
   ① 첫째 달 십사일에 유월절을 지켰다
   ② 모든 이스라엘 사람들이 유월절을 지켰다
   ③ 사로잡혔던 자의 자손들은 유월절에 이어서 무교절을 이레 동안 지켰다
   ④ 제사장들과 레위인들은 몸을 씻고 정결예식을 치렀다

**정답** ②

6. 에스라 1-6장에 세 개의 고레스 칙령이 나타난 다. 다음 중 옳지 않은 것은 무엇인가?

① 에스라 1장 1-4절, 5장 13-16절, 6장 3-5절에 나타난다

② 건축 비용에 관한 내용은 오직 에스라 6장 3-5절에 나타난다

③ 모든 고레스 칙령은 그것이 선포된 때를 언급한다

④ 모든 고레스 칙령은 성전의 규모에 대해 언급한다

**정답** ④

## 에스라 7장

1. 다음 중 에스라의 족보와 관련 없는 것은 무엇인가?(스 7:1-5)

① 에스라는 아사랴의 아들이다

② 에스라의 족보는 에스라가 제사장 가문임을 강조한다

③ 에스라는 사독의 오대 손이요 아론의 십육대 손으로 소개된다

④ 에스라는 비느하스, 엘르아살, 아론의 자손이다

**정답** ①

2. 다음 중 에스라와 관련이 없는 것은 무엇인가? (스 7:6-10)

① 아닥사스다 왕에게 구한 모든 것을 받지는 못했다

② 모세의 율법에 익숙한 학자이다

③ 아닥사스다 왕의 제칠 년 다섯째 달에 예루살렘으로 귀환했다

④ 여호와의 율법을 연구하여 준행하였다

**정답** ①

3. 에스라 7장 11-26절은 아닥사스다 왕의 조서이다. 다음 중 옳지 않은 것은 무엇인가?

① 하늘의 하나님의 율법에 완전한 학자 겸 제사장 에스라에게 내린 조서이다

② 예루살렘으로 올라갈 뜻이 있는 자는 누구든지 올라가라

③ 에스라는 하나님의 율법을 따라 유다와 예루살렘의 형편을 살피기 위해 보내졌다

④ 하나님의 율법을 알지 못하는 자를 법관과 재판관으로 삼으라

**정답** ④

4. 다음 중 아닥사스다 왕의 조서에 나타난 예물과 관련된 내용이 아닌 것은 무엇인가? (스 7:15-19)

① 에스라는 왕과 자문관들이 드린 은금을 가져가야 한다

② 취한 예물을 가져다가 모두 왕의 뜻대로 사용해야 한다

③ 취한 그릇은 예루살렘 하나님 앞에 드려야 한다

④ 취한 돈으로 수송아지와 숫양과 어린 양과 소제와 전제의 물품을 사야한다

**정답** ②

5. 아닥사스다 왕의 조서에 포함되지 않은 명령은 무엇인가?(스 7:21-26)

① 모든 창고지기는 에스라가 구하는 것을 신속히 시행하라

② 하나님의 성전에서 일하는 자들에게 조공과 관세와 통행세를 받지 마라

③ 은과 밀과 포도주와 기름과 소금을 정량 없이 주어라

④ 하나님의 율법을 아는 자를 법관과 재판관을

삼아 강 건너편 백성을 재판하게 하라

**정답** ③

에스라 8장

1. 에스라 8장 1-14절은 에스라와 함께 귀환한 자들의 명단이다. 다음 중 옳지 않은 것은 무엇인가?
   ① 제사장 계보-왕족 계보-12 평신도 대표들의 순서로 되어 있다
   ② 제사장 계보는 아론의 계열을 따르지 않고 사독의 계열을 따른다
   ③ 다윗 자손을 대표하는 사람은 핫두스이다
   ④ 에스라 2장의 명단과 비교할 때 이 명단의 귀환한 자들의 숫자가 상당히 적다

   **정답** ②

2. 에스라 8장 15-20절은 에스라가 레위인을 보충하는 기사이다. 다음 중 옳지 않은 것은 무엇인가?
   ① 귀환 도중 에스라는 아하와로 흐르는 강가에서 레위 자손이 없음을 알았다
   ② 에스라는 족장 8명과 2명의 명철한 사람에게 일을 맡겼다
   ③ 가시뱌 지방에서 성전에서 일할 자를 모집했다
   ④ 약 40명 가량의 레위인들과 220명의 성전 봉사자들을 모집했다

   **정답** ②

3. 귀환 중에 에스라가 한 일이 아닌 것은 무엇인가?(스 8:21-23)
   ① 귀환자들을 도울 보병과 마병을 왕에게 구하였다
   ② 평탄한 길을 위해 하나님께 간구했다
   ③ 부족한 레위인을 충당하였다
   ④ 아하와 강가에서 금식을 선포했다

   **정답** ①

4. 에스라 8장 24-30절은 성전에 바칠 예물에 관한 기사이다. 다음 중 옳지 않은 것은 무엇인가?
   ① 에스라는 제사장의 우두머리 12명을 택해 일을 맡겼다
   ② 그 예물은 왕과 모사들과 방백들과 이스라엘 무리가 드린 것들이다
   ③ 그 예물은 은과 은 그릇, 금과 금잔, 놋그릇 등이다
   ④ 오직 제사장들만 이 일에 관여했다

   **정답** ④

5. 에스라가 예루살렘에 도착한 후에 행한 일과 관련이 없는 것은 무엇인가?(스 8:31-36)
   ① 가져온 은과 금과 그릇을 달아서 제사장 우리아의 아들 므레못에게 넘겨주었다
   ② 엘르아살과 요사밧과 노아댜가 므레못을 도왔다
   ③ 아닥사스다 왕의 조서를 건네받은 총독들은 귀환자들을 돕지 않았다
   ④ 귀환자들은 이스라엘 전체를 위해 다양한 짐승으로 번제를 드렸다

   **정답** ③

에스라 9장

1. 에스라 9장 1-5절은 방백들의 보고와 에스라의 반응에 대한 기사이다. 다음 중 옳지 않은 것은 무엇인가?
   ① 이스라엘 백성과 심지어 제사장들과 레위인

들 조차 가증한 일을 행했다

② 특히 방백들과 고관들이 이방 여인들과의 결혼에 앞장섰다

③ 이스라엘 하나님의 말씀을 인하여 떠는 자가 에스라에게 모여들었다

④ 에스라는 방백들의 보고를 받고 별 반응을 보이지 않았다

**정답** ④

2. 에스라 9장 6-15절은 에스라의 기도이다. 이 기도문의 첫 번째 단락(6-9절)에 관한 설명으로 옳지 않는 것은 무엇인가?

① 이 기도문은 이스라엘이 범한 죄의 고백(6-7a절)-이스라엘에게 임한 징벌(7b절)-하나님께서 베풀어 주신 은혜(8-9절)의 순서로 되어있다

② 이스라엘이 범한 죄악과 허물로 인해 하나님께서 징벌을 내리셨다

③ 하나님께서는 이스라엘이 종살이 하는 것을 불쌍히 여기셨다

④ 하나님께서는 종노릇 하는 이스라엘 백성을 완전히 소생하게 하셨다

**정답** ④

3. 주님께서 주의 종 선지자들에게 명령한 말씀과 일치하지 않는 것은 무엇인가?(스 9:10-15)

① 이스라엘이 가서 얻으려는 땅은 더러운 땅이다

② 그 땅에 사는 사람들을 위해 평화와 행복을 영원히 구해도 된다

③ 이스라엘 자손들은 그 땅의 딸들을 자신의 아들들을 위해 데려오면 안 된다

④ 이스라엘 자손들은 자신의 딸들을 그 땅에 사는 아들들에게 주면 안 된다

**정답** ②

4. 에스라가 귀환한 당시 이스라엘의 상태와 관련이 없는 것은 무엇인가?(스 9:13-15)

① 이스라엘은 자신들의 죄악으로 하나님의 은혜를 조금도 받지 못했다

② 이스라엘 자손들은 가증한 백성들과 통혼하였다

③ 이스라엘 자손들은 현재 악한 행실과 큰 죄로 말미암아 어려움을 당하고 있다

④ 주님께서는 이스라엘 자손들의 죄악보다 형벌을 가볍게 하시는 은혜를 베풀어 주셨다

**정답** ①

5. 에스라 9장 11-12절과 아래에 제시된 성경구절을 비교했을 때 서로 관련이 없는 성경구절은 무엇인가?

① 신명기 7장 1절 ② 신명기 2장 14절

③ 신명기 7장 3절 ④ 신명기 23장 6절

**정답** ②

## 에스라 10장

1. 에스라의 기도 이후에 일어난 일들과 관련이 없는 것은 무엇인가?(스 10:1-4)

① 백성의 남녀와 어린아이의 큰 무리가 에스라 앞에 모였다

② 스가냐가 통혼의 문제를 백성들이 해결하기로 다짐했다고 에스라에게 전했다

③ 엘람 자손 중 여히엘의 아들 스가냐는 에스라의 개혁에 방해가 되었다

④ 에스라 10장 26절에는 엘람 자손 중 여히엘의 아들 스가냐와 관련된 언급이 나온다

**정답** ③

2. 개혁을 단행하기로 결심한 에스라의 행동과 관련이 없는 것은 무엇인가?(스 10:5-15)

① 통혼한 자들에게 통혼을 파기할 것을 맹세하도록 하지는 않았다

② 엘리아십의 아들 여호하난의 방으로 들어가 금식기도를 하였다

③ 삼일 내에 예루살렘으로 오지 아니하면 모임에서 추방하겠다고 선언하였다

④ 하나님 앞에서 죄를 자복하고 그 지방 사람들과 이방 여인을 끊어버리라고 명령했다

**정답** ①

3. 에스라의 개혁과 관련이 없는 것은 무엇인가?(스 10장)

① 아홉째 달 이십일에 유다와 베냐민 모든 사람들이 예루살렘에 모였다

② 많은 백성과 큰 비로 인해 방백을 세워 통혼 문제를 처리하게 하였다

③ 요나단, 야스야, 므술람, 삽브대는 무조건 회중의 제안을 따랐다

④ 필요한 조사는 열째 달 초하루에 시작하여 첫째 달 초하루에 마쳤다

**정답** ③

4. 에스라 10장 18-44절은 이방 여자와 결혼한 남자들의 명단이다. 다음 중 옳지 않은 것은 무엇인가?

① 이 명단에는 제사장 17명과 레위인 6명의 이름이 기록되었다

② 이 명단에는 일반 백성들 약 80여명의 이름이 기록되었다

③ 이 명단에는 기타 성전 사역자 4명의 이름이 기록되었다

④ 전체 백성을 기준으로 할 때 제사장과 레위인들이 상대적으로 통혼을 적게 하였다

**정답** ④

5. 에스라 1-10장에 관한 설명 중 옳지 않은 것은 무엇인가?

① 에스라 1-6장에서 주요 지도자는 세스바살과 스룹바벨이다

② 에스라 7-10장의 주요 지도자는 예수아이다

③ 에스라는 아닥사스다 왕 제7년 다섯째 달에 예루살렘으로 올라왔다

④ 에스라는 아닥사스다 왕 제8년 첫째 달 초하루까지 사역을 하였다

**정답** ②

# 느헤미야

## 느헤미야 1장

1. 느헤미야 1장과 관련된 내용 중 옳지 않은 것은 무엇인가?
   ① 느헤미야 1장 1절은 이 책의 표제이다
   ② 느헤미야는 왕의 술 관원이었다
   ③ 느헤미야는 유다와 예루살렘 사람들의 형편을 우연히 들었다
   ④ 느헤미야는 아닥사스다 왕 제20년 기슬르월에 수산 궁에 있었다

   **정답** ③

2. 느헤미야가 예루살렘 성이 훼파된 소식을 어떻게 알게 되었는가?(느 1:2)
   ① 왕의 사신들이 보고하여서
   ② 왕이 느헤미야에게 알아보도록 명해서
   ③ 느헤미야의 형제 하나니가 보고해서
   ④ 느헤미야가 그의 형제 하나니에게 물어보아서

   **정답** ④

3. 느헤미야가 예루살렘의 소식을 듣고 슬퍼한 이유가 아닌 것은 무엇인가?(느 1:3)
   ① 예루살렘 성문이 불탐
   ② 예루살렘 성전이 무너짐
   ③ 본토에 남은 자들이 능욕을 당함
   ④ 본토에 남은 자들이 큰 환난을 만남

   **정답** ②

4. 느헤미야가 예루살렘 성의 소식을 들은 직후 보인 반응은 어느 것인가?(느 1:4)
   ① 자기의 옷을 찢고 굵은 베옷을 입고 재를 뒤집어쓰고 성중에 나가 대성통곡 함
   ② 그발 강가에 거주하는 자들에게 나아가 두려워 떨며 칠일을 지냄
   ③ 앉아서 울고 수일동안 슬퍼하며 하나님 앞에 금식하며 기도함
   ④ 속옷과 겉옷을 찢고 머리털과 수염을 뜯으며 기가 막혀 앉음

   **정답** ③

5. 느헤미야가 예루살렘 성의 소식을 듣고 기도한 내용 중 회개한 내용에 드는 것은 무엇인가?(느 1:6-7)
   ① 나와 내 아버지의 집이 범죄하여 주를 향하여 크게 악을 행하였나이다
   ② 스스로 한 두목을 세우고 종 되었던 땅으로 돌아가고자 하였나이다
   ③ 저희가 송아지를 부어 만들고 이를 애굽에서 나오게 하신 하나님이라 하였나이다
   ④ 저희가 주께 돌아오기를 권면하는 선지자들을 죽였나이다

   **정답** ①

6. 느헤미야가 예루살렘 성의 소식을 듣고 기도한 내용 중, 간구한 내용에 속하지 않는 것은?(느 1:9-11)

① 그들을 모아 내 이름을 두려고 택한 곳에 돌아오게 하리라 하신 말씀을 기억하옵소서.

② 종이 형통하여 사람들 앞에서 은혜를 입게 하옵소서.

③ 종의 기도와 주의 이름을 경외하기를 기뻐하는 종들의 기도를 들으소서.

④ 주의 모든 백성이 앗수르 왕들의 때로부터 오늘까지 당한 모든 환난을 작게 여기지 마옵소서.

**정답** ④

7. 느헤미야의 기도(느 1:5-11a)와 비교할 때 전혀 관련이 없는 성경구절은 무엇인가?

① 신명기 7장 21절

② 신명기 7장 9절

③ 신명기 30장 1-5절

④ 신명기 27장 6-7절

**정답** ④

## 느헤미야 2장

1. 느헤미야가 예루살렘에 가게 된 배경과 관계없는 것은 무엇인가?(느 2:1-3)

① 왕이 느헤미야로 하여금 예루살렘에 갈 것을 권유했다

② 느헤미야의 얼굴에 수심이 가득하여 그 이유를 왕이 묻게 되었다

③ 느헤미야가 예루살렘 성읍이 황폐하고 성문이 불탔음을 왕에게 아뢰었다

④ 아닥사스다 왕 제20년 니산월에 느헤미야는 왕에게 포도주를 드릴 기회가 있었다

**정답** ①

2. 느헤미야가 왕에게 자기가 근심하는 이유를 설명한 것으로 맞는 것은 무엇인가?(느 2:3)

① 조상들의 무덤이 있는 성읍이 황폐해서

② 조상들의 성전이 있는 성읍이 불에 타서

③ 예루살렘에 기근이 들어서

④ 예루살렘이 침공을 당해서

**정답** ①

3. 느헤미야가 왕에게 간청한 내용으로 맞는 것은 무엇인가?(느 2:5)

① 조상들의 성전을 건축하도록 부탁함

② 조상들의 무덤이 있는 성읍을 건축하도록 부탁함

③ 예루살렘 주민들에게 왕의 법과 율법을 가르치도록 부탁함

④ 예루살렘 성읍을 지키기 위해 군대를 파견하도록 부탁함

**정답** ②

4. 느헤미야가 왕에게 받은 지원의 범위에 들지 않는 것은 무엇인가?(느 2:7-9)

① 여러 나라를 무사히 통과할 수 있도록 함

② 성전과 성곽의 문 및 느헤미야의 집을 위해 나무를 제공함

③ 군대 장관과 마병을 보내 호위하게 함

④ 느부갓네살이 예루살렘 성전에서 가져 온 성전 기물을 돌려 줌

**정답** ④

5. 느헤미야와 관계된 인물 중 성격이 다른 한 명은 누구인가?(느 2:8, 19)

① 아삽 ② 산발랏 ③ 게셈 ④ 도비야

**정답** ①

6. 느헤미야가 예루살렘에 도착한 후 처음으로 한 일은 무엇인가?(느 2:11-16)

① 하나님의 전에서 속죄제를 드림

② 하나님의 전 앞에서 울며 기도함

③ 극비리에 예루살렘 성벽을 둘러 봄

④ 유다사람들과 책임자들을 찾아가 예루살렘 성을 건축하자고 설득함

**정답** ③

7. 느헤미야의 예루살렘 성벽 재건에 대한 설명으로 옳지 않은 것은 무엇인가?(느 2:16-20)

① 방백들과 귀족들은 예루살렘 성벽 건축에 동의했다

② 유다 사람들과 제사장들은 예루살렘 성벽 건축에 적극적이었다

③ 아라비아 사람 게셈은 예루살렘 성벽 건축에 동참했다

④ 특히 호론 사람 산발랏과 암몬 사람 도비야는 느헤미야에게 적대적이었다

**정답** ③

8. 느헤미야가 유다사람들과 책임자들에게 예루살렘 성을 건축하자고 설득할 때 한 말이 아닌 것은 무엇인가?(느 2:17-18)

① 하나님께서 내게 성을 건축하도록 명하셨다

② 하나님의 선한 손이 나를 도우셨다

③ 왕이 성을 건축하도록 허락했다

④ 성이 황폐하고 성문이 불탔으니 다시 수치를 당하지 말자.

**정답** ①

## 느헤미야 3장

1. 느헤미야에 나오는 명단이 아닌 것은 무엇인가?(느 3:1-32; 7:4-69; 10:1-27)

① 예루살렘 성벽 건축자들의 명단

② 이방여인을 취한 자들의 명단

③ 바벨론에서 돌아온 사람들의 명단

④ 율법을 지키기로 언약한 사람들의 명단

**정답** ②

2. 예루살렘 성벽에는 10개의 문이 있다. 즉 북쪽에 있는 양문으로부터 시계 반대방향으로 양문과 어문과 옛 문(북쪽), 골짜기 문과 분문(남서쪽), 샘문과 수문(남동쪽), 마문과 동문과 함밉갓 문(북동쪽)이다. 위의 성문들과 관련하여 느헤미야 3장은 예루살렘 성벽을 중수한 사람들의 명단을 언급하는데, 다음 중 옳지 않은 것은 무엇인가?(느 3:1-32)

① 이 명단은 양문(1절) → 어문(3절) → 옛문(6절) → 골짜기 문(13절) → 분문(14절) → 샘문(15절) 순서로 기록되어 있다

② 위의 여섯 개의 문들은 파괴 되어 재건되었다

③ 수문(26절) → 마문(28절) → 동문(29절) → 함밉갓 문(31절)도 파괴되어 재건되었다

④ 예루살렘 성벽과 성문의 모든 부분이 파괴된 것은 아니다

**정답** ③

3. 예루살렘 성벽 건축에 가장 먼저 언급된 사람들은 누구인가?(느 3:1)

① 예루살렘 귀족들 ② 예루살렘 주민들

③ 대제사장 가문 ④ 레위인들

**정답** ③

4. 다음 중 예루살렘 성벽 건축에 참여하지 않은 사람들은 누구인가?(느 3:1-32)

① 예루살렘과 지방 통치자들의 아들들

② 느디님(성전 노예) 사람들

③ 금장색과 향품 장사, 상인들

④ 드고아의 귀족들

**정답** ④

5. 예루살렘 성벽을 건축한 사람들에 대한 설명으로 맞지 않는 것은 무엇인가?(느 3:1-32)

① 성벽 건축에 레위인들과 제사장들은 참여하지 못했다

② 여러 지역과 다양한 계층의 사람들이 건축에 참여했다

③ 성벽 건축의 일부는 자기 집이나 자기의 생업터전과 관계있는 자들이 분담했다

④ 느헤미야는 성벽 건축의 분담을 강요하기보다는 자발적인 참여를 유도했다

**정답** ①

6. 예루살렘 성벽의 건축에 두 번 언급되어 남들 보다 배로 일한 모습을 보여 준 사람은 누구인가?(느 3:4, 21)

① 후르의 아들 르바야 ② 바니의 아들 르훔

③ 우리야의 아들 므레못 ④ 임멜의 아들 사독

**정답** ③

7. 느헤미야 3장의 목록이 현재의 위치에 놓이게 된 목적에 가장 부합하지 않는 것은 무엇인가?

① 성벽 재건의 미진함을 강조하기 위해서

② 모든 부류의 사람들이 단합했음을 강조하기 위해서

③ 성벽 재건에 동참한 사람들이 누구인지를 보여주기 위해서

④ 느헤미야의 지도력이 뛰어났음을 강조하기 위해서

**정답** ①

## 느헤미야 4장

1. 느헤미야 4장은 예루살렘 성벽 재건을 방해한 적대자들의 행위에 대한 언급이다. 다음 중 옳지 않은 것은 무엇인가?(느 4장)

① 적대자들은 건축자들을 살육하여 역사를 그치게 하려고 하지는 않았다

② 산발랏은 자기 형제들과 사마리아 군대 앞에서 예루살렘 성벽 재건에 대해 비난했다

③ 암몬 사람 도비야는 '건축하는 돌 성벽은 여우가 올라가도 무너질 것이라'고 말했다

④ 심지어 아라비아 사람들과 암몬 사람들과 아스돗 사람들까지 합세하여 방해하였다

**정답** ①

2. 호론 사람 산발랏이 유다 사람을 조롱하며 한 말에 해당하지 않는 것은 무엇인가?(느 4:1-2)

① 힘없는 유다인이 무슨 일을 한단 말인가

② 하루에 일을 다 마치겠다는 건가

③ 흙무더기에서 꺼낸 불탄 돌을 다시 쓰겠다는 건가

④ 건축한 돌 성벽은 여우가 올라가도 무너질 것이다

**정답** ④

3. 성벽이 중수되어 간다는 소식을 듣고 예루살렘을 치기로 한 사람들에 속하지 않는 자들은 누구인가?(느 4:7)

① 에돔 사람들 ② 암몬 사람들

③ 아라비아 사람들　　④ 아스돗 사람들

**정답** ①

4. 이웃의 이방인들이 치러 온다는 소식을 들은 유다 사람들의 반응으로 맞지 않는 것은 무엇인가?(느 4:9-12)

① 느헤미야는 하나님께 기도하며 파수꾼을 두어 주야로 방비함

② 할일은 많이 남아있는데 짐꾼들의 힘이 다 빠졌다고 한탄함

③ 성의 건축을 중단하고 흩어짐

④ 성을 건축하지 못할 것이라고 비관함

**정답** ③

5. 느헤미야가 이웃의 이방인들의 모의 소식으로 흔들리는 유다 사람들을 격려한 말에 해당하는 것은 무엇인가?(느 4:14)

① 포로생활에서 돌이켜 주신 하나님을 기억하라

② 하나님의 선하신 손을 기억하라

③ 애굽에서 구원하신 하나님을 기억하라

④ 지극히 크고 두려우신 주를 기억하라

**정답** ④

6. 이웃 이방인들이 자기들의 모의를 포기한 후 유다 사람들의 모습을 설명한 말에 해당하지 않는 것은 무엇인가?(느 4:15-23)

① 책임자들과 그 종들은 예루살렘을 떠나지 않고 머물렀다

② 유다 사람들은 반은 일을 하고 반은 무장을 하였다

③ 성을 건축하는 자와 짐꾼들은 한손으로 일하며 한손에는 병기를 잡았다

④ 나팔수가 나팔을 불면 모여 싸워야 했다

**정답** ②

느헤미야가 한 일이 아닌 것은 무엇인가?(느 4:13-23)

① 부하들의 반은 무장시킨 후 자기는 유다 온 족속의 뒤에 자리를 잡음

② 성벽의 넓은 곳에 백성을 모아 무장을 시켜 대비함

③ 책임자들과 그의 종들은 예루살렘에서 자며 밤에는 파수하고 낮에는 일하도록 함

④ 자기와 형제들, 종들, 호위대는 옷을 벗거나 손에 무기를 놓는 일이 없었음

**정답** ①

## 느헤미야 5장

1. 성을 건축할 무렵 불거진 유다 사회의 내부 문제들에 대한 설명으로 맞지 않는 것은 무엇인가?(느 5 :1-5)

① 세금을 내기 위해 밭과 포도원을 저당 잡히고 돈을 꿔야했다

② 생계를 위해 이방인과 결혼하기도 했다

③ 흉년으로 밭과 포도원, 집을 저당 잡히고 식량을 구해야 했다

④ 자녀들을 노예로 파는 백성이 생겼다

**정답** ②

2. 느헤미야는 백성의 불평을 듣고 누구에게 크게 화를 내었나?(느 5:7)

① 귀족들과 민장들

② 그의 형제들과 종들

③ 제사장들

④ 상인들

**정답** ①

3. 느헤미야의 책망에 대한 설명으로 옳은 것은 무엇인가?(느 5:7-8)

① 너희는 이방 여자로 아내를 삼아 이스라엘의 죄를 더했다

② 너희는 모세에게 명하신 계명과 율례를 지키지 않았다

③ 너희는 백성에게 토색하며 너희 종들도 백성을 압제했다

④ 너희는 이자놀이를 하고 동포를 노예로 팔아먹었다

**정답** ④

4. 느헤미야가 경제적 문제를 해결하기 위해 행한 조치에 해당하지 않는 것은 무엇인가?(느 5:10-11)

① 이자를 받지 말자.

② 노예를 해방시켜라.

③ 밭과 포도원과 감람원과 집을 돌려주라.

④ 돈과 양식, 새 포도주와 기름의 백분의 일을 돌려보내라.

**정답** ②

5. 느헤미야가 유다 총독으로 재직한 12년 동안의 행적에 해당하지 않는 것은 무엇인가?(느 5:1-18)

① 총독의 녹을 받지 않음

② 성벽 공사에 전념하고 자기 종들도 성벽 공사에 참여시킴

③ 땅을 사서 경작한 것으로 백성들을 도와줌

④ 손님들과 일꾼들을 위해 많은 양식을 스스로 충당함

**정답** ③

6. 느헤미야가 유다 총독으로서의 특권을 포기한 이유로 맞지 않는 것은 무엇인가?(느 5:14-15, 18)

① 하나님을 경외하였기 때문에

② 백성의 부역이 너무 심했기 때문에

③ 백성이 요구했기 때문에

④ 이전 총독들의 폐해가 컸기 때문에

**정답** ③

## 느헤미야 6장

1. 산발랏과 게셈이 느헤미야를 오노에서 만나자고 한 목적은 무엇인가?(느 6:1-2)

① 성벽 공사에 참여해 후일에 자기들의 권리를 주장하기 위해

② 성벽 공사에 참여해 유다 공동체와 연합하기 위해

③ 성벽 공사가 완성되어가자 두려움을 느끼고 그와 화해하기 위해

④ 성벽 공사가 완성되어가자 그를 살해해 끝까지 성벽 건축을 막기 위해

**정답** ④

2. 느헤미야는 산발랏과 게셈의 제안에 대해 어떻게 대응하였는가?(느 6:3)

① 성벽 공사 일을 중단하고 갈 수 없다고 거부함

② 성벽 공사 일을 마무리하고 만나자고 연기함

③ 성벽 공사 일을 중단하고 백성을 무장시켜 전쟁에 대비함

④ 병이 들어 갈 수 없다고 핑계함

**정답** ①

3. 산발랏의 다섯 번째 편지에 나타난 음모와 관련

이 없는 것은 무엇인가?(느 6:5-7)

① 유다인이 성벽을 건축하고 반란을 일으킬 것이라는 소문이 있다

② 느헤미야가 선지자를 세워 선전하며 유다 왕이 되려 한다는 소문이 있다

③ 유다인과 이방인이 연합하여 바사 왕에게 모반을 일으키려 한다는 소문이 있다

④ 느헤미야에 대한 소문이 바사 왕에게 이를 것이니 만나서 의논해야 한다

**정답** ③

4. 느헤미야가 산발랏의 다섯 번째 편지에 대해 대처한 내용과 관계없는 것은 무엇인가?(느 6:8-9)

① 네가 지어낸 이야기일 뿐이다

② 하나님이여 내가 이 백성을 위해 행한 모든 일을 기억하사 내게 은혜를 베푸시옵소서.

③ 우리를 두렵게 해서 성벽 공사를 중단하게 하려 합니다

④ 내 손을 힘 있게 하옵소서.

**정답** ②

5. 유다인 스마야는 왜 예언자처럼 느헤미야에게 성전 건물(외소 안)에 들어가 피신하자고 제안했는가?(느 6:10)

① 느헤미야를 피신시키라는 하나님의 명령 때문에

② 느헤미야를 지켜 성벽 공사를 끝까지 완수할 수 있도록 도와주기 위해

③ 산발랏과 도비야로부터 느헤미야의 목숨을 지켜주기 위해

④ 느헤미야를 두렵게 하고 성전 건물에 들어가 범법 행위를 한 것으로 비방하기 위해

**정답** ④

6. 다음 중 느헤미야의 적대자가 아닌 사람은 누구인가?(느 2장, 4장, 6장)

① 호론 사람 산발랏, 암몬 사람 도비야, 아라비아 사람 게셈

② 아라비아 사람들, 암몬 사람들, 아스돗 사람들

③ 스알디엘의 아들 스룹바벨, 요사닥의 아들 예수아

④ 들라야의 아들 스마야, 여선지 노아댜, 여러 선지자들

**정답** ③

7. 산발랏과 게셈이 보낸 다섯 통의 편지와 스마야의 거짓 예언과 도비야의 편지의 공통점은 무엇인가?(느 6:1-2, 5-7, 10, 19)

① 바사 왕과 느헤미야 사이를 이간질 시키려는 음모

② 유다인을 분열시키려는 음모

③ 느헤미야를 두렵게 해서 성벽 공사의 완공을 방해하려는 음모

④ 느헤미야를 두렵게 해서 자기들의 동맹에 참가시키려는 음모

**정답** ③

8. 다음 중 성벽공사에 관한 설명 중 옳지 않은 것은 무엇인가?(느 2-6장)

① 성벽의 역사는 52일 만인 엘룰월 25일에 끝났다

② 적대자들은 이제 모든 것을 포기하고 성벽공사가 끝난 것에 대해 기뻐했다

③ 느헤미야의 지도력과 백성들의 열정과 헌신으로 성벽공사가 마무리 되었다

④ 옛 성벽의 모든 부분이 붕괴되지 않았기에 성벽 보수가 빨리 끝날 수 있었다

**정답** ②

## 느헤미야 7장

1. 성벽을 완성시킨 후 느헤미야가 한 일에 해당하지 않은 것은 무엇인가?(느 7:1-3)
   ① 성문을 달고 문지기를 세움
   ② 성전제의를 위해 성가대와 레위인들을 임명함
   ③ 예루살렘 성의 가옥을 보수함
   ④ 예루살렘 성의 주민들을 파수꾼으로 세움
   **정답 ③**

2. 느헤미야가 바벨론 귀환자들의 명단을 계수한 이유로 맞지 않는 것은 무엇인가?(느 7:4-5)
   ① 성은 크나 정착할 주민이 부족해서
   ② 성전의 보수를 위해 필요한 인력을 찾기 위해
   ③ 하나님이 감동을 주셔서
   ④ 귀족들과 민장들과 백성을 조사하기 위한 자료로 쓰기 위해
   **정답 ②**

3. 느헤미야 7장 5-72절은 스룹바벨과 함께 돌아온 자들의 명단이다. 이 명단에 대한 설명 중 옳지 않은 것은 무엇인가?(느 7:5-72)
   ① 제사장의 숫자는 전체 회중의 약 1/10이다
   ② 짐승들에 대한 목록에서 나귀의 숫자가 제일 적다
   ③ 이 명단에 의하면 노래하는 자들과 문지기들은 레위인에 속하지 않는다
   ④ 레위인들이 제사장에 비해 상당히 적다
   **정답 ②**

4. 에스라 2장의 명단과 느헤미야 7장의 명단을 비교한 것 중 옳지 않은 것은 무엇인가?
   ① 지도자들의 숫자가 12명으로 똑같다
   ② 에스라 2장에서는 족장들만 예물을 드렸다
   ③ 느헤미야 7장에서는 족장, 총독, 백성들이 예물을 드렸다
   ④ 드려진 예물 중에 금과 은의 양과 제사장의 옷의 숫자가 다르며, 대접은 오직 느헤미야 7장에만 언급되었다
   **정답 ①**

5. 위의 포로 귀환 명단에서 제일 먼저 언급된 사람들은 누구인가?(느 7:7)
   ① 12명의 지도자들 ② 대제사장
   ③ 제사장 가문 ④ 레위인
   **정답 ①**

6. 지역 출신들로만 기록된 명단의 공통점은 무엇인가?(느 7:25-36)
   ① 에브라임 지파 기업 ② 유다 지파 기업
   ③ 베냐민 지파 기업 ④ 단 지파 기업
   **정답 ③**

7. 다음 중 포로귀환자들 명단에 포함되지 않은 사람들은 누구인가?(느 7:6-69)
   ① 다윗 왕손 ② 제사장
   ③ 느디님 사람들 ④ 솔로몬 신하들
   **정답 ①**

8. 아래의 포로 귀환 명단에 속한 사람들의 공통점은 무엇인가?(느 7:61-66)
   평민 - 들라야 자손, 도비야 자손, 느고다 자손
   제사장 - 호바야 자손, 학고스 자손, 바르실래 자손
   ① 이스라엘의 혈통이 불확실한 가문들
   ② 성전에 예물을 드린 가문들
   ③ 천명 이상이 돌아온 가문들

④ 예루살렘 성에 정착한 가문들

**정답** ①

9. 성벽 공사를 위한 기금이나 헌물을 바치지 않은 사람들은 누구인가?(느 7:70-72)

① 족장 ② 제사장 ③ 백성 ④ 총독

**정답** ②

### 느헤미야 8장

1. 일곱째 달에 있었던 에스라의 율법 낭독회에 대한 설명으로 맞지 않는 것은 무엇인가?
(느 8:1-8)

① 백성이 에스라에게 율법책을 가져오도록 요청함

② 에스라가 새벽부터 정오까지 뭇 백성에게 율법책을 읽음

③ 레위인이 율법을 백성에게 해석해 줌

④ 에스라가 율법책을 낭독하기 위해 백성들을 수문 앞으로 모이게 함

**정답** ④

2. 에스라의 율법 낭독에 관한 설명 중 옳지 않은 것은 무엇인가?(느 8:1-8)

① 에스라가 율법을 낭독할 때 13명의 레위인들은 백성이 율법을 깨닫도록 도왔다

② 백성들은 에스라에게 모세의 율법 책을 가져오기를 청했다

③ 백성들은 성전에서 에스라의 율법 낭독을 들었다

④ 일곱째 달 초하루에 남자나 여자나 알아들을 만한 모든 사람 앞에서 낭독했다

**정답** ③

3. 율법 낭독 후 백성들의 반응과 지도자들의 역할에 대한 설명 중 옳지 않은 것은 무엇인가?
(느 8:9-12)

① 율법의 말씀을 들은 백성들은 울었다

② 느헤미야는 백성들에게 먹고 마시되 준비하지 못한 자에게 나누어 주라고 했다

③ 레위인들은 백성들에게 조용히 하고 근심하지 말라고 했다

④ 느헤미야와 에스라와 레위인들은 백성들에게 나라를 위해 울라고 했다

**정답** ④

4. 에스라에게 모인 사람들이 율법책에서 읽은 절기는 무엇이었나?(느 8:14-15)

① 유월절 ② 칠칠절 ③ 초막절 ④ 속죄일

**정답** ③

5. 백성이 일곱째 달에 지킨 절기에 대한 설명으로 맞는 것은 무엇인가?(느 8:16-18)

① 예루살렘으로 모여 절기를 지켰다

② 처음 익은 열매를 드리고 새 소제를 하나님께 드렸다

③ 잔치를 베풀고 즐기며 서로 예물을 주며 가난한 자를 구제했다

④ 나무 가지로 초막을 짓고 그 안에 거했다 .

**정답** ④

### 느헤미야 9장

1. 일곱째 달 24일에 백성의 회개 모습을 설명한 것 중 맞지 않는 것은 무엇인가?(느 9:1-3)

① 금식하며 굵은 베옷을 입고 재를 뿌렸다

② 성전에서 속죄제를 드렸다

③ 이방 사람과 절교했다

④ 하나님의 율법책을 낭독했다

**정답** ②

2. 느헤미야 9장 6-38절은 레위인들의 기도이다 이 기도문에서 가장 먼저 언급된 사건은 무엇인가?(느 9:6)

① 창조 ② 출애굽

③ 가나안 정복 ④ 포로 귀환

**정답** ①

3. 위의 기도문에서 제일 먼저 언급된 이스라엘 역사의 주요 인물은 누구인가?(느 9:7)

① 아브라함 ② 야곱 ③ 모세 ④ 여호수아

**정답** ①

4. 이 기도문에 대한 설명으로 옳지 않은 것은 무엇인가?(느 9:6-38)

① 다양한 전승과 신의 자비문구가 뒤섞여 나온다

② 이스라엘의 계속적인 범죄와 하나님의 끊임없는 은혜가 뒤섞여 나온다

③ 이 기도문에 많은 간구의 내용이 나타난다

④ 이 기도문의 유일한 간구는 "앗수르 왕들의 때로부터 오늘까지 당한 모든 환난을 이제 작게 여기지 마옵소서"이다

**정답** ③

5. 백성의 하나님을 향한 배신의 역사를 설명한 것으로 맞지 않는 것은 무엇인가?(느 9:16-31)

① 종 되었던 애굽 땅으로 돌아가고자 했다

② 송아지를 부어 만들고 애굽에서 나오게 하신 하나님이라 했다

③ 주께 돌아오기를 권면하는 선지자들을 죽였다

④ 포로귀환을 거부하고 바벨론에 머물렀다

**정답** ④

6. 백성의 배교 역사에서 하나님을 묘사하는 표현으로 가장 많이 나타나는 것은 무엇인가?(느 9:16-37)

① 광대하시고 능하시며 두려우신 하나님

② 긍휼하신 하나님

③ 용서하시는 하나님

④ 언약과 인자를 지키시는 하나님

**정답** ②

7. 느헤미야 9장 38절의 상황과 전혀 관계가 없는 것은 무엇인가?(느 9:38)

① 에스라의 율법 낭독과 레위인들의 회개의 기도로 인해 백성들은 이런 결단을 하였다

② 방백들과 레위인들과 제사장들이 앞장서서 견고한 언약을 세웠다

③ 이 지도자들은 심지어 인봉까지 하였다

④ 이 지도자들은 정치적 목적을 위해 이러한 결단을 하였다

**정답** ④

## 느헤미야 10장

1. 백성들의 회개기도 후 율법을 지키기로 언약하고 인봉한 사람들에 속하지 않는 사람들은 누구인가?(느 10:1-27)

① 방백들 ② 레위인

③ 선지자들 ④ 제사장들

**정답** ③

2. 정치, 종교 지도자들을 따라 모세의 율법을 지키기로 맹세한 사람들에 속하지 않는 자들은 누구인가?(느 10:28-29)

① 백성
② 하나님을 경외하는 이방인들
③ 느디님 사람들
④ 아내들과 자녀들

**정답** ②

3. 백성들이 스스로 약속한 8가지 율법 중 가장 먼저 언급된 것은 무엇인가?(느 10:30-37)

① 자녀를 이방인과 혼인시키지 않음
② 안식일이나 성일에 물품을 사지 않음
③ 해마다 토지소산과 과실수의 첫 열매를 성전에 드림
④ 자녀에게 할례를 행함

**정답** ①

4. 백성들이 약속한 8가지 율법에 해당하지 않는 것은 무엇인가?(느 10:30-37)

① 매 7년마다 휴경과 빚을 탕감해 줌
② 성전에 땔나무를 제공함
③ 자녀에게 할례를 행함
④ 성전세를 자진해서 냄

**정답** ③

5. 성전세에 관한 설명으로 옳지 않은 것은 무엇인가?(느 10:32-33)

① 하나님의 전을 위하여 성전세로 세겔의 삼분의 일을 드렸다
② 안식일과 초하루와 정한 절기에 쓸 것을 위해 성전세가 사용되었다
③ 진설병과 항상 드리는 소제와 번제를 위해 성전세가 사용되었다
④ 하나님 전의 모든 일을 위해 성전세를 사용해서는 안 된다

**정답** ④

6. 백성들이 소득의 십분의 일을 누구에게 주기로 약속했나?(느 10:37)

① 제사장 ② 레위인
③ 대제사장 ④ 고아와 과부

**정답** ②

7. 백성들이 약속한 8가지 율법 중 가장 많은 비중을 차지하는 율법은 무엇인가?(느 10:30-39)

① 안식일법
② 절기법
③ 이방인과의 교제금지법
④ 성전 제의법

**정답** ④

8. 백성들이 약속한 8가지 율법과 관련된 장소 중 가장 많이 나타나는 곳은 어디인가?(느 10:30-39)

① 여호와의 단 ② 골방
③ 예루살렘 ④ 하나님의 전

**정답** ④

9. 제사장들에게 주어야 할 것과 레위인들에게 주어야 할 것에 대한 내용 중 옳지 않은 것은 무엇인가?(느 10:36-39)

① 처음 익은 밀의 가루와 거제물과 각종 과목의 열매는 제사장에게 가져가야 한다
② 산물의 십일조는 레위인에게 주어야 한다
③ 새 포도주와 기름은 제사장에게 가져가야 한다
④ 레위인들이 십일조를 받을 때 아론의 자손

제사장 한 사람이 함께 있을 필요는 없다

**정답** ④

## 느헤미야 1장

1. 예루살렘 성에 거주한 자들을 묘사한 설명에 해당하지 않은 것은 무엇인가?(느 11:1-3)

① 제사장과 레위인들은 모두 예루살렘에 거주했다

② 백성의 지도자들이 거주했다

③ 백성의 십분의 일은 제비를 뽑아 거주하게 했다

④ 백성의 십분의 구는 다른 성읍에 거주했다

**정답** ①

2. 느헤미야서에 나오는 명단이 아닌 것은 무엇인가?(느 11:4-35; 12:1-26; 12:27-43)

① 성전 재건 공사에 참석한 사람들의 명단

② 예루살렘의 정착민 명단

③ 바벨론에서 돌아온 제사장과 레위 사람 명단

④ 예루살렘 성벽 봉헌식에 참가한 참석자와 찬양대 명단

**정답** ①

3. 예루살렘 성에 정착한 사람들이 속한 두 지파는 어디인가?(느 11:4-9)

① 유다와 에브라임 지파

② 베냐민과 에브라임 지파

③ 유다와 시므온 지파

④ 유다와 베냐민 지파

**정답** ④

4. 예루살렘 성에 거주한 자들의 명단의 내용과 다른 것은 무엇인가?(느 11:4-19)

① 유다 자손 중에 베레스 자손으로 아다야와 마아세야가 언급되며 모두 468명이다

② 베냐민 자손으로 살루와 갑배와 살래가 언급되며 모두 928명이다

③ 제사장들의 감독은 하그돌림의 아들 삽디엘이며, 성문지기는 모두 172명이다

④ 레위인들은 모두 284명으로 제사장들보다 많았다

**정답** ④

5. 예루살렘 성에 정착한 사람들의 명단에 속하지 않은 사람들은 누구인가?(느 11:10-24)

① 족장들

② 솔로몬의 신하들의 자손들

③ 느디님 사람들

④ 찬양대

**정답** ②

6. 예루살렘 성에 정착한 사람들 중 제사장과 레위인들(문지기 포함)의 비중으로 맞는 것은 무엇인가?(느 11:4-24)

① 약 60%　　② 약 50%

③ 약 40%　　④ 약 30%

**정답** ②

7. 느헤미야 11장 25-36절은 성 밖 거주자들과 관련된 목록이다. 다음 중 옳지 않은 것은 무엇인가?(느 11:25-36)

① 유다 자손과 베냐민 자손이 거주한 장소에 대해서만 언급한다

② 유다 자손은 브엘세바에서부터 힌놈의 골짜기까지 장막을 쳤다

③ 유다에 있던 레위인들의 일부는 에브라임과

합하였다

④ 베냐민 자손은 게바에서부터 믹마스와 아야와 벧엘 등에 거주하였다

**정답** ③

8. 느헤미야 당시의 유다 영토의 범위로 맞는 것은 무엇인가?(느 11:30)

① 단에서 브엘세바까지

② 게바에서 브엘세바까지

③ 브엘세바에서부터 힌놈의 골짜기까지

④ 브엘세바에서부터 에브라임 산지까지

**정답** ③

## 느헤미야 12장

1. 바벨론에서 돌아온 제사장과 레위인의 명단 중 가장 상세하고 큰 비중을 차지하는 계층은 무엇인가?(느 12:1-7, 12-21)

① 대제사장　　② 제사장

③ 레위인　　④ 찬양대와 문지기

**정답** ②

2. 대제사장 예수아의 자손들에 관한 설명으로 옳지 않은 것은 무엇인가?(느 12:10-11, 22-26)

① 6명의 대제사장의 이름이 언급된다

② 예수아는 요야김을 낳고 요야김은 엘리아십을 낳고 엘리아십은 요야다를 낳았다

③ 요야다는 요나단(요하난)을 낳고 요나단은 얏두아를 낳았다

④ 대제사장 요나단과 얏두아는 총독 느헤미야와 동시대 사람이다

**정답** ④

3. 예루살렘 성벽의 봉헌식을 위해 준비한 일들 중 가장 먼저 언급된 것은 무엇인가?(느 12:27)

① 제사장과 레위인들의 몸을 정결하게 함

② 백성과 성문과 성을 정결하게 함

③ 성전 제의를 위해 제사장과 레위인을 찾음

④ 찬양대와 악기를 연주할 레위인을 찾음

**정답** ④

4. 성벽 봉헌식에 대한 묘사로 맞지 않는 것은 무엇인가?(느 12:31-43)

① 한 행렬은 에스라가, 다른 한 행렬은 느헤미야가 각각 인도함

② 유다의 방백들과 찬양대를 둘로 나누어 반대로 행하게 함

③ 백성들은 절반으로 나누어 찬양대의 뒤를 따름

④ 찬양대의 두 행렬과 느헤미야와 방백의 절반이 성전 앞뜰에 정렬함

**정답** ①

5. 성벽 봉헌식에 참가한 사람들 중 이름이 명시된 계층은 누구인가?(느 12:35-36, 41-42)

① 느디님 사람들　　② 찬양대

③ 문지기　　④ 백성들

**정답** ②

6. 느헤미야가 성벽 봉헌식을 치른 후 임명한 관리가 한 일이 아닌 것은 무엇인가?(느 12:44)

① 백성이 드린 거제물 관리

② 백성이 드린 처음 익은 것 관리

③ 백성이 드린 성전세 관리

④ 백성이 드린 십일조 관리

**정답** ③

7. 다윗과 아삽 때 찬양곡을 만든 일에 견주어 스룹바벨과 느헤미야 때에 이루어진 일에 대한 설명으로 맞지 않는 것은 무엇인가?(느 12:46-47)
   ① 노래하는 자들과 문지기들에게 날마다 쓸 것을 나누어 줌
   ② 대제사장의 쓸 것을 날마다 나누어 줌
   ③ 구별한 것을 레위인들에게 줌
   ④ 레위인들은 또 구별하여 아론 자손에게 줌
   **정답** ②

## 느헤미야 13장

1. 느헤미야 13장은 느헤미야의 개혁에 관한 내용이다. 다음 중 옳지 않은 것은 무엇인가?
   ① 느헤미야가 바벨론 왕 아닥사스다 32년에 행한 개혁들이다
   ② 이러한 개혁들은 다윗의 규례에 따라 행해졌다
   ③ 다섯 개의 개혁이 나타난다
   ④ 첫째와 넷째와 다섯째 개혁은 이방인과 관련된 개혁이다
   **정답** ②

2. 성벽 봉헌식 후 백성이 암몬과 모압 사람들에 대한 율법을 들은 후에 행한 일로 맞는 것은?(느 13:1-3)
   ① 그들과 결혼한 사람들은 이혼함
   ② 그들이 이스라엘 총회에 들어오게 함
   ③ 이방인을 몰아내기 위해 전쟁을 준비함
   ④ 이스라엘 가운데 이방인을 모두 분리해 냄
   **정답** ④

3. 느헤미야가 암몬 사람 도비야의 일로 제사장 엘리아십을 책망하고 취한 조치로 맞지 않는 것은 무엇인가?(느 13:4-9)
   ① 도비야의 방은 원래 레위사람들과 제사장들이 거하는 방이었다
   ② 제사장 엘리아십이 성전에 도비야를 위해 방을 하나 내주었다
   ③ 도비야의 방을 정결하게 한 후 성전의 기물들을 갖다 놓았다
   ④ 제사장 엘리아십은 성전의 방을 관리하는 사람이었다
   **정답** ①

4. 레위인들이 성전 직무를 행하지 않고 자기 밭으로 도망간 것을 알고 취한 느헤미야의 조치로 맞지 않은 것은 무엇인가?(느 13:10-13)
   ① 민장을 꾸짖음
   ② 레위인을 불러 모아 제자리에 세움
   ③ 귀족이 곡물과 새 포도주, 기름의 십일조를 가져옴
   ④ 두 명을 창고지기로 임명하여 레위인에게 분배하는 일을 맡김
   **정답** ③

5. 느헤미야 때 백성들의 안식일 폐해가 아닌 것은 무엇인가?(느 13:15-17)
   ① 두로 사람이 장사를 함
   ② 종들에게 일을 시킴
   ③ 곡식을 운반함
   ④ 술틀을 밟음
   **정답** ②

6. 안식일을 거룩하게 지키기 위해 느헤미야가 취한 조치가 아닌 것은 무엇인가?(느 13:19-22)
   ① 안식일 전 저녁부터 안식일 끝날 때까지 성

문을 닫음

② 안식일에는 짐을 들여오지 못하게 함

③ 레위인 문지기로 하여금 성문을 지키게 함

④ 장사꾼들이 안식일에 예루살렘 밖에서 자는 것을 금함

**정답** ③

7. 느헤미야가 이방인과 혼인한 자들을 책망할 때 누구의 사례를 들어 죄의 심각성을 깨우쳤는가?(느 13:26-27)

① 여로보암 ② 아합 ③ 다윗 ④ 솔로몬

**정답** ④

8. 다음 중 이방 여인과의 혼합결혼에 대해 언급하지 않은 구절은 무엇인가?

① 느헤미야 10장 30절과 13장 25절

② 에스라 9장 2절과 12절

③ 에스라 10장 2절과 18절

④ 신명기 7장 3절과 23장 4절

**정답** ④

9. 느헤미야의 마지막 개혁 조치에 대한 설명에 해당하지 않는 것은 무엇인가?(느 13:30-31)

① 제사장과 레위 사람의 반열을 세워 각 직무를 맡게 함

② 안식년에 휴경과 빚을 탕감하도록 함

③ 성전에 땔감과 처음 익은 것을 드리게 함

④ 제사장과 레위 사람들로부터 이방인을 떠나게 함

**정답** ②

# 에스더

## 에스더 1장

1. 와스디와 에스더는 바사와 메대를 다스리는 국왕의 왕후들이었다. 이들의 남편은 어느 왕인가?(에 1:1)

① 아하수에로　② 느브갓네살
③ 벨사살　④ 다리오

**정답** ①

2. 다음은 같은 직업을 가진 사람들이다. 이들의 직업(신분)은 무엇인가?(에 1:10)

므후만/ 비스다/ 하르보나/ 빅다/ 아박다/ 세달/ 가르가스

① 귀족　② 내시(환관)
③ 지혜인　④ 지방의 귀족

**정답** ②

3. 다음은 왕후 와스디가 왕의 명령을 어긴 것에 대해 므무간이 제안한 처벌이다. 다음 중 아닌 것은 무엇인가?(에 1:19-22)

① 왕후 와스디는 다시 왕 앞에 나오지 못한다
② 와스디의 왕후 자리를 타인에게 넘긴다
③ 모든 남편이 각 가정을 주관하게 한다
④ 고유한 민족 언어를 사용하지 못한다

**정답** ④

4. 와스디 왕후의 남편인 국왕이 그녀를 왕과 귀족들 앞에 나오게 한 시점은 국왕이 잔치를 베푼지 몇 일째인가?(에 1:4-10)

① 180일　② 7일　③ 187일　④ 3일

**정답** ③

에 2장

1. 와스디 왕후를 폐위시킨 후 왕의 측근들은 그녀를 대신 할 왕후를 선발하기 위하여 아름다운 처녀들을 전국에서 불러 모았다. 이들이 모인 곳은 어디인가?(에 2:3)

① 수산성　② 니느웨성
③ 예루살렘성　④ 그발 강가

**정답** ①

2. 에스더가 왕후가 되기 전에 전국에서 뽑힌 많은 처녀들은 왕국에서 몸을 단련하고 교육을 받았다. 그들의 교육을 맡았던 내시는 누구인가?(에 2:15)

① 사아스가스　② 헤개
③ 므무간　④ 하닷사

**정답** ②

3. 에스더의 또 다른 이름은 무엇인가?(에 2:15)

① 하닷사　② 사아스가스
③ 므무간　④ 아비하일

**정답** ①

4. 전국에서 뽑힌 처녀들이 그들의 남편이 될 국왕

앞에서 시험받기 전에 받아야 할 교육 기간은 얼마인가?(에 2:12)

① 1개월 ② 3개월 ③ 6개월 ④ 12개월

**정답** ④

5. 에스더가 왕후가 된 후 왕은 그녀를 위해 잔치를 베풀고 상을 내렸다. 그 포상이 무엇인가?(에 2:18)

① 여자들을 위한 잔치를 열었다
② 각 지방의 세금을 면제하였다
③ 모든 궁녀들을 제 집으로 보냈다
④ 에스더의 가족들을 장관으로 등용하였다

**정답** ②

6. 왕의 내시 빅단과 데레스는 죄를 짓고 처형을 당하였다. 이것을 고발한 사람은 모르드개였는데 이들의 죄목은 무엇인가?(에 2:21-23)

① 문지기를 제대로 못함
② 왕의 암살을 모의
③ 모르드개를 모함
④ 궁중일기를 잘못 기록

**정답** ②

## 에스더 3장

1. 하만이 유다인 전체를 멸하려고 한 이유는 무엇인가?(에 3:5-6)

① 모르드개가 힘을 갖게 되는 것을 막으려고
② 에스더가 하만을 싫어하므로
③ 유다인의 영향력을 막기 위하여
④ 모르드개가 하만에게 절하지 아니하므로

**정답** ④

2. 하만이 왕을 설득하여 유다인을 죽이기로 할 때 그의 금고에 넣기로 한 뇌물의 액수는 얼마인가?(에 3:8-9)

① 금 일만 달란트 ② 은 일만 달란트
③ 금 일만 이천 달란트 ④ 은 일만 이천 달란트

**정답** ②

3. 하만은 왕을 설득하여 열두째 달 십삼일 하루 동안에 모든 유다인들, 젊은이, 늙은이, 어린이, 여인들을 막론하고 죽이고, 도륙하고, 진멸하고, 또 그 재산을 탈취하려고 계획하였다. 어떤 방법으로 열두째 달 십삼일을 살육의 날로 정하였는가?(에 3:7)

① 왕이 결정해서
② 하만 스스로 정해서
③ 부르 곧 제비를 뽑아서
④ 지혜인의 도움을 받아서

**정답** ③

## 에스더 4장

1. 모르드개가 유다인 전체를 몰살하려는 하만의 모략을 알고 취한 행동은 무엇인가?(에 4:1)

① 옷을 찢고 굵은 베 옷을 입고 재를 뒤집어쓰고 대성통곡하였다
② 하만에게 했던 자신의 거만한 행동을 고치고 타협을 하려고 애썼다
③ 에스더에게 하만을 만나 이 일을 해결해 달라고 요청했다
④ 유다인 전체를 만나 이 일의 심각성을 알리고 함께 해결하려고 노력했다

**정답** ①

2. 유다인을 몰살하려는 하만의 계략을 알게 된 에스더가 취한 행동이 아닌 것은?(에 4:1)

① 규례를 어기고 왕 앞에 나가겠다고 결심하였다

② 에스더가 유다인 전체를 만나 이 일의 심각성을 알리고 해결하겠다고 말하였다

③ 에스더를 위해 3일 밤낮을 금식해 달라고 부탁했다

④ 모르드개에게 수산성의 유다인 전체를 모아 달라고 부탁했다

**정답** ②

3. 다음은 누구들의 대화인가?(에 4:14-17)

A:"유다인은 다른 데로 말미암아 놓임과 구원을 얻으려니와 너와 네 아버지 집은 멸망하리라"
B:"왕에게 나아가리니 죽으면 죽으리이다"

① 하만과 모르드개 ② 모르드개와 유다인

③ 에스더와 왕 ④ 에스더와 모르드개

**정답** ④

## 에스더 5장

1. 에스더는 왕 앞에 나간 후 그녀가 베푸는 잔치에 그를 초대하였다. 이때 동반해 줄 사람도 함께 초대했는데 그 사람은 누구인가?(에 5 :4)

① 내시들 ② 하만

③ 귀족과 대신들 ④ 모르드개

**정답** ②

2. 국왕은 왕후 에스더가 베푼 첫 잔치에 초대받았을 때 기분이 좋은 나머지 그 자리에서 왕후에게 소원을 묻고 나라의 절반이라도 주겠다고 약속하였다. 이때 에스더가 말한 소원은 무엇인가?(에 5:5-8)

① 부르지도 않는데 불쑥 왕 앞에 나온 것을 용서해 달라고 하였다

② 자신과 유다인을 구출해달라고 요청했다

③ 왕과 하만을 위해 베푸는 잔치에 한 번 더 와 줄 것을 말했다

④ 모르드개의 구출을 간청했다

**정답** ③

## 에스더 6장

1. 한때 모르드개는 왕을 암살하려는 모략을 사전에 알아내어 왕을 죽음으로부터 구한 적이 있었다. 나중에 이 사실을 알게 된 왕이 모르드개에게 내린 포상, 즉 그를 존귀하게 한 일이 아닌 것은?(에 6 :7-9)

① 왕의 의복을 입게 하였다

② 왕이 타던 말과 왕관을 쓰게 하였다

③ 나라의 절반을 준다고 하였다

④ 말에 태워서 거리 시위를 하게 하였다

**정답** ③

2. 하만의 아내의 이름은 무엇인가?(에 6:13)

① 세레스 ② 빅다나 ③ 데레스 ④ 하닥

**정답** ①

## 에스더 7장

1. 하만은 모르드개를 죽이려고 자기 집에 세운 장대에 매달려 죽게 되었다. 이것을 제안한 사람은

누구인가?(에 7:9)

① 세레스 ② 빅다나

③ 데레스 ④ 하르보나

**정답** ④

2. 유다인 전체를 죽이려던 하만의 계획이 드러나자 왕은 대노하였다. 왕의 화가 그친 시점은 언제인가?(에 7:10)

① 에스더를 다시 만나게 되었을 때

② 하만이 죽었을 때

③ 모든 유다인이 무사한 것을 알게 되었을 때

④ 하만과 그의 가족들이 모두 죽었을 때

**정답** ②

## 에스더 8장

1. 유다인의 진멸이 취소된 날, 모르드개와 수산성은 새로운 복장과 행동을 하게 되었다. 그 모습이 아닌 것은?(에 8:15-17)

① 모르드개는 푸르고 흰 조복을 입었다

② 모르드개는 큰 금관을 쓰고 자색 가는 베 겉옷을 입고 왕 앞에서 나왔다

③ 그 날에 잔치를 베풀고 명절로 삼았다

④ 유다인을 미워하던 수산성의 사람들이 도망하였다

**정답** ④

2. 유다인의 진멸을 취소하기 위한 조처가 취해졌다. 그 모습이 아닌 것은?(에 8:9-11)

① 왕의 서기관이 소집되고 그들은 모르드개가 시키는 대로 조서를 썼다

② 유다인 진멸의 취소가 적힌 문서는 유다인과 대신과 지방관과 관원에게 전해졌다

③ 유다인 진멸의 취소가 적힌 문서는 왕의 명의로 쓰고 왕의 반지로 인을 치고 그 조서를 역졸들에게 전해졌다

④ 유다인이 직접 원수 갚는 일은 금지하였다

**정답** ④

3. 하만이 죽자 그의 물건들이 에스더나 모르드개의 소유가 되었다. 어떤 물건들이었는가?(에 8:2)

① 하만의 반지 ② 하만의 종

③ 하만의 모든 재산 ④ 하만의 땅

**정답** ①

## 에스더 9장

1. 다음은 에스더서에 나오는 이름들이다. 어떤 공통점이 있는가?(에 9:7-10)

바산다다와 달본과 아스바다와 보라다와 아달리야와 아리다다와 바마스다와 아리새와 아리대와 왜사다

① 에스더를 도와주던 내시들이다

② 죽임을 당한 하만의 아들들이다

③ 에스더와 모르드개를 죽이려던 군사들이다

④ 하만들이 죽던 날, 살아남은 사람들이다

**정답** ②

2. 유대인의 명절 부림절은 언제인가?(에 9:20-21)

① 아달월 1일 ② 아달월 13일

③ 아달월 14-15일 ④ 아달월 13-15일

**정답** ③

3. 다음 보기 가운데 부림절에 해야 할 행사가 아닌 것은 무엇인가?(에 9:22)

① 대적을 죽이라

② 서로 예물을 주라

③ 가난한 자를 구제하라

④ 잔치를 베풀라

**정답** ①

## 에스더 10장

1. 모르드개는 에스더와 함께 유다인의 진멸을 막고 원수를 갚은 후 왕국의 상당한 위치를 차지하게 되었다. 다음 중 아닌 것은?(에 10:3)

① 왕 다음의 자리를 얻게 되었다

② 유다인의 존경과 사랑을 받았다

③ 그의 백성의 이익을 도모하였다

④ 주변 국가의 조공을 받은 자리를 얻게 되었다

**정답** ④

2. 다음은 에스더서에 나오는 바사와 메대의 월(月) 이름이다. 아닌 것은?(에 2:6, 3:7, 13. 슥 1:7)

① 아달월　　② 데벳월

③ 스밧월　　④ 니산월

**정답** ③

# 욥기

욥기 1장

1. 욥의 경건과 성품을 묘사하는 것이 아닌 것은?(욥 1:1)

① 온전했다 ② 겸손했다
③ 하나님을 경외했다 ④ 악에서 떠났다

**정답** ②

2. 욥이 살았던 땅은 어디인가?

① 우스 ② 부스 ③ 데만 ④ 나아마

**정답** ①

3. "그의 소유물은 양이 칠천 마리요 낙타가 삼천 마리요 소가 오백 마리요 암나귀가 오백 마리이며 종도 많이 있었으니 이 사람은 동방 사람 중에 가장 ( ) 자라"(욥 1:3)에서 괄호 안에 들어갈 말은?

① 부유한 ② 훌륭한 ③ 거룩한 ④ 행복한

**정답** ②

4. 자녀들이 죄를 범하였을까 하여 욥이 드렸던 제사는 무엇인가?(욥 1:5)

① 번제 ② 화목제 ③ 소제 ④ 속죄제

**정답** ①

5. "욥이 어찌 ( ) 하나님을 경외하리이까"(욥 1:9)에서 괄호 안에 들어갈 말은?

① 고난없이 ② 고민없이
③ 소리없이 ④ 까닭없이

**정답** ④

6. 첫 번째 시험에서 여호와께서 사탄에게 맡기신 것이 아닌 것은?

① 종 ② 자녀 ③ 아내 ④ 가축

**정답** ③

7. 욥이 당한 고난의 내용을 순서대로 쓴 것은?(욥 1:15-17)

① 갈대아 사람의 약탈-하나님의 불이 내려옴-스바 사람의 약탈-큰 바람이 붐
② 하나님의 불이 내려옴-스바 사람의 약탈-갈대아 사람의 약탈-큰 바람이 붐
③ 큰 바람이 붐-스바 사람의 약탈-하나님의 불이 내려옴-갈대아 사람의 약탈
④ 스바 사람의 약탈-하나님의 불이 내려옴-갈대아 사람의 약탈-큰 바람이 붐

**정답** ④

8. 재난소식을 들었을 때 욥이 보인 반응이 아닌 것은?(욥 1:20)

① 겉옷을 찢었다 ② 베옷을 입었다
③ 머리털을 밀었다 ④ 예배했다

**정답** ②

9. "내가 모태에서 알몸으로 나왔사온즉 또한 알몸이 그리로 돌아가올지라 주신 이도 여호와시요

거두신 이요 여호와시오니 여호와의 이름이 ( )을 받으실지니이다. 하고"(욥 1:21)에서 괄호 안에 들어갈 말은?

① 찬송　② 영광　③ 권능　④ 거룩히 여김

**정답** ①

욥기 2장

1. "네가 나를 충동하여 ( ) 그를 치게 하였어도 그가 여전히 자기의 ( )을 굳게 지키느니라" (욥 2:3)에서 괄호 안에 차례대로 들어갈 말은?

① 까닭없이, 신앙　② 여지없이, 굳건함
③ 까닭없이, 온전함　④ 여지없이, 믿음

**정답** ③

2. 욥이 자신의 모든 소유물을 자기의 생명과 바꿀 것이라고 말할 때 사탄이 근거로 삼았던 말은 무엇인가?(욥 2:4)

① 가축으로 가축을 바꾸오니
② 피로 피를 바꾸오니
③ 은으로 은을 바꾸오니
④ 가죽으로 가죽을 바꾸오니

**정답** ④

3. 사탄이 욥을 두 번째로 시험할 때 그의 발바닥에서 정수리까지 일어난 것은?

① 종기　② 가려움증
③ 피부병　④ 부스럼

**정답** ①

4. "그가 이르되 그대의 말이 한 어리석은 여자의 말 같도다. 우리가 하나님께 ( )을 받았은즉 ( )도 받지 아니하겠느냐 하고 이 모든 일에 욥이 입술로 범죄하지 아니하니라"(욥 2:10)에서 괄호 안에 들어갈 말은?

① 복, 화　② 빛, 어둠
③ 좋은 것, 나쁜 것　④ 축복, 재앙

**정답** ①

5. 욥에게 재앙이 내렸다는 소식을 듣고 그를 위로하러 온 친구가 아닌 사람은?

① 소발　② 엘리바스
③ 엘리후　④ 빌닷

**정답** ③

6. 다음 중 욥의 세 친구들과 엘리후의 출신지가 옳게 연결된 것은?

① 데만 사람 빌닷　② 수아 사람 엘리바스
③ 나아마 사람 소발　④ 바라겔 사람 엘리후

**정답** ③

7. "그들이 욥을 ( )하고 ( )하려 하여 서로 약속하고 오더니 눈을 들어 멀리 보매 그가 욥인 줄 알기 어렵게 되었으므로 그들이 일제히 소리 질러 울며 각각 자기의 겉옷을 찢고 하늘을 향하여 티끌을 날려 자기 머리에 뿌리고"(욥 2:11-12)에서 괄호 안에 차례대로 들어갈 말은?

① 위문, 위로　② 조문, 문병
③ 슬퍼, 조문　④ 위문, 문병

**정답** ①

8. 욥의 친구들이 욥과 함께 땅에 앉았던 기간은? (욥 2:13)

① 밤 낮 육 일　② 밤 낮 칠 일
③ 밤 낮 팔 일　④ 밤 낮 십 일

**정답** ②

## 욥기 3장

1. 다음 중 예레미야(20:14-18)처럼 욥도 자기 생일을 저주한 내용이 들어 있는 곳은 욥기 몇 장인가?

   ① 3장　② 4장　③ 5장　④ 6장

   **정답** ①

2. "욥이 입을 열어 이르되, 내가 난 ( )이 멸망하였더라면, 사내아이를 배었다. 하던 그 ( )도 그러하였더라면"(욥 3:2-3)에서 괄호 안에 차례대로 들어갈 말은?

   ① 밤, 날　② 밤, 밤　③ 날, 밤　④ 날, 날

   **정답** ③

3. 3장 10절에서 욥은 하나님이 무엇을 닫지 않았기 때문에 자신이 환난을 보게 되었다고 탄식하는가?

   ① 축복의 문　② 고통의 문
   ③ 환난의 문　④ 모태의 문

   **정답** ④

4. 욥이 묘사하고 있는 죽음의 세계가 아닌 것은?(욥 3:17-19)

   ① 악한 자는 평안을 누리지 못한다
   ② 갇힌 자가 감독자의 호통소리를 듣지 않는다
   ③ 작은 자와 큰 자가 함께 있다
   ④ 종이 상전에게서 놓인다

   **정답** ①

5. "어찌하여 고난 당하는 자에게 ( )을 주셨으며 마음이 아픈 자에게 ( )을 주셨는고"(욥 3:20)에서 괄호 안에 차례대로 들어갈 말은?

   ① 빛, 위로　② 빛, 생명
   ③ 어둠, 평안　④ 어둠, 슬픔

   **정답** ②

## 욥기 4장

1. "네 ( )이 네 자랑이 아니냐 네 소망이 네 ( )이 아니냐"(욥 4:6)에서 괄호 안에 차례대로 들어갈 말은?

   ① 경외함, 온전한 길　② 거룩함, 정직한 길
   ③ 경외함, 정직한 길　④ 거룩함, 온전한 길

   **정답** ①

2. "생각하여 보라 죄없이 망한 자가 누구인가 정직한 자의 끊어짐이 어디 있는가"(욥 4:7)라고 말한 사람은 누구인가?

   ① 욥　② 엘리바스
   ③ 빌닷　④ 소발

   **정답** ②

3. 엘리바스가 자신의 계시 경험을 통해 들은 말씀은 무엇인가?(욥 4:17)

   ① 악을 밭 갈고 독을 뿌리는 자는 그대로 거두나니
   ② 분노가 미련한 자를 죽이고 시기가 어리석은 자를 멸하느니라
   ③ 네게 응답할 자가 있겠느냐 거룩한 자 중에 네가 누구에게로 향하겠느냐
   ④ 사람이 어찌 하나님보다 의롭겠느냐 사람이 어찌 그 창조하신 이보다 깨끗하겠 느냐

   **정답** ④

## 욥기 5장

1. "재난은 ( )에서 일어나는 것이 아니며 고생은 ( )에서 나는 것이 아니니라"(욥 5:6)에서 괄호 안에 차례대로 들어갈 말은?

① 티끌, 흙 ② 밭, 들

③ 지혜, 명철 ④ 재, 불꽃

**정답** ①

2. "볼지어다. 하나님께 ( ) 받는 자에게는 복이 있나니 그런즉 너는 전능자의 ( )를 업신여기지 말지니라"(욥 5:17)에서 괄호 안에 공통으로 들어갈 말은?

① 위로 ② 징계 ③ 훈계 ④ 인도

**정답** ②

3. "하나님은 아프게 하시다가 싸매시며 상하게 하시다가 그의 손으로 고치시나니"(욥 5:18)는 누가 한 말인가?

① 빌닷 ② 소발

③ 엘리바스 ④ 엘리후

**정답** ③

## 욥기 6장

1. "전능자의 ( )이 내게 박히매 나의 ( )이 그 독을 마셨나니 하나님의 두려움이 나를 엄습하여 치는구나"(욥 6:4)에서 괄호 안에 들어갈 말은?

① 화살, 영 ② 창, 영혼

③ 살촉, 입 ④ 칼, 영

**정답** ①

2. "낙심한 자가 비록 전능자를 ( )하기를 저버릴지라도 그의 ( )로부터 동정을 받느니라"(욥 6:14)에서 괄호 안에 차례대로 들어갈 말은?

① 사랑, 스승 ② 의뢰, 부모

③ 경외, 친구 ④ 찬양, 자녀

**정답** ③

3. 다음 중 욥이 친구들에게 한 말이 아닌 것은?

① 너희는 옛 시대 사람에게 물으며 조상들이 터득한 일을 배울지어다

② 이제 너희는 아무것도 아니로구나

③ 너희는 고아를 제비 뽑으며 너희 친구를 팔아 넘기는구나

④ 너희는 돌이켜 행악자가 되지 말라

**정답** ①

## 욥기 7장

1. "내 생명이 한낱 ( ) 같음을 생각하옵소서 나의 눈이 다시는 행복을 보지 못하리이다"(욥 7:7)에서 괄호 안에 들어갈 말은?

① 입김 ② 바람 ③ 안개 ④ 구름

**정답** ②

2. "내가 ( )(이)니이까 ( )(이)니이까 주께서 어찌하여 나를 지키시나이까"(욥 7:12)에서 괄호 안에 차례대로 들어갈 말은?

① 사탄, 원수 ② 라합, 리워야단

③ 사자, 들나귀 ④ 바다, 바다 괴물

**정답** ④

3. "사람이 무엇이기에 주께서 그를 크게 만드사 그에게 마음을 두시고 아침마다 권징하시며 순간마다 단련하시나이까"(욥 7:17-18)라는 욥의 말

은 시편 몇 편의 내용을 떠올리게 하는가?

① 시편 8편　② 시편 18편

③ 시편 28편　④ 시편 38편

**정답** ①

4. "사람을 ( )하시는 이여 내가 범죄하였던들 주께 무슨 해가 되오리이까 어찌하여 나를 당신의 과녁으로 삼으셔서 내게 무거운 짐이 되게 하셨나이까"(욥 7:20)에서 괄호 안에 들어갈 말은?

① 시험　② 점검　③ 감찰　④ 감시

**정답** ③

## 욥기 8장

1. "하나님이 어찌 정의를 굽게 하시겠으며 전능하신 이가 어찌 공의를 굽게 하시겠는가"(욥 8:3)는 누가 한 말인가?

① 엘리바스　② 빌닷

③ 소발　④ 엘리후

**정답** ②

2. "네 시작은 미약하였으나 네 나중은 심히 창대하리라"라는 말이 나오는 곳은?

① 욥기 4장　② 욥기 8장

③ 욥기 11장　④ 욥기 15장

**정답** ②

3. "네가 만일 하나님을 찾으며 전능하신 이에게 간구하고 또 청결하고 정직하면 반드시 너를 돌보시고 네 의로운 처소를 평안하게 하실 것이라"(욥 8:5-6)라는 말을 한 사람은?

① 엘리바스　② 빌닷　③ 소발　④ 엘리후

**정답** ②

4. "왕골이 진펄 아닌 데서 크게 자라겠으며 갈대가 물 없는 데서 크게 자라겠느냐"(욥 8:11)라고 말한 사람의 말이 아닌 것은?

① 하나님을 잊어버리는 자의 길은 다 이와 같고 저속한 자의 희망은 무너지리니

② 그가 믿는 것이 끊어지고 그가 의지하는 것이 거미줄 같은즉

③ 하나님은 그의 종이라도 그대로 믿지 아니하시며 그의 천사라도 미련하다 하시나니

④ 하나님은 순전한 사람을 버리지 아니하시고 악한 자를 붙들어 주지 아니하시므로

**정답** ③

## 욥기 9장

1. 욥이 "진실로 내가 이 일이 그런 줄을 알거니와 인생이 어찌 하나님 앞에 의로우랴 사람이 하나님께 변론하기를 좋아할지라도 천 마디에 한 마디도 대답하지 못하리라"(욥 9:2-3)라고 말한 근거는 무엇인가?

① 하나님의 마음이 지혜로우시고 힘이 강하기 때문에

② 인간의 지혜가 부족하기 때문에

③ 인간의 어리석음이 크기 때문에

④ 하나님의 진노와 분노가 크기 때문에

**정답** ①

2. 다음 중 욥이 하나님의 권능을 묘사한 말이 아닌 것은?

① 그가 땅을 그 자리에서 움직이시니 그 기둥들이 흔들리도다

② 그가 해를 명령하여 뜨지 못하게 하시며 별들을 가두시도다

③ 그가 홀로 하늘을 펴시며 바다 물결을 밟으시며
④ 낮은 자를 높이 드시고 애곡하는 자를 일으키사 구원에 이르게 하시느니라

**정답** ④

3. "그가 폭풍으로 나를 치시고 ( ) 내 상처를 깊게 하시며 나를 숨 쉬지 못하게 하시며 괴로움을 내게 채우시는구나"(욥 9:17-18)에서 괄호 안에 들어갈 말은?

① 고난으로 ② 바람으로
③ 까닭 없이 ④ 원수처럼

**정답** ③

4. "세상이 악인의 손에 넘어갔고 재판관의 얼굴도 가려졌나니 그렇게 되게 한 이가 그가 아니시면 누구냐"(욥 9:24)라고 말한 사람은?

① 욥 ② 엘리바스 ③ 빌닷 ④ 소발

**정답** ①

5. "하나님은 나처럼 사람이 아니신즉 내가 그에게 대답할 수 없으며 함께 들어가 ( )을 할 수도 없고 우리 사이에 손을 얹을 ( )도 없구나" (욥 9:32-33)에서 괄호 안에 차례대로 들어갈 말은?

① 재판, 판결자 ② 변론, 재판장
③ 변론, 판결자 ④ 재판, 재판장

**정답** ①

## 욥기 10장

1. 욥기 10장에서 하나님의 행동에 대하여 탄식하는 근거로 나타나는 중심 모티브는 무엇인가?

① 개인 구원 ② 세계 구원
③ 개인 창조 ④ 세계 창조

**정답** ③

2. 욥기 3장에서와 유사하게 자신의 출생에 탄식이 나타나는 곳은?

① 욥기 9장 ② 욥기 10장
③ 욥기 12장 ④ 욥기 13장

**정답** ②

3. 욥기 10장 21-22절에서 욥이 묘사하고 있는 죽음의 세계가 아닌 것은?

① 돌아오지 못할 땅
② 어둡고 죽음의 그늘진 땅
③ 광명도 흑암 같은 땅
④ 평화와 안식이 있는 땅

**정답** ④

## 욥기 11장

1. 하나님의 오묘하심과 위대함에 대하여 소발이 말한 내용이 아닌 것은?(욥 11:7-10)

① 하늘보다 높으시니 네가 무엇을 하겠으며 스올보다 깊으시니 네가 어찌 알겠느냐
② 그의 크심은 땅보다 길고 바다보다 넓으니라
③ 힘으로 말하면 그가 강하시고 심판으로 말하면 누가 그를 소환하겠느냐
④ 하나님이 두루 다니시며 사람을 잡아 가두시고 재판을 여시면 누가 능히 막을소냐

**정답** ③

2. "허망한 사람은 ( )이 없나니 그의 출생함이 ( ) 새끼 같으니라"(욥 11:12)에서 괄호 안에 차례대

로 들어갈 말은?

① 지성, 타조　② 지각, 들나귀
③ 생각, 들소　④ 명철, 산염소

**정답** ②

3. 소발은 욥이 회개할 때 맞게 될 회복될 미래를 말하는데, 그때 그가 말한 바가 아닌 것은? (욥 11:17-19)

① 너를 미워하는 자는 부끄러움을 당할 것이라 악인의 장막은 없어지리라
② 네 생명의 날이 대낮보다 밝으리니 어둠이 있다 할지라도 아침과 같이 될 것이요
③ 네가 희망이 있으므로 안전할 것이며 두루 살펴보고 평안히 쉬리라
④ 네가 누워도 두렵게 할 자가 없겠고 많은 사람이 네게 은혜를 구하리라

**정답** ①

## 욥기 12장

1. "너희만 참으로 ( )이로구나 너희가 죽으면 ( )도 죽겠구나"(욥 12:2)에서 괄호 안에 차례대로 들어갈 말은?

① 사람, 진실　② 지혜자, 명철
③ 친구, 사랑　④ 백성, 지혜

**정답** ④

2. 욥과 친구들과의 대화 가운데에서는 '여호와'라는 하나님의 이름이 단 한 번 언급되는데, 욥기 몇 장에 나오는가?

① 10장　② 11장　③ 12장　④ 13장

**정답** ③

3. 욥이 하나님의 지혜와 권능에 대해서 묘사한 바가 아닌 것은?(욥 12:13-25)

① 하나님은 아프게 하시다가 싸매시며 상하게 하시다가 그의 손으로 고치시나니
② 그가 헐으신즉 다시 세울 수 없고 사람을 가두신즉 놓아주지 못하느니라
③ 충성된 사람들의 말을 물리치시며 늙은 자들의 판단을 빼앗으시며
④ 만민의 우두머리들의 총명을 빼앗으시고 그들을 길 없는 거친 들에서 방황하게 하시며

**정답** ①

## 욥기 13장

1. "참으로 나는 전능자에게 말씀하려 하며 하나님과 변론하려 하노라"는 욥의 말이 나오는 곳은?

① 9장　② 10장　③ 13장　④ 14장

**정답** ③

2. "너희는 ( )을 지어내는 자요 다 쓸모 없는 ( )이니라"(욥 13:4)에서 괄호 안에 차례대로 들어갈 말은?

① 속이는 말, 변호자　② 어리석은 말, 지혜자
③ 허망한 말, 친구　④ 거짓말, 의원

**정답** ④

3. "너희가 참으로 잠잠하면 그것이 너희의 ( )일 것이니라"(욥 13:5)에서 괄호 안에 들어갈 말은?

① 우정　② 지혜　③ 사랑　④ 정의

**정답** ②

4. "너희의 격언은 재 같은 ( )이요 너희가 방어하는 것은 ( )이니라"(욥 13:12)에서 괄호 안에 차례대

로 들어갈 말은?

① 속담, 토성　② 잡담, 요새
③ 입담, 바람　④ 덕담, 구름

**정답** ①

5. 소발의 첫 번째 말에 대한 대답에서 욥은 두 가지 일을 행하지 마실 것을 여호와께 간구하는데(욥 13:20-21), 그 두 가지가 무엇인가?
① 두려운 말로 해를 당하게 하지 마시고 심판으로 나를 다스리지 마소서.
② 주의 손을 내게 대지 마시오며 주의 위엄으로 나를 두렵게 하지 마소서.
③ 나를 대적하지 마시고 나의 죄를 감찰하지 마소서.
④ 나를 감찰하지 마시고 나를 깊은 웅덩이에 빠뜨리지 마소서.

**정답** ②

6. "주께서 어찌하여 얼굴을 가리시고 나를 주의 ( ) 여기시나이까"(욥 13:24)에서 괄호 안에 들어갈 말은?
① 천사로　② 종으로　③ 원수로　④ 친구로

**정답** ③

## 욥기 14장

1. 여인에게서 태어난 사람의 무상성에 대한 욥의 말이 아닌 것은?(욥 14:1-2)
① 생애가 짧고 걱정이 가득하며
② 꽃과 같이 자라나서 시들며
③ 그림자 같이 지나가며
④ 연한 가지같이 찍히며

**정답** ④

2. 주는 나를 ( )에 감추시며 주의 진노를 돌이키실 때까지 나를 숨기시고 나를 위하여 규례를 정하시고 나를 기억하옵소서"(욥 14:13)에서 괄호 안에 들어갈 말은?
① 하늘　② 날개　③ 스올　④ 바위

**정답** ③

3. "주는 내 허물을 ( )에 봉하시고 내 죄악을 싸매시나이다"(욥 14:17)에서 괄호 안에 들어갈 말은?
① 봉투　② 겉옷　③ 주머니　④ 항아리

**정답** ③

4. "무너지는 산은 반드시 흩어지고 바위는 그 자리에서 옮겨가고 물은 돌을 닳게 하고 넘치는 물은 땅의 티끌을 씻어버리나이다. 이와 같이 주께서는 사람의 ( ) 끊으시나이다"(욥 14:18-19)에서 괄호 안에 들어갈 말은?
① 희망을　② 생명을　③ 지혜를　④ 욕망을

**정답** ①

## 욥기 15장

1. "어찌 도움이 되지 아니하는 이야기, 무익한 말로 변론하겠느냐 참으로 네가 하나님 경외하는 일을 그만두어 하나님 앞에 묵도하기를 그치게 하는구나"(욥 15:3-4)라고 말한 사람은?
① 욥　② 엘리바스　③ 빌닷　④ 소발

**정답** ②

2. "사람이 어찌 깨끗하겠느냐 여인에게서 난 자가 어찌 의롭겠느냐"(욥 15:14)라고 말한 사람은?
① 엘리후　② 빌닷　③ 엘리바스　④ 소발

**정답** ③

3. 욥의 친구들 가운데 자신이 '본' 것을 가장 많이 말한 사람은?(욥 4:8; 5:3; 15:17)

① 엘리바스 ② 빌닷 ③ 소발 ④ 엘리후

**정답** ①

4. "환난과 역경이 그를 두렵게 하며 싸움을 준비한 ( )처럼 그를 쳐서 이기리라"(욥 15:24)에서 괄호 안에 들어갈 말은?

① 방백 ② 왕 ③ 군사 ④ 적군

**정답** ②

5. "어두운 곳을 떠나지 못하리니 불꽃이 그의 가지를 말릴 것이라 하나님의 입김으로 그가 불려가리라 그가 스스로 속아 ( )을 믿지 아니할 것은 ( )이 그의 보응이 될 것임이라"(욥 15:30-31)에서 괄호 안에 공통으로 들어갈 말은?

① 거룩한 것 ② 어리석음
③ 지혜없음 ④ 허무한 것

**정답** ④

6. "그들은 ( ① )을 잉태하고 ( ② )을 낳으며 그들의 ( ③ )에 ( ④ )을 준비하느니라"(욥 15:35)에서 괄호 안에 차례로 들어갈 말 가운데 맞지 않는 것은?

① 재난 ② 죄악 ③ 입술 ④ 속임

**정답** ③

## 욥기 16장

1. "이런 말은 내가 많이 들었나니 너희는 다 재난을 주는 ( )들이로구나"(욥 16:2)에서 괄호 안에 들어갈 말은?

① 의원 ② 친구 ③ 지혜자 ④ 위로자

**정답** ④

2. "그러나 내 ( ① )에는 ( ② )이 없고 나의 ( ③ )는 ( ④ )하니라"(욥 16:17)에서 괄호 안에 차례대로 들어갈 말 가운데 맞지 않는 것은?

① 손 ② 포학 ③ 맹세 ④ 정결

**정답** ③

3. "지금 나의 ( )이 하늘에 계시고 나의 ( )가 높은 데 계시니라"(욥 16:19)에서 괄호 안에 차례대로 들어갈 말은?

① 증인, 중보자 ② 증인, 구속자
③ 변호인, 중보자 ④ 변호인, 구속자

**정답** ①

## 욥기 17장

1. "내가 스올이 내 집이 되기를 희망하여 내 침상을 흑암에 펴놓으매 무덤에게 너는 내 ( )라, 구더기에게 너는 내 ( ), 내 ( )라 할지라도"(욥 17:13-14)에서 괄호 들어갈 말이 아닌 것은?

① 아버지 ② 어머니 ③ 형제 ④ 자매

**정답** ③

2. "우리가 흙 속에서 쉴 때에는 ( )이 스올의 문으로 내려갈 뿐이니라"(욥 17:16)에서 괄호 안에 들어갈 말은?

① 호흡 ② 자랑 ③ 미래 ④ 희망

**정답** ④

## 욥기 18장

1. "울분을 터뜨리며 자기 자신을 찢는 사람아 너 때문에 땅이 버림을 받겠느냐 바위가 그 자리에서 옮겨지겠느냐"(욥 18:4)은 누가 누구에게 한 말인가?

① 엘리바스가 욥에게 ② 빌닷이 욥에게
③ 욥이 엘리바스에게 ④ 욥이 빌닷에게

**정답** ②

2. "그의 장막 안의 빛은 어두워지고 그 위의 등불은 꺼질 것이요 그의 활기찬 걸음이 피곤하여지고 그가 마련한 꾀에 스스로 빠질 것이니"(욥 18:6-7)는 누구에 대한 묘사인가?

① 악인 ② 어리석은 자
③ 우둔한 자 ④ 미련한 자

**정답** ①

## 욥기 19장

1. "( ) 나를 억울하게 하시고 자기 그물로 나를 에워싸신 줄을 알아야 할지니라"(욥 19:6)에서 괄호 안에 들어갈 말은?

① 거룩하신 이가 ② 전능자가
③ 여호와가 ④ 하나님이

**정답** ④

2. "내가 ( ① )을 당한다고 부르짖으나 ( ② )이 없고 ( ③ )을 간구하였으나 ( ④ )가 없구나"(욥 19:7)에서 괄호 안에 차례대로 들어갈 말 가운데 맞지 않는 것은?

① 폭행 ② 응답 ③ 도움 ④ 증거

**정답** ④

3. "내 ( ① )와 ( ② )이 ( ③ )에 붙었고 남은 것은 겨우 ( ④ ) 뿐이로구나"(욥 19:20)에서 괄호 안에 들어갈 말 가운데 맞지 않는 것은?

① 피부 ② 살 ③ 뼈 ④ 잇몸

**정답** ③

4. "나의 친구야 너희는 나를 불쌍히 여기라 나를 불쌍히 여기라 하나님의 ( ) 나를 치셨구나"(욥 19:21)에서 괄호 안에 들어갈 말은?

① 채찍이 ② 손이
③ 팔이 ④ 지팡이가

**정답** ②

5. "내가 알기에는 나의 ( )가 살아 계시니 마침내 그가 땅 위에 서실 것이라 내 가죽이 벗김을 당한 뒤에도 내가 육체 밖에서 하나님을 보리라"(욥 19:25-26)에서 괄호 안에 들어갈 말은?

① 대속자 ② 보혜사 ③ 심판자 ④ 변호자

**정답** ①

## 욥기 20장

1. "내가 나를 부끄럽게 하는 책망을 들었으므로 나의 슬기로운 마음이 나로 하여금 대답하게 하는구나"(욥 20:3)는 누구의 말인가?

① 엘리바스 ② 빌닷
③ 소발 ④ 엘리후

**정답** ③

2. "악인이 이긴다는 ( )도 잠시요 경건하지 못한 자의 ( )도 잠깐이니라"(욥 20:5)에서 괄호 안에 차례대로 들어갈 말은?

① 속담, 성공 ② 믿음, 번영

③ 확신, 승리 ④ 자랑, 즐거움

**정답** ④

3. "그 존귀함이 하늘에 닿고 그 머리가 구름에 미칠지라도 자기의 ( )처럼 영원히 망할 것이라 그를 본 자가 이르기를 그가 어디 있느냐 하리라"(욥 20:6-7)에서 괄호 안에 들어갈 말은?

① 똥 ② 배설물 ③ 불의 ④ 오만

**정답** ①

4. "하늘이 그의 죄악을 드러낼 것이요 땅이 그를 대항하여 일어날 것인즉 그의 가산이 떠나가며 하나님의 진노의 날에 끌려가리라"(욥 20:27-28)는 누가 한 말인가?

① 엘리바스 ② 빌닷 ③ 소발 ④ 엘리후

**정답** ③

## 욥기 21장

1. 다음 중 21장에 나오는 욥의 말이 아닌 것은?

① 어찌하여 악인이 생존하고 장수하며 세력이 강하냐
② 그들의 집이 평안하여 두려움이 없고 하나님의 매가 그들 위에 임하지 아니하며
③ 그들의 수소는 새끼를 배고 그들의 암소는 낙태하는 일이 없이 새끼를 낳는구나
④ 사람들이 너를 낮추거든 너는 교만했노라고 말하라 하나님은 겸손한 자를 구원하시리라

**정답** ④

2. "하나님은 그의 죄악을 그의 ( )을 위하여 쌓아 두시며 그에게 갚으실 것을 알게 하시기를 원하노라"(욥 21:19)에서 괄호 안에 들어갈 말은?

① 친척들 ② 자손들 ③ 친구들 ④ 죄인들

**정답** ②

## 욥기 22장

1. "사람이 어찌 하나님께 유익하게 하겠느냐 지혜로운 자도 자기에게 유익할 따름이니라 네가 의로운들 전능자에게 무슨 기쁨이 있겠으며 네 행위가 온전한들 그에게 무슨 이익이 되겠느냐"(욥 22:2-3)라는 말을 한 사람은?

① 엘리바스 ② 빌닷 ③ 소발 ④ 엘리

**정답** ①

2. "너는 하나님과 ( )하고 ( )하라 그리하면 복이 네게 임하리라"(욥 22:21)에서 괄호 안에 차례대로 들어갈 말은?

① 대면, 회개 ② 변론, 증언
③ 화목, 평안 ④ 평화, 회복

**정답** ③

3. "네 ( )를 티끌로 여기고 오빌의 금을 계곡의 돌로 여기라 그리하면 전능자가 네 ( )가 되시며 네게 고귀한 은이 되시리니"에서 괄호 안에 공통으로 들어갈 말은?

① 권세 ② 지혜 ③ 정의 ④ 보화

**정답** ④

## 욥기 23장

1. "오늘도 내게 반항하는 마음과 근심이 있나니 내가 받는 ( )이 탄식보다 무거움이라"(욥 23:2)에서 괄호 안에 들어갈 말은?

① 고통 ② 재앙 ③ 고난 ④ 심판

**정답** ②

2. "그러나 내가 가는 길을 그가 아시나니 그가 나를 단련하신 후에는 내가 순금같이 되어 나오리라"는 어디에 나오는 말인가?

① 욥 23:10 ② 욥 13:10

③ 욥 23:15 ④ 욥13:15

**정답** ①

3. "그는 뜻이 일정하시니 누가 능히 돌이키랴 그의 마음에 하고자 하시는 것이면 그것을 행하시나니"(욥 23:13)는 누구의 말인가?

① 엘리후 ② 빌닷 ③ 소발 ④ 욥

**정답** ④

## 욥기 24장

1. "성 중에서 죽어가는 사람들이 신음하며 상한 자가 부르짖으나 ( ) 그들의 참상을 보지 아니하시느니라"(욥 24:12)에서 괄호 안에 들어갈 말은?

① 하나님이 ② 왕이

③ 제사장이 ④ 성주가

**정답** ①

## 욥기 25장

1. "하나님은 주권과 위엄을 가지셨고 높은 곳에서 화평을 베푸시느니라"(욥 25:2)라고 말한 사람은?

① 엘리후 ② 빌닷 ③ 소발 ④ 욥

**정답** ③

## 욥기 26장

1. "보라 이런 것들은 그의 행사의 단편일 뿐이요 우리가 그에게서 들은 것도 속삭이는 소리일 뿐이니 그의 큰 능력의 우렛소리를 누가 능히 헤아리랴"(욥 26:14)라고 말한 사람은?

① 엘리후 ② 빌닷 ③ 소발 ④ 욥

**정답** ④

## 욥기 27장

1. "나는 결코 너희를 ( ) 하지 아니하겠고 내가 죽기 전에는 나의 ( )을 버리지 아니할 것이라"(욥 27:5)에서 괄호 안에 차례대로 들어갈 말은?

① 의롭다, 거룩함 ② 옳다, 온전함

③ 선하다, 의로움 ④ 좋다, 신실함

**정답** ②

2. "내가 내 ( ) 굳게 잡고 놓지 아니하리니 내 마음이 나의 ( ) 비웃지 아니하리라"(욥 27:6)에서 괄호 안에 차례대로 들어갈 말은?

① 소망을, 생애를 ② 소망을, 생명을

③ 공의를, 생애를 ④ 공의를, 생명를

**정답** ③

3. "나의 원수는 ( ) 같이 되고 일어나 나를 치는 자는 ( ) 같이 되기를 원하노라"(욥 27:7)에서 괄호 안에 들어갈 말은?

① 악인, 불의한 자

② 죄인, 사악한 자

③ 바람의 겨, 구르는 낙엽

④ 마른 풀, 시드는 꽃

**정답** ①

## 욥기 28장

1. "은이 나는 곳이 있고 연단하는 금을 제련하는 곳이 있으며 철은 흙에서 캐내고 … 그러나 지혜는 어디서 얻으며 명철이 있는 곳은 어디인고"라는 말은 욥기 몇 장에 나오는가?
① 25 장 ② 26장 ③ 27장 ④ 28장
**정답** ④

2. "또 사람에게 말씀하셨도다. 보라 주를 경외함이 지혜요 악을 떠남이 명철이니라"는 누가 한 말인가?
① 엘리후 ② 빌닷 ③ 소발 ④ 욥
**정답** ④

## 욥기 29장

1. 욥이 과거에 자신에게 있었던 번영의 때를 회고하는 내용은 욥기 몇 장에 나오는가?
① 29장 ② 30장 ③ 31장 ④ 32장
**정답** ①

2. "나는 맹인의 눈도 되고 다리 저는 사람의 발도 되고 빈궁한 자의 ( )도 되며 내가 모르는 사람의 ( )를 돌보아 주었으며"(욥 29:15-16)에서 괄호 안에 차례대로 들어갈 말은?
① 친구, 공의 ② 구원자, 상처
③ 아버지, 송사 ④ 의원, 거처
**정답** ③

## 욥기 30장

1. "내 ( )은 통곡이 되었고 내 ( )는 애곡이 되었구나"(욥 30:31)에서 괄호 안에 차례대로 들어갈 말은?
① 찬양, 기도 ② 탄식, 애가
③ 수금, 피리 ④ 음성, 목소리
**정답** ③

## 욥기 31장

1. '무죄맹세'라고 일컬어 질만큼 욥이 자신의 결백을 주장하는 내용이 나오는 곳은?
① 욥기 29장 ② 욥기 30장
③ 욥기 31장 ④ 욥기 32장
**정답** ③

2. "나를 태 속에 만드신 이가 그도 만들지 아니하셨느냐 우리를 뱃속에 지으신 이가 ( )이 아니시냐"(욥 31:15)에서 괄호 안에 들어갈 말은?
① 그 분 ② 한 분 ③ 하나님 ④ 주님
**정답** ②

3. "누구든지 나의 변명을 들어다오 나의 서명이 여기 있으니 전능자가 내게 대답하시기를 바라노라 나를 고발하는 자가 있다면 그에게 ( )을 쓰게 하라"(욥 31:35)에서 괄호 안에 들어갈 말은?
① 고소장 ② 상소문 ③ 기소문 ④ 소환장
**정답** ①

4. 다음 중 욥이 한 말이 아닌 것은?
① 우리가 하나님께 복을 받았은즉 화도 받지

아니하겠느냐?

② 그런즉 하나님 앞에서 사람이 어찌 의롭다 하며 여자에게서 난 자가 어찌 깨끗하다 하랴

③ 분노는 칼의 형벌을 부르나니 너희가 심판장이 있는 줄을 알게 되리라.

④ 보라 주를 경외함이 지혜요 악을 떠남이 명철이니라.

**정답** ②

## 욥기 32장

1. 엘리후는 욥기 몇 장부터 등장하는가?

① 31장 ② 32장 ③ 33장 ④ 34장

**정답** ②

2. 다음 중 엘리후의 출신에 대하여 바르게 말한 것은?

① 부스 사람 바라겔의 아들

② 우스 사람 바라겔의 아들

③ 아나돗 사람 힐기야의 아들

④ 나아마 사람 소발의 아들

**정답** ①

3. 끝까지 참고 있던 엘리후가 욥에게 화를 낸 이유는 무엇인가?

① 하나님보다 자기가 더 의롭다고 했기 때문에

② 친구들의 말은 듣지 않고 자기 주장만 했기 때문에

③ 하나님에 대한 태도가 불손했기 때문에

④ 자신의 경험을 세상 모든 일로 일반화했기 때문

**정답** ①

4. 끝까지 참고 있던 엘리후가 욥의 세 친구에게 화를 낸 이유는 무엇인가?

① 하나님보다 자기들이 더 의롭다고 했기 때문에

② 그들이 엘리후의 연소함을 인하여 말하지 못하도록 했기 때문에

③ 그들이 자기보다 여러 해 위임에도 불구하고 지혜없이 말했기 때문에

④ 그들이 능히 대답하지 못하면서도 욥을 정죄하였기 때문에

**정답** ④

5. "그러나 사람의 속에는 ( ) 있고 전능자의 ( ) 사람에게 깨달음을 주시나니"(욥 32:8)에서 괄호 안에 차례대로 들어갈 말은?

① 지혜가, 명철이 ② 슬기가, 입김이

③ 영이, 숨결이 ④ 영혼이, 능력이

**정답** ③

## 욥기 33장

1. "나와 그대가 하나님 앞에서 동일하니 나도 흙으로 지으심을 입었은즉 내 위엄으로는 그대를 두렵게 하지 못하고 내 손으로는 그대를 누르지 못하느니라"(욥 33:6-7)라고 말한 사람은?

① 욥 ② 엘리후 ③ 소발 ④ 엘리바스

**정답** ②

2. 엘리후가 말한 하나님이 꿈이나 환상을 통해 경고하는 이유가 아닌 것은?(욥 33:15-18)

① 사람에게 그의 행실을 버리게 하려고

② 사람의 교만을 막으려고

③ 사람의 혼을 구덩이에 빠지지 않게 하려고

④ 더 큰 시험에 빠지지 않게 하려고

**정답** ④

3. "그는 하나님께 ( )하므로 하나님이 은혜를 베푸사 그로 말미암아 기뻐 외치며 하나님의 얼굴을 보게 하시고 사람에게 그의 ( )를 회복시키시느니라" (욥 33:26)에서 괄호 안에 차례대로 들어갈 말은?

① 기도, 공의 ② 찬양, 명예

③ 기도, 명예 ④ 찬양, 공의

**정답** ①

4. "실로 하나님이 사람에게 이 모든 일을 재삼 행하심은 그들의 영혼을 구덩이에서 이끌어 ( )의 빛을 그들에게 비추려 하심이니라" (욥 33:29-30)에서 괄호 안에 들어갈 말은?

① 진리 ② 생명 ③ 은혜 ④ 자비

**정답** ②

## 욥기 34장

1. "그가 만일 뜻을 정하시고 그의 ( )과 ( )을 거두실진대 모든 ( )가 다 함께 죽으며 사람은 ( )으로 돌아가리라"(욥 34:14-15)에서 괄호 안에 차례대로 들어갈 말 가운데 맞지 않는 것은?

① 생명 ② 목숨 ③ 육체 ④ 흙

**정답** ①

2. "우리가 ( ) 가려내고 무엇이 선한가 우리끼리 알아보자"(욥 34:4)에서 괄호 안에 들어갈 말은?

① 거짓을 ② 진리를

③ 정의를 ④ 불의를

**정답** ③

3. "어떤 사람이 욥과 같으랴 욥이 비방하기를 물마시듯 하며 악한 일을 하는 자들과 한패가 되어 악인과 함께 다니면서 이르기를 사람이 하나님을 기뻐하나 무익하다 하는구나"(욥 34:7-9)라고 말한 사람은?

① 욥 ② 엘리바스

③ 빌닷 ④ 엘리후

**정답** ④

4. "그러므로 너희 총명한 자들아 내 말을 들으라 하나님은 악을 행하지 아니하시며 전능자는 결코 불의를 행하지 아니하시고 사람의 ( )를 따라 갚으사 각각 그의 ( )대로 받게 하시나니" (욥 34:10-11)에서 괄호 안에 공통으로 들어갈 말은?

① 행위 ② 공의

③ 은사 ④ 불의

**정답** ①

5. "그는 왕에게라도 무용지물이라 하시며 지도자들에게라도 악하다 하시며 고관을 외모로 대하지 아니하시며 가난한 자들 앞에서 부자의 낯을 세워주지 아니하시나니 이는 그들이 다 그의 손으로 지으신 바가 됨이라"라는 말은 어디에 나오는가?

① 욥기 14장 ② 욥기 15장

③ 욥기 34장 ④ 욥기 35장

**정답** ③

6. "주께서 침묵하신다고 누가 그를 ( )하며 그가 얼굴을 가리신다면 누가 그를 뵈올 수 있으랴 그는 민족에게나 인류에게나 ( )하시니"(욥 34:29)에서 괄호 안에 차례대로 들어갈 말은?

① 고소, 선 ② 정죄, 동일

③ 대적, 심판　　④ 힐문, 사랑

**정답 ②**

7. "나는 욥이 끝까지 시험 받기를 원하노니 이는 그 대답이 악인과 같음이라"(욥 34:36)라고 말한 사람은?

① 엘리바스　② 빌닷　③ 소발　④ 엘리후

**정답 ④**

욥기 35장

1. "그대의 ( )은 그대와 같은 사람에게나 있는 것이요 그대의 ( )는 어떤 인생에게도 있느니라"(욥 35:8)에서 괄호 안에 차례대로 들어갈 말은?

① 거짓, 지혜　② 허물, 진리

③ 악, 공의　④ 선, 불의

**정답 ③**

2. "그들이 악인의 교만으로 말미암아 거기에서 부르짖으나 대답하는 자가 없음은 ( ) 것은 하나님이 결코 듣지 아니하시며 전능자가 돌아보지 아니하심이라"(욥 35:12-13)에서 괄호 안에 들어갈 말은?

① 헛된　② 거짓된　③ 교만한　④ 불의한

**정답 ①**

욥기 36장

1. "나를 잠깐 용납하라 내가 그대에게 보이리니 이는 내가 ( ) 위하여 아직도 할 말이 있음이라"(욥 36:2)에서 괄호 안에 들어갈 말은?

① 어리석은 자를　② 친구를

③ 욥을　④ 하나님을

**정답 ④**

2. "만일 그들이 ( )하여 섬기면 형통한 날을 보내며 즐거운 해를 지낼 것이요 만일 그들이 ( )하지 아니하면 칼에 망하며 지식 없이 죽을 것이니라"(욥 36:11-12)에서 괄호 안에 공통으로 들어갈 말은?

① 순종　② 겸손　③ 진실　④ 거룩

**정답 ①**

3. "그대는 하나님께서 하신 일을 기억하고 높이라 잊지 말지니라 인생이 그의 일을 찬송하였느니라"(욥 36:24)라고 말한 사람은?

① 엘리바스　② 빌닷

③ 소발　④ 엘리후

**정답 ④**

욥기 37장

1. "그는 감싸고 도시며 그들의 할 일을 조종하시느니라 그는 땅과 육지 표면에 있는 모든 자들에게 명령하시느니라 혹은 ( )를 위하여 혹은 땅을 위하여 혹은 ( )을 위하여 그가 이런 일을 생기게 하시느니라"(욥 37:12-13)에서 괄호 안에 차례대로 들어갈 말은?

① 훈계, 은총　② 은혜, 징벌

③ 징계, 긍휼　④ 자비, 심판

**정답 ③**

2. "전능자를 우리가 찾을 수 없나니 그는 권능이 지극히 크사 정의나 무한한 공의를 굽히지 아니하심이니라 그러므로 사람들은 그를 경외하고

그는 스스로 지혜롭다. 하는 모든 자를 무시하시느니라"(욥 37:23-24)라는 말로 자신의 발언을 마친 사람은?

① 엘리바스 ② 엘리후 ③ 소발 ④ 빌닷

**정답** ②

욥기 38장

1. 여호와께서 폭풍 가운데서 욥에게 말씀하기 시작하시는 것은 욥기 몇 장에 나오는가?

① 32장 ② 34장 ③ 38장 ④ 40장

**정답** ③

2. "무지한 말로 생각을 ( ) 하는 자가 누구냐"(욥 38:2)에서 괄호 안에 들어갈 말은?

① 굽게 ② 어리석게
③ 어둡게 ④ 두렵게

**정답** ③

3. 여호와께서 욥에게 대장부처럼 허리를 묶고 내가 네게 묻는 것에 대답하라고 말씀하신 곳은?

① 38장, 41장 ② 39장, 41장
③ 38장, 40장 ④ 39장, 40장

**정답** ③

4. 다음 중 여호와께서 욥에게 하신 질문이 아닌 것은?

① 내가 기초를 놓을 때에 네가 어디 있었느냐
② 너는 겹겹이 쌓인 구름과 완전한 지식의 경이로움을 아느냐
③ 바다가 그 모태에서 터져 나올 때에 문으로 그것을 가둔 자가 누구냐
④ 누가 홍수를 위하여 물길을 터 주었으며 우레와 번개 길을 내어 주었느냐

**정답** ②

5. 욥에 대한 하나님의 답변(욥 38장)에서 먹을 것을 공급하시는 하나님을 보여주는 예로서 등장하는 동물들은?

① 사자, 까마귀 ② 산 염소, 암사슴
③ 들나귀, 들소 ④ 타조, 말

**정답** ①

욥기 39장

1. "( ) 새끼 치는 때를 네가 아느냐 ( ) 새끼 낳는 것을 네가 본 적이 있느냐"(욥 39:1)에서 괄호 안에 차례대로 들어갈 말은?

① 사자가, 까마귀가
② 산 염소가, 암사슴이
③ 들 나귀가, 들소가
④ 타조가, 말이

**정답** ②

2. 새끼에게 모질게 대하는 것이 제 새끼가 아닌 것처럼 하지만, 몸을 떨쳐 뛰어갈 때에는 말과 그 위에 탄 자를 우습게 여기는 것은?(욥 39:16-18)

① 들소 ② 산 염소 ③ 들 나귀 ④ 타조

**정답** ④

3. 군사들을 맞아 두려움을 모르고 겁내지 않으며 칼을 대해도 물러나지 않는 것은?(욥 39:21-22)

① 말 ② 사자 ③ 들나귀 ④ 타조

**정답** ①

4. 욥에 대한 하나님의 답변(욥 39-40장)에서 등

장하는 동물이 아닌 것은?

① 산 염소 ② 낙타 ③ 타조 ④ 독수리

**정답** ②

## 욥기 40장

1. "트집 잡는 자가 ( )와 다투겠느냐 하나님을 ( ) 하는 자는 대답할지니라"(욥 40:2)에서 괄호 안에 차례대로 들어갈 말은?

① 구원자, 모욕 ② 창조자, 대적

③ 전능자, 탓 ④ 심판자, 욕

**정답** ③

2. "보소서 나는 ( )하오니 무엇이라 주께 대답하리이까 손으로 내 입을 가릴 뿐이로소이다" (욥 40:4)에서 괄호 안에 들어갈 말은?

① 가난 ② 연약 ③ 궁핍 ④ 비천

**정답** ④

3. "내가 ( ) 번 말하였사온즉 다시는 더 대답하지 아니하겠나이다"(욥 40:5)에서 괄호 안에 들어갈 말은?

① 한 ② 두 ③ 세 ④ 열

**정답** ①

4. "네가 내 공의를 부인하려느냐 네 의를 세우려고 나를 악하다. 하겠느냐 네가 하나님처럼 능력이 있느냐 하나님처럼 천둥 소리를 내겠느냐" (욥 40:8-9)는 말은 누구의 말인가?

① 엘리바스 ② 빌닷

③ 엘리후 ④ 하나님

**정답** ④

5. "그리하면 네 ( )이 너를 구원할 수 있다고 내가 인정하리라"(욥 40:14)에서 괄호 안에 들어갈 말은?

① 의로움 ② 오른손 ③ 능력 ④ 위엄

**정답** ②

6. "이제 소같이 풀을 먹는 ( )을 볼지어다. 내가 너를 지은 것 같이 그것도 지었느니라"(욥 40:15)에서 괄호 안에 들어갈 말은?

① 베헤못 ② 리워야단

③ 라합 ④ 타닌

**정답** ①

7. "그것은 하나님이 만드신 것 중에 으뜸이라 그것을 지으신 이가 자기의 칼을 가져 오기를 바라노라"(욥 40:19)에서 '그것'이 가리키는 것은?

① 사람 ② 사자

③ 베헤못 ④ 리워야단

**정답** ③

## 욥기 41장

1. 욥기 41장은 어떤 동물에 관한 이야기 인가?

① 베헤못 ② 리워야단

③ 라합 ④ 타닌

**정답** ②

2. 다음 중 여호와께서 욥에게 하신 말씀 가운데 언급되지 않는 짐승은?

① 말 ② 까마귀 ③ 코끼리 ④ 암사자

**정답** ③

3. "네가 낚시로 ( )을 끌어낼 수 있겠느냐 노끈으

로 그 혀를 맬 수 있겠느냐"(욥 41:1)에서 괄호 안에 들어갈 말은?

① 베헤못 ② 리워야단
③ 라합 ④ 타닌

**정답** ②

4. 리워야단(41장)에 대한 설명이 아닌 것은?

① 그 뼈는 놋관 같고 그 뼈대는 쇠 막대기 같으니
② 너는 밧줄로 그 코를 꿸 수 있겠느냐 갈고리로 그 아가미를 꿸 수 있겠느냐
③ 그것의 힘은 그의 목덜미에 있으니 그 앞에서는 절망만 감돌 뿐이구나
④ 화살이라도 그것을 물리치지 못하겠고 물맷돌도 그것에게는 겨 같이 되는구나

**정답** ①

## 욥기 42장

1. "내가 주께 대하여 ( ) 듣기만 하였사오나 이제는 ( ) 주를 뵈옵나이다"(욥 42:5)에서 괄호 안에 차례대로 들어갈 말은?

① 귀로, 얼굴로 ② 말씀으로, 얼굴로
③ 말씀으로, 눈으로 ④ 귀로, 눈으로

**정답** ④

2. "그러므로 내가 스스로 거두어들이고 티끌과 재 가운데에서 회개하나이다"는 어디에 나오는가?

① 욥 42:3 ② 욥 42:4
③ 욥 42:6 ④ 욥 42:7

**정답** ③

3. 여호와께서 두 번째 발언을 마치신 후 욥이 대답한 말이 아닌 것은?

① 내가 스스로 거두어들이고 티끌과 재 가운데에서 회개하나이다
② 주께서는 못 하실 일이 없사오니 무슨 계획이든지 못 이루실 것이 없는 줄 아오니.
③ 내가 한 번 말하였사온즉 다시는 더 대답하지 아니하겠나이다
④ 무지한 말로 이치를 가리는 자가 누구니이까?

**정답** ③

4. 여호와께서 욥의 세 친구에게 노하신 이유는?

① 그들이 이치에 맞지 않는 말을 했기 때문에
② 그들이 여호와를 가리켜 말한 것이 욥의 말 같이 옳지 못하므로
③ 그들이 까닭없이 욥을 정죄하였기 때문에
④ 그들이 여호와를 잘 알지 못하므로

**정답** ②

5. "그런즉 너희는 수소 ( )과 숫양 ( )을 가지고 내 종 욥에게 가서 너희를 위하여 번제를 드리라"(욥 42:8)에서 괄호 안에 공통으로 들어갈 말은?

① 셋 ② 다섯 ③ 일곱 ④ 아홉

**정답** ③

6. "내 종 욥이 너희를 위하여 기도할 것인즉 내가 그를 기쁘게 받으리니 너희가( ) 만큼 너희에게 갚지 아니하리라 이는 너희가 나를 가리켜 말한 것이 내 종 욥의 말 같이 옳지 못함이라"(욥 42:8)에서 괄호 안에 들어갈 말은?

① 잘못한 ② 우매한 ③ 불의한 ④ 경솔한

**정답** ②

7. "욥이 그의 친구들을 위하여 ( )할 때 여호와께서

욥의 곤경을 돌이키시고 여호와께서 욥에게 이전 모든 소유보다. 갑절이나 주신지라"(욥 42:10)에서 괄호 안에 들어갈 말은?

① 축복 ② 기도 ③ 번제 ④ 제사

**정답** ②

8. "이에 그의 모든 형제와 자매와 이전에 알던 이들이 다 와서 그의 집에서 그와 함께 음식을 먹고 여호와께서 그에게 내리신 모든 재앙에 관하여 그를 위하여 ( )하며 ( )하고 각각 케쉬타 하나씩과 금 고리 하나씩을 주었더라"(욥 42:11)에서 괄호 안에 차례대로 들어갈 말은?

① 슬퍼, 위로 ② 기뻐, 위로
③ 슬퍼, 축복 ④ 기뻐, 축복

**정답** ①

9. 다음 중 욥의 세 딸 이름이 아닌 것은?

① 메랍 ② 게렌합북
③ 여미마 ④ 긋시아

**정답** ①

10. 다음 중 욥의 딸들에 대한 설명이 아닌 것은?
(욥 42:13-15)

① 욥의 딸은 모두 셋이다
② 모든 땅에서 그들보다 아리따운 여자가 없었다
③ 욥이 그들에게도 오라비들처럼 기업을 주었다
④ 첫째 딸부터 셋째 딸까지는 차례대로 여미마, 게렌합북, 긋시아이다

**정답** ④

11. "그 후에 욥이 ( ) 년을 살며 아들과 손자 ( ) 대를 보았고 욥이 늙어 나이가 차서 죽었더라"에서 괄호 안에 차례대로 들어갈 말은?

① 백이십년, 삼 ② 백이십년, 사
③ 백사십년, 삼 ④ 백사십년, 사

**정답** ④

12. 죽을 때 '늙고 나이가 차서'라고 묘사하고 있지 않는 사람은?

① 아브라함 ② 이삭
③ 야곱 ④ 욥

**정답** ②

# 시편

## 시편

1. 시편은 몇 권으로 구분되어 있는가?

   ① 3권　② 4권　③ 5권　④ 6권

   **정답** ③

2. 시편은 총 몇 편으로 구성되어 있는가?

   ① 149편　② 150편　③ 159편　④ 160편

   **정답** ②

3. 시편에서 가장 긴 시는 몇 편인가?

   ① 48편　② 96편　③ 119편　④ 130편

   **정답** ③

4. 시편의 제목 중에 '영장'은 무슨 뜻인가?

   ① 하나님에 대한 송축

   ② 감사

   ③ 노래

   ④ 음악 지휘자

   **정답**④

5. 시편의 제목 중에 등장하지 않는 인물은?

   ① 다윗　② 솔로몬

   ③ 모세　④ 아브라함

   **정답** ④

6. '시편'이란 용어와 관련이 깊은 말은?

   ① 믿음　② 훈계

   ③ 찬양과 기도　④ 제사

   **정답** ③

7. 시편에 가장 많이 등장하는 유형은?

   ① 감사시　② 찬양시　③ 제왕시　④ 탄원시

   **정답** ④

## 시 1편

1. 1편에 처음 등장하는 말은?

   ① 여호와를 의지하는 자

   ② 복 있는 자

   ③ 율법을 묵상하는 자

   ④ 하나님을 사랑하는 자

   **정답** ②

2. 1편에 나타나지 않는 사람은?

   ① 악인　② 겸손한 자

   ③ 의인　④ 오만한 자

   **정답** ②

3. 1편에서 악인에 대한 비유가 아닌 것은?

   ① 바람에 나는 겨와 같다

   ② 의인의 모임에 들지 못한다

   ③ 스스로 웅덩이에 빠진다

   ④ 망한다

   **정답** ③

### 시 2편

1. 2편의 내용이 아닌 것은?
   ① 하나님의 아들
   ② 기름부음을 받은 자
   ③ 주의 백성에게 복을 내리소서
   ④ 네 소유가 땅 끝까지 이르리라
   **정답** ③

2. 2:4의 "하늘에 계신 이가 웃으심이여"는 무엇을 의미하는가?
   ① 기쁨 ② 행복
   ③ 비웃음 ④ 가소로움
   **정답** ③

3. 2:7의 "너는 내 아들이라. 오늘 내가 너를 낳았도다"라는 말씀은 어떤 사상인가?
   ① 인자사상 ② 양자사상
   ③ 창조사상 ④ 제왕사상
   **정답** ②

### 시 3편

1. 3편의 내용이 아닌 것은?
   ① 아침 기도의 시 ② 위기에 처한 자
   ③ 무서워 떠는 자 ④ 편안한 잠자리
   **정답** ③

2. 3:3에서 하나님을 묘사한 말이 아닌 것은?
   ① 방패 ② 반석
   ③ 영광 ④ 머리를 들게 하시는 분
   **정답** ②

3. 3:8에서는 하나님께 속한 것이 무엇이라고 말하고 있는가?
   ① 구원 ② 심판 ③ 징계 ④ 창조
   **정답** ①

### 시 4편

1. 4:1에서 하나님은 어떤 분으로 묘사되고 있는가?
   ① 인자한 하나님 ② 선하신 하나님
   ③ 진리의 하나님 ④ 의의 하나님
   **정답** ④

2. 4:3에서 하나님이 택하신 자는 어떤 사람인가?
   ① 경건한 자 ② 의로운 자
   ③ 슬퍼하는 자 ④ 애통하는 자
   **정답** ①

3. 4:8에서 여호와께서 시인에게 베푸신 것이 아닌 것은?
   ① 평안히 눕게 하심
   ② 평안히 자게 하심
   ③ 안전히 살게 하심
   ④ 원수를 잠잠하게 하심
   **정답** ④

### 시 5편

1. 5편의 내용이 아닌 것은?
   ① 하나님께 기도함
   ② 악을 미워하시는 하나님
   ③ 하나님을 마음에 두는 기쁨
   ④ 원수에 의한 고난

정답 ③

2. 5:5에서 주의 목전에 서지 못하는 자는 누구인가?
① 거짓말 하는 자
② 오만한 자
③ 거짓 증언을 하는 자
④ 피 흘리기를 즐거워하는 자
정답 ②

3. 5:11의 "주의 이름을 ( )하는 자들은 주를 즐거워하리이다"에서 괄호 안에 들어갈 말은?
① 경외 ② 사랑 ③ 칭송 ④ 사모
정답 ②

## 시 6편

1. 6편의 내용이 아닌 것은?
① 간청 ② 찬양 ③ 기도 ④ 탄식
정답 ②

2. 6편에서 시인이 밤마다. 잠 못 이루는 이유가 아닌 것은?
① 병 때문에 ② 부끄러움 때문에
③ 원수 때문에 ④ 근심 때문에
정답 ②

3. 6:5의 "( ) 중에서는 주를 기억하는 일이 없사오니"에서 괄호 안에 들어갈 말은?
① 음부 ② 스올 ③ 사망 ④ 원수
정답 ③

## 시 7편

1. 7편의 표제어로 등장하는 말은?
① 믹담 ② 식가욘 ③ 믹담 ④ 마스길
정답 ②

2. 시인은 자기를 괴롭히는 원수를 어떤 동물로 비유하고 있는가?(시 7:2)
① 개 ② 황소 ③ 사자 ④ 호랑이
정답 ③

3. 시인은 자신의 상황에 비추어 하나님을 재판장으로 비유하고 있다. 시인의 상황과 어울리지 않는 것은?
① 시인은 성실하다 ② 시인은 정직하다
③ 시인은 무죄하다 ④ 시인은 겸손하다
정답 ④

## 시 8편

1. 8편의 내용이 아닌 것은?
① 인자하신 하나님
② 창조주 하나님
③ 원수를 잠잠케 함
④ 주의 이름이 아름답다
정답 ①

2. 8편에 등장하는 동물이 아닌 것은?(시 8:7)
① 나귀 ② 소 ③ 양 ④ 들짐승
정답 ①

3. 8편의 시 구성 방식은 어떤 짜임새로 이루어져 있는가?

① 두괄식 ② 중괄식 ③ 미괄식 ④ 양괄식

**정답** ④

### 시 9편

1. 9편에서 여호와에 대하여 다양하게 묘사되고 있다. 이에 해당되지 않는 것은?(시 9:4, 9, 12)

① 의롭게 심판하시는 분

② 압제 당하는 자의 요새

③ 의인을 감찰하시는 분

④ 가난한 자의 부르짖음을 잊지 아니하는 분

**정답** ③

2. 악인들이 돌아가는 곳은 어디라고 묘사하고 있는가?(시 9:17)

① 무덤 ② 사망 ③ 스올 ④ 지옥

**정답** ③

3. 여호와는 공의로 세계를 심판하시며 정직으로 무엇을 판결하고 있는가?(시 9:19)

① 천하 ② 의인 ③ 만민 ④ 악인

**정답** ③

### 시 10편

1. 10편의 시 유형에 속하는 것은?

① 탄원시 ② 감사시 ③ 찬양시 ④ 제왕시

**정답** ①

2. 악인이 그의 마음에 무엇을 자랑하고 있는가?(시 10:3)

① 재물 ② 권력 ③ 욕심 ④ 명예

**정답** ③

3. 10편의 시인에 해당되지 않는 것은?(시 10:10, 17-18)

① 겸손한 자 ② 외로운 자

③ 궁핍한 자 ④ 고아

**정답** ③

### 시 11편

1. 11편의 내용이 아닌 것은?

① 여호와는 시인의 피난처

② 여호와의 응보

③ 여호와를 뵙다

④ 악인의 팔을 꺾다

**정답** ④

2. 주변 사람들이 시인에게 어디로 도망가라고 하는가?(시 11:1)

① 시온 ② 예루살렘

③ 산 ④ 광야

**정답** ③

3. 여호와의 보좌는 어디에 있다고 묘사되고 있는가?(시 11:4)

① 성전 ② 하늘

③ 예루살렘 ④ 주의 땅

**정답** ②

### 시 12편

1. 12편에서 경건한 자와 동의어가 아닌 것은?

(시 12:1, 5)

① 충실한 자 ② 가련한 자

③ 궁핍한 자 ④ 겸손한 자

**정답** ④

2. "우리 입술은 우리 것이니 우리를 주관할 자 누구리요"라는 말과 거리가 먼 것은?(시 12:4)

① 궤변 ② 달변 ③ 눌변 ④ 언변

**정답** ③

3. "흙 도가니에 일곱 번 단련한 은 같도다"라는 말과 관계가 깊은 것은?(시 12:6)

① 순결하다 ② 단단하다

③ 변함없다 ④ 온전하다

**정답** ①

## 시 13편

1. 시인은 여호와의 무엇을 의지하고 있는가?(시 13:5)

① 은덕 ② 응답 ③ 사랑 ④ 구원

**정답** ③

2. 원수들이 기뻐하는 이유는 무엇인가?(시 13:4)

① 시인이 근심할 때

② 시인이 두려워 할 때

③ 시인이 흔들릴 때

④ 시인이 숨을 때

**정답** ③

3. 시인이 기뻐하는 이유와 관련이 깊은 것은?(시 13:5)

① 하나님의 기억하심 ② 하나님의 나타나심

③ 하나님의 응답 ④ 하나님의 구원

**정답** ④

## 시 14편

1. 어떤 사람이 하나님이 없다고 말하는가?(시 14:1)

① 무지한 자 ② 어리석은 자

③ 오만한 자 ④ 가증한 자

**정답** ②

2. 여호와는 가난한 자의 무엇인 되는가?(시 14:6)

① 피난처 ② 방패 ③ 산성 ④ 터

**정답** ①

3. "그의 백성을 포로된 곳에서 돌이키실 때에 ( )이 즐거워하고 이스라엘이 기뻐하리로다"에서 괄호 안에 들어갈 말은?(시 14:7)

① 아브라함 ② 다윗

③ 야곱 ④ 이스라엘 딸들

**정답** ③

## 시 15편

1. "여호와여 주의 ( )에 머무를 자 누구오며 주의 ( )에 사는 자 누구오니이까"에서 괄호 안에 차례대로 들어갈 말들은?(시 15:1)

① 장막, 시온 ② 성산, 시온

③ 시온, 산성 ④ 장막, 성산

**정답** ④

2. 여호와는 어떠한 자들을 존대하는가?(시 15:4)

① 여호와 앞에 정직한 자

② 여호와 앞에 서원하는 자
③ 여호와를 두려워하는 자
④ 여호와를 경배하는 자

**정답** ③

## 시 16편

1. 땅에 있는 누가 존귀한 자들인가?(시 16:3)

① 백성 ② 성도
③ 정직한 자 ④ 의로운 자

**정답** ②

2. "나는 그들이 드리는 피의 전제를 드리지 아니하며"에서 전제와 거리가 먼 것은?(시 16:4)

① "쏟아내다," "쏟다," "바치다," "부어 만들다"라는 뜻이다
② 야곱이 전제물을 부은 최초의 인물이다
③ 전제는 번제 및 소제와는 별도로 드려졌다
④ 사도 바울의 순교를 의미하기도 한다

**정답** ③

3. 밤마다. 시인을 교훈한 것은 무엇인가?(시 16:7)

① 여호와의 말씀 ② 양심
③ 주의 생명 ④ 율법

**정답** ②

## 시 17편

1. 시인은 여호와께 무엇을 호소하고 있는가?(시 17:1)

① 의 ② 공평함 ③ 입술 ④ 마음

**정답** ①

2. 시인은 여호와의 무엇으로 악인에게서 자신의 영혼을 구원해달라고 간청하고 있는가?(시 17:13)

① 진노 ② 활 ③ 칼 ④ 은혜

**정답** ③

3. 시인이 만족하는 것은 무엇인가?(시 17:15)

① 주의 재물 ② 주의 응답
③ 주의 가르침 ④ 주의 형상

**정답** ④

## 시 18편

1. 시인의 "여호와는 나의 반석이시요"라는 고백에서 반석과 거리가 먼 것은?(시 18:2)

① 요새 ② 구원의 뿔
③ 산성 ④ 분깃

**정답** ④

2. 시인이 하나님께 부르짖을 때 하나님은 어디서 그 부르짖음을 듣고 계신가?(시 18:6)

① 하늘 ② 성전 ③ 구름 위 ④ 흑암 위

**정답** ②

3. 하나님은 어떤 백성을 구원하시는가?(시 18:27)

① 가난한 백성 ② 부르짖는 백성
③ 의로운 백성 ④ 곤고한 백성

**정답** ④

## 시 19편

1. 무엇이 신방에서 나오는 신랑과 같다고 묘사되

고 있는가?(시 19:5)

① 하늘 ② 해 ③ 빛 ④ 구름

**정답** ②

2. 19편에서 여호와의 율법과 같은 말로 나오지 않은 것?(시 19:8-9)

① 여호와의 교훈

② 여호와를 경외하는 도

③ 여호와의 계명

④ 여호와의 계율

**정답** ④

3. 시인의 입의 말과 마음의 무엇이 주님 앞에 열납되기를 원하고 잇는가?(시 19:14)

① 고통 ② 간구 ③ 묵상 ④ 소망

**정답** ③

## 시 20편

1. 하나님은 언제 응답하시는가?(시 20:1)

① 환난 날 ② 찬양한 날

③ 제사 드리는 날 ④ 기름부음을 받는 날

**정답** ①

2. "( )에서 너를 도와주시고 ( )에서 너를 붙드시며"에서 괄호 안에 차례대로 들어갈 말은?(시 20:2)

① 성소, 예루살렘 ② 성막, 예루살렘

③ 성소, 시온 ④ 성막, 시온

**정답** ③

3. 여호와는 어떤 자를 구원하시는가?(시 20:6)

① 환난을 당하는 자 ② 찬양하는 자

③ 제사 드리는 자 ④ 기름부음을 받은 자

**정답** ④

## 시 21편

1. 하나님이 왕에게 주는 것과 거리가 먼 것은?(시 21:4, 6)

① 영원한 장수 ② 복

③ 생명 ④ 구원

**정답** ④

2. 아름다운 복과 관계 깊은 것은?(시 21:3)

① 순금 관 ② 터

③ 의의 길로 인도 ④ 영원한 집

**정답** ①

3. 지극한 복과 관계 깊은 것은?(시 21:6)

① 놀라운 복

② 기쁘고 즐거움

③ 평탄한 가운데 서 있음

④ 나의 방패

**정답** ②

## 시 22편

1. "어찌하여 나를 버리셨나이까"라는 탄식과 관련이 먼 것은?(시 22:1)

① 자신의 죄를 인정

② 수긍할 수없는 고난

③ 하나님의 구원을 기대

④ 멀리계신 하나님

**정답** ①

2. 22편에 등장하지 않는 동물은?(시 22:12-13, 16)

① 황소 ② 사자 ③ 개 ④ 양

**정답** ④

3. 배불리 먹는 자는 어떤 자인가?(시 22:26)

① 가난한 자

② 탄식하는 자

③ 겸손한 자

④ 주의 말씀을 선포하는 자

**정답** ③

## 시 23편

1. 목자의 이미지와 거리가 먼 것은?

① 푸른 풀밭 ② 지팡이와 막대기

③ 음침한 골짜기 ④ 여호와의 집

**정답** ④

2. 하나님은 무엇을 위하여 의의 길로 인도하시는가?(시 23:3)

① 하나님의 인자 ② 하나님의 이름

③ 하나님의 선하심 ④ 하나님의 사랑

**정답** ②

3. "내 평생에 ( )와/과 ( )이 반드시 나를 따르리니" 에서 괄호 안에 차례대로 들어갈 말은?(시 23:6)

① 인자하심, 영원하심 ② 선하심, 영원하심

③ 영원하심, 영광 ④ 선하심, 인자하심

**정답** ④

## 시 24편

1. 24편의 내용과 거리가 먼 것은?

① 여호와의 창조에 대한 찬양

② 출애굽 회상

③ 예배드리는 자의 자격

④ 영광의 왕

**정답** ②

2. 시인이 여호와의 복을 받고 구원의 하나님께 무엇을 얻었는가?(시 24:5)

① 정결 ② 의

③ 권능 ④ 영광의 관

**정답** ②

## 시 25편

1. 시인이 고난을 당하는 이유가 아닌 것은?(시 25:7, 17, 19)

① 젊었을 때 지은 죄 ② 원수들이 미워함

③ 마음의 근심 ④ 원수들의 함정

**정답** ④

2. 하나님께서 무엇으로 죄인들을 교훈하시는가?(시 25:9)

① 친밀하심 ② 진리 ③ 도 ④ 말씀

**정답** ③

3. 시인은 하나님께 무엇으로 자신을 보호해달라고 간청하고 있는가?(시 25:21)

① 인자하심과 선하심 ② 성실과 정직

③ 공평함과 신실함 ④ 의로움과 긍휼

**정답** ②

## 시 26편

1. "허망한 사람과 같이 앉지 아니하였사오니 간사한 자와 동행하지 아니하리이다"와 비슷한 성구가 등장하는 곳은?(시 26:4)

① 시 1:1 ② 시 5:1
③ 시 9:1 ④ 시 17:1

**정답** ①

2. 시인이 미워하는 것은 무엇인가?(시 26:5)

① 원수의 집회 ② 원수의 함정
③ 행악자의 집회 ④ 행악자의 함정

**정답** ③

3. 원수들의 손이 사악하다는 구체적인 예는?(시 26:10)

① 피를 부르는 손
② 칼을 쥔 손
③ 뇌물 받는 손
④ 함정으로 밀어 넣은 손

**정답** ③

## 시 27편

1. 시인이 두려워하고 무서워하지 않는 이유는?(시 27:1)

① 여호와는 나의 빛
② 여호와는 나의 구원
③ 여호와는 나의 생명의 능력
④ 여호와는 나의 방패

**정답** ④

2. 시인이 바라는 한 가지와 거리가 먼 것은?(시 27:4)

① 여호와의 집에 사는 것
② 여호와의 아름다움을 보는 것
③ 여호와의 성전을 사모하는 것
④ 여호와의 구원을 바라는 것

**정답** ④

3. 세상사람들이 전부 시인을 버린 것으로 대변되는 말은?(시 27:10)

① 형제의 버림 ② 부모의 버림
③ 친지의 버림 ④ 가족의 버림

**정답** ②

## 시 28편

1. 여호와께서 잠잠하시면 시인은 어떤 처지에 놓일 것 같다고 하는가?(시 28:1)

① 외롭고 괴로워질 것 같음
② 수치를 당할 것 같음
③ 무덤에 내려가는 자와 같음
④ 원수의 그물에 걸리는 자와 같음

**정답** ③

2. 시인은 어디를 향하여 부르짖고 있는가?(시 28:2)

① 성소 ② 예루살렘 성전
③ 시온 ④ 지성소

**정답** ④

3. "그들은 이웃에게 ( )를/을 말하나 그들의 마음에는 ( )이 있나이다"에서 괄호 안에 차례대로 들어갈 말은?(시 28:3)

① 화평, 죄악 ② 사랑, 악독

③ 화평, 죄악　　　④ 화평, 악독

**정답** ④

## 시 29편

1. 여호와께 어떤 옷을 입고 예배드릴 것을 말하고 있는가?(시 29:2)

① 진실한 옷을 입고　② 경건한 옷을 입고

③ 거룩한 옷을 입고　④ 정결한 옷을 입고

**정답** ③

2. 여호와의 소리가 어디에 있는가?(시 29:3)

① 하늘 위　　　② 궁창 위

③ 육지 위　　　④ 물 위

**정답** ④

3. 29편에 나타나지 않는 것은?

① 레바논　② 암사슴　③ 가데스　④ 애굽

**정답** ④

## 시 30편

1. 30편의 내용과 거리가 먼 것은?(시 30:1-3, 5, 11)

① 여호와를 높이는 이유

② 슬픔이 변하여 춤이 되게 함

③ 여호와의 소리가 화염을 가르시도다

④ 그 노염은 잠간이요 그 은총은 평생이로다

**정답** ③

2. 시인이 근심하는 이유와 관련이 깊은 것은?(시 30:7)

① 하나님의 무응답　② 하나님이 멀리계심

③ 하나님의 버리심　④ 하나님의 숨으심

**정답** ④

3. 시인이 무덤에 내려가면 자신의 무엇이 유익이 없다고 하였는가?(시 30:9)

① 찬양　② 경배　③ 피　④ 몸

**정답** ③

## 시 31편

1. 시인은 자신이 주님께 피할 때, 주의 무엇으로 건져달라고 간청하고 있는가?(시 31:1)

① 인자　② 성실　③ 화평　④ 공의

**정답** ④

2. 시인이 미워하는 자들은 어떤 자들인가?(시 31:6)

① 허탄한 거짓을 숭상하는 자

② 하나님을 배반한 자

③ 유혹하는 자

④ 거짓말 하는 자

**정답** ①

3. 시인이 두려움을 갖게 된 결정적인 이유는?(시 31:13)

① 원수의 비방을 들음

② 원수들의 함정을 보게 됨

③ 원수들의 욕을 들음

④ 원수들의 공격을 엿보게 됨

**정답** ①

### 시 32편

1. 32편의 내용과 거리가 먼 것은?
   ① 성도는 하나님께 속한 자
   ② 복 있는 자
   ③ 고통 중에 회개하지 않음
   ④ 무지한 말이나 노새 같이 되지 말지어다
   **정답** ①

2. "( )의 사함을 받고 자신의 ( )가/이 가려진 자는 복이 있도다"에서 괄호 안에 차례대로 들어갈 말은?(시 32:1)
   ① 죄, 허물　　② 허물, 죄
   ③ 죄악, 부끄러움　　④ 허물, 부끄러움
   **정답** ②

3. 악인에게는 슬픔이 있으나 여호와를 신뢰하는 자에게는 무엇이 있다고 하는가?(시 32:10)
   ① 인자　② 공의　③ 진실　④ 진리
   **정답** ①

### 시 33편

1. 찬송을 마땅히 할 자들은 누구인가?(시 33:1)
   ① 경외하는 자　　② 성도
   ③ 정직한 자　　④ 복 있는 자
   **정답** ③

2. 어떠한 자들이 복 있는 자들인가?(시 33:12)
   ① 선택된 백성　　② 부름 받은 백성
   ③ 주께 속한 백성　　④ 의인
   **정답** ①

3. 여호와를 즐거워하는 이유는?(시 33:21)
   ① 그분의 신실함을 의지하기 때문에
   ② 그분의 인자하심을 의지하기 때문에
   ③ 그분의 성호를 의지하기 때문에
   ④ 그분의 구원을 의지하기 때문에
   **정답** ③

### 시 34편

1. 34편에서 "( )로부터 여호와께서 건지셨다"고 할 때, 괄호 안의 내용이 아닌 것은?(시 34:4, 6)
   ① 두려움　② 환난　③ 고난　④ 악
   **정답** ④

2. 어떠한 자에게 부족함이 없다고 하였는가?(시 34:9)
   ① 경외하는 자　　② 진실한 자
   ③ 의로운 자　　④ 찬송하는 자
   **정답** ①

3. 여호와께서 가까이 하는 자는 어떠한 자인가?(시 34:18)
   ① 마음이 경건한 자　　② 마음이 진실한 자
   ③ 마음이 깨끗한 자　　④ 마음이 상한 자
   **정답** ④

### 시 35편

1. 35편에서 여호와께서 어떠한 자를 건지시는가?(시 35:10)
   ① 가난한 자
   ② 도망가는 자

③ 함정에 빠진 자

④ 부당하게 대우를 받는 자

**정답** ①

2. 원수가 시인을 미워하는 이유는 무엇인가? (시 35:7, 19)

① 병들었을 때 금식하며 기도해 주지 않아서

② 친구와 형제에게 하듯 대해주지 않아서

③ 슬플 때 위로해 주지 않아서

④ 까닭이 없다

**정답** ③

3. 원수들은 평안히 땅에 사는 자들을 어떻게 모략하고 있는가?(시 35:20)

① 비방 ② 거짓말 ③ 술수 ④ 조롱

**정답** ②

## 시 36편

1. "주의 ( )는/은 하나님의 산들과 같고 주의 ( )는/은 큰 바다와 같으니라"에서 괄호 안에 차례대로 들어갈 말은?(시 36:6)

① 높음, 깊음 ② 의, 진실

③ 진실, 심판 ④ 의, 심판

**정답** ④

2. 하나님의 무엇을 보배롭다고 했는가?(시 36:7)

① 선하심 ② 인자하심

③ 영화로우심 ④ 평화로우심

**정답** ②

3. 시인은 하나님께서 어떠한 자들에게 공의를 베풀어 달라고 간청하고 있는가?(시 36:10)

① 진실한 자 ② 정직한 자

③ 의로운 자 ④ 궁핍한 자

**정답** ②

## 시 37편

1. 37편의 내용과 거리가 먼 것은?(시 37:5, 16, 31)

① 나의 하나님이여 주의 공의대로 심판하소서

② 너의 길을 여호와께 맡겨라

③ 의인의 적은 소유가 악인의 풍부함보다 낫도다

④ 그 마음에는 하나님의 법이 있으니 그의 걸음은 실족함이 없으리로다

**정답** ①

2. 땅을 차지하는 자와 거리가 먼 것은? (시 37:9, 11-12)

① 여호와를 소망하는 자

② 온유한 자

③ 주의 복을 받은 자

④ 겸손한 자

**정답** ④

3. 여호와를 바라고 그의 도를 지키면 어떻게 되는가?(시 37:34)

① 땅을 차지함 ② 화평을 이룸

③ 구원을 받음 ④ 복을 받음

**정답** ①

## 시 38편

1. 38편의 내용과 거리가 먼 것은?

① 병자 ② 여호와의 징계
③ 여호와의 분노 ④ 가난한 자

**정답** ④

2. 시인을 멀리한 자들이 아닌 것은?(시 38:11)
① 사랑하는 자 ② 친구
③ 형제 ④ 친척

**정답** ③

3. 원수들이 시인을 대적하는 직접적인 이유는? (시 38:20)
① 주의 응답만을 기다리기 때문에
② 선을 따랐기 때문에
③ 침묵하였기 때문에
④ 여호와를 경배하기 때문에

**정답** ②

## 시 39편

1. 39편의 내용과 거리가 먼 것은?(시 39:1, 5, 7)
① 악인이 내 앞에 있을 때에 내가 내 입에 재갈을 먹이리라
② 악을 행하는 자들 때문에 불평하지 말지어다
③ 사람은 그가 든든히 서 있을 때에도 진실로 모두가 허사뿐이니라
④ 주여 내가 무엇을 바라리요.

**정답** ②

2. 39편에서 헛된 인생을 표현한 말이 아닌 것은? (시 39:5-6, 12)
① 주께서 나의 날을 한 뼘 길이만큼 되게 하심
② 그림자 같은 인생
③ 나그네
④ 지붕 위에 외로운 참새일뿐

**정답** ④

3. 시인은 죽기 전에 자신의 무엇을 회복시켜달라고 간청하고 있는가?(시 39:13)
① 영혼 ② 평안 ③ 건강 ④ 기억

**정답** ③

## 시 40편

1. 40편의 내용과 거리가 먼 것은?(시 40:1, 5, 17)
① 가난한 자
② 부르짖음을 들으시는 하나님
③ 주의 행하신 기적
④ 원수의 음모

**정답** ④

2. 40편에서 복 있는 자와 거리가 먼 것은?(시 40:4)
① 여호와를 의지하는 자
② 교만한 자를 돌아보지 않는 자
③ 거짓말 하는 자를 돌아보지 않는 자
④ 행악하는 자를 돌아보지 않는 자

**정답** ④

3. "주의 ( )와/과 ( )로 나를 항상 보호하소서"에서 괄호 안에 차례대로 들어갈 말은?(시 40:11)
① 의, 인자 ② 선하심, 진리
③ 인자, 진리 ④ 인자, 공의

**정답** ③

## 시 41편

1. 41편에서 복 있는 사람은 어떠한 사람인가? (시 41:1)

① 하나님을 경외하는 자

② 가난한 자를 보살피는 자

③ 여호와께 간구하는 자

④ 이웃과 화평하는 자

**정답** ②

2. 시인을 대적하여 그의 발꿈치를 들은 사람은? (시 41:9)

① 원수 ② 친척

③ 친구 ④ 사랑하는 자

**정답** ③

## 시 42편

1. ( )가/이 시냇물을 찾기에 갈급함 같이 내 영혼이 주를 찾기에 갈급하니이다"에서 괄호 안에 들어갈 말은?(시 42:1)

① 사슴 ② 양 ③ 토끼 ④ 송아지

**정답** ①

2. 42편에 등장하지 않는 지명은?(시 42:6)

① 요단 땅 ② 갈릴리

③ 헤르몬 ④ 미살 산

**정답** ②

3. 원수가 시인을 비방하는 것을 묘사한 말은? (시 42:10)

① 내 뼈를 찌르는 칼같이

② 내 살을 찌르는 활같이

③ 셀 수 없는 모략으로

④ 그 혀 밑에는 잔해가 가득하여

**정답** ①

## 시 43편

1. 시인이 슬프게 다니는 이유는?(시 43:2)

① 하나님의 버리심 ② 형제들의 버림

③ 원수들의 억압 ④ 이웃의 냉소

**정답** ③

2. "주의 ( )과/와 주께서 계시는 곳에 이르게 하소서"에서 괄호 안에 들어갈 말은?(시 43:3)

① 성전 ② 터

③ 산성 ④ 거룩한 산

**정답** ④

## 시 44편

1. 44편의 내용과 거리가 먼 것은? (시 44:2-3, 4-8, 23-26)

① 나를 판단하소서 ② 조상들의 구원

③ 하나님을 자랑 ④ 우리를 도우소서

**정답** ①

2. 이스라엘의 처지를 설명한 것과 거리가 먼 것은? (시 44:11, 19, 22)

① 잡아먹힐 양처럼

② 승냥이의 처소에 밀어 넣으시고

③ 도살할 양 같이

④ 광야에 날아다니는 새처럼

**정답** ④

3. 44편에서 하나님의 구원을 바라는 간구가 아닌 것은?(시 44:23, 26)

① 어찌하여 응답하지 않으시나이까

② 어찌하여 주무시나이까

③ 우리를 버리지 마소서

④ 주의 인자하심으로 우리를 구원하소서

**정답** ①

## 시 45편

1. "주의 나라의 ( )은/는 공평한 ( )"에서 괄호 안에 공통적으로 들어갈 말은?(시 45:6)

① 추 ② 의 ③ 규 ④ 선

**정답** ③

## 시 46편

1. 46편의 내용과 거리가 먼 것은?

① 하나님의 창조사역

② 피난처이신 하나님

③ 전쟁을 쉬게 하시는 하나님

④ 재해로부터 보호하시는 하나님

**정답** ①

2. 하나님의 행적은 무엇인가?(시 46:8)

① 산을 흔들리게 하셨다

② 바닷물이 솟아나게 하셨다

③ 땅을 흔들리게 하셨다

④ 땅을 황무지로 만드셨다

**정답** ④

3. 46편에서 하나님의 정체를 표현한 말로 세 번 등장하는 말은?(시 46:1, 7, 11)

① 방패 ② 피난처 ③ 큰 산 ④ 요새

**정답** ②

## 시 47편

1. 하나님께 어떻게 찬송할 것을 말하고 있는가?(시 47:7)

① 마음의 노래로 ② 사랑의 시로

③ 지혜의 노래로 ④ 지혜의 시로

**정답** ④

2. 47편에 등장하지 않는 인물은?(시 47:2, 4, 9)

① 큰 왕 ② 아브라함 ③ 야곱 ④ 다윗

**정답** ④

## 시 48편

1. 북방에 있는 산은?(48:2)

① 헤르몬산 ② 시온산

③ 성산 ④ 미살산

**정답** ②

2. "주의 심판으로 ( )은/는 즐거워할지어다"에서 괄호 안에 들어갈 말은?(시 48:11)

① 이스라엘 ② 야곱

③ 이스라엘의 딸들 ④ 유다의 딸들

**정답** ④

## 시 49편

1. 어리석은 자의 거처는 어디인가?(시 49:14)
   ① 광야 ② 스올
   ③ 무너진 터 ④ 부서진 바위 위
   **정답** ②

2. 어리석은 자의 목자는 무엇인가?(시 49:14)
   ① 소경 ② 스올 ③ 사망 ④ 재물
   **정답** ③

3. 49편의 주제로 가장 적합한 말은?
   ① 부자와 가난한 자
   ② 어리석은 자와 지혜로운 자
   ③ 공수래공수거
   ④ 언행불일치
   **정답** ③

## 시 50편

1. 50편의 내용과 거리가 먼 것은?
   ① 하나님의 공의 선포
   ② 제사의 참 의미
   ③ 하나님의 구원을 보는 자
   ④ 지존하신 여호와를 찬양
   **정답** ④

2. 하나님을 잊어버린 자들의 최후는?(시 50:22)
   ① 멸망을 당함 ② 스올로 내려감
   ③ 찢어버림을 당함 ④ 징계의 채찍을 맞음
   **정답** ②

## 시 51편

1. "다윗이 밧세바와 동침한 후 선지자 나단이 그에게 왔을 때" 다윗이 고백했던 기도를 담은 시편은?
   ① 시편 49편 ② 시편 50편
   ③ 시편 51편 ④ 시편 52편
   **정답** ③

2. "내가 죄악 중에서 출생하였음이여 어머니가 죄 중에서 나를 잉태하였나이다"라고 고백한 이는 누구인가?(시 51:5)
   ① 모세 ② 솔로몬 ③ 사울 ④ 다윗
   **정답** ④

3. 레 14장, 민 19장, 그리고 시 51편에 의하면 한센병에 걸린 사람이나 시체를 만진 사람 등을 비롯하여 죄인들을 정결하게 하는 의식에 사용된 식물은 무엇인가?(시 51:7)
   ① 감람나무 ② 우슬초
   ③ 떨기나무 ④ 로뎀나무
   **정답** ②

4. 다윗은 자신의 죄에 대해 참회 기도를 하면서 "나를 주 앞에서 쫓아내지 마시며 주의 ( )을 내게서 거두지 마소서"라고 간구하고 있다 (시 51:11)
   ① 자비 ② 은혜 ③ 성령 ④ 정의
   **정답** ③

5. 시편 51편의 다윗의 기도에 포함되지 않는 내용은 무엇인가?
   ① 하나님께서 구하시는 제사는 변함없는 심령이라

② 하나님이여 내 속에 정한 마음을 창조하시고 내 안에 정직한 영을 새롭게 하소서
③ 하나님이여 주의 인자를 따라 내게 은혜를 베푸시며 주의 많은 긍휼을 따라 내 죄악을 지워 주소서
④ 주의 구원의 즐거움을 내게 회복시켜 주시고 자원하는 심령을 주사 나를 붙드소서

**정답** ①

## 시 52편

1. 에돔인 도엑이 사울에게 이르러 다윗이 아히멜렉의 집에 왔다고 그에게 말했을 때에, 다윗이 그 소식을 듣고 고백한 내용을 담은 시편은 무엇인가?

① 시편 52편　② 시편 41편
③ 시편 25편　④ 시편 90편

**정답** ①

2. 다윗이 "포악한 자여 네가 어찌하여 악한 계획을 스스로 자랑하는가?" "네 혀가 심한 악을 꾀하여 날카로운 삭도 같이 간사를 행하는도다" "네가 선보다 악을 사랑하며 의를 말함보다 거짓을 사랑하는도다" "간사한 혀여 너는 남을 해치는 모든 말을 좋아하는도다"라고 지적한 자는 누구인가?(시 52:1-3)

① 사울　② 아히멜렉　③ 도엑　④ 시므이

**정답** ③

3. 시 52:7에 의하면 다윗이 "이 사람은 하나님을 자기 힘으로 삼지 아니하고 오직 자기 재물의 풍부함을 의지하며 자기의 악으로 스스로 든든하게 하던 자라"라고 지적한 자는 누구인가?

① 도엑　② 아도니야
③ 요압　④ 아비아달

**정답** ①

4. "나는 하나님의 집에 있는 푸른 감람나무 같음이여 하나님의 인자하심을 영원히 의지하리로다"라고 고백한 자는 누구인가?(시 52:8)

① 솔로몬　② 예레미야　③ 야곱　④ 다윗

**정답** ④

## 시 53편

1. 시편 53편에 의하면 어리석은 자의 모습에 해당하지 않는 것은?(시 53:1)

① 두려워하지 않는다
② 마음에 이르기를 하나님이 없다고 한다
③ 마음이 부패한 상태이다
④ 가증한 악을 행한다

**정답** ①

2. 시편 53편에 의하면 하나님께서 하늘에서 인생을 굽어살필 때 발견하는 현상은 무엇인가?(시 53:2)

① 각기 물러가 함께 더러운 자가 되고 선을 행하는 자가 한 사람도 없다
② 부패하며 가증한 악을 행하는 자가 많은 편이다
③ 어떤 이들은 하나님을 찾기에 힘쓴다
④ 하나님의 백성을 괴롭힌 후에는 회개하여 하나님께 부르짖는다

**정답** ①

## 시 54편

1. 시편 54편에 의하면 다윗은 모든 환난에서 건져 주시고 원수가 보응 받는 것을 눈으로 똑똑히 보게 해주신 하나님께 즐겁게 헌신하려는 뜻으로 제사를 드리겠다고 했는데, 이 제사는 무엇이라고 불리는가?(시 54:6)

 ① 속죄제 ②속건제 ③ 서원제 ④ 낙헌제

 **정답** ④

2. 시편 54편의 다윗의 고백 내용으로 맞지 않는 것은?(시 54:4, 7)

 ① "하나님은 나를 돕는 이시다"

 ② "주께서는 내 원수들의 죄까지도 용서하신다"

 ③ "주께서는 내 생명을 붙들어주시는 이시다"

 ④ "주께서는 내 모든 환난에서 나를 건지신다"

 **정답** ②

## 시 55편

1. 시편 55편에 의하면 시편 저자를 책망하고 핍박하는 자의 무리에 속하지 않는 자는?(55:13-14)

 ① 원수

 ② 동료

 ③ 친구

 ④ 같이 하나님의 집에 다니던 자

 **정답** ①

2. 시편 55편에 의하면 시편 저자는 자기를 모함하여 어려움을 주는 자들을 대하면서 여러 가지 복잡한 심정을 표현하고 있는데, 이 중 잘못 표현한 것은?(시 55:6-7, 9)

 ① 비둘기 같이 날개가 있다면 날아가 편히 쉬고 싶다

 ② 광야에 머물고 싶다

 ③ 그들의 혀를 잘라달라고 기도했다

 ④ 그들을 돌이키게 해달라고 기도했다

 **정답** ④

## 시 56편

1. 시편 56편에서 다윗을 괴롭히는 자들이 행한 일들이 아닌 것은?(시 56:1, 5-6)

 ① 다윗을 삼키려고 종일 치며 압제했다

 ② 다윗의 말을 곡해했다

 ③ 서로 모여서 숨어 다윗의 발자취를 지켜보았다

 ④ 다윗을 몇 날 동안 먹지 못하게 했다

 **정답** ④

2. 시편 56편에서 다윗은 블레셋인들에게 괴롭힘을 당하는 것이 너무나 힘들어 어떤 표현 을 하고 있는가?(시 56:8)

 ① 나의 아픔을 주의 책에 기록하소서

 ② 나의 눈물을 주의 병에 담으소서

 ③ 나를 눈동자처럼 보호하여 주소서

 ④ 나를 독수리처럼 날아오르게 하소서

 **정답** ②

3. 시편 56편에 언급되는 다윗의 고백이 아닌 것은?(시 56:4, 11, 13)

 ① 하나님은 내 편이시다

 ② 주께서 내 생명을 사망에서 건지신다

 ③ 주는 노하기를 더디하시며 권능이 크시며 벌받을 자를 결코 내버려두지 아니하신다

 ④ 주께서 나로 생명의 빛에 다니게 하시려고

실족하지 아니하게 하신다

**정답** ③

### 시 57편

1. 시편 57편에 나타나는 다윗의 고백과 기도가 아닌 것은?(시 57:2, 10-11)

   ① 주는 만민을 주의 인자하심으로 다스릴 것이다

   ② 주는 나를 위하여 모든 것을 이루는 하나님이시다

   ③ 주의 인자는 커서 하늘에 미치고 주의 진리는 궁창에 이르나이다

   ④ 주는 하늘 위에 높이 들리시며 주의 영광이 온 세계 위에 높아지기를 원하나이다

   **정답** ①

2. "하나님이여 내 마음이 확정되었고 내 마음이 확정되었사오니 내가 노래하고 내가 찬송하리이다"라는 다윗의 고백은 어느 상황에서 나온 것인가?(시 57:7)

   ① 블레셋 족속들에게 잡혔을 때

   ② 압살롬과 신하들이 배반했을 때

   ③ 밧세바와 동침한 사건에 대해 나단 선지자가 지적했을 때

   ④ 사울 왕을 피하여 굴에 있을 때

   **정답** ④

3. "내 영광아 깰지어다. 비파야, 수금아, 깰지어다. 내가 새벽을 깨우리로다"라고 고백한 자는?(시 57:8)

   ① 다윗　② 솔로몬　③ 예레미야　④ 아삽

   **정답** ①

### 시 58편

1. 시편 58편에 의하면 통치자에게 가장 요구되는 것은 무엇인가?(시 58:1)

   ① 긍휼　② 용서　③ 정의　④ 인자

   **정답** ③

2. 시편 58편은 악을 행하는 통치자들을 무엇에 비유하고 있는가?(시 58:4)

   ① 이리　② 독사　③ 표범　④ 전갈

   **정답** ②

3. 시편 58편은 악한 통치자의 끝이 비참하게 되도록 해달라는 간구를 비유적으로 표현하 고 있는데, 그 중에 포함되지 않는 것은?(시 58:6-8)

   ① 젊은 사자의 어금니를 꺾으소서

   ② 그들이 급히 흐르는 물 같이 사라지게 하소서

   ③ 소멸하여 가는 달팽이 같게 하소서

   ④ 그의 자녀들은 유리하며 구걸하고 그들의 황폐한 집을 떠나 빌어먹게 하소서

   **정답** ④

### 시 59편

1. 사울이 사람을 보내어 다윗을 죽이려고 그 집을 지킨 때에 다윗이 하나님께 기도한 내용인 시편 59편에서 다윗이 하나님에게 드렸던 신앙 고백이 아닌 것은?(시 59:16-17)

   ① 하나님은 나의 요새이시다

   ② 하나님은 만민에게 긍휼을 베푸시는 분이다

   ③ 주는 나의 환난 날에 피난처이시다

   ④ 하나님은 나를 긍휼히 여기시는 하나님이시다

   **정답** ②

2. 시편 59편에서 다윗이 하나님께 간구한 내용이 아닌 것은?(시 59:1, 12, 14)

① 나의 백성이 잊지 않도록 그들을 즉시 죽이소서

② 나의 원수에게서 나를 건지시고 일어나 치려는 자에게서 나를 높이 드소서

③ 그들에게 저물어 돌아와서 개처럼 울며 성으로 두루 다니게 하소서

④ 저주와 거짓말로 말미암아 그들이 그 교만한 중에서 사로잡히게 하소서

**정답** ①

## 시 60편

1. 다윗의 군대가 소금 골짜기에서 에돔의 군대와 싸울 때 군사들이 힘들어하는 상황을 시편 60편은 어떻게 비유적으로 표현하고 있는가?(시 60:3)

① 젊은 사자의 밥이 된 것

② 광야에 올빼미가 외롭게 서 있는 것

③ 비틀거리게 하는 포도주를 마신 것

④ 새가 사냥꾼의 올무에 갇힌 것

**정답** ③

2. 시편 60편은 하나님이 이스라엘 백성들로 하여금 에돔을 정복하여 차지하게 할 것이라는 점을 어떤 비유적 표현으로 지적하고 있는가?(시 60:8)

① 에돔은 나의 목욕통이라

② 에돔에 나의 신발을 던지리라

③ 에돔을 측량하리라

④ 에돔은 내 머리의 투구라

**정답** ②

## 시 61편

1. 시편 61편에 의하면 다윗은 마음이 약해질 때 무엇을 했나?(시 61:2)

① 홀로 광야로 나아갔다

② 깊은 침묵의 시간을 가졌다

③ 땅 끝에서부터 주를 부르짖었다

④ 주께 감사할 조건들을 찾았다

**정답** ③

2. 시편 61편의 다윗의 기도에 포함되지 않는 내용은 무엇인가?(시 61:2, 6-7)

① 나보다 높은 바위에 나를 인도하소서

② 주께서 왕에게 장수하게 하사 그의 나이가 여러 대에 미치게 하시리이다

③ 인자와 진리를 예비하사 왕을 보호하소서

④ 원수들의 멸망이 속히 임하게 하소서

**정답** ④

## 시 62편

1. "나의 영혼이 잠잠히 하나님만 바람이여 나의 구원이 그에게서 나오는도다. 오직 그만이 나의 반석이시요 나의 구원이시요 나의 요새이시니 내가 크게 흔들리지 아니하리로다"라 는 고백이 소개되는 시편은?(시 62:1-2)

① 시편 62편　　② 시편 23편

③ 시편 41편　　④ 시편 90편

**정답** ①

2. 시편 62편에서 시편 저자가 하나님에 대해 비유적으로 표현하고 있는 내용이 아닌 것은?(시 62:2, 7)

① 나의 울타리　② 나의 피난처
③ 나의 요새　④ 나의 반석

**정답** ①

3. 시편 62편의 내용이 아닌 것은?(시 62:7, 9, 12)
① 나의 구원과 영광이 하나님께 있음이여 내 힘의 반석과 피난처도 하나님께 있도다
② 사람은 입김이며 인생도 속임수이니 저울에 달면 그들은 입김보다 가벼우리로다
③ 주여 인자함은 주께 속하오니 주께서 각 사람이 행한 대로 갚으심이니이다
④ 내 영혼아 네가 어찌하여 낙심하며 어찌하여 내 속에서 불안해 하는가 너는 하나님께 소망을 두라

**정답** ④

## 시 63편

1. 시편 63편에 의하면 다윗은 주의 무엇이 생명보다. 나아서 주를 찬양하게 된다고 고백하는가?(시 63:3)
① 진실　② 인자　③ 정의　④ 은혜

**정답** ②

2. 시편 63편은 다윗이 유다 광야에서 도피 생활을 하면서도 영혼의 만족을 누렸다고 기록하고 있는데, 어떤 표현을 통해 이러한 마음을 고백하고 있는가?(시 63:5)
① 주께서 내 원수의 목전에서 내게 상을 차려 주시고 기름을 내 머리에 부으셨으니 내 잔이 넘치나이다
② 주께서 나의 서원을 들으시고 주의 이름을 경외하는 자가 얻을 기업을 내게 주셨나이다
③ 골수와 기름진 것을 먹음과 같이 나의 영혼이 만족할 것이라
④ 젊은 사자는 궁핍하여 주릴지라도 여호와를 찾는 자는 모든 좋은 것에 부족함이 없으 리로다

**정답** ③

3. 시편 63편에서 다윗은 자기를 멸하려 하는 자들이 칼의 세력에 넘겨져 무엇의 먹이가 되었으면 하고 기대하고 있는가?(시 63:10)
① 승냥이　② 독수리　③ 까마귀　④ 사자

**정답** ①

## 시 64편

1. 시편 64편에 언급되는 악인들의 모습이 아닌 것은?(시 64:3-5)
① 자기 혀를 연마하며 화살 같이 독한 말로 의인들을 겨눈다
② 그들이 개처럼 울며 성으로 두루 다니고 입으로는 악을 토한다
③ 숨은 곳에서 온전한 자를 쏘며 갑자기 쏘고 두려워하지 않는다
④ 악한 목적으로 서로 격려하며 남몰래 올무 놓기를 함께 의논한다

**정답** ②

2. 시편 64편에 의하면 시편 저자가 원수들이 두렵게 만들 때 기도한 내용이 아닌 것은?(시 64:1-2)
① 원수의 두려움에서 나의 생명을 보존하소서
② 악을 꾀하는 자들의 음모에서 나를 숨겨 주

소서

③ 악을 행하는 자들의 소동에서 나를 감추어 주소서

④ 원수들 앞에서 저에게 상을 베푸소서

**정답** ④

## 시 65편

1. 시편 65편에 의하면 누가 복 있는 사람인가? (시 65:4)

① 악인의 꾀를 따르지 않는 자

② 재산이 풍요하고 마르지 않는 사람

③ 원수들의 멸망을 목격하는 사람

④ 주께서 택하시고 가까이 오게 하사 주의 뜰에 살게 하신 사람

**정답** ④

2. 시편 65편에 언급하고 있는 하나님께서 하시는 일에 포함되지 않는 것은?(시 65:6-7, 9)

① 주의 입의 말씀 한 마디로 땅을 마르게 하신다

② 주의 힘으로 산을 세우시며 권능으로 띠를 띠신다

③ 바다의 설렘과 물결의 흔들림과 만민의 소요까지 진정하게 하신다

④ 땅을 돌보사 물을 대어 심히 윤택하게 하신다

**정답** ①

## 시 66편

1. 시편 66편에 의하면 하나님께 즐거운 소리를 내고 그의 이름의 영광을 찬양하도록 명령 받은 대상은 무엇인가?(시 66:1)

① 땅의 왕들 ② 이방 백성들

③ 온 땅 ④ 가난한 자들

**정답** ③

2. 시편 66편에 언급하고 있는 하나님께서 하신 일에 포함되지 않는 것은?(시 66:6-7, 10)

① 바다를 변하여 육지가 되게 하셨다

② 주의 백성을 시험하지 않고 그물에 걸리지 않게 하시며 어려운 짐을 풀어주셨다

③ 그의 능력으로 영원히 다스리시며 그의 눈으로 나라들을 살피셨다

④ 주의 백성을 시험하시되 단련하시기를 은을 단련함 같이 하셨다

**정답** ②

## 시 67편

1. "하나님은 우리에게 은혜를 베푸사 복을 주시고 그의 얼굴 빛을 우리에게 비추사 주의 도를 땅 위에, 주의 ( )을/를 모든 나라에게 알리소서"에서 괄호 안에 들어갈 말 은?(시 67:1-2)

① 구원 ② 의 ③ 인자 ④ 규례

**정답** ①

2. 시편 67편에 의하면 민족들과 온 백성이 기쁘고 즐겁게 노래하는 이유가 아닌 것은?(시 67:4-6)

① 땅 위의 나라들을 다스리시기 때문이다

② 민족들을 공평히 심판하시기 때문이다

③ 땅으로 하여금 소산을 내게 하셨기 때문이다

④ 전쟁을 일으키는 민족들에게 보응하시기 때문이다

**정답** ④

## 시 68편

1. 시편 68편에 나타나는 하나님에 대한 묘사가 아닌 것은?(시 68:5, 19-20)
   ① 목자 ② 고아의 아버지
   ③ 과부의 재판장 ④ 구원의 하나님
   **정답** ①

2. 시편 68편에 소개되고 있는 하나님께서 하신 일에 포함되지 않는 것은?(시 68:6, 9)
   ① 고독한 자들 가족과 함께 살게 하셨다
   ② 갇힌 자들을 이끌어 내사 형통하게 하셨다
   ③ 주의 백성들의 원수들을 모아 하나님을 찬송하게 하셨다
   ④ 흡족한 비를 보내사 주의 기업을 견고하게 하셨다
   **정답** ③

3. 시편 68편에서 소개되고 있는 하나님께서 행하시는 일이 아닌 것은?(시 68:19, 21, 30)
   ① 날마다 우리의 짐을 지신다
   ② 바산의 높은 산을 피하시고 시내 산에 좌정하신다
   ③ 주의 백성들의 원수들의 정수리를 쳐서 깨뜨리신다
   ④ 전쟁을 즐기는 백성을 흩으신다
   **정답** ②

## 시 69편

1. 시편 69편에서 시편 저자가 탄원의 기도를 하는 내용에 포함되지 않는 것은?(시 69:1, 6, 13)
   ① 하나님이여 나를 구원하소서 물들이 내 영혼에까지 흘러 들어왔나이다
   ② 주를 바라는 자들이 나를 인하여 수치를 당하게 하지 마옵소서
   ③ 하나님이여 많은 인자와 구원의 진리로 내게 응답하소서
   ④ 나를 불쌍히 여길 자들과 긍휼히 여길 자들을 보내주소서
   **정답** ④

2. 시편 69편에서 원수의 멸망을 탄원하는 내용에 포함되지 않는 것은?(시 69:22-24)
   ① 그들이 내가 당한 비방과 수치와 능욕을 똑같이 당하게 하소서
   ② 그들의 밥상이 올무가 되게 하소서
   ③ 그들의 눈이 어두워 보지 못하게 하소서
   ④ 주의 맹렬하신 노가 그들에게 미치게 하소서
   **정답** ①

3. 시편 69편에서 원수의 멸망을 탄원하는 내용에 포함되지 않는 것은?(시 69:25-28)
   ① 그들의 장막에 거하는 자가 없게 하소서
   ② 그들의 죄악에 죄악을 더하사 주의 공의의 들어오지 못하게 하소서
   ③ 그들의 아내들이 타인의 맷돌을 갈게 하시고 타인과 더불어 동침하게 하소서
   ④ 그들을 생명책에서 지우사 의인들과 함께 기록되지 못하게 하소서
   **정답** ③

4. 시편 69편 30-31절에 의하면 "소 곧 뿔과 굽이 있는 황소를 드림보다. 여호와를 더욱 기쁘시게" 하는 것은 무엇인가?
   ① 화목제 ② 감사의 찬양

③ 신령과 진정의 예배 ④ 소제

**정답** ②

## 시 70편

1. 시편 70편의 기도 내용에 포함되지 않는 것은? (시 70:2-3)

① 나의 영혼을 찾는 자들이 수치와 무안을 당하게 하소서

② 나의 상함을 기뻐하는 자들이 뒤로 물러가 수모를 당하게 하소서

③ 아하, 아하 하는 자들이 자기 수치로 말미암아 뒤로 물러가게 하소서

④ 나를 괴롭히는 자들이 심은 것을 타인들이 먹게 하소서

**정답** ④

2. 시편 70편의 기도 내용에 포함되지 않는 것은? (시 70:4-5)

① 내 영혼이 항상 만족하오니 주의 전에서 찬양하게 하소서

② 주를 찾는 모든 자들이 주로 말미암아 기뻐하고 즐거워하게 하소서

③ 주의 구원을 사랑하는 자들이 하나님은 위대하시다 하게 하소서

④ 주는 나의 도움이시오 나를 건지시는 이시오니 지체하지 마소서

**정답** ①

## 시 71편

1. 시편 71편에서 소개되는 신앙 고백이 아닌 것은? (시 71:3, 5)

① 나의 반석 ② 나의 요새

③ 나의 목자 ④ 나의 소망

**정답** ③

2. 시편 71편의 기도 내용에 포함되지 않는 것은? (시 71:2, 9, 21)

① 주의 의로 나를 건지시며 나를 풀어주시며 나를 구원하소서

② 늙을 때에 나를 버리지 마시며 내 힘이 쇠약할 때에 나를 떠나지 마소서

③ 나를 더욱 창대하게 하시고 돌이키사 나를 위로하소서

④ 내 영혼을 대적하는 자들을 주의 자비로 용서하소서

**정답** ④

3. 시편 71편의 저자가 하나님께서 기도에 응답해 주실 것을 믿고 한 약속에 들지 않는 것은? (시 71:14-15, 22)

① 내가 하나님의 성전 문지기가 되어 종일 찬양하리이다

② 나는 항상 소망을 품고 주를 더욱더욱 찬송하리이다

③ 내가 측량할 수 없는 주의 공의와 구원을 내 입으로 종일 전하리이다

④ 내가 비파로 주를 찬양하며 주의 성실을 찬양하리이다

**정답** ①

## 시 72편

1. 시편 72편의 저자는 하나님께서 주의 판단력을

누구에게 주시기를 기도하고 있는가?(시 72:1)

① 제사장 ② 선지자 ③ 재판장 ④ 왕

**정답** ④

2. 시편 72편에 의하면 왕의 책임이 아닌 것은?(시 72:2, 4)

① 주의 백성을 공의로 재판하고 주의 가난한 자를 정의로 재판하는 것
② 주의 백성을 비롯한 만민에게 자비와 긍휼을 베푸는 것
③ 가난한 백성의 억울함을 풀어주는 것
④ 궁핍한 자의 자손을 구원하며 압박하는 자를 꺾는 것

**정답** ②

## 시 73편

1. 시편 73편은 "그들은 죽을 때에도 고통이 없고 그 힘이 강건하며 사람들이 당하는 고난이 그들에게는 없고 사람들이 당하는 재앙도 그들에게는 없나니"라고 언급하고 있는데, 여기서 그들은 누구를 지칭하는가?(시 73:4-5)

① 악인 ② 정결한 자
③ 의인 ④ 주를 의지하는 자

**정답** ①

2. 시편 73편에 의하면 악인들이 평안하게 살고 재물을 얻으며 살아가는 현상에 대해 심한 고통을 느끼던 시편 저자는 어디에서 그들의 종말을 깨닫게 되는가?(시 73:17)

① 성문 앞 ② 재판장 앞
③ 왕 앞 ④ 성소

**정답** ④

## 시 74편

1. 시편 74편에서 언급하는 국가적인 고난의 내용이 아닌 것은?(시 74:3, 6)

① 원수가 성소에서 모든 악을 행함
② 주의 대적들이 자기들의 깃발을 세워 표적으로 삼음
③ 주의 백성들의 어린 자녀들을 길 모퉁이에서 메어침
④ 도끼와 철퇴로 성소의 모든 조각품을 쳐서 부숨

**정답** ③

2. 시편 74편에서 언급되는 하나님의 역사에 관한 표현이 아닌 것은?(시 74:13-15)

① 주의 능력으로 바다를 나누시고 물 가운데 용들의 머리를 깨뜨리셨다
② 리워야단의 머리를 부수시고 그것을 사막에 사는 자에게 음식물로 주셨다
③ 바위를 쪼개어 큰 물을 내시며 흐르는 강들을 마르게 하셨다
④ 말씀 한 마디로 온 땅에 기근이 들게 하시고 말씀 한 마디로 온 땅에 비가 내리게 하셨다

**정답** ④

3. 시편 74편의 기도 내용이 아닌 것은?(시 74:2, 19, 22)

① 가난한 자와 궁핍한 자를 높이 세우셔서 원수들을 치게 하소서
② 옛적부터 얻으시고 속량하사 주의 기업의 지파로 삼으신 주의 회중을 기억하소서
③ 주의 가난한 자의 목숨을 영원히 잊지 마소서
④ 일어나 주의 원통함을 푸시고 우매한 자가

종일 주를 비방하는 것을 기억하소서

**정답** ①

시 75편

1. 시편 75편에 의하면 하나님께서 오만한 자와 악인에게 명령한 것이 아닌 것은?(시 75:4-5)
   ① 오만하게 행하지 말라
   ② 이웃들과 함께 모의하지 말라
   ③ 교만한 목으로 말하지 말라
   ④ 너희 뿔을 들지 말라
   **정답** ②

2. 시편 75편은 사람을 높이고 낮추는 일이 동서남북을 통해서가 아니라 어떤 하나님을 통해서 가능하다고 노래하는가?(시 75:7)
   ① 왕 되신 하나님 ② 주권자 하나님
   ③ 재판장이신 하나님 ④ 공의의 하나님
   **정답** ③

시 76편

1. 시편 76편에 의하면 하나님께서 시온에 없게 하신 것이 아닌 것은?(시 76:3)
   ① 화살 ② 전쟁 ③ 방패 ④ 지진
   **정답** ④

2. "주께서는 ( ) 받을 이시니 주께서 한 번 노하실 때에 누가 주의 목전에 서리이까" 에서 괄호 안에 들어갈 단어는?(시 76:7)
   ① 경외 ② 칭송 ③ 인정 ④ 경배
   **정답** ①

시 77편

1. 시편 77편의 저자는 삶의 괴로움이 계속되고 기도의 응답이 더디게 될 때에 어떤 반응을 보이고 있는가?(시 77:11-12)
   ① 하나님이 왜 고통을 주시는지 그 이유를 묻는다
   ② 하나님이 고통을 주시는 것에 대해 이해하지 못하고 원망한다
   ③ 고통 속에서 하나님의 뜻을 찾으려고 힘쓴다
   ④ 자신의 잘못을 인정하고 이전에 하나님께서 베풀어주신 기이한 일들을 기억한다
   **정답** ④

2. 시편 77편에 언급되는 하나님께서 이전에 행하신 일에 포함되지 않는 것은?(시 77:15, 17, 20)
   ① 주의 팔로 야곱과 요셉의 자손을 속량하셨다
   ② 우렛소리와 번개가 멈추게 하셨다
   ③ 주의 백성을 양 떼 같이 모세와 아론의 손으로 인도하셨다
   ④ 구름이 물을 쏟고 궁창이 소리를 내게 하셨다
   **정답** ②

시 78편

1. 시편 78편에 의하면 어느 자손이 무기를 갖추고 활을 가졌으나 전쟁의 날에 물러가게 되었는가?(시 78:9)
   ① 므낫세 ② 유다
   ③ 에브라임 ④ 베냐민
   **정답** ③

2. 에브라임 자손들이 전쟁에서 패하게 된 이유가 아닌 것은?(시 78:10-11, 17)

① 하나님의 구원의 능력을 믿지만 감사할 줄 몰랐기 때문이다

② 하나님의 언약을 지키지 아니하고 그의 율법 준행을 거절했기 때문이다

③ 여호와께서 행하신 것과 그들에게 보이신 그의 기이한 일을 잊었기 때문이다

④ 계속해서 하나님께 범죄하여 메마른 땅에서 지존자를 배반했기 때문이다

**정답** ①

3. 시편 78편에 언급되는 하나님께서 행하신 일에 포함되지 않는 것은?(시 78:23-24, 27)

① 위의 궁창을 명령하시어 하늘 문을 여시고 만나를 비 같이 내려 하늘 양식을 주셨다

② 먼지처럼 많은 고기를 비 같이 내리시고 나는 새를 바다의 모래 같이 내리셨다

③ 광야에서 범죄한 자기 백성들을 엄하게 심판하시고, 공동체적인 책임을 물어 회개하는 백성들도 함께 멸망하게 하셨다

④ 자기 백성을 양 같이 인도하셨다

**정답** ③

4. 시편 78편에 의하면 하나님께서 애굽과 소안 들에서 행하신 일이 아닌 것은?(시 78:43-47)

① 강과 시내를 피로 변하여 그들로 마실 수 없게 하셨다

② 그들의 토산물을 황충과 메뚜기에게 주셨다

③ 쇠파리 떼를 그들에게 보내어 물게 하셨다

④ 포도나무와 뽕나무가 가뭄으로 마르게 하셨다

**정답** ④

5. 시편 78편에 의하면 주의 백성들이 우상 숭배를 하여 하나님을 노엽게 했을 때 그가 보이신 반응에 속하지 않는 것은?(시 78:61-64)

① 그의 능력을 포로에게 넘겨 주시고 그의 영광을 대적의 손에 붙이셨다

② 그들의 청년은 불에 살라지고 그들의 처녀들은 혼인 노래를 들을 수 없게 하셨다

③ 그들의 제사장들은 칼에 엎드러지고 과부들은 애곡도 하지 못하게 하셨다

④ 오직 에브라임 지파와 그의 사랑하는 벧엘을 택하여 예배를 받기로 작정하셨다

**정답** ④

## 시 79편

1. 시편 79편에 의하면 이방 나라들이 주의 성전에서 한 일이 아닌 것은?(시 79:1-3)

① 주의 종들의 시체를 공중의 새에게 밥으로 주었다

② 주의 성도들의 육체를 땅의 짐승에게 주었다

③ 주의 백성들의 시체를 예루살렘 성 밖에 매장했다

④ 주의 백성들의 피를 예루살렘 사방에 물 같이 흐르게 했다

**정답** ③

2. 시편 79편에 의하면 이방 나라들에 의해 성전이 파괴되고 백성들이 죽게 되었을 때 주의 백성들은 주께 기도하게 되었다. 그 기도 내용과 다른 것은?(시 79:9-10)

① 주의 이름의 영광스러운 행사를 위하여 우리를 도우소서

② 우리 이웃이 주를 비방한 그 비방을 그들의

품에 백 배나 갚으소서
③ 주의 이름을 증거하기 위하여 우리 죄를 사하소서
④ 주의 종들이 피흘림에 대한 복수를 우리 목전에서 이방 나라에게 보여 주소서

**정답** ②

## 시 80편

1. 시편 80편 1절은 "( )을 양 떼 같이 인도하시는 이스라엘의 목자여 귀를 기울이소서 ( )사이에 좌정하신 이여 빛을 비추소서"로 시작한다. 괄호 안에 들어가는 단어들을 순서대로 나열하면 맞는 것은?
① 유다--구름 ② 야곱--하늘
③ 이스라엘--나라 ④ 요셉--그룹

**정답** ④

2. 시편 80편 8절은 출애굽한 이스라엘 백성들이 가나안을 차지하게 된 것을 "주께서 한 ( )를 애굽에서 가져다가 민족들을 쫓아내시고 그것을 심으셨나이다"라고 표현하고 있다. 괄호 안에 들어갈 단어는?
① 포도나무 ② 감람나무
③ 무화과나무 ④ 가시나무

**정답** ①

## 시 81편

1. 시편 81편에서 언급하는 이스라엘 백성들을 향한 하나님의 역사와 차이가 있는 것은? (시 81:6-7)
① 네가 고난 중에 부르짖으매 내가 너를 건졌다
② 우렛소리의 은밀한 곳에서 네게 응답하였다
③ 므리바 물 가에서 너를 구원했다
④ 내가 그의 어깨에서 짐을 벗기고 그의 손에서 광주리를 놓게 하였다

**정답** ③

2. 시편 81편에서 언급되는 명령과 다른 것은? (시 81:3, 9)
① 너희 중에 다른 신을 두지 말며 이방신에게 절하지 말지어다
② 네 입을 크게 열라 내가 채우리라
③ 초하루와 보름과 우리의 명절에 나팔을 불지어다
④ 네 입을 닫고 주 앞에서 잠잠하라

**정답** ④

## 시 82편

1. 학자들 사이에서 천상회의를 암시하는 시편으로 이해되고 있는 시편 82편은 어떤 구절로 시작하는가?(시 82:1)
① 하나님은 높은 산들 위에 서시며 하늘 위에서 재판하시느니라
② 하나님은 신들의 모임 가운데에 서시며 하나님은 그들 가운데에서 재판하시느니라
③ 하나님은 재판관들 가운데 서시며 하나님은 그들 가운데에서 심판하시느니라
④ 하나님은 왕들 가운데 서시며 하나님은 재판관들 가운데에서 판단하시느니라

**정답** ②

2. 시편 82편에 언급되는 하나님의 명령이 아닌 것은?(시 82:3-4)
   ① 마귀의 소유인 이방 백성들을 심판하라
   ② 가난한 자와 고아를 위하여 판단하라
   ③ 곤란한 자와 빈궁한 자에게 공의를 베풀라
   ④ 가난한 자와 궁핍한 자를 구원하여 악인들이 손에서 건질지니라

   **정답** ①

## 시 83편

1. 시편 83편에는 이스라엘 백성들을 치려고 서로 동맹을 맺은 민족들이 언급된다. 그들 중에 포함되지 않는 민족은?(시 83:6-8)
   ① 에돔, 이스마엘, 모압
   ② 하갈, 그발, 암몬
   ③ 애굽, 바벨론,
   ④ 아말렉, 블레셋, 두로

   **정답** ③

2. 시편 83편에서는 이스라엘 백성들을 치려고 서로 동맹을 맺은 민족들에 대해 이스라엘 백성들이 하나님께 기도하는 내용이 나온다. 그 내용에 포함되지 않는 것은?(시 83:13-16)
   ① 그들이 굴러가는 검불 같게 하소서
   ② 바람에 날리는 지푸라기 같게 하소서
   ③ 주의 폭풍으로 그들을 두렵게 하소서
   ④ 그들이 주의 이름을 찾지 못하게 하소서

   **정답** ④

## 시 84편

1. 시편 84편은 주의 성전을 사모하는 시편 저자의 마음이 표현되고 있다. "만군의 여호와여 주의 ( )이 어찌 그리 사랑스러운지요"의 괄호 안에 들어갈 단어는?(시 84:1)
   ① 장막 ② 성소 ③ 지성소 ④ 제단

   **정답** ①

2. 84편 2절인 "내 영혼이 여호와의 ( )을 사모하여 쇠약함이여 내 마음과 육체가 살아계시는 하나님께 부르짖나이다"에서 괄호 안에 들어갈 단어는?
   ① 제단 ② 궁정 ③ 성전 ④ 성소

   **정답** ②

3. 84편 6절은 주의 성전에서 예배드리고 기도하는 자에게 주어지는 축복을 소개하는데, "그들이( ) 골짜기를 지나갈 때에 그 곳에 많은 ( )이/가 있을 것이며 이른 비가 복을 채워 주나이다"라고 표현하고 있다. 괄호 안에 들어가는 단어들을 순서대로 나열하면?
   ① 사망의---생명 ② 깊은--인도자
   ③ 눈물--샘 ④ 캄캄한--빛

   **정답** ③

4. "주의 궁정에서의 한 날이 다른 곳에서의 ( ) 날보다. 나은즉 악인의 장막에 사는 것보다. 내 하나 님의 ( )로 있는 것이 좋사오니"(84:10)라는 구절에서 괄호 안에 들어갈 단어들을 순서대로 나열하라.
   ① 열--제사장 ② 백--레위인
   ③ 열--성가대원 ④ 천--성전 문지기

   **정답** ④

## 시 85편

1. 시편 85편에 언급하는 하나님께서 자기 백성들에게 행하신 일이 아닌 것은?(시 85:1-3)
   ① 야곱의 포로 된 자들이 돌아오게 하셨다
   ② 주의 백성들을 위해 사막에 강을 만드셨다
   ③ 주의 모든 분노를 거두시며 주의 진노를 돌이키셨다
   ④ 주의 백성의 죄악을 사하시며 모든 죄를 덮으셨다

   **정답** ②

2. 85편 10절은 "인애와 ( )가 같이 만나고 의와 화평이 서로 입맞추었다"고 기록하고 있다. 괄호 안에 들어가는 단어는?
   ① 진리 ② 공의 ③ 긍휼 ④ 자비

   **정답** ①

3. 85편에 의하면 주의 앞에 앞서 가며 주의 길을 닦는 것은 무엇인가?(시 85:13)
   ① 지혜 ② 주의 영 ③ 진리 ④ 의

   **정답** ④

## 시 86편

1. 86편의 저자가 고백하는 하나님의 모습이 아닌 것은?(시 86:15)
   ① 주는 자기 백성을 긍휼이 여기는 분이다
   ② 주는 은혜를 베푸시는 분이다
   ③ 자기 백성을 공의로 심판하시는 분이다
   ④ 주는 인자와 진실이 풍성하신 분이다

   **정답** ③

2. 86편의 저자가 하나님 앞에 자신을 묘사하고 있는 내용이 아닌 것은?(시 86:2, 4)
   ① 나는 주로 말미암아 부유한 자이다
   ② 나는 경건하다
   ③ 내 영혼이 주를 우러러본다
   ④ 나는 주를 의지하는 자이다

   **정답** ①

## 시 87편

1. 87편 1절은 여호와께서 야곱의 모든 거처보다. 어디의 문들을 더 사랑하신다고 노래하는가?
   ① 유다 ② 시온
   ③ 벧엘 ④ 에브라임

   **정답** ②

2. 87편은 하나님의 성에 대해 사람들이 어떻게 고백한다고 기록하는가?(시 87:3)
   ① 은혜롭다 ② 신비롭다
   ③ 거룩하다 ④ 영광스럽다

   **정답** ④

## 시 88편

1. 88편에서 고난 중에 있는 저자가 외친 탄식의 내용이 아닌 것은?(시 88:4, 6, 9)
   ① 나는 무덤에 내려가는 자 같이 인정되고 힘없는 용사와 같습니다
   ② 주께서 나를 깊은 웅덩이와 어둡고 음침한 곳에 두셨나이다
   ③ 유령들이 일어나 주를 찬양하는 꿈까지 꾸게 됩니다

④ 곤란으로 말미암아 내 눈이 쇠하였나이다

**정답** ③

2. 88편에서 고난 중에 있는 저자가 기도한 내용은?(시 88:2)

① 나의 원수들을 물리쳐 주옵소서

② 나의 기도가 주 앞에 이르게 하소서

③ 내 눈을 밝게 하옵소서

④ 내가 사랑하는 자와 친구들을 돌려주옵소서

**정답** ②

3. 88편에서 고난 중에 있는 저자가 외친 탄식의 내용이 아닌 것은?(시 88:14-18)

① 무덤과 음부에서까지 주를 찬양하게 하셨나이다

② 내가 어릴 적부터 고난을 당하여 죽게 되었나이다

③ 주는 내게서 사랑하는 자와 친구를 멀리 떠나게 하셨나이다

④ 어찌하여 주의 얼굴을 내게서 돌리시나이까?

**정답** ①

## 시 89편

1. 89편에 의하면 거룩한 자의 모임 가운데에서 매우 무서워할 이시며 둘러 있는 모든 자 위에 더욱 두려워할 이는 누구인가?(시 89:7)

① 느부갓네살　　② 사울 왕

③ 다윗 왕　　④ 하나님

**정답** ④

2. 89편 14절은 공의와 ( )가/이 주의 보좌의 기초이고 인자함과 진실함이 주 앞에 있다고 노래하고 있다. 괄호 안에 들어갈 단어는?

① 성실함　② 정의　③ 긍휼　④ 은총

**정답** ②

3. 89편에서는 "나의 성실함과 인자함이 그와 함께 하리니 내 이름으로 말미암아 그의 뿔이 높아지리로다"라고 노래하고 있는데, 여기에서 그는 누구를 가리키는가?(시 89:24)

① 솔로몬 왕　　② 요시야 왕

③ 다윗 왕　　④ 인자 같은 이

**정답** ③

## 시 90편

1. 시편 90편은 하나님의 사람 누구의 기도인가?

① 모세　② 아삽　③ 솔로몬　④ 다윗

**정답** ①

2. 90편 4절은 "주의 목전에는 ( ) 년이 지나간 어제 같으며 밤의 한 순간 같을 뿐임이니이다"라고 고백하고 있다. 괄호 안에 들어갈 단어는?

① 백　② 만　③ 천만　④ 천

**정답** ④

3. 90편 10절은 "우리의 연수가 칠십이요 강건하면 ( )이라도 그 연수의 자랑은 수고와 슬픔뿐이요 신속히 가니 우리가 날아가나이다"라고 고백한다. 괄호 안에 들어갈 말은?

① 구십　② 팔십　③ 백　④ 백 이십

**정답** ②

4. 90편의 저자는 우리 날 계수함을 가르치사 어떤 마음을 얻게 해달라고 기도하고 있는가?

(시 90:12)

① 거룩한 마음 ② 인자한 마음
③ 지혜로운 마음 ④ 즐거운 마음

**정답** ③

## 시 91편

1. 91편은 지존자의 은밀한 곳에 거하며 전능자의 그늘 아래에 사는 자(1)는 밤에 찾아오는 ( )와 낮에 날아드는 화살과 어두울 때 퍼지는 ( )과/와 밝을 때 닥쳐오는 재앙을 두려워하지 않게 된다(5-6)고 언급하고 있다. 괄호 안에 순서대로 들어가야 할 단어들은?

   ① 원수--소문 ② 원수--불길
   ③ 적군--전염병 ④ 공포--전염병

   **정답** ④

2. 여호와를 피난처로 삼고 지존자를 거처로 삼는 자에게 주께서 누구를 명령하사 모든 길에서 지키게 하시는가?(시 91:11)

   ① 인자 ② 구속자 ③ 왕 ④ 천사

   **정답** ④

## 시 92편

1. 92편 10절은 "주께서 내 뿔들을 ( )의 뿔 같이 높이셨으며 내게 신선한 기름을 부으셨나이다"라고 노래하고 있다. 괄호 안에 들어가는 단어는?

   ① 들소 ② 황소 ③ 사슴 ④ 염소

   **정답** ①

2. 92편에 언급되는 의인과 관련된 묘사가 틀린 것은?(시 92:12-15)

   ① 종려나무 같이 번성하며 레바논의 백향목 같이 성장하게 된다
   ② 늙기 전에 결실을 많이 하게 된다
   ③ 진액이 풍족하고 빛이 청청하다
   ④ 원수들이 보응 받는 것을 눈으로 보게 된다

   **정답** ②

## 시 93편

1. 93편의 신앙 고백에 포함되지 않는 것은?
(시 93:1-2, 5)

   ① 여호와께서 다스리시니 스스로 권위를 입으셨도다
   ② 주의 보좌는 예로부터 견고히 섰으며 주는 영원부터 계셨나이다
   ③ 하늘이 여호와의 영광을 선포하고 궁창이 그의 손으로 하신 일을 나타낸다
   ④ 여호와는 영원무궁하시리이다

   **정답** ③

2. 93편 4절은 "높이 계신 여호와의 ( )은 많은 물소리와 바다의 큰 파도보다 크니이다"라고 언급하고 있다. 괄호 안에 들어갈 단어는?

   ① 위엄 ② 영광 ③ 음성 ④ 능력

   **정답** ④

## 시 94편

1. 94편에서 언급하는 악인의 행동들이 아닌 것은?
(시 94:4-6)

   ① 마구 지껄이며 오만하게 떠든다

② 주의 백성을 짓밟으며 주의 소유를 곤고하게 한다
③ 과부와 나그네를 죽이며 고아들을 살해한다
④ 공의로우신 하나님 앞에서 결국 회개한다

**정답** ④

2. 94편에 언급되는 하나님에 관한 묘사와 거리가 먼 것은?(시 94:1-2)
① 악인들을 용서하시는 하나님
② 복수하시는 하나님
③ 세계를 심판하시는 주
④ 뭇 백성을 징벌하시는 이

**정답** ①

## 시 95편

1. 95편에 의하면 광야에서 사십 년 동안 하나님을 시험한 백성들을 하나님께서는 당신께서 베푸시는 ( )에 들어가지 못하게 맹세하셨다. 괄호 안에 들어갈 단어는?(시 95:10-11)
① 가나안 ② 안식 ③ 처소 ④ 축복의 땅

**정답** ②

2. 95편 8절은 "너희는 므리바에서와 같이 또 광야의 ( )에서 지냈던 날과 같이 너희 마음을 완악하게 하지 말지어다"라고 기록되고 있다. 괄호 안에 들어갈 지명은?
① 브엘세바 ② 가데스 ③ 르비딤 ④ 맛사

**정답** ④

3. 95편의 내용에 포함되지 않는 것은?(시 95:1, 3, 7)
① 오라 우리가 여호와께 노래하며 우리의 구원의 반석을 향하여 즐거이 외치자.
② 여호와는 크신 하나님이시오 모든 신들보다 크신 왕이시다
③ 내 평생에 여호와의 선하심과 인자하심이 영원히 나를 따를 것이다
④ 그는 우리의 하나님이시오 우리는 그가 기르시는 백성이며 그의 손이 돌보시는 양이다

**정답** ③

## 시 96편

1. 96편 13절에 의하면 하나님께서 세계를 심판하실 때 무엇으로 심판하시는가?
① 의와 진실 ② 불과 유황
③ 자비와 긍휼 ④ 군대와 마병

**정답** ①

2. 96편에서 명령하고 있는 것이 아닌 것은?(시 96:1, 7-8)
① 새 노래로 여호와께 노래하라
② 온 땅과 만민은 여호와 앞에서 잠잠하라
③ 만국의 족속들아 영광과 권능을 그에게 돌릴지어다
④ 여호와의 이름에 합당한 영광을 그에게 돌릴지어다

**정답** ②

## 시 97편

1. 97편 2절에 의하면 여호와의 보좌의 기초가 되는 것은 무엇인가?
① 땅과 바다 ② 해와 달

③ 공의와 정의 ④ 인자와 진리

**정답** ③

2. 97편의 내용에 비추어 볼 때 틀린 것은? (시 97:3-5)

① 불이 여호와 앞에서 나와 사방의 대적들을 불살랐다

② 여호와의 번개가 세계를 비추니 땅이 보고 떨었다

③ 산들이 여호와의 앞 곧 온 땅의 주 앞에서 밀랍 같이 녹았다

④ 여호와는 온 땅 위에서 다른 신들과 함께 거하시며 이끄신다

**정답** ④

## 시 98편

1. 98편 1절은 "새 노래로 여호와께 찬송하라 그는 기이한 일을 행하사 그의 ( )과/와 ( )로/으로 자기를 위하여 구원을 베푸셨음이로다"라고 노래한다. 괄호 안에 들어갈 단어들은?

① 인자--진리 ② 지진---화산

③ 천군--천사 ④ 오른손--거룩한 팔

**정답** ④

2. 98편 3절은 "그가 이스라엘의 집에 베푸신 ( )와 ( )을/를 기억하셨으므로 땅 끝까지 이르는 모든 것이 우리 하나님의 구원을 보았도다"라고 노래하고 있다. 괄호 안에 들어갈 단어들은?

① 만나--메추라기 ② 인자--기적

③ 인자--성실 ④ 자비--정의

**정답** ③

## 시 99편

1. 99편 1절은 "여호와께서 다스리시니 만민이 떨 것이요 여호와께서 ( ) 사이에 좌정하시니 땅이 흔들릴 것이로다"라고 노래하고 있다. 괄호 안에 들어갈 단어는?

① 그룹 ② 바다 ③ 하늘 ④ 구름

**정답** ①

2. 99편 6절에 의하면, 여호와의 제사장들 중에는 ( )와 ( )이 있고 그의 이름을 부르는 자들 중에는 ( )이 있었다고 언급한다. 괄호 안에 들어갈 사람들은?

① 다윗-솔로몬-르호보암

② 모세-아론-사무엘

③ 아론-사독-에스라

④ 다윗-고라-아삽

**정답** ②

## 시 100편

1. 100편 3절은 "여호와가 우리 하나님이신 줄 너희는 알지어다. 그가 우리를 지으신 이요 우리는 그의 것이니 그의 ( )이요/요 그의 기르시는 ( )이로다"라고 노래한다. 괄호 안에 들어갈 단어는?

① 민족-가축 ② 족속-송아지

③ 백성-양 ④ 군대-민족

**정답** ③

2. 시인은 하나님의 궁정에 어떤 자세로 들어갈 것을 촉구하는가?(시 100:4)

① 찬양 ② 감사 ③ 제사 ④순종

**정답** ②

3. 100편 5절은 "여호와는 선하시니 그의 ( )이 영원하고 그의 ( )이 대대에 이르리로다"라고 노래한다. 괄호 안에 들어갈 단어들은?
① 판단-축복 ② 공평-기억하심
③ 권능-심판 ④ 인자하심-성실하심
**정답** ④

5. 시인이 맹세한 내용이 아닌 것은?(시 101:7-8)
① 충성된 자와 함께 삶
② 거짓을 행하는 자는 축출함
③ 이 땅의 모든 악인을 멸함
④ 성전에서 매일 제의드림
**정답** ④

### 시 101편

1. 시편 101편은 시편 100편에서 끝나는 연결어구를 다시 사용하며 시작한다. 그 단어는 무엇인가?(시 101:1)
① 정의 ② 의 ③ 인자 ④ 공의
**정답** ③

2. 시편 101편은 어떤 장르의 시인가?
① 탄식시 ② 찬양시 ③ 등극시 ④ 제왕시
**정답** ④

3. 시인은 어떤 마음으로 행할 것을 다짐하고 있는가?(시 101:2)
① 완전한 마음 ② 온유한 마음
③ 겸손한 마음 ④ 사악한 마음
**정답** ①

4. 시인이 멸하고 용납하지 않겠다고 맹세한 자들에 속하지 않는 것은?(시 101:5)
① 이웃을 헐뜯는 자
② 고아와 과부를 멸시하는 자
③ 눈이 높은 자
④ 마음이 교만한 자
**정답** ②

### 시 102편

1. 시편 102편은 무슨 시인가?
① 탄식시 ② 찬양시
③ 역사 회상시 ④ 감사시
**정답** ①

2. 시인은 자신의 환난을 당하는 이유를 무엇으로 설명하는가?(시 102:10)
① 대적자 ② 이유 없음
③ 자신의 죄 ④ 주의 분노
**정답** ④

### 시 103편

1. 이 시에서 등장하지 않는 내용은?
(시 103:10-12, 15-17)
① 죄의 고백 ② 인간의 연약함
③ 주의 인자 ④ 대적을 물리침
**정답** ④

2. 시편 103편 5절은 "좋은 것으로 네 소원을 만족하게 하사 네 청춘을 ( )같이 새롭게 하시는도다"라고 말한다. 여기서 빈칸에 들어갈 말은?
① 독수리 ② 사자

③ 양　　④ 염소

**정답** ①

### 시 104편

1. 이 시인은 하나님의 무엇으로 세상을 지으셨다고 말하는가?(시 104:24)

① 능력　② 말씀　③ 지혜　④ 손

**정답** ③

2. 이 시인은 특별히 사람의 경우에는 주의 ( )을(를) 보내어 창조했다고 말하는가?(시 104:30)

① 영　② 호흡　③ 사자　④ 천사

**정답** ①

3. 시편 104편은 하나님의 창조를 이야기하면서 궁극적으로 어떤 것을 강조하며 끝나는가?(시 104:35)

① 하나님의 능력　② 하나님의 인자
③ 죄인의 소멸　④ 하나님의 지혜

**정답** ③

### 시 105편

1. 시편 105편은 아브라함으로 시작해서 이스라엘을 부른 목적을 말하고 있다. 그것이 무엇인가?(시 105:45)

① 찬양　② 율법을 지킴
③ 원수를 무찌름　④ 영광을 돌림

**정답** ②

2. 시편 105편에서 언약과 평행을 이루는 말이 아닌 것은?

① 맹세　② 말씀　③ 율례　④ 판단

**정답** ④

### 시 106편

1. 시편 106편은 누가 복이 있다고 선언하는가?(시 106:3)

① 정의와 공의를 행하는 자
② 율법을 묵상하는 자
③ 찬양하는 자
④ 이웃을 사랑하는 자

**정답** ①

2. 시편 106편은 과거 이스라엘의 어떤 시대를 회상하는 시인가?

① 족장 시대　② 출애굽 시대
③ 광야 시대　④ 포로기 시대

**정답** ③

3. 하나님이 사로잡힌 자를 돌아오게 하신 이유를 무엇이라고 말하는가?(시 106:45-46)

① 그들의 순종 때문
② 그들의 기도 때문
③ 하나님의 인자하심 때문
④ 하나님의 영광을 위해서

**정답** ③

### 시 107편

1. 107편은 시편 5권의 시작으로서 어떤 시대를 배경으로 쓰여졌는가?

① 사사시대 ② 왕정시대

③ 포로기 시대 ④ 포로후기 시대

**정답** ④

2. 시편 107편에서 핵심어는 무엇인가?

① 인자 ② 율법 ③ 찬양 ④ 공의

**정답** ①

## 시 108편

1. 시편 108편에서 시인의 고백이 아닌 것은?(시 108:1-2)

① 마음을 정했음 ② 주를 찬양할 것임

③ 새벽을 깨울 것임 ④ 율법을 묵상할 것임

**정답** ④

2. 시편 108편에서 등장하는 뭇나라(열방)는 어떤 특징을 갖는가?(시 108:9)

① 구원받을 자 ② 대적자

③ 하나님의 백성 ④ 하나님의 피조물

**정답** ②

## 시 109편

1. 시편 109편에서 등장하는 악인의 특징이 아닌 것은?(시 109:5, 16-17)

① 하나님을 대적함 ② 악으로 선을 갚음

③ 궁핍한 자를 핍박 ④ 저주하기를 좋아함

**정답** ①

2. 시편 5권의 문맥에서 109편에서 악인은 결국 어떤 사람인가?

① 하나님의 계명을 지키지 않는 자

② 원수를 갚는 자

③ 하나님의 인자(긍휼)을 생각하지 않는 자

④ 폭력을 행하는 자

**정답** ③

## 시 110편

1. 시편 110편에서 등장하는 영원한 제사장은 누구의 서열을 따른 제사장인가?(시 110:4)

① 아론 ② 엘리 ③ 비느하스 ④ 멜기세덱

**정답** ④

2. 시편 110편에서 왕 같은 제사장은 어떤 일을 하는 자인가?(시 110:5)

① 열왕들을 쳐서 깨뜨림

② 제사를 드림

③ 백성을 축복함

④ 공의와 의를 베풂

**정답** ①

## 시 111편

1. 시편 111-117편을 일명 무엇이라고 하는가?

① 시온 순례시 ② 할렐루야시

③ 등극시 ④ 토라시

**정답** ②

2. 시편 111편은 시편 112편과 함께 어떤 주제를 다루는가?

① 순종 ② 찬양 ③ 경외 ④ 율법

**정답** ③

## 시 112편

1. 시편 112편에서 여호와를 경외하는 자의 특징은 무엇인가?(시 112:7)
   ① 율법을 지킴 ② 찬양함
   ③ 대적을 물리침 ④ 마음을 굳게 정함
   **정답** ④

2. 시편 112편은 시편 1편과 비슷하게 복으로 시작해서 악인의 무엇으로 끝나는가?(시 112:10)
   ① 소멸 ② 덧없음 ③ 고통 ④ 열매 없음
   **정답** ①

## 시 113편

1. 시편 113편에서 하나님은 어떤 사람을 구원하는 자로 제시되는가?(시 113:7)
   ① 궁핍한 자 ② 율법을 지키는 자
   ③ 찬양하는 자 ④선행을 행하는 자
   **정답** ①

## 시 114편

1. 이 시편에서 유다는 여호와의 무엇이 되었다고 말하는가?(시 114:2)
   ① 소유 ② 보배 ③ 성소 ④ 백성
   **정답** ③

2. 이 시편의 초두는 이방 나라 중에 어떤 나라를 언급하는가?(시 114:1)
   ①블레셋 ②애굽 ③ 앗수르 ④ 바벨론
   **정답** ②

3. 이 시편은 이스라엘의 어떤 시대를 회생하는가?
   ① 족장 시대 ② 출애굽 시대
   ③ 왕정 시대 ④ 포로기 시대
   **정답** ②

## 시 115편

1. 이 시편에서 하나님이 어디 있느냐고 말하는 주체는 누구인가?(시 115:2)
   ① 악인 ② 뭇나라(열방)
   ③ 하나님을 배반한 자 ④ 의심하는 자
   **정답** ②

2. 우상을 만드는 자를 무엇이라고 말하는가?(시 115:5-7)
   ① 소경과 귀머거리
   ② 하나님의 명령을 지키지 않는 자
   ③ 율법을 배반하는 자
   ④ 하나님의 은혜를 기억치 않는 자
   **정답** ①

## 시 116편

1. 이 시편에서 극적으로 구원받은 자가 행할 것이라고 하지 않은 것은?(시 116:17-18)
   ① 서원을 갚을 것임
   ② 여호와의 이름을 부름
   ③ 감사제를 드림
   ④ 율법을 수행할 것임
   **정답** ④

2. 이 시에서 강조되는 여호와의 성품은?(시 116:5)

① 자비하심　　② 전지전능하심
③ 의로우심　　④ 지혜로움

**정답** ①

## 시 117편

1. 이 시편은 모든 나라들에게 여호와의 무엇을 선포하는가?(시 117:2)
① 능력　　② 인자하심
③ 의로우심　　④ 지혜로움

**정답** ②

## 시 118편

1. 이 시편은 누구에게 여호와의 인자하심을 찬양하라고 촉구하는가?(시 118:4)
① 궁핍한 자　　② 경외하는 자
③ 복 받은 자　　④ 율법을 지키는 자

**정답** ②

2. 시편 118편에서 대적자는 누구인가?(시 118:10)
① 악인　　② 애굽
③ 뭇나라　　④ 하나님을 배반한 자

**정답** ③

3. 이 시편에서 "건축자가 버린 돌이 집 모퉁이의 ( )이(가) 되었다"라고 말한다. 이 빈칸에 들어갈 말은?(시 118:22)
① 토대　② 머릿돌　③ 반석　④ 기둥

**정답** ②

4. 이 시편에서 시인은 누가 복이 있는 자라고 선포하는가?(시 118:26)
① 율법을 지키는 자
② 찬양하는 자
③ 서원을 갚는 자
④ 여호와의 이름으로 오는 자

**정답** ④

## 시 119편

1. 시편 119편을 일명 무슨 시라고 말하는가?
① 토라시　　② 찬양시
③ 회개시　　④ 시온 순례시

**정답** ①

2. 시편 119편에서 율법 외에 무엇이 핵심어로 등장하는가?
① 언약　② 지혜　③ 공의　④ 마음

**정답** ④

3. 여기서 시인은 주의 계명을 무엇보다 더 사랑한다고 고백하는가?(시 119:127)
① 재물　② 생명　③ 정금　④ 자녀

**정답** ③

## 시 120편

1. 시편 120-134편을 소위 무슨 시라고 말하는가?
① 시온 순례시　　② 토라시
③ 회상시　　④ 등극시

**정답** ①

2. 시편 120편은 시온의 복을 언급한다. 그것이 무

엇인가?(시 120:1)

① 기도 응답　② 재물

③ 자녀의 축복　④ 대적자를 물리침

**정답** ①

## 시 121편

1. 시편 121편에서 반복되는 단어는?
(시 121:4-5, 7)

① 구원하심　② 축복하심

③지키심　④ 심판하심

**정답** ③

## 시 122편

1. 이 시편은 예루살렘(시온)의 축복을 무엇으로 제시하는가?(시 122:6-7)

① 자녀　② 원수를 물리침

③ 기도 응답　④ 형통과 평강

**정답** ④

## 시 123편

1. 이 시편에서 시온의 축복은 무엇인가?(시 123:2)

① 여호와의 긍휼

② 여호와의 보호

③ 여호와의 기도응답

④ 여호와의 물질적 축복

**정답** ①

## 시 124편

1. 이 시편에서 대적자를 무엇으로 비유하고 있는가?(시 124:4-5)

① 사자　② 사나운 짐승

③ 물　④ 노략자

**정답** ③

## 시 125편

1. 이 시편에서 의인으로 묘사되는 표현 중에 아닌 것은?(시 125:1, 4)

① 여호와를 의뢰하는 자

②선한 자들

③ 마음이 정직한 자

④ 제사를 드리는 자

**정답** ④

2. 이 시에서 시온산을 사람에게 적용하고 있다. 이런 사람은 어떤 사람인가?(시 125:4)

① 율법을 묵상하는 자

② 찬양하는 자

③ 여호와를 의뢰하는 자

④ 제사를 드리는 자

**정답** ③

## 시 126편

1. 여기서 시인은 여호와의 어떤 행동 때문에 "꿈꾸는 것 같도다"라고 말하는가?(시 126:1)

① 은혜를 베푸셨기 때문

② 시온의 포로를 돌려 보내셨기 때문

③ 애굽에서 인도하셨기 때문

④ 대적자를 물리치셨기 때문

**정답** ②

2. 이 시에서 울며 씨를 뿌리러 나가는 자는 문맥상 누구를 가리키는가?(시 126:5)

① 인내하는 자

② 하나님의 구원을 바라는 자

③ 율법을 행하는 자

④ 기도하는 자

**정답** ②

## 시 127편

1. 여기서 시온의 축복이 이루어지는 영역으로 제시되지 않는 것은?(시 127:1, 3-4)

① 국가 ② 집 ③ 성읍 ④ 자녀

**정답** ①

2. 이 시편에서 젊은 자의 자식을 무엇으로 비유하고 있는가?(시 127:4)

① 칼 ② 방패 ③ 화살 ④ 창

**정답** ③

## 시 128편

1. 여기서 시온의 축복을 받는 사람은 어떤 사람으로 묘사되는가?(시 128:1)

① 여호와의 길로 행하는 자

② 찬양하는 자

③ 서원을 갚는 자

④ 제사를 잘 드리는 사람

**정답** ①

2. 여기서 아내를 무슨 나무에 비유하는가?(시 128:3)

① 감람나무 ② 포도나무

③ 무화과나무 ④ 석류나무

**정답** ②

## 시 129편

1. 이 시편에서 시온은 무엇으로 비유되는가?(시 129:3)

① 나무 ② 들 ③ 성읍 ④ 인간의 몸

**정답** ④

## 시 130편

1. 이 시편이 앞의 시들과 관련해서 강조하는 내용이 아닌 것은?

① 인간의 기도

② 인간의 죄성

③ 하나님의 창조의 능력

④ 하나님의 인자하심

**정답** ③

2. 인간의 죄를 사하시는 목적을 무엇이라고 말하고 있는가?(시 130:4)

① 하나님을 경외케 하기 위함

②하나님을 찬양하기 위함

③ 제사를 드리기 위함

④ 하나님께 영광을 돌리기 위함

**정답** ①

## 시 131편

1. 여기서 시온의 평강을 무엇에 비유하고 있는가?(시 131:2)

① 어머니 품　　② 안락한 집

③ 따스한 햇살　　④ 평온한 잠

**정답** ①

2. 이 시편의 초두는 시온의 축복을 받는 사람의 조건을 말하고 있다. 그것은 무엇인가?(시 131:1)

① 율법을 행함　　② 공의를 행함

③ 마음이 교만치 않음　④ 찬양을 드림

**정답** ③

## 시 132편

1. 이 시편은 어떤 언약을 배경으로 이야기하고 있는가?(시 132:11-12)

① 노아언약　　② 아브라함 언약

③ 모세언약　　④ 다윗언약

**정답** ④

2. 이 시편에서 시온은 어떤 곳으로 묘사되는가?(시 132:14)

① 하나님의 창조한 장소

② 하나님이 쉴 곳

③ 하나님의 통치의 장소

④ 하나님이 축복하는 곳

**정답** ②

3. 시온에 하나님의 궤를 주의 ( )의 궤라고 한다. 여기서 빈칸에 들어갈 말은?(시 132:8)

① 권능　② 언약　③ 율법　④ 말씀

**정답** ①

## 시 133편

1. 이 시편의 초두에서 무엇을 아름답다고 칭송하는가?(시 133:1)

① 서원을 갚는 것

② 하나님께 예물을 드리는 것

③ 시온을 순례하는 것

④ 형제가 동거하는 것

**정답** ④

2. 이 시편에서 시온의 축복을 무엇의 이슬에 비유하고 있는가?(시 133:3)

① 갈멜　② 헐몬　③ 다볼　④ 레바논

**정답** ②

## 시 134편

1. 이 시편에서는 시온에서 복을 주시는 하나님을 어떤 하나님으로 지칭하는가?(시 134:3)

① 창조자 하나님　　② 구원자 하나님

③ 인애의 하나님　　④공의의 하나님

**정답** ①

## 시 135편

1. 이 시편에서 하나님은 이스라엘을 무엇으로 택하셨다고 말하는가?(시 135:4)

① 거룩한 백성　　② 거룩한 나라

③ 특별한 소유　　④ 특별한 피조물

정답 ③

2. 이 시편은 어떤 시대를 언급하고 있는가?

① 족장 시대　② 출애굽 시대

③ 왕정 시대　④ 포로기 시대

정답 ②

3. 이 시편에서 등장하지 않는 주제는?
(시 135:4, 15, 21)

① 율법　② 시온

③ 이스라엘의 선택　④ 우상논쟁

정답 ①

## 시 136편

1. 이 시편에 핵심어는 무엇인가?

① 율법　② 마음　③ 인자하심　④ 공의

정답 ③

2. 이 시편에서 하나님의 어떤 행적을 찬양하고 있는가?

① 창조　② 출애굽

③ 가나안 정착　④ ①②③ 모두

정답 ④

## 시 137편

1. 이 시는 어떤 장르에 속하는 시인가?

① 저주시　② 찬양시

③ 시온순례시　④ 토라시

정답 ①

2. 여기서 시인은 어디서 시온을 기억하며 울었다고 말하고 있는가?(시 137:1)

① 무너진 예루살렘 성벽　② 바벨론 강가

③ 애굽　④ 감옥

정답 ②

3. 이 시편에서 바벨론 외에 등장하는 이방민족은?
(시 137:7)

① 블레셋　② 암몬　③ 에돔　④ 앗수르

정답 ③

## 시 138편

1. 이 시의 초두에 등장하는 주요 낱말은 무엇인가?(시 138:1)

① 마음　② 율법　③ 경외　④ 제사

정답 ①

2. 여기서 시인이 주께 감사하라고 요구하는 대상은 누구인가?(시 138:4)

① 세상의 왕들　② 악인들

③ 주를 대적하는 자　④ 이스라엘

정답 ①

## 시 139편

1. 이 시편은 138편에서 사용한 표현을 다시 사용하고 있다. 그것은 무엇인가?(시 139:10)

① 주의 권능　② 주의 지혜

③ 주의 인자하심　④ 주의 오른손

정답 ④

2. 시인은 여기서 주의 책에 자신의 무엇이 기록되어 있다고 말하는가?(시 139:16)

① 행위 ② 정한 날들 ③ 생명 ④ 생각

**정답** ②

3. 이 시편에서 강조하는 사상은 무엇인가?

① 마음을 감찰하시는 하나님의 주권

② 복을 주시는 하나님의 인자하심

③ 하나님의 창조의 능력

④ 하나님의 구원의 능력

**정답** ①

4. 여기서 시인은 주의 무엇을 피할 수 없다고 말하는가?(시 139:7)

① 주의 심판 ② 주의 손

③ 주의 눈 ④ 주의 영

**정답** ④

## 시 140편

1. 여기서 등장하는 내용이 아닌 것은?(시 140:8-12)

① 궁핍한 자를 위한 정의

② 보호에 대한 간구

③ 여호와의 왕되심

④ 악인에 대한 저주

**정답** ③

## 시 141편

1. 여기서 시인은 자신의 기도를 무엇과 같이 되게 해달라고 말하는가?(시 141:2)

① 저녁 제사 ② 감사제

③ 방패 ④ 칼

**정답** ①

## 시 142편

1. 이 시편은 141편에 등장하는 단어를 다시 반복하여 서로 연결되고 있다. 그것은 무엇인가?(시 142:3)

① 경외 ② 올무 ③ 율법 ④ 마음

**정답** ②

2. 여기서 시인은 여호와를 자신의 무엇이라고 말하는가?(시 142:5)

① 소망 ② 분깃 ③ 요새 ④ 반석

**정답** ②

## 시 143편

1. 여기서 언급되지 않는 주제는 무엇인가?(시 143:2, 8, 12)

① 어떤 인생도 의롭지 못함

② 주의 인자하심

③ 악인에 대한 저주

④ 주의 창조의 역사

**정답** ④

2. 시편 138-143편에서 나타나는 중심 단어는 무엇인가?

① 마음 ② 율법 ③ 경외 ④ 인자

**정답** ①

## 시 144편

1. 여기서 시인이 여호와께 간구하는 내용 중에 아닌 것은?(시 144:1, 5-7, 10-11)
   ① 대적을 물리침
   ② 원수에 대한 저주
   ③ 하나님 나라의 도래
   ④ 하나님의 구원
   **정답** ②

2. 시편 144편은 어떤 장르의 시인가?
   ① 감사시 ② 제왕시
   ③ 탄식시 ④ 찬송시
   **정답** ②

## 시 145편

1. 이 시편은 하나님의 어떤 모습을 일차적으로 찬양하고 있는가?(시 145:1)
   ① 구원자로서 하나님
   ② 창조자로서의 하나님
   ③ 왕으로서의 하나님
   ④ 심판자로서의 하나님
   **정답** ③

2. 여기서 시인은 어떤 자에게 하나님이 소원을 이루어 주신다고 말하는가?(시 145:19)
   ① 선을 행하는 자 ② 기도하는 자
   ③ 율법을 지키는 자 ④ 경외하는 자
   **정답** ④

## 시 146편

1. 시편 146-150편은 시편의 후렴부분이라고 할 수 있다. 이 시들을 무엇이라고 부르는가?
   ① 지혜시 ② 할렐루야시
   ③ 다윗시 ④ 찬송시
   **정답** ②

2. 시편 146편은 어떤 자가 복을 받는 자라고 말하고 있는가?(시 146:5)
   ① 하나님께 자기 소망을 두는 자
   ② 하나님의 백성이 되는 자
   ③ 하나님의 계명을 지키는 자
   ④ 하나님께 찬양하는 자
   **정답** ①

## 시 147편

1. 이 시에서 이스라엘이 열방과 비교해서 큰 은혜를 받은 이유를 무엇이라고 말하고 하는가?(시 147:19-20)
   ① 하나님을 찬양하기 때문
   ② 하나님의 택함을 받았기 때문
   ③ 하나님의 복을 받았기 때문
   ④ 율례와 규례가 있기 때문
   **정답** ④

2. 이 시에서 하나님을 경외하는 자는 하나님의 무엇을 바란다고 말하고 있는가?(시 147:11)
   ① 축복 ② 심판
   ③ 인자하심 ④ 공의
   **정답** ③

## 시 148편

1. 시편 148편의 핵심 내용은 무엇인가?
   ① 악인의 저주
   ② 모든 만물이 하나님을 찬양
   ③ 율법 준수
   ④ 백성이 하나님을 찬양
   **정답** ②

## 시 149편

1. 여기서 등장하는 성도로 제시되는 표현이 아닌 것은?(시 149:2, 4)
   ① 율법을 묵상하는 자
   ② 시온의 주민
   ③ 겸손한 자
   ④ 하나님의 피조물
   **정답** ①

2. 이 시에서 뭇나라를 벌하는 성도의 무기를 무엇이라고 말하는가?(시 149:5)
   ① 기도 ② 말씀
   ③ 율법 준수 ④ 찬양
   **정답** ④

## 시 150편

1. 이 시의 마지막에서 시인은 누구에게 하나님을 찬양하라고 말하는가?(시 150:6)
   ① 뭇나라 ② 하늘과 땅
   ③ 호흡이 있는 자 ④ 만물
   **정답** ③

# 잠언

잠언 1장

1. 잠언의 저자에 대해서 옳은 것은?
   ① 잠언의 저자는 솔로몬 왕이다
   ② 잠언의 저자는 다윗 왕이다
   ③ 잠언의 저자는 히스기야 왕이다
   ④ 잠언의 저자는 알려지지 않았다
   **정답** ④

2. 잠언의 모토(motto)인 "주를 경외하는 것이 지식의 근본이다"(1:7)의 뜻과 가장 관련이 없는 것은?
   ① 주님을 두려워하는 것이 지혜의 요약이다
   ② 주를 경외함이 지혜의 시작이다
   ③ 주를 두려워하는 것이 지식의 근본이다
   ④ 주님을 경외하는 것이 지식의 출발점이다
   **정답** ①

3. 잠언에 나오는 "내 아들아"(1:8)는 다음 중 어느 관계에서 부를 수 없는가?
   ① 아버지와 아들　② 지혜교사와 학생
   ③ 왕과 신하　④ 어머니와 아들
   **정답** ③

4. "지혜가 길거리에서 부르며 광장에서 소리를 높이며"(잠 1:20)의 설명으로 적절한 것은?
   ① 지혜를 신격화 한 것이다
   ② 지혜를 의인화 한 것이다
   ③ 지혜를 상징화 한 것이다
   ④ 지혜를 비유로 나타낸 것이다
   **정답** ②

5. 잠언의 "어리석은 자"와 유사한 표현은?
   ① 아이큐가 낮은 자　② 악을 행하는 자
   ③ 지식을 배우는 자　④ 정직한 자
   **정답** ②

6. 잠언의 "지혜로운 자"와 유사한 표현이 아닌 것은?
   ① 아버지의 훈계를 듣는 자
   ② 어머니의 법을 따르는 자
   ③ 새가 보는데서 그물을 치는 자
   ④ 악인의 꾀를 따르지 않는 자
   **정답** ③

7. 잠언의 특징으로 적절한 것은?
   ① 인과응보의 가르침이다
   ② 신정론에 대한 가르침이다
   ③ 삶에 대한 회의론적인 응답이다
   ④ 고통의 문제를 다룬다
   **정답** ①

잠언 2장

1. 다음 보기 중 나머지 셋과 가장 다른 것은?
   ① 스올　② 죽음　③ 무덤　④ 패역
   **정답** ④

2. 다음 중 잠언에서 묘사하는 "악한 자"와 유사한 표현이 아닌 것은?

① 간사한 자

② 땅에서 끊어진 자

③ 완전한 자

④ 하나님의 언약을 버린 자

**정답** ③

3. 다음 중 잠언에서 묘사하는 음녀가 상징하는 것으로 가장 적절한 것은?

① 근신 ② 어리석음 ③ 사망 ④ 땅

**정답** ②

## 잠언 3장

1. 다음 중 잠언에서 제시하는 "지혜로운 자가 받는 복"이 아닌 것은?

① 악인의 멸망을 두려워한다

② 잠을 달게 잔다

③ 하나님과 사람에게 귀중히 여김을 받는다

④ 장수한다

**정답** ①

2. 다음 중 잠언에서 지혜와 동의어로 사용될 수 없는 단어는?

① 명철 ② 진주

③ 영혼의 생명 ④ 생명나무

**정답** ②

3. 다음 중 잠언의 훈계 내용이 아닌 것은?

① 스스로 지혜롭게 여겨라.

② 네 명철을 의지하지 말라.

③ 하나님을 인정하라.

④ 주님의 징계를 가볍게 여기지 말라.

**정답** ①

## 잠언 4장

1. 잠언에서 마음을 지킬 때 얻을 수 있는 것은? (잠 4:23)

① 생명 ② 훈계 ③ 재물 ④ 명예

**정답** ①

2. 잠언에서 묘사하는 "악인"에 해당하는 것이 아닌 것은?(잠 4:14-19)

① 불의의 떡을 먹는다

② 강포의 술을 마신다

③ 가는 길이 어둠과 같다

④ 징계를 좋아한다

**정답** ④

3. 잠언에서 지혜를 얻은 자가 받는 보상이 아닌 것은?(잠 4:7-12)

① 다른 사람으로부터 높임을 받는다

② 생명의 해가 길게 된다

③ 영화로운 면류관을 받는다

④ 불의의 떡을 먹는다

**정답** ④

## 잠언 5장

1. 다음 중 잠언에서 제시하는 "사랑하는 아내"에 대한 묘사가 아닌 것은?(잠 5:15-19)

① 물이 넘쳐흐르는 샘과 같다

② 아름다운 암노루 같다

③ 사랑스러운 암사슴 같다
④ 입은 꿀을 떨어뜨리나 두 날 가진 칼 같다

**정답** ④

2. 다음 중 잠언에서 묘사하는 "음녀"에 대한 묘사가 아닌 것은?(잠 5:3-6)
① 입은 기름보다 미끄러우나 나중은 쑥 같다
② 자기 길이 든든하지 못해도 깨닫지 못한다
③ 생명의 평탄한 길을 찾아다닌다
④ 발은 사지로 내려간다

**정답** ③

3. 다음 중 잠언에 나오는 단어가 아닌 것은?
① 지혜 ② 사랑
③ 율법 ④ 시내산계약

**정답** ④

4. 다음 중 잠언에 나오는 단어나 개념은 어느 것인가?
① 모세의 언약 ② 출애굽 사건
③ 부모 공경 ④ 구원의 역사

**정답** ③

## 잠언 6장

1. 다음 중 잠언에서 권고하지 않는 것은?
① 네 샘물을 집 밖으로 흐르게 하라.
② 개미에게서 지혜를 얻으라.
③ 형제 사이를 이간하지 말라.
④ 빚보증을 서지 말라.

**정답** ①

2. 다음 중 잠언에서 제시하는, 주께서 싫어하지 않는 것은?(잠 6:16-19)
① 무죄한 자의 피를 흘리는 손
② 빨리 악으로 달려가는 발
③ 거짓을 말하는 증인
④ 개미를 닮은 삶

**정답** ④

3. 다음 중 잠언의 신학과 가장 밀접한 것은?
① 구속사신학 ② 계약신학
③ 창조신학 ④ 역사신학

**정답** ③

## 잠언 7장

1. 다음 중 잠언에서 제시하는 음녀에 대한 묘사가 아닌 것은?(잠 7:10-21)
① 길모퉁이에 서서 사람을 기다린다
② 화목제를 드려 서원한 것을 오늘 갚았다고 한다
③ 해 저물 때 그의 발은 집에 머물러 있다
④ 남편이 집에 없다고 한다

**정답** ③

2. 다음 중 잠언에서 제시하는 음녀에 대한 묘사는?(잠 7:17)
① 단정한 옷을 입고 유혹한다
② 침상에 몰약과 침향과 계피를 뿌렸다고 한다
③ 창으로 밖을 내다보며 유혹의 대상을 찾는다
④ 지혜로운 말로 젊은이를 유혹한다

**정답** ②

3. 다음 중 잠언에 나오는 문학양식이 아닌 것은?
① 시 ② 비유

③ 서사　　　　④ 속담

**정답** ③

## 잠언 8장

1. 잠언에서 묘사하는 지혜의 성(性)은?

   ① 남성　② 여성　③ 중성　④ 성이 없음

   **정답** ②

2. 잠언에서 묘사하는 지혜의 모습이 아닌 것은?(잠 8:22-31)

   ① 땅과 바다가 생기 전에 태어났다
   ② 창조 사역 이전에 존재했다
   ③ 창조사역을 보고 기뻐했다
   ④ 세상을 창조했다

   **정답** ④

3. 창세기에 의하면 태초에 빛이 가장 먼저 창조되었다. 잠언에 의하면 가장 먼저 창조된 것은 무엇인가?(잠 8:23)

   ① 빛　② 공허　③ 지혜　④ 남자

   **정답** ③

## 잠언 9장

1. 다음 중 잠언에서 권고하는 내용이 아닌 것은?

   ① 거만한 자를 책망하지 말라.
   ② 지혜 있는 자를 책망하라.
   ③ 사악한 자를 책망하지 말라.
   ④ 어리석은 자를 책망하라.

   **정답** ④

2. "일곱 기둥을 가진 집"(잠 9:1)에 대한 묘사로 알맞은 것은?

   ① 일곱 칸의 방을 가진 집
   ② 잘 지어진 완전한 집
   ③ 작고 아담한 집
   ④ 일곱 층이 있는 집

   **정답** ②

3. 다음 중 잠언에서 묘사하는 어리석은 자의 모습이 아닌 것은?(잠 9:17-18)

   ① 도둑질한 물이 달다고 한다
   ② 몰래 먹는 떡이 맛있다고 한다
   ③ 죽음의 그늘이 어디 있는지 모른다
   ④ 성읍 높은 곳에 여종을 보내 외치게 한다

   **정답** ④

## 잠언 10장

1. 잠언에는 여러 표제들이 나오는데, 이에 속하지 않는 것은?(잠 1:1; 25:1; 30:1; 31:1)

   ① 르무엘 왕이 말씀 한 바 곧 그의 어머니가 그를 훈계한 잠언이라.
   ② 이것도 솔로몬의 잠언이요 유다 왕 히스기야의 신하들이 편집한 것이니라.
   ③ 다윗의 아들 예루살렘 왕의 잠언이라.
   ④ 이 말씀은 야게의 아들 아굴의 잠언이니

   **정답** ③

2. 다음 중 잠언에서 묘사하는 지혜로운 자의 행동이 아닌 것은?(잠 10:5-6)

   ① 여름에 곡식을 거둔다
   ② 손이 부지런하다
   ③ 입술로 여러 사람을 교육한다

④ 징계를 버린다

**정답** ④

3. 다음 중 잠언에서 묘사하는 의인이 아닌 자는?

① 지혜를 배우는 자 ② 주님을 경외하는 자

③ 지식을 사랑하는 자 ④ 책망을 멀리하는 자

**정답** ④

4. 다음 중 잠언에 나오는 표제들 중 하나는 어느 것인가?

① 현숙한 여인에 대한 잠언이다

② 지혜자의 가르침이다

③ 솔로몬의 잠언이라.

④ 주를 경외하는 것이 지식의 근본이다

**정답** ③

5. 잠언에 표제들이 다양하게 나온다는 것은 무엇을 의미하는가?

① 솔로몬이 여러 신하들을 시켜서 편집한 것이다

② 여러 자료들을 엮은 것이다

③ 히스기야 시대에 편집한 것이다

④ 솔로몬이 말한 잠언들을 후대에 편집한 것이다

**정답** ②

## 잠언 11장

1. 다음 중 경제정의와 관련된 잠언의 내용이 아닌 것은?(잠 11:1, 24-26)

① 속이는 저울은 주께서 미워하신다

② 공평한 추는 주께서 기뻐하신다

③ 곡식을 파는 자는 복이 있다

④ 과도하게 아껴야 부요해진다

**정답** ④

2. 다음 중 잠언에서 제시하는 의인이 받을 복이 아닌 것은?(잠 11:8-15)

① 의인의 자손은 구원을 얻는다

② 의인은 환난에서 구원을 얻는다

③ 보증을 서는 의인은 복을 받는다

④ 지혜로운 의인은 사람을 얻는다

**정답** ③

3. "돼지 코에 금 고리를 다는 사람"(잠 11:22)과 가장 잘 비교될 수 있는 사람은?

① 분별력이 없는 미인

② 지혜가 없는 부자

③ 재물을 의지하는 사람

④ 게으른 왕

**정답** ①

## 잠언 12장

1. 다음 중 잠언의 가르침이 아닌 것은?

① 훈계를 좋아하는 자는 지식을 좋아한다

② 악을 꾀하는 자는 정죄함을 받는다

③ 미련한 자는 수욕을 참는다

④ 사람은 그 손이 행하는 대로 받는다

**정답** ③

2. 다음 중 잠언의 가르침은?(잠 12:19)

① 진실한 입술은 영원히 보존된다

② 악을 의논하는 자에게는 희락이 있다

③ 미련한 자가 지식을 전파한다

④ 게으른 자의 손은 사람을 부린다

**정답** ①

3. 잠언에서 "짐승과 같은 자"(잠 12:1)로 묘사되는 사람은?

① 훈계를 좋아하는 자 ② 징계를 싫어하는 자
③ 재물을 싫어하는 자 ④ 식탐하는 자

**정답** ②

## 잠언 13장

1. 다음 중 잠언의 가르침이 아닌 것은?

① 교만에서는 다툼만 일어난다
② 소망을 더디 이루어지면 마음이 상하게 된다
③ 악인은 그 산업을 자자손손에게 끼친다
④ 죄인의 재물은 의인을 위하여 쌓인다

**정답** ③

2. 다음 중 잠언의 가르침이 아닌 것은?

① 소원이 이루어지는 것은 생명나무다
② 지혜 있는 자의 교훈은 생명의 샘이다
③ 악인은 포식하여도 의인의 배는 주린다
④ 악한 사자는 재앙에 빠진다

**정답** ③

3. "불의로 말미암아 재산을 탕진한다"(잠 13:23)의 의미는?

① 어리석은 자는 재산을 탕진한다
② 불의한 자는 자신의 재산을 아무렇게나 쓴다
③ 사회정의가 없으면 재산을 잃는다
④ 의롭지 못한 자는 재산을 잃는다

**정답** ③

## 잠언 14장

1. 다음 중 잠언의 가르침이 아닌 것은?

① 미련한 자의 입술에는 지식이 없다
② 마음의 즐거움에 다른 사람이 참여한다
③ 이웃을 업신여기는 것은 죄를 범하는 것이다
④ 빈곤한 자를 불쌍히 여기는 자는 복이 있다

**정답** ②

2. 다음 중 주를 경외하는 자가 받을 복이 아닌 것은?(잠 14:26-27)

① 그 자녀들에게 피난처가 있다
② 사망의 그물에서 벗어난다
③ 생명의 샘을 얻는다
④ 의인의 문에 엎드린다

**정답** ④

3. 잠언의 가르침 중 "나라가 영광되게 하기 위해서"(잠 14:34) 필요한 것은?

① 경제 ② 공의 ③ 왕 ④ 평안

**정답** ②

## 잠언 15장

1. 다음 중 잠언의 가르침이 아닌 것은? (잠 15:4, 10)

① 주님은 악인의 제사도 기뻐 받으신다
② 온순한 혀는 곧 생명나무이다
③ 도를 배반하는 자는 엄한 징계를 받는다
④ 견책을 싫어하는 자는 죽을 것이다

**정답** ①

2. 다음 중 잠언의 가르침이 아닌 것은?

① 의논이 없으면 경영이 무너진다

② 지략이 많으면 경영이 성립한다

③ 눈이 밝은 것은 마음을 기쁘게 한다

④ 좋은 소식이 뼈를 상하게 할 수도 있다

**정답** ④

3. "스올과 아바돈"(잠 15:11)의 의미로 가장 적절한 것은?

① 죽음과 파멸 ② 사망과 생명

③ 무덤과 어리석음 ④ 패망과 책망

**정답** ①

## 잠언 16장

1. 다음 중 말에 대한 잠언의 가르침이 아닌 것은?

① 선한 말은 꿀 송이 같아서 마음에 달고 뼈에 양약이 된다

② 과격한 말은 분노를 잠잠하게 한다

③ 의인은 대답할 말을 깊이 생각한다

④ 선한 말은 정결하다

**정답** ②

2. 다음 중 분노에 대한 잠언의 가르침이 아닌 것은?

① 분을 쉽게 내는 자는 다툼을 일으킨다

② 분노하기를 더디 하는 자는 아주 명철하다

③ 온유한 대답은 분노를 더하게 한다

④ 분노하기를 더디 하는 자는 시비를 그치게 한다

**정답** ③

3. "마음의 경영은 사람에게 있지만, 말의 응답은 주께로부터 나온다"(잠 16:1)는 의미로 적절한 것은?

① 생각은 사람이 하지만, 하나님이 그 생각을 제어하신다

② 계획은 사람이 세우지만, 결정은 하나님이 하신다

③ 사람이 마음으로 생각하지만, 하려는 말은 하나님이 하게 하신다

④ 마음의 결정은 사람이 하지만, 말의 경영은 하나님이 하신다

**정답** ②

## 잠언 17장

1. 다음 중 마음과 연관된 잠언의 가르침이 아닌 것은?

① 주님은 마음을 연단하신다

② 마음을 다스리는 자는 성을 빼앗는 자보다 낫다

③ 마음의 교만은 멸망의 선봉이다.

④ 마음이 지혜로운 자는 명철하다 일컬음을 받지 못한다

**정답** ④

2. 다음 중 잠언의 가르침이 아닌 것은?

① 허물을 덮어주는 자는 사랑을 구하는 자다

② 슬기로운 종은 형제들 중에서 유업을 나누어 얻는다

③ 악으로 선을 갚으면 악이 그 집을 떠나지 않는다

④ 성품이 냉철한 자는 고통을 받는다

**정답** ④

3. "마른 떡 한 조각만 있고도 화목 하는 것이 제육이 집에 가득하고도 다투는 것보다. 낫다"

(잠 17:1)의 의미로 가장 적절한 것은?

① 떡만 있어도 화목한 가정보다 음식이 많아도 다투는 집이 더 낫다

② 가난한 가정보다 부요한 가정이 더 낫다

③ 가난한 가정이 화목하면 가족 간에 서로 싸우는 부자보다 더 낫다

④ 아주 가난하면 화목하지만, 너무 부하면 다툰다

**정답** ③

## 잠언 18장

1. 다음 중 재판과 관련된 잠언의 가르침이 아닌 것은?

① 재판할 때 악인을 두둔하는 것은 선하다

② 송사에서는 먼저 온 사람의 말이 바른 것 같으나 그의 상대가 와서 밝힌다

③ 의인을 억울하게 하는 재판은 선하지 않다

④ 왕의 입술에 주님의 말씀이 있을 때 재판이 공평하다

**정답** ①

2. 다음 중 잠언의 가르침은?(잠 18:7)

① 사연을 듣기 전에 대답하는 자는 미련하지 않다

② 미련한 자의 입술은 다툼을 그치게 한다

③ 미련한 자의 입술은 그의 영혼의 그물이 된다

④ 미련한 자의 입은 그의 멸망이 된다

**정답** ③

3. 다음 중 잠언의 가르침이 아닌 것은?(잠 18:18)

① 많은 친구를 얻는 자는 해를 당한다

② 아내를 얻는 자는 은총을 받은 자다

③ 노엽게 한 형제와 화목하기는 매우 어렵다

④ 제비 뽑는 것은 문제 해결에 도움이 안 된다

**정답** ④

## 잠언 19장

1. 다음 중 자식과 관련된 잠언의 가르침이 아닌 것은?

① 미련한 아들은 아비의 재앙이다

② 부모를 구박하고 쫓아내는 자식은 능욕을 부른다

③ 미련한 자는 어미를 업신여긴다

④ 지혜로운 아들은 부모의 훈계를 무시한다

**정답** ④

2. 다음 중 아내와 관련된 잠언의 가르침은?(잠 19:14)

① 슬기로운 아내는 주께로 말미암는다

② 아내를 얻은 자는 다툼도 얻는다

③ 다투며 성내는 아내와 사는 것이 광야에서 사는 것보다 더 낫다

④ 다투는 아내와 함께 큰 집에서 사는 것이 움막에서 혼자 사는 것보다 더 낫다

**정답** ①

3. "지식이 없는 소원은 선하지 못하다"(잠 19:2)의 의미로 적절한 것은?

① 지식이 없이 소원을 비는 것은 나쁘다

② 지혜가 없이 바라는 것만 있으면 좋지 않다

③ 소원을 성취하기 위해서는 선해야 한다

④ 지식을 갖지 못한 자의 소원은 나쁜 것이다

**정답** ②

## 잠언 20장

1. 다음 중 술과 관련된 잠언의 가르침이 아닌 것은?(잠 20:1)
   ① 포도주는 사람을 거만하게 한다
   ② 독주는 사람을 떠들게 한다
   ③ 독주에 미혹되는 자마다 지혜가 없다
   ④ 포도주를 마시는 자는 마음이 교만하다
   **정답** ④

2. 다음 중 잠언에서 하나님이 미워하지 않는 것은?
   ① 한결같은 저울 추
   ② 잠자기를 좋아하는 사람
   ③ 품안의 뇌물
   ④ 악인의 제물
   **정답** ①

3. 다음 중 잠언의 가르침이 아닌 것은?(잠 20:8)
   ① 물건을 사는 자는 좋지 못하다고 하다가 돌아가서는 좋다고 자랑한다
   ② 네 눈을 떠서 잠자기를 좋아하지 말라 그리하면 양식이 족할 것이다
   ③ 비록 아이라도 자기의 동작으로 자기 품행이 청결한 여부와 정직한 여부를 나타낸다
   ④ 심판 자리에 앉은 왕이라도 그의 눈으로 모든 악을 흩어지게 하지 못한다
   **정답** ④

4. 다음은 약속을 지키지 않는 사람에 대한 잠언이다. 괄호 안에 알맞은 말은?
   "함부로...서원하고, 나중에 생각이 달라지는 것은, 사람이 걸리기 쉬운 ( )이다"(잠 20:25)
   ① 죄악 ② 덫 ③ 병 ④ 어리석음
   **정답** ②

## 잠언 21장

1. 다음 중 정의와 관련된 잠언의 가르침이 아닌 것은?(잠 21:3)
   ① 하나님은 공의와 정의보다 제사를 기뻐하신다
   ② 악인은 정의를 행하기를 싫어한다
   ③ 정의를 행하는 것이 의인에게는 즐거움이다
   ④ 공의를 구하는 자는 생명과 영광을 얻는다
   **정답** ①

2. 다음 중 뇌물과 관련된 잠언의 가르침은?(잠 21:14)
   ① 은밀한 선물은 노를 더하게 한다
   ② 뇌물은 맹렬한 분을 그치게 한다
   ③ 뇌물을 주고라도 지식을 배우라.
   ④ 의인의 뇌물을 악인의 뇌물과 다르다
   **정답** ②

3. 다음 중 잠언(21:17)에서 가난하게 될 수 있다고 경고한 사람이 아닌 것은?
   ① 연락, 즉 향락을 좋아하는 자
   ② 술을 좋아하는 자
   ③ 기름을 좋아하는 자
   ④ 공의를 싫어하는 자
   **정답** ④

## 잠언 22장

1. 다음 중 자선과 관련된 잠언의 가르침은?(잠 22:9)
   ① 선한 눈을 가진 자는 복을 받으리니 이는 양식을 가난한 자에게 주기 때문이다

② 부자와 나누는 자는 더욱 부요하여 질 것이다
③ 가난한 자와 나누는 자는 더욱 가난해 질 것이다
④ 가난한 자에게 양식을 주는 것은 그를 더욱 가난하게 할 뿐이다

**정답** ①

2. 다음 중 부자와 가난한 자에 대한 잠언의 가르침이 아닌 것은?
① 이익을 얻으려고 가난한 자를 학대하는 자는 가난하여 질 것이다
② 가난한 자와 부자가 함께 살거니와 이 모두를 지으신 이는 주님이시다
③ 부자는 가난한 자를 주관한다
④ 가난한 자의 빚보증을 서는 부자는 주님이 기뻐하신다

**정답** ④

3. 다음 중 잠언(22:1)에서 많은 재물보다. 더 낫다고 한 것은?
① 명예와 권세 ② 명예와 은총
③ 소망과 권세 ④ 은총과 사랑

**정답** ②

## 잠언 23장

1. 다음 중 신명기의 율법과 일치하는 잠언의 가르침이 아닌 것은?
① 너를 낳아 준 아버지에게 순종하라.
② 옛날에 세워 놓은 밭 경계표를 옮기지 말라.
③ 부자가 되려고 애쓰지 말라.
④ 거짓 증언을 하지 말라.

**정답** ③

2. 다음 중 술과 관련된 잠언의 가르침이 아닌 것은?
① 술을 즐겨하는 자와 사귀지 말라.
② 술 취하고 음식을 탐하는 자는 가난해 진다
③ 술에 미혹되는 자는 지혜가 없다
④ 독주를 즐기는 자는 부모를 업신여긴다

**정답** ④

3. 잠언(23:1-3)에서 높은 사람과 음식을 먹을 때 취할 태도가 아닌 것은?
① 옆 사람이 누구인지 살펴야 한다
② 식욕을 억제해야 한다
③ 맛있는 음식을 탐하지 말아야 한다
④ 칼을 사용하지 말아야 한다

**정답** ④

## 잠언 24장

1. "내 아들아 꿀을 먹으라"(잠 24:13)에서 꿀이 상징하는 것으로 적절한 것은?
① 명예 ② 재물 ③ 지혜 ④ 소망

**정답** ③

2. 잠언에서 "마음을 저울질 하시는 분," "영혼을 지키시는 분"은 누구를 지칭하는가?(잠 24:12)
① 지혜자 ② 왕
③ 하나님 ④ 재판관

**정답** ③

3. 다음 중 잠언에 나오는 "게으른 자의 밭"에 대한 묘사가 아닌 것은?(잠 24:30-31)
① 가시덤불이 그 전부에 퍼졌다
② 거친 풀로 덮였다
③ 돌담이 무너졌다

④ 곡식이 익지 않았다

**정답** ④

잠언 25장

1. 다음 중 솔로몬의 잠언을 편집한 사람들은?
   ① 히스기야의 신하들
   ② 다윗의 신하들
   ③ 여호사밧의 신하들
   ④ 요시야의 신하들

   **정답** ①

2. 다음 중 왕과 관련된 잠언의 가르침은?(잠 25:5)
   ① 왕 앞에서 악한 자를 제거하라.
   ② 왕 앞에서 충분히 말하라.
   ③ 일을 숨기는 것은 왕의 영화이다
   ④ 왕의 마음을 잘 헤아릴 수 있다

   **정답** ①

3. 다음 중 겸손에 대한 잠언의 가르침이 아닌 것은?
   ① 왕 앞에서 스스로 높은 체 하지 말라.
   ② 높은 사람의 자리에 끼어들지 말라.
   ③ 네가 네 자신을 칭찬하지 말라.
   ④ 자기와 관계없는 싸움에 끼어들지 말라.

   **정답** ④

잠언 26장

1. 다음 중 게으른 자에 관한 잠언이 가르침이 아닌 것은 무엇인가?(잠 26:13-16)
   ① 게으른 자는 지혜로운 자 보다 자신을 더 지혜롭게 여긴다
   ② 게으른 자는 먹을 것을 손으로 입에 넣는 것도 괴로워한다
   ③ 게으른 자는 길에 사자가 있다고 한다
   ④ 게으른 자는 돌쩌귀를 따라 돈다

   **정답** ④

2. 다음 중 미련한 자를 묘사하는 잠언의 가르침이 아닌 것은?(잠 26:5-9)
   ① 미련한 자에게는 그의 어리석음에 따라 대답하라.
   ② 미련한 자 편에 소식을 전하는 것은 해를 받음과 같다
   ③ 미련한 자가 말하는 잠언은 술에 취한 자가 손에 든 가시나무와 같다
   ④ 미련한 자에게는 그에 상응하는 영예가 주어진다

   **정답** ④

3. 잠언에서 묘사하는 "개의 귀를 잡는 것과 같은"(잠 26:17) 사람으로 적절한 것은?
   ① 자기와 상관없는 사람과 다투는 자
   ② 어리석은 친구와 다투는 자
   ③ 이웃을 희롱하는 자
   ④ 미련한 자와 함께 하는 자

   **정답** ①

잠언 27장

1. "비 오는 날에 이어 떨어지는 물방울이다"(잠 27:15)는 어떤 사람을 지칭하는가?
   ① 보증선 여자
   ② 율법을 배우지 않은 여자

③ 다투는 여자
④ 철이 없는 여자
**정답** ③

2. 다음 중 친구에 관한 잠언의 가르침은?(잠 27:6)
① 아버지의 친구는 진실하다
② 친구를 위하여 보증을 서라.
③ 환난 날에 친구의 집에 들어가라.
④ 친구의 아픈 책망은 충직에서 나온다
**정답** ④

3. 다음 중 "보금자리를 떠나 떠도는 새"(잠 27:8)와 같은 자로 적절한 것은?
① 친구를 버린 자
② 고향을 떠나 유리하는 자
③ 재앙을 피해 숨은 자
④ 원수와 짝하는 자
**정답** ②

## 잠언 28장

1. 다음 중 악인에 관한 잠언의 가르침이 아닌 것은?(잠 28:4-5, 12)
① 악인이 정의를 깨닫지 못한다
② 악인이 일어나면 사람들이 숨는다
③ 악인은 사자같이 담대하여 물러서지 않는다
④ 율법을 버린 자는 악인을 칭찬한다
**정답** ③

2. 다음 중 잠언의 가르침이 아닌 것은 어느 것인가?(잠 28:24)
① 자기의 토지를 경작하는 자는 먹을 것이 많다
② 속히 부자가 되고자 하는 자는 형벌을 면치 못한다
③ 부모의 물건을 도둑질하는 것은 죄가 아니다
④ 욕심이 많은 자는 다툼을 일으킨다
**정답** ③

3. 다음 중 잠언(28:11)에서 묘사하는 부자의 특성은?
① 자기를 지혜롭게 여긴다
② 가난한 자를 학대한다
③ 재산을 나눌 줄 안다
④ 굽은 길을 멀리한다
**정답** ①

4. "나라는 죄가 있으면 주관자가 많아진다"(잠 28:2)의 의미로 가장 적절한 것은?
① 나라의 죄가 크면 부패한 자들이 많아진다
② 나라에 반역이 일면 통치자가 자주 바뀌게 된다
③ 국가적인 죄는 왕을 무시하는 신하들이 많아지게 한다
④ 왕이 죄를 지으면 왕을 주관하는 사람들이 많아진다
**정답** ②

## 잠언 29장

1. 다음 중 왕에 관한 잠언의 가르침은?(잠 29:4, 14)
① 왕은 권세로 나라를 견고하게 한다
② 뇌물을 받고 재판하는 왕은 사자와 같다
③ 가난한 자를 성실히 신원하는 왕은 그 왕위가 견고하다

④ 왕이 거짓말을 들으면 백성이 악하게 된다

**정답** ③

2. 다음 내용 중 종과 관련된 잠언의 가르침이 아닌 것은?(잠 29:19-21, 24)

① 종은 말로만 하면 고치지 않는다

② 어렸을 때부터 곱게 키운 종은 나중에 자식인체 한다

③ 종을 그의 상전에게 비방하지 말라.

④ 종과 짝하는 자는 자기의 영혼을 미워하는 자다

**정답** ④

3. "가난한 자와 포학한 자가 섞여 살거니와 주님은 그 모두의 눈에 빛을 주신다"(잠 29:13)의 신학적 의미로 적절하지 않은 것은?

① 가난은 하나님의 징벌의 결과가 아니다

② 가난한 자와 착취하는 자 모두 하나님의 은총 아래 있다

③ 가난한 자와 부자가 함께 살지만 그 모두를 지으신 분은 주님이시다(잠 22:2)

④ 포학은 하나님의 창조의 결과이다

**정답** ④

## 잠언 30장

1. "거머리에게는 두 딸이 있어 다오 다오 한다"(잠 30:15)는 표현의 뜻은?

① 딸들을 둔 부모는 조롱거리다

② 탐관오리는 만족할 줄 모른다

③ 악한 왕은 뇌물을 원한다

④ 거머리의 암컷 새끼는 늘 배고프다

**정답** ②

2. 다음 중 잠언이 제시하는 "세상을 진동시키면서 세상이 견딜 수 없게 하는 것"(잠 30:21)이 아닌 것은?

① 종이 임금된 것

② 미련한 자가 음식으로 배부른 것

③ 미움 받는 여자가 시집 간 것

④ 까마귀가 독수리 새끼에게 쪼이는 것

**정답** ④

3. 다음 중 잠언에서 제시하는 "세상에서 작으면서 가장 지혜로운 것 넷"(잠 30:24)에 속하지 않는 것은?

① 여름에 먹을 것을 준비하는 개미

② 바위 사이에 집을 짓는 사반

③ 떼 지어 다니는 메뚜기

④ 공중에 나는 독수리

**정답** ④

4. 다음 중 잠언에서 제시하는 "정말 이해할 수 없는 일"(잠 30:18)이 아닌 것은?

① 바다 위로 배가 지나간 자취

② 뱀이 바위 위로 지나간 자취

③ 음녀의 자취

④ 여종이 안주인의 자리를 이어받았던 자취

**정답** ④

## 잠언 31장

1. 르무엘 왕을 훈계한 잠언(잠 31:1-9)은 누가한 것인가?

① 아버지 ② 어머니

③ 할아버지 ④ 할머니

**정답** ②

2. 잠언에서 르무엘 왕이 술을 마시지 말아야 하는 이유는?(잠 30:5)

① 법을 잊어버리기 때문에

② 고통을 잊어버리기 때문에

③ 마음에 근심을 주기 때문에

④ 여자를 가까이 할 수 있기 때문에

**정답** ①

3. 다음 중 잠언에서 제시하는 현숙한 아내의 특징(잠 31:10-31)이 아닌 것은?

① 상인의 배와 같아서 먼 데서 양식을 가져 온다

② 곤고한 자를 돕기 위해 손을 내민다

③ 눈이 오면 자기 집 사람들을 염려한다

④ 게을리 얻은 양식을 먹지 않는다

**정답** ③

4. 잠언에서 묘사하는 현숙한 아내(잠 31:10-31)는 이상적인 여성인데, 다음 중 적합한 모습은?

① 장로들과 함께 성문에 앉는다

② 성문 앞에서 사람들에게 지혜를 가르친다

③ 자기가 번 돈으로 포도원을 사서 가꾼다

④ 날이 밝으면 일어나 음식을 만들어 식구들에게 먹인다

**정답** ③

5. 다음 중 잠언에 대한 묘사로 가장 적절한 것은?

① 전반적으로 내용에 일관성을 유지한다

② 잠언 1-9장은 하나의 문학적 단위로 여길 만하다

③ 잠언은 격언이나 속담을 모아 엮은 것이다

④ 솔로몬의 독백 형식으로 되어 있다

**정답** ②

# 전도서

## 전도서 1장

1. 전도서는 모든 것이 헛되다는 선언과 함께 헛된 근거들이 제시된다. 다음 중 전도자가 헛되다는 근거로 제시한 내용과 거리가 먼 것은 무엇인가?(전 1:1-11)
   ① 사람이 수고를 해도 이에 뒤따르는 유익이 없음
   ② 할 일은 많으나 이를 다 처리할 수 있을 만한 수명이 주어지지 않음
   ③ 눈은 보아도 족함이 없고 귀는 들어도 가득 차지 않음
   ④ 이전 세대들이 기억됨이 없듯이 이 세대 또한 후 세대들에게 기억됨이 없음
   **정답** ②

2. 전도자는 전도서 도입 부분에서 인생의 허무한 운명을 여러 자연 현상들을 예로 들어 설명하고 있다. 다음 중 이와 관계없는 내용은 무엇인가?(전 1:1-11)
   ① 해가 떴던 곳으로 돌아감
   ② 바람이 그 불던 곳으로 돌아감
   ③ 안개와 이슬이 쉬 사라짐
   ④ 강물은 바다로 연하여 흐름
   **정답** ③

3. 다음 중 전도서 1장의 내용과 관련이 없는 내용은 무엇인가?(전 1장)
   ① 지혜는 허무를 극복하는 수단이다
   ② 인생의 괴로움은 하나님이 주신 것이다
   ③ 해 아래는 새로운 것이 없다
   ④ 인생은 무기력하여 구부러진 것을 곧게 할 수 없다
   **정답** ①

## 전도서 2장

1. 전도자는 전도서 2장에서 시험 삼아 여러 시도를 하고 있다. 다음 중 전도자가 시도한 내용에 해당되는 것은 무엇인가?(전 2:3)
   ① 고독에 빠져 봄
   ② 평안을 추구함
   ③ 지식과 지혜를 추구함
   ④ 쾌락과 술을 즐김
   **정답** ④

2. 전도서 2장에서 전도자가 시도한 사업 확장에 해당되지 않는 내용은 무엇인가?(전 2:4-11)
   ① 집을 짓고 포도원을 일굼
   ② 동산과 과수원을 만듦
   ③ 삼림을 적시기 위해 못을 팜
   ④ 이웃나라와 교역을 확대함
   **정답** ④

3. 전도자가 사는 것을 미워한 이유는 무엇이었나?

(전 2:17)

① 인생이 너무 짧기 때문에

② 인생은 괴롭고 헛되기 때문에

③ 악인들이 의인들을 억압하는 현실 때문에

④ 지혜에 도달하기가 어렵기 때문에

**정답** ②

4. 전도서에서 '현실 세계'를 지칭하는 용어로 29번이나 등장하는 독특한 표현은 무엇인가?

① 지구상에 ② 해 아래

③ 이 세상에 ④ 사방에

**정답** ②

5. 전도자는 지혜자가 우매자보다. 상대적으로 우월하다는 사실을 어떻게 대조시켜 표현하고 있는가?(전 2:13)

① 빛과 어두움을 대조시킴으로써

② 하늘과 땅을 대조시킴으로써

③ 해와 달을 대조시킴으로써

④ 어른과 어린이를 대조시킴으로써

**정답** ①

6. 전도자가 지혜자와 우매자를 관찰해 얻은 내용이 아닌 것은 무엇인가?(전 2:13-16)

① 지혜자는 우매자보다 상대적으로 우월하다

② 지혜자는 그의 눈이 그의 머릿속에 있고 우매자는 어둠 속에 다닌다

③ 지혜자는 영원히 기억되고 우매자는 쉽게 잊혀 진다

④ 지혜자나 우매자나 궁극적으로 당하는 일은 매 한 가지이다

**정답** ③

7. 전도자가 세상의 모든 수고를 헛되다고 여긴 이유가 아닌 것은 무엇인가?(전 2:18-23)

① 일평생에 근심하며 수고하는 것이 슬픔뿐이기 때문에

② 내가 수고한 모든 결과를 내 뒤의 사람이 관리하기 때문에

③ 수고하여 얻은 것이 쉽게 날아가기 때문에

④ 내가 수고하여 얻은 몫을 다른 사람에게 넘겨주어야 하기 때문에

**정답** ③

8. 전도서에는 인생의 허무를 말하다가도 주기적으로 인생을 긍정적으로 언급하는 듯한 내용들이 등장한다. 다음 중 이와 관련이 없는 말씀은 무엇인가?(전 2:24, 3:22, 8:7, 9)

① 사람이 먹고 마시며 수고하는 것보다 그의 마음을 기쁘게 하는 것이 없다

② 사람이 자기 일을 성취하는 것보다 더 나은 것이 없다

③ 너는 기쁨으로 네 음식물을 먹고 즐거운 마음으로 네 포도주를 마시라.

④ 하나님이 네게 주신 모든 헛된 날에 네가 사랑하는 아내와 함께 즐겁게 살아라.

**정답** ②

## 전도서 3장

1. 전도서 3장에는 만사에 기한과 때가 있음이 여러 예시를 통해 언급된다. 이곳에 언급된 내용이 아닌 것은 무엇인가?(전 3:1-8)

① 전진할 때와 후퇴할 때

② 죽일 때와 치료할 때

③ 찾을 때와 잃을 때

④ 사랑할 때와 미워할 때

**정답** ①

2. 전도서 3장에 언급된 기한과 때는 일정한 원칙으로 각 절 상반절과 하반절에서 짝을 이룬 채 언급된다. 다음 중 조합이 잘 못 이루어진 것은 무엇인가?(전 3:1-8)
   ① 날 때와 죽을 때 + 심을 때와 뽑을 때
   ② 울 때와 웃을 때 + 슬퍼할 때와 춤출 때
   ③ 찢을 때와 꿰맬 때 + 잠잠할 때와 말할 때
   ④ 돌을 던질 때와 거둘 때 + 전쟁할 때와 평화할 때

**정답** ④

3. 다음 중 전도자가 하나님께서 사람들을 대하는 태도와 관련해 깨달은 사실과 거리가 먼 것은 무엇인가?(전 3:11-15)
   ① 하나님은 사람들에게 먹고 마시는 것과 수고함으로 낙을 누릴 수 있는 선물을 주셨다
   ② 하나님은 사람들에게 영원을 사모하는 마음을 주어 하나님이 하시는 일의 시종을 알게 하셨다
   ③ 사람들에게는 그들이 사는 동안 기뻐하며 선을 행하는 것보다 더 나은 것이 없다
   ④ 하나님께서 행하시는 모든 것은 영원히 있을 것이며 이에 대해 사람들은 하나님께 경외감을 가져야 한다

**정답** ②

4. 정의가 있어야 할 곳에도 악이 존재하는 현실에 대해 전도자가 이해한 내용과 거리가 먼 것은 무엇인가?(전 3:16-22)
   ① 하나님이 의인과 악인을 심판하실 때는 분명히 존재한다
   ② 일시적으로 악을 허용하시는 목적은 악인의 존재는 결국 짐승과 같은 비참한 존재라는 것을 일깨우기 위해서이다
   ③ 인생과 짐승 모두에게 동일한 죽음이 임하듯이 이 세상에 존재하는 악은 부조리한 현실 속에 필연적으로 있게 되는 것이다
   ④ 인간은 한 번 떠나면 다시 돌아와 자신의 업적을 확인할 수 없으므로 이 땅에서 즐겁게 자기 일을 행해야 한다

**정답** ③

## 전도서 4장

1. 전도자는 산 자보다. 죽은 자를 그리고 이 둘 보다는 아직 출생하지 않은 자를 더욱 복 되다고 말한 적이 있다. 그 이유는 무엇인가?(전 4:1-3)
   ① 이 세상에는 슬픔이 만연되어 있기 때문에
   ② 이 세상에는 선과 함께 악이 공존하고 있기 때문에
   ③ 이 세상에는 학대 받는 자들이 있지만 이들을 위로할 위로자가 없기 때문에
   ④ 이 세상에는 부조리한 현실이 너무 많기 때문에

**정답** ③

2. 헛된 일과 관련된 다음의 설명 가운데 전도자의 견해와 거리가 먼 것은 무엇인가?(전 4:4-8)
   ① 사람은 재주가 많고 사회적 성공을 이룬다 해도 남들로부터 시기를 받으니 허무한 일이다
   ② 그럼에도 불구하고 한 손보다는 두 손을 채우는 열심 있는 삶을 사는 것이 지혜자의 자세다
   ③ 부양할 사람도 없으면서 무조건 모으는 수전

노식의 무익한 노고는 어리석은 일이다

④ 손을 거두고 물러나 최선을 다하지 않는 삶을 사는 자는 우매한자이다

**정답** ②

3. 전도자는 상호협동의 유익을 여행의 경험을 들어 설명한 바 있다. 다음 중 관계없는 내용은 무엇인가?(전 4:9-12)

① 한 사람이면 무료하지만 두 사람이면 서로의 말벗이 되어 긴 여행을 쉽게 할 수 있다

② 한 사람이 넘어지면 다른 한 사람이 일으켜 세울 수 있다

③ 두 사람이 함께 누우면 따뜻하다

④ 한 사람이면 패하지만 두 사람이면 맞설 수 있다

**정답** ①

## 전도서 5장

1. 전도서 5장 전반부에는 성전에서 있을 법한 여러 신앙행위에 관련된 설명이 나온다. 다음 중 여기에 언급된 내용이라고 볼 수 없는 것은 무엇인가?(전 5:1-7)

① 설교에 관련된 내용

② 금식에 관련된 내용

③ 기도에 관련된 내용

④ 서원에 관련된 내용

**정답** ②

2. 다음 중 전도자가 주장하는 경배자의 교훈과 거리가 먼 것은 무엇인가?(전 5:1-7)

① 하나님의 집에 들어갈 때는 발을 삼가 조심해야 한다

② 가까이 앉아 말씀을 듣는 것이 우매자가 제물 드리는 것보다 낫다

③ 기도할 때는 가급적 상세하게 아뢰어야한다

④ 하나님께 지키지 못할 맹세는 아예 아니함만 못하다

**정답** ③

3. 권위와 노동에 대한 다음 설명 중 전도자의 취지와 거리가 먼 것은 무엇인가?(전 5:8-12)

① 어떤 권위자가 권위를 휘둘러 정의와 공의를 실현시키지 않는다 해도 이보다 더 높은 자가 감찰하고 있다는 사실을 깨달아야 한다

② 왕도 밭의 소산물을 받아야 할 만큼 밭의 소산을 내는 노동은 소중한 것이다

③ 노동자가 열심히 땀 흘려 노력한다고 해도 그것은 한낱 바람을 잡는 수고일 뿐이다

④ 노동은 노동자로 하여금 먹는 양과 관계없이 단 잠을 자게 한다

**정답** ③

4. 다음은 전도자가 재물을 지나치게 많이 소유한 자에게 야기될 수 있는 폐단을 설명한 것이다. 잘못 기술된 것은 무엇인가?(전 5:13-17)

① 일평생을 어두운 곳에서 먹으며 근심과 질병과 분노가 있게 된다

② 자신이 수고하여 얻은 것을 아무 것도 가지지 못 한 채 죽게 된다

③ 재물은 재난을 당하게 되면 쉽게 없어진다

④ 지나친 재물을 소유한 자는 다른 사람들로부터 시기를 받아 약탈의 표적이 된다

**정답** ④

## 전도서 6장

1. 전도자가 사람의 마음을 무겁게 만드는 불행한 일로 여긴 것은 무엇인가?(전 6:1-2)
   ① 자신의 재물과 부요와 존귀를 자신의 뜻과 관계없이 다른 사람이 누리게 되는 것
   ② 자신의 일을 성취할 만큼 기다려 주지 않는 수명
   ③ 아무리 해도 채워지지 않는 탐욕
   ④ 자신의 공적이 쉬 잊혀지는 것

   **정답** ①

2. 백 명의 자녀를 낳고 장수를 누린 자가 낙태 된 자만도 못하다는 평가를 받게 될 때는 언제인가?(전 6:3-6)
   ① 영혼이 행복하지 못하고 안장되지 못했을 때
   ② 인생에서 괄목할 만한 업적을 이루지 못했을 때
   ③ 일평생 질병으로 고난을 겪었을 때
   ④ 자녀로 인해 불행을 겪었을 때

   **정답** ①

3. 다음은 여러 부류의 사람에 대한 전도자의 평가이다. 이 중 잘 못된 것은 무엇인가?(전 6:7-12)
   ① 자신의 입을 위해 수고하는 자의 식욕은 채울 수 없다
   ② 살아 있는 사람들 앞에서 행할 줄 아는 가난한 자라 하더라도 궁극적인 유익은 없다
   ③ 자신에게 이름을 부여한 자기보다 강한 자와 다투는 자가 되어서는 안 된다
   ④ 비록 헛된 것을 더하게 하는 일이기는 하지만 많이 답습하는 자가 현명한 자이다

   **정답** ④

## 전도서 7장

1. 전도서 7장에는 우열이 비교된 교훈들이 나타난다. 다음 중 우위가 잘못된 것은 무엇인가?(전 7:1-4)
   ① 좋은 이름이 좋은 기름보다 낫다
   ② 출생한 날이 죽는 날보다 낫다
   ③ 슬픔이 웃음보다 낫다
   ④ 초상집에 가는 것이 잔칫집에 가는 것보다 낫다

   **정답** ②

2. 전도서 7장에서 전도자가 제시하는 교훈과 거리가 먼 것은 무엇인가?(전 7:8-22)
   ① 사람들이 너에 대해 하는 말에 네 마음을 두라.
   ② 지나치게 의인이 되지도 말며 지나치게 지혜자도 되지 말라.
   ③ 형통한 날에는 기뻐하고 곤고한 날에는 되돌아보라.
   ④ 급한 마음으로 노를 발하지 말라.

   **정답** ①

3. 전도서 7장에서 언급된 지혜와 관련이 없는 설명은 무엇인가?(전 7:11-22)
   ① 지혜는 유산 같이 아름다우며 햇빛을 보는 자(=살아 있는 자)에게 유익이 된다
   ② 지혜는 지혜자를 성읍에 있는 열 명의 권력자들보다 더 능력이 있게 한다
   ③ 지혜란 옛날이 오늘보다 나았던 이유를 끊임없이 묻는 것이다
   ④ 지혜의 그늘 아래 있는 것이 돈의 그늘 아래 있는 것보다 더 유익하다

   **정답** ③

4. 다음 중 전도자가 지혜와 죄에 대해 깨달은 내용이 아닌 것은 무엇인가?(전 7:23-29)

① 전도자는 이 세상에서 일천 명의 사람 가운데 지혜 있는 자를 찾아보았으나 한 사람도 찾지 못했다

② 하나님은 사람을 정직하게 지으셨으나 사람이 많은 꾀를 냈다

③ 마음이 올무와 그물 같고 손은 포승 같은 여인(=죄의 유혹)은 사망보다 더 쓰다

④ 지혜는 멀고 깊은 곳에 있기에 여기에 통달하기는 어렵다

**정답** ①

## 전도서 8장

1. 다음 중 지혜자에 대한 전도자의 설명이 잘못된 것은 무엇인가?(전 8:1-8)

① 사람의 지혜는 그의 얼굴에 광채가 나게 한다

② 하나님을 가리켜 맹세했다면 왕의 명령을 지키는 것이 지혜자의 태도이다

③ 지혜자는 장래 일을 예측할 수 있으나 어리석은 자는 장래 일을 알지 못한다

④ 지혜자의 마음은 적당한 때를 알게 하며 적절한 판단을 내리게 한다

**정답** ③

2. 전도자가 악인들과 의인들에 대해 설명하는 가운데 "세상에서 행해지는 헛된 일"로 규명한 것은 무엇인가?(전 8:14)

① 악인들의 행위에 따라 벌을 받는 의인들이 있고 의인들의 행위에 따라 상을 받는 악인들이 있다는 것

② 악한 일에 대해 징벌이 속히 실행되지 아니함으로 인해 사람들이 악을 행하는데 마음이 담대해진다는 것

③ 죄인이 백 번이나 악을 행하고도 장수하는 것

④ 의인이나 악인 모두 이 세상에서 행해지는 일을 능히 알아낼 수 없다는 것

**정답** ①

## 전도서 9장

1. 전도서 9장에서 전도자는 '모든 것이 하나님의 손 안에 있다'는 큰 주제에 따라 자신의 견해를 기술한다. 다음 중 전도자의 견해와 거리가 먼 설명은 무엇인가?(전 9:1-6)

① 의인들이나 지혜자들이나 그들의 행위가 궁극적으로 하나님께 사랑을 받을는지 미움을 받을는지 아무도 모른다

② 모든 사람에게 임하는 그 모든 것은 의인이나 악인이나 일반이다

③ 이 세상에는 소망이 없으므로 현재 살아 있는 자나 이미 죽은 자가 일반이며 오히려 살아 있는 개보다는 죽은 사자가 낫다

④ 비록 이 사실이 이 세상에 존재하는 악이기는 하지만 결국은 의인이나 악인 모두에게 닥치기는 일반이다

**정답** ③

2. 전도자는 사람이 평생에 이 세상에서 수고하고 얻은 몫을 무엇이라 보았는가?(전 9:7-9)

① 기쁨으로 음식을 먹고 즐거운 마음으로 포도주를 마시는 것

② 의복을 항상 희게 하며 머리에 향 기름을 그

치지 않는 것
③ 사랑하는 아내와 함께 즐겁게 사는 것
④ 손에 들려진 일을 힘을 다해 행하는 것

**정답** ③

3. 전도자는 '모든 시기와 기회가 하나님의 손 안에 있다'는 사실을 설명하면서 중요한 금언 들을 열거하고 있다. 전도자가 제시한 다음 금언 중 잘못된 것은 무엇인가?(전 9:11-12)
① 발이 빠른 경주자라고 선착하는 것이 아니다
② 용사라고 전쟁에서 승리하는 것이 아니다
③ 지혜자라고 음식물을 얻는 것이 아니다
④ 명철자라고 은총을 입는 것이 아니다

**정답** ④

4. 전도서 9장에는 가난한 지혜자가 그의 지혜로 성읍을 구했으나 그 가난한 자를 기억하는 사람이 없었다는 예화가 등장한다. 이 예화와 관련된 다음 설명 중 전도자의 견해와 거리가 먼 것은 무엇인가?(전 9:13-18)
① 조용한 지혜자의 말은 다스리는 자의 호령보다 낫다
② 가난한 자의 지혜가 멸시를 받고 그의 말들을 사람들이 듣지 않는 법이다
③ 전쟁에서 지혜는 병기와 동급의 역할을 감당한다
④ 지혜는 힘보다 낫다

**정답** ③

## 전도서 10장

1. 주권자에게서 비롯될 수 있는 허물로서 전도자가 하나의 재난으로 취급한 것에 해당되는 것은 다음 중 어느 것인가?(전 10:5-7)
① 뇌물을 받고 재판을 굽게 하는 것
② 술을 좋아하고 열락을 즐기는 것
③ 우매한 자를 높은 지위에 앉히는 것
④ 백성들에게 폭정을 행하는 것

**정답** ③

2. 전도서 10장에는 지혜자의 생활 태도와 관련된 몇 개의 금언이 등장한다. 다음 중 잘못된 금언은 무엇인가?(전 10:8-9)
① 함정을 파는 자는 거기에 빠질 것이요, 담을 허는 자는 그 담에 깔리리라.
② 돌을 떠내는 자는 그로 말미암아 상할 것이요, 나무를 쪼개는 자는 그로 말미암아 위험을 당하리라.
③ 철 연장이 무디어졌는데도 날을 갈지 아니하면 힘이 더 드느니라.
④ 주술을 베풀기 전에 뱀에게 물렸으면 뱀을 부리는 사람은 소용이 없느니라.

**정답** ①

3. 다음 중 전도자가 전도서 10장에서 언급한 우매자의 특징과 거리가 먼 것은 무엇인가?(전 10:12-15)
① 우매자의 입술은 자기를 삼킨다
② 우매한 자는 말을 많이 한다
③ 우매한 자들의 수고는 자신을 피곤하게 할 뿐이다
④ 우매한 자의 말의 시작은 은혜로우나 그의 말의 결말은 심히 미친 것이다

**정답** ④

4. 전도서 10장에는 통치자와 백성들에게 바른 처신을 권면하는 내용이 등장한다. 다음 중 전도자가

말하려는 취지가 잘못된 것은 무엇인가?

(전 10:16-20)

① 왕이 어려 판단력이 부족한데 대신들은 아침부터 잔치를 베푸는 나라는 화가 있다

② 왕은 귀족의 아들로서 다른 사람을 다스릴 만한 기질을 갖추고 있고, 대신들은 먹고 마시는 데에 절제하는 나라는 복이 있다

③ 잔치는 희락을 가져다주며 포도주는 생명을 기쁘게 하고 돈은 범사에 이용되기에 삶에 필요한 것이다

④ 설령 왕이나 지도자가 무절제한 생활을 한다 하더라도 심중에라도 그들을 저주하지 말아야 한다

**정답** ③

## 전도서 11장

1. 전도서 11장에서 전도자는 재앙을 대비하는 지혜로운 삶을 권고하고 있다. 다음 중 사실 과 다른 것은 무엇인가?(전 11:1-8)

① 네 떡을 물 위에 던지면 여러 날 후에 도로 찾을 것이다

② 파종을 할 때에는 풍세를 잘 살펴야 한다

③ 바람의 길과 태중에 있는 태아가 어떻게 자라는지 알지 못함 같이 우리는 하나님의 일을 알지 못한다

④ 우리는 어떤 것이 잘 될지 알지 못하기에 아침에 씨를 뿌리고 저녁에도 손을 놓지 말아야 한다

**정답** ②

## 전도서 12장

1. 전도서 12장에는 "청년의 때"를 지칭하는 여러 은유가 등장한다. 다음 중 본문에 등장 하지 않는 표현은 무엇인가?(전 12:1-2)

① 곤고한 날이 이르기 전

② 아무 낙이 없다고 할 해들이 가깝기 전

③ 칠흑 같은 어두움이 닥치기 전

④ 비 뒤에 구름이 다시 일어나기 전

**정답** ③

2. 전도서 12장에는 노년기의 신체적 변화가 은유법으로 등장한다. 다음 중 본문에 등장하 는 표현이 잘못된 것은 어느 것인가?(전 12:3-5)

① 집을 지키는 자들이 구부러짐

② 맷돌 소리가 적어짐

③ 살구나무가 꽃이 핌

④ 음악 하는 여자들이 쇠하여짐

**정답** ①

3. 전도서 12장에는 고대 근동에서 일반적으로 사용되던 죽음에 대한 비유적 표현이 등장 한다.
다음 중 표현이 잘못된 것은 무엇인가?

(전 12:6-8)

① 은줄이 풀림

② 심지가 꺼짐

③ 항아리가 샘 곁에서 깨짐

④ 바퀴가 우물 위에서 깨짐

**정답** ②

4. 전도서에서 청년들에게 줄 수 있는 한 마디의 교훈을 찾는다면 무엇이 되겠는가?(전 12장)

① 죽음을 기억하라

② 심판을 기억하라

③ 창조주를 기억하라

④ 때를 기억하라

**정답** ③

5. 전도자가 모든 사람의 본분으로 제시하는 교훈은 무엇인가?(전 12:13)

① 인생은 헛되고 헛되며 모든 것이 헛되다는 사실을 자각해야 한다

② 입을 위한 수고보다는 영혼을 위한 수고에 가치관을 두어야 한다

③ 하나님을 경외하고 그의 명령을 지켜야 한다

④ 하나님께서 심판하시는 그 날과 그 시를 기억하며 살아야 한다

**정답** ③

# 아가

## 아가 1장

1. 다음 중 아가서에 대한 설명 중 맞지 않는 것은?(아 1:1)
   ① 노래 중 최고의 노래라는 의미이다
   ② 연인, 부부 등 남녀 간의 사랑을 노래한 책이다
   ③ 한 여자의 일생을 그린 노래이다
   ④ 남자나 여자의 아름다움을 서술하기도 한다
   **정답** ③

2. 여자가 남자의 매력을 비유하는데 사용하는 말이 아닌 것은?(아 1:1-4)
   ① 포도주 ② 기름 ③ 향기 ④ 준마
   **정답** ④

3. 여자가 자기의 예쁘지 못한 모습을 서술하는 내용이 아닌 것은?(아 1:5-6)
   ① 자기는 햇볕에 그을렸다
   ② 자기는 게달의 장막과 솔로몬의 휘장과 같이 까맣다
   ③ 어머니가 자기에게 화가 났기 때문이다
   ④ 오빠들이 포도원을 지키게 해서 그렇게 됐다
   **정답** ③

4. 여자와 남자가 서로 묻고 대답하는 말 중 틀린 것은?(아 1:7-8)
   ① 여자가 남자에게 양떼를 치는 곳이 어딘지 묻는다
   ② 남자가 여자에게 점심을 같이 먹을 수 있는지 묻는다
   ③ 여자가 남자에게 얼굴을 가린 채 친구 사이를 돌아다녀도 되는지 묻는다
   ④ 남자가 여자에게 친구들 옆에서 양떼를 먹이라고 말한다
   **정답** ②

5. 여자의 아름다움을 서술하는데 쓰이는 단어가 아닌 것은?(아 1:9-11)
   ① 준마 ② 병거 ③ 구슬 ④ 백합꽃
   **정답** ④

6. 여자가 사랑하는 남자에 비유하는 단어가 아닌 것은?(아 1:12-14)
   ① 비둘기 ② 나도 기름
   ③ 몰약 주머니 ④ 고벨화 송이
   **정답** ①

7. 남자가 여자의 눈에 비유하는 동물은?(1:15-17)
   ① 앵무새 ② 참새 ③ 비둘기 ④ 백조
   **정답** ③

## 아가 2장

1. 남녀가 서로를 비유하는 말 중 틀린 것은?

(아 2:1-3)

① 여자가 수선화 같다

② 남자가 가시나무 같다

③ 여자가 백합화 같다

④ 남자가 사과나무 같다

**정답** ②

2. 여자가 남자에게 고백하는 말 중 틀린 것은?

(아 2:4-5)

① 남자가 여자를 잔칫집으로 인도했다

② 여자가 건포도를 먹게 해달라고 말한다

③ 남자가 사랑 때문에 병이 났다

④ 여자가 사과를 먹게 해달라고 말한다

**정답** ③

3. 여인이 사랑을 고백하는 내용 중 틀린 것은?

(아 2:6-7)

① 사랑 가운데 이대로 죽게 해달라고 말한다

② 남자가 왼손으로 여자의 머리를 괴고 있다

③ 남자가 오른 손으로 여자를 안고 있다

④ 만족하기까지 사랑을 방해하지 말라고 부탁한다

**정답** ①

4. 사랑하는 자에 대한 여자의 설명 중 틀린 것은?

(아 2:8-9)

① 남자가 산과 작은 산을 넘어 뛰어 온다

② 남자의 뛰어오는 모습을 노루와 사슴에 비유한다

③ 남자가 헐떡이며 달려온다

④ 남자가 창문으로 여자를 엿보고 있다

**정답** ③

5. 남자가 여자에게 하는 사랑의 말이 아닌 것은?

(아 2:10-14)

① 겨울이 지나가기까지 기다리라고 말한다

② 여자를 낭떠러지의 비둘기로 비유한다

③ 꽃피고 노래하는 봄이 왔다고 말한다

④ 여자에게 함께 가자고 말한다

**정답** ①

6. 남자가 노래하는 비유 중에서 잘못된 것은?

(아 2:15)

① 포도원은 사랑하는 여자를 상징 한다

② 포도원을 허는 것은 사랑을 방해하는 행동이다

③ 포도원에 꽃이 피었다는 것은 여자의 사랑이 무르익었다는 것이다

④ 여우는 남자의 사랑을 도와주는 친구들을 의미한다

**정답** ④

7. 여자가 하는 노래의 내용 중 틀린 것은?

(아 2:16-17)

① 사랑하는 남자는 자기 것이다

② 그는 백합화 가운데서 양떼를 먹인다

③ 저녁이 되기 전에 남자에게 돌아오라고 말한다

④ 남자를 베데르 산으로 떠나보내며 하는 노래이다

**정답** ④

## 아가 3장

1. 여자의 사랑 체험 중 틀린 것은?(아 3:1-5)

① 여자의 사랑은 꿈에서도 이루어지지 않았다

② 여자는 남자를 어머니의 집으로 이끌었다

③ 여자가 돌아다니다 만난 사람들은 순찰하는 자들이다
④ 어머니의 집으로 남자를 데리고 온 것은 사랑의 성취를 의미한다

**정답** ①

2. 다음의 설명 중 맞지 않는 것은?(아 3:6-8)
① 거친 들에서 올라오는 자는 신부를 의미한다
② 신부가 탄 가마는 용사 100명이 호위한다
③ 신부는 몰약과 유향과 향품으로 향기를 풍긴다
④ 신부가 탄 가마는 솔로몬의 가마이다

**정답** ②

3. 다음의 설명 중 맞는 것은?(아 3:9-11)
① 신랑인 솔로몬 왕은 조각나무로 가마를 만들었다
② 신랑이 쓴 관은 신부가 씌어준 것이다
③ 솔로몬의 가마는 아무 장식 없이 웅장하다
④ 솔로몬의 가마는 예루살렘 딸들의 사랑이 엮어져 있다

**정답** ④

## 아가 4장

1. 여인의 아름다움을 노래한 것 중 틀린 것은?
(아 4:1-7)
① 여인의 눈은 깊은 호수와 같다
② 여인의 머리털은 염소 떼 같다
③ 여인의 이는 방금 목욕한 털 깎은 암양 같다
④ 여인의 이는 빠진 것 없이 고르다

**정답** ①

2. 여인의 아름다움을 노래한 것 중 틀린 것은?
(아 4:1-7)
① 여인의 입술은 홍색 실 같다
② 여인의 뺨은 석류한 쪽 같다
③ 여인의 목은 다윗의 망대 같다
④ 여인의 유방은 다윗의 탑과 같다

**정답** ④

3. 신부가 떠나야할 장소에 대한 설명 중 틀리는 것은?(아 4:8)
① 레바논에서 떠나야 한다
② 스닐과 헤르몬 꼭대기에서 떠나야 한다
③ 사자굴과 표범 산에서 떠나야 한다
④ 이 장소들은 여자가 살던 친정집을 상징하는 것이다

**정답** ④

4. 신부에 대한 사랑의 표현 중 틀린 것은?
(아 4:9-11)
① 신랑은 신부의 눈길 한 번에 마음을 빼앗겼다
② 신랑은 신부의 구슬목걸이에 마음을 빼앗겼다
③ 신부의 입술에서는 포도주가 떨어진다
④ 신부의 혀 밑에는 꿀과 젖이 있다

**정답** ③

5. 신랑과 신부가 주고받는 말 중 틀린 것은?
(아 4:12-16)
① 신부는 잠근 동산, 덮은 우물, 봉한 샘이다
② 신부에게서는 각종 향나무들이 난다
③ 신부를 샘물에 비유한다
④ 신부는 아직 결혼하기 전의 상태이다

**정답** ④

6. 신랑과 신부가 주고받는 말 중 틀린 것은?(아 4:12-16)
① 향기를 날린다는 것은 신랑이 떠나는 것을 의미한다
② 동산은 신부를 의미하는 말이다
③ 동산의 열매를 먹는다는 것은 사랑의 나눔을 의미한다
④ 북풍과 남풍은 신랑을 의미한다
**정답** ①

## 아가 5장

1. 신랑이 신부에게 하는 말 중 틀린 것은?(아 5:1)
① 신부를 동산으로 비유한다
② 신부를 꿀로 비유한다
③ 신부를 포도주로 비유한다
④ 신부를 친구로 비유한다
**정답** ④

2. 여인의 꿈 내용 중 틀린 것은?(아 5:2-8)
① 여인의 사랑하는 자가 문을 두드렸다
② 사랑하는 남자가 이슬로 흠뻑 젖었다
③ 여인이 얼른 옷을 입고 남자를 맞이한다
④ 남자는 여인을 비둘기로 부르고 있다
**정답** ③

3. 여인의 꿈 내용 중 틀린 것은?(아 5:2-8)
① 여인이 남자의 소리에 흥분하여 문을 열어준다
② 여인이 문을 열 때 여인의 손가락으로 몰약이 흘러내렸다
③ 여인이 남자에게 문을 열어주었다
④ 여인은 남자를 방으로 맞아들였다
**정답** ④

4. 여인의 꿈 내용 중 맞는 것은?(아 5:2-8)
① 문을 열었을 때 남자가 사라졌다
② 순찰하는 자들이 여인에게 남자가 있는 곳을 알려주었다
③ 성벽을 파수하는 자들이 여인을 때렸다
④ 여인은 남자를 찾지 못해 포기했다
**정답** ①

5. 사랑하는 남자의 아름다움에 대한 설명 중 틀린 것은?(아 5:10-16)
① 남자의 피부는 희고 혈색이 좋다
② 남자의 머리는 순금 같다
③ 남자의 머리털은 곱슬머리에 까맣다
④ 남자의 눈은 시냇물처럼 맑다
**정답** ④

6. 사랑하는 남자의 아름다움에 대한 설명 중 틀린 것은?(아 5:10-16)
① 뺨의 꽃밭과 풀언덕은 수염을 비유한다
② 남자의 입술에서는 꿀이 떨어진다
③ 다리는 화반석 기둥 같다
④ 몸은 청옥을 입힌 상아 판 같다
**정답** ②

## 아가 6장

1. 사랑하는 남자가 어디 갔냐는 질문에 대한 대답 중 틀린 것은?(아 6:1-3)
① 남자는 양떼를 치러 동산을 떠났다
② 남자가 백합화를 꺾고 있다
③ 동산에는 향기로운 꽃밭이 있다
④ 남자와 여자가 서로 사랑을 나누고 있다
**정답** ①

2. 여자의 아름다움에 대한 설명 중 틀린 것은? (아 6:4-7)

① 여자는 디르사 같이 어여쁘다
② 여자는 예루살렘 같이 곱다
③ 여자는 군대같이 우아하다
④ 여자의 눈은 남자를 놀라게 한다

**정답** ③

3. 여자의 아름다움에 대한 설명 중 맞는 것은? (아 6:4-7)

① 여자의 머리카락은 순금 같다
② 여자의 이는 목욕하고 나온 암양 같다
③ 여자의 뺨은 백옥같이 희다
④ 여자의 얼굴은 당당히 드러나 있다

**정답** ②

4. 남자의 여자에 대한 자랑 중 틀린 것은? (아 6:8-10)

① 남자에게는 60명의 왕비, 80명의 후궁과 수많은 여인이 있다
② 여자는 어머니의 외동딸이다
③ 여자는 오빠들의 사랑을 독차지 한다
④ 왕비와 후궁들도 여자를 칭찬한다

**정답** ③

5. 남자의 사랑에 대한 고백 중 맞는 것은? (아 6:11-12)

① 남자는 사과나무 동산으로 내려갔다
② 남자는 포도나무의 순을 꺾는다
③ 남자는 백성의 수레를 타고 동산을 떠났다
④ 남자는 석류나무 꽃이 피었는지 살펴본다

**정답** ④

## 아가 7장

1. 술람미 여자의 아름다움에 대한 설명 중 틀린 것은?(아 7:1-6)

① 여자의 맨발이 아름답다
② 여자의 넓적다리가 구슬같이 둥글다
③ 배꼽은 둥근 잔 같이 생겼다
④ 밀단 같은 허리는 백합화로 둘렀다

**정답** ①

2. 술람미 여자의 아름다움에 대한 설명 중 틀린 것은?(아 7:1-6)

① 유방은 두 개의 탑과 같다
② 목이 상아 망대 같다
③ 눈은 연못 같다
④ 코는 레바논 망대 같다

**정답** ①

3. 술람미 여자의 아름다움에 대한 설명 중 틀린 것은?(아 7:1-6)

① 여자의 머리는 갈멜 산 같다
② 여자의 머리털은 검은 색이다
③ 몸 위에 우뚝 솟은 머리를 갈멜산에 비유한다
④ 왕도 머리채에 매혹된다

**정답** ②

4. 여인에 대한 남자의 사랑노래 중 틀린 것은? (아 7:7-9)

① 여자를 종려나무에 비유한다
② 여인의 가슴을 포도송이에 비유한다
③ 여인의 콧김을 레몬향기에 비유한다
④ 여인의 입을 부드러운 포도주에 비유한다

**정답** ③

5. 여자가 남자에게 하는 사랑의 말 중 틀린 것은? (아 7:11-12절)

① 남자에게 들로 나가자고 한다

② 남자에게 밤을 같이 지내자고 말한다

③ 아침 일찍 함께 포도원으로 가자고 말한다

④ 함께 포도를 따먹자고 말한다

**정답** ④

6. 여자가 남자에게 하는 말 중 틀린 것은? (아 7:11-12절)

① 포도 움과 꽃술은 여인을 상징한다

② 여자는 남자에게 사랑을 기다리라고 말한다

③ 여자는 남자를 위해 맛있는 과일들을 마련했다

④ 합환채의 향기가 사랑을 북돋는다

**정답** ②

## 아가 8장

1. 여자가 남자를 사모하는 노래 중 틀린 것은? (아 8:1-4)

① 남자가 연인보다 오빠이기를 원한다

② 남자에게 입 맞추고 싶어 한다

③ 자기 집에 이끌어 들이기를 원한다

④ 향기로운 술과 석류 즙은 여자를 상징한다

**정답** ①

2. 남녀가 하는 말 중 틀린 것은?(아 8:5)

① 광야에서 올라오는 여인은 신부를 의미한다

② 광야는 여인의 친정집을 상징한다

③ 사과나무는 사랑을 나누는 장소를 상징한다

④ 깨웠다는 말은 사랑을 나눴다는 말이다

**정답** ②

3. 여자가 남자를 사모하는 노래 중 틀린 것은? (아 8:6-7)

① 사랑은 전 재산을 주고도 살 가치가 있다

② 여자는 자기를 도장처럼 마음에 새겨주기를 원한다

③ 사랑은 끌 수 없는 맹렬한 불길과 같다

④ 홍수도 사랑을 끄거나 삼키지 못한다

**정답** ①

4. 오빠들과 누이의 대화 중 틀린 것은?(아 8:8-10)

① 오빠들은 작은 누이가 혼기가 안 됐다고 말한다

② 성벽은 조신하고 내성적인 성격을 비유한다

③ 문은 개방적이고 활달한 성격을 비유한다

④ 누이는 자기가 성문과 같다고 말한다

**정답** ④

5. 남자의 사랑의 고백 중 틀린 것은?(아 8:11-12)

① 솔로몬의 포도원은 하렘을 상징한다

② 솔로몬이 남자에게 포도원을 맡겼다

③ 솔로몬의 포도원에는 수많은 여자가 있다

④ 남자에게는 자신만의 포도원이 있다

**정답** ②

6. 남녀가 나누는 사랑의 노래 중 틀린 것은? (아 8:13-14)

① 여자가 동산에 거하고 있다

② 남자는 친구들에게 여자를 소개하고 싶다고 말한다

③ 여자가 남자에게 다른 곳으로 가자고 말한다

④ 여자는 남자에게 노루와 사슴처럼 빨리 오라고 말한다

**정답** ②

# 이사야

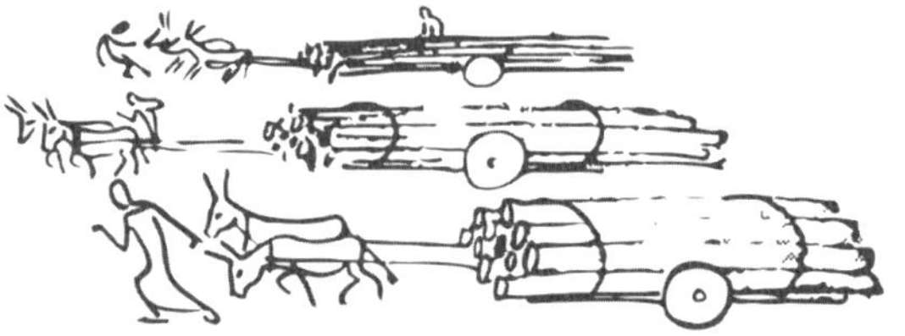

## 이사야 1장

1. 이사야서의 서두에 따르면 이사야가 본 계시는 어떤 대상에 관한 것인가?(사 1:1)
   ① 유다와 예루살렘
   ② 유다와 이스라엘
   ③ 이스라엘과 사마리아
   ④ 예루살렘과 사마리아
   **정답** ①

2. 이사야가 예언한 시대의 왕이 아닌 사람은 누구인가?(사 1:1)
   ① 웃시야 ② 요담
   ③ 히스기야 ④ 요시아
   **정답** ④

3. 이사야서에서 특징적으로 나오는 하나님의 호칭은 어느 것인가?(사 1:4 외)
   ① 방패 ② 거룩하신 이
   ③ 높으신 이 ④ 두려운 이
   **정답** ②

4. 이사야 1-3장의 주 내용은 무엇인가?
   ① 우상을 섬기지 말라
   ② 올바른 제사를 드려라
   ③ 하나님은 사랑의 하나님이시다
   ④ 정의와 공의를 행하라
   **정답** ④

## 이사야 2장

1. 이사야가 말하는 "여호와의 산"은 어느 곳인가?(사 2:3, 참고 미 4:2)
   ① 시온 산 ② 호렙 산
   ③ 갈멜 산 ④ 시내 산
   **정답** ①

2. 이사야서에서의 "여호와의 날"은 어떤 날인가?(사 2:12; 13장)
   ① 유다를 구원하는 날
   ② 모든 교만한 자를 심판하는 날
   ③ 이스라엘의 절기들
   ④ 온 백성이 안식하는 날
   **정답** ②

3. 이사야서에서 "다시스의 배"는 무엇을 의미하는가?(사 2:16; 23장)
   ① 불순종 ② 외적의 침입
   ③ 국제교역 ④ 바알숭배
   **정답** ③

4. 이사야는 마지막 날 어떤 곳으로부터 율법이 나올 것이라고 예언하는데, 그곳은 어디인가?(사 2:3)
   ① 시온 ② 제사장의 입
   ③ 시내산 ④ 바벨론
   **정답** ①

5. "무리가 그들의 칼을 쳐서 보습을 만들고 그들의 창을 쳐서 낫을 만들 것이며"는 어디에 나오는 말씀인가?

① 이사야 1장 ② 이사야 2장

③ 이사야 5장 ④ 이사야 7장

**정답** ②

6. 이사야 2장 7절의 "그 땅에는 은금이 가득하고 보화가 무한하며 그 땅에는 마필이 가득하고 병거가 무수하며"는 다음의 어떤 성경구절을 생각나게 하는가?

① 신 6:4-5 ② 신 18:18

③ 신 17:16-17 ④ 신 26:8-9

**정답** ③

7. 이사야는 야곱족속이 버림받은 이유를 열거한다(사 2:6-8). 그 이유에 속하지 않는 것은?

① 동방풍속이 가득함

② 블레셋 사람들 같이 점을 침

③ 이방인과 더불어 언약

④ 병든 제물을 드림

**정답** ④

## 이사야 3장

1. 이사야 3장의 주제는 무엇인가?

① 예루살렘에 대한 심판

② 사마리아의 멸망

③ 예루살렘의 구원

④ 예루살렘에 대한 영원한 약속

**정답** ①

2. 사 3:14-15, 사 5:8, 미 2:1-2절, 미 3:1-3절은 거의 동일한 주제를 갖고 있다. 그 주제가 무엇인가?

① 오실 구원자

② 앗수르의 침공

③ 우상숭배에 대한 징벌

④ 지도층의 부패

**정답** ④

## 이사야 4장

1. 이사야에 따르면, 낮에는 구름과 연기, 밤에는 화염의 빛이 거하게 될 곳은?(사 4:5)

① 호렙 산 ② 베들레헴

③ 시내광야 ④ 시온 산

**정답** ④

## 이사야 5장

1. 이사야서에 나오는 "포도원 노래"에서 포도원은 무엇을 말하는가?(사 5:7)

① 이스라엘 족속 ② 왕의 정원

③ 첫 사랑의 장소 ④ 예배처소

**정답** ①

2. 구약성서에서 "화 있을진저"〈호이〉(화 신탁)란 표현을 가장 많이 사용한 예언자는?

① 이사야 ② 예레미야 ③ 미가 ④ 말라기

**정답** ①

3. 다음 예언서 중 "거룩"이란 단어가 가장 많이 나오는 예언서는?

① 아모스 ② 말라기 ③ 이사야 ④ 호세아

**정답** ③

4. "연회에는 수금과 비파와 소고와 피리와 포도주를 갖추었어도 여호와께서 행하시는 일에 관심을 두지 아니하며"(사 5:12)와 비슷한 내용이 나오는 곳은?
① 이사야 40:1-2　② 아모스 6:5-6
③ 예레미야 33:3　④ 말라기 1:6-7
**정답** ②

5. "가옥에 가옥을 이르며 전토에 전토를 더하여 빈틈이 없도록 하고 이 땅 가운데서 홀로 거주하려 하는 자들은 화 있을진저"라는 구절이 나오는 곳은?
① 미가 2장　② 학개 1장
③ 이사야 5장　④ 예레미야 21장
**정답** ③

6. 이사야 5장의 포도원 노래의 주제는?
① 땅의 선물
② 이스라엘의 배신
③ 풍성한 수확
④ 여호와와 이스라엘의 사랑
**정답** ②

7. 이사야서의 "화 있을진저"에 해당하지 않는 사람들은?(사 5:18 이하)
① 술 연회를 즐기는 자들
② 뇌물을 받고 재판을 왜곡하는 자들
③ 스스로 명철하다 하는 자들
④ 외식하는 자들
**정답** ④

8. 다음 구절들에는 "사자(lion)" 은유가 나온다. '이스라엘을 향한 사자의 역할'이 다른 것은 어느 구절인가?
① 이사야 5:29　② 아모스 3:12
③ 요엘 3:16　④ 호세아 5:14
**정답** ③

## 이사야 6장

1. 이사야가 소명을 받은 해는?(사 6:1)
① 웃시야 왕이 즉위 하던 해
② 웃시야 왕이 죽던 해
③ 히스기야 왕이 즉위하던 해
④ 히스기야 왕이 죽던 해
**정답** ②

2. 이사야가 소명을 받을 때 성전에서 본 장면이 아닌 것은?(사 6:1-4)
① 높이 들린 '보좌에 앉은 '주님'
② 성전에 가득한 주님의 '옷자락'
③ 주님을 둘러싼 '그룹들'
④ 성전에 가득한 '연기'
**정답** ③

3. 이사야가 본 환상 가운데 들은 여호와 찬양의 핵심 단어는?(사 6:3)
① 거룩하다　② 자비롭다
③ 영원하다　④ 공의롭다
**정답** ①

4. 보좌에 앉으신 여호와를 뵌 후 망하게 되었다고 탄식하는 이사야에게 스랍 중 하나가 이사야에게 한 행위는?(사 6:6-7)
① 제단에서 집은 숯을 이사야의 입에 댐
② 능력의 두루마기를 이사야에게 입혀줌
③ 말씀의 두루마리를 이사야 입에 댐

④ 이사야로 하여금 말씀을 먹게 함

**정답** ①

5. "내가 누구를 보내며 누가 우리를 위하여 갈꼬" 하는 주의 목소리에 이사야는 무엇이라 말했나? (사 6:8)

① 내가 여기 있나이다 나를 보내소서

② 저는 어린아이입니다

③ 오직 주님만이 아시나이다

④ 제가 무엇이관데 가리이까

**정답** ①

6. 이사야 6장(이사야의 소명장)에서 여호와 하나님은 이사야를 보내면서 무엇을 예언하라 하였나?

① 죄와 우상에서 떠나 여호와께로 돌아오라

② 세상에 마음을 두지 말라 주님의 날이 곧 오리라

③ 의인을 박해치 말며 고아와 과부와 나그네를 환난 날에 돌아보라

④ 백성의 마음을 둔하게 하며 그들의 귀가 막히고 그들의 눈이 감기게 하라

**정답** ④

7. 유다 왕 아하스 시대에 예루살렘을 침공한 국가와 그 왕의 이름은?

① 아람왕 르신과 이스라엘 왕 베가

② 아람왕 르신과 블레셋왕 아비멜렉

③ 이스라엘 왕 베가와 블레셋 왕 아비멜렉

④ 이스라엘 왕 브가야와 블레셋 왕 아비멜렉

**정답** ①

## 이사야 7장

1. 다음 사람들 중 이사야의 아들은 누구이며, 그 이름의 뜻은?(사 7:3)

① 여호와 샬롬, 여호와는 우리의 평화

② 스알야숩, 남은 자가 돌아오리라

③ 여호와 삼마, 여호와는 거기 계신다

④ 임마누엘, 하나님이 우리와 함께 계신다

**정답** ②

2. 아하스 시대 때 예루살렘을 공격한 사람들이 다윗 왕가의 왕을 폐하고 누구를 왕으로 세우려 했는가?(사 7:6)

① 다브엘의 아들

② 여로보암 왕가의 아들

③ 아합 왕가의 아들

④ 아달랴의 아들

**정답** ①

3. 하나님이 적대적인 두 왕의 공격으로 위험에 빠진 아하스에게 보내준 징조는 무엇인가? (사 7:14)

① 어떤 처녀가 임마누엘이라 하는 아들을 낳을 것임

② 불탄 상수리나무 둥치에서 싹이 남

③ 모양도 없고 볼품도 없는 연한 싹이 자라 나무가 될 것임

④ 하늘에 천군천사가 말과 함께 진을 칠 것임

**정답** ①

4. 아하스를 공격한 두 왕의 패망은 임마누엘이라는 아이의 성장 시기와 연관되어 있다. 어느 때에 두 왕이 패망할 것으로 예언되어 있는가? (사 7:16)

① 이 아이가 악을 버리며 선을 택할 줄 알기 전에
② 이 아이가 공생애를 시작하기 전에
③ 이 아이가 스무 살이 되기 전에
④ 이 아기가 스스로 밥을 먹을 수 있게 될 때

**정답** ①

5. 이사야는 에브라임의 멸망을 예언했다. 그를 멸망시키게 될 나라는 어느 나라이며 어떤 생물로 표현하는가?(사 7:18)

① 바벨론, 벌 ② 앗수르, 독수리
③ 바벨론, 독수리 ④ 앗수르, 벌

**정답** ④

## 이사야 8장

1. 여호와 하나님은 이사야에게 마헬살랄하스바스란 단어를 어떤 재료 위에 쓰라고 명하셨나?(사 8:1)

① 긴 두루마리 ② 큰 서판
③ 성벽 ④ 자신의 이마

**정답** ②

2. 이사야 8장에 나오는 마헬살랄하스바스는 누구인가?(사 8:3)

① 히스기야의 아들 ② 에브라임 왕의 아들
③ 아하스의 아들 ④ 이사야의 아들

**정답** ④

3. 이사야 아들들의 이름(사 7:3; 8:3)은 예언자의 삶에 대해 말해 주는데, 이와 관계없는 것은?

① 예언자는 자녀들에게 모든 사람이 흠모할만한 이름을 지어주어야 한다
② 예언자는 자신의 삶으로 여호와의 말씀을 전해야 한다
③ 여호와의 말씀을 전하기 위해 예언자 자신이 고통을 받을 수 있다
④ 예언자는 말씀선포와 특이한 행동과 가족들의 이름으로 하나님의 뜻을 전하곤 한다

**정답** ①

4. 아하스 통치하의 (어떤) 유다 백성("이 백성")은 ( )을 버리고 르신과 르말리야의 아들을 기뻐했다(사 8:6). 괄호 안에 들어갈 단어는?

① 여호와의 불 ② 실로의 불
③ 실로아 물 ④ 실로 제단

**정답** ③

5. 임마누엘이란 단어가 나오는 구절은?

① 이사야 6, 7장 ② 이사야 7, 8장
③ 이사야 8, 9장 ④ 이사야 6, 53장

**정답** ②

6. 다음 중 이사야가 명한 것들은 어느 것인가(사 8:16, 18)

① 증거의 말씀, 율법을 싸매라
② 언약의 말씀, 십계명을 지켜라
③ 올바른 제사와 십일조를 드려라
④ 벧엘 성소를 폐하라

**정답** ①

## 이사야 9장

1. 하나님은 유다의 회복에 대해 말씀하면서 갈릴리 지방을 영화롭게 할 것이라 약속했다. 이때 갈릴리를 일컫는 표현은 어느 것인가?(사 9:1)

① 배교의 갈릴리 ② 이방의 갈릴리
③ 사랑의 갈릴리 ④ 기적의 갈릴리

**정답** ②

2. 평강의 왕이 올 때 있을 일에 대한 표현이 아닌 것은?(사 9장)
① 흑암에 행하던 백성이 큰 빛을 봄
② 복역의 때가 끝나고 성전을 재건함
③ 무겁게 멘 멍에와 그들의 어깨의 채찍과 그 압제자의 막대기가 꺾임
④ 어지러이 싸우는 군인들의 신과 피 묻은 겉옷이 불에 섶같이 살라짐

**정답** ②

3. 우리에게 주신 바 된 한 아기의 호칭이 아닌 것은?(사 9:6)
① 전능하신 하나님 ② 영존하시는 아버지
③ 평강의 왕 ④ 구세주

**정답** ④

4. 이사야서에서 화 신탁(화 있을진저)의 대상인 사람의 죄가 아닌 것은?
① 불의한 법령을 만들며 불의한 말을 기록하는 것
② 가난한 자를 불공평하게 판결하여 가난한 백성의 권리를 박탈하는 것
③ 과부에게 토색하고 고아의 것을 약탈하는 것
④ 온전치 못한 제물을 드리는 것

**정답** ④

### 이사야 10장

1. 다음 도시들은 이사야 시대 때 유다의 정책 및 운명과 관련된 시리아-팔레스틴 도시들인데 이에 속하지 않는 도시는?(사 10:9)
① 갈그미스 ② 테베
③ 하맛 ④ 다메섹

**정답** ②

2. 이사야 시대에 "나는 내 손의 힘과 내 지혜로 이 일을 행하였나니 나는 총명한 자라 열국의 경계선을 걷어치웠고 그들의 재물을 약탈하였으며" 라고 자랑한 왕은 어느 나라 왕인가?(사 10:13)
① 이스라엘 왕 ② 유다 왕
③ 앗수르 왕 ④ 바벨론 왕

**정답** ③

3. 이사야서는 이스라엘/유다의 패망 후 회복에 대해 말한다. 이 회복을 나타내는 표현으로 맞는 것은?(사 10:20)
① 남은 자가 돌아오리라
② 마른 막대기에서 싹이 나리라
③ 이른 비와 늦은 비를 보내리라
④ 성전에서 물이 흘러나오리라

**정답** ①

### 이사야 11장

1. 이사야는 이새의 줄기에서 나는 한 싹으로 불리는 사람이 올 것임을 예언한다. 이 사람과 관계없는 것은?(사 11:1 이하)
① 그 위에 여호와의 영이 강림할 것이다
② 그는 공의로 가난한 자를 심판하며 정직으로 세상의 겸손한 자를 판단할 것이다
③ 공의로 그의 허리띠를 삼으며 성실로 그의 몸의 띠를 삼을 것이다

④ 그는 자비로 악인마저 용서할 것이다

**정답** ④

2. 이상적인 평화의 날이 임하는 날 일어날 일에 대한 표현이 아닌 것은?(사 11:6 이하)

① 사자가 소처럼 풀을 먹을 것이다

② 송아지와 어린 사자와 살진 짐승이 함께 있으며 어린 아이에게 끌릴 것이다

③ 하늘의 해와 달이 크게 빛을 낼 것이다

④ 물이 바다를 덮음 같이 여호와를 아는 지식이 세상에 충만할 것이다

**정답** ③

3. 이스라엘(에브라임과 유다)이 회복 되는 날 복종시킬 땅들의 이름이 아닌 것은?(사 11:14)

① 블레셋 ② 에돔 ③ 암몬 ④ 두로

**정답** ④

## 이사야 12장

1. "주 여호와는 나의 힘이시며 나의 노래시며 나의 구원이심이라 그러므로 너희가 기쁨으로 구원의 우물들에서 물을 길으리로다"라는 찬양이 나오는 곳은?

① 이사야 9장 ② 이사야 11장

③ 이사야 12장 ④ 이사야 13장

**정답** ③

## 이사야 13장

1. 다음 중 이사야의 예언(열방신탁)과 일치하지 않는 것은?(사 13장 이하)

① 앗수르에 대한 경고

② 바벨론에 대한 경고

③ 애굽에 대한 경고

④ 바사(페르시아)에 대한 경고

**정답** ④

2. 다음 예언서중 열방에 대한 심판신탁이 나오지 않는 곳은?

① 이사야 ② 예레미야

③ 호세아 ④ 아모스

**정답** ③

## 이사야 14장

1. "너 아침의 아들 계명성이여 어찌 그리 하늘에서 떨어졌으며 너 열국을 엎은 자여 어찌 그리 땅에 찍혔는고"라고 조소거리가 된 대상은?(사 14:12)

① 사탄 ② 앗수르

③ 바벨론 ④ 바사(페르시아)

**정답** ③

2. 유다 왕 아하스가 죽던 해, 자신을 치던 막대기가 부러졌다고 기뻐한 것에 대해 경고를 받은 나라는?(사 14:28)

① 다메섹 ② 에브라임

③ 블레셋 ④ 길르앗

**정답** ③

## 이사야 18장

1. 이사야의 열방 신탁 가운데서 "강들이 흘러 나누인 나라이며 장대하고 준수한 백성 곧 시초부터

두려움이 되며 강성하여 대적을 밟는 백성"으로 불린 땅은 어디인가?(사 18장)

① 앗수르 ② 바벨론
③ 구스 ④ 다메섹

**정답** ③

이사야 19장

1. 이사야의 열방신탁 중에서 "소안의 방백들은 어리석었고 놉의 방백들은 미혹되었도다"라는 신탁을 들은 나라는?(사 19:13)

   ① 애굽 ② 구스 ③ 암몬 ④ 블레셋

   **정답** ①

2. 다음은 어떤 특정한 역사 시점에 애굽 땅에 있을 일에 관한 이사야의 예언이다. 여기에 포함되지 않는 것은?(사 19:19, 20)

   ① 애굽 땅에 가나안 방언을 말하며 만군의 여호와를 가리켜 맹세하는 성읍이 있을 것이다
   ② 애굽 땅 고센에 많은 유목 이주민들이 살게 될 것이다
   ③ 애굽 땅 중앙에 여호와를 위한 제단이 있을 것이다
   ④ 애굽 땅 변경에 여호와를 위한 기둥이 있을 것이다

   **정답** ②

3. 이사야는 특정한 어느 시점에 "이스라엘이 애굽 및 앗수르와 더불어 셋이 세계 중에 복이 되리니 이는 만군의 여호와께서 복 주시며 이르시되 내 백성 애굽이여, 내 손으로 지은 앗수르여, 나의 기업 이스라엘이여, 복이 있을 지어다. 하실 것임이라"고 예언했다. 이 예언은 다음 어느 구절을 상기시키는가?(사 19:24-25)

   ① 창세기 1:28 ② 창세기 12:1-3
   ③ 신명기 6:4-5 ④ 신명기 17:14-16

   **정답** ②

이사야 20장

1. 이사야가 벗은 몸과 벗은 발로 다니며 애굽과 구스의 운명에 대해 예언한 것은 다음 어느 왕과 관련있는가?(사 20:1)

   ① 바벨론 왕 느부갓네살의 원정
   ② 바벨론 왕 나보폴라살의 원정
   ③ 앗스르 왕 아수르바니팔의 원정
   ④ 앗수르 왕 사르곤의 원정

   **정답** ④

이사야 21장

1. 이사야의 열방신탁 중 "엘람이여 올라가고 메대여 에워싸라"는 어느 나라의 멸망에 관한 것인가?(사 21:2)

   ① 구스 ② 바벨론 ③ 애굽 ④ 바사

   **정답** ②

2. 이사야의 열방신탁 중에는 드단 대상들과 게달 자손의 패망이 나온다. 이 신탁은 어느 땅에 관한 것인가?(사 21:13)

   ① 아라비아 ② 두로 ③ 암몬 ④ 모압

   **정답** ①

## 이사야 22장

1. 이사야 22장 "환상의 골짜기에 관한 경고"는 어떤 내용과 관계있나?
   ① 남북 왕국의 통일
   ② 예루살렘의 파괴
   ③ 새로운 세계에 대한 환상
   ④ 포로 귀환
   **정답** ②

2. 국고와 왕궁 책임자인 셉나는 하나님 눈에 옳지 못한 일을 범하여 자신의 관직에서 강등된다. 그를 대신하게 된 사람은?(사 22:15 이하)
   ① 엘리아김 ② 이사야
   ③ 사반 ④ 여호야다
   **정답** ①

## 이사야 23장

1. 다시스의 배와 열국의 시장으로 대표되는 항구 도시는?(사 23:1, 3)
   ① 아스글론 ② 에시온게벨
   ③ 두로 ④ 엘랏
   **정답** ③

2. 앗수르 왕들의 시대에 두로의 파괴로 말미암아 고통을 받은 나라는?(사 23:5)
   ① 바벨론 ② 아람-다메섹
   ③ 다시스 ④ 애굽
   **정답** ④

## 이사야 24장

1. 이사야서에서 땅의 기초가 깨어지고 진동하고 황폐하게 될 것이라는 묵시적 예언이 나오는 곳은?
   ① 5장 ② 24장 ③ 36장 ④ 40장
   **정답** ②

## 이사야 25장

1. 이사야서에서 여호와 하나님이 연회를 베푸시고 사망을 영원히 멸하시며 모든 얼굴에서 눈물을 씻기시리라는 예언이 나오는 곳은?
   (참고. 계 7:17; 21:4)
   ① 25장 ② 27장 ③ 33장 ④ 34장
   **정답** ①

## 이사야 26장

1. 이사야서에서 주의 죽은 자들은 살아나고 그들의 시체들은 일어날 것이며 땅이 죽은 자들을 내어놓을 것이라는 예언이 나오는 곳은?
   (마 11:5; 살전 4:16; 계 20:13)
   ① 4장 ② 13장 ③ 26장 ④ 28장
   **정답** ③

## 이사야 28장

1. 이사야 28장에는 이스라엘 지도자들의 술취함과 그들의 교만함에 대한 비난이 나오는데, 이와 비슷한 구절이 나오는 곳은?

① 호세아 2장 ② 아모스 6장

③ 미가 5장 ④ 말라기 1장

**정답** ②

2. 이사야 28장에는 여호와께서는 정의를 측량줄로 삼고 공의를 저울추로 삼는다는 말씀이 나온다. 이와 비슷한 환상을 본 예언자는?

① 아모스(7:7) ② 하박국(2:4)

③ 미가(6:6-8) ④ 요엘((2:28)

**정답** ①

## 이사야 29장

1. 이사야 29장 1절에 나오는 "아리엘(나의 사자)"은 무엇을 말하는가?

① 앗수르 ② 이사야

③ 임마누엘 ④ 예루살렘

**정답** ④

## 이사야 30장

1. 이스라엘 혹은 유다가 메소포타미아 지역 국가의 공격을 받았을 때 주로 의뢰하던 나라는? (사 30장)

① 두로 ② 하맛 ③ 아람 ④ 애굽

**정답** ④

2. 이스라엘/유다 백성이 선견자들에게 선견하지 말라, 부드러운 말을 하라고 한다(30:10). 예언자 아모스도 같은 경험을 하는데, 그의 예언활동을 막은 사람은?(암 7:10)

① 오벳 ② 스가랴

③ 하나냐 ④ 아마샤

**정답** ④

## 이사야 31장

1. 이사야는 31장에서 말과 병거를 구하기 위해 애굽으로 내려가는데 대해 '화 신탁'(화 있을진저)을 선포한다. 율법서에서 말과 병거를 구하기 위해 애굽으로 가지 말라는 말씀이 나오는 곳은?

① 출애굽기 20장 ② 레위기 19장

③ 민수기 6장 ④ 신명기 17장

**정답** ④

2. 이사야 31:8에는 "앗수르는 칼에 엎드러질 것이나 사람의 칼로 말미암음이 아니겠고 칼에 삼켜질 것이나 사람의 칼로 말미암음이 아닐 것이며 그는 칼 앞에서 망할 것이요"라는 말씀이 나온다. 가능한 해석과 가장 거리가 먼 것은?

① 하나님의 심판에 대한 일반적 표현

② 열왕기하 19장에 나오는 앗수르군의 진멸

③ 이사야 37장에 나오는 앗수르군의 진멸

④ 대지진으로 말미암은 앗수르군의 피해

**정답** ④

## 이사야 32장

1. 이사야는 이상적인 어떤 왕에 대해 선포하곤 하는데, 이 왕의 성격이나 통치와 가장 관계없는 것은?(사 9:6; 16:5; 32:1)

① 평강의 왕

② 공의와 정의의 통치자

③ 여호와 전쟁의 수행자

④ 인자와 충실의 재판관

**정답** ③

2. 예언서에는 종말적인 어느 때에 영을 부어주실 것이라는 약속들이 나온다. 이러한 약속과 관련 없는 예언서는?

① 이사야 32:15 ② 에스겔 11:19

③ 요엘 2:28 ④ 말라기 4:2

**정답** ④

## 이사야 33장

1. 이사야 33:15는 공의롭게 행하고 정직히 말하며 뇌물을 받지 않고 악을 보지 않는자가 높고 견고한 곳에 거할 수 있다고 말한다. 다음 중 이와 흡사한 말씀이 나오는 곳은?

① 시편 15편 ② 시편 23편

③ 예레미야 7장 ④ 하박국 2장

**정답** ①

2. 다음 장소들 중 풍요를 나타내는 지명이 아닌 것은?(사 33:9외 여러 곳)

① 바산 ② 레바논 ③ 샤론 ④ 네게브

**정답** ④

3. 다음 내용 중 이사야의 예언과 관련이 없는 것은?(사 33:20)

① 범죄한 예루살렘이 심판을 받을 것이다

② 심판 받은 예루살렘은 회복될 것이다

③ 예루살렘의 패망은 일시적이며 영영히 뽑히지 아니할 도성이다

④ 예루살렘은 영원히 패망할 것이다

**정답** ④

## 이사야 34장

1. 이사야 34:4에는 어떤 때에 하늘의 만상(일월성신)이 사라지고 하늘들이 두루마리 같이 말릴 것이라는 말씀이 나온다. 다음 중 이 말씀과 가장 관계가 먼 것은?

① 에스겔 40장 ② 스가랴 14장

③ 마태복음 13장 ④ 요한계시록 4장

**정답** ①

2. 이사야서를 비롯한 구약성서 여러 곳에 "책"(세페르)이란 단어가 나온다(사 34:16). 이 책의 일반적인 모습이 아닌 것은?

① 직사각형의 종이 묶음

② 토판이나 목판

③ 파피루스 묶음

④ 가죽 두루마리

**정답** ①

3. 이사야 34:16에는 "여호와의 책"이란 표현이 나오는데, 이 책의 내용과 가장 관련이 먼 것은?

① 여호와가 명령하신 것의 모음집

② 구원받을 사람들의 이름

③ 책의 내용들 간의 짝

④ 짐승들과 새들의 짝

**정답** ②

## 이사야 35장

1. 이사야 35장은 이상적인 어느 때에 대해서 말하는데, 이 때 있을 일과 관련이 없는 것은?

① 안전과 기쁨의 삶

② 건강한 생활

③ 자연친화적 변화

④ 개인적 성공과 축복

**정답** ④

2. 이사야의 예언내용이나 활동과 관계없는 것은?

① 부패와 억압에 대한 심판선고

② 치병과 기적사역

③ 정치 현안에 대한 조언

④ 미래에 대한 예언

**정답** ②

### 이사야 36장

1. 앗수르 왕 산헤립이 유다를 침공한 것은 누구 때인가?(사 36:1)

① 아하스　　② 므낫세

③ 히스기야　　④ 요시아

**정답** ③

2. 앗수르 왕 산헤립이 한 일은 어느 것인가?(사 36:1)

① 예루살렘 정복

② 유다의 모든 견고한 성을 취함

③ 이스라엘의 사마리아를 정복

④ 예루살렘과 모든 유다 땅 정복

**정답** ②

3. 앗수르 왕이 랍사게를 예루살렘으로 보낼 때, 그 앗수르 왕은 어디에 주둔하고 있었는가?(사 36:2)

① 니느웨　② 립나　③ 라기스　④ 벧엘

**정답** ③

4. 랍사게가 예루살렘에 근접했을 때 엘리아김과 셉나와 요아란 사람이 그를 만나러 나가는데, 이 사람들의 직책은 무엇인가?(사 36:3)

① 제사장과 선지자

② 나라의 장로와 지역대표

③ 예루살렘 귀족 대표

④ 왕궁관리

**정답** ④

5. 산헤립이 보낸 랍사게에 따르면, 히스기야가 앗수르에 반역하게 된 것은 어느 나라를 믿었기 때문인가?(사 36:6)

① 애굽　　② 블레셋

③ 요단동편의 나라들　④ 헷

**정답** ①

6. 유다 방언대신 아람 방언으로 말해달라는 유다 관리들의 요청을 무시하고 랍사게가 유다방언으로 말한 목적은?

① 유다 사람들에게 친밀감을 전달하는 전형적인 선전활동

② 유다 사람들을 두렵게 만들고 분열시키는 전형적인 선전활동

③ 앗수르 군대가 유다 출신을 동원하여 공격하는 전략

④ 앗수르 군대는 아람 방언에 익숙하지 않으므로 자신들에게 편한 언어를 사용하는 전략

**정답** ②

7. 랍사게의 선동 연설 중에는 "어떤 신이 자기의 나라를 내손에서 건져냈기에 여호와가 능히 예루살렘을 내 손에서 건지겠느냐"며 하며 '여호와를 멸시'하는 표현이 있다(사 36:20; 37:6, 17, 23; 왕하 18:35). 이 말의 출처에 대한 설명으로 가장 가능

성이 높은 것은?

① 비역사적인 것이지만 이사야가 여호와의 예루살렘 구원을 강조하기 위해 구성한 것이다
② 비역사적인 것이지만 열왕기하를 기록한 이른바 신명기적 역사가가 구성한 것이다
③ 고대 전쟁 상황에서 사용되곤 했던 자만에 가득한 적국 군대의 선동적 표현이다
④ 산헤립을 만나러 갔던 유다 관리들이 항복을 주장하기 위해 거짓으로 왕에게 보고한 내용이다

**정답** ③

8. 랍사게가 예루살렘을 떠나 앗수르 왕 산헤립을 만난 장소는?(사 37:8)

① 라기스 ② 니느웨 ③ 엘테케 ④ 립나

**정답** ④

## 이사야 37장

1. 산헤립의 유다 침공시 히스기야를 돕기 위해 진군한 사람은?(사 37:9)

① 구스왕 디르하가 ② 애굽왕 느고
③ 블레셋왕 파디 ④ 아람왕 벤하닷

**정답** ①

2. 이사야서에 따르면 산헤립의 앗수르 군대는 예루살렘에 대하여 어떤 공격적인 행동을 했는가?(사 37:33)

① 성벽 파쇄 등 대대적인 공격을 했다
② 성 안으로 들어가 항복을 받았다
③ 성벽에 접근하지 못했다
④ 성벽에 사다리를 걸고 성 안으로 화살을 날렸다

**정답** ③

3. 이사야서는 앗수르가 시리아-팔레스틴 원정군을 회군한 이유가 무엇이라 말하는가?(사 37:36)

① 여호와의 사자가 쳤다
② 히스기야가 성 밖으로 나가 공격했다
③ 앗수르 내에 반란이 일어났다
④ 원정 목적을 이루고 돌아갔다

**정답** ①

4. 유다를 공격한 산헤립은 회군하고 결국 암살당한다. 이사야서는 그가 죽은 시점에 대해 무엇이라 말하는가?(사 37:37)

① 니느웨로 돌아가다가 암살당했다고 말 한다
② 니느웨에 도착하자마자 기다리던 반란군에 의해 살해되었다고 말 한다
③ 니느웨에 도착하여 원정기념 행진을 하던 중 반대자에 의해 암살당했다고 말 한다
④ 회군 후 얼마나 지났는지에 대한 언급 없이 니느웨에 거주하다가 암살당했다는 사실을 말 한다

**정답** ④

5. 산헤립의 암살 사건은 어디서 누구에 의해 일어났는가?(사 37:38)

① 야전에서 자신의 부하 장군에 의해
② 신전에서 그의 아들 중 한 사람에 의해
③ 왕궁에서 쉬던 중 고관의 한 사람에 의해
④ 신하들과 사냥을 하던 중 반대 세력이 보낸 암살자에 의해

**정답** ②

6. 산헤립을 암살한 사람들이 피신한 곳은?

(사 37:38)

① 북쪽 아라랏 땅

② 남쪽 바벨론의 늪지대

③ 서쪽 북서쪽 하란 지방

④ 애굽 땅

**정답** ①

7. 암살된 산헤립을 이어 앗수르 왕이 된 사람은?(사 37:38)

① 새로운 정권을 세운 사라셀

② 그의 손자 아수르바니팔

③ 그의 아들 에살핫돈

④ 그의 손자 샤마쉬슘우킨

**정답** ③

## 이사야 38장

1. 히스기야가 병들어 죽게 되어 이사야가 그에게 유언하라고 할 때 히스기야가 한 말은?(사 38:3)

① 내가 주 앞에서 진실과 전심으로 행하여 주의 목전에서 선하게 행한 것을 기억하옵소서

② 주여 내 영혼을 받으시고 주의 품에서 쉬게 하소서

③ 나의 죄를 용서하시고 나의 자손과 유다를 지켜주소서

④ 주님이 뜻이 이루어지이다 그러나 평안히 자게 하소서

**정답** ①

2. 히스기야의 간절함과 통곡에 대해 응답한 하나님의 말씀이 아닌 것은?(사 38:5-6)

① 부귀와 영화로 너를 붙들 것이다

② 생명을 십 오년 연장해 줄 것이다

③ 예루살렘 성을 앗수르 왕의 손에서 건져낼 것이다

④ 네 기도와 네 눈물을 보았노라

**정답** ①

## 이사야 39장

1. 히스기야가 병에서 나았다는 소식을 듣고 사자를 통해 글과 예물을 보낸 사람은?(사 39:1)

① 구스 왕 디르하가

② 바벨론 왕 므로닥발라단

③ 앗수르 왕 산헤립

④ 두로왕 히람

**정답** ②

2. 병이 나은 히스기야에게 선물을 가져온 이방 사자들에게 히스기야가 보여준 것이 아닌 것은?(사 39:2)

① 예루살렘의 견고한 성벽과 망루, 그리고 성전

② 창고에 있는 보물

③ 궁전과 국가의 소유

④ 무기고에 있는 모든 것

**정답** ①

3. 바벨론 왕의 사자들에게 자신의 소유를 다. 보여준 히스기야의 행동에 대해 이사야는 무엇이라 말했나?(사 39:6)

① 히스기야는 그 부로 인해 동방의 왕들에게 칭송될 것이나 질투도 받을 것이다

② 히스기야의 부와 유다의 성공은 여호와 하나님의 살아계심을 열방에 펼치게 될 것이다

③ 히스기야가 보여준 것들이 바벨론으로 옮겨질 것이다

④ 다윗과 솔로몬이 쌓아 놓은 것이 히스기야 이후 왕들을 통해 점차적으로 줄어들 것이다

**정답** ③

4. 히스기야의 자손이 당할 일에 대한 이사야의 예언에 대해 히스기야의 반응으로 맞는 것은?(사 39:8)
   ① 통곡하며 용서를 구함
   ② 여호와의 말씀을 견디기 어렵다고 말함
   ③ 내 생전에는 평안과 견고함이 있으리이다라고 말함
   ④ 나를 치시고 후손들을 지켜달라고 말함

**정답** ③

5. 히스기야의 생애를 보면서 얻을 수 있는 교훈에 가장 가까운 것은?
   ① 왕은 늘 선지자의 조언을 받고 살아야 함
   ② 신앙의 사람 히스기야 역시 연약하고 자만하고 비겁한 인생에 불과함
   ③ 신앙의 사람일지라도 성적 문제는 늘 조심해야 함
   ④ 성서는 위대한 신앙적 인물들을 이상적으로 그림

**정답** ②

6. 이사야 39장은 누구의 어떤 말로 끝나는가?(사 39:8)
   ① 유다를 향한 이사야의 사랑과 축복
   ② 여호와 하나님의 말씀이었다는 예언선포적 결어
   ③ 자신의 시대에는 평안케 해 달라는 히스기야의 요청
   ④ 후손들을 향한 히스기야의 축복기도

**정답** ③

7. 아래의 예 중 이사야 1-39장의 내용과 가장 맞지 않는 것은?
   ① 유다 사람들의 탐욕과 그에 대한 심판
   ② 유다의 운명과 관련된 주변국가들에 대한 심판선고
   ③ 유다를 위협하는 주변국가들의 군사활동
   ④ 하나님의 자비에 근거한 임박한 회복과 위로와 평안

**정답** ④

## 이사야 40장

1. 이사야 40장 서두에서 하나님께서 "너희는 위로하라 내 백성을 위로하라"고 말씀하신 이유는 무엇인가?(사 40:1-2)
   ① 유다가 망해 포로로 끌려갔기 때문이다
   ② 유다 백성들이 죄 값을 완전히 치렀기 때문이다
   ③ 바벨론의 왕이 죽었기 때문이다
   ④ 바벨론에서의 포로생활이 너무 고달팠기 때문이다

**정답** ②

2. "풀은 마르고 꽃은 시드나 우리 하나님의 말씀은 영원히 서리라"는 말씀에서 '풀'과 '꽃'이 의미하는 바는 무엇인가?(사 40:6-8)
   ① 유다 백성　　② 죄인
   ③ 예루살렘　　④ 바벨론

**정답** ①

3. 유다의 성읍들이 보게 될 하나님의 모습이 아닌 것은?(사 40:9-11)
   ① 강한자로 임할 것이다

② 상급이 그에게 있고 보응이 그의 앞에 있을 것이다
③ 말씀으로 존재할 것이다
④ 목자같이 양떼를 먹이시며 온순히 인도할 것이다

**정답** ③

4. 여호와의 무한한 능력에 대한 비유의 연결이 잘못된 것은?(사 40:15-17)
① 레바논- 땔감
② 열방-통에 든 한 방울의 물
③ 섬-떠오르는 먼지
④ 바벨론-메뚜기

**정답** ④

5. "소년이라도 피곤하며 곤비하며 장정이라도 넘어지며 쓰러지되 오직 여호와를 앙망하는 자는 새 힘을 얻으리니 독수리가 날개 치며 올라감 같을 것이요..."라는 구절은 이스라엘 백성의 어떤 질문/의심에 대한 답변인가?(사 40:27-31)
① 내 길은 여호와께 숨겨졌으며, 내 송사는 내 하나님에게서 벗어난다
② 여호와께서는 나의 길을 막으시며, 나는 늘 곤비함을 느낀다
③ 모든 사람들이 나를 대적해서, 내 영혼이 늘 하나님을 앙망한다
④ 우리는 겨우 심기고 뿌려졌지만, 하나님의 입김으로 말라 불려가는 초개같도다

**정답** ①

## 이사야 41장

1. 다음 중 관계없는 것 하나를 고르시오(사 41:8-10)
① 여호와의 종 ② 이스라엘
③ 여호와가 택한 야곱 ④ 모세의 자손

**정답** ④

2. 이사야 41장에 나타난 우상에 대한 묘사에서 틀린 것은?(사 41:21-24)
① 장차 당할 일을 알려줄 수 없다
② 복이나 재난을 내릴 수 없다
③ 목마른 자에게 물을 줄 수 없다
④ 말을 할 수 없다

**정답** ③

3. 이사야 41장에서 '하나님의 벗'으로 불린 인물은?(사 41:8)
① 야곱 ② 모세 ③ 아브라함 ④ 고레스

**정답** ③

4. 다음은 누가 누구에게 하는 말인가?
"두려워하지 말라. 나는 네 하나님이 되리라. 내가 너를 굳세게 하리라. 참으로 너를 도와 주리라. 참으로 나의 의로운 오른손으로 너를 붙들리라"(사 41:10)
① 여호와가 이스라엘에게
② 여호와가 북방에서 오는 자에게
③ 여호와가 바벨론의 포로에게
④ 여호와가 우상숭배를 거부한 자에게

**정답** ①

5. 여호와께서 북방에서 사람을 부른 이유는 무엇인가?(사 41:25)
① 말 못하는 우상들을 부수기 위해
② 고관들을 석회같이, 토기장이가 진흙을 밟음같이 밟게 하기 위해

③ 여호와께서 창조하신 질서를 지키기 위해

④ 이스라엘을 강하게 훈련시키기 위해

**정답** ②

## 이사야 42장

1. 여호와의 종의 임무가 아닌 것은 무엇인가?(사 42:5-9)

① 백성과 새로운 언약을 체결하도록 한다

② 눈먼 자들의 눈을 밝힌다

③ 갇힌 자를 감옥에서 이끌어 낸다

④ 흑암에 앉은 자를 감방에서 나오게 한다

**정답** ①

2. 여호와께서 여러 민족에게 새 노래로 노래하며 찬송하라고 한 이유는 무엇인가?(사 42:10-13)

① 여호와께서 왕으로 오실 것이기 때문이다

② 여호와께서 고레스를 세워 그의 뜻을 이룰 것이기 때문이다

③ 여호와께서 우상들을 심판하실 것이기 때문이다

④ 여호와께서 용사같이, 전사같이 분발하여 부르시며 대적을 칠 것이기 때문이다

**정답** ④

3. 여호와의 종에 비유된 장애우는?(사 42:18-19)

① 나병환자　② 다리 저는 자

③ 맹인과 농인　④ 반신불구자

**정답** ③

4. 여호와의 종에 대한 설명중 틀린 것은?(사 42:1-4)

① 외치지 아니하며 목소리를 높이지 아니할 것이다

② 상한 갈대를 꺾지 아니할 것이다

③ 온 세상의 왕이 될 것이다

④ 이방에 정의를 베풀 것이다

**정답** ③

5. 여호와께서 참으셨으나 해산하시는 여인처럼 부르짖으며 할 일이 아닌 것은?(사 42:14-17)

① 산들과 언덕을 황폐하게, 모든 초목을 마르게 할 것이다

② 맹인들을 그들이 알지 못하는 지름길로 인도할 것이다

③ 시온에게 엄청난 전리품을 안겨줄 것이다

④ 우상을 의지하는 자가 수치를 당하도록 할 것이다

**정답** ③

## 이사야 43장

1. 다음은 누구에게 한 말인가?(사 43:1)

"두려워하지 말라. 내가 너를 구속하였고 내가 너를 지명하여 불렀나니 너는 내것이라"

① 야곱, 이스라엘　② 여호와의 종

③ 고레스　④ 이사야

**정답** ①

2. 이스라엘을 속량하기 위해 내어준 나라가 아닌 것은?(사 43:3)

① 애굽　② 앗시리아　③ 구스　④ 스바

**정답** ②

3. 여호와께서 이스라엘 백성을 지으신 이유는 무엇인가?(사 43:21)

① 이방민족을 다스리도록 하기 위해

② 이방민족을 심판하도록 하기 위해

③ 여호와를 도와주기 위해

④ 여호와를 찬양하게 하려고.

**정답** ④

4. 이스라엘이 여호와를 괴롭힌 이유는 무엇인가?
(사 43:22-24)

① 번제물을 너무 많이 가져와서

② 유향을 너무 많이 가져와서

③ 죄를 너무 많이 지어서

④ 찬양을 너무 많이 불러서

**정답** ③

5. 이사야서에 나타난 출애굽 모티브가 아닌 것은?
(사 43:14-21)

① 바다 가운데 길을 냄

② 병거와 말과 군대의 용사를 이끌어 냄

③ 만나와 메추라기

④ 사막에 강을 내어 백성들로 마시게 함.

**정답** ③

## 이사야 44장

1. 다음은 무엇에 대한 묘사인가?(사 44:18-20)
"알지도 못하고 깨닫지도 못하고 눈이 가려서 보지 못하며 마음이 깨닫지도 못한다"

① 우상 ② 고난받는 종

③ 이스라엘 백성 ④ 바벨론 사람들

**정답** ①

2. "나는 처음이요 나는 마지막이라 나 외에 다른 신이 없느니라"라고 선포한 이유는 무엇인가?
(사 44:6-8)

① 태초부터 지금까지의 일과 장차 올 일을 알릴 수 있는 유일한 분이기 때문이다

② 이스라엘의 수치를 막을 수 있는 유일한 분이시기 때문이다

③ 바벨론의 마르둑 신의 속성과 비교되는 것을 거부했기 때문이다

④ 우상과는 비교할 수 없는 분이기 때문이다

**정답** ①

3. 여호와께서 이스라엘 백성의 죄를 용서한 것에 비교된 것은?(사 44:21-22)

① 빽빽한 구름 ② 아침 이슬

③ 비 ④ 바람

**정답** ①

4. 유일한 창조주 여호와께서 심판하실 대상과 심판의 내용을 바르게 짝지은 것은?(사 44:25)

① 헛된 말을 하는 자-지식

② 점치는 자-징표

③ 지혜로운 자-지식

④ 헛된 말을 하는 자-미치게 함

**정답** ③

5. 종을 통하여 성취하게 할 예루살렘에 대한 예언으로 틀린 것은?(사 44:26-28)

① 거기에 사람이 살리라

② 유다 성읍이 중건될 것이다

③ 황폐한 곳들을 복구할 것이다

④ 깊은 강물은 더 깊게 될 것이다

**정답** ④

## 이사야 45장

1. 다음은 여호와께서 누구에게 한 말인가?(사 45:1)
"내가 그의 오른손을 붙들고 그 앞에 열국을 항복하게 하며 내가 왕들의 허리를 풀어 그 앞에 문들을 열고 성문들이 닫히지 못하게 하리라"
① 고난받는 종 ② 이사야
③ 고레스 ④ 스룹바벨
**정답** ③

2. 다음은 여호와께서 누구에게 한 말인가?(사 45:4)
"너를 위하여 네 이름을 불러 너는 나를 알지 못하였을지라도 네게 칭호를 주었노라"
① 야곱, 곧 이스라엘 ② 시온
③ 고레스 ④ 스룹바벨
**정답** ①

3. 다음은 누구의 고백인가?(사 45:14)
"하나님이 과연 계시고 그 외에는 다른 하나님이 없다. 하리라"
① 스바 사람 ② 바벨론 사람
③ 이사야 ④ 고레스
**정답** ①

4. ( )에 들어갈 말은?(사 45:15)
"구원자 이스라엘의 하나님이여 진실로 주는 스스로 ( ) 하나님이시니이다
① 숨어계시는 ② 구원의
③ 드러내시는 ④ 영광의
**정답** ①

5. ( )에 들어갈 말은?(사 45:21)
"나 외에 다른 신이 없나니 나는 ( )를 행하며 ( )을 베푸는 하나님이라. 나 외에 다른 이가 없느니라"
① 공의-구원 ② 구원-은혜
③ 구원-정의 ④ 공의-은혜
**정답** ①

## 이사야 46장

1. 바벨론에 대한 애가인 46장에서, 쓰러진 두 신의 이름은 무엇인가?(사 46:1)
① 벨-마르둑 ② 벨-느보
③ 마르둑-하늘여신 ④ 벨-담무스
**정답** ②

2. 다음은 무엇에 대한 묘사인가?(사 46:6)
"사람들이 주머니에서 금을 쏟아내며, 은을 저울에 달아 도금장이에게 주어 만든 것"
① 우상 ② 부적 ③ 동상 ④ 기념물
**정답** ①

3. 여호와께서 동쪽에서 불러 여호와의 뜻을 이룰 사람을 묘사한 말은?(사 46:11)
① 뱀 ② 비둘기
③ 사나운 날짐승 ④ 사자
**정답** ③

4. 여호와께서 "옛적 일을 기억하라"고 명령한 이유는 무엇인가?(사 46:8-11)
① 옛적에 여호와께서 악을 물리쳤기 때문이다
② 옛적 일이 중요하기 때문이다
③ 옛적 일을 기억하면 용기를 얻을 수 있기 때문이다
④ 옛적부터 종말에 일어날 일을 알렸기 때문이다
**정답** ④

5. 우상에 대한 묘사 중 틀린 것은?(사 46:7)

① 움직이지 못한다

② 부르짖어도 응답하지 못한다

③ 고난에서 구해내지 못한다

④ 말하지도 못한다

**정답** ④

## 이사야 47장

1. 47장의 바벨론에 대한 애가에서 바벨론은 무엇으로 불리었나?(사 47:1)

① 처녀 딸 ② 아리따운 여인

③ 세상의 왕 ④ 아들

**정답** ①

2. 이전의 바벨론에 대한 명칭은 무엇이었나?(사 47:5)

① 세상의 왕 ② 안방마님

③ 여러 왕국의 여주인 ④ 열방의 주인

**정답** ③

3. 바벨론의 행적에 대한 묘사중 틀린 것은?(사 47:7)

① 사치하고 평안히 지냈다

② 나뿐이라. 나 외에 다른 이가 없도다 라고 생각했다

③ 나는 과부로 지내지도 않고 자녀를 잃어버리지도 않을 것이다 라고 생각했다

④ 나는 영영히 이 세상의 독수리처럼 올라갈 것이다

**정답** ④

4. 바벨론이 "스스로 악을 의지하고 나를 보는 자가 없다"라고 말한 이유는 무엇인가?(사 47:10)

① 바벨론의 신들이 그들에게 안전과 번영을 약속했기 때문이다

② 이방의 여신들이 바벨론을 유혹했기 때문이다

③ 바벨론의 지혜와 지식이 바벨론을 유혹했기 때문이다

④ 마음에 교만이 가득했기 때문이다

**정답** ③

5. 바벨론이 의지하던 주요 방법이 아닌 것은?(사 47:12-15)

① 주문과 주술 ② 지하세계의 주인

③ 많은 계략 ④ 점성술

**정답** ②

## 이사야 48장

1. 여호와의 이름으로 맹세하며 하나님을 기념하는 이스라엘이 가지지 못한 것은 무엇인가?(사 48:1)

① 순종과 신실 ② 진실과 공의

③ 구원과 소망 ④ 정의와 인애

**정답** ②

2. 여호와께서 새 일, 곧 알지 못하던 은비한 일은 언제 창조된 것인가?(사 48:6-7)

① 이스라엘이 반역하던 때

② 옛부터

③ 태초부터

④ 지금

**정답** ④

3. 이스라엘은 어느 때부터 배역한 자로 불리었는가?(사 48:8)

① 출애굽부터 ② 모태에서부터

③ 태어나면서부터 ④ 태초부터

**정답** ②

4. 이스라엘이 여호와의 명령에 주의했다면 얻었을 복이 아닌 것은?(사 48:18-19)

① 평강이 강과 같았을 것이다

② 자손이 모래 같았을 것이다

③ 공의가 바다 물결같았을 것이다

④ 제사장과 레위인처럼 되었을 것이다

**정답** ④

5. 다음은 누구의 말인가?(사 48:22)

"악인에게는 평강이 없다"

① 여호와 ② 여호와의 종

③ 예언자 ④ 고레스

**정답** ①

## 이사야 49장

1. 여호와께서 예언자의 이름을 기억하고 부른 것은 언제인가?(사 49:1)

① 유년시절 ② 어머니의 태에서부터

③ 청년시절 ④ 탄생했을 때부터

**정답** ②

2. 여호와는 예언자에게 "너는 나의 종이요 내 영광을 네 속에 나타낼 이스라엘"이라고 말했다. 이에 대한 예언자의 대답은?(사 49:3-4)

① 나를 당신의 말씀으로 채우소서

② 나는 말이 부족하니 그 명령을 거두소서

③ 내가 헛되이 수고했으며 무익하게 내 힘을 다하였다

④ 아멘 주여 내가 여기 있나이다

**정답** ③

3. 시온의 회복에 대한 묘사 중 관계없는 것은?(사 49:8-10)

① 여호와께서 보호하고 백성의 언약으로 삼을 것이다

② 나라를 일으켜 황무한 땅을 그들에게 기업으로 상속하게 할 것이다

③ 흑암에 있는 자를 나오게 할 것이다

④ 흩어진 이스라엘을 그 지역에서 보호할 것이다

**정답** ④

4. 이스라엘이 만국에서 돌아올 때 이스라엘의 양부와 유모는 누구인가?(사 49:22-23)

① 이방 민족들의 왕과 왕비

② 여호와

③ 이스라엘의 남은 자들

④ 고관들

**정답** ①

5. 시온을 억압하는 자들이 받게 될 여호와의 벌은?(사 49:25-26)

① 자녀를 잃고 외롭게 될 것이다

② 자기의 살을 먹게 하며 자기의 피에 취하게 할 것이다

③ 흩어져서 시온을 섬기게 될 것이다

④ 고레스의 종이 될 것이다

**정답** ②

이사야 50장

1. 유다가 팔린 이유는 무엇인가?(사 50:1)
   ① 유다의 죄 때문이다
   ② 유다의 어머니의 죄 때문이다
   ③ 여호와의 뜻이었기 때문이다
   ④ 바벨론이 선했기 때문이다
   **정답** ①

2. 여호와의 손이 짧아, 즉 여호와의 능력이 없어 구속하지 못한다는 말에 대한 여호와의 대답이 아닌 것은?(사 50:2-3)
   ① 여호와는 바다를 마르게 하셨다
   ② 강들을 사막으로 만들었다
   ③ 흑암으로 하늘을 덮었다
   ④ 강의 개구리들이 죽어 악취가 났다
   **정답** ④

3. 여호와께서 주신 '학자의 혀'로 인해 예언자가 갖게 된 능력이 아닌 것은?(사 50:4-6)
   ① 곤고한 자를 말로 도울줄 알게 되었다
   ② 귀를 깨우치사 학자들처럼 알아듣게 되었다
   ③ 눈을 열게하사 오직 여호와만 바라보게 되었다
   ④ 모욕과 침뱉음을 당해도 얼굴을 가리지 아니하였다
   **정답** ③

4. 흑암 중에 행하여 빛이 없는 자가 해야 할 일로 권고받은 사항은 무엇인가?(사 50:10-11)
   ① 불을 피우고 횃불을 들어라.
   ② 여호와의 이름을 의뢰하며 자기 하나님을 의지하라.
   ③ 자기가 피운 횃불 가운데로 걸어가라.
   ④ 흑암의 고통 가운데서도 불기둥을 따라가라.
   **정답** ②

이사야 51장

1. "이스라엘을 떠낸 반석, 이스라엘을 파낸 우묵한 구덩이"는 무엇을 의미하는가?(사 51:1-2)
   ① 아담과 하와 ② 아브라함과 사라
   ③ 이삭과 리브가 ④ 야곱과 라헬
   **정답** ②

2. 만민의 빛이 될 여호와의 공의의 근거는 무엇인가?(사 51:4-6)
   ① 율법 ② 구원
   ③ 심판 ④ 이스라엘 백성
   **정답** ①

3. 여호와께서 옛날 옛 시대에 행한 일이 아닌 것은?(사 51:9-10)
   ① 라합을 토막내셨다
   ② 용을 찌르셨다
   ③ 바벨론을 심판하셨다
   ④ 바다의 물을 말리셨다
   **정답** ③

4. 이스라엘이 두려워하지 말아야 할 것이 아닌 것은?(사 51:12-14)
   ① 죽을 사람
   ② 불평불만을 일삼는 동족
   ③ 풀같이 될 사람의 아들
   ④ 학대자의 분노
   **정답** ②

5. 다음은 누구에 대한 설명인가? "여호와의 손에서 그의 분노의 잔을 마셨으며, 비틀걸음을 치게 하는 큰 잔을 마셔 다. 비웠다"(사 51:17).

① 바벨론 ② 앗시리아

③ 예루살렘 ④ 이집트

**정답** ③

6. 여호와의 분노의 결과로 일어난 현상에 관한 묘사가 아닌 것은?(사 51:17-20)

① 황폐와 멸망

② 기근과 칼

③ 그물에 걸린 영양처럼 모퉁이에 누움

④ 강물에 빠져 떠내려감.

**정답** ④

## 이사야 52장

1. 시온에 대한 명령이 아닌 것은?(사 52:1-2)

① 깰지어다 깰지어다 네 힘을 낼지어다

② 네 아름다운 옷을 입을지어다

③ 네 목의 줄을 스스로 풀지어다

④ 독수리처럼 올라갈지어다

**정답** ④

2. 다음의 괄호안에 들어갈 말은? "너희가 ( )없이 팔렸으니 ( )없이 속량되리라"(사 52:3)

① 죄-값 ② 죄-돈 ③ 값-돈 ④ 돈-값

**정답** ③

3. 다음중 파수꾼에 대한 묘사중 틀린 것은? (사 52:7-10)

① 여호와께서 시온으로 돌아오실 때에 그들의 눈이 마주 볼 것이다

② 좋은 소식을 전하며 평화를 공포하며 복된 소식을 가져올 것이다

③ "하나님이 통치하신다"라고 말할 것이다

④ 여호와 앞에 서서 나아갈 것이다

**정답** ④

4. 이스라엘이 바벨론을 떠날 때 조심해야 할 일이 아닌 것은?(사 52:11-12)

① 제사장을 선두로 해서 나오라.

② 부정한 것을 만지지 말라.

③ 스스로를 정결하게 해야 한다

④ 황급히 도망하듯 나오지 말라.

**정답** ①

5. 여호와의 종의 이전 모습은 어떠했나?(사 52:13-15)

① 항상 기뻐하고 감사했다

② 늘 떠날 것을 준비했다

③ 사람들보다 얼굴이 상하였다

④ 늘 초라한 옷을 입고 있었다

**정답** ③

6. 여호와의 종에 대한 예언이 아닌 것은? (사 52:13-15)

① 높이 들려 지극히 존귀하게 될 것이다

② 나라들을 놀라게 할 것이다

③ 세상의 왕으로 올 것이다

④ 왕들은 그로 말미암아 그들의 입을 봉하게 될 것이다

**정답** ③

## 이사야 53장

1. 여호와의 종에 대한 묘사로 틀린 것은?(사 53:1-3)

① 그는 고운 모양도 없고 풍채도 없었다
② 사람들이 보기에 흠모할 만한 아름다운 것도 없었다
③ 멸시를 받아 사람들에게 버림을 받았다
④ 포로들은 그의 멸시를 알고 귀하게 여겼다

**정답** ④

2. 여호와의 종이 수난을 당하는 것에 대한 '우리'의 과거의 생각은 무엇이었나?(사 53:4)
① 종의 죄에 대한 징벌이다
② 종의 수난에 대한 이유를 알 수 없다
③ 종의 수난은 우리가 그에게 가한 고통 때문이다
④ 종의 수난은 바벨론 사람들이 가한 고통 때문이다

**정답** ①

3. 우리의 죄악과 종의 고난에 등장하는 각각의 동물은?(사 53:6-7)
① 양-소 ② 양-양 ③ 소-양 ④ 소-소

**정답** ②

4. 종의 상함으로 인하여 드려야 할 그의 영혼에 적합한 제물은 무엇인가?(사 53:10)
① 화목제물 ② 속건제물
③ 속죄제물 ④ 대번제

**정답** ②

5. 종의 사역이 아닌 것은?(사 53:11-12)
① 자기 지식으로 많은 사람을 의롭게 했다
② 자신의 의를 자신의 의로 여기지 아니하였다
③ 많은 사람의 죄를 담당하여 범죄자를 위하여 기도했다
④ 자기 영혼을 버려 사망에 이르러 범죄자 중의 하나로 헤아림을 받았다

**정답** ②

## 이사야 54장

1. 이스라엘이 잉태하지 못하고 출산하지 못했지만 노래하라고 권고한 이유는 무엇인가?(사 54:1-3)
① 이스라엘의 자녀가 많아져서 열방을 얻을 것이기 때문이다
② 이스라엘이 받은 은혜가 족하기 때문이다
③ 과거의 고통을 이기기 위한 유일한 방법이기 때문이다
④ 남편되는 여호와의 마음을 돌리기 위함이다

**정답** ①

2. 여호와께서 이스라엘의 장막터를 넓히고 휘장을 펴고 줄을 길게하고 말뚝을 견고히 하라고 한 이유는 무엇인가?(사 54:2-3)
① 이스라엘의 자손이 열방을 얻으며 황폐한 성읍을 회복할 것이기 때문이다
② 각자가 돌아가 지을 집터가 확보될 것이기 때문이다
③ 여호와가 돌아갈 길을 준비해야 하기 때문이다
④ 광야에서도 꽃이 피며 여호와께서 그 광야로 다시 돌아가야 할 것이기 때문이다

**정답** ①

3. 이스라엘과 여호와의 관계를 설명한 적합한 결혼 은유는?(사 54:4-8)
① 어릴 때 여호와의 아내였지만, 버림받았으며, 지금 다시 아내로 회복될 것이다
② 젊었을 때 여호와의 아내였지만, 지금은 이방

신의 아내이므로 징벌을 당하실 것이다

③ 아내의 배신으로 스스로 집을 나간 것이었지만, 지금 돌아오면 받아줄 것이다

④ 여호와는 긍휼로 용서할 준비가 되었지만, 이스라엘은 여전히 돌아오려 하지 않는다

**정답** ①

4. 이스라엘과 여호와와의 관계를 설명하는 내용이 아닌 것은?(사 54:4-8)

① 여호와는 이스라엘의 남편

② 여호와는 이스라엘을 지으신 분

③ 남편의 이름은 화평의 여호와

④ 여호와는 온 땅의 하나님

**정답** ③

5. 여호와의 불변하시는 속성, 언약의 영원성을 설명하기 위해 가져온 창세기의 사건은?(사 54:9-10)

① 소돔과 고모라 ② 이삭을 제물로 바침

③ 에덴동산 ④ 노아의 홍수

**정답** ④

6. '청옥' '홍보석' '석류석'으로 만들어질 것은 무엇인가?(사 54:11-12)

① 성막 ② 우림과 둠밈

③ 예루살렘 성 ④ 예루살렘 성전

**정답** ③

## 이사야 55장

1. 다윗언약은 이사야서에서 어떻게 묘사되어 있는가?(사 55:3-5)

① 영원한 언약 ② 확실한 언약

③ 은혜의 언약 ④ 구원의 언약

**정답** ①

2. 여호와께서 다윗에게 베푼 은혜가 아닌 것은? (사 55:3-5)

① 만인의 증인

② 만인의 인도자와 명령자

③ 포도주와 젖을 주는 자

④ 알지 못하는 나라를 불러 모을 것이다

**정답** ③

3. ( )에 들어갈 말은?(사 55:6)

"너희는 여호와를 만날 만한 때에 ( ). 가까이 계실 때에 그를 ( )"

① 만나라-부르라. ② 찾으라-부르라.

③ 부르라-기도하라. ④ 기도하라-찾으라.

**정답** ②

4. 악인이라도 회개하고 돌아오면 용서하실 것이라는 여호와의 말씀의 근거가 아닌 것은?(사 55:6-9)

① 여호와의 생각이 우리의 생각과 다르기 때문이다

② 여호와는 마음의 중심을 보시기 때문이다

③ 여호와의 생각이 우리의 생각보다 높기 때문이다

④ 여호와의 길과 우리의 길은 다르기 때문이다

**정답** ②

5. 여호와의 말씀은 헛되이 되돌아 오지 아니하며 여호와의 기뻐하는 뜻을 이룰 것이라는 말씀에 대한 표징속에 등장하는 나무가 아닌것은 무엇인가?(사 55:10-13)

① 잣나무 ② 가시나무

③ 떨기나무 ④ 화석류

**정답** ③

## 이사야 56장

1. ( ) 적합한 말은?(56:1)
"너희는 ( )를 지키며 ( )를 행하라. 이는 나의 ( )이 가까이 왔고 나의 ( )가 나타날 것임이라"
① 정의-의-구원-공의
② 공의-의-구원-정의
③ 정의-공의-심판-영광
④ 공의-정의-심판-의
**정답** ①

2. 다음은 누구의 말인가? '나는 마른 나무라' (사 56:3)
① 이방인 ② 죄인
③ 포로에서 돌아온 자 ④ 고자
**정답** ④

3. 여호와의 성전 공동체에 합류할 이방인의 조건이 아닌 것은?(사 56:6-7)
① 여호와와 연합해 그를 섬겨야 한다
② 안식일을 지켜 더럽히지 않아야 한다
③ 온 가족이 같이 여호와의 종이 되어야 한다
④ 여호와의 언약을 지켜야 한다
**정답** ③

4. 이스라엘의 타락한 파수꾼에 대한 묘사가 아닌 것은?(사 56:9-12)
① 맹인
② 청각 장애자
③ 잠자기를 좋아하는 자들
④ 몰지각한 목자들
**정답** ②

5. 타락한 파수꾼들의 행동이 아닌 것은? (사 56:9-12)
① 벙어리 개들이라 짖지 못한다
② 꿈꾸는 자들이다
③ 자기 이익만 추구한다
④ 거룩한 사람을 더럽힌다
**정답** ④

## 이사야 57장

1. 의인, 바른 길로 가는 사람들이 얻게 될 유익은 무엇인가?(사 57:1-2)
① 평화로운 곳으로 가 침상에서 편히 쉴 것이다
② 아름다운 곳으로 가 아름다운 정원에 살 것이다
③ 상수리 나무와 푸른 나무 가운데에 쉴 것이다
④ 골짜기 가운데서도 평원을 찾아 거할 것이다
**정답** ①

2. 이스라엘의 우상숭배에 대한 설명중 틀린 것은? (사 57:3-10)
① 골짜기 바위틈에서 자녀를 도살한다
② 전제와 예물을 우상에게 드린다
③ 포도주와 독주를 가져와 취하도록 마신다
④ 기념표를 문과 문설주 뒤에 두었다
**정답** ③

3. 이스라엘이 여호와를 경외하지 않은 까닭은 무엇이었나?(사 57:11)
① 여호와의 목소리를 듣지 못했기 때문이다
② 여호와께서 오랫동안 잠잠했기 때문이다
③ 여호와께서 언약을 지키지 않았기 때문이다

④ 여호와께서 이스라엘을 버렸다고 생각했기 때문이다

**정답** ②

4. 이스라엘이 부르짖을 때 여호와를 의뢰하는 자가 얻게 될 것은?(사 57:12-13)

① 온 땅을 차지할 것이다

② 땅을 차지할 것이고 여호와의 거룩한 산을 기업으로 얻게 될 것이다

③ 온 이스라엘이 회복될 것이다

④ 모든 이방 민족들이 우러러 보게 될 것이다

**정답** ②

5. 여호와께서 함께하시며 소생시켜 위로를 얻게 할 자는?(사 57:14-21)

① 탐심과 죄악으로 망한 자

② 통회하고 마음이 겸손한 자

③ 영과 혼이 피곤한 자

④ 여호와로부터 멀리 있는 자

**정답** ②

## 이사야 58장

1. 이스라엘이 금식했지만 하나님이 듣지 않은 이유가 아닌 것은?(사 58:1-5)

① 금식하는 날에 오락을 행하며 일꾼에게 일을 시킨다

② 금식하면서 논쟁하고 다투며 악한 주먹으로 친다

③ 자신들의 목소리를 상달하려고 한다

④ 금식하면서 자신의 마음을 괴롭게 한다

**정답** ④

2. 여호와께서 기뻐하시는 금식이 아닌 것은?(사 58:6-7)

① 골육을 피하여 숨지 아니하는 것.

② 주린 자에게 양식을 나누어 주는 것.

③ 굵은 베와 재를 펴는 것.

④ 흉악의 결박을 풀어주고 멍에의 줄을 끌러 주는 것.

**정답** ③

3. 여호와가 인도하는 자의 만족을 표현한 비유는 무엇인가?(사 58:11)

① 물댄 동산, 물이 끊어지지 아니하는 샘.

② 초목이 무성한 산지.

③ 사막의 오아시스.

④ 항상 빛 가운데로 걸어갈 것이다

**정답** ①

4. 여호와가 인도하는 자녀의 후손들이 듣게 될 명칭은 무엇인가?(사 58:12)

① 무너진 데를 보수하는 자

② 성전 건축자

③ 다윗왕조를 다시 세우는 자

④ 마음의 위로자

**정답** ①

5. 여호와 안에서 즐거움을 얻고 야곱의 기업을 얻기 위한 조건이 아닌 것은 ?(사 58:13-14)

① 안식일에 오락을 행하지 아니한다

② 안식일에 사사로운 말을 하지 아니한다

③ 안식일에 굵은 베와 재를 펴지 아니한다

④ 안식일에 그릇된 길로 가지 아니한다

**정답** ③

## 이사야 59장

1. 여호와께서 손이 짧아 구원하지 못함도 아니고, 귀가 둔하여 듣지 못함도 아니다. 무엇이 이스라엘과 하나님의 사이를 갈라놓았는가?(사 59:1-2)
   ① 이스라엘의 완악함 ② 이스라엘의 죄악
   ③ 이스라엘의 위선 ④ 이스라엘의 이기심
   **정답** ②

2. 악한 자의 생각과 행위를 표현한 비유로 올바른 것은?(사 59:1-5)
   ① 들개-심한 탐욕 ② 악한 목자-덫
   ③ 독사의 알-거미줄 ④ 사자의 독-독사
   **정답** ③

3. 이스라엘이 자백한 죄의 목록이 아닌 것은 무엇인가?(사 59:9-15)
   ① 여호와를 배반하고 속였다
   ② 하나님을 따르지 아니하고 포학과 패역을 말했다
   ③ 거짓말을 마음에 잉태하고 낳았다
   ④ 억눌린 자를 짓누르고 갇힌자를 핍박했다
   **정답** ④

4. 여호와께서 사람이 없음, 중재자가 없음을 보고 행하신 것은?(사 59:15-17)
   ① 자기 팔로 스스로 구원을 베푸셨다
   ② 정하신 때에 사용하려고 종을 숨겨두셨다
   ③ 스스로 구원할 수 없어서 보복으로 대신하셨다
   ④ 공의와 정의의 법을 주었다
   **정답** ①

5. 여호와께서 시온과 죄를 멀리하는 야곱의 자손에게 행한 언약은 무엇인가?(사 59:20-21)
   ① 여호와의 영과 말씀이 예언자와 후손의 입에서 떠나지 아니할 것이다
   ② 원수들을 행위에 따라 갚으시고 보응할 것이다
   ③ 여호와께서 부지불식간에 강물처럼 올 것이다
   ④ 결국에는 여호와의 공의와 구원을 보게 될 것이다
   **정답** ①

## 이사야 60장

1. 예루살렘의 회복의 모습에 등장하는 것이 아닌 것은?(사 60:4-9)
   ① 미디안과 에바의 어린 낙타
   ② 모압의 양과 염소
   ③ 스바의 금과 유향
   ④ 다시스의 배
   **정답** ②

2. 시온이 일어나 빛을 발하게 될 때의 현상이 아닌 것은?(사 60:1-9)
   ① 어둠이 땅을 덮으며 캄캄함이 만민을 가릴 것이다
   ② 이방나라들은 시온의 빛을 보고 시온으로 몰려올 것이다
   ③ 흩어졌던 시온의 자녀들이 돌아올 것이다
   ④ 시온으로 올수 없는 이방나라는 시온을 향하여 경배할 것이다
   **정답** ④

3. 회복될 시온 성에 관한 설명중 틀린 것은?

(사 60:10-14)

① 이방인들이 시온 성벽을 쌓을 것이다

② 성문은 항상 열려 있을 것이다

③ 시온을 괴롭히던 자의 자손이 몸을 굽혀 나아올 것이다

④ 성전에는 제사와 제물이 끊이지 아니할 것이다

**정답** ④

4. 시온이 이방나라의 젖을 빨며 뭇 왕의 젖을 빨 때 알게 될 여호와의 속성이 아닌 것은?(사 60:15-16)

① 구원자 ② 구속자

③ 야곱의 전능자 ④ 전능하신 하나님.

**정답** ④

5. ( )에 들어갈 말은?(사 60:18)

"다시는 강포한 일이 네 땅에 들리지 않을 것이요, 황폐와 파멸이 네 국경 안에 없을 것이며 네 성벽을 ( )이라, 네 성문을 ( )이라 부를 것이라."

① 영원-화평 ② 영광-빛

③ 구원-찬송 ④ 거룩-이방의 빛

**정답** ③

## 이사야 61장

1. 여호와의 영이 내린 예언자의 사역이 아닌 것은?(사 61:1-2)

① 가난한 자에게 아름다운 소식을 전한다

② 마음이 상한자를 고친다

③ 포로된 자를 자유케 한다

④ 눈먼 자를 다시 보게 한다

**정답** ④

2. 시온에서 슬퍼하는 자에게 할 예언자의 사역이 아닌 것은?(사 61:3)

① 화관을 주어 재를 대신하게 한다

② 의의 나무를 주어 불의를 대신하게 한다

③ 찬송의 옷으로 그 근심을 대신한다

④ 기쁨의 기름으로 슬픔을 대신하게 한다

**정답** ②

3. 구원의 때에 시온의 역할은?(사 61:4-6)

① 오직 여호와의 제사장이라 일컬음을 받을 것이다

② 많은 양떼를 칠 것이다

③ 많은 농부와 포도원지기를 두고 열매를 거둘 것이다

④ 온 세상을 점령하게 될 것이다

**정답** ①

4. 여호와께서 시온의 후손을 만민 가운에 알려 시온이 듣게 될 말은?(사 61:9)

① 여호와의 사랑받는 자손

② 공의로 띠를 둘린 자손

③ 여호와께 복받은 자손

④ 영원한 자손

**정답** ③

5. ( )에 들어갈 말은?(사 61:10-11)

내가 ( )로 말미암아 크게 기뻐하며 내 ( )이 나의 ( )으로 말미암아 즐거워하리니 이는 그가 ( )의 옷을 내게 입히시며 ( )의 겉옷을 내게 더하신다

① 하나님-공의-구원-여호와-영혼

② 여호와-영혼-하나님-구원-공의

③ 여호와-영혼-하나님-공의-구원

④ 하나님-영혼-구원-여호와-공의

**정답** ②

## 이사야 62장

1. '헵시바'와 '뿔라'의 올바른 뜻은?(사 62:4)
   ① 나의 기쁨이 그 안에 있다-결혼한 여자
   ② 결혼한 여자-나의 기쁨이 그 안에 있다
   ③ 찬송의 기쁨-결혼의 화관
   ④ 결혼의 화관-찬송의 기쁨

   **정답** ①

2. 시온이 '헵시바'와 '뿔라'로 불리는 이유는 무엇인가?(사 62:4)
   ① 시온은 여호와와 결혼해, 화관을 선물로 줄 것이다
   ② 시온은 더 이상 버림받은 여인이 아니요 황무지가 아니기 때문이다
   ③ 여호와께서 시온을 기뻐하며, 결혼의 화관을 선물로 줄 것이다
   ④ 여호와께서 시온을 기뻐할 것이요, 시온의 땅이 결혼한 것처럼 될 것임이라.

   **정답** ④

3. 예루살렘의 회복을 위해 해야 할 일은 무엇인가?(사 62:6-7)
   ① 여호와의 공의와 영광을 앞세워라.
   ② 파수꾼을 세워 잠잠하지 않게 하라.
   ③ 여호와가 쉬지 못하도록 하라.
   ④ 원수들이 망하도록 기도하라.

   **정답** ③

4. 여호와께서 그 오른손, 그 능력의 팔로 시온에게 맹세하신 사항이 아닌 것은?(사 62:8-9)
   ① 원수들이 네 곡식을 거둔다고 할지라도 빼앗을 것이다
   ② 다시는 네 곡식을 네 원수들에게 양식으로 주지 않겠다
   ③ 네가 수고하여 얻은 포도주를 이방인이 마시지 못하게 할 것이다
   ④ 오직 추수한 자가 그것을 먹고 여호와를 찬송하게 할 것이다

   **정답** ①

5. 시온에 대한 미래의 명칭이 아닌 것은?(사 62:10-12)
   ① 거룩한 백성
   ② 여호와께서 구속하신 자
   ③ 찾은 바 된 자
   ④ 여호와께서 지키는 성읍

   **정답** ④

## 이사야 63장

1. 공의를 말하며 구원의 능력을 가진 이는 어디에서 오는가?(사 63:1-2)
   ① 여리고 ② 에돔 ③ 아말렉 ④ 애굽

   **정답** ②

2. 구원의 능력을 가진 자의 옷이 붉은 이유는 무엇인가?(사 63:2-3)
   ① 붉은 피옷이 구원의 능력을 가졌기 때문이다
   ② 양가죽에 붉은 피를 묻혔기 때문이다
   ③ 포도즙틀을 분노로 짓밟다가 옷으로 뛰었기 때문이다
   ④ 화려하게 보이기 때문이다

   **정답** ③

3. 여호와께서 그의 자비를 따라 이스라엘 집에 베푼 큰 은총이 아닌 것은?(사 63:7-13)

① 시온을 자녀삼아 지켜주셨다

② 그들의 환난에 동참해 사자를 보내 구원하였다

③ 옛적 모든 날에 그들을 들어 안으셨다

④ 백성과 양떼의 목자를 바다에서 올라오게 하였다

**정답** ①

4. 이스라엘이 반역한 결과 여호와께서 행하신 것은?(사 63:10-14)

① 주의 성령을 근심하게 하여 그들을 쳤다

② 그들을 깊음으로 인도하여 넘어지게 하셨다

③ 그들을 골짜기로 인도하여 치셨다

④ 모세의 오른손이 휘어지게 하여 광야에서 말처럼 넘어졌다

**정답** ①

5. 이스라엘이 기도하면서 주와의 관계를 일컫는 말이 아닌 것은?(사 63:16-19)

① 우리 아버지

② 우리의 구속자

③ 주의 이름을 부르는 자

④ 주의 종들

**정답** ③

## 이사야 64장

1. "주의 이름을 부르는 자가 없으며 스스로 분발하여 주를 붙잡는 자가 없사오니"의 이유는 무엇인가?(사 64:7)

① 주께서 시온을 떠났기 때문이다

② 주께서 얼굴을 숨기셨기 때문이다

③ 주님을 잊어버렸기 때문이다

④ 주님에 대한 신뢰가 없었기 때문이다

**정답** ②

2. 다음은 어떤 현상의 결과인가?(사 64:6)

'더러운 옷' '잎사귀가 시듦' '바람같이 우리를 몰아감'

① 죄악 ② 부정 ③ 교만 ④ 진노

**정답** ①

3. "이런 일을 행한 신을 예부터 들은 자도 없고 귀로 들은 자도 없고 눈으로 본 자도 없었나이다"에서 '이런 일'은 어떤 일을 의미하는가?(사 64:3-4)

① 불이 뿜어 나와 산을 태우는 것

② 폭풍이 일어나 덮치는 것

③ 산들이 주 앞에서 진동하는 것.

④ 바다의 파도가 원수를 삼키는 일.

**정답** ③

4. ( )에 들어갈 말은?(사 64:8)

"우리는 ( )이요 주는 ( )이시니 우리는 다. 주의 손으로 지으신 것이니이다"

① 자녀-아버지 ② 진흙-토기장이

③ 피조물-하나님 ④ 들풀-영원하신 자

**정답** ②

5. 이스라엘이 "주께서 아직도 가만히 계시려 하시나이까....아직도 잠잠하시고 우리에게 심한 괴로움을 받게 하시려나이까?"라는 질문을 하게 된 상황이 아닌 것은?(사 64:10-12)

① 거룩한 성읍들이 광야가 되었다

② 시온이 광야가 되었고 예루살렘이 황폐하였다

③ 거룩하고 아름다운 성전이 불에 탔다

④ 시온의 목자들은 자기의 이익에 눈이 멀어 있다

정답 ④

## 이사야 65장

1. 다음은 무엇에 대한 말인가? "그것을 상하지 말라. 거기 복이 있느니라" (사 65:8)

① 무화과 열매　② 감람나무의 기름

③ 여름 실과　④ 포도송이의 즙

정답 ④

2. ( )에 들어갈 적합한 지명은?(사 65:10)

( )은 양 떼의 우리가 되겠고, ( ) 골짜기는 소 떼가 눕는 곳이 되어 나를 찾은 내 백성의 소유가 되려니와.

① 갈멜-헬몬산　② 벧엘-소렉

③ 사론-아골　④ 시온-기드론

정답 ③

3. '갓' '므니'는 무엇인가?(사 65:11)

① 민족 이름　② 도시 이름

③ 신의 이름　④ 산의 이름

정답 ③

4. 이전 것은 기억되거나 마음에 생각나지 않게 되는 이유는 무엇인가?(사 65:17)

① 여호와께서 새하늘과 새땅을 창조할 것이기 때문이다

② 여호와께서 새로운 다윗 왕조를 만들 것이기 때문이다

③ 여호와께서 새 성전을 지을 것이기 때문이다

④ 여호와께서 새로운 위로를 줄 것이기 때문이다

정답 ①

5. 새롭게 만들어질 예루살렘에서는 몇세에 죽는 자를 젊은이라고 불렀을까?(사 65:20)

① 90　② 100　③ 110　④ 120

정답 ②

6. 새 하늘과 새 땅에서 뱀의 양식은 무엇인가?(사 65:25)

① 벌레　② 풀　③ 흙　④ 과일

정답 ③

## 이사야 66장

1. 여호와께서 이스라엘이 여호와를 위한 집을 지을 수 없다고 말한 이유는 무엇인가?(사 66:1)

① 하늘이 보좌요 땅이 발판이기 때문이다

② 여호와는 어디든지 계시기 때문이다

③ 여호와가 모든 것을 다스리시기 때문이다

④ 여호와는 제사를 필요로 하지 않기 때문이다

정답 ①

2. 하나님이 돌보는 자는?(사 66:2)

① 소를 잡아 드리는 자

② 어린 양으로 제사 드리는 자

③ 가난하고 심령에 통회하는 자

④ 예물을 드리는 자

정답 ③

3. 새 하늘과 새 땅에서 모든 혈육이 나와서 예배하는 때는?(사 66:22)

① 매일

② 매월 초하루와 매 안식일

③ 하루 세 번

④ 일년에 세 번

**정답** ②

4. 다음은 누구에 대한 묘사인가? "진통을 하기 전에 해산하며 고통을 당하기 전에 남아를 낳는다... 진통하는 즉시 아들을 순산할 것이다.."

(사 66:7-9)

① 시온 ② 새아담

③ 의로운 자 ④ 마음이 가난한 자

**정답** ①

5. 여러 나라에서 여호와의 성산 예루살렘으로 예물을 말과 수레와 교자와 노새와 낙타에 태워 여호와께 드린 다음, 여호와께서 그들 가운데 택하여 세울 직업은 무엇인가?(사 66:18-21)

① 제사장과 레위인 ② 서기관

③ 성전 관리 ④ 군사와 용병

**정답** ①

# 예레미야

## 예레미야 1장

1. 하나님께서 "내가 너를 모태에 짓기 전에 너를 알았고 네가 배에서 나오기 전에 너를 성별하였다"고 예레미야에게 말씀하셨다. 하나님께서 그를 세우신 이유로 가장 적절한 것은 무엇인가? (렘 1:5)

   ① 유다 백성들을 위한 선지자로 세우셨다
   ② 이스라엘 백성들을 위한 선지자로 세우셨다
   ③ 이방 민족들을 위한 선지자로 세우셨다
   ④ 유다를 포함한 이방 민족들 모두를 위한 선지자로 세우셨다

   **정답** ④

2. 예레미야는 하나님의 대리인으로서 "뽑고 파괴하며 파멸하고 넘어뜨리며 건설하고 심게 하였느니라"는 말씀을 선포하였다. 이 메시지에 담긴 하나님의 의도가 아닌 것은 무엇인가?(렘 1:10)

   ① 심판을 말씀하셨다
   ② 구원을 말씀하셨다
   ③ 구원은 심판 없이 그저 은혜로 주어진다고 말씀하셨다
   ④ 구원은 반드시 심판 이후에 주어진다고 말씀하셨다

   **정답** ③

## 예레미야 2장

1. 하나님께서 이스라엘 백성들에게 "내가 너를 위하여 네 청년 때의 인애와 네 신혼 때의 사랑을 기억한다"고 말씀하셨는데, 여기서의 그 때는 언제를 말하는 것인가?(렘 2:2)

   ① 노아와 맺은 하나님의 언약 사건
   ② 출애굽을 통해 하나님의 백성이 된 사건
   ③ 여호수아를 통해 약속의 땅에 들어간 사건
   ④ 솔로몬이 성전을 건축하여 하나님께 봉헌한 사건

   **정답** ②

2. 유다백성에게 버림받은 하나님께서 그들이 행한 두 가지 악을 지적하셨다. 이에 대한 설명으로 잘못된 것은 무엇인가?(렘 2:13)

   ① 생수의 근원인 하나님을 버린 것
   ② 물을 담을 수 없는 터진 웅덩이를 판 것
   ③ 하나님을 의지하지 않고 자신들을 의지한 것
   ④ 하나님을 배반하고 바알을 택한 것

   **정답** ③

## 예레미야 3장

1. 백성은 끊임없이 바알을 섬겼음에도 자신들이 원하는 당의 풍요를 얻지 못했다. 이런 백성에게 예레미야는 "네가 행음하지 아니한 곳이 어디 있

느냐"라고 일깨워준다. 여기서 말하는 행음과 관련된 설명으로 맞지 않는 것은?(렘 3:2)

① 예레미야는 아모스와 같이 하나님과 이스라엘 백성을 부부관계로 이해한다
② 하나님과 더불어 우상을 함께 섬기는 종교혼합적인 행동을 가리킨다
③ 하나님과 결혼한 백성이 가나안의 신 바알을 섬기는 것은 곧 간음이다
④ 바알 신 숭배의식에서 수반되는 실제적인 행음 행위를 가리킨다

**정답** ①

2. 하나님은 배역한 이스라엘이 간음을 행하므로 그를 내쫓고 그에게 이혼서까지 주셨다고 말씀하신 이 사건과 관련이 없는 것은 무엇인가?(렘 3:8)

① 주전 722년 북 왕국의 멸망을 가리킨다
② 북 왕국의 운명은 유다의 운명을 예시하는 조짐이요 경고였다
③ 유다의 죄는 이스라엘의 죄보다 훨씬 더 크다고 할 수 있다
④ 유다는 이 사건을 통해 하나님께 회개하고 돌이켰다

**정답** ④

## 예레미야 4장

1. 예레미야는 유다와 예루살렘을 향해 이미 적국이 북방에서 다가오고 있는 것을 보았다. 여기서 말하는 북방은 어느 나라를 말하는 것인가?(렘 4:6)

① 이집트 ② 앗수르 ③ 다메섹 ④ 바벨론

**정답** ④

## 예레미야 5장

1. 소돔 성이 멸망을 피하기 위해서는 10명의 의인이 필요했지만 하나님께서는 예레미야에게 정의를 행하며 진리를 구하는 단 한 명만을 요구하신다. 이 안에 담긴 하나님의 뜻으로 가장 적절한 것은?(렘 5:1)

① 하나님은 심판보다는 용서와 구원 의지가 더 강하시다
② 하나님의 본성은 구원보다 공의를 더 강조하신다
③ 하나님이 사람들에 대한 자신의 기준을 낮추신 것이다
④ 하나님의 뜻에 맞추어 사는 사람이 한 사람도 없음을 말씀하신 것이다

**정답** ①

## 예레미야 6장

1. 예레미야는 재앙과 큰 멸망이 임할 것이기 때문에 유다 백성들에게는 예루살렘의 견고한 성 안으로 피하라고 권했으나, 그 성에 피난 와 있던 베냐민 자손들에게는 이제는 예루살렘을 피하라고 외친다. 그 이유는 무엇인가?(렘 6:1)

① 죄악에 물든 유다 백성들과 가까이 하지 못하게 하기 위해서이다
② 북쪽으로부터 오는 적이 예루살렘에 임박해 있기 때문이다
③ 하나님께서 진군해 오는 적들과 맹렬히 싸우실 것이기 때문이다
④ 하나님께서 베냐민 자손들만 심판하시기 위해서이다

**정답** ②

2. "내가 누구에게 말하며 누구에게 경책하며 듣게 할꼬 보라. 그 귀가 할례를 받지 못하였으므로 듣지 못하는도다"에서 말하는 '귀의 할례'에 대한 설명으로 적합하지 않은 것은 무엇인가?(렘 6:10)

① 신체 기관이 닫혀있는 상태로 제 기능을 하지 못하고 있음을 표현한 것이다

② 하나님 앞에 바로 서기 위해서는 하나님 말씀에 귀 기울여야 한다는 것을 내포한다

③ 할례를 받지 않아서 하나님과의 관계가 깨어졌음을 의미한다

④ 하나님의 말씀을 욕으로 여기고 즐겨하지 않음을 의미한다

**정답** ③

## 예레미야 7장

1. 예레미야는 성전설교에서 "이것이 여호와의 성전이라 하는 거짓말을 믿지 말라"고 하며 예루살렘 성전의 멸망에 대한 충격적인 예언을 하였다. 이 당시 유다 백성들이 성전에 대해 가지고 있던 생각과 거리가 먼 것은?(렘 7:4)

① 하나님이 택하시고 거주하시는 장소인 시온 신앙을 굳게 믿고 있었다

② 하나님이 예루살렘에 계시기 때문에 안전과 평화가 보장된다고 믿었다

③ 하나님과 만날 수 있는 제의 장소는 오직 실로와 예루살렘뿐이었다

④ 요시야의 종교개혁으로 지방의 모든 성소들은 폐쇄되거나 파괴되었다

**정답** ③

2. 하나님께서는 "너희 길과 행위를 바르게 하라 그리하면 내가 너희로 이 곳에 살게 하리라"고 약속하신다. 여기에서 말하는 바른 삶이 아닌 것은 무엇인가?(렘 7:3)

① 무죄한 자의 피를 흘리지 않는 것

② 이방인, 고아, 그리고 과부를 압제하지 않는 것

③ 다른 신들을 좇아 화를 자초하지 않는 것

④ 여호와의 이름을 망령되이 일컫지 않는 것

**정답** ④

## 예레미야 8장

1. 눈물의 예언자로 불리는 예레미야는 "슬프다. 나의 근심이여 어떻게 위로를 받을 수 있을까 내 마음이 병들었도다"라며 탄식한다. 그의 탄식과 거리가 먼 것은?(렘 8:18-9:1)

① 예레미야의 고향인 아나돗 사람들이 하나님의 말씀을 거부하고 그를 암살할 계획을 세우는 것에 대해 탄식한다

② 예언자 예레미야는 그의 눈에 백성들이 사로잡혀 가는 모습을 바라보며 탄식한다

③ 우상숭배로 하나님을 떠난 백성들을 보며 통탄해 하시는 하나님의 울부짖음으로 인해 예레미야는 탄식한다

④ 하나님의 떠나심을 탄식하는 백성들의 울부짖음을 듣고 탄식한다

**정답** ①

## 예레미야 9장

1. 시온의 파괴로 말미암아 예레미야는 "너희 딸들에게 애곡하게 하고 각기 이웃에게 슬픈 노래를

가르치라"고 말하고 있다. 이에 대한 설명으로 잘못 된 것은?(렘 9:20)

① 재앙이 한 세대로 끝나지 않음을 암시한다
② 시온이 파괴된 것을 유다 뿐만 아니라 이웃 나라에서도 슬퍼함을 표현한 것이다
③ 주변 이웃에게 곡하는 일을 맡겨야 할 정도로 재앙이 실로 엄청나다는 것을 말한다
④ 남들은 아직 듣지 못하는 탄식소리를 예레미야의 귀에는 아주 생생하게 들려온다

**정답** ②

2. 하나님께서 이스라엘은 마음에 할례 받지 못한 백성이라고 말씀하셨다. 이에 대한 설명으로 적합하지 않은 것은?(렘 9:26)

① 할례란 하나님께 대한 전폭적인 헌신을 가시적으로 몸에 표현한 것이다
② 진정한 할례는 몸의 할례가 아니라 마음의 할례를 받아야 한다
③ 마음의 할례란 하나님과의 연대감을 의식하며 그분의 뜻을 실천하는 삶을 말한다
④ 하나님과의 연대감을 위해서는 몸과 마음의 할례를 모두 받아야 한다

**정답** ④

## 예레미야 10장

1. 이방 사람들은 하늘의 징조를 두려워하지만 너희는 그것을 두려워하지 말라고 이스라엘 백성에게 하나님께서 말씀하셨다. 이 말씀의 의미와 거리가 먼 것은?(렘 10:2)

① 하늘의 징조는 별자리, 일식 및 월식 같은 하늘의 특이한 현상에 불과하다는 것
② 하나님은 이웃 민족이 섬기는 신들과 견줄 수 있는 큰 권능을 가지셨다는 것
③ 하늘의 징조를 통해 나타난 현상에 무서워하지 말고 적군의 침략을 두려워하라는 것
④ 그들이 믿는 신들은 모두 다 하나님의 피조물이기 때문에 두려워하지 말라는 것

**정답** ③

## 예레미야 11장

1. 예레미야의 첫 번째 고백록이라고 불리는 예레미야 11장의 내용과 관련이 없는 것은?
(렘 11:18-23)

① 그는 마치 도살장으로 끌려가는 순한 어린 양의 신세가 되었다
② 그는 비통한 마음으로 자신의 운명에 대해 탄식했지만 하나님께는 보복을 구하지 않았다
③ 이 고백문은 세 가지 구성요소, 즉 불평, 청원, 하나님의 응답으로 되어 있다
④ 아나돗 사람들이 예레미야에게 침묵을 강요한 죄는 하나님의 말씀을 막은 죄이다

**정답** ②

## 예레미야 12장

1. 예레미야 12장에는 예레미야의 두 번째 고백이 기록되어 있다. 이 고백에 담겨 있지 않은 것은 무엇인가?(렘 12:1-6)

① 그는 하나님을 떠난 백성들이 회개하고 돌아오면 구원해달라고 하나님께 기도한다
② 그는 자신을 부르신 하나님께 불평하는 정도를 넘어서 하나님을 고소하고 있다

③ 그는 악한 자의 길이 형통한 것에 대한 이유를 하나님께 묻는다

④ 백성들은 입으로는 하나님을 부르지만 마음의 중심에는 하나님을 멀리 하고 있다

**정답** ①

2. 하나님의 백성을 꾀어서 바알을 숭배하게 하고 유다 백성이 사로잡혀 가자 이스라엘의 소유지를 차지했던 이스라엘의 이웃 민족들에 대한 예언이 나오는데, 이들 중 가장 적합한 것은 무엇인가?(렘 12:14-17)

① 이웃 민족들은 하나님의 심판의 도구로 사용되었기 때문에 선하다

② 구원은 과정이고 궁극적인 결과는 심판이다

③ 하나님의 구원은 하나님이 선택하신 유다 민족에게만 국한된다

④ 그들도 유다와 마찬가지로 자신들의 땅에서 쫓겨나게 될 것이다

**정답** ④

## 예레미야 13장

1. 예레미야가 하나님의 명령으로 베띠를 사서 허리에 두르고 물에 닿지 않게 하고 그 띠를 유브라데 바위틈에 숨겼다 다시 찾았을 때 썩어있었다. 이 상징행위의 의미로 맞지 않는 것은?(렘 13:1-7)

① 썩은 띠처럼 하나님께서 유다와 예루살렘의 큰 교만을 벌하신다

② 쓸모없게 된 띠처럼 우상을 좇은 유다도 쓸모없게 될 것이다

③ 썩은 띠는 바벨론의 멸망을 상징한다

④ 허리띠를 허리에 맨 것처럼 하나님께 붙어 있으면 아무 문제가 없다는 것을 상징한다

**정답** ③

2. "구스인이 그의 피부를 변하게 할 수 있다면 너희도 선을 행할 수 있으리라"에 대한 설명으로 가장 적합한 것은?(렘 13:23)

① 구스인은 바벨론 사람을 가리킨다

② 잘못을 깨닫고 유다 백성들이 하나님께 돌아올 것이다

③ 하나님은 불가능도 가능케 하시는 분이다

④ 유다 백성들이 하나님께 돌이킴은 불가능한 것이다

**정답** ④

## 예레미야 14장

1. 심한 가뭄으로 인한 참혹한 상황으로 백성들이 탄식한다. 이를 본 예레미야는 하나님께 간절히 중보기도를 하지만 하나님은 기근에다가 칼과 전염병의 심판을 가중시키신다. 그 이유는 무엇인가?(렘 14:10)

① 하나님이 유다 백성들을 아예 버리셨기 때문이다

② 선지자들이 백성들에게 거짓 예언을 했기 때문이다

③ 그들이 어그러진 길을 사랑하여 그들의 발을 멈추지 않았기 때문이다

④ 백성들이 예레미야와 함께 중보기도하지 않았기 때문이다

**정답** ③

## 예레미야 15장

1. 하나님께서 예레미야에게 "모세와 사무엘이 내 앞에 섰다. 할지라도 내 마음은 이 백성을 향할 수 없다"라고 말씀하신다. 이에 대한 설명으로 맞지 않는 것은?(렘 15:1)
   ① 하나님은 그 누구의 기도도 더 이상 듣지 않겠다는 것이다
   ② 하나님은 예레미야와 백성들에게 중보기도를 멈추지 말라고 하신다
   ③ 모세와 사무엘은 이스라엘 역사상 하나님과 백성 사이를 중재한 가장 위대한 중보자로 그들이 동원된다 하더라도 심판을 돌이키지 않으신다는 것이다
   ④ 하나님은 예레미야에게 이 백성을 위해 기도하지 말라고 하신다

   **정답** ②

2. 예레미야는 예루살렘과 유다의 심판을 묘사하기 위해서 세 가지 이미지를 동원하는데, 이에 해당되지 않는 것을 고르시오?(렘 15:7-9)
   ① 병든 자식을 둔 어미 이미지
   ② 일곱 자식의 어미 이미지
   ③ 홀어미 이미지
   ④ 청년들의 어미 이미지

   **정답** ①

## 예레미야 16장

1. 미래의 재난을 앞질러 보여주는 성격을 띄고 있는 상징행위에 속하지 않는 것을 고르시오?(렘 16:1-9)
   ① 결혼 금지 ② 잔치 참여 금지
   ③ 땅 매매 금지 ④ 조문 금지

   **정답** ③

## 예레미야 17장

1. "유다의 죄는 금강석 끝 철필로 기록되되 그들의 마음 판과 그들의 제단 뿔에 새겨졌다"에 대한 설명으로 가장 적합한 것은?(렘 17:1)
   ① 백성의 죄가 지울 수 없게 단단하게 새겨져 있다는 것
   ② 백성들의 마음에 하나님의 계명을 새겨 넣으라는 것
   ③ 마음에 새긴 것은 유다 백성들 자신이라는 것
   ④ 모든 죄는 희생제사를 통해 정화될 수 있다는 것

   **정답** ①

2. 하나님께서는 예레미야에게 유다 왕들이 출입하는 평민의 문과 예루살렘 모든 문에 서서 안식일을 거룩하게 하라는 주제로 말씀을 선포하게 하신다. 이 설교에 담긴 하나님의 의도와 거리가 먼 것은?(렘 17:19-23)
   ① 이 메시지는 예루살렘의 지도층뿐만 아니라 모든 일반 대중에게까지 적용된 것이다
   ② 이 메시지에는 회복된 예루살렘을 기대하는 희망이 담겨 있다
   ③ 안식일에 일을 중단하고 그날을 거룩하게 지키라고 한다
   ④ 예레미야는 안식일 준수에 대한 무조건적인 설교를 한다

   **정답** ④

**예레미야 18장**

1. 예레미야는 중상모략으로 자신을 해치려 한 이들을 벌해달라고 하나님께 기도한다. 여기서 예레미야를 공격하려고 했던 대적자들과 관련이 없는 것은?(렘 18:18)
   ① 선지자는 말씀으로
   ② 제사장은 율법으로
   ③ 지혜로운 자는 책략으로
   ④ 왕은 권력으로
   **정답** ④

**예레미야 19장**

1. 하나님께서는 예레미야에게 토기장이의 옹기를 사서 그와 함께 가는 자들의 눈앞에서 그 옹기를 깨뜨리라고 하신다. 이 상징행위에 담긴 의도는 무엇인가?(렘 19:1-13)
   ① 죄에 대한 값을 지불하라는 것이다
   ② 예루살렘의 멸망을 생생하게 보여주는 것이다
   ③ 옹기와 마찬가지로 백성은 자신의 의도대로 행할 수 없다는 것이다
   ④ 토기장이가 진흙을 자유자재로 다루듯이 하나님의 주권을 강조한 것이다
   **정답** ②

**예레미야 20장**

1. 예레미야는 제사장 바스훌에 의해 목에 씌우는 나무 고랑에 매여 공개적으로 매를 맞고 굴욕적인 대우를 받게 된다. 이에 대한 역사적 배경의 설명으로 맞지 않는 것은?(렘 20:1-6)
   ① 예레미야는 이때 처음으로 바벨론을 언급하였다
   ② 예레미야는 정치범으로 간주되었다
   ③ 예레미야는 하나님의 임재를 상징하는 성전은 어떤 공격에도 건재할 것을 예언하였다
   ④ 예레미야는 도시의 심장부인 성전에 가서 예루살렘의 멸망을 예언하였다
   **정답** ③

2. 욥과 같이 예레미야도 자신의 생일을 저주하는데, 그에 대한 설명으로 적합하지 않은 것은?(렘 20:14-18)
   ① 자신의 출생을 저주함으로 자기의 직무 전체를 문제 삼았다
   ② 자신의 출생을 저주하며 부모님과 하나님을 원망했다
   ③ 사내아이를 출생했다는 소식을 자신의 아버지에게 전해 준 사람을 저주했다
   ④ 예레미야는 최악의 침체를 경험하고 있는 것이다
   **정답** ②

**예레미야 21장**

1. 시드기야 왕은 말기야의 아들 바스훌과 제사장 마아세야의 아들 스바냐를 예레미야에게 보내어 바벨론의 느부갓네살 왕의 공격에서 벗어날 수 있도록 하나님께 간구하라고 요청한다. 이때 예레미야가 백성들에게 선포한 말씀은 무엇인가?(렘 21:1-10)
   ① 너희를 에워싼 갈대아인에게 나가서 항복하는 자는 살 것이다

② 회개하고 하나님께로 돌아오는 자는 살 것이다

③ 안식일을 거룩하게 지키는 자는 살 것이다

④ 바벨론에 대항하여 싸우는 자는 살 것이다

**정답** ①

예레미야 22장

1. 예레미야는 궁전 문 앞에 서서 하나님의 말씀을 선포하는데, 이것을 예레미야의 궁전설교라고 한다. 이때 예레미야가 선포한 말이 아닌 것은? (렘 22:1-3)

① 탈취 당한 자를 압박자의 손에서 건져라

② 이방인과 과부를 압제하거나 학대하지 말라

③ 정의와 공의를 행하라

④ 회개하고 하나님께로 돌아오라

**정답** ④

2. 예레미야는 성전설교에서 "너희는 죽은 자를 위하여 울지 말며 그를 위하여 애통하지 말고 잡혀간 자를 위하여 슬피 울라"고 한다. 이 설명으로 맞지 않는 것은?(렘 22:10)

① 여기서 죽은 자는 609년 므깃도에서 전사한 요시야를 가리키는 것이다

② 여기서 잡혀간 자는 그의 아들 시드기야를 가리키는 것이다

③ 잡혀간 자가 죽은 자보다 더 못하다고 판단했기 때문이다

④ 죽은 자는 자신의 고향에서 정당한 장례절차를 따라 안장된 반면 잡혀간 자는 이방 땅으로 압송당해 고향으로 돌아오지 못하기 때문이다

**정답** ②

예레미야 23장

1. 하나님은 거짓 예언자들의 심판을 선고하신다. 그들의 죄목과 관련이 없는 것은 무엇인가? (렘 23:30-32)

① 바알을 섬기므로 제1계명을 어긴 죄

② 하나님의 말씀을 도둑질한 죄

③ 세치 혀를 놀려대며 하나님의 말씀이라고 사칭한 죄

④ 거짓말과 과장된 말로 하나님의 백성들을 잘못 인도한 교란 죄

**정답** ①

예레미야 24장

1. 여호야긴 왕과 유다 고관들이 예루살렘에서 바벨론으로 옮겨간 후에 무화과 두 광주리를 하나님께서 예레미야에게 보여주셨다. 이에 대한 설명으로 맞지 않는 것은?(렘 24:1)

① 한 광주리에는 좋은 무화과, 그리고 한 광주리에는 나쁜 무화과가 담겨 있었다

② 갈대아인의 땅에 포로로 끌려간 백성들을 좋은 무화과에 비유하셨다

③ 유다 땅에 남아 있는 자들을 하나님께서 지키시고 돌보시겠다고 약속하셨다

④ 포로로 끌려간 백성을 이 땅으로 다시 인도하여 심고 뽑지 않으시겠다고 약속하셨다

**정답** ③

예레미야 25장

1. 하나님께서는 바벨론의 느부갓네살 왕을 심판을

집행할 하나님의 종이라고 부르신다. 그러면서 유다. 백성들에게 그를 몇 년 동안 섬겨야 한다고 말씀하셨는가?(렘 25:11)

① 40년 ② 70년

③ 120년 ④ 400년

**정답** ②

## 예레미야 26장

1. 예레미야 7장이 성전설교의 내용이라면 '예레미야의 수난이야기'라고도 불리우는 26장은 그 설교에 대한 반응의 묘사이다. 예레미야 26장은 네 단락으로 구성되어 있는데, 이에 해당되지 않는 것은 어떤 것인가?

① 성전설교의 개요(1-7절)

② 예레미야의 체포와 심문(8-15절)

③ 예레미야를 위한 제사장들의 변론(16-19절)

④ 우리야의 처형과 예레미야의 처형 모면에 관한 이야기(20-24절)

**정답** ③

2. 성전설교의 현장에서 거짓 예언자로 간주된 예레미야가 체포당해 처형을 당할 위기에 놓여있었다. 이때 그를 도와주었던 사람은 누구인가?(렘 26:24)

① 예언자 하나냐

② 네리야의 아들 바룩

③ 왕궁 내시 구스인 에벳멜렉

④ 사반의 아들 아히감

**정답** ④

## 예레미야 27장

1. 유다의 왕 요시야의 아들 여호야김이 다스리기 시작할 때 하나님께서 예레미야에게 줄과 멍에를 만들어 목에 걸고 하나님의 말씀을 전하라고 하는데, 이에 해당되지 않는 것은?(렘 27:1-15)

① 바벨론의 왕은 하나님께 범죄 한 유다에게만 임하는 것이다

② 바벨론 왕을 섬기지 않으면 칼과 기근과 전염병으로 벌할 것이다

③ 바벨론 왕을 섬기는 나라는 그 땅에 머물러 밭을 갈며 거기서 살게 될 것이다

④ 바벨론 왕을 섬기지 않을 것이라고 한 선지자들의 예언을 듣지 말라고 하였다

**정답** ①

## 예레미야 28장

1. 예레미야와 거짓 예언자 하나냐와의 대결이 예레미야 28장에 나온다. 하나냐가 한 예언이 아닌 것은?(렘 28:1-4)

① 예레미야의 거짓 예언이 곧 드러날 것이다

② 바벨론의 통치가 곧 종결될 것이다

③ 2년 안에 탈취되었던 성전 기물들이 되돌아올 것이다

④ 여호야긴과 바벨론으로 끌려간 유다인들이 곧 귀환할 것이다

**정답** ①

2. 하나냐가 예레미야의 목에서 멍에를 꺾어버린 후에 하나님의 말씀이 다시 예레미야에게 임했다. 이때 주어진 말씀이 아닌 것은?(렘 28:14-16)

① 나무 멍에 대신에 유다의 목에 쇠 멍에가 주

어졌다

② 들짐승들도 바벨론 왕을 섬겨야 했다

③ 바벨론의 통치를 받아들이는 것이 하나님의 확고부동한 뜻이었다

④ 하나냐 역시 바벨론에 포로로 끌려갈 것이다

**정답** ④

예레미야 29장

1. 예루살렘에 있던 예레미야는 바벨론에 끌려가 있는 백성들에게 긴 산문체 형식의 편지를 보낸다. 이 편지에 담겨 있는 내용과 관련이 없는 것은 무엇인가?(렘 29:1-7)

① 포로지에서 집 짓고, 농사짓고, 결혼하여 번성을 꾀하라

② 하나님을 떠나 우상숭배한 것을 회개하라

③ 유다의 적인 바벨론을 위해서 기도하라

④ 역사의 실질적인 주관자는 느부갓네살이 아니라 하나님이시다

**정답** ②

예레미야 31장

1. 예레미야 30-31장은 예레미야서 중 가장 많은 약속의 말들이 모여 있다. 이 두 장을 무엇이라고 하는가?

① 희망의 소책자 ② 약속의 소책자

③ 위로의 소책자 ④ 회복의 소책자

**정답** ③

예레미야 31장

1. 예레미야 31장은 이스라엘의 남은 자를 위한 희망의 메시지이다. 그 안에는 라헬의 통곡과 탄식이 나오는데 이에 대한 설명으로 맞지 않는 것은? (렘 31:15-17)

① 라헬은 요셉과 베냐민의 어머니로 북 왕국 이스라엘을 가리킨다

② 예레미야는 라헬의 무덤을 배회하면서 포로로 잡혀간 후손들을 위해 통곡하는 어머니의 영혼을 상상한다

③ 이 탄식은 587년 예루살렘의 완전한 파국을 반영한다

④ 예레미야는 절망의 상황에서 장래의 희망을 예시한다

**정답** ③

2. "보라 날이 이르리니 내가 이스라엘 집과 유다 집에 새 언약을 맺으리라"고 하는 매우 유명한 하나님의 '새 언약'의 약속이 나온다. 이 약속과 관련된 설명으로 잘못 된 것은?(렘 31:31-34)

① 이 약속은 나라가 완전히 멸망한 뒤 절망 상태에 있는 백성들에게 주어진 것이다

② 옛 언약을 돌판에 새겼다면 새 언약은 돌판뿐만 아니라 마음판에도 새겨야 한다

③ 이스라엘은 출애굽 이후 시내산에서 하나님과 맺었던 옛 언약을 파기했다

④ 바알이 이스라엘의 남편이 아니라 하나님이 이스라엘의 남편이심을 강조한다

**정답** ②

**예레미야 32장**

1. 하나님께서는 예레미야에게 아나돗에 있는 밭을 사라고 말씀하신다. 멸망당한 나라의 밭을 사라고 하시는 상징행위 안에는 어떤 의미가 담겨 있는 것인가?(렘 32:7)
   ① 회복을 나타내는 희망의 징표
   ② 고난 받은 예레미야에게 주신 위로의 징표
   ③ 무의미함을 나타내는 절망의 징표
   ④ 가난한 자들을 착취하지 말고 공의를 실천하라는 징표

   **정답** ①

**예레미야 33장**

1. 예레미야가 시위대 뜰에 갇혀 있을 때 하나님의 두 번째 말씀이 있으셨다. 이때 주어진 말씀이 아닌 것은?(렘 33장)
   ① 시체로 가득 찼던 폐허 예루살렘을 다시 번영하는 성읍으로 만들 것이다
   ② 다윗의 자손과 나를 섬기는 레위인을 번성하게 할 것이다
   ③ 다윗에게서 한 공의로운 가지가 나서 정의와 공의를 실행할 것이다
   ④ 앞으로는 소제와 번제를 드리지 않아도 될 것이다

   **정답** ④

**예레미야 34장**

1. 바벨론 사람들이 예루살렘을 에워싸기 시작했을 때 시드기야 왕과 백성들은 하나님 앞에서 계약을 맺고 따르지만 곧 그것을 깨뜨린다. 그 계약의 내용은 무엇인가?(렘 34:9)
   ① 이방인과 고아와 과부를 압제하거나 학대하지 말 것
   ② 여호와의 이름을 둔 곳에서 안식일을 거룩하게 지키는 것
   ③ 바벨론 왕에게 항복하고 그의 백성이 되는 것
   ④ 히브리 남녀 노비를 놓아 자유롭게 하고 종으로 삼지 못하게 한 것

   **정답** ④

**예레미야 35장**

1. 하나님께서는 예레미야에게 레갑 사람들을 데려다가 포도주를 마시게 하라고 명하신다. 하지만 그들은 마시지 않는다. 이에 대한 설명으로 거리가 먼 것은?(렘 35:6-10)
   ① 그들의 선조 요나답이 그 자손들에게 영원히 포도주를 마시지 말라고 명령했기 때문에
   ② 하나님의 명령에 불순종한 레갑 사람들을 통해 유다 백성의 죄를 드러내기 위해
   ③ 이들의 태도와 하나님의 말씀에 불순종하는 유다 백성들과 대조시키기 위해
   ④ 조상의 명령에 순종한 것이 곧 하나님께 충성했다는 것을 보여주기 위해

   **정답** ②

**예레미야 36장**

1. 하나님께서는 예레미야가 전한 예언의 말씀들을 두루마리 책에 기록하라고 명령하신다. 이때 예레

미야가 불러주는 대로 모든 말씀을 기록한 자는 누구인가?(렘 36:4)

① 네리야의 아들 바룩

② 사반의 아들 그마랴

③ 그마랴의 아들 미가야

④ 셀레먀의 아들 이리야

**정답** ①

2. 예레미야가 선포한 예언이 기록된 두루마리를 낭독했을 때의 상황과 거리가 먼 것은?(렘 36:9-32)

① 예루살렘에 있는 모든 백성이 여호와 앞에서 금식을 선포한 때였다

② 왕이 면도칼로 두루마리를 베어 화로 불에 던져 모두 태워버렸다

③ 여호와의 성전에 있는 말기야의 아들 바스훌의 방에서 낭독되었다

④ 첫 번째 책의 내용보다 더 많이 증보된 두 번째 책이 기록되었다

**정답** ③

## 예레미야 37장

1. 분깃을 받으려고 예루살렘을 떠나는 예레미야를 문지기의 우두머리가 붙잡아서 서기관 요나단의 집에 가뒀다. 이 예레미야를 시드기야 왕이 은밀히 불러내어 하나님의 말씀이 무엇인지를 묻는다. 이때 예레미야가 한 말은 무엇인가?(렘 37:17-21)

① 갈대아인에게 항복하는 자는 목숨을 건질 것이다

② 하나님의 말씀이 기록된 두루마리를 찢었기에 징벌이 왕에게 임할 것이다

③ 왕이 바벨론 왕의 손에 넘겨질 것이다

④ 왕은 낭독된 말씀을 듣고 순종해야 할 것이다

**정답** ③

## 예레미야 38장

1. 예레미야는 뚜껑 씌운 웅덩이에 오래 머물러 있다가 감옥 뜰, 그리고 시위대 뜰에도 갇혀 있었다. 예레미야는 언제까지 감금되어 있었는가?(렘 38:28)

① 왕과 고관들이 바벨론에 1차 포로로 끌려가기 직전까지

② 왕과 백성들이 금식을 선포하여 금식을 시작하기 전 날까지

③ 애굽의 지원으로 바벨론이 물러나갔을 때까지

④ 예루살렘이 함락되는 날까지

**정답** ④

## 예레미야 39장

1. 바벨론에 의해서 예루살렘이 함락되었을 때의 일이 아닌 것은?(렘 39장)

① 바벨론 왕이 시드기야 왕을 잡아 심문하고 그의 아들과 고관들도 죽였다

② 바벨론에 항복한 자들을 유다 땅에 남겨두고 포도원과 밭을 주었다

③ 바벨론 왕이 예레미야를 선대하고 해하지 말라고 명했다

④ 하나님께서 구스인 에벳멜렉을 구원하실 것이라는 약속을 주셨다

**정답** ②

**예레미야 40장**

1. 사령관 느부사라단이 백성을 사슬에 결박하여 바벨론으로 사로잡아 갈 때 예레미야도 그 중에 있었다. 이때의 상황이 아닌 것은 무엇인가? (렘 40:1-6)
   ① 여호와께 범죄하고 그의 목소리에 순종하지 않았기 때문에 이런 일이 일어난 것이라고 느부사라단이 말했다
   ② 예레미야를 사슬에서 풀어주고 그를 바벨론으로 데리고 가서 선대했다
   ③ 양식과 선물을 예레미야에게 주었다
   ④ 아히감의 아들 그다랴는 그 땅에 남아 있는 백성과 함께 살았다

   **정답** ②

**예레미야 41장**

1. 바벨론 왕은 아히감의 아들 그다랴를 유다의 총독으로 삼았는데, 이에 불만을 품고 그를 암살한 사람은 누구인가?(렘 41:1-3)
   ① 가레아의 아들 요하난
   ② 호사야의 아들 여사냐
   ③ 왕의 종친 엘리사마의 손자요 느다냐의 아들인 이스마엘
   ④ 마아가 사람의 아들 여사냐

   **정답** ③

**예레미야 42장**

1. 군대의 지휘관과 가레아의 아들 요하난과 그 땅에 남아 있는 백성들이 예레미야에게 자신들의 탄원을 하나님께 기도해달라고 부탁을 한다. 이 때 상황에 대한 설명으로 맞지 않는 것은? (렘 42장)
   ① 애굽 땅으로 가서 집을 짓고, 그곳에서 결혼하여 자녀를 낳으라고 하셨다
   ② 내가 너희와 함께 있어 너희를 구원할 것이니 바벨론 왕을 두려워하지 말라고 하셨다
   ③ 백성들은 하나님의 말씀이 무엇이든지간에 주어진 말씀에 순종할 것이라고 했다
   ④ 예레미야는 백성이 하나님의 말씀을 듣지 않기로 결심했음을 이미 알았다

   **정답** ①

**예레미야 43장**

1. 예레미야와 바룩은 유다 땅에 남아 있는 자들에 의해서 애굽으로 갔는데, 그 때 예레미야에게 하나님의 말씀이 임한다. 그때 주어진 말씀이 아닌 것은?(렘 43:8-13)
   ① 하나님께서 바벨론의 느부갓네살 왕을 내 종이라고 말씀하셨다
   ② 큰 돌 여러 개를 가져다가 궁전 대문의 벽돌로 쌓은 축대에 진흙으로 감추라고 하셨다
   ③ 바벨론 왕이 애굽 땅으로 끌려간 자들을 구원해 줄 것이다
   ④ 바벨론 왕이 애굽의 벧세메스 석상들을 깨뜨리고 신당을 불사를 것이다

   **정답** ③

**예레미야 44장**

1. 유다가 멸망한 이후 예레미야의 마지막 심판의

말씀이 선포되어지는데 그 대상은 누구인가?
(렘 44:1)

① 유다 백성을 포함한 모든 열방을 향한 것
② 그 땅에 남아있는 유다 백성을 향한 것
③ 바벨론에 있는 유다 백성을 향한 것
④ 애굽에 있는 유다 백성을 향한 것

**정답** ④

2. 애굽에 잔존해 있는 유다 백성들에게 임한 하나님의 심판이 아닌 것은?(렘 44:11-14)

① 애굽에서 정착하기로 마음을 굳힌 유다 백성들을 멸하실 것이다
② 그들 중 의로운 자들을 구별하여 하나님께서 구원하실 것이다
③ 빈부귀천의 구분 없이 칼과 기근에 죽어서 저주와 조롱을 받을 것이다
④ 하나님의 얼굴을 그들에게 향하여 환난을 내리시고 온 유다를 끊어 버리실 것이다

**정답** ②

## 예레미야 45장

1. 여호야김 넷째 해에 네리야의 아들 바룩은 예레미야가 불러주는 대로 모든 말씀을 기록한다. 이 때 하나님이 예레미야를 통해 바룩에게 주신 말씀은 무엇인가?(렘 45:1-5)

① 모든 백성이 조롱과 수치를 당하여도 바룩은 당하지 않을 것이다
② 하나님께서 바룩을 통해 큰일을 행하실 것이다
③ 바룩의 고통과 슬픔을 아시고 그의 탄식을 위로하시고 평안을 주실 것이다
④ 심판의 소용돌이 속에서 바룩도 예외일 수는 없지만 바룩은 살아남을 것이다

**정답** ④

## 예레미야 46장

1. 예레미야 46-51장은 이방 민족들에 대한 심판의 말씀이 나오는데, 여기에 포함되지 않는 나라는?

① 두로 ② 애굽 ③ 바벨론 ④ 블레셋

**정답** ①

2. 이방 나라에 대한 심판의 말씀 중 애굽에 대한 예언으로 적합한 것은?(렘 46:1-26)

① 애굽으로 도망한 유다 백성들을 속히 돌려보낼 것
② 하늘의 여왕에게 분향하는 산당을 폐할 것
③ 유브라데 강 갈그미스에서 바벨론의 느부갓네살 왕에게 패할 것
④ 심판 이후에 다시는 그 땅에 사람이 살지 못할 것

**정답** ③

3. 애굽에 대한 예언 뒤에 이스라엘에게 주신 하나님의 말씀이 나온다. 이에 해당되지 않는 것은?
(렘 46:27-28)

① 내 종 야곱아 내가 너와 함께 있으니 두려워하지 말라.
② 내가 너를 먼 곳에서 구원하며 네 자손을 포로 된 땅에서 구원할 것이다
③ 내가 너를 법도대로 징계할 것이요 결코 무죄한 자로 여기지 않을 것이다
④ 내가 헐은 것을 다시 세우며 뽑은 것을 다시 심을 것이다

**정답** ④

예레미야 47장

1. 블레셋에 대한 예언으로 맞지 않는 것은?
(렘 47:1-7)
① 느부갓네살이 가사를 치기 전에 예레미야에게 임한 하나님의 말씀이다
② 물이 북쪽에서 일어나 물결치는 시내를 이루어 그 땅을 휩쓸 것이다
③ 군마의 발굽 소리와 달리는 병거 바퀴에 놀라 맥이 풀릴 것이다
④ 두로와 시돈에 남아 있는 도와 줄 자를 다 끊어버릴 것이다
**정답** ①

예레미야 48장

1. 산지에 있어서 외부의 공격을 받지 않고 포도를 많이 재배한 나라로, 술의 발효과정을 통해 그 나라의 번영을 표현한 나라는?(렘 48:11)
① 암몬 ② 모압 ③ 블레셋 ④ 바벨론
**정답** ②

2. 모압이 심판을 받게 된 결정적인 이유는 무엇인가?(렘 48:42)
① 여호와를 거슬러 자만했으므로
② 무죄한 자의 피를 흘렸으므로
③ 멸망한 이스라엘을 보고 비웃었으므로
④ 그모스 신에게 제사하며 분향했으므로
**정답** ①

3. 예레미야가 선포한 이방신탁에서 '포로를 돌아가게 하리라'는 약속을 받지 못한 나라는 어디인가?
(렘 48-49장)
① 모압 ② 암몬 ③ 다메섹 ④ 엘람
**정답** ③

예레미야 49장

1. 에돔에 대한 예언에 속하지 않는 것은 무엇인가?
(렘 49:7-22)
① 에서의 옷을 벗겨 그 숨은 곳이 드러나게 했으니 그 몸을 숨길 수 없을 것이다
② 독수리 같이 보금자리를 높은 데 지었어도 너를 끌어내릴 것이다
③ 스스로 두려운 자인 줄로 여기고 네 마음의 교만이 너를 속였다
④ 마지막 날에 에돔 자손의 포로를 돌려보낼 것이다
**정답** ④

예레미야 50장

1. 바벨론에 대한 예언과 관련이 없는 것은?
(렘 50:1-3)
① 바벨론이 함락되고 벨이 수치를 당하리라
② 한 나라가 남쪽에서 올라와 치므로 그 땅이 황폐하게 되리라
③ 신상들은 수치를 당하고 우상들은 부스러지리라
④ 사람이나 짐승이 다 도망할 것임이니라
**정답** ②

2. 바벨론의 멸망에 대한 예언 다음에 바로 이스라엘에 대한 예언이 나온다. 이 예언에 속하지 않는 것은?(렘 50:4-20)

① 너희는 바벨론 가운데서 도망하여 갈대아 사람의 땅에서 나오라.

② 흩어진 내 백성을 시온으로 돌아오게 하리라.

③ 내가 남긴 자를 모두 용서하리라.

④ 그날 그 때에 다윗의 자손인 유다 자손과 영원한 언약을 세우리라.

**정답** ④

3. 바벨론이 멸망하게 된 원인은 무엇인가?
(렘 50:29)

① 바벨론을 능가하는 강력한 나라가 등장했기 때문에

② 이스라엘의 거룩하신 하나님께 교만했기 때문에

③ 왕권 다툼으로 인해 국가가 분열했기 때문에

④ 지나친 약탈과 잔혹함으로 통치했기 때문

**정답** ②

## 예레미야 51장

1. 예레미야가 바벨론에 닥칠 재난에 대한 모든 말씀을 책에 기록한 후에 취한 행동은 무엇인가?
(렘 51:59-64)

① 그 책에 돌을 매어 유브라데 강 속에 던졌다

② 그 책을 바벨론 왕과 백성들 앞에서 낭독한 후 태웠다

③ 그 책을 항아리에 담아 땅에 묻었다

④ 그 책을 봉인하여 스라야에게 보관하도록 했다

**정답** ①

## 예레미야 52장

1. 예루살렘 함락과 바벨론에 사로잡혀 간 백성에 대해 기록한 예레미야 52장은 일종의 역사 부록이라고 한다. 이때 사로잡혀간 유다 왕이 37년 만에 사면되는 사건이 나오는데, 그 왕은 누구인가?(렘 52:31-34)

① 여호아하스 ② 시드기야

③ 여호야긴 ④ 여호야김

**정답** ③

# 예레미야애가

## 예레미야애가

1. 예레미야애가의 특징이 아닌 것?
   ① 교차 대구법 구조
   ② 아크로스틱(알파벳) 시
   ③ 조가(弔歌)
   ④ 아가(雅歌)

   **정답** ④

2. 다음 중 예레미야애가의 내용이 아닌 것은 무엇인가?
   ① 애가서는 예레미야서의 슬픔에 잠긴 발문(跋文, postscript)이다
   ② 이 책은 공의를 주장하는 예언자가 과거를 되돌아보는 것 그 이상의 의미를 내포하고 있다
   ③ 애가서는 죄로부터 비롯된 슬픔, 비통, 고뇌, 황량함과 고통을 다시금 생각나게 하는 책이다
   ④ 애가서는 예루살렘 멸망을 초래한 대적들을 향해 저주와 비난을 하기위한 책이다

   **정답** ④

3. 예레미야애가서의 제목과 관계없는 것은?
   ① 애카는 히브리어로 "아!, 오!"라는 말로 번역될 수 있다
   ② 예레미야애가는 칠십인역에서 유래했다
   ③ 예레미야애가는 히브리어 성경(마소라)에서 유래했다
   ④ 히브리어 성경(마소라)은 "애카"로 알려졌다

   **정답** ③

4. 다음은 예레미야애가의 내용과 상관이 없는 것은?
   ① 주전 588년부터 주전 586년까지 바벨론 군대가 예루살렘 성벽을 포위하고 있었다
   ② 요시야 왕의 종교개혁으로 우상숭배가 없었고 여호와 신앙으로 백성이 똘똘 뭉치었다
   ③ 유다의 동맹국인 이집트는 전쟁에서 패했으며, 바벨론 의 손아귀에서 유다를 구출하려는 노력도 수포로 돌아갔다
   ④ 바벨론 군대의 포위공격으로 도시의 구조가 무너졌고 굶주린 어머니들은 자기 자녀를 먹기도 했다

   **정답** ②

5. 예레미야애가의 특징이 아닌 것 어느 것인가?
   ① 신명기 28장과 관계가 깊다
   ② 애가서는 5장의 애도의 시로서 장례의 시나 노래를 쓴 것이다
   ③ 다섯 장 중에서 세 장의 첫 머리에 '애카'(아!, 오!)라는 말로 비통의 감정을 나타내는 말을 사용한다
   ④ 1-4장에서 빈번히 사용되는 퀴나(qinah)의 사용은, 운율이 고른 3+3의 보격 형태를 취한다

   **정답** ④

## 예레미야애가 1장

1. 첫째 애가(1장)에서 예루살렘이 변화한 세 가지 측면이 아닌 것은?(애 1:1)
   ① 옛날에는 도성이 붐비었는데 이제는 어찌 적막한가!
   ② 예전에는 뭇 나라 가운데 으뜸이더니 이제는 과부의 신세가 되었다
   ③ 예전에는 모든 나라 가운데 여왕이더니 이제는 종의 신세가 되었다
   ④ 예전에는 친구였지만 이제는 모두 배반하여 원수가 되었다

   **정답** ④

2. 애가 1:3-6절의 예루살렘과 유다에 임한 대재난을 설명한다. 다음의 내용이 아닌 것은?
   ① 절기에 성소에서 예배드리기 위해 오던 순례자들로 가득 찼던 예루살렘의 도로와 성문이 이제는 황폐케 되었다
   ② 성전은 폐허가 되었고 제사장들은 탄식했지만 예배는 여전히 드리고 있다
   ③ 하나님의 백성이 대적에게 패했다
   ④ 예루살렘의 처녀들은 근심하며 아이들은 포로가 되고 목백들은 쫓기는 사슴처럼 도망갔다

   **정답** ②

3. 애가 1:10-11절 예루살렘이 죄로 인하여 받은 결과 두 가지로 묘사한 내용 중에 맞는 것은 어느 것인가?
   ① 예루살렘은 자신의 성전이 더렵혀지는 것을 보지 못하였다
   ② 이방인들이 주의 성소에 들어가지 않았다
   ③ 유대인들은 성전을 거대한 마력을 지닌 것이나 행운의 부적으로 여기지 않았다
   ④ 죄로 인해 예루살렘은 기근을 겪었다 생존하기 위해 식물을 얻으려고 보물을 팔아야 했다

   **정답** ④

4. 예루살렘의 멸망은 하나님의 심판으로 인한 직접적인 결과이며, 이것을 예레미야는 네 가지 비유를 사용하여 설명한다(애 1:12-15). 다음 중 네 가지 비유가 아닌 것은?
   ① 하나님의 공격은 골수를 찌르는 불, 번개 비유
   ② 하나님의 공격은 젊은이들이 전쟁에 나가서 포로 되는 것, 포로 비유
   ③ 하나님의 공격은 예루살렘의 발에 그물을 펴는 사냥꾼의 공격, 그물 비유
   ④ 하나님의 공격은 예루살렘의 목에 죄악의 멍에를 올려놓는 것, 멍에 비유

   **정답** ②

5. 하나님은 의로우셔서 죄가 계속 지속되는 것을 원하지 않는다. 죄는 일시적 쾌락을 즐기는 사람에게 무서운 대가를 지불케 한다(애 1:18-19). 그래서 이제 예루살렘이 그 대가를 지불해야 하는데, 다음 중 그 대가가 아닌 것은?
   ① 가옥 파괴
   ② 처녀와 청년들의 사로잡힘
   ③ 친구의 배반
   ④ 지도자들의 죽음

   **정답** ①

예레미야애가 2장

1. 둘째 애가(2장) "견고한 성 처녀 유다"와 관계없는 것은?(애 2:1-5)
① 예루살렘 성
② 처녀 시온
③ 이스라엘의 아름다운 것
④ 이스라엘의 모든 뿔
**정답** ④

2. 예루살렘의 지도자들이 바벨론에 의해 유린당한 예루살렘을 둘러싼 성벽과 같은 존재로 묘사되고 있는데(애 2:8-10), 다음 중 그 모습이 아닌 것은?
① 예루살렘을 둘러싼 성과 곽이 파괴된 것 같이 지도자의 인간 성벽도 무너졌다
② 다른 지도자들인 선지자들도 거짓말쟁이와 함께 묵시를 받고 여호와의 이름으로 말하였다
③ 다윗 왕조가 왕좌에서 쫓겨났다 왕과 방백들이 열국으로 추방당했다
④ 성소가 훼파되자 제사장의 할 일도 없어졌으며 율법도 필요 없게 되었다
**정답** ②

3. 둘째 애가는 예루살렘의 비극적 상황을 다섯 장의 스케치로 그렸다(애 2:11-19). 다음 중 그 탄식했던 장면이 아닌 것은?
① 포위기간 동안 기근으로 어린 자녀들이 죽는 모습
② 슬픔에 잠긴 친구를 위로하기 위하여 필사적으로 노력하는 사람의 모습
③ 도시의 멸망을 막기는커녕 오히려 촉진시켰던 거짓 선지자들의 모습
④ 지나가는 자들이 예루살렘 성의 멸망을 보고 조롱하고 멸시하는 모습
**정답** ②

4. 애가 2:20-22절의 다음 예루살렘의 기도 중 언급되는 사실이 아닌 것은 어느 것인가?
① 예루살렘 성을 하나님이 감찰해주시기를 간구하며 그 성의 재난에 대해 생각한다 굶주림으로 아이를 죽이는 상황이 되고, 부모들은 식인종이 되어 그들의 아이를 잡아먹었다
② 바벨론 군대가 정복하기 위해 밀려왔을 때 제사장들과 선지자들이 주의 성소 안에서 살육 당했다
③ 바벨론 군대는 30개월 동안 그들을 방어한 예루살렘에 대해 화가 나서 수 천명을 살육했다
④ 하나님의 심판의 칼이 바벨론에 임하게 할 것이며 하나님의 백성은 멸망당하지 않을 것이다
**정답** ④

예레미야애가 3장

1. 셋째 애가(3장)의 내용과 구조, 묘사가 아닌 것은?
① 3장은 애가서의 중심이다 3장은 다른 장과 대조적으로 하나님의 신실한 사랑의 불꽃 튀기는 찬란함을 전개하는 배경 역할을 한다
② 다른 장은 22절로 되어 있지만 3장은 3배인 66절로 되어 있다
③ 3장은 1, 2장에서 문지기 역할을 하는 친밀한 단어 오!(애카)로 시작되지 않는다
④ 3장은 구원과 회복에 대한 내용이 아니라 절망을 이야기하고 있다
**정답** ④

2. 애가 3장의 내용을 담고 있는 제목 중 적절하지 않은 것은?

① 예레미야의 고뇌 ② 예레미야의 희망

③ 예레미야의 진노 ④ 예레미야의 기도

**정답** ③

3. 애가 3장에서 고난당하는 자의 고뇌(애 3:1-18)를 표현한 것 중 맞는 것은?

① 하나님은 예레미야로 하여금 광명에서도 비틀거리며 걷게 하셨다

② 하나님은 발을 돌이켜 예레미야를 종일토록 자주자주 치셨다

③ 예레미야의 살과 가죽을 채우시고 그의 뼈를 강하게 하였다

④ 하나님은 예레미야를 공격하여 상처 입히려고 길 가에 숨은 곰과 사자 같았다

**정답** ④

4. 애가 3장의 희망을 나타낸 본문(애 3:19-24절)과 관계없는 것은?

① 여호와의 인자와 긍휼이 무궁하시므로 우리가 진멸되지 아니함이니이다

② 하나님의 인자가 아침마다 새롭다 하나님은 그의 언약 백성에게 날마다 새로운 사랑을 공급해 주신다

③ 우리가 주께로 돌아가겠사오니 우리의 날을 다시 새롭게 하사 옛적 같게 하소서

④ 주의 성실이 크시도소이다! 예레미야는 하나님의 끝없는 자비로 되돌아와서 회복과 축복을 주시는 하나님의 역사를 기다리기로 결심했다

**정답** ③

5. 애가 3:25-40절에서 이스라엘의 고통의 본질에 관하여 7가지 원칙을 말한다. 다음 중 그 고난의 의미와 다른 것은 어느 것인가?

① 고난은 하나님의 구원 즉 종국의 회복에 대한 희망으로 견디어내야 한다

② 고난은 단지 잠깐이며 하나님의 긍휼과 사랑에 의해 완화된다

③ 하나님은 고난을 기뻐하시며, 더욱이 만약 고난이 불의한 것이라면 하나님이 그걸 보시고 기뻐하신다

④ 고난은 항상 하나님의 주권에 달려 있다 고난은 근본적으로 유다의 죄 때문에 비롯되었다 그리고 고난은 하나님의 사람을 그에게 돌이키는 더 위대한 선을 이루게 한다

**정답** ③

6. 애가 3장의 기도(애 3:41-47) 중에 그 내용이 맞는 것은?

① 유다가 하나님께로 돌이키는 것은 감사를 통해서 이루어질 것이다 그가 하늘을 향해 돌아서면 자신이 범죄 했고 패역했음을 알 것이다

② 유다의 고난-하나님의 진노 아래 있고 기도가 응답되지 않고 열국들에게 찌꺼기처럼 거부당하고 비소당한 것-은 하나님께 불순종에서 비롯된 것이 아니다

③ 유다의 모든 두려움과 함정과 파멸과 멸망은 하나님과의 언약을 거역한 결과이다

④ 유다의 죄의 무서운 결과를 알았을 때 그는 마침내 자신의 죄를 인정하지 않을 것이다

**정답** ③

7. 애가 3장의 기도(애 3:56-66) 내용 중 틀린 것은?

① 하나님은 예레미야 편에 서서 진흙 구덩이에 빠진 죽음에서 그를 구하셨다

② 예레미야는 유다에 대한 하나님의 긍휼과 신실하신 사랑의 산 예가 되었다

③ 예레미야는 그를 적대시하는 그의 적, 유다 사람들 앞에서 그를 구해주실 것을 간구했다

④ 예루살렘 역시 그 적들에 의해 박해를 받았다 하지만 그가 하나님께로 돌아오면 그 적들 앞에서 구해주실 것을 확신할 수 없었다

**정답** ④

## 예레미야애가 4장

1. 넷째 애가(4장)는 여호와의 진노를 나타내고 있는데, 다음의 구성을 설명한 것 중 틀린 것은?

① 예루살렘의 포위전과 후의 예루살렘의 상황을 비교했다(애 4:1-11).

② 심판을 받고 있는 한 사람의 반응을 묘사한다(애 4:13-19절).

③ 예루살렘의 포위 원인을 설명했다(애 4:12-20절).

④ 시온의 구원을 간구했다(애 4:21-22절).

**정답** ②

2. 예루살렘이 포위를 받아 어렵게 된 사항을 애가 4:1-2절에서 표현한 것 중 틀린 것은?

① 예루살렘을 빛을 잃은 금과 버려진 보석으로 비유했다

② 상징적 언어로 금과 보석은 예루살렘 사람인 시온의 아들이었다

③ 이전의 영화 때에는 금처럼 귀했으나 이제는 질항아리같이 여김을 받게 되었다

④ 예루살렘 사람들은 무가치한 질항아리 같았지만 하나님의 소중한 백성이 될 것이다

**정답** ④

3. 예루살렘 포위기간 동안 사람들의 상태를 표현한 것 중 틀린 것은?(애 4:3-5)

① 젖먹이가 목이 마르나 물을 줄 사람이 없고, 어린아이들이 먹을 것을 구하나 줄 사람이 없다

② 들개들조차 자기 새끼를 먹이고 있을 때 예루살렘의 부모들은 잔인하게 아이들을 버렸다

③ 맛있는 음식을 먹던 자들이 외롭게 거리에서 방황했다

④ 고아와 과부들이 거름더미에서 뒹굴었다

**정답** ④

4. 애가 4:7-11절에서 예루살렘의 비극을 묘사하고 있는 설명으로 맞지 않는 것은?

① 굶주림에 시달려 죽은 자들보다 칼에 죽은 자들이 더 낫다

② 도시 지도자들의 얼굴은 숯보다 검고 막대기 같이 말라 사람들이 알아보지 못할 정도였다

③ 굶주리고 있는 아이들을 그들의 부모들이 노예로 팔아버렸다

④ 예루살렘은 죄로 인한 하나님의 진노와 맹렬한 분노를 경험하고 있다

**정답** ③

5. 예루살렘 포위와 몰락의 원인을 설명한 것으로 틀린 것은?(애 4:12-20)

① 선지자들과 제사장의 죄악 때문이다

② 헛되이 강대국에 의지했기 때문이다

③ 여호와의 기름 부으신 자, 시드기야 왕이 사로잡혔기 때문이다

④ 이스라엘과 맺은 하나님의 언약 때문이다

**정답** ④

6. 애가서에 나타난 에돔과 이스라엘의 대조를 교차 대구법으로 설명한 것 중 틀린 것은?(애 4:21-22)

① 현재의 상태로서 에돔이 벌을 받음

② 미래의 상태로서 에돔이 벌을 받음

③ 미래의 상태로서 이스라엘이 회복됨

④ 현재의 상태로서 이스라엘이 벌을 받음

**정답** ①

## 예레미야애가 5장

1. 다섯 번째 애가(5장)의 내용이 아닌 것은?

① 5장은 애가라기보다 기도라고 하는 것이 더 합당하다

② 5장의 기능은 4장에 나오는 기도와 이 책의 결론을 짓는 기도로 볼 수 있다

③ 5장은 예루살렘에 남은 자들의 탄원이다

④ 5장은 바벨론 포로로 끌려간 자들의 예루살렘을 위한 기도이다

**정답** ④

2. 기억하심을 바라는 남은 자들의 기도(애 5:1-18) 내용으로 틀린 것은?

① 바벨론의 통치 아래 유다는 어떤 권리나 보호를 받을 수단도 없었다 그들은 적에게 패배한 자들이었고 바벨론은 그들의 잔인한 군주였다

② 유다 재난의 중요한 요인은 양식을 얻기 위해 애굽 사람과 앗수르 사람과 악수했기 때문이다

③ 냉혹한 상황과 식량 부족은 유대인들로 하여금 필사적인 수단을 강구하여 양식을 구하게 하였다 그래서 유대인의 피부는 검어졌다

④ 외국의 점령자들에 대한 공포로 고통을 당한 첫 번째 계층은 예루살렘의 귀족과 부유한 노인들이었다

**정답** ④

3. 회복을 구하는 남은 자의 기도(애 5:19-22) 내용 중 틀린 것은?

① 애가서는 절망의 상태로 끝나고 있으며, 죄로 인한 잔혹한 고난의 결과가 무엇인지 보여주고 있다

② 유다의 멸망을 가져 온 동일한 하나님이-만일 원하신다면-유다의 회복을 가져올 힘을 또한 가지고 계신다

③ 유다는 하나님께 버림을 받은 상태이지만 희망을 포기하지 않는다

④ 유다의 죄악이 너무 커서 회개조차도 하나님의 힘이 아니면 불가능하다

**정답** ①

# 에스겔

**에스겔 1장**

1. 에스겔이 환상을 본 때는?(겔 1:1-2)

① 여호야긴이 포로로 잡혀온지 오년

② 여호야긴이 포로로 잡혀 온지 십년

③ 여호야김이 포로로 잡혀온지 오년

④ 여호야김이 포로로 잡혀온지 십년

**정답** ①

2. 에스겔이 환상을 본 곳은?(겔 1:3)

① 여리고 ② 바벨론 땅의 그발 강가

③ 니느웨 ④ 이집트의 나일 강가

**정답** ②

3. 주의 권능이 나를 사로 잡았다는 말의 의미와 관계없는 것은?(겔 1:3)

① 하나님의 징벌

② 하나님의 강력한 영적 영향력

③ 순종하지 않을 수 없게 하는 하나님이 강력한 내적 임재의 체험

④ 영적 사로잡힘의 체험

**정답** ①

4. 바퀴 둘레에 눈이 가득했다는 것은 무엇을 상징하는가?(겔 1:18)

① 하나님 말씀의 역동성

② 하나님의 계획을 상징

③ 하나님의 감찰하심

④ 이스라엘의 예지를 상징

**정답** ③

5. 바퀴들이 움직이는 모습이 나타내는 것이 아닌 것은?(겔 1:16-21)

① 하나님의 자유하신 역사

② 하나님의 자유하신 초월성

③ 하나님의 자유하신 권능

④ 하나님의 지혜

**정답** ④

**에스겔 1장**

1. 에스겔은 그 민족이 듣든 말든 무엇을 해야 했는가?(겔 2:5)

① 사람을 가려서 선포하는 것

② 예언자의 일을 일시 멈추고 제사장의 일을 감당하는 것

③ 하나님의 말씀을 전하는 것

④ 상황이 바뀔 때를 기다리는 것

**정답** ③

2. 하나님이 에스겔에게 주신 두루마리 책에 담겨 있던 내용이 아닌 것은?(겔 2:10)

① 애가 ② 찬양

③ 재앙 ④ 애곡

**정답** ②

## 에스겔 3장

1. 하나님이 주신 두루마리를 먹은 느낌이 어땠는가?(겔 3:3)

   ① 입에 꿀처럼 달았다 ② 입에 썼다

   ③ 입에 시었다 ④ 입에 고통스러웠다

   **정답** ①

2. 하나님은 에스겔로 하여금 반역하는 백성에 맞서도록 그의 이마를 무엇으로 만들어 놓으셨나?(겔 3:9)

   ① 놋 ② 화석 ③ 무쇠 ④ 금강석

   **정답** ④

3. 환상을 체험한 에스겔이 델아빕으로 간 후에 7일 동안 에스겔은 어떤 상태에 있었나?(겔 3:15)

   ① 7일 동안 평안히 안식하였다

   ② 기쁨으로 7일을 지냈다

   ③ 두려워 떨며 7일을 지냈다

   ④ 7일 동안 제사를 드렸다

   **정답** ③

4. 7일이 지난 다음 하나님은 에스겔을 이스라엘의 무엇으로 세우셨는가?(겔 3:16-17)

   ① 파수꾼 ② 목자 ③ 제사장 ④ 대제사장

   **정답** ①

## 에스겔 4장

1. 하나님이 토판위에 예루살렘을 그려 넣고 흙으로 언덕을 쌓고 공성퇴를 놓으라고 하신 것은 무엇을 위함인가?(겔 4:1-3)

   ① 이스라엘에 자체방어를 명하시기 위함

   ② 이스라엘에 대한 하나님의 보호하심을 상징하기 위함

   ③ 이스라엘에 내리실 전쟁의 승리를 나타내기 위함

   ④ 이스라엘에 내려질 징벌의 징조를 상징하기 위함

   **정답** ④

2. 에스겔이 이스라엘을 위해 390일 동안, 그리고 유다를 위해 40일 동안 누운 이유는 무엇인가?(겔 4:1-6)

   ① 이스라엘과 유다의 안식을 상징하기 위함

   ② 이스라엘 족속과 유다족속의 죄를 담당하기 위함

   ③ 이스라엘 족속과 유다족속의 번영을 기원하기 위함

   ④ 이스라엘 족속과 유다족속의 평안을 구하기 위함

   **정답** ②

3. 에스겔이 390일 동안 만들어 먹어야 했던 보리떡처럼 조악한 음식이 상징하는 것과 관계가 없는 것은?(겔 4:9-17)

   ① 포로에 끌려가서 먹게 될 부정한 음식을 상징

   ② 포로로 끌려갈 것에 대한 예언적 상징

   ③ 포로에서의 비참한 고난의 삶의 정황을 상징

   ④ 하나님의 말씀을 상징

   **정답** ④

## 에스겔 5장

1. 우상숭배를 가리키는 표현이 아닌 것은?

(겔 5:5-11)

① 미운 물건

② 내 규례와 내 율례

③ 이방인의 규례대로 행함

④ 가증한 일

**정답** ②

2. 하나님의 성소를 더럽힌 것은?(겔 5:11)

① 모든 미운 것과 가증한 일

② 농사의 실패

③ 기근

④ 병

**정답** ①

3. 5장에서 이스라엘이 받게 될 징벌의 내용이 아닌 것은?(겔 5:14-17)

① 굶주림 ② 수치와 조롱거리

③ 홍수 ④ 전염병과 살육

**정답** ③

## 에스겔 6장

1. 이스라엘의 죄에 대한 징벌의 목적을 나타내며 하나님의 주권을 선포하는 에스겔의 특징적 표현 중의 하나는?(겔 6:7, 10, 13, 14)

① 내가 여호와인 줄을 너희가 알게 하려 함

② 내가 이스라엘의 아버지임을 알게 하기 위함

③ 내가 너희의 목자임을 상기하게 하기 위함

④ 나의 지혜를 세상에 알리려 함

**정답** ①

2. 다음 중 이스라엘의 우상숭배의 죄를 표현하는 말 중, 언약 또는 하나님과 이스라엘의 특별한 결속관계를 나타내는 표현은 어떤 것인가?(겔 6:9)

① 노략의 마음과 노략의 눈

② 오만한 마음과 오만한 눈

③ 분노의 마음과 분노의 눈

④ 음란한 마음과 음란한 눈

**정답** ④

3. 이스라엘은 언제 하나님을 기억하게 되는가?(겔 6:9)

① 에스겔이 그들의 성소가 파괴될 것임을 예언하였을 때

② 에스겔이 분향하던 제단이 파괴될 것임을 처음으로 선포했을 때

③ 전쟁을 모면하고 살아남은 자들이 이방인들 가운데 거하면서

④ 그들이 칼에 맞아 죽게 될 것이라는 예언을 듣자마자

**정답** ③

## 에스겔 7장

1. "이제는 네게 끝이 이르렀나니 내가 내 ( )를 네게 나타내어 네 ( )를/을 심판하고 네 모든 ( )을 보응하리라"(겔 7:3). 괄호 안에 들어갈 말로 맞는 것은?

① 자비, 행위, 의로운 일

② 은혜, 행위, 억울한 일

③ 진노, 행위, 가증한 일

④ 진노, 악행, 죄악

**정답** ③

2. 하나님의 부정적 선포("내가 너를 불쌍히 여기지

아니하며 너를 긍휼히 여기지도 아니하며")속에 나타난 역설적 자기계시와 관계없는 것은? (겔 7:4, 9)

① 하나님은 본래 불쌍히 여기시는 분이시다
② 하나님은 본래 긍휼히 여기시는 분이시다
③ 이것은 하나님의 사랑이 전제된 안타까움을 표현한 것이다
④ 이것은 하나님의 인과응보의 원칙을 전제한 것이다

**정답** ④

3. 하나님의 징벌로 인해 이스라엘의 지도자들이 잃게 되는 것이 바르게 연결되지 않은 것은? (겔 7:26)

① 선지자 – 공평　② 제사장 – 율법
③ 장로 – 책략　④ 선지자 – 묵시

**정답** ①

4. 제 육년 여섯째 달 오일, 즉 에스겔이 소명을 받은지 14개월 후 에스겔이 하나님의 권능에 사로잡힐 때의 상황이 아닌 것은?

① 유다 장로들 사이에 있었다
② 한 형상이 손 같은 것을 펴서 에스겔의 머리채를 잡았다
③ 여호와의 권능이 에스겔에게 내리셨다
④ 하나님께 제사를 드리고 있었다

**정답** ④

## 에스겔 8장

1. 제 육년에 하나님이 보이신 환상 속에서 하나님의 영이 에스겔을 데리고 가신 곳은?(겔 8:3)

① 그발 강가　② 예루살렘
③ 바벨론　④ 사마리아

**정답** ②

2. 에스겔이 그곳에서 본 것이 아닌 것은? (겔 8:8-16)

① 가증하고 악한 일
② 이스라엘 족속의 모든 우상
③ 여호와께 찬양하는 것
④ 사람들이 성전을 등지고 동쪽 태양에게 예배하는 것

**정답** ③

3. 이스라엘의 이교숭배에 대한 하나님의 반응이 아닌 것은?(겔 8:18)

① 하나님이 분노하심
② 긍휼을 베풀지 않으심
③ 그들의 간구에 응답하지 않으심
④ 그들을 무조건적으로 용서하심

**정답** ④

## 에스겔 9장

1. 예루살렘을 관할하는 자 여섯 사람 중 각 사람이 손에 가지고 있던 것은 무엇인가?(겔 9:2)

① 죽이는 무기　② 돕는 무기
③ 살리는 무기　④ 치유하는 무기

**정답** ①

2. 가는 베옷을 입은 사람은 허리에 무엇을 찼는가? (겔 9:2)

① 서기관의 먹그릇　② 칼
③ 징계의 막대기　④ 징벌의 줄자

**정답** ①

3. 가는 베옷을 입은 사람의 역할은 무엇인가?
(겔 9:4)
① 사마리아에서 행해지는 모든 우상숭배로 인해 즐거워하는 사람의 이마위에 표를 그리는 것
② 사마리아에서 행해지는 모든 가증한 일로 인해 탄식하며 우는 사람의 이마 위에 표를 그리는 것
③ 예루살렘에서 행해지는 모든 우상숭배로 인해 즐거워하는 사람의 이마위에 표를 그리는 것
④ 예루살렘에서 행해지는 모든 가증한 일로 인해 탄식하며 우는 사람의 이마위에 표를 그리는 것

**정답** ④

4. 하나님의 명령에 따라, 가는 베옷 입은 사람이 심판을 시작한 곳은?(겔 9:6)
① 바벨론 성 ② 사마리아 성
③ 예루살렘 성문 ④ 예루살렘 성전

**정답** ④

## 에스겔 10장

1. 하나님이 가는 베옷을 입은 사람에게 명하시어 그룹의 바퀴 사이로 들어가 손에 가득 움켜 가지고 성읍위에 흩으라고 하신 것은 무엇이며, 그 목적은 무엇인가가 바르게 연결된 것은?(겔 10:2)
① 재 - 심판 ② 숯불 - 정화
③ 물 - 세례 ④ 숯불 - 멸망

**정답** ②

2. 에스겔이 예루살렘에서 본 환상중의 그룹들의 얼굴 모습중 첫째면은 그룹의 얼굴이요 둘째면은 사람의 얼굴이다. 셋째면과 넷째면의 얼굴이 각각 바르게 연결된 것은 다음중 어떤 것인가?
(겔 10:14)
① 사자 – 곰 ② 사자 – 독수리
③ 곰 – 독수리 ④ 곰 – 사자

**정답** ②

3. 에스겔은 이 그룹들이 전에 어디에서 본 것과 같다고 말하는가?(겔 10:15, 20)
① 바벨론 왕궁에서 본 생물
② 예루살렘 성전에서 본 생물
③ 그발 강가에서 본 생물
④ 사마리아 왕궁에서 본 생물

**정답** ③

## 에스겔 11장

1. 블라댜의 죽음과 관련이 없는 것은?(겔 11:13)
① 이 사건은 하나님의 언약을 지킨 예루살렘의 지도자들이 회복될 것을 알리는 표징이었다
② 이 사건은 하나님의 언약을 파기한 예루살렘의 지도자들이 징벌을 받아 죽게 될 것임을 알리는 표징이었다이
③ 이 사건은 에스겔이 참 예언자임을 증명하는 사건이었다
④ 에스겔이 예언한 곳은 바벨론인데 블라댜가 죽은 곳은 예루살렘이었다

**정답** ①

2. 하나님이 이스라엘에게 새 영을 주시고 부드러운 마음을 주시는 이유로 맞지 않은 것은?
(겔 11:19-20)

① 율례를 지켜 행하게 하기 위해서
② 새 율례를 주시기 위해서
③ 이스라엘이 하나님의 백성이 되기 위해서
④ 하나님이 이스라엘의 하나님이 되기 위해서

**정답** ②

3. 에스겔이 하나님의 영에 의해 다시 사로잡힌 자들 가운데로 옮겨진 다음 그가 행한 일은 무엇인가?(겔 11:24-25)
① 제사를 드렸다
② 생업에 종사하였다
③ 하나님이 그에게 보이신 일을 모두 말하였다
④ 예언자의 직분을 포기하였다

**정답** ③

## 에스겔 12장

1. 반역하는 족속의 말과 특징이 아닌 것은?(겔 12:2, 22, 27)
① 그들은 볼 눈이 있어도 보지 아니하고 들을 귀가 있어도 듣지 아니하나니
② 날이 더디고 모든 묵시가 사라지리라
③ 그가 보는 묵시는 여러 날 후의 일이라 그가 멀리 있는 때에 대하여 예언하였다
④ 날과 모든 묵시의 응함이 가까우니

**정답** ④

2. 이스라엘의 포악으로 말미암아 겪게 될 일이 아닌 것은?(겔 12:19-20)
① 주의 긍휼로 즉시 회복 됨
② 황폐하게 됨
③ 땅이 적막하게 됨
④ 근심하면서 그 음식을 먹으며, 놀라면서 그 물을 마실 것임

**정답** ①

## 에스겔 13장

1. "자기 마음에서 나는 대로 예언하는 자"와 관련이 없는 것은?(겔 13:2-3, 6-7)
① 하나님의 말씀이 아니라 인간이 자신의 말을 하는 사람
② 하나님의 참다운 지상 대변자
③ 허탄한 것과 거짓된 점괘를 보는 사람
④ 본 것이 없이 자기 심령을 따라 예언하는 우매한 선지자

**정답** ②

2. "내 백성의 공회"가 의미하는 것은?(겔 13:9)
① 예루살렘에 남아 있는 이스라엘 백성
② 언약을 파기한 백성 이스라엘
③ 하나님을 배신하지 않은 신실한 이스라엘 백성
④ 다윗 집안의 왕들

**정답** ③

## 에스겔 14장

1. 우상숭배한 이스라엘을 향해 선포하신 하나님의 말씀이 아닌 것은?(겔 14:6)
① 너희는 마음을 돌이켜라
② 우상을 떠나라
③ 얼굴을 돌려 모든 가증한 것을 떠나라
④ 근심하지 말라

**정답** ④

2. 이스라엘을 잘못인도한 선지자들을 징벌하시는 이유가 아닌 것은?(겔 14:11)

① 이스라엘 족속이 다시는 하나님을 떠나서 길을 잃지도, 다시는 온갖 죄악으로 더러워지지도 않게 하려 함

② 그들로 하여금 하나님의 백성이 되고, 하나님은 그들의 하나님이 되려함

③ 언약백성으로의 은혜를 누리도록 하기 위함

④ 제사장의 지위를 드높이기 위함

**정답** ④

3. 자신의 의로 말미암아 자신의 목숨을 겨우 건질 수 있는 사람으로 언급된 세 사람 중에 들어가지 않은 사람은?(겔 14:14, 20)

① 아브라함 ② 노아

③ 다니엘 ④ 욥

**정답** ①

## 에스겔 15장

1. 열매를 맺지도 못하며 목재로도 쓸 수 없는 포도나무는 무엇을 상징하는가?(겔 15:1-6)

① 앗수르 주민 ② 사마리아 주민

③ 예루살렘 주민 ④ 바벨론 주민

**정답** ③

2. 그들이 징벌을 받게 되는 이유와 결과는? (겔 15:7)

① 그들이 범법하였고, 그 땅이 황폐케 되리라

② 그들이 불순종하여 징벌을 받게 되었으나, 불의 재앙을 피하게 되었다

③ 그들이 패역하여 징벌을 받게 되었으나, 회개하였다

④ 그들이 심판을 받고, 쓸모있게 되었다

**정답** ①

## 에스겔 16장

1. "네 아비는 아모리 사람이요 네 어미는 헷 사람이라"(겔 16:3)는 무엇을 의미하는가?

① 다윗왕의 족보를 설명하는 말

② 예루살렘은 이방인들의 혼합을 그 기원으로 하고 있음을 보여주는 말

③ 솔로몬의 외가를 설명하는 말

④ 여호야김의 외가를 가리키는 말

**정답** ②

2. "내가 물로 네 피를 없애고 네게 기름을 바르셨다"(겔 16:9)는 말의 의미와 관계없는 것은?

① 예루살렘을 비유하는 이 여인이 태어났을 때 누리지 못했던 것들과 기회를 다시 갖는다는 의미를 내포한다

② 버림받은 갓난아기(겔16:4) 때와 반대로 하나님은 이 모든 것을 보상하여 주시고 더 많은 것을 누리게 하신다는 것을 의미한다

③ 고난과 상처를 치유하시고 회복시켜 주시는 하나님의 모습을 나타낸다

④ 속죄일의 제사 순서를 나타낸다

**정답** ④

3. "내가 또 간음하고 사람의 피를 흘리는 여인을 심판함 같이 너를 심판하여"(겔 16:38)와 관련이 없는 것은?

① 예루살렘의 언약파기의 죄

② 이것은 간음죄와 살인죄를 말한다

③ 에돔의 죄에 대한 징벌

④ 레위법은 이러한 사람을 죽음으로 다스림

**정답** ③

## 에스겔 17장

1. 큰 독수리와 백향목 높은 가지가 상징하는 것이 옳게 연결된 것은?(겔 17:3-4)

   ① 바벨론 – 아람 ② 바벨론 – 유다 왕

   ③ 애굽 – 레바논 ④ 애굽 – 사마리아

   **정답** ②

2. 포도나무에 대한 서술과 관계 없는 것은?(겔 17:7-8)

   ① 가지들이 땅으로 낮게 자라고 뿌리도 양분과 물이 풍부한 땅 속 깊이 뻗어나감

   ② 포도나무가 하나님에 대한 충성을 상징함

   ③ 큰 가지들을 내고 풍성한 열매를 맺는 아름다운 포도나무가 되기를 기대함

   ④ 독수리에게 물을 받으려고 그 뿌리를 독수리를 향해 뻗음

   **정답** ②

3. "여호와는 높은 나무를 낮추고 낮은 나무를 높이며 푸른 나무를 말리고 마른 나무를 무성하게 하는 분"이라는 사실을 깨닫게 되는 "들의 나무들"은 무엇을 상징하는가?(겔 17:22-24)

   ① 세상 모든 사람들

   ② 시드기야 왕과 여호야긴 왕

   ③ 이스라엘 왕족들

   ④ 유다의 제사장들

   **정답** ①

## 에스겔 18장

1. "아버지가 신 포도를 먹었으므로 그의 아들의 이가 시다함"이 의미하는 것이 아닌 것은?(겔 18:2)

   ① 부자간의 갈등을 묘사

   ② 이스라엘 조상의 죄로 인해 그 후손들이 징벌을 받게 된다

   ③ 죄에 대한 개인적 책임소재를 불분명하게 하는 그 당시 이스라엘의 속담

   ④ 한 사람의 죄에 대해 이스라엘 전체가 집단적 책임이 있다

   **정답** ①

2. 54번에서 말한 속담이 이스라엘에 있어서는 안 된다고 하신 하나님의 말씀과 관계없는 것은?(겔 18:4, 9, 13, 20)

   ① 범죄하는 그 영혼은 죽으리라

   ② 자기 피가 자기에게로 돌아가리라

   ③ 이스라엘에 부모공경이 사라져서는 안 된다

   ④ 의인의 공의도 자기에게로 돌아가고 악인의 악도 자기에게로 돌아가리라

   **정답** ③

3. "각 사람이 행한 대로 심판한다"는 말씀이 뜻하는 것과 관계 없는 것은?(겔 18:30-32)

   ① 돌이켜 회개하는 것

   ② 모든 죄에서 떠나는 것

   ③ 마음과 영을 새롭게 하는 것

   ④ 바벨론을 정복하고 세상을 지배하는 것

   **정답** ④

## 에스겔 19장

1. 암사자가 낳은 첫 번째 새끼 사자와 두 번째 새끼 사자는 누구를 상징하는가?(겔 19:1-9)
   ① 다윗과 솔로몬
   ② 여로보암과 르호보암
   ③ 유다 왕국의 마지막 두 왕들
   ④ 이스라엘 왕국의 마지막 두 왕들

   **정답** ③

2. "물가에 심겨진 포도나무"와 "그 강한 가지들"은 무엇을 상징하는가?(겔 19:10-14)
   ① 유다와 여러 명의 왕들
   ② 북왕국 이스라엘과 그 왕들
   ③ 바벨론과 그 왕들
   ④ 애굽과 그 왕들

   **정답** ①

## 에스겔 20장

1. "그들을 애굽에서 인도하여 내신" 이유를 설명한 것과 관계없는 것은?(겔 20:9, 19)
   ① "내 이름을 위함"
   ② "내 이름을 그 이방인의 눈 앞에서 더럽히지 아니하려고"
   ③ 애굽을 멸절시키기 위하여
   ④ 하나님의 율례와 규례를 지켜 행하여 복된 삶을 살게 하려고

   **정답** ③

2. "여러 나라의 광야"와 관련이 없는 것은?(겔 20:33-38)
   ① 사람이 살지 않는 땅
   ② 옥토로 바뀌게 될 축복의 땅
   ③ 하나님의 언약을 파기한 이스라엘을 대면하여 징벌하실 곳
   ④ 방황과 죽음의 땅 곧 사람들이 무수히 지나다니지만 아무도 관심을 갖지 않는 버려진 황무지와 같은 땅

   **정답** ②

3. 하나님께서 이스라엘의 죄된 행위대로 심판하지 않으신 이유와 관련이 없는 것은?(겔 20:44)
   ① 하나님 자신의 명성을 위하여
   ② 하나님이 구원의 하나님이시며 절대적 주권자이고, 구원도 징벌도 다 하나님의 절대적 자유와 주권 안에 있다는 사실을 보여 주시기 위하여
   ③ 그들이 여호와가 하나님이신 줄 알게 하려하기 위함
   ④ 이스라엘의 공로를 인정하시어

   **정답** ④

## 에스겔 21장

1. "업신여기는 규"와 관계가 없는 것은?(겔 21:13)
   ① 백성이 이 규를 믿고 회개하지 않음으로 징벌을 받게 된다
   ② 그 징벌의 칼은 규를 업신여긴다
   ③ 규는 예언자를 상징한다
   ④ 규는 다윗 왕권을 가리킨다

   **정답** ③

2. 바벨론 왕의 칼이 올 두 길은 어떤 길들인가?(겔 21:19-20)
   ① 암몬 족속의 랍바로 가는 길과 예루살렘으로

가는 길

② 이스라엘의 사마리아로 가는 길과 예루살렘으로 가는 길

③ 암몬 족속의 랍바로 가는 길과 사마리아로 가는 길

④ 이스라엘의 사마리아로 가는 길과 에돔의 보스라로 가는 길

**정답** ①

3. "마땅히 얻을 자"는 무엇을 의미하는가? (겔 21:27)

① 이스라엘의 해방자

② 복을 받는 자

③ 치유하는 자

④ 하나님에 의해 심판의 권리를 부여받은 자

**정답** ④

## 에스겔 22장

1. 이스라엘의 모든 고관이 저지른 죄와 관계가 없는 것은?(겔 22:6-8)

① 부모를 업신여겼으며

② 나그네를 학대하였으며

③ 고아와 과부를 해하였다

④ 제사장 직분을 대신하였다

**정답** ④

2. 이 땅 백성의 죄와 관계가 없는 것은? (겔 22:29-31)

① 포악하고 강탈을 일삼고

② 가난하고 궁핍한 자를 압제하고

③ 제물을 드리지 않았다

④ 나그네를 부당하게 학대하였음

**정답** ③

## 에스겔 23장

1. 오홀라와 오홀리바는 각각 무엇을 상징하는가(순서대로)?(겔 23:1-4)

① 예루살렘과 사마리아

② 사마리아와 예루살렘

③ 이스라엘과 에돔

④ 유다과 이스라엘

**정답** ②

2. 그들이 심판을 받는 이유와 관련이 없는 것은? (겔 23:36-28)

① 우상과 행음하며 하나님의 자녀들을 우상을 위하여 화제로 삼음

② 하나님의 성소를 더럽힘

③ 하나님의 안식일을 범함

④ 애굽을 거부하였음

**정답** ④

## 에스겔 24장

1. "네 눈에 기뻐하는 것을 한번 쳐서 빼앗으리니"가 의미하는 것은 무엇인가?(겔 24:16)

① 에스겔의 아내의 목숨을 앗아 갈 것이다

② 에스겔의 재산을 빼앗가 갈 것이다

③ 예루살렘을 파멸시키리라

④ 에스겔의 아들의 목숨을 앗아 갈 것이다

**정답** ①

2. 하나님이 더럽힐 것이라고 말씀하신 것으로 "너

희 세력의 영광이요 너희 눈의 기쁨이요 너희 마음에 아낌이 되는 것이라"고 말씀하신 것은 무엇인가?(겔 24:21)

① 다윗 왕권 ② 다윗 왕궁

③ 하나님의 성소 ④ 예루살렘

**정답** ③

## 에스겔 25장

1. 암몬이 "아하 좋다"라고 말했을 때가 아닌 경우는?(겔 25:3)

① 하나님의 성소가 더럽힘을 받을 때

② 이스라엘의 땅이 황폐할 때

③ 유다 족속이 사로잡힐 때

④ 하나님의 영광이 그들에게 임하실 때

**정답** ④

2. 에돔이 심판을 받게 되는 이유는?(겔 25:12)

① 이스라엘을 도운 일

② 에돔이 유다 족속을 쳐서 원수를 갚음

③ 앗수르를 도운 일

④ 사마리아를 약탈한 일

**정답** ②

3. 블레셋이 심판을 받게 되는 이유는?(겔 25:15)

① 블레셋 사람이 옛날부터 이스라엘을 미워하여 멸시하는 마음으로 원수를 갚아 진멸하고자 하였다

② 블레셋 사람이 옛날부터 아람을 미워하여 멸시하는 마음으로 원수를 갚아 진멸하고자 하였다

③ 블레셋 사람이 옛날부터 앗수르를 미워하여 멸시하는 마음으로 원수를 갚아 진멸하고자 하였다

④ 블레셋 사람이 옛날부터 애굽을 미워하여 멸시하는 마음으로 원수를 갚아 진멸하고자 하였다

**정답** ①

## 에스겔 26장

1. 두로가 심판을 받게 되는 이유는?(겔 26:2)

① 그의 무역 때문

② 그의 부유함 때문

③ 그의 지혜로움 때문

④ 예루살렘의 패망을 자기의 번성의 기회로 여겼기 때문

**정답** ④

2. 두로에 대한 징벌의 내용이 아닌 것은?(겔 26:19-20)

① 주민이 없는 성읍과 같이 황폐한 성읍이 되게 함

② 이스라엘 백성들의 식민지가 되게 함

③ 다시는 사람이 거주하는 곳이 되지 못하게 함

④ 큰 물이 그를 덮게 함

**정답** ②

## 에스겔 27장

1. 두로의 자랑거리가 아닌 것은?(겔 27:8, 10-11, 12-15)

① 두로 가운데 있는 지혜자들

② 군대

③ 번창하는 무역

④ 예루살렘 성전

**정답** ④

2. 두로에게 내려진 징벌의 결과가 아닌 것은? (겔 27:35-36)

① 섬의 주민들이 그로 말미암아 놀라고 그들의 왕들이 그게 두려워함

② 많은 민족의 상인들이 그를 비웃음

③ 그가 인간 지혜와 권세의 한계를 깨닫고 회개함

④ 그가 영원히 다시 있지 못하게 됨

**정답** ③

## 에스겔 28장

1. 두로 왕의 교만을 보여주는 모습과 관계가 없는 것은?(겔 28:2-5)

① "나는 신이라" 말함

② 자기가 "다니엘보다 지혜로워서 은밀한 것을 깨닫지 못할 것이 없다" 함

③ 자기의 "지혜와 총명"으로 재산을 얻었다고 말함

④ 자기를 "대제사장"이라 칭함

**정답** ④

2. 두로의 교만에 대한 하나님의 말씀이 아닌 것은? (겔 28:2, 5, 7)

① 너는 사람이요 신이 아니다

② 그 재물로 말미암아 네 마음이 교만하여 졌도다

③ 내가 이방인 곧 여러 나라의 강포한 자를 거느리고 와서 너를 치리라

④ 내가 너를 인도하리라

**정답** ④

## 에스겔 29장

1. 29장에서 애굽이 하나님의 징벌을 받게 되는 가장 큰 이유는?(겔 29:6-7, 9)

① 갈대 지팡이인 주제에 이스라엘의 의지가 되려고 했기 때문

② 과거 이스라엘을 430년간 학대했기 때문

③ 세계의 거민을 압제했기 때문

④ 바로의 교만 때문

**정답** ①

2. 애굽이 받게 될 징벌이 아닌 것은? (겔 29:9, 12, 16)

① 애굽 땅이 사막과 황무지가 되게 하리라

② 애굽이 사십년 끝에 완전히 회복되리라

③ 애굽이 다시는 이스라엘 족속의 의지가 되지 않을 것이요

④ 애굽 사람들은 각국 가운데로 흩으며 여러 민족 가운데로 헤치리라

**정답** ②

## 에스겔 30장

1. 애굽을 심판하는 나라로 등장하는 왕은? (겔 30:10)

① 앗수르 왕 에살핫돈

② 구스 왕 디르하가

③ 바벨론 왕 느부갓네살

④ 페르시아 왕 고레스

**정답** ③

2. 애굽에 대한 징벌의 결과가 아닌 것은?
(겔 30:6, 13, 19)
① 애굽 땅에 왕이 다시 나타나리라
② 그 우상들을 없애며 신상들을 놉 가운데에서 부수며 애굽 땅에서 왕이 다시 나지 못하게 하고
③ 이같이 내가 애굽을 심판하리니 내가 여호와인 줄을 그들이 알리라
④ 애굽을 붙들어 주는 자도 엎드러질 것이요 애굽의 교만한 권세도 낮아질 것이라
**정답** ①

## 에스겔 31장

1. 31장에서 애굽의 핵심적 죄는 무엇인가?
(겔 31:10, 14)
① 교만 ② 권력 ③ 나일강 ④ 부요함
**정답** ①

2. 바로와 그의 모든 군대의 운명을 가리키며, 지하에 내려가 할례받지 못한 사람들과 함께 눕게 될 이 나무는 어떤 나무와 비교되는가?(겔 31:18)
① 에덴의 나무들 ② 앗수르의 나무들
③ 샤론의 나무들 ④ 예루살렘의 나무들
**정답** ①

## 에스겔 32장

1. 이에 대한 하나님의 징벌이 아닌 것은?
(겔 32:11-12)
① 여러 나라의 능한 자의 손에 넘겨 줄지라
② 여러 나라의 포악한 다른 민족이 그를 찍어 버렸으므로
③ 고센에 기근이 들리라
④ 세상 모든 백성이 그를 버리고 그 그늘 아래에서 떠나매
**정답** ③

2. 여러 나라가 애굽의 바로를 무엇으로 착각했는가?(겔 32:2)
① 용 ② 사자 ③ 구원자 ④ 여호와의 종
**정답** ②

3. 하나님은 바로의 어떤 별칭으로 부르셨나?
(겔 32:2)
① 유브라데의 큰 악어
② 바다가운데의 큰 하마
③ 바다가운데의 큰 악어
④ 나일의 큰 하마
**정답** ③

4. 하나님께서 애굽의 무리를 지하(스올)에 던질 때, 그곳에 묻혀 있는 민족이 아닌 것은?
(겔 32:18, 22-30)
① 앗수르 ② 엘람
③ 메섹과 두발 ④ 이스라엘
**정답** ④

## 에스겔 33장

1. 파수꾼과 관련된 말 중 틀린 것은?(겔 33:1-9)
① 백성이 파수꾼의 나팔 소리를 듣고서도 그 경고를 무시하였으면, 그는 죽어도 자기 탓인 것이다
② 선지자를 파수꾼으로 임명한 것은 왕이다

③ 선지자를 파수꾼으로 세우신 분은 하나님 자신이시다

④ 선지자가 악인에게 그의 길에서 떠나서 거기에서 돌이키도록 경고하였는데도 그가 자신의 길에서 돌이키지 않으면, 그는 자신의 죄 때문에 죽지만 선지자는 목숨을 보존한다

**정답** ②

2. 다음 사항 중 틀린 것은?(겔 33:18-20)

① 의인이 의로운 행실을 버리고 돌아서서 악한 일을 하면, 그것 때문에 그는 죽을 것이다

② 악인도 자신이 저지른 죄악에서 떠나, 돌이켜 법과 의를 따라서 살면, 그것 때문에 그는 살 것이다

③ 하나님은 각 사람이 행한 일에 따라서 그를 심판하신다

④ 하나님은 철저하게 인과응보의 원리로만 심판하신다

**정답** ④

## 에스겔 34장

1. 하나님이 저주하신 목자의 모습에 속하지 않는 것은?(겔 34:4)

① 연약한 자를 강하게 안하는 자

② 쓰러진 자를 방치하는 자

③ 잃어버린 자를 찾지 아니하는 자

④ 병든 자를 고치지 아니하고 상한 자를 싸매주지 아니하는 자

**정답** ②

2. 하나님이 다윗의 한 후손을 왕으로 세우시고 베푸시기로 약속한 내용이 아닌 것은?(겔 34:24-29)

① 이방의 노략거리가 아닌 세계 열방을 지배하는 나라가 될 것이다

② 밭에 나무가 열매를 맺으며 땅이 그 소산을 내리니 그들이 그 땅에서 평안할 것이다

③ 다시는 그 땅에서 기근으로 멸망하지 아니할 것이며 다시는 여러 나라의 수치를 받지 아니할 것이다

④ 이스라엘 백성들에게 복을 내리시고 산 사방에 복을 내리시며 때를 따라 소낙비를 내리되 복된 소낙비를 내리실 것이다

**정답** ①

## 에스겔 35장

1. 35장에서 에돔의 징벌과 관계없는 것은?(겔 35:5-10)

① 에돔이 옛날부터 이스라엘에 한을 품고 있더니, 이스라엘 백성이 재난을 당할 때에, 그들이 그 지은 죄로 심판을 받을 때에, 그가 그들 위에 칼을 휘둘렀다

② 하나님이 에돔을 영영 황무지로 만들어 버리고, 그 성읍들에서 다시는 사람이 살 수 없게 하신다 그 때에야 비로소 그들이, 하나님이 주인 줄 알 것이다

③ 에돔은, 여호와 하나님이 유다와 이스라엘을 돌보는데도 감히 말하기를, '그 두 민족과 그 두 나라가 내 것이 되고 내 소유가 될 것'이라고 하였다

④ 에돔은 이스라엘을 미워하였으나 여호와께 제사는 드렸다

**정답** ④

에스겔 36장

1. 36장에서 하나님께서 "심히 즐거워하는 마음과 멸시하는 심령으로 내 땅을 빼앗아 노략하여 자기 소유로 삼았다"고 말씀하신 나라는?(겔 36:5)
① 바벨론 ② 애굽
③ 이방인과 에돔 ④ 이방인과 모압
**정답** ③

2. 하나님이 이스라엘에게 허락하시는 복의 내용이 아닌 것은?(겔 36:28-35)
① 하나님이 그들의 조상들에게 주신 땅에서 그들이 거주하면서 그들이 하나님의 백성이 되고 하나님은 그들의 하나님이 되시리라
② 하나님이 그들을 모든 더러운 데에서 구원하시고 곡식이 풍성하게 하시어 기근이 그들에게 닥치지 아니하게 할 것이다
③ 사람들로 하여금 '이제는 에덴 동산 같이 되었고 황량하고 적막하고 무너진 성읍들에 성벽과 주민이 있게 되었다'고 말하게 하실 것이다
④ 혼인 잔치로 온 성읍들이 기뻐할 것이다
**정답** ④

에스겔 37장

1. 생기가 들어가 다시 살아나게 될 마른 뼈는 누구인가?(겔 37:11)
① 망하여 희망을 잃은 이스라엘 족속
② 바벨론 사람들
③ 앗수르 인들
④ 땅에 묻힌 모든 사람들
**정답** ①

2. 하나님이 한 민족으로 만드시고자 하는 두 막대기의 상징을 바르게 연결한 것은?(겔 37:15-16)
① 애굽과 앗수르 ② 유다와 에브라임
③ 이스라엘과 에돔 ④ 야곱과 에서
**정답** ②

3. 두 막대기가 연합되면서 이스라엘에게 일어날 일들이 아닌 것은?(겔 37:22-28)
① 그들이 그 우상들과 가증한 물건과 그 모든 죄악으로 더 이상 자신들을 더럽히지 아니할 것이다
② 하나님이 그들과 화평의 언약을 세워서 영원한 언약이 되게 하고 또 그들을 견고하고 번성하게 하며 하나님의 성소를 그 가운데에 세워서 영원히 이르게 하실 것이다
③ 하나님의 처소가 그들 가운데에 있을 것이며 하나님이 그들의 하나님이 되고 그들은 하나님의 백성이 될 것이다
④ 유다와 에돔이 오랜 적대관계를 끝내고 화목하여 예루살렘에서 함께 경배할 것이다
**정답** ④

에스겔 38장

1. 38장에서 곡이 이스라엘을 어느 때에 친다고 했는가?(겔 38:8-11)
① 이스라엘이 이방과 전쟁 중일 때
② 이스라엘이 성전에서 예배드릴 때
③ 이스라엘이 이방에서 나와 평안히 거주할 때
④ 이스라엘이 밭에서 일할 때
**정답** ③

2. 곡이 하나님의 백성 이스라엘을 치러 올 때의 상

황이 아닌 것은?(겔 38:15-16)

① 모든 일을 곡 스스로 계획한다

② 하나님의 명령으로 이스라엘을 친다

③ 구름이 땅에 덮임같이 이스라엘을 치러 올 것이다

④ 말을 탄 큰 무리와 능한 군대와 함께 올 것이다

**정답** ①

3. 곡에 대한 하나님의 심판과 관계가 없는 것은? (겔 38:18-23; 39:7)

① 곡이 이스라엘을 치러 오면 하나님의 분노가 나타나리라

② 하나님이 모든 산중에서 그를 칠 칼을 부르시리라

③ 이를 통해 하나님의 거룩하심과 하나님이 주이신 줄을 알게 하려함이다

④ 곡을 정결케 하기 위하여

**정답** ④

## 에스겔 39장

1. 곡의 심판으로 드러날 결과로 맞지 않는 것은? (겔 39:21-24)

① 이 심판을 통해 하나님의 권능을 드러내신다

② 이 심판은 하나님이 이스라엘의 하나님이심을 영영 알게 하기 위함이다

③ 이스라엘이 포로로 끌려갔던 것은 그들의 죄 때문이었다

④ 이스라엘은 생존을 위해 포로의 길을 선택한 것이었다

**정답** ④

2. 포로 귀환의 상황과 관계가 없는 것은? (겔 39:25-29)

① 하나님은 하나님의 거룩한 이름을 위하여 열심을 내어 야곱의 사로잡힌 자를 돌아오게 하며 이스라엘 온 족속에게 긍휼을 베푸실 것이다

② 이스라엘은 포로생활을 잘 견디었으므로 그 공로로 포로귀환을 이루게 된 것이다

③ 이스라엘을 포로로 데려가게 하신 분도 하나님이시며 그들을 고국 땅에 다시 모으신 분도 하나님이심을 뭇 민족들이 알게 될 것이다

④ 그들이 돌아와 평안히 살게 될 때에 그들이 하나님을 배반했던 것을 뉘우치고 회개하게 될 것이다

**정답** ②

## 에스겔 40장

1. '우리가 사로잡힌지 이십오년이요'라는 표현과 관계없는 것은?(겔 40:1)

① 여호야긴의 포로연대를 기준으로 한 연도수

② 여호야김의 포로연대를 기준으로 한 연도수

③ 희년 곧 50년의 반년

④ 주전 573년

**정답** ②

2. '극히 높은 산'과 관계가 없는 것은?(겔 40:2)

① 시내 산

② 성전 산

③ 시온 산

④ 새로 회복된 거룩한 공동체의 한 가운데 있게 될 산

**정답** ①

3. '놋같이 빛난 사람'과 관계가 없는 것은?
(겔 40:3; 43:10-12)
① 에스겔 1장에 나오는 네 생물과 유사한 천상적 존재
② 에스겔에게 열방 심판을 알려주는 천사
③ 에스겔에게 새 성전의 의미를 깨우치는 하나님의 종
④ 손에 삼줄과 측량하는 장대를 들고 섬

**정답** ②

4. '척'에 대한 설명과 관계가 없는 것은?(겔 40:5-16)
① '팔굼치에서 손가락에 이르고 한 손바닥 넓이가 더한 자'
② 히브리어, '암마'
③ 짧은 규빗으로 약 30cm
④ 긴 규빗으로 약 52cm

**정답** ③

## 에스겔 41장

1. 다음 중 성소의 길이와 너비가 맞게 되어 있는 것은?(겔 41:1-4)

① 60척 X 30척 ② 50척 X 30척
③ 40척 X 20척 ④ 30척 X 20척

**정답** ③

2. 다음 중 지성소 내부의 크기가 맞게 되어 있는 것은?(겔 41:1-4)

① 30척 X 30척 ② 20척 X 20척
③ 20척 X 30척 ④ 10척 X 10척

**정답** ②

## 에스겔 42장

1. "좌우 골방 들 앞 곧 북편 남편에 있는 방들"과 관련이 없는 것은?(겔 42:13)
① 지성소
② 거룩한 방
③ 지성물 곧 소제와 속죄제와 속건제의 제물을 두는 곳
④ 여호와를 가까이 하는 제사장들이 지성물을 먹는 곳

**정답** ①

2. 제사장이 제사를 수행할 때 입었던 거룩한 옷을 입고 밖으로 나가서는 안 된다는 규례와 관계가 없는 것은?(겔 42:14)
① 성전의 거룩성이 철저히 보호되지 않으면 안 된다
② 거룩한 영역은 속된 것에 노출되어서는 안 되며 속된 것은 거룩한 곳을 침해해서는 안 된다
③ 성도들의 거룩한 삶의 중요성을 강조하는 것
④ 제사장의 권위를 높이기 위함

**정답** ④

## 에스겔 43장

1. 하나님께서 새 성전에 들어오실 때 현상과 관련이 없는 것은?(겔 43:1-5)
① 하나님의 영광 때문에 에스겔이 기절함
② 하나님의 영광이 성전에 가득함
③ 하나님의 영광이 동편으로부터 오심
④ 하나님의 음성이 많은 물소리 같음

**정답** ①

2. 새 성전의 모습과 관련된 에스겔의 의무와 관련이 없는 것은?(겔 43:10-11)

① 이스라엘 백성으로 하여금 자기의 죄를 부끄럽게 하기 위하여

② 이 전의 제도와 식양과 그 출입하는 곳과 그 모든 형상을 보이며 또 그 모든 규례와 그 모든 법도와 그 모든 율례를 알게 하는 것

③ 그 목전에 그것을 써서 그들로 그 모든 법도와 그 모든 규례를 지켜 행하게 하는 것

④ 이 설계로 성전 짓기를 주도하는 것

**정답** ④

## 에스겔 44장

1. 하나님이 '전심으로' 라는 말을 두 번 반복하면서 하신 말씀과 관련이 없는 것은?(겔 44:5-9)

① 부정함이 성전에 들어와서는 안 됨을 강조하는 것

② 이스라엘에게 전심을 다해 축복하라는 것

③ 여호와의 전의 모든 규례와 모든 율례를 귀로 듣고 또 전의 입구와 성소의 출구를 전심으로 주의 하는 것의 중요성을 강조함

④ 이스라엘 족속 중에 있는 이방인중에 마음과 몸이 할례를 받지 아니한 이방인을 하나님의 성소에 들어오지 못하게 하는 것

**정답** ②

2. 레위인들의 임무와 관계가 없는 것은?(겔 44:11-14)

① 하나님의 성소에서 수종들어 문지기 일을 맡는 것

② 백성의 번제의 희생과 다른 희생을 잡아 백성 앞에 서서 수종드는 것

③ 백성들이 우상숭배를 할 때도 충성하였기 때문에 이 직분을 맡김

④ 번제단에 제물을 얹는 제사장들의 일은 수행하지 못함

**정답** ③

3. 사독의 자손 제사장들과 관련이 없는 것은?(겔 44:15-16)

① 모든 제물을 먹을 수 있었음

② 제단에 제물을 올리는 일을 감당함

③ 하나님의 상에 가까이 나와 하나님을 섬길 수 있었음

④ 성소에 들어올 자격이 부여됨

**정답** ①

4. 제사장의 의무와 관련이 없는 것은?(겔 44:20-24)

① 백성에게 거룩한 것과 속된 것의 구별을 가르치는 것

② 이방인에게 부정한 것과 정한 것을 분별하게 하는 것

③ 송사하는 일을 재판하되 하나님의 규례대로 재판하는 것

④ 안식일을 거룩하게 지키는 것

**정답** ②

## 에스겔 45장

1. 회복된 땅과 관련이 없는 것은?(겔 45:1-6)

① 나라와 삶의 모든 중심은 성전임

② 성전은 도성과 구별되어있음

③ 하나님의 거룩한 임재의 자리가 회복 공동체의 중심임

④ 성전의 땅은 왕의 소유로 해서 감독하도록 함

**정답** ④

2. 회복된 공동체의 왕의 역할과 관련이 없는 것은?(45:16-17)
   ① 왕은 성전제사를 돕는 사람
   ② 왕은 백성으로부터 받은 제물을 이스라엘 족속의 모든 성회때마다 제물로 공급해야함
   ③ 이스라엘 족속을 속죄하기 위하여 속죄제와 소제와 번제와 감사제물을 공급하여야 한다
   ④ 왕은 나라의 주권자이며 제사의 최고 주관자이다

**정답** ④

## 에스겔 46장

1. 새로운 회복공동체의 제사때 왕의 행동반경과 관련된 것이 없는 것은?(겔 46:1-7)
   ① 왕은 이스라엘의 대표로서 중문 안쪽까지 들어올 수 있음
   ② 왕은 성전 안뜰에서 제사를 참관할 수 있다
   ③ 왕은 그 성전의 안뜰로 들어갈 수 없다
   ④ 중문을 통과하지 않은 위치에서 제사장이 제사를 수행하는 것을 보며 하나님을 경배할 수 있었다

**정답** ②

2. 성전에서 매일 아침마다. 드려지는 제물이 바르게
연결된 것은?(겔 46:13-15)
   ① 번제 - 소제　② 번제 - 화목제
   ③ 화목제 - 속죄제　④ 속죄제 - 속건제

**정답** ①

## 에스겔 47장

1. 에스겔이 동쪽을 향한 바깥문에서 건너게 될 강물의 수원지는?(겔 47:2)
   ① 예루살렘 샘　② 요단 강
   ③ 성전 문지방 밑　④ 시온 산

**정답** ③

2. 이 물의 역할과 관계가 없는 것은?(겔 47:1-12)
   ① 바닷물이 소성함
   ② 강좌우가에는 각종 먹을 실과나무가 자람
   ③ 그 실과는 먹을 만하고 그 잎사귀는 약재료가 됨
   ④ 그 강물은 징벌의 홍수로 변함

**정답** ④

## 에스겔 48장

1. 땅의 분배와 관련이 없는 것은?(겔 48:1-35)
   ① 레위 지파는 유다 땅을 공유함
   ② 북쪽으로 7개의 지파가 위치함(단, 아셀, 납달리, 므낫게, 에브라임, 르우벤, 유다)
   ③ 남쪽으로 5개의 지파가 위치함(베나민, 시므온, 잇사갈, 스불론, 갓)
   ④ 주께 거룩하게 바쳐야 할 땅이 중심에 있음

**정답** ①

2. 예루살렘 성읍의 새 이름과 관련이 없는 것은?(겔 48:30-35)
   ① 여호와 이레
   ② 여호와께서 거기에 계신다
   ③ 하나님께서 이스라엘과 함께 하실 것임을 상징
   ④ 여호와삼마

**정답** ①

# 다니엘

## 다니엘 1장

1. 다니엘서의 문학적 특징에 대한 정의로 올바른 것은 무엇인가?(단 전체)
① 상징적 행위 ② 비유와 묵시
③ 역사와 묵시 ④ 선포와 경고
**정답** ①

2. 다음 구절의 괄호 안에 들어갈 말로 순서대로 나열한 것은 무엇인가?
유다왕 ( )이 다스린지 ( )년이 되는 해에 ( )왕 느브갓네살이 예루살렘에 이르러 성을 에워쌌더니...(단 1:1)
① 여호와긴, 3년3개월, 갈대아,
② 여호야긴, 3년, 바벨론,
③ 여호와김, 3년3개월, 갈대아,
④ 여호야김, 3년, 바벨론,
**정답** ④

3. 느브갓네살 왕이 환관장 아스부나스에게 명하여 뽑아온 다니엘 외 세 명의 소년들에게 가르친 것은 무엇인가?(단 1:4)
① 조국 유다의 관습과 언어
② 갈대아 사람의 학문과 음식문화
③ 갈대아 사람의 학문과 법도
④ 갈대아 사람의 학문과 언어
**정답** ④

4. 다니엘과 하나냐, 미사엘, 아사랴의 바벨론식 이름을 순서대로 나열한 것은 무엇인가?(단 1:7)
① 벨드사살, 메삭, 사드락, 아벳느고
② 벨드사살, 사드락, 메삭, 아벳느고
③ 벨드사삭, 아벳느고, 사드락, 메삭
④ 벨드사삭, 사드락, 아벳느고, 사드락
**정답** ②

5. 느브갓네살 왕이 왕족과 귀족을 포로로 끌고 간 이유 중 적당하지 않는 것은 무엇인가?(단 1장)
① 볼모로 두어서 팔레스타인에 남은 유대인들의 충성심을 확보하게 하기 위하여.
② 교화를 통하여 유대의 문화 및 종교를 바벨론화하기 위하여.
③ 바벨론 왕족, 귀족과 유대 왕족, 귀족의 결혼을 위하여.
④ 바벨론을 위하여 등용시킬 인재를 양성하기 위하여.
**정답** ③

6. 다니엘과 세 친구가 왕의 음식과 포도주를 거부한 이유 중 합당하지 않은 것은 무엇인가?
(단 1:8-12)
① 부정한 동물의 고기일 수 있기 때문에
② 익히지 않은 날고기였기 때문에
③ 우상에게 바쳤던 음식일 수 있기 때문에
④ 유대 율법 음식에 관한 규례를 벗어나기 때문에

정답 ②

7. 다니엘과 세 친구들이 채식과 물을 요구한 날 수는 무엇인가?(단 1:12)
① 삼일 ② 칠일 ③ 열흘 ④ 열하루
정답 ③

8. 다니엘서 중 아람어로 기록된 부분은 무엇인가?
① 1장17절부터 7장28절까지
② 2장1절부터 6장28절까지
③ 2장4절부터 7장28절까지
④ 2장6절부터 6장28절까지
정답 ③

## 다니엘 2장

1. 다음 구절 중 ( )안에 들어갈 알맞은 말은 무엇인가?(단 2:4)
갈대아 술사들이 ( )말로 왕에게 말하되 왕이여 만수무강하옵소서 왕께서 그 꿈을 종들에게 이르시면 우리가 해석하여 드리겠나이다. 하는지라
① 히브리 ② 헬라 ③ 갈대아 ④ 아람
정답 ④

2. 느부갓네살 왕의 근위대장의 이름은 무엇인가?(단 2:14)
① 아사랴 ② 아리엘 ③ 아리옥 ④ 아리수
정답 ③

3. 느부갓네살의 꿈을 다니엘이 풀기 위하여 어떠한 방법을 취하였나?(단 2:18)
① 천사의 방문을 구함으로
② 화목제를 드림으로
③ 술사들의 이야기를 모아서 듣고
④ 합심하여 기도함으로
정답 ④

4. 왕과 다니엘이 본 큰 신상의 설명 중 맞지 않는 것은 무엇인가?(단 2:32-33)
① 머리는 순금이요
② 가슴과 팔들은 은이요
③ 넓적다리의 반은 쇠요, 반은 철이며
④ 종아리는 쇠요 그 발은 얼마는 쇠요 얼마는 진흙이다
정답 ③

5. 쇠와 놋과 진흙과 은과 금을 부서뜨린 것은 무엇인가?(단 2:45)
① 산에서 나온 손대지 아니한 돌
② 땅에서 솟은 손대지 아니한 돌
③ 하나님이 보내신 천사가 던지는 불
④ 다니엘이 유다에서 조금 가지고 온 작은 돌
정답 ①

6. 다니엘의 꿈 해몽 후에 느브갓네살 왕이 보인 행동은 무엇인가?(단 2:46)
① 다니엘을 높이고 왕궁에 거처를 사사함.
② 다니엘에게 입 맞추고 왕의 옆자리에 앉힘.
③ 엎드려 절하고 예물과 향품을 줌.
④ 왕궁 사람들로 하여금 다니엘을 경배함.
정답 ③

7. 다니엘의 꿈 해몽 후에 느브갓네살 왕이 다니엘을 높이기 위하여 취한 행동이 아닌 것은 무엇인가?(단 2:48)
① 귀한 선물을 많이 주었다
② 다니엘에게 입 맞추고 왕의 옆자리에 앉혀

주었다

③ 바벨론 온 지방을 다스리게 하였다

④ 모든 지혜자의 어른으로 삼았다

**정답** ②

## 다니엘 3장

1. 느부갓네살 왕은 무엇으로 우상(신상)을 만들었는가?(단 3:1)

① 놋쇠 ② 은 ③ 금 ④ 금과 은

**정답** ③

2. 느부갓네살 왕이 만든 우상(신상)의 높이는 얼마인가?(단 3:1)

① 이십 규빗 ② 사십 규빗

③ 육십 규빗 ④ 팔십 규빗

**정답** ③

3. 느부갓네살 왕이 만든 우상(신상)을 만들어 세운 곳은 어디인가?(단 3:1)

① 두로 평지 ② 두라 평지

③ 모압 평지 ④ 시내 평지

**정답** ②

4. 느부갓네살 왕이 우상숭배를 거절한 소년들을 풀무불 속에 던지라고 명령했을 때 풀무불을 평소보다. 몇배나 뜨겁게 하라고 명령했는가?(단 3:19)

① 두배 ② 다섯배 ③ 일곱배 ④ 열배

**정답** ③

5. 느부갓네살 왕이 내린 우상숭배를 거절한 소년들은 풀무불 속에 던져 졌는데, 그들은 모두 몇 명이었나?(단 3:20)

① 두명 ② 세명 ③ 네명 ④ 다섯명

**정답** ②

6. 느부갓네살 왕이 세운 금신상에게 절하지 않아 풀무에 던져진 사람들 가운데 속하지 않은 자는?(단 3:20)

① 다니엘 ② 사드락 ③ 메삭 ④ 아벳느고

**정답** ①

## 다니엘 4장

1. "느부갓네살 왕은 천하에 거주하는 모든 백성들과 나라들과 각 언어를 말하는 자들에게 조서를 내리노라"에서 말하는 그 당시 천하의 영토 범위는 무엇인가?(단 4:1)

① 동쪽으로 엘람과 메대, 남쪽으로 이집트, 서쪽으로 지중해의 섬나라까지

② 동쪽으로 엘람과 메대, 남쪽으로 이집트와 구레네, 지중해의 그리스까지

③ 동쪽으로 엘람과 메대, 남쪽으로 이집트, 서쪽으로 지중해건너 아프리카까지

④ 동쪽으로 엘람과 메대, 남쪽으로 이집트와 서쪽으로 스페인까지

**정답** ①

2. 느부갓네살 왕은 하나님의 나라를 어떻게 표현했나?(단 4:3)

① 모든 나라 위에 다시 세워질 나라

② 하나님에 의해 세워질 왕국

③ 하나님의 일꾼들이 왕 노릇할 나라

④ 영원한 나라

**정답** ④

3. 왕이 한 나무에 대한 환상을 보고 다니엘에게 해석을 부탁하였을 때, 이 한 나무 환상에 대한 다니엘의 해석은 무엇인가?(단 4:10-22)

① 나무는 왕이고, 왕이 자라서 견고하여 지고 창대하여 하늘에 닿고 권세는 땅 끝까지 미침을 의미

② 나무는 바벨론이고 앞으로 다가올 세대에 있어서 바벨론이 온 나라를 통치할 것을 의미

③ 나무는 왕이고, 왕의 나라와 권세가 높임을 받아 어느 신보다도 높은 자리에 앉게 될 것을 의미

④ 나무는 왕이고 그 왕은 주변 어느 국가의 왕들보다도 번성하는 권력과 영화를 누릴 것을 의미

**정답** ①

4. 하나님께서 느부갓네살 왕이 무엇을 알 때까지 들짐승과 함께 살며 소처럼 풀을 뜯게 하셨나?(단 4:25)

① 하나님이 치료자라는 것

② 유다백성을 본국으로 돌려보내야 하는 것

③ 하나님이 절대 주권자가 되심

④ 다니엘이 느부갓네살보다 뛰어난 사람이라는 것

**정답** ③

5. 다음 구절 중 ( )안에 들어갈 알맞은 말을 순서대로 제시한 것은 무엇인가?(단 4:34)

"그 기한이 차매 나 느부갓네살이 하늘을 우러러 보았더니 내 총명이 다시 내게로 돌아온지라 이에 내가 지극히 높으신 이에게 ( )하며 영생하시는 이를 ( )하고 ( )하였나니 그 권세는 영원한 권세요 그 나라는 대대에 이르리로다"

① 경배, 찬양, 감사　② 찬양, 경배, 감사

③ 경배, 감사, 찬양　④ 감사, 찬양, 경배

**정답** ④

## 다니엘 5장

1. 느부갓네살 왕의 아들이 큰 잔치를 베풀고 술을 마실 때에 사용한 금, 은그릇은 느부갓네살이 어디서 탈취하여 온 것인가?(단5:2)

① 앗수르 성전

② 유대 왕궁

③ 예루살렘 성전

④ 시날땅에 있는 신전의 보물창고

**정답** ③

2. 하나님의 전 성소 중에서 가져온 기명으로 술을 마시다가 맞은 편 석회벽에 이상한 손이 나타나 글자를 쓰는 것을 본 왕은 누구인가?(단 5:5)

① 바사 왕　② 느부갓네살 왕

③ 벨사살 왕　④ 다리오 왕

**정답** ③

3. 석회벽에 나타난 글자를 해석하기 위하여 다니엘을 왕에게 소개한 사람은 누구인가?(단 5:10)

① 귀족들　② 술 관원　③ 아리옥　④ 왕비

**정답** ④

4. 느부갓네살 왕의 아들이 멸망당하게 된 죄목에 해당하지 않은 것은 무엇인가?(단5:22-23)

① 자신을 하늘의 주재보다 높임

② 신상들을 찬양

③ 하나님께는 영광을 돌리지 아니함

④ 유다포로들에게 자비를 베풀지 아니함

**정답** ④

5. "메네 메네 데겔 우바르신"에서 메네가 반복된 이유가 아닌 것은?(단5:25)

① 하나님의 계수의 철저성.

② 바벨론의 통치에 속한 나라의 수를 의미.

③ 왕의 시대가 끝날 수 밖의 없음을 경고.

④ 벨사살 왕이 행한 죄의 무거움을 강조.

**정답** ②

6. 왕의 저울에 달아 보니 부족함이 보였다는 뜻에 해당하는 단어는 무엇인가?(단5:27)

① 메네 메네 ② 데겔

③ 베레스 ④ 우르바신

**정답** ②

7. 석회 벽에 나타난 글자를 다니엘이 해석한 후 왕이 다니엘에게 내린 대가에 해당하지 않는 것은 무엇인가?(단 5:16, 29)

① 자주색 옷을 입힘

② 금사슬을 목에 걸어줌

③ 왕의 오른편 자리에 앉힘

④ 나라의 셋째 통치자로 삼음

**정답** ③

8. 갈대아 사람으로 바벨론의 마지막 왕은 누구인가?(단 5:30)

① 느부갓네살 ② 벨사살

③ 다리오 ④ 아하수에로

**정답** ②

9. 메대 사람으로 나라를 얻은 사람은 누구이며, 그는 몇 살이었나?(단 5:31)

① 느부갓네살, 60세 ② 벨사살, 61세

③ 다리오, 62세 ④ 아하수에로, 63세

**정답** ③

## 다니엘 6장

1. 다니엘이 바사제국에서 새로 맡은 직무는 무엇인가?(단 6:2)

① 수석총리 ② 고관

③ 제사장 ④ 왕의 자문관

**정답** ①

2. 총리와 방백들은 어디에서 다니엘의 허물을 찾아서 왕에게 고소하려고 하였나?(단 6:5)

① 충성심

② 국정능력

③ 하나님의 율법

④ 유대인들을 지극히 섬김

**정답** ③

3. 다른 신이나 다른 사람에게 구하는 왕의 금령을 내린 시기는 얼마 동안이었나?(단 6:7, 12)

① 삼일 ② 칠일 ③ 삼십일 ④ 백일

**정답** ③

4. 다니엘을 아껴 온 나라 위에 세우려고 했으나, 재상들과 총독들의 시기로 다니엘을 사자굴에 집어 넣게 된 임금은 누구인가?(단 6장 전체)

① 고레스 왕 ② 아하수에로 왕

③ 다리오 왕 ④ 벨사살 왕

**정답** ③

5. 총리들과 고관들이 다리오 왕에게 다니엘을 고발한 후 다니엘이 수행한 그의 기도자세와 내용에 해당되지 않는 것은 무엇인가?(단 6:10)

① 예루살렘을 향하여 기도.

② 하루에 세 번씩 기도.

③ 바벨론의 우상이 무너지는 기도.

④ 하나님께 감사하는 기도.

**정답** ③

6. 사자굴에 다니엘을 넣으라고 명령 한 후 왕의 마음은 어떠했는가?(단 6:18)

   ① 총리들과 고관들의 말을 들음으로 인정받은 자신의 결단에 감탄하고 있었다

   ② 지혜롭지 못한 행동을 후회하며 밤새 금식하며 괴로워하고 있었다

   ③ 다니엘의 지혜를 더 이상 구하지 못함에 대한 원망으로 밤을 지새우고 있었다

   ④ 절대자라 생각하는 다리오는 반항한 다니엘에 대한 분노로 잠을 이루지 못하고 있었다

   **정답** ②

7. 다니엘이 사자굴에서 그의 몸이 상하지 않았던 이유에 대해 왕에게 말한 것은?(단 6:22)

   ① 다니엘이 밤새 하나님께 무릎 꿇고 기도하였기 때문에.

   ② 다니엘의 친구들이 다니엘을 위하여 기도하였기 때문에.

   ③ 다니엘의 무죄함이 분명하였기 때문에.

   ④ 다니엘이 사자와의 소통이 가능했기 때문에.

   **정답** ③

## 다니엘 7장

1. 다니엘이 본 큰 짐승 넷은 어디에서부터 나타났나?(단 7:3)

   ① 하늘　② 바다　③ 높은 산　④ 큰 강

   **정답** ②

2. 벨사살 원년에 다니엘의 환상 중에 나타난 짐승들을 순서대로 나열한 것은 무엇인가?(단 7:4-7)

   ① 사자와 같은 동물, 표범과 같은 동물, 곰과 같은 동물, 열 뿔을 가진 짐승

   ② 사자와 같은 동물,독수리와 같은 동물, 표범과 같은 동물, 열 뿔을 가진 짐승

   ③ 사자와 같은 동물, 곰과 같은 동물, 표범과 같은 동물, 열 뿔을 가진 짐승

   ④ 독수리와 같은 동물, 사자와 같은 동물, 표범과 같은 동물, 열 뿔을 가진 짐승

   **정답** ③

3. 다니엘이 본 "옛적부터 항상 계신 이"에 대한 묘사로 옳지 않은 것은 무엇인가?(단7:9-10)

   ① 옷은 희기가 눈 같다

   ② 그의 머리털은 깨끗한 양털 같다

   ③ 그의 보좌는 금빛이다

   ④ 그의 바퀴는 타오르는 불이다

   **정답** ③

4. "내가 또 밤 환상 중에 보니 인자 같은 이가 ( )을 타고 와서 옛적부터 항상 계신 이에게 나아가 그 앞으로 인도되매"라는 구절에서 ( )안에 들어갈 알맞은 말은 무엇인가?(단 7:13)

   ① 스랍　② 구름　③ 용　④ 바람

   **정답** ②

5. 다니엘이 본 네 짐승들은 무엇을 상징하는가?(단 7:17)

   ① 세상에 일어날 기근

   ② 세상에 일어날 네가지 큰 전쟁

   ③ 세상에 일어날 왕들

   ④ 세상에 일어날 네가지 병들

   **정답** ③

## 다니엘 8장

1. 다니엘은 두 번째 환상을 어디에서 보았는가? (단 8:2)

   ① 을래 강변　② 긴네렛 강가
   ③ 수산성 주변　④ 유부라데 강

   **정답** ①

2. "내가 눈을 들어 본즉 강가에 두 뿔 가진 숫양이 섰는데 그 두 뿔이 다. 길었으며 그 중 한 뿔은 다른 뿔보다. 길었고 그 긴 것은 나중에 난 것이더라" 여기에서 숫양은 어느 나라를 상징하는가? (단 8:3)

   ① 이집트　② 그리스
   ③ 페르시아　④ 바빌론

   **정답** ③

3. 다니엘의 환상 중에 본 숫염소가 더럽힌 성소가 정결하게 되는데 걸리는 기간은?(단 8:14)

   ① 삼백 주야　② 천삼백 주야
   ③ 이천삼백 주야　④ 삼천삼백 주야

   **정답** ③

4. 다니엘이 본 두 번째 환상을 깨닫게 해준 천사의 이름인 '가브리엘'의 뜻은 무엇인가?(단 8:16)

   ① 천사의 날개　② 천사의 눈
   ③ 하나님의 사람　④ 하나님의 눈

   **정답** ③

## 다니엘 9장

1. "메데 족속 아하수에로의 아들 다리오가 갈대아 나라 왕으로 세움을 받던 첫 해"라는 구절에서 "갈대아 나라"는 어느 나라를 말하는가?(단 9:1)

   ① 페르시아 제국　② 로마 제국
   ③ 헬라 제국　④ 바벨론 제국

   **정답** ④

2. 다니엘이 한 기도 내용 중 해당사항이 아닌 것은?(단 9장 전체)

   ① 다니엘 자신과 이스라엘 민족이 지은 죄의 고백
   ② 이스라엘에 내린 하나님의 심판에 대한 정당성과 공의로움에 대한 인정
   ③ 바벨론 민족들이 우상을 버리고 이스라엘 민족과 함께 하나님께 예배드리기를 갈망
   ④ 하나님의 자비와 이스라엘의 회복을 구하는 호소

   **정답** ③

3. "내게 가르치며 말하여 이르되 다니엘아 내가 이제 네게 ( )와 ( )을 주려고 왔느니라"라는 구절에서 ( )안에 들어갈 알맞은 말을 순서대로 적은 것은 무엇인가?(단 9:22)

   ① 은혜와 자비　② 지혜와 총명
   ③ 사랑과 긍휼　④ 지혜와 풍성함

   **정답** ②

4. 다음 중 일곱이레에 대한 역사적 설명으로 가장 설득력이 있는 것은 무엇인가?(단 9:24-25)

   ① 고레스 칙령이 발표된 때(B.C. 538)로부터 스룹바벨성전과 예루살렘성벽을 수축한 때까지(B.C. 445)
   ② 고레스 칙령이 발표된 때(B.C. 538)로부터 예루살렘을 재건한 490년
   ③ 아닥사스다 왕 제 20년(B.C. 445)의 포로 귀환 때로부터 예루살렘을 재건한 490년

④ 칠십일을 일곱 번 곱한 숫자적 의미

**정답** ①

## 다니엘 10장

1. 환상을 볼 당시 다니엘이 하고 있던 일로 적합하지 않은 것은 무엇인가?(단 10:3)

① 세 이레 동안 슬퍼함

② 고기를 먹지 않았음

③ 거룩한 기름을 발랐음

④ 포도주를 금하였음

**정답** ③

2. 고레스 3년에 다니엘이 환상을 본 큰 강가는 어디였는가?(단 10:4)

① 유브라데 강변　② 힛데겔 강가

③ 그발 강가　④ 울래 강가

**정답** ②

3. 다니엘이 금식기도를 시작한지 몇 일만에 하나님이 응답하셨나?(단 10:12)

① 일일만에 응답하심

② 삼일만에 응답하심

③ 일주일만에 응답하심

④ 이십일일만에 응답하심

**정답** ①

4. 다음 중 천사가 취한 활동이 아닌 것은 무엇인가?(단 10장 전체)

① 다니엘에게 하나님의 계시를 전함

② 다니엘을 위로하며 격려함

③ 하나님을 대신해 전쟁을 수행함

④ 택한 민족 이스라엘을 적극적으로 보호함

**정답** ④

## 다니엘 11장

1. 남방 왕과 북방 왕은 무엇으로 서로 맹약하였는가?(단 11:6)

① 은금 보석　② 정략 결혼

③ 국가 합병　④ 영토공유

**정답** ②

2. 북방, 곧 시리아 왕이 애굽 왕을 몰아내고 차지할 '영화로운 땅'이란 어디를 말하는 것인가?(단 11:16)

① 이스라엘　② 애굽　③ 구스　④ 아람

**정답** ①

3. 다니엘서 11장에서는 어느 왕이 성소를 더럽히며 매일 드리는 제사를 폐하며 멸망케 하는 미운 물건을 세운다고 했는가?(단 11:28-31)

① 동방왕　② 서방왕　③ 남방왕　④ 북방왕

**정답** ④

## 다니엘 12장

1. 개국 이래로 그 때까지 없던 환난이 일어날 것인데, 그 때에 환난 가운데서 구원 받는 자들은 어떤 사람들인가?(단 12:1)

① 여호와의 이름을 부르는 자들

② 기도와 구제로 인정받은 자들

③ 구원받기를 원하는 모든 자

④ 책에 이름이 기록된 자들

**정답** ④

2. 대환난 때에 하나님의 백성을 호위하는 군주는 누구인가?(단 12:1)

① 북방왕 ② 다니엘
③ 미가엘 ④ 남방왕

**정답** ③

3. "많은 사람을 옳은 데로 돌아오게 한 자는 ( )과 같이 영원토록 빛나리라"라는 구절에서 ( )에 들어갈 알맞은 말은 무엇인가?(단 12:3)

① 천사 ② 빛
③ 별 ④ 달

**정답** ③

4. 다니엘의 환상 중에서 천사가 말해 준 복을 받기 위한 마지막 날의 상징적 일수는?(단12:12)

① 1260일 ② 1335일
③ 400일 ④ 70일

**정답** ②

# 호세아

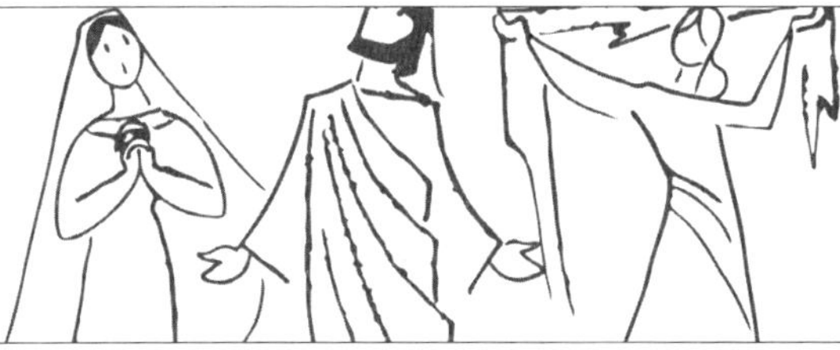



**호세아 1장**

1. 다음 중 브에리의 아들 호세아가 북 이스라엘에서 예언활동을 하던 때의 왕의 이름은 무엇인가?
   ① 웃시야　② 여로보암
   ③ 히스기야　④ 아하스
   **정답** ②

2. 호세아의 첫 아이의 이름을 〈이스르엘〉이라고 작명한 이유는 여호와께서 다음 중 어떤 왕조를 심판하기 위함이었는가?
   ① 오므리 왕조　② 다윗 왕조
   ③ 예후 왕조　④ 솔로몬 왕조
   정답 ③

3. 다음 중 호세아의 자녀가 아닌 것은?
   ① 이스르엘　② 로루하마
   ③ 로데레크　④ 로암미
   **정답** ③

**호세아 2장**

1. 여호와께서 그의 백성을 광야로 데리고 가서 위로하고, 포도원을 그에게 주고, 또한 이 골짜기를 소망의 문을 삼으시겠다고 약속하였다. 〈환난〉이라는 뜻을 지닌 골짜기의 이름은 다음 중 무엇인가?
   ① 이스르엘 골짜기　② 헤브론 골짜기
   ③ 아골 골짜기　④ 아얄론 골짜기
   **정답** ③

2. 호세아서 2장에서 여호와께서는 그 날에는 자연계의 동식물들과 언약을 맺으시겠다고 하였다. 다음 중 언약을 맺는 대상이 아닌 것은 어느 것인가?
   ① 땅의 곤충　② 들짐승
   ③ 바다의 고기　④ 공중의 새
   **정답** ③

**호세아 3장**

1. 여호와께서는 음녀가 된 그 여인을 긍휼히 여겨서 예언자에게 대신 몸값을 지불하여서 돌아오도록 명하셨다. 당시 음녀의 몸값은 얼마라고 기술되어 있는가?(호 3:2)
   ① 은 열개와 보리 한 호멜
   ② 은 열개와 보리 한 호멜 반
   ③ 은 열다섯개와 보리 한 호멜
   ④ 은 열다섯개와 보리 한 호멜 반
   **정답** ④

## 호세아 4장

1. 호세아 4장에서는 여호와께서 이 땅의 주민과 논쟁을 하시면서 그 땅에 부재하고 있는 가치들에 대해서 언급하고 있다. 다음 중 언급하고 있지 않는 것은 무엇인가?

① 진실 ② 겸손

③ 인애 ④ 하나님을 아는 지식

**정답** ②

2. 다음 중 음행과 묵은 포도주와 새 포도주가 사람의 무엇을 빼앗는다고 하였는가?(호 4:11)

① 영혼 ② 긍휼 ③ 성실 ④ 마음

**정답** ④

3. 여호와의 백성이 나무에게 묻고, 그 막대기는 그들에게 고하는 등의 자연종교적 배경으로 여호와의 백성이 타락한 원인에 대해서 호세아는 백성이 무엇에 미혹되어 나타나는 현상으로 보고 있는가?(호 4:12)

① 탐욕스런 마음 ② 음란한 마음

③ 교만한 마음 ④ 완고한 마음

**정답** ②

## 호세아 5장

1. 호세아 5장에서는 에브라임이 자기의 중병을 깨닫고 어떤 나라로 가게 되었으며, 유다는 제 몸에 난 상처를 보고 그 나라의 대왕에게 특사를 보냈다고 기록되고 있다. 다음 중 에브라임이 찾아간 나라는 어디였는가?

(호 5:13)

① 이집트 ② 바벨로니아

③ 페니키아 ④ 앗수르

**정답** ④

## 호세아 6장

1. 호세아 6장에서는 백성들의 불성실한 회개와 제사장들의 타락에 대해서 비판하는 기사를 볼 수 있다. 여호와께서 바라는 것은 제사가 아니라, 변함없는 사랑이라고 하였다. 그럼 불살라 바치는 제사보다. 힘써야 할 것은 무엇이라고 하는가?

(호 6:6)

① 하나님에 대한 믿음 ② 하나님에 대한 사랑

③ 하나님을 알기 ④ 하나님에 대한 충성

**정답** ③

2. 강도떼가 사람을 기다리듯 제사장 무리가 이곳으로 가는 길목에 숨었다가 사람들을 살 해하니 차마 못할 죄를 지었다라는 기록이 있다. 이 곳은 다음 중 어디인가?(호 6:9)

① 브엘세바 ② 벧엘 ③ 길갈 ④ 세겜

**정답** ④

## 호세아 7장

1. 다음 중 괄호 안에 들어갈 적합한 말은 무엇인가?
"내가 이스라엘을 치료하려 할 때에 ( )의 죄와 ( )의 악이 드러나도다. 그들은 거짓을 행하며 안으로 들어가 도둑질하고 밖으로 떼 지어 노략질하며"(호 7:1)

① 유다, 에브라임 ② 에브라임, 사마리아

③ 유다, 예루살렘 ④ 에브라임, 유다

**정답** ②

2. 다음 중 괄호 안에 들어갈 적합한 말은 무엇인가?
"이스라엘의 ( )은 그 얼굴에 드러났나니 그들이 이 모든 일을 당하여도 그들의 하나님 여호와께로 돌아오지 아니하며 구하지 아니하도다"
(호 7:10)

① 거짓 ② 배신 ③ 교만 ④ 탐욕

**정답 ③**

3. 다음 중 괄호 안에 들어갈 적합한 말은 무엇인가?
"에브라임은 어리석은 비둘기 같이 지혜가 없어서 ( )을 향하여 부르짖으며 ( )로 가는도다"
(호 7:11)

① 애굽, 앗수르 ② 앗수르, 바벨론
③ 에돔, 모압 ④ 바사, 애굽

**정답 ①**

## 호세아 8장

1. 다음 중 괄호 안에 들어갈 적합한 말은 무엇인가?
"이스라엘은 이미 삼켜졌은즉 이제 여러 나라 가운데에 있는 것이 즐겨 쓰지 아니하는 ( )같도다"
(호 8:8)

① 술잔 ② 우상 ③ 그릇 ④ 화덕

**정답 ③**

2. 다음 중 괄호 안에 들어갈 적합한 말은 무엇인가?
"에브라임은 죄를 위하여 ( )을 많이 만들더니 그 ( )이 그에게 범죄하게 하는 것이 되었도다"
(호 8:11)

① 우상 ② 왕궁 ③ 제단 ④ 화덕

**정답 ③**

## 호세아 9장

1. 다음 중 괄호 안에 들어갈 적합한 말은 무엇인가?
"옛적에 내가 이스라엘을 만나기를 광야에서 포도를 만남 같이 하였으며 너희 조상들을 보기를 무화과나무에서 처음 맺힌 첫 열매를 봄같이 하였거늘 그들이 ( )에 가서 부끄러운 우상에게 몸을 드림으로 저희가 사랑하는 우상 같이 가증하여졌도다" (호 9:10)

① 바알랏 ② 바알브올
③ 엘림 ④ 시나이

**정답 ②**

2. 다음 중 괄호 안에 들어갈 적합한 말은 무엇인가?
"에브라임은 나의 하나님과 함께 한 파수꾼이며 ( )는 모든 길에 친 새 잡는 자의 그물과 같고 그의 하나님의 전에는 원한이 있도다"(호 9:8)

① 목자 ② 사자
③ 선지자 ④ 통치자

**정답 ③**

3. 다음 중 괄호 안에 들어갈 적합한 말은 무엇인가?
"그들의 모든 악이 ( )에 있으므로 내가 거기에서 그들을 미워하였노라 그들의 행위가 악하므로 내 집에서 그들을 쫓아내고 다시는 사랑하지 아니하리라 그들의 지도자들은 다. 반역한 자니라"
(호 9:15)

① 예루살렘 ② 사마리아
③ 길갈 ④ 벧엘

**정답 ③**

## 호세아 10장

1. 다음 중 괄호 안에 들어갈 적합한 말은 무엇인가?
"사마리아 주민이 ( )의 송아지로 말미암아 두려워할 것이라 그 백성이 슬퍼하며 그것을 기뻐하던 제사장들도 슬퍼하리니 이는 그의 영광이 떠나감이며"(호 10:5)
① 벧아웬 ② 벳브올 ③ 벧엘 ④ 에글론
**정답** ①

2. 다음 중 괄호 안에 들어갈 적합한 말은 무엇인가?
"이스라엘아 네가 ( ) 시대로부터 범죄하더니 지금까지 죄를 짓는구나 그러니 범죄한 자손들에 대한 전쟁이 어찌 ( )에서 일어나지 않겠느냐"(호 10:9)
① 기브온 ② 바알브올 ③ 기브아 ④ 싯딤
**정답** ③

## 호세아 11장

1. 다음 중 괄호 안에 들어갈 적합한 말은 무엇인가?
"에브라임이여 내가 어찌 너를 놓겠느냐 이스라엘이여 내가 어찌 너를 버리겠느냐 내가 어찌 너를 ( ) 같이 놓겠느냐 어찌 너를 ( ) 같이 두겠느냐 내 마음이 내 속에서 돌이키어 나의 긍휼이 온전히 불붙듯 하도다"(호 11:8)
① 아드마, 스보임 ② 길르앗, 아드마
③ 벧아웬, 스보임 ④ 아드마, 기브아
**정답** ①

2. 다음 중 괄호 안에 들어갈 적합한 말은 무엇인가?
하나님은 에브라임에게 "애굽에서부터 새 같이, ( )에서부터 비둘기같이 떨며 오리니"라고 말씀하셨다(호 11:11)
① 시나이 ② 앗수르
③ 멤피스 ④ 길르앗
**정답** ②

## 호세아 12장

1. 다음 중 괄호 안에 들어갈 적합한 말은 무엇인가?
"( )은 바람을 먹으며 동풍을 따라가서 종일토록 거짓과 포학을 더하여 앗수르와 계약을 맺고 기름을 애굽에 보내도다"(호 12:1)
① 사마리아 ② 벧엘
③ 에브라임 ④ 길르앗
**정답** ③

2. 다음 중 괄호 안에 들어갈 적합한 말은 무엇인가?
"여호와는 만군의 하나님이시라 여호와는 그를 기억하게 하는 ( )이니라"(호 12:5)
① 이름 ② 명예
③ 권능 ④ 희망
**정답** ①

## 호세아 13장

1. 다음 중 괄호 안에 들어갈 적합한 말은 무엇인가?
"에브라임이 말을 하면 사람들이 떨었도다. 그가 이스라엘 중에서 자기를 높이더니 ( )로 말미암아 범죄하므로 망하였거늘"(호 13:1)
① 아세라 ② 밀곰
③ 마르둑 ④ 바알
**정답** ④

1. 다음 중 괄호 안에 들어갈 적합한 말은 무엇인가?
"우리가 ( )의 구원을 의지하지 아니하며 말을 타지 아니하며 다시는 우리의 손으로 만든 것을 향하여 너희는 우리의 신이라 하지 아니 하오리니 이는 고아가 주로 말미암아 긍휼을 얻음이니이다. 할지니라"(호 14:3)

① 이집트 ② 앗수르

③ 바벨론 ④ 아람

**정답** ②

# 요엘

## 요엘 1장

1. 예언자 요엘의 아버지의 이름은 누구인가?
   ① 브니엘 ② 브두엘 ③ 힐기야 ④ 브에리
   **정답** ②

2. 다음은 요엘서 1장에 등장하는 성구이다. 괄호 안에 들어갈 알맞은 말은 무엇인가?
   "셀 수 없이 많고 강한 ( )군대가 우리 땅을 공격하였다.
   그들의 이빨은 사자의 이빨과 같고, 날카롭기가 암사자의 송곳니와 같다"
   ① 독수리 ② 까마귀 ③ 메뚜기 ④ 사자
   **정답** ③

## 요엘 2장

1. 다음은 요엘서 2장의 주님의 심판 날을 경고하는 성구이다. 괄호 안에 들어갈 알맞은 말은 무엇인가? "그들이 불처럼 초목을 삼키고 지나가면, 지나간 자리에는 불꽃이 활활 타오른다.
   그들이 오기 전에는 이 땅이 ( )같으나, 한 번 지나가고 나면 황량한 사막이 되어 버린다그 앞에서 살아남는 것이 하나도 없다"
   ① 실로아의 물 ② 예루살렘 성전
   ③ 유프라테스 강 ④ 에덴 동산
   **정답** ④

## 요엘 3장

1. 다음은 요엘서 3장의 주님의 심판 날을 경고하는 성구이다. 괄호 안에 들어갈 알맞은 말은 무엇인가? "그때에 내가 모든 민족을 불러모아, 그들을 ( )골짜기로 데리고 내려가서 그들이 나의 백성이요 나의 소유인 이스라엘에게 저지른 일을 두고서, 내가 거기에서 그들을 심판하겠다"
   ① 에스겔 ② 여호사밧
   ③ 이스르엘 ④ 아골
   **정답** ②

2. 요엘서 3장에 따르면, 두로와 시돈과 블레셋 사람들이 유다 백성과 예루살렘 시민을 나라 밖 먼 곳으로 인신매매한 사실을 기록하고 있다. 어느 나라 사람에게 팔았는가?
   ① 이집트 ② 페르시아
   ③ 알렉산드리아 ④ 그리스
   정답 ④

3. 요엘서는 모두 몇 장으로 구성되어 있는가?
   ① 1장 ② 3장 ③ 5장 ④ 7장
   **정답** ②

# 아모스

## 아모스 1장

1. 정의의 예언자로 유명한 예언자는?
   ① 예레미야 ② 미가
   ③ 아모스 ④ 에스겔
   **정답** ③

2. 일반적으로 최초의 문서예언자로 알려진 예언자는?
   ① 이사야 ② 예레미야
   ③ 호세아 ④ 아모스
   **정답** ④

3. 지진이 일어나기 2년 전에 예언한 예언자는? (암 1:1)
   ① 미가야 ② 아모스 ③ 요엘 ④ 스가랴
   **정답** ②

4. 드고아가 고향인 예언자는?(암 1:1)
   ① 에스겔 ② 호세아 ③ 요엘 ④ 아모스
   **정답** ④

5. 남 왕국 유다 출신으로서 북 이스라엘에 가서 예언한 예언자는?(암 1:1)
   ① 아모스 ② 나훔 ③ 하박국 ④ 스바냐
   **정답** ①

6. 다음 중 주전 8세기 예언자가 아닌 사람은?
   ① 호세아 ② 아모스 ③ 오바댜 ④ 미가
   **정답** ③

7. 다음 중 직업이 목자인 예언자는?(암 1:1)
   ① 호세아 ② 요엘 ③ 아모스 ④ 미가
   **정답** ③

8. 아모스는 유다의 어느 왕 때의 예언자인가? (암 1:1)
   ① 웃시야 ② 아하스 ③ 요시야 ④ 므낫세
   **정답** ①

9. 아모스는 북쪽 이스라엘의 어느 왕 때의 예언자인가?(암 1:1)
   ① 요아스 ② 여호아하스
   ③ 여로보암 ④ 요람
   **정답** ③

10. "여호와께서 시온에서부터 부르짖으시며 예루살렘에서부터 소리를 내시리니 목자의 초장이 마르고 갈멜산 꼭대기가 마르리로다"라는 말씀이 들어있는 예언서는?(암 1:2)
    ① 호세아 ② 아모스 ③ 미가 ④ 하박국
    **정답** ②

11. 아모스서에서 열방에 대한 예언은 몇 장에 등장하는가?
    ① 1~2장 ② 3~4장 ③ 5~6장 ④ 7~9장

**정답** ①

12. 길르앗의 아이 밴 여인의 배를 갈랐던 암몬의 죄악에 대한 심판을 예언한 예언자는?(암 1:13)
① 예레미야　② 아모스
③ 스바냐　④ 스가랴
**정답** ②

13. '~의 서너 가지 죄로 인하여 내가 그 벌을 돌이키지 아니하리라'라는 심판 선포 공식으로 심판을 선포한 예언서는?(암 1~2장)
① 요엘　② 아모스　③ 미가　④ 스바냐
**정답** ②

14. 불을 심판의 도구로 가장 많이 언급한 예언자는?(암 1~2장)
① 이사야　② 예레미야
③ 호세아　④ 아모스
**정답** ④

15. 아모스서 1장에서 심판의 대상이 아닌 것은?
① 모압　② 가사　③ 다메섹　④ 에돔
**정답** ①

## 아모스 2장

1. 아모스서 2장에서 유다의 죄악으로 언급한 것이 아닌 것은?(암 2:4-5)
① 율법을 멸시함
② 율례를 지키지 않음
③ 우상을 만들고 그것을 섬김
④ 거짓 것에 미혹됨
**정답** ③

2. 아모스서 2장에서 이스라엘의 죄악으로 지적한 것이 아닌 것은?(암 2:6-8)
① 은을 받고 의인을 팖
② 신 한 켤레 값에 사로잡은 자를 팖
③ 아버지와 아들이 한 젊은 여인에게 다님
④ 모든 제단 옆에서 전당 잡은 옷 위에 누움
**정답** ②

3. '곡식 단을 가득히 실은 수레'의 비유로 심판을 선포한 예언서는?(암 2:13)
① 미가　② 나훔　③ 스바냐　④ 아모스
**정답** ④

## 아모스 3장

1. 아모스서의 수사학적 질문이 아닌 것은?(암 3:3-6)
① 두 사람이 뜻이 같지 않은데 어찌 동행하겠느냐?
② 사자가 움킨 것이 없는데 어찌 수풀에서 부르짖겠는가?
③ 덫이 땅에 놓였는데 어찌 덫이 땅에서 튀지 않겠느냐?
④ 성읍에서 나팔이 울리는데 백성이 어찌 두려워하지 아니하겠느냐?
**정답** ③

2. '주 여호와께서 말씀하신즉 누가 예언하지 아니하겠느냐'라는 말씀이 들어있는 예언서는?(암 3:8)
① 예레미야　② 호세아
③ 요엘　④ 아모스
**정답** ④

3. '목자가 사자의 입에서 양의 두 다리나 귀 조각을 건져냄과 같이 건져냄을 입으리라'라는 역설을 사용해서 심판을 선언한 예언자는?(암 3:14)
   ① 이사야 ② 예레미야
   ③ 호세아 ④ 아모스
   **정답** ④

4. 아모스서에서 사마리아에 대한 심판 선포의 말씀이 아닌 것은?(암 3:11-15)
   ① 내가 사마리아 성에 불을 놓아 그 궁궐들을 사르되 전쟁의 날에 외침과 회오리바람의 날에 폭풍으로 할 것이며
   ② 이 땅 사면에 대적이 있어 네 힘을 쇠하게 하며 네 궁궐을 약탈하리라
   ③ 그 제단의 뿔들을 꺾어 땅에 떨어뜨리고
   ④ 겨울 궁과 여름 궁을 치리니 상아 궁들이 파괴되며
   **정답** ①

## 아모스 4장

1. '바산의 암소'라는 비유로 심판 선포를 한 예언서는?(암 4:1)
   ① 요엘 ② 아모스 ③ 미가 ④ 나훔
   **정답** ②

2. '가장에게 이르기를 술을 가져다가 우리로 마시게 하라 하는도다'라는 책망을 한 예언자는?(암 4:1)
   ① 호세아 ② 요엘 ③ 아모스 ④ 미가
   **정답** ③

3. '갈고리와 낚시'의 비유로 심판을 선포한 예언자는?(암 4:2)
   ① 호세아 ② 요엘 ③ 아모스 ④ 미가
   **정답** ③

4. 예언자 아모스가 한 조롱조의 죄 고발이 아닌 것은?(암 4:4-5)
   ① 너희는 벧엘에 가서 범죄하며 길갈에 가서 죄를 더하며
   ② 아침마다 너희 희생을, 삼일마다 너희 십일조를 드리며
   ③ 누룩 넣은 것을 불살라 수은제로 드리며 낙헌제를 소리 내어 선포하려무나
   ④ 그리고 포도주의 전제로 제단에 드리려무나 이것이 너희의 기뻐하는 바니라
   **정답** ④

5. '~하였으나 너희가 내게로 돌아오지 아니하였느니라 여호와의 말씀이니라'는 형식으로 연속적으로 5번에 걸쳐 죄를 고발한 예언자는?(암 4:6-11)
   ① 아모스 ② 나훔 ③ 스바냐 ④ 말라기
   **정답** ①

6. 아모스서에 나오는 죄 고발이 아닌 것은?(암 4:6-11)
   ① 내가 너희 모든 성읍에서 너희 이를 깨끗하게 하며 너희의 각 처소에 양식이 떨어지게 하였으나 너희가 내게 돌아오지 아니하였느니라
   ② 두 세 성읍 사람이 어떤 성읍으로 비틀거리며 물을 마시러 가서 만족하게 마시지 못하였으나 너희가 내게로 돌아오지 아니하였느니라
   ③ 내가 곡식 마르게 하는 깜부기 재앙으로 너희를 쳤으며 전염병 보내기를 아스돗 사람들

에게 한 것 같이 하였으나 너희가 내게 돌아오지 아니하였느니라
④ 너희가 불붙은 가운데서 빼낸 나무 조각 같이 되었으나 너희가 내게로 돌아오지 아니하였느니라

**정답** ③

7. 아모스서에 나오는 심판의 말씀인 것은?(암 4:12)
① 내가 내 분노를 그들 위에 쏟으며 내 진노의 불로 멸하여 그들 행위대로 그들 머리 위에 보응하였느니라
② 그러므로 이스라엘아 내가 이와 같이 네게 행하리라 내가 이것을 네게 행하리니 이스라엘아 네 하나님 만나기를 준비하라
③ 이스라엘은 자기를 지으신 이를 잊어버리고 왕궁들을 세웠으나 내가 그 성읍들에 불을 보내어 그 성들을 삼키게 하리라
④ 제사장들아 이를 들으라 이스라엘 족속들아 깨달으라 왕족들아 귀를 기울이라 너희에게 심판이 있나니 다볼 위에 친 그물이 됨이라

**정답** ②

8. '보라 산들을 지으며 바람을 창조하며 자기 뜻을 사람에게 보이며 아침을 어둡게 하며 땅의 높은 데를 밟는 이는 그의 이름이 만군의 하나님 여호와시니라'고 함으로써 창조주와 용사로서의 심판주를 묘사한 예언자는?(암 4:13)
① 아모스 ② 미가 ③ 나훔 ④ 말라기

**정답** ①

## 아모스 5장

1. 아모스 5장에서 말씀하는 구원의 길이 아닌 것은?(암 5:4-15)
① 벧엘을 찾지 말며 길갈로 들어가지 말며 브엘세바로도 나아가지 말라
② 너희는 여호와를 찾으라
③ 너희는 악을 미워하고 선을 사랑하며 성문에서 정의를 세우라
④ 너희는 공의를 행하며 여호와의 날을 사모하라

**정답** ④

2. 아모스 5장에서 여호와의 날을 묘사하는 말씀이 아닌 것은?(암 5:18-20)
① 화 있을진저 여호와의 날을 사모하는 자여 너희가 어찌하여 여호와의 날을 사모하느냐
② 그날에 백주로 캄캄한 밤 같게 하며 온 땅이 강의 넘침 같이 솟아오르며 애굽 강 같이 뛰놀다가 낮아지는 것 같도다
③ 마치 사람이 사자를 피하다가 곰을 만나거나 혹은 집에 들어가서 손을 벽에 대었다가 뱀에게 물림 같도다
④ 여호와의 날은 빛없는 어두움이 아니며 빛남 없는 캄캄함이 아니냐

**정답** ②

3. 아모스서에서 가장 중요한 구절은?(암 5:24)
① 나는 인애를 원하고 제사를 원하지 아니하며 번제보다 하나님 아는 것을 원하노라
② 내가 너희를 다메섹 밖으로 사로잡혀 가게 하리라 그의 이름이 만군의 하나님이라
③ 내가 그들을 그들의 땅에 심으리니 그들이 내가 준 땅에서 다시 뽑히지 아니하리라
④ 오직 정의를 물같이, 공의를 마르지 않는 강 같이 흐르게 할지어다

**정답** ④

4. 아모스서의 말씀과 관계없는 것은?
(암 5:6, 15, 24)
① 너희는 여호와를 찾으라 그리하면 살리라
② 너희는 악을 미워하고 선을 사랑하며 성문에서 정의를 세울지어다
③ 너희는 여호와를 찾으며 공의와 겸손을 구하라 너희가 혹시 여호와의 분노의 날에 숨김을 얻으리라
④ 오직 정의를 물같이, 공의를 마르지 않는 강같이 흐르게 할지어다
**정답** ③

5. 아모스서에서 '내가 너희를 다메섹 밖으로 사로잡혀 가게 하리라'는 말씀 중 다메섹 밖은 어디를 가리키는가?(암 5:27)
① 애굽 ② 바벨론 ③ 앗수르 ④ 두로
**정답** ③

## 아모스 6장

1. '너희는 흉한 날이 멀다. 하여 포악한 자리로 가까워지게 하고 상아 상에 누우며 침상에서 기지개를 켜며 양떼에서 어린 양과 송아지를 잡아서 먹고 비파 소리에 맞추어 노래를 지절거리며 다윗처럼 자기를 위하여 악기를 제조하며 대접으로 포도주를 마시며 귀한 기름을 몸에 바르면서 요셉의 환난에 대하여는 근심하지 아니하는 자로다'라는 말씀이 들어있는 책은?(암 6:3-6)
① 호세아 ② 아모스 ③ 미가 ④ 나훔
**정답** ②

2. '만군의 하나님 여호와의 말씀이니라 주 여호와가 당신을 두고 맹세하셨노라 내가 야곱의 ( )을 싫어하며 그 궁궐들을 미워하므로 이 성읍과 거기에 가득한 것을 원수에게 넘기리라 하셨느니라'(암 6:8)에서 괄호 안에 맞는 단어는?
① 제단 ② 교만 ③ 영광 ④ 성문
**정답** ③

3. '말들이 어찌 바위 위에서 달리겠으며 소가 어찌 거기서 밭 갈겠느냐 그런데 너희는 정의를 ( )로 바꾸며 공의의 열매를 ( )으로 바꾸며 허무한 것을 기뻐하며 이르기를 우리는 우리의 힘으로 ( )을 취하지 아니하였느냐 하는도다'(암 6:12-13)에서 괄호 안에 맞는 단어들로 짝지어진 것은?
① 쓸개, 쓴 쑥, 뿔들
② 헛된 제물, 쓴 쑥, 식굿
③ 번제물, 식굿, 땅
④ 뿔들, 별 형상, 다림줄
**정답** ①

4. '만군의 하나님 여호와의 말씀이니라 이스라엘 족속아 내가 한 나라를 일으켜 너희를 치리니 그들이 하맛 어귀에서부터 아라바 시내까지 너희를 학대하리라 하셨느니라'(암 6:14)에서 '한 나라'는 어느 나라를 가리키는가?
① 애굽 ② 바벨론
③ 앗수르 ④ 블레셋
**정답** ③

## 아모스 7장

1. 아모스서 7장에서 아모스가 본 환상이 아닌 것은?(암 7:1-9)
① 메뚜기

② 불

③ 다림줄

④ 여름 과일 한 광주리

**정답** ④

2. 예언자 아모스가 본 환상 중 '불'은 무엇을 의미하는가?(암 7:4-6)

① 군대 ② 하나님의 사자

③ 가뭄 ④ 염병

**정답** ③

3. 예언자 아모스가 본 환상 중 하나님께서 처음으로 '다시는 용서하지 아니하리니'라고 말씀하신 것은 어느 환상을 볼 때였는가?(암 7:8)

① 다림줄 ② 불

③ 여름 과일 한 광주리 ④ 메뚜기

**정답** ①

4. 아모스의 소명에 관한 기록은 몇 장에 나오는가?(암 7:10-17)

① 5장 ② 6장 ③ 7장 ④ 8장

**정답** ③

5. 아모스 7장에 아모스의 소명 장면에 나타나지 않는 단어는?(암 7:10-17)

① 여로보암 ② 아마샤

③ 목자 ④ 포도원

**정답** ④

6. '나는 선지자가 아니며 선지자의 아들도 아니라 나는 목자요 뽕나무를 재배하는 자'라고 말한 사람은?(암 7:14)

① 엘리사 ② 미가 ③ 예후 ④ 아모스

**정답** ④

## 아모스 8장

1. 말놀이(wordplay)가 들어있는 환상은?(8:1-2)

① 메뚜기

② 불

③ 다림줄

④ 여름 과일 한 광주리

**정답** ④

2. '신 한 켤레로 가난한 자를 사며'라고 죄를 고발한 예언자는?(암 8:6)

① 아모스 ② 미가 ③ 호세아 ④ 예레미야

**정답** ①

3. 아모스서 7-9장에서 환상의 기록 목적과 가장 관계가 먼 것은?

① 아모스가 전한 말씀의 권위를 높여주기 위해

② 아모스 예언자의 권위를 높여주기 위해

③ 북 이스라엘의 멸망이 필연적임을 강조하기 위해

④ 이스라엘 백성 중 남은 자의 구원을 촉구하기 위해

**정답** ②

4. 다음 중 서로 관계가 없는 구절은?
(암 1:1, 8:8, 9:1; 지진)

① 유다 왕 웃시야의 시대 곧 이스라엘 왕 요아스의 아들 여로보암의 시대 지진 전 이년에 드고아의 목자 중 아모스가 이스라엘에 대하여 이상으로 받은 말씀이라

② 이로 말미암아 땅이 떨지 않겠으며 그 가운데 모든 주민이 애통하지 않겠느냐 온 땅이 강의 갈라짐 같이 솟아오르며 애굽 강 같이 뛰놀다가 낮아지리라

③ 주 여호와께서 또 내게 보이신 것이 이러하니라 주 여호와께서 명령하여 불로 징벌하게 하시니 불이 큰 바다를 삼키고 육지까지 먹으려 하는지라

④ 내가 보니 주께서 제단 곁에 서서 이르시되 기둥 머리를 쳐서 문지방이 움직이게 하며 그것으로 부서져서 무리의 머리에 떨어지게 하라

**정답** ③

5. 아모스서의 말씀과 관계 없는 구절은?
(암 8:11-12; 미 3:1-3; 암 9:10-12, 5:14-15)

① 여호와의 말씀이니라 보라 날이 이를지라 내가 기근을 땅에 보내리니 양식이 없어 주림이 아니며 물이 없어 갈함이 아니요 여호와의 말씀을 듣지 못한 기갈이라 사람이 이 바다에서 저 바다까지, 북쪽에서 동쪽까지 비틀거리며 여호와의 말씀을 구하려고 돌아다녀도 얻지 못하리니

② 내가 또 이르노니 야곱의 우두머리들과 이스라엘 족속의 통치자들아 들으라 정의를 아는 것이 너희의 본분이니라 너희가 선을 미워하고 악을 기뻐하여 내 백성의 가죽을 벗기고 그 뼈에서 살을 뜯어 그들의 살을 먹으며 그 가죽을 벗기며

③ 그날에 내가 다윗의 무너진 장막을 일으키고 그것들의 틈을 막으며 그 허물어진 것을 일으켜서 옛적과 같이 세우고 그들이 에돔의 남은 자와 내 이름으로 일컫는 만국을 기업으로 얻게 하리라

④ 너희는 살려면 선을 구하고 악을 구하지 말지어다 만군의 하나님 여호와께서 너희의 말과 같이 너희와 함께 하시리라 너희는 악을 미워하고 선을 사랑하며 성문에서 정의를 세울지어다

**정답** ②

## 아모스 9장

1. 예언자 아모스가 마지막으로 본 환상은?(암 9:1)

① 다림줄

② 여름 과일 한 광주리

③ 제단 곁에서 계신 주님

④ 불

**정답** ③

2. 심판을 "체로 체질하기"에 비유해 선포한 예언서는?(암 9:9)

① 아모스 ② 미가 ③ 나훔 ④ 말라기

**정답** ①

3. '내 백성 중에서 말하기를 화가 우리에게 미치지 아니하며 이르지 아니하리라 하는 모든 죄인은 칼에 죽으리라'(암 9:10)는 구절은 무엇에 의한 심판을 가리키는가?

① 앗수르 ② 바벨론 ③ 애굽 ④ 수리아

**정답** ①

4. '그날에 내가 다윗의 무너진 장막을 일으키고 그것들의 틈을 막으며 그 허물어진 것을 일으켜서 옛적과 같이 세우고 그들이 에돔의 남은 자와 내 이름으로 일컫는 만국을 기업으로 얻게 하리라 이일을 행하시는 여호와의 말씀이니라'는 말씀이 들어있는 예언서와 장, 절은?(암 9:11)

① 오바댜 1:5 ② 이사야 66:4

③ 아모스 9:11 ④ 스바냐 3:10

**정답** ③

# 오바댜

오바댜

1. 주로 에돔에 대한 심판을 예언한 예언서는?(옵 1:1)

① 이사야 ② 아모스
③ 오바댜 ④ 나훔

**정답** ③

2. 오바댜서는 어느 나라에 대한 심판을 예언했는가?(옵 1:1)

① 블레셋 ② 모압
③ 암몬 ④ 에돔

**정답** ④

3. 다음 중 오바댜서의 구절은?(옵 1:8)

① 네 활을 쳐서 네 왼손에서 떨어뜨리고 네 화살을 네 오른손에서 떨어뜨리리니
② 에서가 어찌 그리 수탈되었으며 감춘 보물이 어찌 그리 빼앗겼는고
③ 우리를 뒤쫓은 자들이 하늘의 독수리들보다 빠름이여 산 꼭대기까지도 뒤쫓으며 광야에서도 우리를 잡으려고 매복하였도다
④ 너희 장사들이 쓰러짐은 어찌함이냐 그들이 서지 못함은 여호와께서 그들을 몰아내신 까닭이니라

**정답** ②

4. '여호와께서 만국을 벌할 날이 가까웠나니 네가 행한 대로 너도 받을 것인즉 네가 행한 것이 네 머리로 돌아갈 것이라 너희가 내 성산에서 마신 것 같이 만국인이 항상 마시리니 곧 마시고 삼켜서 본래 없던 것 같이 되리라'는 구절은 어떤 책에 있는 말씀인가?(옵 1:15-16)

① 오바댜 ② 미가
③ 나훔 ④ 스바냐

**정답** ①

5. '오직 시온 산에서 피할 자가 있으리니 그 산이 거룩할 것이요 야곱 족속은 자기 기업을 누릴 것이며 야곱 족속은 불이 될 것이요 요셉 족속은 불꽃이 될 것이요 ( ) 족속은 지푸라기가 될 것이라'에서 괄호 안에 맞는 것은?(옵 1:17-18)

① 모압 ② 에서
③ 블레셋 ④ 구스

**정답** ②

6. 다음 중 유다의 심판을 예언하지 않은 예언자는?

① 미가 ② 오바댜
③ 스바냐 ④ 말라기

**정답** ②

# 요나

**요나 1장**

1. 다음 중 요나서의 특징을 설명하는 것이 아닌 것은 어느 것인가?
   ① 요나는 전형적인 신탁들을 지속적으로 선언하고 있다
   ② 요나가 겪은 사건을 중심으로 서술한다
   ③ 요나와 하나님과의 갈등을 중심으로 본문을 전개한다
   ④ 요나는 결정적인 순간에 수사적 질문을 사용하면서 메시지를 효과적으로 전달한다
   **정답** ①

2. 내용적으로 니느웨에 집중하고 있는 면에서 요나서는 다음 중 어느 선지서와 연관이 깊은가?
   ① 에스겔　② 호세아　③ 미가　④ 나훔
   **정답** ④

3. 나서는 총 4장으로 구성되어 있는데, 일반적으로 유사한 도입과 장소의 변화에 따라 크게 두 개의 단락으로 구분한다. 다음 중 그 구분이 적절한것은 어느 것인가?
   ① 1장 // 2-4장　② 1-2장 // 3-4장
   ③ 1-3장 // 4장　④ 1장, 3장 // 2장, 4장
   **정답** ②

4. 요나서 1장 2절은 "다시스"라는 표현을 세 번 반복하면서 요나가 다시스로 가는 장면을 서술하는데, 어떤 의미를 전달하려는 것인가?
   ① 하나님의 명령과 정반대의 방향으로 가려고 한다는 것을 강조하기 위해
   ② 하나님의 마음을 다시스로 돌리기 위해
   ③ 다시스가 하나님의 구원이 대상이 되어야 함을 강조하기 위해
   ④ 다시스의 중요성을 강조하기 위해
   **정답** ①

5. 배가 침몰할 위기에 처하자 선원들이 한 행동이 아닌 것은?
   ① 각각 자기의 신들을 부름
   ② 배를 가볍게 하려고 물건들을 바다에 던짐
   ③ 제비를 뽑아 재앙이 누구 때문인지 알고자 함
   ④ 여호와를 두려하여 제물을 드리고 서원을 함
   **정답** ④

6. 요나서 1장 9절에 따르면 요나는 선원들에게 그가 어떤 하나님을 경외하고 있다고 말하는가?
   ① 공의와 정의를 행하시는 하나님
   ② 바다와 육지를 지으신 하늘의 하나님
   ③ 고난 중 부르짖는 의인의 기도를 들으시는 하나님
   ④ 의인과 악인을 구별하시는 하나님
   **정답** ②

7. 요나가 자신을 바다에 던지라는 말을 하지만 선

원들은 "힘써 노를 저어 배를 육지로 돌리고자" 하였다(욘 1:13). 선원들의 행동은 어떤 태도를 보여주는 것인가?

① 자신들의 노력으로 하나님의 심판을 피하려고 함

② 목숨을 소중하게 생각하지 않는 요나와 달리 목숨을 존중하는 태도를 보여줌

③ 하나님보다는 자신들이 바다를 더 잘 알고 있음을 보여주려고 함

④ 자신들의 노력과 그들이 섬기는 신의 도움으로 어려움을 피할 수 있음을 보여주려고 함

**정답** ②

## 요나 2장

1. 요나서 2장 2-9절의 기도에서 요나가 확신하고 있는 바가 아닌 것은 어느 것인가?

① 하나님이 그의 간구를 들으셨다

② 주의 성전을 바라볼 것이다

③ 구원은 여호와께 속하였다

④ 니느웨를 향한 하나님의 심판이 확실하다

**정답** ④

2. 요나서 2장 2-9절의 기도에서 요나의 어려운 처지를 가리키는 표현으로 사용되지 않은 것은 어느 것인가?

① 스올의 뱃속　　② 깊음 속 바다

③ 산의 뿌리　　④ 죽음의 골짜기

**정답** ④

3. 요나서 2장 9절에서 요나는 "감사하는 목소리로 주께 제사를 드리며 나의 서원을 주께 갚겠다"고 말하는데, 요나서 안에서 요나 외에 이러한 행동을 보여준 이들은 누구인가?

① 선장과 선원들

② 니느웨 왕과 백성들

③ 요나를 따르는 무리들

④ 성전에서 여호와를 수종드는 자들

**정답** ①

## 요나 3장

1. 요나서 3장은 요나가 하나님의 심판을 선포하는 사건을 기록하고 있는데, 이 사건이 벌어지는 장소는 어디인가?

① 배 위　　② 다시스

③ 니느웨　　④ 예루살렘 성전

**정답** ③

2. 요나서 3장 3절은 "니느웨는 사흘 동안 걸을 만큼 하나님 앞에 큰 성읍이더라"고 기록하고 4절은 요나가 그 성읍에 들어가 하루 동안 다니며 40일이 지나면 니느웨가 무너진다고 선포했다고 기록하는데, 요나서 전체를 고려할 때 4절의 기록은 요나의 어떤 태도를 보여주는 것으로 보는 것이 가장 적절한가?

① 다시 받게 된 하나님의 명령을 열심을 다해 순종하는 태도

② 하나님의 말씀이 하루 만에도 충분히 그 능력을 발휘할 수 있음을 확신한 태도

③ 하나님의 명령을 다시 확인했지만 여전히 니느웨가 심판선고를 듣고 회개할지도 모른다는 염려와 함께 전심을 다하지 않는 태도

④ 물고기 뱃속에서 삼일밤낮을 있었던 것과는 달리 속히 니느웨의 사역을 마치려는 태도

**정답** ③

3. 요나가 니느웨에서 40일이 지나면 멸망할 것이라고 선포했을 때 니느웨가 보인 반응이 아닌 것은 어느 것인가?

① 니느웨 사람들이 하나님을 믿고 금식을 선포하였다

② 니느웨 사람들이 요나를 니느웨 왕에게 고소했지만 왕은 요나의 말에 귀를 기울였다

③ 니느웨 왕이 백성들의 행동에 대한 이야기를 듣고 왕복을 벗고 굵은 베 옷을 입었다

④ 니느웨 왕이 조서를 내려 사람이든 짐승이든 다 굵은 베옷을 입게 하였다

**정답** ②

4. 요나서 3장 10절에 따르면 하나님께서 니느웨를 향한 그의 뜻을 돌이켜 재앙을 내리지 않기로 하신 이유를 가장 정확하게 서술하고 있는 것은 어느 것인가?

① 니느웨 사람들이 여호와께 제사를 드리고 서원하는 것을 보시고

② 니느웨 사람들이 자신들이 행한 것 즉 그들의 악한 길에서 돌이켜 떠난 것을 보시고

③ 니느웨 사람들이 여호와의 선지자 요나의 말에 귀를 기울이는 것을 보시고

④ 니느웨 사람들이 모두 한 마음으로 자신들의 신들을 버리는 것을 보시고

**정답** ②

## 요나 4장

1. 요나서 4장 2절에 기록된 기도에 따르면 요나는 자신이 빨리 다시스로 도망한 이유가 하나님의 어떤 성품을 알았기 때문이라고 말하는가?

① 명령한 것을 반드시 이루시는 성품

② 인애가 크셔서 뜻을 돌이켜 재앙을 내리시지 않는 성품

③ 심판과 더불어 반드시 회복을 허락하시는 성품

④ 피조물에 대한 관심을 언제나 가지고 계시는 성품

**정답** ②

2. 요나서 4장 3절에서 요나가 "사는 것보다. 죽는 것이 내게 나음이니이다"라고 말하는 것은 요나의 어떤 태도를 보여주는 것인가?

① 하나님의 뜻을 올바로 이해하지 못한 자신을 자책하는 태도

② 다시스로 가지 못한 것에 대해 후회하는 태도

③ 니느웨가 멸망하지 않는 것에 대한 자신의 분노와 불만을 드러내는 태도

④ 자신의 목숨을 걸어서라도 니느웨가 멸망해야 함을 주장하는 태도

**정답** ③

3. 박넝쿨 사건을 통해 하나님은 요나에게 어떤 교훈을 주시는가?

① 작은 것에도 섬세한 관심을 가지고 계시는 하나님을 알라는 교훈

② 우주를 통치하시는 하나님의 절대적 주권을 깨달으라는 교훈

③ 하나님이 니느웨를 아끼시는 것이 당연하다는 것을 알라는 교훈

④ 하룻밤에 났다가 하룻밤에 사라진 박넝쿨처럼 인생의 허무함을 알라는 교훈

**정답** ③

4. 하나님은 니느웨에 대한 요나의 부정적인 태도

를 다루시면서 무엇을 말씀하시고자 하셨는가?

① 이스라엘이 하나님의 선민이라는 확신을 가지라

② 이스라엘의 편협한 선민사상은 잘못된 것이다

③ 이스라엘의 니느웨에 대한 반감은 죄악이다

④ 오직 이스라엘에게만 하나님의 구원이 있음을 감사하라

**정답** ②

# 미가

## 미가 1장

1. 미가서 1장 1절은 미가가 사역한 역사적 시기를 표기하기 위해 요담, 아하스, 히스기야를 언급하는데, 이들의 통치 시기는 언제인가?
   ① 주전 9세기 초반 ② 주전 9세기 후반
   ③ 주전 8세기 초반 ④ 주전 8세기 후반
   **정답** ④

2. 선지자 미가는 두 성읍에 관한 묵시를 선포하는데, 이것은 어느 성읍들인가?
   ① 사마리아와 예루살렘
   ② 사마리아와 바벨론
   ③ 니느웨와 바벨론
   ④ 벧엘과 단
   **정답** ①

3. 다음 중 미가서에 대한 설명으로 맞지 않는 것은 어느 것인가?
   ① 미가서는 이스라엘과 유다의 영적 부패에 대한 미가의 깊은 심정적 관심의 결과로 주어진 하나의 설교집이다
   ② 미가서는 바벨론에게 멸망을 당하게 될 유다의 운명뿐만 아니라 북이스라엘의 멸망에 대한 예언도 담고 있다
   ③ 미가는 하나님의 백성의 특징을 정의, 긍휼, 겸손으로 제시한다
   ④ 미가는 예레미야, 에스겔과 동시대에 사역했던 선지자이다
   **정답** ④

4. 미가서 1장 3-7절에 따르면 북이스라엘이 하나님의 심판을 받게 되는 원인은 무엇인가?
   ① 이웃에 대한 착취와 폭력
   ② 우상숭배의 문제
   ③ 남유다에 대한 적대감
   ④ 이방나라의 부요함과 군사력을 의지함
   **정답** ②

5. 미가는 "내가 애통하며 애곡하고 벌거벗은 몸으로 행하며 들개 같이 애곡하고 타조 같이 애통하리니"(1:8)라고 말하면서 자신의 안타까운 심정을 토로하는데, 이렇게 애곡하는 것은 무엇 때문인가?
   ① 북이스라엘의 죄악이 예루살렘에도 미쳤기 때문이다
   ② 하나님의 성전이 이방 대적의 손에 파괴되었기 때문이다
   ③ 북이스라엘과 남유다의 불화가 지속되었기 때문이다
   ④ 하나님의 구원이 속히 이루어지 않기 때문이다
   **정답** ①

6. 미가서 1장 15절은 마레사 주민을 소유할 자가 임하게 되면 이스라엘의 영광이 아둘람까지 이를

것이라고 말하는데, 이 표현이 의미하는 바에 대한 설명으로 가장 적절한 것은 다음 중 어느 것인가?

① 다윗이 아둘람 굴까지 도망간 것을 배경으로 다윗왕조의 멸망에 대해 예언하는 것이다
② 이스라엘의 영광 즉 사마리아가 약탈을 당하고 포로로 사로잡혀갈 것에 대해 예언하는 것이다
③ 이스라엘의 영광 즉 예루살렘 성전이 파괴되고 성전기구가 약탈되어 아둘람으로 옮겨질 것에 대해 예언하는 것이다
④ 이스라엘의 영광 즉 시온이 대적에 의해 점령을 당하고 백성들은 아둘람까지 포로로 사로잡혀갈 것에 대해 예언하는 것이다

**정답** ①

## 미가 2장

1. 미가서 2장 3절은 "여호와의 말씀에 내가 이 족속에게 재앙을 계획하나니"라고 선언하고 있는데, 이 선언은 무엇에 상응하는 것인가?

① 형식적인 종교행위에 빠진 백성들을 외면하는 제사장들의 불의
② 하나님의 신탁을 선포하지 않는 거짓 선지자들의 불충
③ 백성들로 하여금 우상숭배에서 벗어나지 못하게 하는 왕들의 강압
④ 사회적 기득권자들이 밭과 집을 탐하여 빼앗기 위해 죄를 꾀하고 악을 계획하는 것

**정답** ④

2. 미가서 2장 5절은 "여호와의 회중에서 분깃에 줄을 댈 자가 하나도 없을 것"이라고 말하는데, 이 표현의 의미를 가장 적절하게 설명한 것은 어느 것인가?

① 하나님의 심판으로 이스라엘 백성들 안에 정해진 분깃을 빼앗을 자가 없게 될 것이다
② 여호수아가 가나안에 정착한 후 땅을 분할하여 이스라엘 지파들에게 분깃으로 나누어준 것과 같은 일을 해 줄 자가 없게 될 것이다
③ 이스라엘 백성들 중에는 하나님이 허락하시는 분깃을 받을 자가 아무도 없게 될 것이다
④ 이스라엘 백성들 중에는 대적의 땅을 차지하여 영토를 확장하는 강력한 군사력을 행사할 자가 없게 될 것이다

**정답** ②

3. 미가서 2장 10절에서 미가는 약속의 땅이 더 이상 쉴 곳이 되지 못하기 때문에 일어나 떠나라고 말하는데, 땅이 더 이상 쉴 곳이 되지 못하는 이유가 무엇이라고 지적하는가?

① 백성들 안에서 사회적 약자들에게 자행되는 탈취와 착취
② 하나님의 심판의 도구로 사용되고 있는 대적의 공격
③ 왕과 고관들의 권력남용과 폭력
④ 전염병과 기근 등의 하나님의 언약적 심판

**정답** ①

4. 미가는 하나님의 피할 수 없는 심판을 선포하지만 하나님이 반드시 "보스라의 양 떼 같이" 다시 모으고 돌보시는 구원을 선포한다. 미가는 이 구원과 회복을 누리는 대상을 구체적으로 어떻게 표현하고 있는가?

① 이스라엘의 모든 후손
② 아브라함의 언약을 신실히 간직한 자들
③ 이스라엘의 남은 자

④ 죽음의 위협에도 불구하고 성전에 남아 지키려고 한 자들

**정답** ③

5. 미가는 2장 12-13절은 이스라엘의 회복을 위해 이스라엘의 왕과 여호와를 함께 언급하는데, 이 왕이 5장 2-4절에서는 구체적으로 어떻게 서술되고 있는가?

① 이새의 줄기에서 나게 될 한 싹
② 여호와를 경외하는 신이 충만한 씨
③ 다윗에게서 날 의로운 가지
④ 베들레헴에서 나와서 이스라엘을 다스릴 자

**정답** ④

6. 미가서 2장 12-13절과 5장 2-4절은 모두 여호와와 더불어 회복을 이룰 "왕"을 언급하고 있는데, 이 왕이 같은 대상임을 보여주기 위해 두 본문이 동일하게 사용하고 있는 이미지는 무엇인가?

① 강한 용사와 백성 ② 목자와 양 떼
③ 왕과 백성 ④ 토기장이와 그릇

**정답** ②

## 미가 3장

1. 미가서 3장 1-4, 9-12절에서 미가는 "야곱의 우두머리"와 "이스라엘 족속의 통치자들"이 정의를 아는 그들의 본분을 망각한 것을 고소하는데, 정의를 행하지 않은 그릇된 행위에 대한 지적으로 언급되지 않는 것은 어느 것인가?

① "너희가 선을 미워하고 악을 기뻐하여"
② "내 백성의 가죽을 벗기고 그 뼈에서 살을 뜯어"
③ "그들이 철 타작기로 타작하듯 길르앗을 압박하였음이라"
④ "시온을 피로, 예루살렘을 죄악으로 건축하는도다"

**정답** ③

2. 미가는 3장 5-7절에서 생계를 위해서 거짓 예언을 하는 선지자들의 문제점을 지적한 후 8절에서 이들과는 달리 참 선지자로서 무엇을 하겠다고 다짐하는가?

① 하나님의 심판, 즉 전쟁을 통한 멸망을 선포할 것이다
② 야곱의 죄와 이스라엘의 죄를 담대히 지적할 것이다
③ 능력과 정의와 용기로 충만해져서 대적의 약탈과 파괴를 담대히 선포할 것이다
④ 여호와의 영으로 말미암아 거짓된 예언의 실체를 반드시 목도할 것이다

**정답** ②

3. 미가서 3장 12절에서 미가는 "시온이 갈아엎은 밭이 되고 예루살렘은 무더기가 되고 성전의 산은 수풀의 높은 곳이 되리라"고 선언하는데. 이러한 파괴와 멸망의 원인으로 3장에 언급되지 않는 집단은 다음 중 어느 것인가?

① 정치적 지도자들 ② 선지자들
③ 제사장들 ④ 백성들

**정답** ④

## 미가 4장

1. 미가는 4장 1-5절에서 민족들이 여호와의 전의 산으로 몰려갈 것을 예언하는데, 다음 중 이에 대한 가장 적절한 설명은 어느 것인가?

① 미가는 포로기가 지난 후의 회복을 넘어 메시야적 왕국에 대해 예언하고 있다
② 미가는 여호와의 전이 포로기 후에 온전히 회복될 것을 예언하고 있다
③ 미가는 포로기가 지난 후 시온에서 이루어질 평안과 회복을 예언하고 있다
④ 미가는 시온에서 모든 나라가 이스라엘의 회복을 목도하게 될 것을 예언하고 있다

**정답** ①

2. 미가서 4장 6-7절은 "여호와께서 말씀하시되 그 날에는 내가 저는 자를 모으며 쫓겨난 자와 내가 환난 받게 한 자를 모아 발을 저는 자는 남은 백성이 되게 하며 멀리 쫓겨났던 자들이 강한 나라가 되게 하고 나 여호와가 시온 산에서 이제부터 영원까지 그들을 다스리라 하셨나니"라고 기록하고 있는데, 4장의 문맥을 고려할 때 이 본문이 의미하는 바는 무엇인가?
① 이스라엘의 죄와 허물로 인한 심판이 반드시 있을 것이며 그 심판을 받은 자들이 여호와의 회복을 시온에서 경험하게 될 것이다
② 이스라엘 중에서 억압과 착취를 당하던 자들이 여호와가 친히 통치하시는 은혜를 누리게 될 것이다
③ 이스라엘의 실패한 왕들을 대신하여 그들에게 억압받던 자들을 다시 모으실 것이다
④ 이스라엘 행해졌던 사회적 불의가 모두 제거되고 이스라엘이 시온에서 여호와의 통치 하에 온전히 회복될 것이다

**정답** ①

3. 미가는 4장 10절에서 딸 시온이 포로로 사로잡혀 가게 될 것을 예언하는데, 어느 나라로 사로잡혀 가게 될 것이라고 말하는가?
① 애굽 ② 앗시리아
③ 바벨론 ④ 바사

**정답** ③

## 미가 5장

1. 미가서 5장 4절은 "앗수르 사람이 우리 땅에 들어와서 우리 궁들을 밟을 때에는 우리가 일곱 목자와 여덟 군왕을 일으켜 그를 치리니"라고 서술하고 있는데, 앗수르의 언급에 대한 다음의 설명들 중 적절하지 않은 것은 어느 것인가?
① 4절이 묘사하고 있는 바와 동일하게 앗수르와 연관된 역사적 사건을 규정하는데 어려움이 있다
② 4절을 앗수르의 공격을 성공적으로 막아낸 동맹국들에 대한 표현으로 볼 경우 유다의 역할이 없었다는 역사적 사실을 해결하기가 어렵다
③ 4절에 언급된 "앗수르"를 이스라엘을 압박하는 대적에 대한 비유적 표현으로 간주하여 이스라엘의 궁극적인 승리를 예언하는 것으로 해석할 수 있다
④ 4절을 북이스라엘의 거짓 선지자들이 백성들에게 거짓 희망을 주기 위해 선포한 예언으로 해석할 수 있다

**정답** ④

2. 미가는 이스라엘을 향한 하나님의 심판을 선포하면서 이 심판을 초래한 원인들을 지적하는데, 5장 10-15절에서는 어떤 원인을 지적하는가?
① 복술과 우상숭배의 문제
② 사회적 착취와 불의
③ 정치적 지도자들의 실패

④ 이방나라를 의지하는 문제

**정답** ①

## 미가 6장

1. 미가서 6장에서 미가는 수많은 숫양과 기름을 가지고 여호와께 나아갈 것이 아니라 여호와가 보여주신 선에 근거하여 그가 구하는 바를 행하라고 말하는데, 다음 중 언급되지 않은 것은 어느 것인가?

① 제물보다 상한 마음을 드리라

② 정의를 행하라

③ 인자를 사랑하라

④ 겸손하게 하나님과 함께 행하라

**정답** ①

2. 미가는 여호와께서 성읍을 향하여 요구하시는 지혜의 성격을 무엇이라고 말하는가?

① 지혜는 선과 악을 구분하는 것이다

② 지혜는 주의 이름을 경외하는 것이다

③ 지혜는 사회적 약자들을 배려하는 것이다

④ 지혜는 여호와께 제사가 아닌 믿음을 드리는 것이다

**정답** ②

3. 미가서 6장 14-15절에서 미가는 백성들이 먹어도 배부르지 못하고 씨를 뿌려도 추수하지 못할 것이라고 말하는데, 그 이유가 무엇이라고 지적하는가?

① 오므리의 율례와 아합 집의 모든 예법을 지키고 그들의 전통을 따랐기 때문이다

② 수많은 제사로만 여호와를 기쁘시게 하려는 죄를 범했기 때문이다

③ 거짓 선지자들의 예언을 신뢰하고 물질적 부요만 추구하였기 때문이다

④ 손에 피가 가득한 채 손을 들고 여호와께 축복을 구하였기 때문이다

**정답** ①

## 미가 7장

1. 미가는 7장 1-6절에서 일반 백성들의 악행과 지도자와 재판관의 패역으로 인해 어느 누구도 신뢰하거나 의지하지 말라고 말한 후 7절에서 자신은 어떻게 하겠다고 말하는가?

① 여호와를 우러러보며 자신을 구원하시는 하나님을 바라볼 것이다

② 거짓 선지자들의 문제를 지적하고 여호와의 심판을 선포할 것이다

③ 불의와 폭력을 일삼는 지도자들의 패역을 지적하고 들추어낼 것이다

④ 이스라엘의 불의를 결코 용납하지 않으시는 여호와의 정의와 공의를 선포할 것이다

**정답** ①

2. 미가는 여호와께서 행하실 일에 근거하여, 전에 그에게 "네 하나님 여호와가 어디 있느냐"(미 7:10)라고 말하며 조롱하던 자들이 거리의 진흙 같이 밟히게 될 것임을 확신하는데, 다음 중 여호와께서 행하실 일은 무엇인가?(미 7:9)

① 여호와께서 미가를 사로잡힘에서 회복시켜 시온에 서게 하실 것이다

② 여호와께서 미가의 뿔을 무쇠 같게 하시며 굽을 놋과 같게 하실 것이다

③ 여호와께서 미가에게 그가 공의롭게 행한 일을 알게 하실 것이다

④ 여호와께서 미가의 범죄에 대해 노를 발하신 후 그를 위해 논쟁하시고 심판하시며 그를 인도하여 광명에 이르게 하실 것이다

**정답 ④**

3. 다음 중 미가서에 서술된 신탁은 어느 것인가? (미 7:18)

① "이스라엘의 교만이 그 얼굴에 드러났나니 그 죄악으로 말미암아 이스라엘과 에브라임이 넘어지고 유다도 그들과 함께 넘어지리라"

② "그러므로 이스라엘아 내가 이와 같이 네게 행하리라 내가 이것을 네게 행하리니 이스라엘아 네 하나님 만나기를 준비하라"

③ "주와 같은 신이 어디 있으리이까 주께서는 죄악과 그 기업에 남은 자의 허물을 사유하시며 인애를 기뻐하시므로 진노를 오래 품지 아니하시나이다"

④ "오직 여호와는 성전에 계시니 온 땅은 그 앞에서 잠잠할지니라 하시니라"

**정답 ③**

4. 미가는 그의 신탁을 마무리하면서 회복에 대한 확신을 주기 위해 7장 20절에서 어떤 언약을 상기시키는가?

① 시내산 언약　② 아브라함 언약

③ 다윗 언약　④ 새 언약

**정답 ②**

# 나훔

## 나훔 1장

1. 다른 선지서와 달리 나훔서 도입(나 1:1)만이 갖고 있는 특징은 무엇인가?
   ① 나훔은 역사적 정황을 나타내기 위해 북왕국 이스라엘 왕과 남왕국 유다 왕의 이름을 열거한다
   ② 나훔은 역사적 정황을 나타내기 위해 남왕국 유다 왕의 이름만 열거한다
   ③ 나훔은 묵시의 글이라는 표현을 사용한다
   ④ 나훔은 정확하게 왕의 이름, 연도와 날짜를 표기한다
   **정답** ③

2. 나훔서 1장 2절을 나훔서 전체의 맥락에서 이해할 때, 하나님은 자기 백성을 억압하고 파괴하는 자를 어떻게 표현하시는가?
   ① 여호와의 뜻을 거스르는 자
   ② 여호와의 정의와 공의를 굽게 하는 자
   ③ 여호와의 길을 가로막는 자
   ④ 여호와를 거스르고 대적하는 자
   **정답** ④

3. 나훔서 1장 2-5절은 대적에게 진노하시며 보복하시는 여호와를 선포하기 위해 여호와의 어떤 속성을 강조하여 서술하고 있는가?
   ① 창조주이시며 우주적 주권을 가지신 여호와
   ② 정의와 공의를 지키시는 여호와
   ③ 악인과 의인을 구별하시는 여호와
   ④ 인간의 행위뿐만 아니라 생각을 살피시는 여호와
   **정답** ①

4. 나훔서 1장은 하나님의 심판적인 행위들을 극적으로 서술하는데, 다음 중 언급되지 않는 것은 어느 것인가?
   ① 바다를 꾸짖어 그것을 말리시며
   ② 산들이 진동하며 산들이 녹고
   ③ 레바논의 꽃이 시드는도다
   ④ 아침을 어둡게 하며 땅의 높은 데를 밟으시리라
   **정답** ④

5. 나훔서 1장 7절은 여호와의 어떤 속성에 근거하여 그에게 피하는 자들을 위한 구원을 선포하는가?
   ① 여호와의 선하심
   ② 여호와의 공의
   ③ 여호와의 우주적 권능
   ④ 여호와의 불변하심
   **정답** ①

6. 나훔서 1장 11절 "여호와께 악을 꾀하는 한 사람이 너희 중에서 나와서 사악한 것을 권하는도다"에 언급된 "악을 꾀하는 한 사람"을 나훔서 3장 18절은 구체적으로 누구라고 지적하는가?

① 사마리아 왕 ② 유다 왕
③ 애굽 왕 ④ 앗수르 왕

**정답** ④

7. 나훔서 1장 1절의 도입을 고려할 때, 1장 14절의 "나 여호와가 네게 대하여 명령하였나니 네 이름이 다시는 전파되지 않을 것이라 내가 네 신들의 집에서 새긴 우상과 부은 우상을 멸절하며 네 무덤을 준비하리니 이는 네가 쓸모없게 되었음이라"의 2인칭 단수 "네"가 가리키는 대상은 어느 것인가?

① 노아몬 ② 니느웨
③ 사마리아 ④ 예루살렘

**정답** ②

8. 여호와가 약속하고 있는 "아름다운 소식"과 "화평"을 누리게 될 대상을 나훔서 1장 15절은 어떻게 표현하고 있는가?

① 유다 ② 신실한 자
③ 의인 ④ 남은 자

**정답** ①

## 나훔 2장

1. 나훔서 2장 1절의 "파괴하는 자가 너를 치러 올라왔나니 너는 산성을 지키며 길을 파수하며 네 허리를 견고히 묶고 네 힘을 크게 굳게 할지어다"라는 말에서 "파괴하는 자"와 2인칭 "너"에 대한 해석으로 바르게 연결된 것은 어느 것인가?

① 앗시리아-사마리아
② 앗시리아-노아몬
③ 바벨론-니느웨
④ 바벨론-예루살렘

**정답** ③

2. 나훔서 2장 5절("그가 그의 존귀한 자들을 생각해 내니 그들이 엎드러질 듯이 달려서 급히 성에 이르러 막을 것을 준비하도다")은 전쟁장면을 묘사하고 있는데, "존귀한 자들"에 대한 해석으로 적절한 것은 어느 것인가?

① 왕들 ② 장로들
③ 고관들 ④ 선별된 용사들

**정답** ④

3. 나훔서 2장은 하나님의 심판으로 파괴되는 성읍의 처참한 모습을 서술하고 있는데, 다음 중 언급되지 않은 표현은 어느 것인가?

① "그 성읍이 불에 완전히 소멸되어 공허하고 황폐하게 되도다"
② "정한 대로 왕후가 벌거벗은 몸으로 끌려가니 그 모든 시녀들이 가슴을 치며 비둘기 같이 슬피 우는도다"
③ "이제 모두 도망하니 서라 서라하나 돌아보는 자가 없도다"
④ "주민이 낙담하여 그 무릎이 서로 부딪히며 모든 허리가 아프게 되며 모든 낯이 빛을 잃도다"

**정답** ①

4. 나훔서 1장 15절의 "아름다운 소식을 알리고 화평을 전하는 자의 발"과 짝을 이루는 것으로 하나님이 파괴하는 성읍의 처지를 설명하는 표현은 어느 것인가?

① "악을 꾀하는 자의 발길이 그치게 될 것이라"
② "네 파견자의 목소리가 다시는 들리지 아니하리라"
③ "이 땅을 위하여 성을 쌓으며 성 무너진 데를

막아서서 나로 하여금 멸하지 못하게 할 사람을 내가 그 가운데에서 찾지 못할 것이라"

④ "보라 서로 내 말을 도적질하는 선지자들을 내가 치리라"

**정답** ②

나훔 3장

1. 나훔서 3장은 하나님의 심판을 받게 될 성읍의 문제점들을 서술하는데, 다음 중 언급되지 않은 문제는 어느 것인가?

① 그 성읍에 거짓이 가득하고 포악이 가득하다

② 그 성읍에서 탈취가 떠나지 아니한다

③ 그 성읍이 그의 음행으로 여러 나라를 미혹한다

④ 그 성읍이 선지자들을 죽이고 박해한다

**정답** ④

2. 나훔서 3장 6절의 "내가 또 가증하고 더러운 것들을 네 위에 던져 능욕하여 너를 구경거리가 되게 하리니"라는 서술이 의미하는 바는 무엇인가?

① 폭력으로 탈취한 것들을 다 잃고 수치를 당하게 될 것이다

② 자신들이 의지하였던 우상들이 파괴되어 무능한 존재임이 밝혀지면서 수치를 당하게 될 것이다

③ 성적 타락으로 비롯된 사회적 질서의 파괴로 인해 수치를 당하게 될 것이다

④ 요새와 가옥이 파괴된 잔해들로 성읍이 덮이게 되면서 수치를 당하게 될 것이다

**정답** ②

3. 나훔서 3장 8절은 하나님의 심판의 대상인 성읍이 심판을 피할 수 없음을 논증하는데, 이를 증명하기 위해 어떤 성읍의 멸망을 예로 언급하는가?

① 바벨론　② 노아몬

③ 니느웨　④ 사마리아

**정답** ②

4. 나훔서 3장은 하나님의 심판의 대상인 성읍이 파괴될 수밖에 없음을 지적하기 위해 여러 표현들을 사용하고 있는데, 다음 중 언급되지 않은 내용은 어느 것인가?

① 모든 산성은 무화과나무의 처음 익은 열매가 흔들기만 하면 먹는 자의 입에 떨어짐과 같을 것이다

② 장정들은 여인 같고 성문들은 원수 앞에 넓게 열리고 빗장들은 불에 탈 것이다

③ 소년들을 성읍의 고관으로 삼게 되고 아이들이 성읍을 다스리게 될 것이다

④ 장수들이 큰 메뚜기 떼가 추운 날에 울타리에 깃들였다가 해가 뜨면 날아가는 것과 같이 흔적도 없이 사라질 것이다

**정답** ③

5. 나훔서 3장 19절에 따르면, 하나님의 심판을 받은 성읍의 상처는 고칠 수 없고 부상이 중하다는 소식을 듣는 자들이 모두 손뼉을 치며 기뻐하는 이유는 무엇인가?

① 그 성읍에게 항상 행패를 당했기 때문

② 그 성읍에 포로로 사로잡혀갔기 때문

③ 그 성읍이 성전을 파괴했기 때문

④ 그 성읍의 꾐에 빠졌기 때문

**정답** ①

# 하박국

## 하박국 1장

1. 예언자 하박국은 하나님과 더불어 몇 번의 불평을 하고 이에 대한 응답을 받았는가?
   ① 한 번씩 ② 두 번씩
   ③ 세 번씩 ④ 네 번씩
   **정답** ②

2. 하박국이 자신의 백성인 유다의 상태에 대해 하나님께 불평했던 것이 아닌 것은?(합 1:1-4)
   ① 겁탈과 강포와 분쟁이 보인다
   ② 율법이 해이하고 정의가 시행되지 못한다
   ③ 악인이 의인을 에워싸고 있다
   ④ 온 땅에 전염병이 창궐하였다
   **정답** ④

3. 하박국이 하나님께 불평했던 유다 백성들의 죄에 대해서 하나님께서는 어떤 방법으로 처리하시겠다고 하시는가?(합 1:6)
   ① 지금까지 경험하지 못한 기근을 내리겠다
   ② 온 유다에 전염병을 내리겠다
   ③ 갈대아(바벨론 ) 사람을 일으켜서 유다를 치게 하겠다
   ④ 왕이 원수에게 쫓겨 도망다니게 하겠다
   **정답** ③

4. 다음 중 하나님께서 하박국에게 말씀하신 갈대아 사람의 특징이 아닌 것은?(합 1:6-11)
   ① 사납고 성급한 백성으로 땅이 넓은 곳으로 다니며 남의 땅을 점령하는 백성
   ② 표범보다 빠르고 저녁 이리보다 사나운 군마를 부리는 마병이 있는 백성
   ③ 흉벽을 쌓아 견고한 성을 점령하고서 그 성의 왕과 방백을 비웃는 백성
   ④ 사후세계를 중시하여 커다란 기념물을 세우는 백성
   **정답** ④

5. 하박국이 유다의 죄를 처벌하시려는 하나님의 말씀을 듣고 어떤 불평을 하였는가?(합 1:12-17)
   ① 악인이 자기보다 의로운 사람을 삼키는데도 잠잠하십니까?
   ② 의인이 굶주리고 있는데도 잠잠하십니까?
   ③ 의인이 병들어 죽어가는 것을 보고만 계십니까?
   ④ 정직한 자가 거짓을 말하는 자에게 속고 있는데도 가르쳐주지 않으십니까?
   **정답** ①

## 하박국 2장

1. 하박국은 하나님께 두 번째 불평을 하고서 어떤 태도를 취했는가?(합 2:1)
   ① 자신의 집에서 잠잠히 기다리고 있었다

② 파수하는 곳 성루에 서서 무슨 대답을 하실 지 기다렸다

③ 성전에서 민족을 생각하며 기도했다

④ 백성들과 더불어 금식하며 기도하자고 말하였다

**정답** ②

2. 하박국의 두 번째 불평에 대한 하나님의 대답이 아닌 것은?(합 2:2-5)

① 하박국은 기다려야 한다 왜냐하면 하나님께서 정해진 때에 응답하실 것이기 때문이다

② 갈대아는 그 자신의 교만한 현재의 태도 때문에 심판을 받게 될 것이다

③ 의인은 그 믿음으로 말미암아 살 것이다

④ 메대와 바사 연합군이 갈대아를 무너뜨릴 것이다

**정답** ④

3. 다음 중 압제자인 갈대아(바벨론)에 대한 심판이 아닌 것은?(합 2:6-20)

① 노략한 자가 노략을 당할 것이다

② 불의로 성을 건축한 자들의 성이 불에 탈 것이다

③ 전염병이 돌아 무수한 백성이 죽을 것이다

④ 이웃을 취하게 한 자가 하나님의 진노의 잔으로 인해 수치를 당할 것이다

**정답** ③

4. 압제자인 갈대아에 내리는 심판은 어떤 성격을 가졌다고 할 수 있는가? 흔히 "눈에는 눈으로"라는 말로 알려져 있다(합 2:6-17)

① 인과응보법　② 동태복수법

③ 조건법　④ 결의법

**정답** ②

5. 이사야 44:9-20에 나오는 바벨론의 우상숭배에 대한 비판과 유사한 하박국서의 말씀은 어디에 나오는가?(합 2:6-20)

① 2:9-12　② 2:13-14

③ 2:15-17　④ 2:18-20

**정답** ④

### 하박국 3장

1. 하박국의 기도는 시편에서 사용되는 표제어가 나타난다. 어떤 것인가?(합 3:1)

① 하박국이 믹담에 맞추어 부른 기도

② 하박국이 뭇랍벤에 맞추어 부른 기도

③ 하박국이 시기오놋에 맞추어 부른 기도

④ 하박국이 깃딧에 맞추어 부른 기도

**정답** ③

2. 하박국의 기도 가운데 하나님께서 권능 가운데 나타나시는 것, 곧 남쪽 광야에서부터 시작한 하나님의 행진에 대한 기록이 담긴 부분은?(합 3:2-19)

① 3:2　② 3:3-7　③ 3:8-15　④ 3:16-19

**정답** ②

3. 하박국의 기도 가운데서 관계가 먼 것은?(합 3:3-15)

① 궁극적인 승리를 위해 남유다와 북이스라엘의 화합이 필요하다고 기도한다

② 승리를 묘사한 언어가 창조를 묘사한 언어와 섞여 있으며, 대적을 향한 하나님의 승리를 보고 땅이 두려워 떠는 것으로 묘사된다

③ 이집트에서의 탈출이 반영된, 열방을 향한 하나님의 승리에 대한 찬양이다

④ 하나님의 백성 곧 기름 부음 받은 자를 구원하기 위해 행동하시는 하나님을 찬양한다

**정답** ①

4. 하박국의 기도는 압제자가 패하기를 잠잠히 기다리되, 즉각적인 구원의 징조가 없을 지라도 신실한 신뢰 가운데 기다릴 것이라고 노래함으로 마무리된다. 그 중에서 관계없는 것은?(합 3:16-19)
   ① 무화과나무가 무성하지 못하고 포도나무에 열매가 없어도 기뻐하리라
   ② 비록 내가 병에 시달리고 주변에는 전염병이 창궐할지라도 즐거워하리라
   ③ 여호와로 말미암아 즐거워하고 나의 구원의 하나님으로 말미암아 기뻐할 것이다
   ④ 여호와는 나의 힘이시라 나의 발을 사슴과 같이 높은 곳에 다니게 하신다

**정답** ②

5. 다음 중에서 하박국서의 신학과 거리가 먼 것은?
   ① 어떻게 의로우신 하나님께서 악을 묵인하실 수 있을까?
   ② 불의한 자가 의인을 압제하는 것을 왜 내버려 두실까?
   ③ 하나님의 용서는 열방으로 확장되어야 한다
   ④ 의인은 믿음으로 살리라

**정답** ③

# 스바냐

스바냐 1장

1. 예언자 스바냐를 소개하는 첫 절과 관련이 없는 것은?(습 1:1)
   ① 구약성경에서는 드물게 사용된 4대 계보를 사용하여 예언자의 출신을 소개하고 있다
   ② 요시야왕의 치세 때 활동하였다
   ③ 히스기야 왕의 후손일 가능성도 있다
   ④ 바벨론 포로에서 귀환한 후 예루살렘을 재건하는데 기여하였다

   **정답** ④

2. 여호와께서 땅 위에서 모든 것을 진멸할 것이라고 하신 말씀 속에서 배울 수 있는 교훈과 관계가 먼 것은?(습 1:2-6)
   ① 심판은 무섭게 시작되지만 곧 끝나고 온 땅은 회복될 것이다
   ② 온 세상에 대한 심판으로 시작하여 유다와 예루살렘의 심판으로 이어진다
   ③ 창조 전반에 대한 심판을 예언하심으로 창세기의 창조기사를 기억나게 한다
   ④ 유대인들과 예루살렘 주민들은 여호와와 더불어 다른 신들을 겸하여 섬기는, 예배의 혼합주의 형태를 드러낸다

   **정답** ①

3. 스바냐가 유다와 예루살렘 주민들의 첫 번째 죄라고 지목한 것은?(습 1:2-6)
   ① 고아와 과부를 돌보지 않은 무정함
   ② 가난한 자를 학대한 포악함
   ③ 하나님과 우상을 함께 섬긴 혼합주의
   ④ 음란함과 방탕함

   **정답** ③

4. 여호와의 희생의 날에 일어날 일들이 아닌 것은?(습 1:7-13)
   ① 문턱을 뛰어넘어서 포악과 거짓으로 자기 주인의 집에 채운 자들이 벌을 받을 것이다
   ② 여호와께서는 복도 내리지 않고 화도 내리지 않는다고 생각하는 자를 등불로 찾아 벌을 내릴 것이다
   ③ 왕궁의 보물창고가 이방인들에 의해 털리고 여인들이 사로잡혀 갈 것이다
   ④ 예루살렘의 구석구석, 예를 들어 어문이나 제이 구역 등에서 부르짖음과 울음소리가 날 것이다

   **정답** ③

5. 가깝고도 빠르게 다가오는 여호와의 큰 날과 상관이 없는 것은?(습 1:14-18)
   ① 분노의 날이며 환난과 고통의 날이며 황폐와 패망의 날, 캄캄한 흑암의 날이다
   ② 예언자의 음성을 듣고 잠시 회개하다가 다시 죄악으로 빠진 날이다
   ③ 사람들이 가진 금과 은이 여호와의 질투의 불에서 자신들을 건져내지 못할 것이다

④ 나팔을 불어 경고하며 견고한 성읍들과 높은 망대를 치는 날이다

**정답** ②

## 스바냐 2장

1. 여호와의 날에 백성이 취해야 할 태도로 가장 적절한 것은?(습 2:1-3)

① 미스바에 모여 함께 재를 뒤집어쓰고 금식하기

② 함께 모여 여호와를 찾으며 공의와 겸손을 구하기

③ 예루살렘 성전으로 이르는 대로를 수축하기

④ 대적을 향해 전쟁 준비하기

**정답** ②

2. 스바냐는 다섯 나라에 대해 네 가지 심판을 예언하고 있는데, 다음 중 관련이 없는 것은?
(습 2:4-15)

① 블레셋의 땅은 그 주민이 쫓겨나고 유다 족속의 남은 자에게 돌아갈 것이다

② 모압과 암몬은 소돔과 고모라처럼 황폐하게 되고 백성의 남은 자들이 그것을 차지하리라

③ 앗수르는 자신들이 포악하게 빼앗았던 나라들처럼 황폐하게 될 것이다

④ 애굽은 의지하던 신들로 인해 부끄러움을 당할 것이다

**정답** ④

## 스바냐 3장

1. 열방을 향한 심판 후에 예루살렘에 대한 심판이 예언되어 있는데, 다음 중 관련이 없는 것은?
(습 3:1-8)

① 예루살렘은 풀밭이 되어 목자의 움막과 양떼의 우리가 거기에 있을 것이다

② 예루살렘은 명령을 듣지 않고 교훈을 받지 않고 여호와를 의뢰하지 않는다

③ 예루살렘은 그 가운데 계시는 의로우신 여호와께서 공의를 비추시지만 자신은 불의하여 수치를 모른다

④ 예루살렘을 향한 심판은 열방의 심판과 밀접하게 연관되어 있어서, 열방이 심판을 받는 것처럼 유다도 심판을 받을 수 있음을 알 수 있다

**정답** ①

2. 열방과 예루살렘의 심판과 구원에 대해 스바냐는 어떤 순서로 예언하는가?(습 2:4-3:13)

① 열방의 심판-예루살렘의 심판-예루살렘의 구원-열방의 구원

② 열방의 심판-열방의 구원-예루살렘의 심판-예루살렘의 구원

③ 예루살렘의 심판-예루살렘의 구원-열방의 심판-열방의 구원

④ 열방의 심판-예루살렘의 심판-열방의 구원-예루살렘의 구원

**정답** ④

3. 스바냐의 예언이 마무리되는 것과 관계가 없는 것은?(습 3:14-20)

① 이스라엘 왕 여호와께서 예루살렘에 임재하실 것이다

② 구원을 베푸실 전능자가 이스라엘 가운데 계셔서 사랑하시며 기뻐하시며 즐거워하실 것이다

③ 이스라엘과 유다 뿐 아니라 온 열방을 하나님의 백성이 되도록 부르실 것이다

④ 유다가 더 이상 적의 손에 수치를 당하지 않고 열방 가운데 칭찬받는 위치로 회복하실 것이다

**정답** ③

4. 다음 중에서 스바냐서의 교훈과 가장 거리가 먼 것은?(습 1:4-6; 2:3; 3:8-11)

① 이스라엘이 범죄할 때 온 세상도 함께 멸망을 받게 된다

② 악인이 흥왕하고 의인이 고난 받고 있는 현재 상황에 대해 설명을 하고 있다

③ 다른 예언서들과 마찬가지로 '정의'도 다루지만, '겸손'을 특히 강조한다

④ 여호와의 날에 대해 더욱 발전시켜, 진노의 날에서 유다의 회복의 날에 대해 가르친다

**정답** ②

# 학개

## 학개 1장

1. 학개서의 표제를 통해 알 수 없는 것은?(학 1:1)
   ① 예언의 시대　② 예언자의 이름
   ③ 예언의 수신자　④ 예언자의 족보
   **정답** ④

2. 다음의 책들 중에서 학개서와 가장 관련이 없는 책은?
   ① 에스라-느헤미야　② 오바댜
   ③ 역대기서　④ 스가랴서
   **정답** ②(포로기 이후의 정황이 기록된 책들)

3. 포로에서 귀환한 이스라엘 백성의 상황에 대해 예언자 학개가 한 말 가운데 가장 거리가 먼 것은?(학 1:2-6)
   ① 성전을 재건하기 전 율법이 다시 선포되고 백성들의 마음이 회복되어야 한다
   ② 너희는 스스로 말하기를, 여호와의 전을 건축할 시기가 이르지 않았다고 한다
   ③ 성전은 황폐하여도 너희는 판벽한 집에서 살고 있다
   ④ 그러므로 너희가 많이 뿌려도 수확이 적고 또 만족하지 못하며 채워지지 못할 것이다
   **정답** ①

4. 성전을 재건하므로 여호와께 영광을 돌리지 않고 자신의 집을 짓기 위해 분주한 이스라엘 백성에게 닥칠 재앙이 아닌 것은?(학 1:7-11)
   ① 너희로 말미암아 하늘에는 이슬이 그쳤다
   ② 이 땅의 모든 곡식과 과일과 가축과 수고하는 모든 일에 가뭄이 들었다
   ③ 전염병이 창궐하고 각 집에 자녀들을 출산하지 못한다
   ④ 너희가 바라는 것을 집으로 가져갔으나 다 날아가 버리고 없다
   **정답** ③

5. 학개의 예언을 듣고 성전 재건에 힘쓰기로 한 자들이 아닌 것은?(학 1:12-15)
   ① 총독 스룹바벨　② 대제사장 여호수아
   ③ 백성들 중 남은 자　④ 사마리아인
   **정답** ④

## 학개 2장

1. 성전재건이 시작된 지 한 달 만인 일곱째 달에 학개를 통해 백성들과 지도자들을 격려한 말씀과 관계가 먼 것은?(학 2:1-9)
   ① 스룹바벨과 여호수아와 백성을 향해 "굳세게 할지라"는 3중 명령이 주어졌다
   ② 성전의 이전 영광보다 지금 성전이 보잘 것 없지만, 나중 영광이 이전 영광보다 크리라
   ③ 성전을 지을 목재와 보물을 너희를 잡아갔던

민족에게서 빼앗아다 줄 것이다

④ 하나님의 언약의 말씀과 하나님의 영이 계속 해서 머무르고 계시니 두려워 말라

**정답 ③**

2. 아홉째 달에 학개를 통해 임한 예언과 거리가 먼 것은?(학 2:10-19)

① 온 백성이 함께 모여 하나님과 우상을 함께 섬겼던 죄를 회개해야 한다

② 부정한 사람이 바치는 부정한 제물에 대한 경고가 주어졌다

③ 성전의 지대를 쌓기 전과 쌓은 후의 상황을 비교하라는 명령이 주어졌다

④ 평년보다 형편없던 추수를 하였지만, 이제는 풍성한 추수를 거두게 될 것이다

**정답 ①**

3. 학개의 마지막 예언 중에서 스알디엘의 아들 총독 스룹바벨을 택하셨음을 보증해 주시는 상징 중 가장 잘 어울리는 것은?(학 2:20-23)

① 홀(규)　　② 끈

③ 인장　　④ 면류관

**정답 ③**

# 스가랴

## 스가랴 1장

1. 스가랴 예언자 시대에 이스라엘 백성이 당하고 있는 고난의 이유에 대한 바른 설명은?
(슥 1:2-6)
   ① 조상들의 범죄함으로 인하여 현재의 고난을 당한다
   ② 하나님의 구원의 은혜가 아직 임하지 않았다
   ③ 우리들 자신이 하나님의 법도를 따르지 않았다
   ④ 예언자들이 회개선포를 제대로 하지 않았다
   **정답** ③

2. 예루살렘과 유다의 회복약속의 지연에 대한 하나님의 응답은 무엇인가?(슥 1:12-17)
   ① 불쌍히 여시고 이제 예루살렘에 돌아와 회복할 것이다
   ② 그들의 죄악상으로 인해 시온의 회복은 요원하다
   ③ 하나님의께서 허락하실 새로운 리더십을 통해 회복이 이루어질 것이다
   ④ 예루살렘이 아닌 이방 나라들이 먼저 회복될 것이다
   **정답** ①

3. 스가랴가 본 두 번째 환상에서 나오는 네 명의 대장장이들의 역할은?(슥 1:18-21)
   ① 제 2성전의 건축
   ② 새로운 여호와의 제단의 건축
   ③ 예루살렘에 귀환한 유다인들을 박해
   ④ 이스라엘 대적자들의 심판
   **정답** ④

## 스가랴 2장

1. 한 사람이 측량줄을 가지고 예루살렘을 측량하는 이유는?(슥 2:1-2)
   ① 심판하기 위하여
   ② 성전을 건축하기 위하여
   ③ 예루살렘 재건을 위하여
   ④ 요새를 쌓기 위하여
   **정답** ③

2. "오호라 너희는 북방 땅에서 도피할 지어다" (슥 2:6)에서 북방 땅은?
   ① 바벨론　　② 앗수르
   ③ 시리아(아람)　　④ 페니키아
   **정답** ①

3. 다음에서 시온의 회복에 대한 문구가 아닌 것은 무엇인가?
   ① 그 가운데에서 영광이 되리라(5)
   ② 나는 네 가운데에 머물리라(11)
   ③ 다시 예루살렘을 택하시리니(12)
   ④ 그의 거룩한 처소에서 일어나심이니라(13)

정답 ④

## 스가랴 3장

1. 왜 여호와께서 여호수아를 가리켜 "불에서 꺼낸 그슬린 나무"라 표현 하는가?(슥 3:2)
   ① 죄악 가운데 건짐을 받았기에
   ② 건강이 악화되어 거의 죽을 지경이 되었기에
   ③ 법정에서 궁지에 몰려 있기에
   ④ 포로상태에서 겨우 생존해 돌아왔기에

   정답 ④

2. 여호수아의 더러운 옷을 벗기는 의미는?(슥 3:4)
   ① 죄악을 사함　② 정결례의 행위
   ③ 건강의 회복　④ 예루살렘의 회복

   정답 ①

3. 여호수아의 대제사장 취임과 더불어 하나님께서 약속하신 바가 아닌 것은?(슥 3:8-10)
   ① 내 종 싹을 나게 하리라
   ② 일곱 눈이 난 돌을 세우리라
   ③ 이 땅의 죄악을 하루에 제거하리라
   ④ 예루살렘 성곽을 재건하리라

   정답 ④

## 스가랴 4장

1. 스가랴의 다섯 번째 환상에서 나타난 순금 등잔대는 무엇을 상징하는가?(슥 4:2)
   ① 다윗 왕조
   ② 회복된 이스라엘 백성
   ③ 새로운 리더십
   ④ 하나님의 영광

   정답 ②

2. 무엇이 힘으로도 능력으로도 되지 아니하고 오직 하나님의 영으로 되는가?(슥 4:6)
   ① 새로운 이스라엘　② 군사적 승리
   ③ 영적 싸움　④ 제 2성전 재건

   정답 ①

3. 두 감람나무를 상징하는 기름부음 받은 자 둘은 누구인가?(슥 4:14)
   ① 야긴과 보아스
   ② 제사장과 예언자
   ③ 다윗왕조와 대제사장
   ④ 왕과 왕비

   정답 ③

## 스가랴 5장

1. 여섯 번째 환상인 날아가는 두루마리의 역할은? (슥 5:3-4)
   ① 하나님 말씀의 충만한 임재
   ② 도둑질과 거짓맹세의 종결
   ③ 우상숭배의 척결
   ④ 이스라엘 리더십의 갱신

   정답 ②

2. 에바 속에 갇힌 여인은 무엇을 상징하는가? (슥 5:7-8)
   ① 과부와 고아　② 이스라엘의 포로민
   ③ 악한 세력　④ 바빌론 여왕

   정답 ③

3. 두 날개 달린 여인이 에바를 시날 땅으로 옮겨가는 이유는?(슥 5:9-11)
① 새로운 박해의 시작
② 바빌론의 우상숭배 답습
③ 이스라엘로부터 죄악 제거
④ 이스라엘의 불순종과 불신앙
**정답** ③

## 스가랴 6장

1. "북쪽에서 내 영을 쉬게 하였느니라"의 의미는?
(슥 6:8)
① 북쪽으로 나간 말들의 실종을 의미
② 시온 건립의 실패를 지적
③ 바알신의 임재를 상징
④ 이스라엘 평화의 도래를 의미
**정답** ④

2. 왜 여호수아에게 씌워진 면류관을 벗어서 여호와의 전 안에 따로 두라 하는가?(슥 6:11-14)
① 여호수아에게 자격이 없기에
② 장차 오실 메시아의 것이기에
③ 도적질을 당할 염려가 있기에
④ 우상숭배의 원인이 될 수 있기에
**정답** ②

3. 여호와의 전 건축의 선행조건은?(슥 6:15)
① 재정확보
② 스룹바벨의 리더십
③ 하나님 말씀의 준수
④ 대제사장의 순결성
**정답** ③

## 스가랴 7장

1. 왜 스가랴 시대에 금식의 계속된 수행여부가 문제가 되었는가?(슥 7:2-3)
① 제 2성전의 건립으로 더 이상 성전파괴에 대한 금식은 필요 없었다
② 금식기도가 응답되지 않고 있었다
③ 이방종교의 관습과 유사한 요소가 있었다
④ 성전의 제사장들의 부정축재의 수단으로 사용되었다
**정답** ①

2. 옛 선지자들을 통하여 전한 말이 아닌 것은?
(슥 7:9-12)
① 너희는 진실한 재판을 행하며
② 서로 인애와 긍휼을 베풀며
③ 과부와 나그네와 궁핍한 자를 압제하지 말고
④ 그들이 듣기를 싫어하여 등을 돌리며
**정답** ④

3. 아름다운 땅을 황폐케 한 원인으로 적당치 않은 것은?(슥 7:11-14)
① 마음을 금강석 같게 하여 듣지 않음
② 하나님이 아닌 자신들을 위하여 땅을 고갈시킴
③ 큰 진노가 여호와께로부터 나옴
④ 하나님의 부르심에 응답치 않음
**정답** ②

## 스가랴 8장

1. 회복된 예루살렘의 비전과 거리가 먼 것은?
(슥 8:3-5)

① 내가 시온에 돌아와 예루살렘 가운데 거하리니
② 만군의 여호와의 산은 성산이라 일컫게 되리라
③ 예루살렘 길거리에 늙은 남자들과 늙은 여자들이 다시 앉을 것이라
④ 그 성읍거리에 소년과 소녀들이 환상을 보리라

**정답** ④

2. 이스라엘 백성을 향한 하나님의 구원행사가 아닌 것은 무엇인가?(슥 8:12-13)
① 남은 백성에게 옛날과 같이 대할 것이라
② 평강의 씨앗을 얻을 것이라
③ 포도나무가 열매를 맺으며
④ 하늘은 이슬을 내리리니

**정답** ①

3. 스가랴를 통하여 백성에게 주었던 가르침과 관계가 없는 것은 무엇인가?(슥 8:16-17)
① 이웃과 더불어 진리를 말하기
② 성문에서 진실하고 화평한 재판을 베풀기
③ 마음에서 서로 해하기를 삼가기
④ 이웃을 위해 불가피한 거짓 맹세하기

**정답** ④

4. 계속된 금식과 애통함의 종교적 수행여부에 대한 스가랴의 최종적 응답은?(슥 8:19)
① 기뻐하고 감사하라
② 오직 진리와 화평을 사랑하라
③ 제사를 충실히 드려라
④ 하나님의 율법에 순종하라

**정답** ②

## 스가랴 9장

1. 다메섹, 페니키아, 블레셋을 포함하는 지역들의 멸망을 선포하는 근본이유는?(슥 9:1-10)
① 전통적 적국들의 완전한 멸망
② 종말론적 비전
③ 다윗왕국의 재건
④ 스가랴 당시의 국제정세의 반영

**정답** ③

2. 장차 도래할 메시아이신 왕에 대한 묘사가 아닌 것은?(슥 9:9-10)
① 공의로움 ② 구원을 베풂
③ 겸손함 ④ 전쟁수행

**정답** ④

3. 이스라엘 백성의 회복을 위해 싸우시는 "용사이신 하나님"(Divine Warrior)의 이미지와 상관 없는 것은?(슥 9:12-15)
① 그의 통치는 바다에서 바다까지 이르고 유브라데 강에서 땅 끝까지 이르리라
② 내가 유다를 당긴 활로 삼고 에브라임을 끼운 화살로 삼았으니
③ 내가 네 자식들을 일으켜 헬라 자식들을 치게하며 너를 용사의 칼과 같게 하리라
④ 주 여호와께서 나팔을 불게 하시며 남방 회오리바람을 타고 가실 것이라

**정답** ①

## 스가랴 10장

1. 스가랴가 드라빔과 복술자들을 거론하는 이유와 거리가 먼 것은?(슥 10:1-2)

① 비를 오게 하시는 이는 오직 여호와이심을 선포하기 위하여
② 거짓 인도자들을 고발하기 위하여
③ 백성들이 방황하며 유리하게 된 정황을 알리기 위하여
④ 하나님의 진노가 우상 만드는 장인들에게 향해 있음을 알리기 위하여

**정답** ④

2. 이스라엘을 회복시키시는 하나님의 참된 목자의 이미지와 상관이 없는 것은?(슥 10:8-10)
① 내가 그들을 향하여 휘파람을 불어 그들을 모을 것은
② 그들의 자손은 보고 기뻐하며 여호와로 말미암아 마음에 즐거워하리라
③ 그들이 먼 곳에서 나를 기억하고 그들이 살아서 그들의 자녀들과 함께 돌아올지라
④ 그들을 앗수르에서부터 모으며 길르앗 땅과 레바논으로 그들을 이끌어 가리니

**정답** ②

3. 여호와 의지의 견고성을 부각시키기 위해 세상 제국의 멸망을 지적하는 장면이 아닌 것은 ?(슥 10:11-12)
① 나일의 깊은 곳이 다 마르고
② 앗수르의 교만이 낮아지겠고
③ 애굽의 규가 없어지리라
④ 그들이 내 이름으로 행하리라

**정답** ④

## 스가랴 11장

1. 스가랴 11:1-3의 백향목과 잣나무와 상수리나무들의 쓰러짐이 상징하는 것은 무엇인가?
① 강대한 지배자들의 몰락
② 종교지도자들의 타락
③ 다윗왕가의 메시아 도래 실패
④ 자연세계의 파괴

**정답** ①

2. 하나님께서 이스라엘 백성을 이방임금의 손에 넘긴 이유는?(슥 11:5-6)
① 백성들의 불순종 ② 백성들의 우상숭배
③ 리더십의 타락 ④ 열강제국의 강성

**정답** ③

3. 양떼를 버린 목자에게 임하는 징벌이 아닌 것은 무엇인가?(슥 11:17)
① 칼이 그의 팔과 오른쪽 눈에 내리리니
② 그의 팔이 아주 마르고
③ 그의 오른쪽 눈이 아주 멀어 버릴 것이라
④ 유다와 이스라엘 형제의 의리를 끊으려 함이었더라

**정답** ④

## 스가랴 12장

1. 스가랴 12:1-9에서 드러난 시온과 관련된 전통적 예언사상은?
① 예루살렘 불가침 사상
② 시온주의
③ 한 성소 사상
④ 회개사상

**정답** ①

2. 예루살렘 주민을 보호하는 표현 가운데 적절치

못한 것은?(슥 12:8)

① 그 중에 약한 자가 그 날에는 다윗 같겠고

② 다윗의 족속은 하나님 같고

③ 거치는 반석을 둘 것이라

④ 무리 앞에 있는 여호와의 사자 같을 것이라

**정답** ③

3. "므깃도 골짜기 하다드림몬에 있던 애통과 같을 것이라" 할 때, 이것은 누구를 위한 애통을 이야기 하는가?(슥 12:11)

① 고니야 ② 스룹바벨

③ 그달랴 ④ 요시야

**정답** ④

## 스가랴 13장

1. 다음 중 스가랴 시대에 죄 씻음 받아야 할 원인에 해당되지 않는 것은?(슥 13:1-3)

① 우상숭배 ② 기억하지 못함

③ 거짓 선지자 ④ 더러운 귀신

**정답** ②

2. 당시 선지자들을 구별할 수 있는 외형상의 특징은 무엇인가?(슥 13:4-6)

① 털옷과 두 팔 사이의 상처

② 메뚜기와 석청 음식

③ 삭발머리와 외투

④ 선지자 생도들과 공동생활

**정답** ①

3. 본문 가운데 계속해서 등장하는 목자 이미지가 우리에게 알려주는 것은 무엇인가?

① 반유목민 사회의 유산을 대변한다

② 시편의 목가적 이미지를 연상케 한다

③ 제사의 문제로 나아가려 한다

④ 리더십의 문제에 관심한다

**정답** ④

## 스가랴 14장

1. 다음에서 묵시문학적 요소와 관계없는 구절은 무엇인가?

① 감람산은 그 한 가운데가 동서로 갈라져 매우 큰 골짜기가 되어서(슥 14:4)

② 그 날에는 빛이 없겠고 광명한 것들이 떠날 것이라(슥 14:6)

③ 여호와께서 천하의 왕이 되시리니 그 날에는 여호와께서 홀로 한 분이실 것이요(슥 14:9)

④ 사람이 그 가운데에 살며 다시는 저주가 있지 아니하리니(슥 14:11)

**정답** ④

2. 스가랴 14:7에 "한 날이 있으리니 낮도 아니요 밤도 아니라"에서 한 날이 상징하는 바는?

① 혼돈 ② 신비 ③ 새창조 ④ 거룩성

**정답** ③

3. 스가랴 14:21에 "만군의 여호와의 전에 가나안 사람이 다시 있지 아니하리라"의 의미는?

① 가나안 사람들이 완전히 멸망한다

② 모든 사람들이 하나님 앞에 용납된다

③ 가나안 사람들이 이스라엘 백성으로 완전히 귀화 한다

④ 모든 족속들이 거룩해진다

**정답** ②

# 말라기

말라기 1장

1. 말라기 시대 당시의 제사장들이 하나님의 이름을 멸시했던 행위들 가운데 해당되지 않는 것은 무엇인가?(말 1:7-8)
   ① 더러운 떡을 제단에 바쳤다
   ② 눈 먼 희생제물을 바쳤다
   ③ 월삭의 번제를 드리지 않았다
   ④ 사지가 온전치 못한 제물을 드렸다

   **정답 ③**

2. 여호와께서 "야곱을 사랑하고 에서는 미워하였다"(말 1:2-3)는 유다 편향적 관념을 극복하는 구절로 적절한 것은?
   ① 그의 산업을 광야의 이리들에게 넘겼느니라(3)
   ② 그들은 쌓을지라도 나는 헐리라(4)
   ③ 여호와의 영원한 진노를 받은 백성이라 할 것이며(4)
   ④ 여호와께서는 이스라엘 지역 밖에서도 크시다 하리라(5)

   **정답 ④**

3. 하나님께서 이스라엘 백성의 예배를 물리치시는 내용과 관계없는 구절은?(말 1:10)
   ① 너희 중에 성전 문을 닫을 자가 있었으면 좋겠도다
   ② 내가 너희를 기뻐하지 아니하매
   ③ 너희가 손으로 드리는 것을 받지도 아니하리라
   ④ 그 위에 있는 과일 곧 먹을 것은 경멸히 여길 것이라

   **정답 ④**

4. 말라기서의 특징적 문학형태인 하나님과의 대화체가 아닌 것은?
   ① 여호와께서 이르시되 내가 너희를 사랑하였노라 하나 너희는 이르기를 주께서 어떻게 우리를 사랑하셨나이까 하는도다(2)
   ② 내가 주인일진대 나를 공경함이 어디 있느냐 하나 너희는 이르기를 우리가 어떻게 주의 이름을 멸시하였나이까 하는도다(6)
   ③ 만군의 여호와가 이르노라 너희는 나 하나님께 은혜를 구하면서 우리를 불쌍히 여기소서 하여 보라 너희가 이같이 행하였으니 내가 너희 중 하나인들 받겠느냐(9)
   ④ 이는 내 이름이 이방민족 중에서 크게 될 것임이니라 그러나 너희는 말하기를 여호와의 식탁은 더러워졌고 그 위에 있는 과일 곧 먹을 것은 경멸히 여길 것이라(11-12)

   **정답 ③**

5. 하나님께서 짐승 떼 가운데 수컷이 있는데도 그 서원하는 일에 흠 있는 것으로 드리는 것이 속이는 행위라고 말씀하신 이유는?(말 1:14)
   ① 수컷이나 암컷 관련 없이 흠 없는 것을 드려

야 하기에

② 짐승 떼에서 무작위로 드리는 것이 아니라 꼭 수소를 드려야 하기에

③ 서원하는 일 자체가 문제가 되기에

④ 서원제를 드릴 경우 흠없는 수컷을 드려야 하기에(레 22:18-20)

**정답** ④

## 말라기 2장

1. 제사장의 역할이 아닌 것은?(말 2:2, 5-7)

① 저주 선포　② 하나님 경외

③ 회개시킴　④ 율법 교육

**정답** ①

2. 레위와 세운 하나님의 언약과 관련이 없는 것은 무엇인가?(말 2:4-9)

① 성전을 건축해야 한다

② 생명과 평강의 언약이다

③ 화평함과 정직함으로 하나님과 동행해야 한다

④ 만군의 여호와의 사자가 되어야 한다

**정답** ①

3. 제사장의 죄악상이 아닌 것은?(말 2:8-9)

① 레위의 언약을 깨뜨렸다

② 백성을 저주하였다

③ 하나님의 길을 지키지 않았다

④ 율법을 행할 때에 사람에게 치우치게 적용했다

**정답** ②

4. 여호와께서 야곱의 장막 가운데서 끊어버리는 벌을 내리실 범죄에 해당하는 것은?(말 2:10-12)

① 눈물과 울음으로 여호와의 제단을 가린 죄

② 여호와께 봉헌물을 성의 없이 드린 죄

③ 이방신의 딸과 결혼한 죄

④ 가난한 자를 돕지 않은 죄

**정답** ③

5. 하나님께서 미워하시는 일이 아닌 것은 무엇인가?(말 2:16)

① 이혼　② 위선　③ 거짓　④ 맹세

**정답** ④

6. 여호와를 괴롭게 하는 말이란 무엇인가?(말 2:17)

① 변명

② 사악한 계획

③ 다른 신들에 대한 찬양

④ 하나님의 정의를 불신

**정답** ④

## 말라기 3장

1. 언약의 사자가 임하여 레위 자손을 깨끗하게 하는 목적은 무엇인가?(말 3:3-4)

① 레위지파에게 새로운 언약을 주기 위하여

② 레위자손을 어느 지파보다도 높이시기 위하여

③ 공의로운 제물을 바치게 하기 위하여

④ 여호와의 임재를 준비하기 위하여

**정답** ③

2. 말라기서의 논쟁적 문체가 아닌 것은?

① 그리하면 나도 너희에게로 돌아가리라 하였

더니 너희가 이르기를 우리가 어떻게 하여야 돌아가리까 하는도다(7)

② 그러나 너희는 나의 것을 도둑질하고도 말하기를 우리가 어떻게 주의 것을 도둑질하였나이까 하는도다(8)

③ 너희 땅이 아르다워지므로 모든 이방인들이 너희를 복되다 하리라 만군의 여호와의 말이니라(12)

④ 여호와가 이르노라 너희가 완악한 말로 나를 대적하고도 이르기를 우리가 무슨 말로 주를 대적하였나이까 하는도다(13)

**정답 ③**

3. 다음은 말라기 시대에 하나님을 대적하는 이들의 언급이다. 해당사항이 없는 것은 무엇인가? (말 3:14-15)

① 우리가 어떻게 하여야 돌아가리이까

② 하나님을 섬기는 것이 헛되니

③ 교만한 자가 복되다

④ 하나님을 시험하는 자가 화를 면한다

**정답 ①**

4. 여호와를 경외하는 자들의 자세와 확신이 아닌 것은?(말 3:16)

① 하나님의 보고 들으심 확신

② 여호와의 이름 존중히 여김

③ 여호와 앞에 있는 기념책에 기록됨

④ 제사드리는 일에 열심

**정답 ④**

5. 하나님의 정한 날에 이루어지는 일과 관련이 없는 것은 무엇인가?(말 3:17-18)

① 여호와 경외자들을 하나님의 특별한 소유로 삼는다

② 온전한 십일조를 드린다

③ 여호와를 섬기는 이들을 아낀다

④ 의인과 악인을 분별한다

**정답 ②**

## 말라기 4장

1. 여호와의 날에 이루어지는 일을 묘사한 것이 아닌 것은?(말 4:1-3)

① 교만한 자와 악한 자가 지푸라기처럼 불살라진다

② 여호와 경외자들은 곤궁에서 회복된다

③ 의인들은 악인들에 대하여 승리한다

④ 남은자들이 시온으로 돌아온다

**정답 ④**

2. 모세와 엘리야를 언급하는 이유는?(말 4:4-6)

① 율법준수에 대한 강조와 하나님의 길로 돌아오게 하기 위하여

② 신약성경의 변화산 사건과 연결시키기 위하여

③ 구약성경의 가장 위대한 인물들이기 때문에

④ 여호와 경외의 대표자들이기 때문에

**정답 ①**

# 인명 · 지명 및 용어 설명

1. **가나안 땅**: '저지(抵地)'를 의미하며, 보통 요단 서편 지역을 가리킨다.
2. **가드 모레셋**: 예언자 미가의 고향으로 블레셋의 가드 근처다.
3. **가브리엘**: '하나님이 강한 자'라는 뜻으로 구약성경 다니엘서에만 언급된 천사다.
4. **가스무(느 6:6)**: 아라비아 사람 게셈(느 6:1)의 다른 이름
5. **가인과 아벨**: 가인은 '대장장이', 아벨은 '생기' 혹은 '숨'이라는 뜻이다.
6. **갈그미스**: 북부 시리아(아람) 지역의 성읍이다.
7. **갈대아 사람**: 신바벨론 지역 주민을 말한다.
8. **갈렙**: 유다 지파 여분네의 아들로 '개'라는 의미다.
9. **갑돌**: 블레셋 사람의 고향(암 9:7)으로 보통 그레데 섬을 말한다.
10. **강퍅**: 고집셈, 완고함을 의미한다.
11. **거류자**: 땅을 소유하지 않은 임시 체류자(노동자)를 말한다.
12. **게델 사람**: 유다 남부에 있던 가나안 사람의 성읍으로 '울타리'라는 뜻이다.
13. **게르솜**: 모세의 장자로서 '거기서 나그네가 됨'이라는 뜻이다.
14. **계명성**: 이사야 14:12절에 한번 나오며, 보통 교만한 바벨론 왕을 말한다.
15. **고레스 왕**: 포로민의 귀환과 성전건축을 허락했던 페르시아 제국의 첫 번째 왕이다.
16. **고살자**: 고의적으로 살인한 자를 의미한다.
17. **골리앗**: 가드 사람이며 블레셋 군대의 장수로 키가 여섯 규빗 한 뼘이다.
18. **골호세**: 느헤미야 시대 유다 사람으로 미스바 지방을 다스리 자이다.
19. **관원장**: 애굽의 파라오 궁정에 있던 고급 관료를 말한다.
20. **광야**: 사막과 거의 유사하여 불모지가 대부분이지만 유대 광야같이 우기에는 초지로 변해 목축업이 가능한 땅도 있다.
21. **그나스 사람**: 본래 에돔 족속의 일가로 후에 유다 지파에 편입된 사람이다.
22. **그달리야**: 바벨론에서 파견한 최초 유다 총독이다.
23. **그두라**: 아브라함의 후처(혹은 첩)다.
24. **그랄**: 가사의 남쪽에 위치한 성읍으로 아비멜렉이 통치하던 곳이다.
25. **그리심산**: 모세가 축복을 선포했던 산으로 사마리아인이 이곳에 성전을 세웠다.
26. **그발강**: 에스겔이 환상을 본 강이다.
27. **금장색**: 금으로 장신구나 우상을 만드는 사람을 말한다.

28. **기드론**: 예루살렘과 감람산 사이에 있는 시내다.

29. **기드온**: 므낫세 지파 출신의 사사로서 여룹바알이라는 이름을 가진다.

30. **기랏 아르바**: 헤브론의 옛 이름이다.

31. **기슬르(래)월**: 유대 달력으로 아홉 번째 달(양력 11-12월)이다.

32. **길가메쉬 서사시**: 세계에서 가장 오래된 바벨론 서사시로 창조와 홍수신화로 유명하다.

33. **나봇**: 이스르엘 사람으로 아합 왕에게 자신의 포도원을 팔지 않은 자다.

34. **나실인**: 하나님께 서원한 헌신자다.

35. **나아만**: 아람 왕 벤하닷 1세의 군대장관이다.

36. **나오미**: 엘리멜렉의 아내로 룻의 시어머니이며, '나의 기쁨'이라는 의미다.

37. **나팔절**: 유대 달력으로 티슈리월 1일에 신년을 알리는 의미로 나팔부는 날이다.

38. **느비임**: '예언자들'을 말하기도 하며, '예언서'를 말하기도 한다.

39. **네피림**: 의미는 '침략자'라는 뜻으로 70인역에서 '거인들'로 번역하고 있다.

40. **노 아몬**: 애굽의 과거 수도 '테베'에 대한 다른 이름이다.

41. **느디님 사람**: 레위 사람에게 주어진 종들로 성전에서 잡일을 하는 자다.

42. **느보산**: 모세가 약속의 땅을 바라보며 죽은 산이다.

43. **느부갓네살**: '느보 신이여! 왕위를 지켜주소서!'는 뜻으로 바벨론 왕이면서 예루살렘을 정복하고 유다인을 포로로 끌고간 왕이다.

44. **느부사라단**: 느부갓네살 왕의 시위대 장관으로 주전 581년 예루살렘을 정복했던 자다.

45. **느후스단**: 예루살렘 성전에 있던 모세가 만든 놋뱀의 이름이다.

46. **니산월**: 유대 달력으로 첫 번째 달(양력 3-4월)이다.

47. **다곤**: 블레셋 사람이 숭배한 신의 이름이다.

48. **(대)속죄일**: 전국민이 속죄하는 날로 티슈리월(일곱 번째달) 10일이다.

49. **달란트**: 무게의 단위로 3천 세겔이 1달란트였으며, 34.272kg이다.

50. **담무스**: 바벨론의 남신으로 여신 이쉬타르와 함께 생산의 신이다.

51. **대언자**: 구약에서는 모세의 형 아론에게 사용하였으며, '대변자'라는 의미다.

52. **대제사장**: 제사장의 우두머리를 말한다.

53. **데만**: 에서의 손자 이름이면서 에돔 족속의 이름이기도 하다.

54. **도단**: 요셉이 양을 치고 있던 형들을 만난 곳이다.

55. **도벳**: '불사르는 곳'이라는 뜻으로 구약에서는 인신제사가 드려지던 곳이다.

56. **도엑**: 에돔 사람으로 사울의 목자장이다.

57. **도피성**: 실수로 사람을 죽인 자가 피의 보복자로부터 피할 수 있는 성읍이다.

58. **두루마리**: 양피지나 파피루스에 기록된 고대 문서다.

59. **두발가인**: 동철로 날카로운 기계를 만든 자다.

60. **드라빔**: 사람 모양을 한 가정 수호신이다.

61. **디글랏 빌레셀**: 앗수르 왕으로 왕하 15장 19절의 '불'과 동일 인물이다.

62. **디베랴 바다**: 갈릴리 바다의 별칭이다.

63. **디블라임**: 예언자 호세아의 부인 고멜의 아버지다.

64. **딤낫 헤레스**: 에브라임 성읍으로 딤낫 세라와 동일한 장소며, 여호수아의 매장지다.

65. **라마다임소빔**: 사무엘의 고향이다.

66. **라이스**(지명): 단 지파가 점령하여 이름을 '단'으로 바꾸었던 곳이다.

67. **라흐미**: 가드 사람 골리앗의 아우다.

68. **랍비돗**: 사사 드보라의 남편이다.

69. **랍사게**: 앗수르 왕 산헤립의 장군으로 예루살렘을 치러 온 자다.

70. **레갑 족속**: 이스라엘의 가나안 정착 후에도 광야 생활을 하던 유목 민족이다.

71. **레히**: 삼손이 블레셋 사람을 나귀 턱뼈로 쓰러뜨린 장소다.

72. **로루하마**: 예언자 호세아의 딸로 '긍휼히 여김을 받지 못한 자'라는 뜻이다.

73. **로암미**: 예언자 호세아의 아들로 '내 백성이 아니다'라는 뜻이다.

74. **르말랴**: 이스라엘 왕 베가의 아버지다.

75. **르무엘**: 잠언 31장의 저자로 아라비아 왕이다.

76. **르우벤**: 야곱과 레아에게서 난 장자로 '보라, 아들이다'는 뜻이다.

77. **마노아**: 소라 땅 단 지파의 사람으로 삼손의 아버지다.

78. **마라**: 홍해를 건넌 후 처음 진을 친 곳이다.

79. **마옥**: 가드 왕 아기스의 아비이다.

80. **마헬살랄하스바스**: 이사야의 둘째 아들 이름으로 '노략이 속함'이라는 뜻이다.

81. **말기수아**: 사울 왕의 아들이며, 요나단의 동생으로 '여호와는 부요하시다'라는 뜻이다.

82. **말론**: 엘리멜렉과 나오미의 아들로 룻의 전 남편이며, 이름의 뜻은 '약골'이다.

83. **맛소라 학파**: '전통'이라는 의미로 구약성서 본문 전통을 이어온 자들이다.

84. **맥추절**: 칠칠절, 오순절이라 하며, 유월절부터 7주 후 봄 작물 수확 감사제다.

85. **메길로트**: 두루마리라는 뜻으로 아가, 룻기, 예레미야애가, 전도서, 에스더서 5권을 말하며 절기와 관계된 책들이다.

86. **메르넵타 석비**: 구약성서 밖에서 이스라엘을 언급한 최고(最古)의 자료다.

87. **메소포타미아**: 알렉산더 이후 나온 헬라식 이름으로 티그리스 강과 유프라테스 강 사이의 지역을 말한다.

88. **메주자**: 신명기(6:4-9; 11:13-21)를 쓴 양피지 조각으로 집 문의 문설주에 붙인다.

89. **멜기세덱**: 지극히 높으신 하나님의 제사장이면서 살렘 왕이다.

90. **면제년**: 안식년이라고도 하며, 7년마다 행해지는 부채탕감과 노예해방의 해다.

91. **모리아 산**: 아브라함이 이삭을 바친 장소로, 역대기에는 성전이 세워진 장소로 알려져 있다(대하 3:1).

92. **모우님 사람**: 에돔 부근 세일 산지에 살던 자들로 마온 사람이라는 표현으로도 쓰인다. 포로 이후 성전 노예인 므우님 사람과 일치한다.

93. **몰렉**: 인신제사를 즐겨 받던 이방신이다.

94. **무교절**: 유월절 다음 날부터 일주일 동안 지킨 절기로 누룩 없는 빵을 먹는 날이다.

95. **므라리**: 레위의 셋째 아들로 '쓴', '쓰라림'이라는 뜻이다.

96. **므립바알**: 사울의 손자이자, 요나단의 아들로 므비보셋의 또 다른 이름이다.

97. **밀곰**: 암몬의 국가신으로 솔로몬 시대 밀곰을 위해 예루살렘 동쪽에 산당을 세웠다.

98. **바로 느고**: 애굽의 제26왕조 두 번째 왕으로 므깃도에서 요시야를 전사케 한 왕이다.

99. **바사**: 고레스 2세로부터 시작되는 페르시아를 말한다.

100. **바알브올**: 모압의 성읍으로 이스라엘 백성이 우상을 숭배했던 곳이다.

101. **반세겔**: 성전세로 바치던 금액이다.

102. **발락**: 십볼의 아들이며, 모압의 왕으로 이스라엘을 저주하던 자다.

103. **발람**: 브올의 아들이며, 브돌 주민으로 술사(혹은 예언자)다.

104. **밧단아람**: '아람의 평야'라는 뜻으로 유브라데 강의 상류지역을 말한다.

105. **밧세바**: '맹약의 딸'이라는 뜻으로 헷 사람 우리아의 아내이자, 다윗의 부인이다.

106. **번제**: 희생제물을 제단 위 거룩한 불로 태워 하나님께 드리는 제사방법 중 하나다.

107. **베노니**: '슬픔의 아들'이라는 뜻으로 라헬이 난산으로 부른 베냐민의 처음 이름이다.

108. **베레스 웃사**: 다윗 시대 법궤를 예루살렘으로 운반하면서 웃사가 손을 대 하나님의 진노가 임했던 장소다.

109. **베셀**: 모압 지역으로 르우벤 지파의 땅이었으며 도피성으로 지정된 장소다.

110. **벤하닷**: '하닷의 아들'이라는 뜻으로 다메섹의 왕에 대한 통칭이다.

111. **보디베라**: 요셉의 장인으로 온(On)의 제사장이다.

112. **보스라**: 에돔의 성읍으로 염색업이 발달된 지역이다.

113. **보아스**: 다윗의 증조부이며, 룻의 남편이고, 예루살렘의 부호이다.

114. **부림절**: 유대인이 하만의 간계에서 구원받은 것을 기념하는 절기다.

115. **부시**: 예언자 에스겔의 아버지다.

116. **부윤**: 한 성읍을 다스리는 지도자다.

117. **북기야**: 레위 사람 헤만의 아들로 다윗 시대 성전음악 봉사자 중 하나다.

118. **분깃**: 구약에선 보통 '토지'를 말하며 하나님께서 주신 선물이다.

119. **브가히야**: 북왕국 이스라엘 왕 므나헴의 아들로 2년 동안 통치한 왕이다.

120. **브닌나**: 에브라임 사람 엘가나의 두 부인 중 하나로 한나를 격분케 한 여자다.

121. **브엘라해로이**: '나를 감찰하시는 살아계신 자의 우물'이라는 뜻으로 쫓겨난 하갈이 여호와의 사자를 만난 곳이다.

122. **블레셋의 5대 도시**: 가사, 아스돗, 아스글론, 가드, 에그론

123. **비돔**: 히브리인이 애굽의 고센 땅에서 강제노동으로 세운 국고성이다.

124. **사르곤**: 구약에 나오는 사르곤은 사르곤 2세로 사마리아를 점령한 앗수르 왕이다.

125. **사르단**: 여호수아 시대 요단 강물이 멎은 곳이다.

126. **사브낫바네아**: '하나님께서 말씀하시니 그가 살았다'라는 뜻으로 야곱의 아들 요셉에게 바로가 지어 준 이름이다.

127. **사사**: 왕조시대 이전 이스라엘을 다스리던 통치자다.

128. **사해사본**: 1947년부터 사해 부근 쿰란에서 발견한 히브리어 사본에 대한 총칭이다.

129. **산당**: 신을 숭배하는 장소로써 '높은 곳'이라는 의미다.

130. **산발랏**: 느헤미야 시대 호론 출신으로 사마리아 지역 총독이었으며, 이름은 '달신이 생명을 주다'(Sin uballit)라는 뜻이다.

131. **산헤립**: '달신(Sin)은 형제를 번성케 한다'는 뜻으로 사르곤 2세의 아들이며, 앗수르의 왕이다.

132. **살렘**: 멜기세덱이 왕이면서 제사장이었던 성읍으로 보통 예루살렘과 동일하게 본다.

133. **살만에셀**: 구약에는 앗수르 왕 살만에셀 5세만 나오며, 사마리아를 포위한 자다.

134. **살몬**: 룻의 남편 보아스의 부친이다.

135. **살문나**: 기드온에 의해 살해된 미디안의 두 왕 중 하나다.

136. **삼갈**: 아낫의 아들로 이스라엘의 사사다.

137. **삼손**: '태양과 같은'이라는 뜻으로 다곤 신전을 무너뜨린 이스라엘의 사사다.

138. **삿두**: 바벨론에서 귀환한 족장으로 그 자손의 일부가 이방 여인과 결혼하여 에스라의 권고에 따라 이혼했다(스 10:27).

139. **상번제**: 매일 드리는 번제를 말한다.

140. **서기관**: 보통 구약에서는 '관리'로, 신약에서는 '율법학자'로 쓰인다.

141. **선견자**: 꿈과 이상을 보고 신의 뜻을 해석하는 자다.

142. **선지자**: '부르심을 입은 자'로 황홀경과 무관하게 하나님의 뜻을 전하는 자다.

143. **설형문자**: 고대 메소포타미아 지역에서 사용되던 쐐기문자다.

144. **섭정왕**: 군주를 대신하여 통치하는 왕이다.

145. **성결법전**: 레위기 17-26장을 1877년 클로스터만(Klostermann)이 성결법전이라 했다.

146. **성막**: 이동 성전인 장막의 별칭이다.

147. **성소의 세겔**: 이스라엘 성인 남자가 매년 1회 바치는 속량을 위한 인두세다.

148. **성회**: 예배를 위해 성소(전)에 소집된 집회를 말한다.

149. **세낫살**: 바벨론 포로로 끌려간 남 유다 여고냐(여호야긴) 왕의 아들이다.

150. **셉투아긴타**: 70인역(LXX)으로 헬라어로 기록된 구약성서다.

151. **쉐펠라**: 블레셋 평원과 유다 산지 사이에 위치한 낮은 구릉지대를 말하는데 개정역에는 "평지", 혹은 "평원"으로 번역되었다.

**152. 소라**: 단 지파가 최초 정착한 성읍으로 삼손의 고향이기도 하다.

**153. 소렉 골짜기**: 소라 부근 골짜기로 들릴라가 살던 땅이다.

**154. 소제**: 피 없이 곡물로 드리는 제사다.

**155. 속건제**: 성물을 범하거나, 의도적인 범죄를 속하기 위한 제사다.

**156. 속죄소**: 1년에 한번 대제사장이 성막의 지성소에 속죄를 목적으로 들어간 장소다.

**157. 속죄제**: 죄를 속하기 위해 하나님께 드린 동물 희생제사다.

**158. 송이꿀**: 벌집 그대로의 꿀, 혹은 벌통에서 갓 떼어낸 꿀이다.

**159. 수넴여자**: 다윗의 노년에 수종든 여자다.

**160. 수장절**: '장막절', '초막절'이라고도 하며, 가을 추수 감사절기다.

**161. 수전절**: 마카비 시대 성전을 되찾은 것을 기념하는 절기다.

**162. 술람미 여자**: 다윗의 노년에 수종들던 여자로 보며, 솔로몬이 사랑하던 자다.

**163. 술틀**: 포도주를 만드는 기구다.

**164. 스달보스내**: 스룹바벨 시대 성전 건축을 방해하던 강서편 총독이다.

**165. 스룹바벨**: 브다야(혹은 스알디엘)의 아들로 포로 이후 유다 지방의 총독이다.

**166. 스바여왕**: 솔로몬에게 지혜를 구한 남방 여왕이다.

**167. 스발와임**: 앗수르 왕 살만에셀 5세의 의해 점령된 북수리아의 성읍이다.

**168. 스알디엘**: 바벨론 1차 귀환자의 지도자인 스룹바벨의 아버지다.

**169. 스알야숩**: '남은 자가 돌아오리라'는 뜻으로 예언자 이사야의 아들이다.

**170. 스올**: '죽은 자의 거처'라는 뜻으로 보통 구약에서 '음부'로 쓰인다.

**171. 스이라**: 사사 에훗이 모압 왕 에글론을 살해한 후 도망한 곳이다.

**172. 슬로브핫**: 므낫세 지파 중 헤벨의 아들로 아들이 없이 딸 다섯을 남기고 죽은 자다.

**173. 시글락**: 가드 왕 아기스로부터 다윗이 받은 성읍이다.

**174. 시내산**: 모세가 하나님으로부터 십계명을 받은 산으로 '호렙산'으로도 불린다.

**175. 시브월**: 유대 달력으로 두 번째 달(양력 4-5월)이다.

**176. 시삭**: 르호보암 시대 남 유다를 공격했던 애굽의 왕이다.

**177. 시스라**: 하솔 왕 야빈의 군대장관이다.

**178. 시온의 딸**: 예루살렘을 여성에 비유하여 부르는 시적표현이다.

**179. 시완월**: 유대 달력으로 세 번째 달(양력 5-6월)이다.

**180. 신년제**: 이스라엘이 지킨 새해 축제일이다.

**181. 신접한 자**: 주술로 죽은 자의 영을 불러내 말하게 하는 술사다.

**182. 실로암 비문**: 예루살렘 기혼샘에서 실로암 못에 이르는 수로터널에서 발견된 비문으로 히스기야 왕시대의 것으로 추정된다.

**183. 심새**: 방백 르훔과 함께 예루살렘 성 재건을 방해하던 수리아 지역의 서기관이다.

**184. 십계명**: 모세가 시내산에서 하나님으로부터 받은 열 개의 말씀들이다.

185. **십볼렛**: 길르앗 사람이 도망하는 에브라임 사람을 분별하기 위해 발음케 한 단어다.
186. **십브라**: 히브리인이 낳은 남자 아이를 죽이라는 바로의 명령을 거부한 히브리 산파다.
187. **십일조**: 농산물, 가축, 전리품의 십분의 일을 하나님께 드리는 일이다.
188. **아간**: 여호수아 시대 가나안 정복전쟁 중 하나님께 바칠 물건을 훔친 자다.
189. **아기스**: 가드 왕 마아가의 아들로 사울에게 쫓긴 다윗이 두 번 피신했던 자다.
190. **아낙사람**: 가나안 정탐 때 헤브론에 살았으며, 신장이 크고, 대장부였던 자다.
191. **아닥사스다**: 느헤미야서에 나오는 페르시아의 왕으로 구약에는 아닥사스다 1세만 나온다.
192. **아달랴**: 아합의 딸로 여호사밧의 아들 여호람과 결혼하여 후에 유다 여왕이 된 자다.
193. **아달월**: 유대 달력으로 열두 번째 달(양력 2-3월)이다.
194. **아도니람**: 다윗, 솔로몬, 르호보암 각 시대의 노동 감독관이다.
195. **아도니세덱**: 아모리인으로서 예루살렘의 왕이다.
196. **아드람멜렉**: 앗수르 왕 산헤립의 아들이고, 사마리아 멸망 후 스발와임 사람이 예배한 이방신이다.
197. **아라랏**: 아카드어 우라르투(Urartu)에서 기원된 것으로 '거룩한 땅'이라는 뜻이며, 노아방주가 머문 곳이다.
198. **아라(리)우나**: 여부스 사람으로 다윗에게 자신의 타작마당을 팔았던 자다.
199. **아람 나하라임**: '두 강의 아람'이라는 뜻으로 메소포타미아 북부 지방을 가리킨다.
200. **아론**: 모세의 형으로 이스라엘 최초의 대제사장이다.
201. **아루마**: 사사시대 아비멜렉이 도피한 세겜 근처 성읍이다.
202. **아르논 강**: '포효하는 강'이라는 뜻으로 모압을 상징하는 강이다.
203. **아리다다**: '강한'이라는 뜻으로 하만의 아들이며, 유다인에게 죽임 당한 자다.
204. **아리스테아스 편지**: 70인역의 기원을 기록한 글이다.
205. **아마르나 문서**: 애굽에서 발견된 주전 14세기 경 점토판으로 된 외교문서다.
206. **아말렉**: 에서의 손자로 출애굽 시대부터 사울 시대까지 가나안 남부에 살고 있었다.
207. **아맛새**: '짐되는', '고된'이라는 뜻으로 느헤미야 시대 제사장이다.
208. **아모스**: '짐'이라는 뜻으로 12소예언자 중 한 명이며, 본래 드고아의 목자출신이다.
209. **아몬신**: 구약에 단 한번 나오는(렘 46:25) 애굽의 신(神)이다.
210. **아밋대**: 가드 헤벨 출신으로 예언자 요나의 아버지다.
211. **아바나**: 다메섹 근처 강으로 나아만 장군이 이 강을 자랑으로 여겼다.
212. **아바리스**: 애굽의 델타 지역 북동부에 위치한 힉소스족의 수도다.
213. **아바림**: 모압 서북부의 산악지대를 말한다.
214. **아벨**: '생기', '숨'이라는 뜻으로 아담과 하와의 둘째 아들이면서 가인의 동생이다.
215. **아벨그라밈**: '포도원의 초원'이라는 뜻으로 요단 동쪽에 있던 암몬의 성읍으로 사사 입다

가 암몬 사람을 추격하여 여기서 쳤다.

216. **아벨마임**: '호수가 있는 초원'이라는 뜻으로 팔레스틴 북부의 비옥한 지역이다.

217. **아벨므홀라**: '춤의 초원'이라는 뜻으로 예언자 엘리사의 고향이다.

218. **아벨싯딤**: 출애굽 백성이 마지막으로 진친 모압의 평원이다.

219. **아벳느고**: 다니엘의 세 친구 중 아사랴의 다른 이름으로 '느고의 종'이라는 뜻이다.

220. **아빕월**: 가나안식 명칭으로 첫 번째 달(양력 3-4월)이다.

221. **아브넬**: '아버지는 등불이다'라는 뜻으로 사울의 군대장관이다.

222. **아브라함**: 데라가 70세에 낳은 아들로 나홀과 하란의 형이다.

223. **아비가일**: 뜻은 '나의 아버지가 기뻐하신다'로 마온 사람 나발의 아내와 다윗의 이복누이가 있다.

224. **아비다**: '나의 아버지는 안다'라는 뜻으로 아브라함과 그의 후처 그두라 사이에 난 미디안의 아들이다.

225. **아비단**: 출애굽 광야유랑 시절 베냐민의 족장으로 모세와 아론을 도왔던 자다.

226. **아비달**: 다윗의 부인들 중 한 사람으로 스바댜의 어머니다.

227. **아비삭**: 수넴 사람으로 다윗의 노년에 시중든 여인이다.

228. **아비새**: 다윗의 이복 누이 스루야의 아들로 다윗의 용사 중 한 사람이다.

229. **아비아(아비엘)**: 베냐민 지파의 사람으로 유력한 사람 기스의 아버지다.

230. **아비아달**: 놉 성소의 아히멜렉 제사장의 아들로 사울과 다윗 시대 제사장이다.

231. **아비알본**: '힘의 아버지'라는 뜻으로 다윗의 용사들 중 한 사람이다.

232. **아비얌(아비야)**: 유다 왕 르호보암의 아들이며, 어머니는 압살롬의 딸 마아가다.

233. **아비후**: 아론의 둘째 아들로 나답과 함께 제사장이 되었다.

234. **아사왕**: 남왕국의 세 번째 왕으로 어머니 마아가가 아세라 우상을 만들었다하여 폐위시켰던 자다.

235. **아사셀**: '광야를 지배하는 악한 영'으로 해석하며 속죄일에 염소를 바치던 악령이다.

236. **아살리야**: 요시야 왕의 서기관 사반의 아버지다.

237. **아세가**: 유다 남서부 쉐펠라 지역에 있던 가나안 성읍이다.

238. **아세라**: 가나안에서 숭배하던 여신 혹은 우상이다.

239. **아셀**: 야곱의 부인 레아의 시녀 실바가 낳은 둘째 아들이다.

240. **아술**: 사울의 아들 이스보셋이 통치한 부족 중 하나다.

241. **아스글론**: 가나안 성읍이었으나 이후 블레셋을 대표하는 다섯 성읍 중 하나다.

242. **아스낫**: 애굽의 온 제사장 보디벨라의 딸로 요셉의 부인이다.

243. **아스돗**: 아낙 사람의 성읍이었으나 이후 블레셋을 대표하는 다섯 성읍 중 하나다.

244. **아스베아의 집**: 세마포 짜는 직업을 하던 일가를 말한다.

245. **아스벨**: 베냐민의 셋째 아들로 애굽으로 내려갔으며, 아스벨 가족의 족장이다.

246. **아스부나스**: 바벨론 왕 느부갓네살의 환관장이다.

247. **아스북**: 느헤미야 시대 벧술 지방 절반을 다스리던 자다.

248. **아시마**: '하늘'이라는 뜻으로 앗수르 사람이 사마리아 지역에 강제 이주케 한 하맛 사람이 만든 숫염소 모양의 우상이다.

249. **아시엘**: 다윗 시대 법궤를 섬겼던 레위계 악사로 비파를 탔다.

250. **아아**: 히브리어 감탄사로 절망이나 슬픔을 나타낸다.

251. **아와**: 앗수르가 점령한 북 시리아 성읍이다.

252. **아카드**: 주전 24세기 경 사르곤이 수메르인을 격파하고 메소포타미아를 최초를 통일한 왕조명, 지역명이다. 구약에는 '악갓'으로 나온다.

253. **아카드어**: 고대 바벨론과 앗수르인에 의해 사용된 언어다.

254. **아카바만**: 고대 애굽에서 아라비아로 가는 대상(隊商)의 요지다.

255. **아케나톤**: 애굽 18왕조의 왕으로 아멘호텝 4세로 불렸으며, 아톤(Aton) 신만을 섬기는 개혁을 단행한 파라오다.

256. **아크로스틱**: 시(詩)의 각 행이 알파벳의 순서에 따라 시작된 시의 형식이다.

257. **아하**: 놀람, 혹은 슬픔을 나타내는 히브리어 감탄사다.

258. **아하수에로**: 에스더서에 나오는 페르시아 왕으로 아하수에로 1세와 2세가 있는데 구약에는 1세를 말한다. 헬라어식 이름인 크세르크세스로 더 많이 알려졌다.

259. **아하스 왕**: 유다 왕으로 요담의 아들이며, 열왕 중 가장 악한 왕이다.

260. **아하시야 왕**: 이스라엘 8대 왕으로 아합과 이세벨의 아들이며, 바알을 섬겼던 자다.

261. **아하와**: 에스라가 예루살렘 귀환 전 모여 금식하고 예배하던 바벨론 성읍이다.

262. **아합 왕**: 오므리의 아들로 이스라엘 왕이며 유다 왕 여호사밧과 결혼동맹을 맺었다.

263. **아후라마즈다**: 조로아스터교의 최고신으로 빛, 광명, 불로 상징화 된다.

264. **아훗삿**: 족장 시대 그랄 왕 아비멜렉의 친구다.

265. **아흐리만**: 조로아스터교에서 말하는 악신으로 암흑으로 상징화 된다.

266. **아히감**: 유다 왕 요시야 시대 서기관 사반의 아들이며, 여선지 훌다에게 율법책을 보이기 위해 보낸 자다.

267. **아히나답**: 잇도의 아들이며, 솔로몬 시대 마하나임 성읍을 관장한 자다.

268. **아히노암**: 다윗의 부인으로 이스르엘 여자며, 또한 동명이인으로 사울의 부인이다.

269. **아히도벨**: '나의 형제는 어리석다'라는 뜻으로 다윗의 모사 중 한 사람이며, 밧세바의 조부이기도 하다.

270. **아히둡**: 아히멜렉 제사장의 아버지며, 동명이인으로 제사장 사독의 부친이기도 하다.

271. **아히사막**: 단 지파 오홀리압의 아버지다.

272. **아히칼**: 토빗의 조카로 토빗의 은인이다.

273. **아힐룻**: 다윗, 솔로몬 시대 사관이었던 여호사밧의 아버지다.

274. **악고**: 지중해변의 성읍으로 이스라엘이 점령하지 못한 가나안 성읍이다.

275. **악메다**: 메대의 도성으로 페르시아 제국의 서고가 발견된 곳이다.

276. **악사**: '발목걸이'라는 뜻으로 여분네의 아들 갈렙의 딸이다.

277. **악삽**: 여호수아가 점령하여 아셀 지파에게 준 성읍이다.

278. **악질**: 유행성 전염병의 일종으로 출애굽 전 애굽의 가축에 임한 병이다.

279. **안식년**: 7년마다 토지를 휴경하는 제도다. 면제년이기도 하다.

280. **안식일**: 일곱째 날로 일하지 않는 날이다.

281. **알랄락**: 북 수리아에 있던 고대 도시로 청동기 시대 유물이 출토된 지역이다.

282. **알렙포**: 북 수리아의 성읍으로 구약 사본으로 유명한 지역이다.

283. **알렉산드리아**: 알렉산더가 애굽을 정복한 후 세계 무역의 중심지로 애굽에 건설한 항구 도시다.

284. **알렉산드리아 사본**: 현존하는 가장 오래된 헬라어 역본이다.

285. **알론바굿**: 리브가의 유모 드보라를 매장 후 벧엘 부근 상수리 나무에 붙인 이름이다.

286. **알루스**: 애굽과 시내산 사이에 출애굽한 백성이 진 친 곳이다.

287. **암 하아레츠**: '땅의 백성'이라는 뜻으로 포로 전 '일반백성'을, 포로 후 '비유대인'을 말하는 뜻으로 변했다.

288. **암몬사람**: 롯과 그의 둘째 딸 사이에서 태어난 벤암미의 후손이다.

289. **암미**: '내 백성'이라는 뜻으로 예언자 호세아가 이스라엘에게 준 상징적 이름이다.

290. **압돈(사사)**: 에브라임 지파 비라돈 사람 힐렐의 아들로 8년간 사사로 활동한 자다.

291. **압살롬**: 다윗의 아들로 헤브론에서 출생하였고, 아버지 다윗에 반란을 일으킨 자다.

292. **앗수르**: 노아의 손자이면서 셈의 아들로 앗수르인의 조상이다.

293. **앗수르바니팔**: 앗수르 왕 에살핫돈의 아들로 애굽의 멤피스와 데베를 점령했으며, 구약에 오스납발로 불리던 왕이다.

294. **애굽**: 동북부 아프리카로 나일강을 중심으로 한 지역을 말한다.

295. **야게**: 잠언 30장의 저자 아굴의 아버지다.

296. **야곱**: 이스라엘의 족장으로 '이스라엘'이라는 이름의 기원이 되고, 12지파의 아버지가 된 자다.

297. **야곱의 열두 아들**: 르우벤, 시므온, 레위, 유다, 단, 납달리, 갓, 아셀, 잇사갈, 스블론, 요셉, 베냐민이다.

298. **야레오르김**: 다윗의 용사로 베들레헴 사람 엘나의 아버지다.

299. **야르하**: 유다 사람 세산의 애굽 노예로 세산의 딸과 결혼하여 앗대를 낳았다.

300. **야발**: 가인의 자손 라멕의 아들로 육축을 치는 자의 조상이다.

301. **야베스**: '고통', '슬픔'이라는 뜻으로 유다 지파의 사람이며 기도로 인생을 바꾼 자다.

302. **야빈**: 하솔 지역의 왕으로 주변 성읍들을 함께 다스렸던 자다.

303. **야살의 책**: 야살은 '의로운 자'라는 뜻으로 이 책의 정체는 알 수 없으나 이스라엘 민족의 노래를 기록한 책으로 보인다.

304. **야시스**: 다윗의 양떼를 맡은 하갈 사람이다.

305. **야아시엘**: 다윗이 하나님의 궤를 예루살렘에 가져오게 할 때 악사로 활동한 자다.

306. **야엘**: 겐 사람 헤벨의 부인으로 사사시대 야빈의 군대장관 시스라가 패전하여 헤벨의 장막으로 피신했을 때 그를 살해했다.

307. **야하스**: '타작마당'이라는 뜻으로 이스라엘이 아모리 왕 시혼을 살해한 성읍이다.

308. **야웨(훼)**: 이스라엘 하나님의 이름이다.

309. **얌브레**: 모세를 대적한 애굽의 술객이다.

310. **얍복강**: 요단 동편의 강으로 암몬 땅과 경계를 이루며, 야곱이 천사와 씨름한 곳이다.

311. **양각나팔**: 수양의 뿔로 만든 나팔로 여호수아 시대 군사행동을 알리는 신호로 사용되었다.

312. **양문**: 예루살렘 북쪽에 위치한 성문이다.

313. **양피지**: 양이나 산양의 가죽으로 만든 기록을 위한 재료다.

314. **어린갑**: 블레셋의 골리앗이 입었던 갑옷이다.

315. **어문**: 예루살렘 북쪽에 위치한 성문으로 (어)시장이 열렸던 곳이다.

316. **언약**: 쌍방의 약속을 의미하며, 구약에는 특별히 하나님과 이스라엘 사이를 언약관계로 설명한다.

317. **언약궤**: 십계명 돌판을 넣어둔 궤를 말한다.

318. **에그론**: 블레셋을 대표하는 다섯 성읍 중 하나다.

319. **에글론 왕**: 사사시대 모압 왕으로 사사 에훗에게 피살된 자다.

320. **에노스**: '사람'이라는 뜻으로 아담의 손자이며, 셋의 아들이다.

321. **에다님월**: 가나안 월력으로 일곱 번째 달이며, 유대 달력 티슈리월과 같다.

322. **에담 광야**: 출애굽 후 두 번째 진을 친 곳이다.

323. **에발산**: 세겜의 북쪽 산으로 그리심산과 마주보고 있다.

324. **에베스담밈**: 다윗이 골리앗을 죽일 때 블레셋이 진치고 있던 곳이다.

325. **에벤에셀**: '도움의 돌'이라는 뜻으로 사무엘이 미스바와 센 사이에 돌을 세우고 붙인 이름이다.

326. **에벳멜렉**: 구스 사람으로 유다 왕 시드기야의 환관이다.

327. **에브라임**: '풍성함'이라는 뜻으로 야곱의 손자이며, 요셉의 둘째 아들이다.

328. **에브론**: 헤브론에서 살았던 헷 족속 사람으로 막벨라 굴의 본래 소유자다.

329. **에살핫돈**: 앗수르 왕 산헤립의 아들이면서 앗수르바니팔의 아버지다.

330. **에서**: '털이 많음'이라는 뜻으로 이삭의 아들이며, '에돔'이라는 별명을 가진 자다.

331. **에스겔**: 제사장 부시의 아들로 여호야긴 왕과 함께 바벨론으로 잡혀간 자다.

332. **에스다올**: 쉐펠라 지역에 있는 성읍으로 삼손이 장사된 곳이다.

333. **에스더**: '별'이라는 뜻으로 베냐민 사람 아비하일의 딸로 아하수에로 왕의 왕비가 되었다.

334. **에스드렐론**: 이스르엘 평원을 말한다.

335. **에스드모아**: '복종'이라는 뜻으로 헤브론 지역에 있던 레위인 성읍이다.

336. **에스리**: '나의 도움'이라는 뜻으로 다윗 왕의 밭가는 농부를 거느린 자다.

337. **에스바알**: '바알의 사람'이라는 뜻으로 사울의 아들 이스보셋의 다른 이름이다.

338. **에시온게벨**: 솔로몬이 군항으로 사용한 아카바만의 항구다.

339. **에윌므로닥**: 바벨론 왕 느부갓네살의 아들이며, '마르둑의 사람'이라는 뜻이다.

340. **엔 세메스**: '태양의 샘'이라는 뜻으로 유다와 베냐민 경계에 있던 샘이다.

341. **엔게디**: '염소 새끼의 샘'이라는 뜻으로 다윗이 사울을 피해 도망한 곳이다.

342. **엔돌**: 사울 왕이 신접한 여인을 찾아간 곳으로 므낫세 성읍이다.

343. **엔로겔**: 예루살렘 근처의 샘으로 유다와 베냐민 지파의 경계지다.

344. **엔학고레**: '부르짖는 자의 샘'이라는 뜻으로 삼손이 하나님께 부르짖음으로 솟아난 샘물을 먹음으로 소생케 된 샘이다.

345. **엘 샤다이**: '전능하신 하나님'이라는 뜻이다.

346. **엘 엘로헤 이스라엘**: 야곱이 쌓은 제단의 이름으로 '이스라엘의 하나님 엘'의 뜻이다.

347. **엘고스**: 예언자 나훔의 출신지이며 장사된 곳이다.

348. **엘닷**: '하나님이 사랑하셨다'는 뜻으로 광야에서 모세를 도와 봉사한 70인 장로 중 한명이다.

349. **엘랏**: 다윗 시대 이스라엘이 처음 점령한 지역으로 오늘날 '에일랏'으로 알려진 아카바만의 항구다.

350. **엘레판틴**: 애굽 남부에 위치한 섬으로 페르시아 시대 아람어로 기록된 문서가 발견된 곳이다.

351. **엘로힘**: '하나님'에 대한 히브리어 표기다.

352. **엘룰월**: 유대 달력으로 여섯 번째 달(양력 8-9월)이다.

353. **엘리**: 실로의 제사장으로 40년 동안 이스라엘의 사사인 자다.

354. **엘리멜렉**: '하나님은 왕이시다'라는 뜻으로 나오미의 남편이자, 룻의 시아버지다.

355. **엘리수아**: '하나님은 구원하신다'라는 뜻으로 다윗이 예루살렘에서 난 아들이다.

356. **엘리암**: 다윗의 부인 밧세바의 아버지며, '암미엘'로도 쓰인다.

357. **엘리야**: '여호와는 하나님이시다'라는 뜻으로 길르앗의 디셉 사람 예언자다.

358. **엘림**: 출애굽한 백성이 진을 친 곳으로 샘 열둘과 종려나무 70주가 있는 오아시스다.

359. **엘벧엘**: '벧엘의 하나님'이라는 뜻으로 야곱이 벧엘에 세운 제단의 이름이다.

360. **엘브릿**: '언약의 엘'이라는 뜻으로 세겜에서 숭배되던 신이다.

361. **엣바알**: 이스라엘 왕 아합의 부인 이세벨의 아버지로 시돈의 왕이다.
362. **여갈사하두다**: '증거의 무더기'라는 뜻으로 야곱과 라반의 언약의 표로 아람어다.
363. **여고냐**: 유다 왕 여호야긴의 다른 이름이다.
364. **여디디야**: '여호와의 사랑하시는 자'라는 뜻으로 나단이 솔로몬에게 준 다른 이름이다.
365. **여룹바알**: '바알과 다툼'이라는 뜻으로 사사 기드온의 다른 이름이다.
366. **여부스 족속**: 가나안의 일곱 족속 중 하나로 다윗이 정복하기까지 산지와 예루살렘에 살았으며, 솔로몬이 이들을 역군으로 삼았다.
367. **여수룬**: 이스라엘을 말하는 시적인 이름이다.
368. **여호사닥**: '여호와는 의로우시다'는 뜻으로 포로 이후 대제사장 예수아의 아버지다.
369. **여호야긴**: 여호야김 왕의 아들이다. 바벨론 포로로 끌려간 유다 왕으로 바벨론 왕 에윌므로닥 원년에 바벨론 옥에서 풀려난 자다.
370. **여호야김**: 요시야 왕의 아들로 바로 느고가 엘리야김을 여호야김으로 개명하여 유다 왕으로 세운 자다.
371. **여호와 닛시**: '여호와는 나의 깃발'이라는 뜻으로 모세가 단을 쌓고 부른 이름이다.
372. **여호와 이레**: '여호와가 보신다(준비하신다)'는 뜻으로 이삭번제 사건에서 아브라함이 한 말이다.
373. **여호와 샬롬**: '여호와는 평화이시다'는 뜻으로 기드온이 단을 쌓고 한 말이다.
374. **여호와 삼마**: '여호와가 거기 계시다'는 뜻으로 에스겔이 예루살렘의 재건을 예언하며 한 말이다.
375. **여히스기야**: 에브라임 사람 살룸의 아들로 북왕조 베가 시대 백성의 두목이다.
376. **역군**: 강제노동을 위한 징집을 의미하는 것으로 솔로몬이 피정복민들에게 행한 강제 노역이다.
377. **역대지략**: 일반적으로 왕조의 역사 기록을 말한다.
378. **염해**: 사해에 대한 성경의 표현으로 일반 바다보다 염도가 높아서 칭하는 표현이다.
379. **영장**: 시편의 표제어로 보통 성전 음악의 지휘자로 본다.
380. **오노**: 베냐민 지파의 성읍으로 느헤미야의 대적이 이곳에서 만나자고 유인한 장소다.
381. **오멜**: 부피의 단위로 에바의 1/10이며, 광야에서 먹는 하루 분량의 만나로 대략 2.2 리터다.
382. **오므리 왕**: 이스라엘 왕 아합의 아버지로 디르사에서 사마리아로 수도를 옮긴 자다.
383. **오벨(펠)**: '구릉'이라는 뜻으로 예루살렘의 성전과 다윗성을 연결하는 지역을 말한다.
384. **오빌**: 지명으로 오빌은 정확한 위치를 알 수 없으나, 우수한 금 생산지를 말한다.
385. **오스트라콘**: 주로 문자를 기록한 토기를 말한다.
386. **오시리스**: 애굽의 신(神)으로 이시스의 남편이며, 호루스의 아버지로 보통 죽음을 관장하는 신이다.

387. **오호라**: 슬픔, 절망을 나타낼 때 쓰는 감탄사다.

388. **오홀라**: '장막을 소유한 여인'이라는 뜻으로 앗수르에 유혹된 사마리아를 말한다.

389. **오홀리바**: '그녀 안에 있는 장막'이라는 뜻으로 바벨론에 유혹된 예루살렘을 말한다.

390. **오홀리압**: '아버지의 장막'이라는 뜻으로 브살렐과 함께 성막을 제조한 자다.

391. **옥**: 아모리 사람으로 바산 왕이며, 헬몬산에서 얍복강까지 영토를 소유한 자다.

392. **옷니엘**: 사사기에 나오는 첫 번째 사사로 메소포타미아 왕 구산리사다임으로부터 이스라엘을 구원한 자다.

393. **와스디**: 페르시아 왕 아하수에로의 왕비로 왕명을 거역해 폐위되었다.

394. **외경**: 70인역에는 포함되고, 히브리어 구약성경에는 포함되지 않은 책이다.

395. **요게벳**: 아므람의 부인이며, 아론, 모세, 미리암의 어머니다.

396. **요나**: '비둘기'라는 뜻으로 가드 헤벨 사람 아밋대의 아들로 예언자다.

397. **요세푸스**: 주후 1세기에 활동했던 유대 역사가로 제사장 가문 출신이다.

398. **요시야 왕**: '여호와가 도우신다'라는 뜻으로 유다 개혁을 이끌고 여호와께 돌이킨 유일무이한 왕이다.

399. **요제**: 하나님께 제물을 흔들어 드리는 의식이다.

400. **욥바**: 지구상에서 가장 오래된 항구도시로 애굽의 투트모세 3세 비문에도 인용된 지역이다. 포로 이전 블레셋의 도시였다.

401. **용정**: '용의 우물'이라는 뜻으로 예루살렘 남동쪽 기드론 골짜기에 있는 우물이다.

402. **우가릿 문서**: 오늘날 시리아의 라스 샴라에서 출토된 점토판 문서로 구약의 족장시대와 시편에 비교 정보를 많이 제공해 준다.

403. **우르**: '빛'이라는 뜻으로 바벨론 남부의 달신(Sin)을 예배하는 중심지다.

404. **우림과 둠밈**: 하나님의 뜻을 묻기 위해 사용한 도구(제비)다.

405. **우슬초**: 박하과에 속하는 식물로 정결의식에서 피와 물을 바르는데 도구로 사용한다.

406. **웃시야 왕**: '나의 힘은 여호와'라는 뜻으로 유다의 왕이며 아사랴로 부르기도 한다.

407. **월삭**: 본래 '초승달'이라는 뜻이며, 달의 첫째 날을 의미한다.

408. **유교병**: 누룩을 넣어 만들 빵으로 일반 제사에는 금지되었으나, 감사제와 칠칠절에는 유교병을 드린다.

409. **유발**: 라멕의 아들로 수금과 퉁소 잡은 모든 자의 조상이다.

410. **유월절**: 유대인의 삼대 절기 중 하나로 니산월 14일 저녁에 어린 양을 잡아 기념한다.

411. **육경**: 창세기의 땅에 대한 약속이 여호수아서에 와서 성취되었다 해서 창세기, 출애굽기, 레위기, 민수기, 신명기, 여호수아를 한 권으로 읽는 육경이라 칭한다.

412. **율법서**: 창세기, 출애굽기, 레위기, 민수기, 신명기를 말하는 오경을 말한다.

423. **이가봇**: '영광이 떠남'이라는 뜻으로 비느하스의 아들이며, 엘리의 손자다.

424. **이다말**: 제사장 아론의 아들로 성막에서 사용하는 물건이 이다말에 의해 보관되고, 사용

되었다.

425. **이드로**: '뛰어난'이라는 뜻으로 미디안의 제사장이자 모세의 장인이며, '르우엘', '호밥'이라는 이름도 있다.

426. **이른 비**: 10월말에서 11월초에 내리는 비로 밭의 경작과 파종을 가능케 하는 비다.

427. **이믈라**: '충만'이라는 뜻으로 예언자 미가야의 아버지다.

428. **이삭**: '웃음'이라는 뜻으로 아브라함이 100세에 난 아들이며 브엘세바에서 출생했다.

429. **이새**: '하나님은 살아계신다' 혹은 '하나님의 선물'이라는 뜻으로 베들레헴 사람이며, 다윗의 아버지다.

430. **이새의 줄기(뿌리)**: 다윗의 후손에서 메시아가 나와 이 세상을 통치한다는 의미가 내포되어 있다.

431. **이스라엘**: 야곱이 얍복강에서 천사로부터 받은 이름으로 '하나님과 겨뤄 이김'이라는 뜻이며, 인명 외에 민족명, 국가명, 지명 등에도 사용된다.

432. **입다**: '그가 열다'라는 뜻으로 이스라엘의 사사로서 길르앗 출신이며 미디안과 전쟁에서 승리했다. 그러나 전쟁승리 때는 딸을 바치겠다고 서원한 사사다.

433. **입산**: 이스라엘의 소사사 중 한 명이며, 베들레헴 출신이다.

434. **장막절**: 이스라엘이 출애굽 하여 장막에 거했던 것을 기념하여 지키는 절기다.

435. **정월**: 이스라엘에는 봄의 정월(니산월)과 가을의 정월(티슈리월)이 있었다.

436. **제2구역(둘째 구역)**: 예루살렘 성전 서쪽의 낮은 지역으로 신시가지를 말한다.

437. **제2이사야**: 둠(Duhm)은 이사야 40-55장을 제2이사야라 불렀으며, 포로 말에 편집되었다고 보았다.

438. **제비뽑기**: 하나님의 뜻을 묻거나, 결정하기 어려운 일을 결정하는 수단이다.

439. **제3이사야**: 둠(Duhm)은 이사야 56-66장을 제3이사야라 불렀으며, 포로 이후에 편집되었다고 보았다.

440. **증거막**: 광야 유랑시 예배처소였던 성막에 대한 또 다른 명칭이다.

441. **증거판**: 모세가 하나님으로부터 받은 십계명 돌판을 말한다.

442. **지구라트**: 고대 메소포타미아 시대에 건축한 제사 드리는 신전(temple)이다.

443. **지성소**: 1년에 1회 대제사장이 속죄일에 들어가는 성전 내부에 있는 장소다.

444. **지혜문학**: 구약성경의 욥기, 잠언, 전도서와 시편의 일부 지혜시를 말한다.

445. **진멸**: 히브리어 '헤렘'으로 모든 살아있는 것을 다 죽이는 것을 말한다. 이스라엘은 가나안에 들어가서 진멸해야 한다.

446. **진설병**: 여호와를 위해 드려진 상 위의 떡으로 두 줄로 12개를 놓았다.

447. **집회서**: 외경 문서로 '예수 벤 시락의 지혜서'를 말한다.

448. **철공장**: 철제 물건을 만드는 사람으로 다윗시대부터 철기 기술이 발달했다.

449. **초막절**: 장막절, 수장절과 같은 절기에 해당한다.

450. **초태생**: '처음 난 자'를 말하며 사람이나, 짐승이나 초태생은 하나님께 드려져야 했다.

451. **초혼자**: 죽은 자의 영을 불러와 묻는 자를 말한다.

452. **총독**: 식민지의 속주에 파견된 페르시아 제국의 관리를 말한다. 구약성경에는 포로 이후 페르시아 정부에서 유다 지방에 세스바살, 스룹바벨, 느헤미야를 총독으로 파견했다.

453. **칠칠절**: 이스라엘의 3대 절기 중 하나로 유월절로부터 7주째 되는 날이며 밀의 첫 이삭을 드리는 절기다.

454. **케레**: 히브리어 성경 본문에 대한 바른 읽기인 '독법'을 말한다.

455. **케티브**: 히브리어 성경에 기록된 본문으로 특히 잘못 기록된 단어를 말한다.

456. **크세르크세스**: 페르시아의 아하수에로에 대한 헬라어식 표기로 다리오 1세의 아들이다.

457. **탈굼**: 히브리어 구약성경에 대한 아람어 번역을 말한다.

458. **탈무드**: 유대인 율법학자들이 유대교의 율법, 전통적 습관, 축제, 민간전승 등을 총망라하여 집대성한 책이다.

459. **탐무스월**: 유대 달력으로 네 번째 달(양력 6-7월)이다.

460. **토라**: '율법' 혹은 '율법서'로 사용된다.

461. **트랜스 요르단**: 이스라엘의 요단강 동편 지역을 말한다.

462. **티슈리월**: 유대 달력으로 일곱 번째 달(양력 9-10월)이다.

463. **페니키아**: 구약성경에는 베니게로 나오며, 두로와 시돈이 중심 도시로 고대 해상무역과 문명의 요지였다.

464. **페트라**: 나바테아 왕국의 수도로 주전 7세기에서 주전 2세기까지 시리아와 아라비아 반도 등지에서 활약한 아랍계 유목민이 건설한 산악도시다.

465. **프톨레미 왕조**: 알렉산더 대왕 사후 애굽을 다스리던 헬라 왕조를 말한다.

466. **하가랴**: '하나님이 혼란시킨 자'라는 뜻으로 총독 느헤미야의 아버지다.

467. **하갈**: '도망하는 자'라는 뜻으로 애굽 여인이며, 사라의 여종이고, 아브라함의 첩으로 이스마엘의 12족속의 여시조이다.

468. **하길라 산**: 사울을 피해 다윗이 숨었던 유대 광야에 위치한 산이다.

469. **하나넬 망대**: 예루살렘 성전 서북 모퉁이에 있던 망대로 헤롯이 증축하여 안토니아의 탑이라고 불렀다.

470. **하나님 나라**: 하나님의 통치가 임하는 곳을 말한다.

471. **하늘들의 하늘**: 하나님의 위대함과 거룩성을 표현하는 것으로 하나님의 보좌로서의 최고 장소를 말한다.

472. **하닥**: '새로운'이라는 뜻으로 아하수에로 왕의 내시이면서 에스더를 수종드는 자다.

473. **하닷사**: 관목의 하나인 '도금양'으로 에스더의 유대식 이름이다.

474. **하닷에셀**: '하닷은 도움이다'라는 뜻으로 수리아의 소바 왕이다.

475. **하만**: 에스더 시대 유대인의 대적으로 페르시아의 귀족이다.

476. **하맛어귀**: 이스라엘 전성기의 최고 북단을 말하며 수리아 지역 바알벡과 립나 사이에 위치한 성읍으로 다윗 솔로몬 시대에 이곳까지 통치했다.

477. **하몰**: 히위 사람이며 세겜의 아버지다. 디나의 강간 사건으로 하몰과 그의 아들 세겜이 야곱의 아들로부터 죽게 되었다.

478. **하무달**: '시아버지는 이슬'이라는 뜻으로 요시야 왕의 부인이자, 여호아하스와 시드기야의 어머니다.

479. **함무라비**: 바벨론 제1왕조 6대 왕으로 바벨론의 황금시대를 열었으며, 마르둑을 국가신으로 인정하고, 함무라비 법전의 제정자다.

480. **하바야**: 포로 이후 제사장 족보에 이름이 없어 제사장직에서 제외된 자다.

481. **하박국**: '포옹'이라는 뜻으로 예언자 중 한 사람이다.

482. **하볼**: 메소포타미아 북부 고산 지역을 흐르는 강이다.

483. **하비(피)루**: 주전 20세기 경부터 주전 12세기까지 고대 근동문헌자료에 나오는 집단으로 주로 사회에서 떨어져 나와 유리하며 사는 소외계층을 가리킨다.

484. **하사엘**: '하나님이 보신다'라는 뜻으로 수리아(아람) 왕 벤하닷 2세의 신하다.

485. **학개**: '축제'라는 뜻으로 스가랴와 동시대 예언자이며 제2성전 건축을 독려했던 자다.

486. **학깃**: 다윗의 부인으로 아도니야의 어머니다.

487. **학사**: 히브리어 '소페르'로 서기관로 성경의 전통을 전수하고, 해석과 필사하는 일을 담당하던 자다.

488. **할라**: 티그리스강 동쪽 지방으로 사마리아 사람들을 포로로 데려갔던 지방이다.

489. **헤로도투스**: 그리스 역사의 아버지라 불리는 주전 5세기에 활동했던 역사가다.

490. **헤스본**: '요새'라는 뜻이며, 아모리 왕 시혼이 모압 사람으로부터 빼앗은 땅이다.

491. **헬라어**: 헬라시대와 신약시대 널리 사용되던 그리스어를 말한다.

492. **헵시바**: '나의 기쁨은 그녀에게 있다'라는 뜻으로 히스기야 왕의 부인이면서 므낫세 왕의 어머니다.

493. **헷 족속**: 고대 문서에 '핫티'로 알려졌으며 힛타이트 제국의 사람들을 말한다.

494. **호글라**: 슬로브핫의 다섯 딸들 중 하나로 딸들에게도 상속권을 달라고 모세에게 요청한 자다.

495. **호렙산**: 모세가 십계명을 받은 산으로 시내산의 다른 이름으로 주로 신명기에 많이 나타난다.

496. **호리족속**: 세일산의 원주민이었으며 후에 에돔 족속이 이들을 정복했다.

497. **홉니**: '손바닥'이라는 뜻으로 엘리 제사장의 아들로 제사장이었으나, 하나님을 알지 못하는 불량자이다.

498. **회막**: 하나님께서 예배자를 만나셨던 곳으로 성막, 장막, 증거막 등으로 표현한다.

499. **훌다**: 살룸의 부인으로 요시야 왕 시대 활동했던 여예언자이며, 예루살렘의 멸망을 예언한 자다.

500. **희년**: 매 50년마다 이 해를 거룩하게 하여 토지와 집이 본래의 주인에게 돌아가고 노예가 해방되는 자유와 해방의 해다.

# 주제별 구약성구

〈출산, 생일/생신, 장수〉

① 창 21:5-6/ [5]아브라함이 그의 아들 이삭이 그에게 태어날 때에 백 세라 [6]사라가 이르되 하나님이 나를 웃게 하시니 듣는 자가 다 나와 함께 웃으리로다

② 룻 4:13-14/ [13]이에 보아스가 룻을 맞이하여 아내로 삼고 그에게 들어갔더니 여호와께서 그에게 임신하게 하시므로 그가 아들을 낳은지라 [14]여인들이 나오미에게 이르되 찬송할지로다 여호와께서 오늘 네게 기업 무를 자가 없게 하지 아니하셨도다 이 아이의 이름이 이스라엘 중에 유명하게 되기를 원하노라

③ 시 1:1-3/ [1]복 있는 사람은 악인들의 꾀를 따르지 아니하며 죄인들의 길에 서지 아니하며 오만한 자들의 자리에 앉지 아니하고 [2]오직 여호와의 율법을 즐거워하여 그의 율법을 주야로 묵상하는도다 [3]그는 시냇가에 심은 나무가 철을 따라 열매를 맺으며 그 잎사귀가 마르지 아니함 같으니 그가 하는 모든 일이 다 형통하리로다

④ 시 2:7-8/ [7]내가 여호와의 명령을 전하노라 여호와께서 내게 이르시되 너는 내 아들이라 오늘 내가 너를 낳았도다 [8]내게 구하라 내가 이방 나라를 네 유업으로 주리니 네 소유가 땅 끝까지 이르리로다

⑤ 시 21:3-4/ [3]주의 아름다운 복으로 그를 영접하시고 순금 관을 그의 머리에 씌우셨나이다 [4]그가 생명을 구하매 주께서 그에게 주셨으니 곧 영원한 장수로소이다

⑥ 시 22:9-10/ [9]오직 주께서 나를 모태에서 나오게 하시고 내 어머니의 젖을 먹을 때에 의지하게 하셨나이다 [10]내가 날 때부터 주께 맡긴 바 되었고 모태에서 나올 때부터 주는 나의 하나님이 되셨나이다

⑦ 시 90:14-15/ [14] 아침에 주의 인자하심이 우리를 만족하게 하사 우리를 일생 동안 즐겁고 기쁘게 하소서 [15] 우리를 괴롭게 하신 날수대로와 우리가 화를 당한 연수대로 우리를 기쁘게 하소서

⑧ 시 91:15-16/ [15] 그가 내게 간구하리니 내가 그에게 응답하리라 그들이 환난 당할 때에 내가 그와 함께 하여 그를 건지고 영화롭게 하리라 [16] 내가 그를 장수하게 함으로 그를 만족하게 하며 나의 구원을 그에게 보이리라 하시도다

⑨ 시 92:14-15/ [14] 그는 늙어도 여전히 결실하며 진액이 풍족하고 빛이 청청하니 [15] 여호와의 정직하심과 나의 바위 되심과 그에게는 불의가 없음이 선포되리로다

⑩ **잠 16:31/** 백발은 영화의 면류관이라 공의로운 길에서 얻으리라

⑪ **잠 20:29/** 젊은 자의 영화는 그의 힘이요 늙은 자의 아름다움은 백발이니라

**〈임종, 장례, 추도〉**

① **시 37:23-24/** [23] 여호와께서 사람의 걸음을 정하시고 그의 길을 기뻐하시나니 [24] 그는 넘어지나 아주 엎드러지지 아니함은 여호와께서 그의 손으로 붙드심이로다

② **사 40:7-8/** [7] 풀은 마르고 꽃이 시듦은 여호와의 기운이 그 위에 붊이라 이 백성은 실로 풀이로다 [8] 풀은 마르고 꽃은 시드나 우리 하나님의 말씀은 영원히 서리라 하라

③ **시 90:3-4/** [3] 주께서 사람을 티끌로 돌아가게 하시고 말씀하시기를 너희 인생들은 돌아가라 하셨사오니 [4] 주의 목전에는 천 년이 지나간 어제 같으며 밤의 한 순간 같을 뿐임이니이다

④ **전 12:1-2/** [1] 너는 청년의 때에 너의 창조주를 기억하라 곧 곤고한 날이 이르기 전에, 나는 아무 낙이 없다고 할 해들이 가깝기 전에 [2] 해와 빛과 달과 별들이 어둡기 전에, 비 뒤에 구름이 다시 일어나기 전에 그리하라

**〈효도** / 학업〉

① **창 47:11-12/** [11] 요셉이 바로의 명령대로 그의 아버지와 그의 형들에게 거주할 곳을 주되 애굽의 좋은 땅 라암셋을 그들에게 주어 소유로 삼게 하고 [12] 또 그의 아버지와 그의 형들과 그의 아버지의 온 집에 그 식구를 따라 먹을 것을 주어 봉양하였더라

② **출 20:12/** 네 부모를 공경하라 그리하면 네 하나님 여호와가 네게 준 땅에서 네 생명이 길리라

③ **룻 1:16-17/** [16] 룻이 이르되 내게 어머니를 떠나며 어머니를 따르지 말고 돌아가라 강권하지 마옵소서 어머니께서 가시는 곳에 나도 가고 어머니께서 머무시는 곳에서 나도 머물겠나이다 어머니의 백성이 나의 백성이 되고 어머니의 하나님이 나의 하나님이 되시리니
[17] 어머니께서 죽으시는 곳에서 나도 죽어 거기 묻힐 것이라 만일 내가 죽는 일 외에 어머니를 떠나면 여호와께서 내게 벌을 내리시고 더 내리시기를 원하나이다 하는지라

④ **잠 1:7/** 여호와를 경외하는 것이 지식의 근본이거늘 미련한 자는 지혜와 훈계를 멸시하느니라

⑤ **잠 16:21/** 마음이 지혜로운 자는 명철하다 일컬음을 받고 입이 선한 자는 남의 학식을 더하게 하느니라

**〈청년의 삶〉**

① **신 6:4-5/** [4] 이스라엘아 들으라 우리 하나님 여호와는 오직 유일한 여호와이시니 [5] 너는

마음을 다하고 뜻을 다하고 힘을 다하여 네 하나님 여호와를 사랑하라

② **신 8:3/** 너를 낮추시며 너를 주리게 하시며 또 너도 알지 못하며 네 조상들도 알지 못하던 만나를 네게 먹이신 것은 사람이 떡으로만 사는 것이 아니요 여호와의 입에서 나오는 모든 말씀으로 사는 줄을 네가 알게 하려 하심이니라

③ **신 28:1/** 네가 네 하나님 여호와의 말씀을 삼가 듣고 내가 오늘 네게 명령하는 그의 모든 명령을 지켜 행하면 네 하나님 여호와께서 너를 세계 모든 민족 위에 뛰어나게 하실 것이라

④ **잠 3:13-14/** [13] 지혜를 얻은 자와 명철을 얻은 자는 복이 있나니 [14] 이는 지혜를 얻는 것이 은을 얻는 것보다 낫고 그 이익이 정금보다 나음이니라

⑤ **잠 21:3-4/** [3] 공의와 정의를 행하는 것은 제사 드리는 것보다 여호와께서 기쁘게 여기시느니라 [4] 눈이 높은 것과 마음이 교만한 것과 악인이 형통한 것은 다 죄니라

⑥ **잠 30:8/** 곧 헛된 것과 거짓말을 내게서 멀리 하옵시며 나를 가난하게도 마옵시고 부하게도 마옵시고 오직 필요한 양식으로 나를 먹이시옵소서

⑦ **전 2:24/** 사람이 먹고 마시며 수고하는 것보다 그의 마음을 더 기쁘게 하는 것은 없나니 내가 이것도 본즉 하나님의 손에서 나오는 것이로다

⑧ **전 12:1-2/** [1] 너는 청년의 때에 너의 창조주를 기억하라 곧 곤고한 날이 이르기 전에, 나는 아무 낙이 없다고 해들이 가깝기 전에 [2] 해와 빛과 달과 별들이 어둡기 전에, 비 뒤에 구름이 다시 일어나기 전에 그리하라

**〈혼인, 가정, 우애〉**

① **창 2:22-23/** [22] 여호와 하나님이 아담에게서 취하신 그 갈빗대로 여자를 만드시고 그를 아담에게로 이끌어 오시니 [23] 아담이 이르되 이는 내 뼈 중의 뼈요 살 중의 살이라 이것을 남자에게서 취하였은즉 여자라 부르리라 하니라

② **잠 15:16-17/** [16] 가산이 적어도 여호와를 경외하는 것이 크게 부하고 번뇌하는 것보다 나으니라 [17] 채소를 먹으며 서로 사랑하는 것이 살진 소를 먹으며 서로 미워하는 것보다 나으니라

③ **잠 19:14/** 집과 재물은 조상에게서 상속하거니와 슬기로운 아내는 여호와께로서 말미암느니라

④ **전 4:12/** 한 사람이면 패하겠거니와 두 사람이면 맞설 수 있나니 세 겹 줄은 쉽게 끊어지지 아니하느니라

〈낙심, 실패 / 도우심, 위로〉

① **창 15:1/** 이 후에 여호와의 말씀이 환상 중에 아브람에게 임하여 이르시되 아브람아 두려워하지 말라 나는 네 방패요 너의 지극히 큰 상급이니라

② **출 14:13-14/** [13] 모세가 백성에게 이르되 너희는 두려워하지 말고 가만히 서서 여호와께서 오늘 너희를 위하여 행하시는 구원을 보라 너희가 오늘 본 애굽 사람을 영원히 다시 보지 아니하리라 [14] 여호와께서 너희를 위하여 싸우시리니 너희는 가만히 있을지니라

③ **시 22:24/** 그는 곤고한 자의 곤고를 멸시하거나 싫어하지 아니하시며 그의 얼굴을 그에게서 숨기지 아니하시고 그가 울부짖을 때에 들으셨도다

④ **시 42:5/** 내가 누워 자고 깨었으니 여호와께서 나를 붙드심이로다

⑤ **시 55:22/** 네 짐을 여호와께 맡기라 그가 너를 붙드시고 의인의 요동함을 영원히 허락하지 아니하시리로다

⑥ **시68:19/** 날마다 우리 짐을 지시는 주 곧 우리의 구원이신 하나님을 찬송할지로다

⑦ **시 91:14-15/** [14] 하나님이 이르시되 그가 나를 사랑한즉 내가 그를 건지리라 그가 내 이름을 안즉 내가 그를 높이리라 [15] 그가 내게 간구하리니 내가 그에게 응답하리라 그들이 환난 당할 때에 내가 그와 함께 하여 그를 건지고 영화롭게 하리라

⑧ **시 118:6/** 여호와는 내 편이시라 내가 두려워하지 아니하리니 사람이 내게 어찌할까

⑨ **시 121:1-2/** [1] 내가 산을 향하여 눈을 들리라 나의 도움이 어디서 올까 [2] 나의 도움은 천지를 지으신 여호와에게서로다

⑩ **시 145:18-19/** [18] 여호와께서는 자기에게 간구하는 모든 자 곧 진실하게 간구하는 모든 자에게 가까이 하시는도다 [19] 그는 자기를 경외하는 자들의 소원을 이루시며 또 그들의 부르짖음을 들으사 구원하시리로다

⑪ **습 3:17/** 너의 하나님 여호와가 너의 가운데에 계시니 그는 구원을 베푸실 전능자이시라 그가 너로 말미암아 기쁨을 이기지 못하시며 너를 잠잠히 사랑하시며 너로 말미암아 즐거이 부르며 기뻐하시리라 하리라

〈치유, 회복〉

① **왕하 20:5/** 너는 돌아가서 내 백성의 주권자 히스기야에게 이르기를 왕의 조상 다윗의 하나님 여호와의 말씀이 내가 네 기도를 들었고 네 눈물을 보았노라 내가 너를 낫게 하리니 네가 삼 일 만에 여호와의 성전에 올라가겠고

② **욥 23:10/** 그러나 내가 가는 길을 그가 아시나니 그가 나를 단련하신 후에는 내가 순금 같이 되어 나오리라

③ **시 6:2-3/** [2] 여호와여 내가 수척하였사오니 내게 은혜를 베푸소서 여호와여 나의 뼈가 떨

리오니 나를 고치소서 [3] 나의 영혼도 매우 떨리나이다 여호와여 어느 때까지니이까

④ **시 46:1/** 하나님은 우리의 피난처시요 힘이시니 환난 중에 만날 큰 도움이시라

⑤ **시 39:13/** 주는 나를 용서하사 내가 떠나 없어지기 전에 나의 건강을 회복시키소서

⑥ **시 41:3/** 여호와께서 그를 병상에서 붙드시고 그가 누워 있을 때마다 그의 병을 고쳐 주시나이다

⑦ **사 40:31/** 오직 여호와를 앙망하는 자는 새 힘을 얻으리니 독수리가 날개치며 올라감 같을 것이요 달음박질하여도 곤비하지 아니하겠고 걸어가도 피곤하지 아니하리로다

⑧ **사 41:10/** 두려워하지 말라 내가 너와 함께 함이라 놀라지 말라 나는 네 하나님이 됨이라 내가 너를 굳세게 하리라 참으로 너를 도와 주리라 참으로 나의 의로운 오른손으로 너를 붙들리라 의로운 손으로 붙들리라

⑨ **사 58:8-9a/** [8] 그리하면 네 빛이 새벽 같이 비칠 것이며 네 치유가 급속할 것이며 네 공의가 네 앞에 행하고 여호와의 영광이 네 뒤에 호위하리니 [9] 네가 부를 때에는 나 여호와가 응답하겠고 네가 부르짖을 때에는 내가 여기 있다 하리라

⑩ **호 6:1/** 오라 우리가 여호와께로 돌아가자 여호와께서 우리를 찢으셨으나 도로 낫게 하실 것이요 우리를 치셨으나 싸매어 주실 것임이라

⑪ **말 4:2/** 내 이름을 경외하는 너희에게는 공의로운 해가 떠올라서 치료하는 광선을 비추리니 너희가 나가서 외양간에서 나온 송아지 같이 뛰리라

**〈전도, 신앙생활, 감사〉**

① **사 40:9/** [9] 아름다운 소식을 시온에 전하는 자여 너는 높은 산에 오르라 아름다운 소식을 예루살렘에 전하는 자여 너는 힘써 소리를 높이라 두려워하지 말고 소리를 높여 유다의 성읍들에게 이르기를 너희의 하나님을 보라 하라

② **렘 20:9/** [9] 내가 다시는 여호와를 선포하지 아니하며 그의 이름으로 말하지 아니하리라 하면 나의 마음이 불붙는 것 같아서 골수에 사무치니 답답하여 견딜 수 없나이다

③ **신 26:10-11/** [10] 여호와여 이제 내가 주께서 내게 주신 토지 소산의 만물을 가져왔나이다 하고 너는 그것을 네 하나님 여호와 앞에 두고 네 하나님 여호와 앞에 경배할 것이며 [11] 네 하나님 여호와께서 너와 네 집에 주신 모든 복으로 말미암아 너는 레위인과 너희 가운데에 거류하는 객과 함께 즐거워할지니라

④ **대상 29:14/** 나와 내 백성이 무엇이기에 이처럼 즐거운 마음으로 드릴 힘이 있었나이까 모든 것이 주께로 말미암았사오니 우리가 주의 손에서 받은 것으로 주께 드렸을 뿐이니이다

⑤ **시 116:12-14/** [12] 내게 주신 모든 은혜를 내가 여호와께 무엇으로 보답할까 [13] 내가 구원의 잔을 들고 여호와의 이름을 부르며 [14] 여호와의 모든 백성 앞에서 나는 나의 서원을 여

호와께 갚으리로다

⑥ **시 136:23/** 우리를 비천한 가운데에서도 기억해 주신 이에게 감사하라 그 인자하심이 영원함이로다

⑦ **잠 3:9-10/** [9] 네 재물과 네 소산물의 처음 익은 열매로 여호와를 공경하라 [10] 그리하면 네 창고가 가득히 차고 네 포도즙 틀에 새 포도즙이 넘치리라

〈기도〉

① **시 130:1-2/** [1] 여호와여 내가 깊은 곳에서 주께 부르짖었나이다 [2] 주여 내 소리를 들으시며 나의 부르짖는 소리에 귀를 기울이소서

② **시 27:7/** 여호와여 내가 소리 내어 부르짖을 때에 들으시고 또한 나를 긍휼히 여기사 응답하소서 내가 산 자들의 땅에서 믿나이다

③ **삼상 12:23-24/** [23] 나는 너희를 위하여 기도하기를 쉬는 죄를 여호와 앞에 결단코 범하지 아니하고 선하고 의로운 길을 너희에게 가르칠 것인즉 [24] 너희는 여호와께서 너희를 위하여 행하신 그 큰 일을 생각하여 오직 그를 경외하며 너희의 마음을 다하여 진실히 섬기라

④ **왕상 8:30/** 주의 종과 주의 백성 이스라엘이 이 곳을 향하여 기도할 때에 주는 그 간구함을 들으시되 주께서 계신 곳 하늘에서 들으시고 들으시사 사하여 주옵소서

⑤ **대상 4:10/** 야베스가 이스라엘 하나님께 아뢰어 이르되 주께서 내게 복을 주시려거든 나의 지역을 넓히시고 주의 손으로 나를 도우사 나로 환난을 벗어나 내게 근심이 없게 하옵소서 하였더니 하나님이 그가 구하는 것을 허락하셨더라

⑥ **시 34:17/** 의인이 부르짖으매 여호와께서 들으시고 그들의 모든 환난에서 건지셨도다

⑦ **시 65:5/** 우리 구원의 하나님이시여 땅의 모든 끝과 먼 바다에 있는 자가 의지할 주께서 의를 따라 엄위하신 일로 우리에게 응답하시리이다

⑧ **사 55:6-7/** [6] 너희는 여호와를 만날 만한 때에 찾으라 가까이 계실 때에 그를 부르라 [7] 악인은 그의 길을, 불의한 자는 그의 생각을 버리고 여호와께로 돌아오라 그리하면 그가 긍휼히 여기시리라 우리 하나님께로 돌아오라 그가 너그럽게 용서하시리라

⑨ **렘 29:12-13/** [12] 너희가 내게 부르짖으며 내게 와서 기도하면 내가 너희들의 기도를 들을 것이요 [13] 너희가 온 마음으로 나를 구하면 나를 찾을 것이요 나를 만나리라

⑩ **렘 33:3/** 너는 내게 부르짖으라 내가 네게 응답하겠고 네가 알지 못하는 크고 은밀한 일을 네게 보이리라

〈예배, 찬양〉

① **대상 16:8/** 너희는 여호와께 감사하며 그의 이름을 불러 아뢰며 그가 행하신 일을 만민

중에 알릴지어다

② 시 19:14/ 나의 반석이시요 나의 구속자이신 여호와여 내 입의 말과 마음의 묵상이 주님 앞에 열납되기를 원하나이다

③ 시 96:1/ 새 노래로 여호와께 노래하라 온 땅이여 여호와께 노래할지어다

④ 시 134:1-2/ [1] 보라 밤에 여호와의 성전에 서 있는 여호와의 모든 종들아 여호와를 송축하라 [2] 성소를 향하여 너희 손을 들고 여호와를 송축하라

⑤ 시 24:3-4/ [3] 여호와의 산에 오를 자가 누구며 그의 거룩한 곳에 설 자가 누구인가 4 곧 손이 깨끗하며 마음이 청결하며 뜻을 허탄한 데에 두지 아니하며 거짓 맹세하지 아니하는 자로다

⑥ 미 6:8/ 사람아 주께서 선한 것이 무엇임을 네게 보이셨나니 여호와께서 네게 구하시는 것은 오직 정의를 행하며 인자를 사랑하며 겸손하게 네 하나님과 함께 행하는 것이 아니냐

⑦ 암 5:23-24/ [23] 네 노랫소리를 내 앞에서 그칠지어다 네 비파 소리도 내가 듣지 아니하리라 [24] 오직 정의를 물 같이, 공의를 마르지 않는 강 같이 흐르게 할지어다

〈바른 신앙생활〉

① 창 39:2-3/ [2] 여호와께서 요셉과 함께 하시므로 그가 형통한 자가 되어 그의 주인 애굽 사람의 집에 있으니 [3] 그의 주인이 여호와께서 그와 함께 하심을 보며 또 여호와께서 그의 범사에 형통하게 하심을 보았더라

② 창 39:5/ 그가 요셉에게 자기의 집과 그의 모든 소유물을 주관하게 한 때부터 여호와께서 요셉을 위하여 그 애굽 사람의 집에 복을 내리시므로 여호와의 복이 그의 집과 밭에 있는 모든 소유에 미친지라

③ 창 46:3/ 하나님이 이르시되 나는 하나님이라 네 아버지의 하나님이니 애굽으로 내려가기를 두려워하지 말라 내가 거기서 너로 큰 민족을 이루게 하리라

④ 레 19:36/ 공평한 저울과 공평한 추와 공평한 에바와 공평한 힌을 사용하라 나는 너희를 인도하여 애굽 땅에서 나오게 한 너희의 하나님 여호와이니라

⑤ 신 25:15/ 오직 온전하고 공정한 저울추를 두며 온전하고 공정한 되를 둘 것이라 그리하면 네 하나님 여호와께서 네게 주시는 땅에서 네 날이 길리라

⑥ 신 28:13-14/ [13] 여호와께서 너를 머리가 되고 꼬리가 되지 않게 하시며 위에만 있고 아래에 있지 않게 하시리니 오직 너는 내가 오늘 네게 명령하는 네 하나님 여호와의 명령을 듣고 지켜 행하며 [14] 내가 오늘 너희에게 명령하는 그 말씀을 떠나 좌로나 우로나 치우치지 아니하고 다른 신을 따라 섬기지 아니하면 이와 같으리라

⑦ 수 1:8/ 이 율법책을 네 입에서 떠나지 말게 하며 주야로 그것을 묵상하여 그 안에 기록

된 대로 다 지켜 행하라 그리하면 네 길이 평탄하게 될 것이며 네가 형통하리라

⑧ **수 24:15/** 만일 여호와를 섬기는 것이 너희에게 좋지 않게 보이거든 너희 조상들이 강 저쪽에서 섬기던 신들이든지 또는 너희가 거주하는 땅에 있는 아모리 족속의 신들이든지 너희가 섬길 자를 오늘 택하라 오직 나와 내 집은 여호와를 섬기겠노라

⑨ **시 37:5-6/** [5] 네 길을 여호와께 맡기라 그를 의지하면 그가 이루시고 [6] 네 의를 빛 같이 나타내시며 네 공의를 정오의 빛 같이 하시리로다

⑩ **시 37:23-24/** [23] 여호와께서 사람의 걸음을 정하시고 그의 길을 기뻐하시나니 [24] 그는 넘어지나 아주 엎드러지지 아니함은 여호와께서 그의 손으로 붙드심이로다

⑪ **시 116:6/** 여호와께서는 순진한 자를 지키시나니 내가 어려울 때에 나를 구원하셨도다

⑫ **시 119:105/** 주의 말씀은 내 발에 등이요 내 길에 빛이니이다

⑬ **잠 3:3-4/** [3] 인자와 진리가 네게서 떠나지 말게 하고 그것을 네 목에 매며 네 마음판에 새기라 [4] 그리하면 네가 하나님과 사람 앞에서 은총과 귀중히 여김을 받으리라

⑭ **잠 3:5-7/** [5] 너는 마음을 다하여 여호와를 신뢰하고 네 명철을 의지하지 말라 [6] 너는 범사에 그를 인정하라 그리하면 네 길을 지도하시리라

⑮ **잠 6:9-11/** [9] 게으른 자여 네가 어느 때까지 누워 있겠느냐 네가 어느 때에 잠이 깨어 일어나겠느냐 [10] 좀더 자자, 좀더 졸자, 손을 모으고 좀더 누워 있자 하면 [11] 네 빈궁이 강도 같이 오며 네 곤핍이 군사 같이 이르리라

⑯ **잠 16:3/** 너의 행사를 여호와께 맡기라 그리하면 네가 경영하는 것이 이루어지리라

⑰ **잠 16:8/** 적은 소득이 공의를 겸하면 많은 소득이 불의를 겸한 것보다 나으니라

⑱ **잠 21:5/** 부지런한 자의 경영은 풍부함에 이를 것이나 조급한 자는 궁핍함에 이를 따름이니라

⑲ **말 3:10/** 만군의 여호와가 이르노라 너희의 온전한 십일조를 창고에 들여 나의 집에 양식이 있게 하고 그것으로 나를 시험하여 내가 하늘 문을 열고 너희에게 복을 쌓을 곳이 없도록 붓지 아니하나 보라

**〈은혜, 인도, 축복〉**

① **창 12:3/** 너를 축복하는 자에게는 내가 복을 내리고 너를 저주하는 자에게는 내가 저주하리니 땅의 모든 족속이 너로 말미암아 복을 얻을 것이라 하신지라

② **창 27:29/** 만민이 너를 섬기고 열국이 네게 굴복하리니 네가 형제들의 주가 되고 네 어머니의 아들들이 네게 굴복하며 너를 저주하는 자는 저주를 받고 너를 축복하는 자는 복을 받기를 원하노라

③ **창 28:15/** 내가 너와 함께 있어 네가 어디로 가든지 너를 지키며 너를 이끌어 이 땅으로 돌아오게 할지라 내가 네게 허락한 것을 다 이루기까지 너를 떠나지 아니하리라 하신지라

④ **창 49:25/** 네 아버지의 하나님께로 말미암나니 그가 너를 도우실 것이요 전능자로 말미암나니 그가 네게 복을 주실 것이라 위로 하늘의 복과 아래로 깊은 샘의 복과 젖먹이는 복과 태의 복이리로다

⑤ **신 32:11-12/** 11 마치 독수리가 자기의 보금자리를 어지럽게 하며 자기의 새끼 위에 너풀거리며 그의 날개를 펴서 새끼를 받으며 그의 날개 위에 그것을 업는 것 같이 12 여호와께서 홀로 그를 인도하셨고 그와 함께 한 다른 신이 없었도다

⑥ **민 6:24-26/** 24 여호와는 네게 복을 주시고 너를 지키시기를 원하며 25 여호와는 그의 얼굴을 네게 비추사 은혜 베푸시기를 원하며 26 여호와는 그 얼굴을 네게로 향하여 드사 평강 주시기를 원하노라 할지니라 하라

⑦ **삼하 7:29/** 이제 청하건대 종의 집에 복을 주사 주 앞에 영원히 있게 하옵소서 주 여호와께서 말씀하셨사오니 주의 종의 집이 영원히 복을 받게 하옵소서 하니라

⑧ **시 1:1-2/** 1 복 있는 사람은 악인들의 꾀를 따르지 아니하며 죄인들의 길에 서지 아니하며 오만한 자들의 자리에 앉지 아니하고 2 오직 여호와의 율법을 즐거워하여 그의 율법을 주야로 묵상하는도다

⑨ **시 121:5-6/** 5 여호와는 너를 지키시는 이시라 여호와께서 네 오른쪽에서 네 그늘이 되시나니 6 낮의 해가 너를 상하게 하지 아니하며 밤의 달도 너를 해치지 아니하리로다

⑩ **시 127:1-2/** 1 여호와께서 집을 세우지 아니하시면 세우는 자의 수고가 헛되며 여호와께서 성을 지키지 아니하시면 파수꾼의 깨어 있음이 헛되도다 2 너희가 일찍이 일어나고 늦게 누우며 수고의 떡을 먹음이 헛되도다 그러므로 여호와께서 그의 사랑하시는 자에게는 잠을 주시는도다

⑪ **시 128:1-2/** 1 여호와를 경외하며 그의 길을 걷는 자마다 복이 있도다 2 네가 네 손이 수고한 대로 먹을 것이라 네가 복되고 형통하리로다

⑫ **시 139:7/** 내가 주의 영을 떠나 어디로 가며 주의 앞에서 어디로 피하리이까

⑬ **사 43:1/** 야곱아 너를 창조하신 여호와께서 지금 말씀하시느니라 이스라엘아 너를 지으신 이가 말씀하시느니라 너는 두려워하지 말라 내가 너를 구속하였고 내가 너를 지명하여 불렀나니 너는 내 것이라

⑭ **렘 17:7-8/** 7 그러나 무릇 여호와를 의지하며 여호와를 의뢰하는 그 사람은 복을 받을 것이라 8 그는 물 가에 심어진 나무가 그 뿌리를 강변에 뻗치고 더위가 올지라도 두려워하지 아니하며 그 잎이 청청하며 가무는 해에도 걱정이 없고 결실이 그치지 아니함 같으리라

# 구약성경문제집

2013년 3월 11일 초판 1쇄 인쇄
2013년 3월 15일 초판 1쇄 발행

**편저자** 한국구약학회
**펴낸이** 김영호
**펴낸곳** 도서출판 동연
**등 록** 제1-1383호(1992. 6. 12)
**주 소** 서울시 마포구 망원동 472-11
**전 화** (02)335-2630
**전 송** (02)335-2640
**이메일** yh4321@gmail.com



ISBN 978-89-6447-193-7 03230